U0566441

王力语言学论文集

王 力 著

商 务 印 书 馆

2014 年·北京

图书在版编目(CIP)数据

王力语言学论文集/王力著.—北京:商务印书馆,
2000 (2014.11 重印)
ISBN 978-7-100-03025-0

Ⅰ.王... Ⅱ.王... Ⅲ.汉语-语言学-文集
Ⅳ.H1-53

中国版本图书馆 CIP 数据核字(1999)第 56704 号

所有权利保留 。

未经许可 ，不得以任何方式使用 。

WÁNGLÌYǓYÁNXUÉLÙNWÉNJÍ
王 力 语 言 学 论 文 集
王 力 著

商 务 印 书 馆 出 版
(北京王府井大街 36 号 邮政编码 100710)
商 务 印 书 馆 发 行
北京民族印务有限责任公司印刷
ISBN 978 - 7 - 100 - 03025 - 0

2000 年 8 月第 1 版   开本 850×1168 1/32
2014 年 11 月北京第 3 次印刷   印张 19

定价: 39.00 元

目　录

南北朝诗人用韵考

一、导　言

南北朝的韵书，有吕静《韵集》、夏侯咏《韵略》、阳休之《韵略》、周思言《音韵》、李季节《音谱》、杜臺卿《韵略》等，陆法言的《切韵·序》里说它们各有乖互。这种乖互的情形可以有四个原因：（一）时代的不同；（二）方音的不同；（三）音韵知识深浅的差异；（四）归类标准的差异。陆法言等人"因论南北是非，古今通塞，欲更捃选精切，除削疏缓"，大约就是要把不同时代与不同地域的语音系统加以融会贯通，再凭着他们的音韵知识，去决定他们所认为完善的归类标准。假使我们的揣测不错，《切韵》所定的语音系统竟近似于潘末的《类音》[①]，并不是一时一地的语音实录。吕静诸人的韵书之所以灭亡，《切韵》之所以独存，也许恰恰因为《切韵》能投合从前的中国学者的复古思想，也许还因为撰述《切韵》的八个人在当时的文学

[①]　参看《清华学报》第 10 卷第 3 期，页 647—690，拙著《类音研究》。

界有很大的权威，所以才有"我辈数人，定则定矣"的话。总之，如果我们要求一部语音实录的话，吕静诸人的韵书的价值未必不在《切韵》的价值之上，而它们的丧佚也就是音韵学上的损失。

但是，我们还有别的史料，借此可以审核《切韵》的归类是否符合当时的语音系统。史料中最重要的就是南北朝的韵文，因为这是与韵书有直接关系的；纵使《切韵》与《广韵》也都丧佚了，我们还可以根据这些史料编成一部韵书。孔广森既然能单凭《诗经》著成一部《诗声类》，我们自然也能单凭南北朝的韵文著成一部《南北朝声类》，而这《南北朝声类》既可与《切韵》互相证明，也可以在某一些情形之下矫正《切韵》的错误。

研究南北朝诗人的用韵，对于音值的考定也有很大的帮助。我们不敢断定凡相叶韵的字的主要元音必相同，但我们可以说，相叶韵的字比不相叶韵的字的主要元音一定近似些。例如支脂之三韵，依南北朝的韵文看来，脂之是一类，支独成一类；当脂之同用的时候，支还是独用的。因此，我们可断定当时脂与之的元音必相同或甚相近，而支与之的距离必比脂与之的距离远了许多；高本汉（B. Karlgren）把《切韵》的支定为"ie"，脂之定为"i"，是很近情理的。又如鱼虞模三韵，依南北朝的韵文看来，虞模是一类，鱼独成一类；当虞模同用的时候，鱼还是独用的。因此，我们可断定当时虞与模的元音必相同或甚相近，而鱼与模的距离必比虞与模的距离远了许多；高本汉把《切韵》的鱼定为"iwo"，模定为"uo"，虞定为"iu"，倒反是鱼与模近而虞与模远，就很难令人相信了。与其根据宋人的韵图去定《切韵》的音值，不如根据南北朝诗人用韵的远近，因为南北朝离《切韵》的时代很近，而且诗歌里的韵类总比韵图里的系统更自然些①。此外，当时或唐代中外文字的对译，自然也很能帮助音值的假定，但我们不能因此就抛弃了本国的史料。本篇对于南北朝的声类将加以详细的讨论，但对于南北朝的音值则暂不考定，因为音值的考定要比声类的考定更难，须待把更多的史料研究过，然后敢下断语。

本篇对于南北朝诗人生卒年及籍贯都特别注意，希望从此窥见语音的进化与方音的差异。本篇所用的材料，只限于《汉魏六朝百三名家集》里所有的，我想这已经很够用了，因为南北朝著作丰富的诗人都在这里头，至于著作不多的诗人，他们的用韵颇不便于归纳研究，不援引他们也好。

兹先将《百三名家集》里的南北朝诗人姓名及其生卒年列表如下：

何承天(370—447)	傅　亮(？—426)	颜延之(384—456)
谢灵运(385—433)	高　允(390—484)	谢惠连(394—430)
鲍　照(405—466)	袁　淑(408—453)	谢　庄(421—466)
张　融(？—497)	沈　约(441—513)	江　淹(444—505)
孔稚珪(447—501)	陶弘景(452—536)	王　俭(452—489)
萧子良(459—494)	任　昉(460—508)	刘　峻(462—521)
谢　朓(464—499)	邱　迟(464—508)	梁武帝(464—549)
王僧孺(465—522)	王　融(468—494)	吴　均(469—520)
陆　倕(470—526)	刘孝绰(481—539)	王　筠(481—549)
刘孝威(？—548)	刘　潜(484—550)	温子昇(？)
邢　邵(？)	昭明太子(501—531)	沈　炯(501—560)
简文帝(503—551)	魏　收(506—572)	徐　陵(507—583)
梁元帝(508—554)	庾肩吾(？—550?)	何　逊(？)
庾　信(513—581)	王　褒(？)	江　总(519—594)
张正见(523—594)	李德林(531—591)	卢思道(？)

---

① 我不相信宋人的韵图能完全符合实际的语音系统；《切韵指掌图》也许就是与《类音》相似的作品。

3

薛道衡(540—609)　　牛　弘(545—610)　　陈后主(553—604)
隋炀帝(568—618)

就用韵的变迁看来,南北朝可分为三个时期。何承天,傅亮,颜延之,谢灵运,高允,谢惠连,鲍照,袁淑,谢庄,张融为第一期,这一期的特色是:

　　1.歌戈麻混;　　2.鱼虞模混;　　3.东冬锺江混;

　　4.先仙山混。

沈约,江淹,孔稚珪,陶弘景,王俭,萧子良,任昉,刘峻,谢朓,邱迟,梁武帝,王僧孺,王融,吴均,陆倕,刘孝绰,王筠,刘孝威,刘潜,温子昇,邢邵,庾肩吾,何逊,魏收,梁元帝为第二期,其特色是:

　　1.歌戈不与麻混;　　2.虞模不与鱼混①;

　　3.东不与冬锺混;　　4.肴豪各不与萧宵混。

庾信,徐陵,王褒,江总,张正见,李德林,卢思道,薛道衡,牛弘,陈后主,隋炀帝为第三期,他们又可分为南北两派,北派卢思道等用韵略如第二期,南派庾信,徐陵等用韵则有下列三特色:

　　1.江归阳;　　2.欣归真;　　3.青独立。

这都是大概的说法,其详见于下文。现在我们再看这些诗人的地域分配:

(一) 山西系

　　灵州(傅亮);鹑觚(牛弘);汾阴(薛道衡);长安(隋炀帝);

(二) 河北系

　　范阳(卢思道);鄚(邢邵);渤海(高允);安平(李德林);

　　下曲阳(魏收);平原(刘陵);东武城(张正见)。

(三) 山东系

　　博昌(任昉);临沂(颜延之,王俭,王融,王筠,王褒);

---

　　①　梁武帝父子是例外。

4

郏(何承天,王僧孺,何逊,徐陵);彭城(刘孝绰,刘孝威,刘潜);籍贯未详者:鲍照(本传云东海人,虞炎《鲍照集·序》云:"本上党人。")

(四) 河南系

冤句(温子昇);孝城(江淹,江总);阳夏(谢灵运,谢惠连,袁淑,谢庄,谢朓);

(五) 南阳系

新野(庾肩吾,庾信)。

(六) 江南系

建康(萧子良,昭明太子,简文帝,梁元帝,陈后主);秣陵(陶弘景);兰陵(梁武帝);吴(陆倕);乌程(邱迟);故鄣(吴均);武康(沈约,沈炯);山阴(孔稚珪);籍贯未详者:张融。

南北朝虽有阳休之《韵略》诸韵书,然而它们在文学界大约没有什么权威,所以易于丧佚。它们既不像《唐韵》《广韵》借政府的力量勉强要一般人遵守,那么,当时诸诗人当然可以顺着自然的语音去押韵了。因此,方音的差异自然会在韵文里留下痕迹。例如徐陵,庾信是南朝的人(庾后仕北朝),所以他们的青独立,江归阳;隋炀帝,卢思道是北朝的人,所以他们的青与庚耕清混;江不归阳。不过,各诗人的方音是否足以代表他的籍贯,还是一个疑问。有两种情形可以使他们的籍贯与他们用韵不发生关系:第一,如果他们以祖父的籍贯为籍贯,这种籍贯在方音关系上就会失掉一半或全部的价值。我在北京常常遇着些不懂福建话的福建籍学生,因而料想南北朝也会有这种名不副实的籍贯。温子昇本传载温"自云太原人",就是籍贯名不副实的证据。第二,诸诗人除陶弘景外,都是做官的人(或皇帝),做官的人就是喜欢打官腔,也许还喜欢依照官音押韵。虽然有时候在蓝青官话里可以留些土音的痕迹,但已经很难代表一地的方音了。因此,我们发现时代对于用韵的影响

5

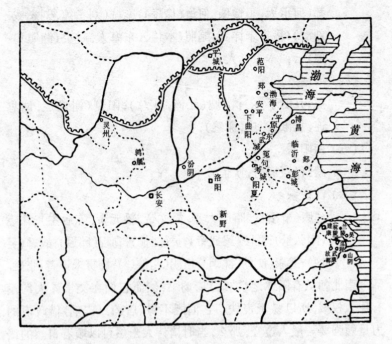

大,而地域对于用韵的影响小。然有些诗人的时代相同,而用韵不同,在许多情形之下我们仍可以认为方言的差异的。

在叙述诸诗人用韵之前,我先立下了六个条例:

1. 叙述之先后,大致以时代为次。

2. 凡欲证某人的某韵与某韵合用者,仅举合用之例。

3. 凡欲证某人某韵独用者,仅以用此韵字甚多之诗或赋为例;但遇窄韵则不在此限。

4. 除废霁祭泰四韵外,仅举平声以包括上去声,入声另列;但遇必要时,亦取及上去声。

5. 以个人为研究的单位:例如谢灵运的真文同用,我们并不因此就说鲍照的真文同用;依鲍照的诗赋看来,他的真文却是分用的。

6. 在大部分的情形之下,某人对于某韵显然独用,则其他少

6

数的例外只可认为偶然的"合韵",或认为伪品,或传写之讹①。

2.3.4 条只是为了省篇幅;如果把《百三名家集》里的韵字完全抄下来做一个全谱,自然更好。但是,现在这种办法,除了省篇幅之外还有一个好处,就是诸韵分合的情形更显明些。

二、支佳歌戈麻鱼虞模
(甲) 支 佳

段玉裁根据先秦古韵,把支脂之分为三部;今依南北朝诗人的用韵看来,脂之为一类,支则独自为一类。脂之二韵,有些诗人是分用的,有些诗人却把它们合用;至于支韵,却是很严格地与脂之隔离。段玉裁又把支佳合为一部,认为与歌戈麻相近;在南北朝的韵文里,这一点仍与先秦相近似。我们试看任昉《王贵嫔衷策文》以"家虵纱佳"为韵;《侍释奠宴》以"多家华"为韵,就可见南北朝还有歌麻与佳通用的痕迹,同时也可猜想它们的韵值相近。至于支佳同用者,则有:

颜延之《赭白马赋》:仪街螭奇羁驰枝离;《皇太子释奠》:仪街

---

① 本文所根据者为张溥原辑,彭懋谦重编的《汉魏六朝百三名家集》,书中错字很多。单就韵字(韵脚)而言,如鲍照《掘黄精》"石"误"日",《梦归乡》"闻"误"门";沈约《和刘雍州》"充"误"克",《会圃临东风》"帚"误"帝";陶弘景《寻山志》"山"误"出";王僧孺《永宁令诔》"搏"误"搏";梁元帝《游后园》"春"误"春";何逊《七召》"敝"误"敝","舍"误"含";吴均《入兰台》"社"误"祠",《酬别江主簿》"骞"当作"骞";庾信《马射赋》"宫"误"官",《陆逞神道碑》"摧"误"推",《辛威神道碑》"柱"误"树",《郑常神道碑》"部"误"郡",《咏画屏风》"邻"误"怜";李德林《朝日夕月歌》"芬"误"芳",这都是传写之讹的例子。我们不敢断说此外没有更多的错字。再说整篇的伪品恐怕还不少:这未必是后人有心作伪,而是把某甲的作品误抄入某乙的集子里。例如谢庄《悦曲池赋》就是从江淹的《悦曲池》里抄来的两个片段。江淹的原文是"北山兮黛绿,南江兮赪石;赪峯兮若虹,黛树兮如画;暮云兮千里,朝霞兮千尺……步东池兮夜未艾,卧西窗兮月向山;引一息于魂内,扰百绪于眼前;"谢庄集中"江"作"豁","峯"作"岸","艾"作"久",其余都与江集相同,显然是后人误编入谢集的。这种伪品恐怕也不少。

驰猗。鲍照《园葵赋》：委洒靡解。江淹《空青赋》：施娃离仪
亏。王僧孺《咏宠姬》：罢羸解买①。

佳韵的字太少，又有几个常用的字像"涯崖差"是同时属于支韵的，
令我们分不清支佳的界限。如果我们把"涯崖差"也认为佳韵字，
那么，支佳同用的例子就更多了。

支独用者：

谢灵运《山居赋》：猗知枝疵，披施崖宜斯池，规奇崖迤②；《游
南亭》：驰规岐池移垂斯崖知。王融《一志努力篇颂》：移为离
垂危驰窥；《阻雪连句》：池枝离澌驰垂知池亏岐仪移卮疲差。
谢朓《将游湘水》：螭垂漪岐离移支麾斯。梁武帝《长安有狭斜
行》：知离皮垂卮仪舳池差；《古意》：离池枝儿知移，枝陲池移
知。昭明太子《相逢狭路间》：知离移枝赀儿仪羁卑差池疲奇
绁垂吹；《和武帝游钟山》：池岐为垂羁知羲仪奇亏池枝吹麾垂
斯随施窥移。简文帝《晚春赋》：陂枝移池垂雌披危；《和武帝
宴诗》：支碑池漪儿骊仪。梁元帝《玄览赋》：皮陂池，羁黑奇离
支离疲，巘亏。沈约《三月三日》：斯枝儿陂垂离池卮萎炊仪
为；《上巳华光殿》：妫斯池枝离卮螭漪移曦；《悲落桐》：仪池施
知陲枝离斯；《闻夜鹤》：池仪，离垂池宜疲。何逊《哭吴兴柳
恽》：仪"期"③ 规奇为池知麾移卮危垂"坻"披岐撝。吴均《赠
柳真阳》：池枝璃螭卮骊知。王筠《奉酬从兄》：仪垂吹枝池施
知。庾肩吾《咏美人》：施仪肢池吹垂移知。江总《三日侍宴》：
离麾池漪枝危移。邢邵《新宫赋》：奇离差垂施披螭曦疲只宜
施支危；《三日华林园》：池仪移枝亏卮离。庾信《杨柳歌》：枝

---

① 凡在《切韵》为不同韵之字，则加符号以为标记。例如此处佳韵字下加一画。
② 凡一篇之中，一韵数见者，以逗点隔开。
③ 凡认为偶然合韵的字，则加引号以为标记。

8

垂危吹儿离池随枝皮陂驰支骑螭碑吹窥璃披为仪池罳移知垂吹;《北园新斋成》:枝窥垂池移吹皮儿厄知。牛弘《大飨歌》:仪驰披规移离危亏。

此外支韵独用者尚有谢惠连、谢庄、王俭、陶弘景、邱迟、任昉、刘孝绰、刘孝威、刘潜、陈后主、徐陵、沈炯、张正见、王褒、卢思道、李德林诸人。其中偶有杂脂之微灰韵字者,如:

谢惠连《鞠歌行》:"姿"知赀离疲吹危差垂。王融《桐树赋》:"隈"枝。简文帝《宣武王碑铭》:迤披"辉"池斯;《春日想上林》:奇宜"衣"移池窥羁。沈约《明之君》:"兹"岐斯为,移垂为;《洛阳道》:"比"靡绮倚;《出重围》:奇"维"厄。刘孝威《望栖乌》:差雌垂枝疲儿"丝"危知。

在将近二百篇的诗赋当中,只有这八篇与上面何逊一篇是出韵的。我们当然可以把它们认为例外,也许其中有些还是传写之讹,或伪品。最可疑的是沈约的《明之君》。就沈约的全集看来:鱼虞显然是分用的,而《明之君》第一首以"初""居"与"愉"为韵;支之显然是分用的,而《明之君》第二首以"岐""斯""为"与"兹"为韵。如果我们在别的方面能证明《明之君》非沈约所作,则用韵方面也可以做一个有力的旁证。

此外,傅亮的《征思赋》以"垂"与"晖闱思"为韵,是支微之相混;薛道衡《从驾天池》以"陲池螭"与"旗"为韵,《和许给事》以"戏骑跂"与"鼻至翠"为韵,是支之脂相混;隋炀帝《赠张丽华》以"知"与"时"为韵,是支之相混。《百三名家集》在隋炀帝此诗后注云:"此或伪笔";至于傅亮与薛道衡,或因他们的方音如此,或因偶然合韵,未便武断,只好存疑而已。

总之,大致看起来南北朝的支韵是独立的。不过,这里所谓支韵,其所包括的字,等于《切韵》里的支韵的字,而不等于段玉裁支部的字。除了邱迟《送张徐州》以"积"字与"吹骑戏寄被义"为韵之外,更无与昔锡通用的痕迹;又如"皮为离施仪宜猗靡罹吹差池驰陂罴"等字,也不归歌而应该依《切韵》归支。

(乙) 歌 戈 麻

歌戈麻同用者:

何承天《上白鸠颂》:华嘉柯;《朱路篇》:华霞车歌箳和波阿遐家。谢灵运《撰征赋》:波过沙;《长谿赋》:华罗纱。《感时赋》:赊河跎过何科。颜延之《秋胡行》:河华过柯阿。鲍照《舞鹤赋》:多华姱霞;《河清颂》:河多歌,和波柯罗遐牙家;《代堂上歌行》:歌河何华霞葩梭娥罗和多过;《代白纻曲》:多和芽华;《拟行路难》:花家花华多;《梅花落》:多嗟;《还都至三山》:波阿罗河华芽霞家歌多何;《叹年伤老》:多歌华;《咏老》:华何。谢惠连《雪赋》:沙霞多;《咏螺蚌》:罗加沙和。萧子良《宾僚七要》:华河沙多波。任昉《侍释奠宴》:多家华。

歌戈同用者:

谢朓《和王长史》:河多歌沱和波萝跎荷阿过莎。简文帝《西斋行马》:珂跎河靴多,波莎过。梁元帝《屋名诗》:和过歌萝多波。沈约《昭君辞》:河娥波多萝峨歌过;《从军行》:多河波莎萝阿戈歌和何。江淹《水上神女赋》:波阿鼍多歌何;《秋夕纳凉》:歌阿波多过河;《效阮公诗》:河多"华"过何阿。庾信《哀江南赋》:河波多河歌。薛道衡《临渭源》:罗多波河过歌和戈。同此派者:高允,谢庄,王融,梁武帝,昭明太子,陶弘景,邱迟,刘孝绰,王筠,何逊,吴均,陈后主,卢思道。

麻独用者:

王融《检覆三业篇颂》:加瑕华奢邪罝。昭明太子《七契》:家华车邪,华邪花。简文帝《七励》:嘉华葩花,家华花霞;《荣萸女》:斜花华斜家车。《娈童》:瑕赊牙霞花斜花车嗟。江淹《萧太傅东耕祝文》：华霞"波"；《当春四韵》：花霞斜华。沈约《冠子祝文》：加化赊华车家。何逊《南还道中》：华家霞花楂瓜斜麻諕奢车沙嗟。庾信《枯树赋》：加牙花霞，槎花。卢思道《美女篇》：华花车斜纱家。

同此派者：高允，谢庄，梁武帝，邱迟，王僧孺，王筠，刘孝威，庾肩吾，陈后主，徐陵，张正见。

由上所述，可知南北朝第一期歌戈与麻还是混用的，至第二期以后，麻韵方才独立。高允是第一期的人，集中歌麻分用，也许因为集中韵文太少，看不出合用的例子。萧子良与任昉是第二期的人，他们的歌麻同用，大约只是仿古。江淹更奇怪了，依大部分的情形看来，该说他的歌麻是分用的；然而在他的《效阮公诗》与《萧太傅东耕祝文》里，却是歌麻合用。江淹是第二期的人，但他的用韵却有好些地方与第一期相似，非但对于歌麻是如此；这也许因为江淹是早熟的诗人，他用的韵还是第一期的风气。

（丙）鱼 虞 模

鱼虞模同用者：

傅亮《喜雨赋》：娱余濡巫雩乎隅区涂蔬衢渔虞疏。谢灵运《山居赋》：湖区馀徂涂娱敷如，榆樗殊如虚疏衢敷腴初，徒模无书诸渝；《撰征赋》：隅殊书诛奴，馀除余枢，居墟娱馀，都图谟徂且愚，徒腴都孚，徐珠隅书，"台"（?）隅渠；《会吟行》：初敷。高允《罗敷行》：敷房珠梳裾趺。颜延之《行礿赋》：隅衢储；《秋胡行》：徂除枯隅芜。鲍照《凌烟楼铭》：隅区除涂吴居扶；《石帆铭》：趋驱虚殂驱途；《代白纻歌》：居疏渠舒竽除须；《从过旧宫》：涂榆图湖初衢渔荼腴居敷渝徒刍；《拟古》：都儒书壶隅庐初疎。谢庄《舞马赋》：摅馀都臾。昭明太子《殿赋》：隅庑书；《七契》：吾模图驱途，驱娱，虚渠书，隅驱虑。简文帝《七励》：

疏衢珠居;《吴郡石像碑》:书铢驱驹劬祛吴;《宣武王碑铭》:符图虞初徒;《怨歌行》:馀初居驱除舒鱼疏祛舆;《有所思》:舆疏虚芜;《望同泰寺》:图珠吾殊雏凫趋铢驱踰居。梁元帝《玄览赋》:愚衢墟书,鱼须躯珠书,娱渝书;《戏作艳诗》:夫蹰珠馀。任昉《知己赋》:车馀娱舆。江淹《思北归赋》:墟芜梧徂夫;《娼妇自悲赋》:芜虚居馀;《丹砂可学赋》:居虚馀,都无裾图摹;《横吹赋》:都吴储;《齐太祖诔》:虞都虚居;《郊外望秋》:芜蹰踰都濡初居书;《悼室人》:无都舆隅居。沈炯《陈武帝哀策文》:墟虞符枢珠,书虞图符虞。

同此派者:何承天。

鱼独用者:

沈约《郊居赋》:储书虚馀庐渠蔬余初,墟舒。王僧孺《永宁令诔》:书徐虚舒疏庐车馀诸储居渠栌书屿。陆倕《以诗代书》:疏车书旟车虚祛鱼。刘孝绰《三日侍华光殿》:初渠居舒疏馀鱼;《归沐》:庐居渠裾疏虚书如嘘庐玙鱼。张正见《帝王所居篇》:居渠庐虚疏书胥舆车除。庾信《穷秋》:沮锄书鱼渠疏庐;《和宇文内史》:疏渠书渠居舒好;《寒园即目》:居墟书舒馀鱼疏;《言志》:誉锄蘧舒,如裾璩舆,虚墟居初,除闾好车,馀疏雎书,初畲渠于,沮祛菹诸,嘘庐徐鱼,"樗"渔挐书,蔬蛆疏玙。卢思道《游梁城》:墟馀裾书初疏如虚。

同此派者:王融,谢朓,刘孝威,庾肩吾,何逊,吴均,陈后主,江总,邢邵,王褒,隋炀帝。

虞模同用者:

王融《在家怀善篇颂》:珠刍渝拘途芙;《游仙诗》:隅区壶珠俱。谢朓《咏蒲》:蒲珠雏涂驱。刘孝绰《还渡浙江》:殊襦隅乌芜徂凫衢。刘孝威《青牛画赞》:区都隅刍模图;《结客少年场行》:都苏弧乌衢枯途都壶孤驱;《乌生八九子》:乌雏枯呼;《鄩县遇

12

见人织》:苏珠铲渝躅。徐陵《骢马驱》:驹衢敷屠"书"踊;《长安道》:都图珠吾。江总《辞行李赋》:奥纡区衢枢愚竽污;《入栖霞寺》:榆拘枯衢俱无涂纡符渝刍夫;《新入姬人》:苏蛛奥珠;《内殿赋新诗》:铺壶图芙。张正见《石赋》:都吾湖珠;《置酒高殿上》:涂铲梧趋珠姝竽雏壶枯都。庾信《哀江南赋》:吴徒渝巫诛弧都;《纥于弘神道碑》:"谋"图"虚"狐;《宫调曲》:枢都图乌租梧符;《拟咏怀》:株无跗奴愚;《预麟趾殿校书》:谟图都夫"疎"狐乌蒲湖;《有喜致醉》:珠弧夫厨须株雏;《别庾七》:乌都图枯株;《画屏风》:壶厨孤垆。王褒《出塞》:驱榆蒲图;《日出东南隅行》:隅铺无图襦雏衢趋模颅株吾苏褕。

同此派者:庾肩吾,陈后主。

虞独用者:

沈约《郊居赋》:区株娱朱隅衢跗,虞凫躯珠,武主宇缕肷竖;《高士赞》:无驱夫愉迂拘衢;《少年新婚》:纡岖朱躯珠凫肤敷隅驹趋夫。何逊《秋夕叹白发》:扶殊隅珠躯须庑隅愉枢株凫隅;《答邱长史》:"路"雾趣句喻鹜树赴赋务驱务屡。

同时派者:吴均,牛弘,王僧孺,陆倕。

模独用者:

沈约《郊居赋》:菰蒲湖都,堵户杜睹"下",步顾路诉;《贤首山》:徒狐都胡涂乌逋醐吴;《宿东园》:路步互故露顾兔素暮度。王僧孺《永宁令诔》:舻涂吾都乌呱"墟"。吴均《城上乌》:乌逋呼笼吾;《行路难》:乌铲苏胡麤;《酬萧新浦》:壶浦涂吾乌。何逊《宿南洲浦》:苦浦五鼓莽土。

同此派者:隋炀帝,牛弘,卢思道。

鱼虞模的变迁,不像歌戈麻那样有系统;只有第一期的鱼虞模通用与第三期的鱼不与虞模通用是显然的。至于第二期的诗人,有两种极端相反的情形:昭明太子,江淹,沈炯一派仍依第一期的规矩，以三韵同用；沈约，何逊，吴均，王僧孺一派却似乎走到第三期的前头，非但鱼独用，连虞模也分用起来。依籍贯看来，沈炯与沈约是同乡，然而他们却代表着极端相异的两派。沈炯比沈约小六十岁，我们似乎可说时代形成他们语音的差异；但这个推论是不对的，因为我们不该假定武康的方音在一二百年内走循环路径：先是鱼虞模不分，后来是鱼虞模三分，再后又是鱼虞模不分。只有一个猜想是比较近理的，就是沈约、何逊诸人的审音程度比沈炯他们的高些。

三、之脂微齐皆灰咍

之脂微齐皆灰咍同用者[①]：

谢灵运《山居赋》：限回肥归，资衣颓违归怀挥推，芋(?)词噫壖遗；《撰征赋》：遗私蕤逮期熙，悲思诗时期湄辞乖阶霏哀怀颓，基期机归晖稀，基维湄夷，疑持悲词；《宋武帝诔》：哀徊徽，哀缞雷基期悲兹；《慧远法师诔》：资师疑怡，凄骸怀凄楼蹊，依微微希；《君子有所思行》：畿归闱逮诗徽飞归饥讥；《石壁精舍》：晖归微霏依扉违推；《登石门》：楼溪基迷蹊蹄携薆排梯谢惠连；《雪赋》：思辞之，怀晖衣飞薇违归；《口箴》：机追微肥；《祭古冢文》：司基兹辒摧低醴犀，齐迴颓哀；《秋胡行》：迟姜薆蹊谐；《却出东西门行》：思徽机祈之；《捣衣》：催槐啼闱携阶哀题归衣开非。

（甲）之 脂 微

脂微同用者：

何承天《木瓜赋》：姿辉葳；《思悲公篇》：衣悲归；《巫山高篇》：

微威機師;《君马篇》:姿飞晖旆畿機悲稀师私肥归。颜延之《阳给事诔》:衰威罩畿围悲;《秋胡行》:违畿依迟归。高允《答宗钦》:微機墀晖;《征士颂》:遗迟推饑。鲍照《观漏赋》:归飞晖微衰违;《伤逝赋》:衰违晖非归;《河清颂》:徽微归推辉機衣;《代白纻舞歌》:祎衣晞飞"回"归辉;《代北风凉行》:归悲"哀"追;《吴兴黄浦亭》:辉依归违挥衣追飞韦;《梦归乡》:逶畿归闱晖蕤徽违飞巍衰谁;《秋夕》:機晖稀霏微违帷;《咏双燕》:归飞衣衰威機。

之独用者:

颜延之《秋胡行》:辞基之时持,起始已齿汜。鲍照《伤逝赋》:时兹疑基丝辞期;《松柏篇》:时期治医辞;《拟行路难》:期词基时怡;《答客》:词思疑之基持期诗滋丝时嗤;《送从弟道秀别》:"悲"时怡旗思滋辞持期;《绍古辞》:时丝治缁旗欺;《舞鹤赋》:耻止拟市里;《代门有车马客行》:士里俚喜已止始起耳李;《登庐山》:士趾里汜耳祀裏起似子市;《赠傅都曹别》:沚已里耳起裏。王融《礼舍利宝塔篇颂》:思"悲"滋基之时疑。谢朓《在郡卧病》:兹时葘辞飔持丝期萁嗤;《怀故人》:期思之兹时诗。沈约《郊居赋》:期时辞基司持,怡基芝栌持嬉兹时,炽记饵裁值;《贞女引》:疑"悲"词;《去东阳》:期兹淇萁旗思;《和竟陵王抄书》:期兹诗疑滋词辎之嗤;《春思》:丝持时淇姬思;《高士赞》:志事饵裁"织"异缁记;《涤雅》:炽置忌事志"洎"嗣;《豫章行》:驶思异嗣亟志炽事饵"寄"。任昉《赠郭桐庐》:思"纸"持兹"悲"期辞;《答何征君》:裏市士"轵"喜止。

同此派者:何承天,高允,王俭,谢庄,孔稚珪。

脂独用者:

谢朓《咏邯郸才人》:墀眉悲姿私;《三日侍华光殿》:帷墀姿跇,位懿皆肆。沈约《三妇艳》:墀帷眉私;《九日侍宴》:墀姿蕤湄;

《六忆》:墀"思"饥;《郊居赋》:地嗜肆庇,墢器肆祟地至泪;《丽人赋》:位至媚翠腻;《弥勒赞》:二地礜器位坠至贰媚秘邃备懿;《金庭馆碑》:位器秘箽;《陆昭王碑》:遂箽礜瘁;《梁宗庙登歌》:备位致遂地;《忱威》:水雉指矢轨。任昉《答刘居士》:四类肆至。

脂之同用者:

江淹《别赋》:期辞滋悲时湄;《去故乡赋》:持期滋悲;《空青赋》:"微"之;《齐太祖诔》:墀期辞,师诗疑辞,熙夔诗;《刘仆射东山集》:滋思湄迟时诗;《吴中礼石佛》:疑时湄滋坻私迟淄期;《王微养疾》:滋悲墀帷淄期诗;《悼室人》:兹"微"滋时持。梁武帝《净业赋》:怡眉肌脂欺;《代苏属国妇》:期时基帷湄辞思持丝诗。昭明太子《七契》:迟滋熙,"黎"鸥滋。简文帝《悔赋》:怡遗,期欺蚩基之师;《筝赋》:饥治丝时,私嗤帷迟;《梅花赋》:墀姿帷眉时;《七励》:淇悲眉,"离"遗"飞";《妾薄命》:姿期眉丝疑迟帷时期嗤。梁元帝《玄览赋》:基治师疑辞,辞嬉眉丝思貔时飔龟麇;《登颜园故阁》:墀姿眉迟悲帷时。邱迟《还林赋》:"吹"湄墀辞丝蓍悲。陈后主《巫山高》:期思眉丝时,期思时迟疑。沈炯《陈武帝哀策文》:时熙芝欺医,欺悲迟之帷。庾信《小园赋》:饥迟茨眉龟时丝悲;《游仙》:师期龟芝棋丝祠。隋炀帝《秦孝王诔》:旗湄禩持台尸兹师。

同此派者:陶弘景,王僧孺,刘孝绰,陆倕,王筠,刘孝威,刘潜,何逊,吴均,徐陵,江总,张正见,王褒,卢思道,牛弘。

微独用者:

谢朓《酬德赋》:闱扉辉违依归晞;《拟风赋》:飞晖霏威,归微徽飞;《休沐重还》:归非违依飞微衣菲徽闱扉。《咏落梅》:菲归威辉"追"。梁武帝《白纻辞》:衣"谁"归飞。简文帝《围城赋》:肥扉威"绥""谁";《南郊颂》:衣"蕤""谁"飞;《咏晚闺》:"追"飞衣;《春情》:"追"飞衣归扉。梁元帝《秋兴赋》:归"衰"衣;《鸳鸯赋》:依"衰"機;《船名诗》:飞"追"归矶晖衣;《池中烛影》:辉扉微飞稀"追";《祀伍相庙》:"追"围非衣;《宴清言殿》:玑非"追"。江淹《扇上彩画赋》:徽衣飞"衰"归;《效阮公诗》:衣"谁"晞归"疑"。沈约《晨征》:飞衣归"衰"违依。刘孝绰《对云咏怀》:霏飞衣闱归违扉围晖非機;《拟刘公干》:归飞"追"霏。刘孝威《拟古》:"追""谁"。庾肩吾《游甗山》:"追"归稀飞衣。何逊《行经孙氏陵》:依機畿威浥扉违归微非晖飞衣。陈后主《紫骝马》:归飞辉衣"追"。徐陵《侯安都德政碑》:归晖飞威"绥"。江总《劳酒赋》:非"推"沂。魏收《美女篇》:归騑沂妃飞非衣微稀威依機违。庾信《哀江南赋》:"绥"闱飞,威微归飞;《伤心赋》:"哀"依归讥;《枯树赋》:归薇扉"衰";《鹤赞》:归飞羁衣;《司马裔墓铭》:辉機飞围,微稀衣"衰";《吴明彻墓铭》:"衰"飞"追"归;《谨赠司寇》:機旂归衣飞稀依围肥微妃"吹"威矶扉闱微非"衰""追";《入彭城馆》:威围"衰"飞稀衣归;《和何仪同》:機衣归稀辉飞"衰"機微;《拟咏怀》:非薇违"衰"。王褒《日出东南隅行》:归辉飞"追"。

同此派者:王融,邢邵,昭明太子,任昉,谢庄,王僧孺,陆倕,王筠,张正见,温子昇,隋炀帝,卢思道,薛道衡。

在段氏十七部里,脂微是同部的;南北朝第一期,脂微也是通用的。到了第二期,微韵独立了,脂之却又混了,只有沈约谢朓几个人是脂之微三分的。

有些字是浮动于二韵之间的,例如"轨"字依先秦古韵该归幽(近之),依《切韵》该归脂;任昉在《答何徵君》里把它押入之韵,沈约在《忧威》里却把它押入脂韵。又有些字是容易因传钞而致误的;例如"旂"与"旗","饑"与"饥","帏"与"帷",意义都差不多("饑"训谷不熟,"饥"训饥饿,但也因声近而易混),然而它们却是不同韵的。所以我们遇着这些字的时候该加一点儿判断力。例如江淹《齐太祖诔》以"旗"与"辉""微"为韵,邢邵《古露诗》以"旗"与"霏""機"为韵,"旗"当为"旂"之误;吴均《赠杜容成》以"帷"与"衣""飞"为韵,"帷"当为"帏"之误;余如"饥""饑"相混之例甚多,当视其韵类而加以校正。

本篇在整理材料的时候,曾用陈兰甫"系联"的归纳法。"系联"的结果,对于其他诸韵仍逃不出《切韵》的系统(只在分合上稍有异同),但对于脂微两部则有意外的发见。脂韵一部分的字是该归微的;自从第二期脂微分用以后,这一部分的字就专与微韵同押,而与另一部分的字绝不相通。这一部分的字是:

　　　　追绥推衰谁蕤。

我们再看这六个字同属于舌音与齿音的合口呼,可见它们在同一条件之下归微,并不是零乱的,也不是偶然的。把这六个字认为微韵字,则见南北朝第二期以后微韵绝对不再与脂韵相通,换句话说,就是不再与"悲眉师姿迟龟"等字通押。南北朝声类与《切韵》系统的异同如下表。

《切韵》系统	脂		韵		微	韵
等　呼	开 口	合		口	开 口	合 口
发音部位	喉牙唇舌齿	喉牙唇		舌 齿	喉 牙	喉牙唇
南北朝声类	脂		韵		微	韵
例　字	伊墀师尼黎夷迟胝坁饥私尸资脂尸肌湄	惟悲惟龟湄逵遗夔丕		追衰绥谁推蕤	衣旂讥依沂几希饑矶	围归飞非微违晖徽肥威

由上表看来,《切韵》的微韵没有舌音与齿音,而南北朝的声类却以舌齿的合口归微。对于这种现象,我们可以在现代的北京话

里得到一个解释。现代北京对于脂微是没有分别的,然而对于脂微的合口字却有两种韵母:第一种是"龟归逵威违"等喉牙音字,它们的韵母是"uei";第二种是"追绥推蕤"等舌齿音字,它们的韵母是"ui"。等韵家却把这些字都并成一类,认为一个韵母,因此我想从前北京也许曾经把"追绥推蕤"念入"uei"韵过。从这一事实可以揣测南北朝脂微韵的进化情形:"追绥推蕤"等字大约先念的是"uei",所以入微,因为微韵的开口呼是"ei",后来它们的韵母转变为"ui",如今北京音,所以入脂,因为脂韵的开口呼是"i"。这是暂时的一种假定。

微韵去声字少,故常与脂韵去声通押,如庾信《哀江南赋》以"沸""尉"与"帅"为韵,"气"与"泗至魅冀器地悴"为韵,"攒""沸"与"地帅泪"为韵,"气"与"位弃醉"为韵,《微调曲》以"气""纬"与"位""类"为韵等等。所以南北朝第二期的"醉萃翠邃遂帅类"等舌齿音字虽该认为微韵去声,仍可与脂韵去声"冀季器弃地至鼻寐次自四视懿位利二"等字通押的。

(乙)齐皆灰哈

齐皆灰哈同用者:

何承天《芳树篇》:徊开谐阶槐怀桂乖。鲍照《野鹅赋》:排哀臺摧隈乖怀;《代放歌行》:"非"怀开来埃"归"才猜莱臺徊;《代淮南王》:闱怀;《三日》:怀臺开苔栽梅杯摧。高允《咏贞妇》:笄谐乖怀;《征士颂》:偕谐怀摧哀。江淹《别赋》:珪来徊;《步桐臺》:哉埃臺来怀,徊阶;《渡泉桥》:哉来鳃徊开苔怀来;《休上人怨别》:哉来徊开臺埃怀;《冬尽难离》:闱题怀西啼乖睽蹊。

齐皆同用者:

颜延之《和谢灵运》:迷楼闱睽霾乖蹊薆稽泥淮黎畦偕凄珪怀。

王俭《褚彦回碑文》:阶怀谐黎。

皆灰咍同用者:

谢朓《拟风赋》:才徕臺怀;《奉和随王殿下》:隈来回臺杯,开来怀徊,来开臺枚。张融《海赋》:排开隤。陶弘景《水仙赋》:开淮臺来;《寻山志》:莱臺怀谐埃。陆倕《思田赋》:怀莱隈迴。邢邵《冬日伤志篇》:裁杯臺来开哀枚莱怀。

齐独用者:

谢朓《游敬亭山》:齐楼豀低啼凄蹊迷梯睽。沈约《和陆慧晓》:稽齐黎圭犀携泥畦西迷。王融《戒法摄心篇颂》:薆楼倪齐蹊迷。王僧孺《朱鹭》:堤鹭鸡珪楼。王筠《春日》:齐泥楼闺萋。梁元帝《晚楼鸟》:楼迷齐闺妻。吴均《渡易水歌》:齐舭西嘶齐;《与柳恽赠答》:凄珪齐泥西。江总《紫骝马》:凄闺嘶堤啼;《雨雪曲》:溪西蹄低迷。张正见《从军行》:西齐梯迷泥;《神仙篇》:蜺溪迷泥鸡。庾信《小园赋》:闺携妻畦低嘶;《将命至邺》:堤黎珪迷低蹊;《至老子庙》:蜺豀圭泥低啼迷西;《初晴》:堤低泥溪齐。王褒《山家》:携霓"埤"迷啼楼蹊齐。卢思道《神仙篇》:携梯鸡溪霓泥西迷;《赠李若》:凄蹊西迷珪蹄;《赠刘仪同》:携黎西鸡蹊赍低嘶泥萋。薛道衡《昔昔盐》:堤齐蹊妻闺啼低鸡泥西蹄。

同此派者:谢庄(?),简文帝,任昉,何逊,庾肩吾,陈后主,徐陵,沈炯。

皆独用者:

江总《静卧楼霞寺房》:斋霾阶怀乖侪。庾信《陆逞神道碑》:乖埋堦怀;《商调曲》:"开"乖怀"哉";《山斋》:斋阶埋槐乖;《晚秋》:阶槐霾排;《画屏风》:齐埋怀偕。

同此派者:沈约,吴均。

灰咍同用者:

20

颜延之《阳给事诔》:恢莱埃骸才臺。沈约《饮马长城窟》:堆迴
臺埃;《三日侍凤光殿》:臺哉迴。梁元帝《咏石榴》:催梅来裁
开;《早发龙巢》:隈开来臺。徐陵《梅花落》:梅栽臺徊裁;《斗
鸡》:才媒臺来。庾信《高凤好书》:迴臺来开;《陆逞神道碑》:
摧迴哀雷;《长孙俭神道碑》:雷开臺才;《步陆孤氏墓铭》:迴灰
臺徊;《周宗庙歌》:徊叠来;《步虚词》:开来臺迴莱灾;《游田》:
开来臺回枚杯;《阐弘三教》:开来臺才迴灰;《喜雨》:回媒雷台
开来胎才偲;《蒲州刺史》:迴开催来;《奉和赵王》:臺雷杯采臺
莓。卢思道《卢记室诔》:杯埃迴臺开来。薛道衡《游昆明池》:
徊材来灰开杯;《和许给事》:灰梅徊来杯哉;《梅夏》:梅来开才。
同此派者:谢庄,王融,邱迟,王僧孺,刘孝绰,刘孝威,庾肩吾,
何逊,吴均,陈后主,王褒,隋炀帝。

当齐皆灰咍同用的时候,它们的音值未必完全相同。齐与皆
近,皆与灰咍近,齐与灰咍则较远;所以齐皆同用与皆灰咍同用的
例子都很多,齐灰咍同用的例子就非常少见。

四、萧宵肴豪尤侯幽

(甲)萧 宵 肴 豪

萧宵肴豪同用者:
何承天《采进酒篇》:朝肴交僚镳濠劳遨醪妖谣呶;《上邪篇》:
矫表草道;《木瓜赋》:"劲耀挠效操好报。傅亮《登陵嚣馆赋》:
皋骚飚劳切辽。谢灵运《山居赋》:椒摽绚荄,沼表道,抱表草
矫道窕兆早;《缘觉声闻合赞》:少宝老道;《宋武帝诔》:昭韬郊
朝,道赵造表,沼早昊;《相逢行》:道草抱保槁早老好鸟造燥
绕晓了编;《平原侯植》:沼草讨好道枭抱早藻昊饱老;《从游京
口》:高超镳椒潮皋桃昭苗巢谣;《石室山》:郊高椒朝霄乔交

条;《酬从弟惠连》:交遨苞陶劳;《入东道路诗》:<u>朝飚韶桃苗辽</u>
<u>高朝</u>谣。颜延之《范连珠》:<u>交昭潮</u>;《皇太子释奠》:<u>照奥教效</u>。
高允《答宗钦》:宝矫表缟;《鹿苑赋》:<u>教蹈奥号躁诰照庙导妙</u>;
《咏贞妇》:好到醮<u>效</u>;《征士颂》:到诰操<u>孝教</u>。鲍照《伤逝赋》:
<u>夭少抱保草藻老讨道</u>;《拟行路难》:<u>朝销</u>"头"。张融《海赋》:
艘高<u>飚</u>。陶弘景《水仙赋》:璈肴桃霄。王俭《高帝哀策文》:<u>孝</u>
<u>焜教</u>。邢邵《文宣帝哀策文》:宝草皓扰矫。

萧宵同用者:
谢惠连《泛湖归》:桡潮要椒飚<u>条</u>嚣朝。梁武帝《玄览赋》:霄谯
桥朝轺貂超条标寮绕霄朝;《鸟名诗》:要桡萧腰潮。王融《效
请增进篇颂》:朝遥翘<u>辽</u>超桥镳;《清楚引》:岂宵辽飚苗妖;《游
仙诗》:镳潮飙霄寥。谢朓《遊后园赋》:迢寥飚遥;《拟风赋》:
椒朝遥寥超。昭明太子《芙蓉赋》:"号"曜调;《七契》:曜照召
笑耀妙"乐"。简文帝《三日侍皇太子》:峣寮摇条;《三月三
日》:遥朝夭条朝妖翘腰娇潮椒。沈约《华阳先生》:霄谯朝镳
凋;《伤庾杲之》:僚条飚昭。江淹《水上神女赋》:镳条要娇娇
寥;《檀超墓铭》:镳条要娇椒寥。刘孝威《三日侍皇太子》:朝
谣桥镳萧椒潮;《奉和六月壬午应令》:瑶潮遥桥霄跳桡苗樵瓢
朝遥绡;《奉和晚日》:绡摇潮飚侨箫。江总《营涅槃忏》:条要
遥椒销飙朝。陈后主《独酌谣》:谣谣飚聊调超霄飘遥乔,谣宵
朝,谣消调朝谯娇遥。沈炯《独酌谣》:谣谣要招飘超乔霄韶朝
遥嚣;《八音诗》:娇迢桥飘朝韶嚣飚瑶。庾信《连珠》:标"巢";
《司马裔神道碑》:遥桥辽姚;《梦入堂内》:椒条撩腰摇调朝;
《画屏风》:镳条飘骄桥,飘腰调姚。卢思道《纳凉赋》:条萧镳
峣霄寮;《卢记室诔》:朝翘招条镳僚。牛弘《方邱歌》:昭"郊";
《食举歌》:昭饶调晓朝。

同此派者:谢庄,王僧孺,庾肩吾,何逊,吴均,徐陵,王褒,隋

22

炀帝。

肴独用者:

沈约《郊居赋》:郊茅交巢坳。江淹《齐太祖诔》:孝貌教效。梁武帝《孝思赋》:孝挠教。江总《陆君诔》:教挠孝。庾信《小园赋》:淆交坳巢匏;《周祀方泽歌》:郊庖茅匏;《拟咏怀》:哮交茅巢胶弰崤包;《园庭》:郊爻茆巢苞胶嘲敲庖交。隋炀帝《秦孝王诔》:胞郊巢。

豪独用者:

谢庄《和元日雪花应诏》:道宝造藻杲扫。王融《善友奖效篇颂》:草皓藻道保造;《奉养僧田篇颂》:扫宝道老藻草皓。江淹《谢惠连赠别》:劳遨皋陶"瑶";《拼桐》:草道宝"巧";《阴长生》:宝道草"鸟";《孙绰杂述》:老道皓草"巧""鸟";《郊阮公诗》:好道宝草抱。谢朓《奉和竟陵王》:宝道抱早草老;《忝役湘州》:奥好暴冒灶导号操报劳蹈。梁武帝《净业赋》:道草老恼。昭明太子《拟古》:草皓扫老。简文帝《大同九年七月》:"桡"好。王僧孺《古意》:刀袍毫遭毛蒿;《至半渚》:扫岛鸨潦好。何逊《聊作百一体》:螬毫劳袍敖曹褒蒿糟滔毛。江总《赠贺萧舍人》:道老抱藻草保。陈后主《立春日泛舟》:桃滔袍刀高濠。沈炯《离合诗》:桃高蒿陶骚毫曹劳。庾信《步虚词》:高敖桃刀逃;《侍从徐国公》:韬旄皋醪高刀毛劳;《和裴仪同》:皋骚毛劳高袍。

同此派者:沈约,刘孝绰,王筠,吴均,王褒,薛道衡。

萧宵肴豪只在第一期是同用的;第二期以后就分为三部,萧宵为一部,肴为一部,豪为一部。陶弘景、江淹、王俭还算是第一期的派头;邢邵《文宣帝哀策文》也许是转韵。此四韵不与尤侯幽通,鲍照《拟行路难》是例外。

23

(乙) 尤 侯 幽

尤侯幽同用者：

傅亮《傅府君铭》：修求周幽；《奉迎大驾》：舟球尤收辀留修谋酬浮缫讴。谢灵运《登临海峤》：舟流遊楼留；《山居赋》：口首阜薮后右。颜延之《车驾幸京口》：遊州流舟浮斿讴洲畴邱柔。鲍照《园葵赋》：抽油畴投忧羞；《代结客少年场行》：头钩仇遊邱。简文帝《悔赋》：富宙构授守兽寇；《大同哀辞》：候漏岫就；《饯刘孝仪》：候守斗溜旧；《和萧东阳》：构守候富。徐陵《出自蓟北门行》：愁楼流秋州侯。庾信《哀江南赋》：舟游流楼邱舟侯洲牛，胄漏寇兽宿阄；《拟咏怀》：谋侯头留秋；《微调曲》：首后负；《司马裔神道碑》：构候斗宿；《步陆孤氏墓铭》：守镂斗。王褒《墙上难为趋》：邱酬由求钩侯州投浮钩。卢思道《日出东南隅行》：钩楼羞眸愁留头；《河曲游》：流遊洲稠楼犹讴沟忧；《听鸣蝉篇》：州求楼游侯忧牛。薛道衡《豫章行》：瓯遊流洲楼；《入郴江》：流牛洲浮钩头；《渡北河》：洲流楼浮侯愁；《苔纸》：流钩。

同此派者：全南北朝诗人。

关于尤侯幽三韵，全南北朝诗人是一致的；三韵完全没有分用的痕迹。尤侯大约只是有无介音的分别；尤与幽恐怕就完全无别了。

五、蒸登东冬锺江阳唐庚耕清青

(甲) 蒸 登

蒸独用者：

傅亮《感物赋》：蝇陵惩承膺。颜延之《宋文帝元后哀策文》：昇

凭凝膺蝇。鲍照《代白头吟》:绳冰仍兴胜蝇陵升称凭膺;《与
谢庄三连句》:澄胜凝兴。谢惠连《雪赋》:"穷"升凝冰兴缯;
《代古》:绫绳兴凌升绳。梁武帝《采菱曲》:绳兴菱。简文帝
《赋得桥》:陵冰绳鹰;《吴郡石像碑》:胜证孕乘应。沈约《介
雅》:升仍应。江淹《恨赋》:陵兴乘膺胜;《横吹赋》:磳澄鹰;
《齐太祖诔》:绳兴澄。陶弘景《水仙赋》:磳绳陵;《寻山志》:陵
矜承。王筠《侠客篇》:矜膺陵兴。何逊《七召》:惩绳冰。徐陵
《陈文帝哀策文》:称凭绳升。庾信《连珠》:膺胜;《郑常墓铭》:
凭陵凝承;《周祀圜丘歌》:凭升绳。卢思道《从驾》:陵绳承凭
冰凝蒸征陵胜。牛弘《方邱歌》:承膺。

登独用者:

谢灵运《宋武帝诔》:弘登辌縢。颜延之《赭白马赋》:登棱层
腾。简文帝《咏烟》:藤登层灯。梁元帝《幽逼诗》:恒鹏。刘孝
绰《酬陆倕》:僧灯弘能曾。何逊《渡连沂》:恒腾嶒崩藤登朋。
庾信《北园射堂新成》:登堋能藤朋。

蒸登在南北朝没有合用的痕迹,同时,与它们相配的职德也很
少有合用的情形。依谢惠连《雪赋》看来,蒸可与东通用(实际上与
上古冬部通用),同时,职德与"竹""曲"为韵。由此看来,蒸登与东
冬锺相近,而它们距离庚耕清青甚远。

(乙) 东冬锺江阳唐

东冬锺江同用者:

何承天《社颂》:工龙雍江邦庸。傅亮《感物赋》:中枞墉东充终
融踪封宋隆躬工通蒙。谢灵运《山居赋》:峰纵江红风;《田南
树园》:同中风江墉窗峯功踪同;《于南山往北山》:峯松珑淙踪
容茸风重同通。颜延之《陶徵士诔》:风邦恭农;《直东宫》:工
风墉中宫穷衷松充桐;《除弟服》:冬穷容躬。高允《答宗钦》:

25

通封从同;《征士颂》:躬功崇隆,通胸龙邦。鲍照《野鹅赋》:崇潼蓬空双胸;《代陈思王京洛篇》:窗龙风容中鸿蓬空缝浓纵;《代陈思王白马篇》:弓风中冬缝封松塘戎功锺雄;《纵拜陵登京岘》:终松重通峯容穷中邦空;《赠马子乔》:中风容鸿双;《与荀中书别》:风躬终容江丛空;《还都口号》:宫通风冬空容江邦逢功;《数诗》:东宫邦鸿豐风锺重容通;《玩月》:牎同中风。袁淑《大兰王九锡》:雄东风攻峯。谢惠连《豫章行》:江丛峰锺踪菶龙胸封容;《猛虎行》:峯容踪恭纵;又:风"伤";《前缓声歌》:胸峯公,"杨"同豐;《七月七日》:枞风穷从容踪双惊空龙重。王俭《赠徐孝嗣》:龙东踪雍从。谢朓《移病还园》:蓬鸿空重容冲丛。

东独用者:

梁武帝《净业赋》:童躬穷风雄;《灵空》:同风中冲空。王融《十种惭愧篇颂》:隆中崇通风冲;《法乐辞》:穷风中葱宫;《春游回文》:东丛风红中。昭明太子《七契》:桐葱嵩东风中。简文帝《梅花赋》:宫中丛通简风;《七励》:宫风虹珑东,中红风,"容"童风翁,空通;《上之回》:中宫风瞳戎穷;《艳歌篇》:中空红终宫通骢骏铜弓螉豐枞风筒桐东穷;《行幸甘泉宫》:通宫空风虹终中鸿;《奉和登北顾楼》:宫澧峒童虹中。沈约《瑞石像铭》:功空蒙融通葱风东衷宫工隆嵩;《前缓声歌》:东风宫鸿空虹童空中嵩;《游沈道士馆》:功充中宫穷豐躬"茏"风"踪"鸿通嵩同;《和刘雍州》:工铜珑穷鸿穷丛风雄桐充嵩;《望秋月》:丛风红濛空通珑鸿宫东。江淹《泣赋》:红穷东风;《哀千里赋》:穷红东空;《知己赋》:"容"同终;《丽色赋》:中风桐东空;《灵邱竹赋》:宫空风濛东通;《山桃》:丛风虹"宗";《齐太祖诔》:工空"庸"冲空风,同功东崇,公终"邦"风;《赤亭渚》:枫红穷中空风鸿。任昉《王贵嫔哀策文》:宫风中冲穷终;《侍释奠宴》:冲风蒙"镕"。徐陵《傅大士碑》:雄空通丛风;《徐则法师碑》:童中"镕"蒙;《紫骝马》:髳襱空鸿东。沈炯《长安少年行》:翁蓬雄功宫中通空东终同聋翁蒙。魏收《后园宴乐》:中风穹功通丛。庾信《马射赋》:风宫红弓熊空;《郑伟墓铭》:公通雄"封";《萧太墓铭》:宫戎中东穷风;《祀方泽歌》:宫中风,同宫中冯风葱;《上益州》:穷同蓬风红空;《和乐仪同》:通风宫丰简东;《和王内史》:宫功弓熊"重"。卢思道《孤鸿赋》:鸿虫东风空濛弓;《祭澡湖文》:东濛同风通戎;《后园宴》:丛桄红穷中。薛道衡《隋高祖颂》:蒙同功风。

同此派者:谢庄(?),梁元帝,陶弘景,刘孝绰,刘孝威,刘潜,庾肩吾,何逊,吴均,张正见,牛弘。

冬锺江同用者:

江淹《哀千里赋》:峰江;《丽色赋》:双容龙邦;《赤虹赋》:逢容峯龙"红";《江上之山赋》:江峰重;《镜论语》:纵重峰窗;《陆东海谯山集》:浓"红"松峰重从容。昭明太子《七契》:邦封从;冬从。

冬锺同用者:

沈约《俊雅》:重容从雍恭;《于穆》:锺镛容龙踪。简文帝《刘显墓铭》:巩重冢垄拱酕涌踵;《被幽连珠》:锺宗;《王规墓铭》:锋锺冬;《鹰门太守行》:浓重墉逢封踪。梁元帝《玄览赋》:墉封衝踪松锺。庾肩吾《奉使北徐州》:恭从踪封墉雍重龙容锺松锋浓茸"蕤"峰镛喁峯庸逢。江总《入龙邱岩精舍》:龙峰松锺重容从。张正见《和诸葛览》:封重锋踪"戎";《题新云》:松峰重龙。庾信《陪驾》:龙峰衝松蓉锺重峰容封;《任洛州》:踪龙重锋从庸峰松龚封;《送灵法师葬》:封锋松重锺浓从。王褒《山家》:冬峰踪松锺逢龙。卢思道《春夕》:松封峰浓容重春从。牛弘《太庙乐歌》:宗雍重恭容从。薛道衡《展敬上凤林寺》:峰龙重浓锺松蓉从。

27

同此派者:魏收,邢邵。

江独用者:

简文帝《秋晚》:江窗缸。

阳唐同用者:

颜延之《赭白马赋》:王方装光章"衡"防;《阳给事诔》:阳昌皇
良霜"衡"①。谢灵运《山居赋》:忘常堂阳,榔章梁凉,堂房芳
长傍场,芳姜霜阳,芳狂;《宋武帝诔》:茫伤皇忘。鲍照《喜
雨》:阳光乡潢庄堂芳箱皇。梁武帝《孝思赋》:伤望裳方苍茫
肠央惶狂阳芳伤。沈约《郊居赋》:忘场翔昌堂方藏庄茫攘。
昭明太子《七契》:光芳黄堂羊瀼桑唐康。简文帝《大法颂》:长
王璜皇梁廊裳张锵庠扬藏章彰黄王狼荒乡桑汤良镗祥芳光凰
翔王唐梁常庄骧行狼旸煌香墙凉量王芒霜扬张光房方航疆。
王褒《陌上桑》:桑光芳筐徨。李德林《夏日》:凉塘黄浆光妆
央。薛道衡《隋高祖颂》:方强王康;《月夜听军乐》:隍霜光阳
章强;《和许给事》:行场房妆莺香。

同此派者:全南北朝诗人(惟孔稚珪、徐陵、庾信又以阳唐与江
同用)。

江阳唐同用者:

孔稚珪《旦发青林》:江长央霜忘。徐陵《鸳鸯赋》:双莺。庾信
《鸳鸯赋》:王梁桑床;《柳霞墓铭》:阳张章江;《配帝舞》:藏堂
汤香疆康;《昭夏》:长昌阳煌唐翔方;《王昭君》:阳梁行霜张;
《从驾》:杨场张伤狼骦装行方长昌;《夏日应令》:阳长黄香凉
房簧;《送卫王》:降江;《代人伤往》:莺双。

---

① 颜延之的"衡"字两次与阳唐同用,而不见与庚韵字同用,令人推想颜氏方言里
只把这一个字读入阳唐,并不是把庚与阳唐合韵。这是该辨别清楚的。江淹的"珑"字
也是如此(见下文第30页)。

28

在南北朝第一期，东冬鍾江是同用的，王俭、谢朓还有第一期的遗风。江淹可以代表第一期与第二期之间的过渡人物，所以他的东韵与鍾韵虽在大部分的情形之下是分开的，却仍有些混用的地方。第二期除江王谢三人以外，东鍾的界限就很显明；冬江字少，不常见，偶见时，则归鍾而不归东。第二期以后的东鍾合用时，仅能认为例外，因这种情形太少了。阳唐之不可分，也像尤侯幽之不可分。江韵独用，仅有简文帝的一个例子，似乎是孤证；但与江相配的入声觉韵也有独用的。觉韵独用者有简文帝，沈约，陶弘景，王僧孺，王褒，卢思道诸人，例子很多，显然可信①；那么沈陶王王卢的江韵大约也是独用的，不过没有史料可凭罢了。孔稚珪的江阳同用，觉铎也同用，大约是方音使然，因为南北朝第一二两期的江阳韵是显然划分的。到了第三期，江阳在更大的地域里实际混合了：徐陵与庾信都属于这一派，尤其是庾信，他的江与阳唐，觉与药铎，都有许多同用的例子，绝对不会是偶然的合韵。江韵之离东鍾而入阳唐，是在颇短的时间内发生的变迁；简文帝诸人的江韵独用（同时觉也独用），正是已离东鍾而未入阳唐的一个过渡时期。由此看来，江之归阳，并非在唐宋以后，而是在隋代以前；《切韵》以江次于东冬鍾之后显然是志在存古，戴东原的话有了左证了②。

(丙) 庚 耕 清 青

庚耕清青同用者：

何承天《雍离篇》：情兵庭旌英鸣倾清鲸城平诚。谢灵运《山居赋》：汀倾萦平，平明菁灵萦，经并杭成，猥麑砯鸣，经腥倾成，征

---

① 参看下文觉韵条。

② 戴氏《声韵考》云："江韵不附东冬鍾韵内者，今音显然不同，不可没今音，且不可使今音相杂成一韵也；不次阳唐后者，撰韵时以可通用字附近，不可以今音之近似而淆紊古音也。"

行停星，灵生迎形惊情缨彭；《撰征赋》：平宁京扃茔明，情刑舲灵，轻争明生庭刑，舲城，经荆庚彭兵，惊萌城茎；《宋武帝诔》：行并营明，龄明萌经。颜延之《阳给事诔》：茎争亭城扃生。高允《王子乔》：卿庭星冥。谢惠连《塘上行》：营庭甍馨明。鲍照《野鹅赋》：萦行城庭扃惊宁；《代升天行》：城情平荣生灵经行庭龄声腥；《拟行路难》：庭茎罂争；《从临海王》：行冥荆旌鸣京情零盈。孔稚珪《白马篇》：鸣平庭征星城惊声兵清青亭倾成英。梁武帝《孝思赋》：成荣溟形灵猩停零；《围棋赋》：形荣平名争；《会三教》：经青生名清龄星明生惊英萌荣形情。昭明太子《七契》：荣形声英情名营；《同泰僧正讲》：城名冥惊形英情成盈明更生清轻。沈约《郊居赋》：崟星平形经成坰萦青。江淹《丹砂可学赋》："珑"屏冥鲸名；《灯赋》：檠形灵庭筝平营；《莲华赋》：名英名茎清英灵冥馨；《灵邱竹赋》："珑"青汀坰；《构象台》：精名生青溟生扃汀棂形；《登香炉峰》：经灵青冥星惊生情名旌；《渡西塞》：荣鸣横英情生茎经；《王粲怀德》：京情横清茎零平缨成萍领名；《伤内弟》：名声荣轻情鸣生庭坰。简文帝《马宝颂》：明声经平英，清"兴"①；《秋闺夜思》：征生屏鸣萤成声。梁元帝《玄览赋》：诚明京精庭经。陆倕《和昭明太子》：京城楹溟征灵英坰旌琼荣。庾肩吾《经陈思王墓》：生名宁明成鸣惊城京情。江总《云堂赋》：清营灵名楹英生。卢思道《棹歌行》：清城名缨轻情汀；《赠别司马幼之》：盟行亭旌清生缨名。李德林《相逢狭路间》：经横名城明营生轻兄情明籯星灵筝缨。牛弘《大射登歌》：明成行正庭名英平横清。薛道

---

① 简文帝以"兴"韵"清"，谢惠连以"伤""扬"韵"风""同""豐"（见上文），这是以颇远的韵合用的，我们只能认为偶然合韵，不能把蒸与清或阳与东之间的畛域泯灭。由韵文里研究韵部，该些判断的工夫；否则《诗经》的韵部必不满十部，而不能分为二十二或二十三部了。

30

衡《出塞》：惊兵星城<u>生</u>声庭营缨溟京；《昭君辞》：庭情形轻城
征<u>平</u>声屏明萦名倾<u>生</u>星；《从驾》：<u>经</u>营旌清亭。

同此派者：傅亮，袁淑，王融，张融，谢朓，陶弘景，任昉，吴均，
陈后主，沈炯，魏收，温子昇，隋炀帝。

庚耕清同用者：

何逊《与崔录事别》：<u>行</u>城盈<u>平</u>并<u>明清惊</u>迎征清兄京生。徐陵
《陈文帝哀策文》：城<u>明清</u>精<u>平</u>，祯征<u>鸣荆倾</u>。庾信《哀江南
赋》：城营兵<u>行鸣</u>声；《象戏赋》：枰"<u>灵</u>"<u>生行明</u>；《灯赋》：清声<u>鸣</u>
荣<u>明</u>情；《段永神道碑》：<u>生</u>"<u>星</u>"<u>鸣</u>"<u>坰</u>"声；《周祀圜丘歌》：诚请
倾情<u>明</u>，清"宁"成；《商调曲》：<u>明行</u>成<u>衡</u>"<u>刑</u>"情"宁"<u>平</u>，声"形"
<u>平</u>，平成旌盟；《角调曲》：征兵<u>生</u>声"并"盈成"<u>刑</u>"；《徵调曲》：
<u>生清明倾平</u>"<u>庭</u>""<u>铭</u>"；《出自蓟北门行》：情城<u>鸣</u>兵营名；《奉报
赵王》：<u>平</u>兵<u>鸣</u>名征<u>明行</u>营城迎声<u>衡</u>；《伏闻游猎》：晴横<u>行</u>声<u>鸣
惊平</u>城；《同泰寺》：清京城<u>惊生</u>声轻<u>明</u>城笙情；《夜听捣衣》：声
城<u>明</u>成声<u>鸣</u>；《宫调曲》：<u>平</u>"<u>灵</u>""<u>庭</u>"<u>衡庚</u>。

同此派者：谢庄，王俭，张正见，王褒。

青独用者：

谢庄《月赋》：经灵冥庭；《宋孝威帝哀策文》：亭星庭冥；《宋明
堂歌》：庭灵，庭灵，宁灵；《江都平解严》：灵宁馨；《怀园引》：庭
青。王俭《高帝哀策文》：经坰利庭；《明德凯容乐》：灵庭形宁。
刘孝威《妾薄命篇》：庭陉屏坰亭冥形。何逊《七召》：庭"声"；
《和萧咨议》：庭萤屏青星。徐陵《太极殿铭》：屏棂铭经廷。庾
信《哀江南赋》：泾陉亭萤青；《卬竹杖赋》：铭庭；《齐王宪神道
碑》：经灵宁庭；《长孙俭神道碑》：灵星经庭；《辛威神道碑》：灵
星庭经；《豆卢公神道碑》：泾星灵亭铭；《柳霞墓铭》：星经萤；
《郑常墓铭》：灵经亭星；《赵广墓铭》：经庭铭星；《青帝云门
舞》：星灵。王褒《从军行》：经亭陉泾形星青刑铭庭屏。

31

《广韵》以庚耕清同用,青独用;刘渊《平水韵》直以庚耕清并为一韵,青仍独立。凡《广韵》同用独用之例,并不仅是因为韵窄而归并的,而是依声音的远近:支韵已够大了,还要与脂之同用;微韵虽窄,仍该独用。可见窄不窄并不是同用独用的主要原因。青既独用,可见它的音距离庚耕清颇远,而这种现象在南北朝已经看得出了。庾信有十篇诗赋是专用青韵的。其余虽也有庚青同用的地方,但都是些祭歌,神道碑,赋;诗里则绝对没有青与庚耕清混用的例子(诗的用韵比较严格,非但庾信如此)。除何逊、徐陵、庾信等人外,南北朝大部分的诗人似乎以四韵同用;然如江淹《知己赋》以"经灵形"为韵,《灵邱竹赋》以"青汀坰"为韵,《石劫赋》以"溟灵宁形"为韵,沈约《弥陀佛铭》以"形灵冥龄"为韵,《金庭馆碑》以"庭星棂青"为韵,谢朓《酬德赋》以"迴艇溟鼎并婷"为韵,简文帝《七夕》以"灵軿星停"为韵,似乎都不是偶然的;尤其是青韵上声字那么少,而谢朓用了六个上声字还不至于出韵,更显出青韵的独立性来了。

六、真谆臻欣文元魂痕先仙山删寒桓

(甲) 真谆臻欣文

真谆臻欣文同用者:

何承天《社颂》:民"行"人钧泯;《天赞》:人辰分;《战城南篇》:尘震殷云;《有所思篇》:闵辛因坟;《远期篇》:辰亲宾人文尘神均身春。谢灵运《山居赋》:文神陈伦;《撰征赋》:辰人纶分民,君焚勋仁;《宋卢陵王诔》:沦春云申;《鞠歌行》:邻因云陈沦真亲斤人辰;《述祖德诗》:云氛人军分人尘纶"屯"民;《魏太子》:辰津民臻仁新陈人茵尘珍;《答惠连》:旬蓁;《登临海峤》:近畛忍隐;《临终诗》:尽殒菌愍泯忍"朕"。梁武帝《净业赋》:人尘

嗔筼春真芬新邻因神。陶弘景《云上之仙风赋》:文云辰;《瘗
鹤铭》:"禽"真,辰辛"门";《许长史旧馆坛碑》:芬文巾薰;《告
逝篇》:因欣身宾津。

真谆臻同用者:

颜延之《迎送神歌》:亲春禋陈民晨沦神轮振。谢惠连《雪赋》:
陈亲绅因春;《仙人草赞》:人臻春"林";《夜集作离合》:宾臻
遵。鲍照《代蒿里行》:伸晨亲巾陈沦人尘;《送盛侍郎》阐津尘
人身春;《学古》:巾亲人身神唇珍尘申晨陈春。谢朓《齐雩祭
歌》:巡宾臻。昭明太子《宴阑思旧》:淳邻新仁滨尘巾;《东斋
听讲》:珍仁均真尘津陈新蘋伸。简文帝《长安有狭斜行》:
"寻"银臣尘陈新巾鬟唇;《伤离新体》:申"襟"漘尘轮人。何逊
《赠族人》:绅薪姻陈纶巾淳身民人仁贫珍伦神沦滨真陈亲邻
尘秦辰。徐陵《欧阳頠德政碑》:陈臣因新申镇邻宾尘仁春;
《王劢德政碑》:臣滨因神恂珍伦臻椿陈春。江总《梁故度支陆
君诔》:仁真神"禽"辰身贫姻人。卢思道《城南隅燕》:新人春
滨尘轮旬秦;《上巳禊饮》:尘春蘋人;《珠帘》:晨人尘春。薛道
衡《豫章行》:顿春新人尘。

同此派者:萧子良,王融,庾肩吾,吴均,王褒。

真谆臻欣同用者:

谢庄《孝武宣贵妃诔》:姻臻;辒身旻闉;《宋明堂歌》:晨春,新
垠。沈约《郊居赋》:津秦闿珍春人;《需雅》:珍薪陈神垠;《大
壮舞歌》:人伦薪晨旻津震人轮新陈寅;《新安江》:珍春鳞津磷
巾尘。梁元帝《玄览赋》:真珍欣陈麟。徐陵《走笔戏书》:勤春
人尘新巾身。庾信《哀江南赋》:人民轮筼臣滨麟人,纶勤臣真
人;《吹台微铭》:筼真晨人秦春新尘;《皇夏》:辰人驯邻尘轮臣
麟宾;《羽调曲》:辰臣麟轮巡银宾人。牛弘《蜡祭歌》:民垠;
《方邱歌》:神辰纯陈臻人。

33

文欣同用者:

颜延之《夏夜呈从兄》:纷分云闻芬殷文;《还至梁城作》:勤军群分云文坟君闻殷。鲍照《芜城赋》:殷勤坟云文君分;《野鹅赋》:殷"鹑"文云群;《还都道中》:勤分群纭闻。卢思道《升天行》:群君文云垠氲闻纷。

文独用者:

谢庄《侍宴蒜山》:云氲分云;《侍东耕》:闻云熏汾。王融《出三界外乐篇颂》:氛云坟群薰君。沈约《秋夜》:分氲云裙闻。昭明太子《七契》:云文分芬闻。简文帝《七励》:闻君分勋文云。何逊《九日侍宴》:勋君分氛氲群云曛纹芬云闻汾。庾信《豆卢公神道碑》:君云分勋文;《段永神道碑》:闻君纷云军;《同卢记室从军》:文军群汾分闻云君;《西京路春旦》:分云汾群氛君文薰军;《纥豆陵氏墓铭》:问愠训"舜"。

同此派者:萧子良,袁淑,谢朓,王僧孺,庾肩吾,吴均,江总,王褒。

真谆臻之不可分,全南北朝是一致的。欣韵或归文,或归真,大致可说第一期的欣归文,第二期以后的欣归真。"垠"字本有"语巾""语斤"二切,故上面所举谢庄以"垠"韵"新",仍不当认为欣真同用;反过来说,卢思道以"垠"与"群""君"等字为韵,也不能认为欣文同用。《切韵》是志在存古的,隋时江已入阳却仍把它放在东冬锺之后;同理,隋时欣已入真却仍把它放在文之后,因此就与实际语音系统冲突。顾亭林注意到杜甫以欣真合用,亦可为唐时欣已入真之证。就真谆臻三韵看来,收"n"的韵尾很有些地方是与收"ng"或收"m"的韵尾混用的。例如何承天以"行"与"民人钧泯"为韵,是韵尾"ng""n"相混;陶弘景以"禽"与"真"为韵,谢惠连以"林"与"人臻春"为韵,简文帝以"寻"与"银""臣"等字为韵,"襟"与"申""溽"等字为韵,江总以"禽"与"人""真"等字为韵,是韵尾"m""n"相混。我们再看庾信《夜听捣衣》以"纂"与"暗""掺"为韵,也是

34

"m""n"相混。乍看起来，真侵相混与桓覃相混都很像今北音与吴音，真庚相混也像今北音；但我们决不能如此判断。在南北朝的韵文里，韵尾"m""n""ng"三系的界限是很显明的，我们不能因为有了六七个例外而把三系的界限完全泯灭。同时，我们也只能认为例外，不能认为传写之讹，因为这些例外也有它们的条理：真只与庚混而不与阳唐或蒸登混，又只与侵混而不与覃谈或盐添混。由此看来，一定是以为真庚侵的主要元音相同，所以诗人们可以偶然忽略了它们的韵尾而以真庚合韵，或真侵合韵。由此类推，桓覃的主要元音也该相同，或被认为相同。

（乙）元魂痕先仙山删寒桓

元魂痕先仙山删寒桓同用者：

何承天《上白鸠颂》：乾山渊宣言；《上陵者篇》：攀纵峦桓端轩兰原山叹还班干酸欢。谢灵运《山居赋》：山川员端观盘，便闲研旋川川阡涟，园存"西"山然源田阡，荪莲鲜翻阑残欢还，繁源川敦鳊鳣鲜渊旋泉，山园存肩餐温，湍还峦单轩前椽牵翾，山卷员渊绵然，辕门荪泉，观欢难阑端还攀，篇艰旃贤山；《撰征赋》：山渊虔，寒安端藩难言叹，难艰便川魂，尘难川贤旃颠，天恩藩门，迁根渊宣元恩言，端冠湍关难叹，澜颜端旋年川涟旋埏圆田痊焉。张融《海赋》：天川门，奔魂前天。陶弘景《水仙赋》：山言川辕，翻门前渊田连年仙；《寻山志》：山艰根存峦原山门源天蝉田。

元魂痕同用者：

颜延之《宋文帝元后哀策文》：门园辕轩原"谨"援；《挽歌》：昏门园根。鲍照《代东武吟》：喧言恩源垣奔温存论门豚猿怨轩魂；《代东门行》：远晚饭"断"；《拟行路难》：门园蹲"鹃"魂髻尊言。谢庄《怀园引》：荪樊园喧门；《孝武宣贵妃诔》：怨万，"媛"

35

宪逊怨。梁武帝《方丈曲》：门"遵"。沈约《销声赞》：魂樊存
"骞"言；《酬谢宣城》：门喧翻园尊荪存崑繙源；《奉和竟陵王》：
魂存门园樽论。江淹《恨赋》：原魂论，冤魂门恩言；《遂古篇》：
门存沅，元魂尊原论言浑惛，孙繁奔；《左思咏史》：门魂源恩尊
轩言门园。任昉《苦热》：轩恒根温奔。简文帝《蒙预忏悔》：昏
门园怨猿喧轩翻门樊；《山斋》：藩门猿"鸾"。刘孝威《思归
引》：恩燔奔魂屯鞬论。吴均《酬别江主簿》：源根门樽恩"骞"
原翻萱。徐陵《刹下铭》：垣鹣翻怨阍论昏孙。王褒《送观宁侯
葬》：源蕃温崑喧魂垣孙辕樽存园门根村昏喧原。

同此派者：谢惠连，高允，谢朓，王僧孺，刘潜，庾肩吾。

先仙山同用者：

颜延之《阳给事诔》：甄贤间先传；《赤权颂》：宣玄天间；《从军
行》：间山天川涓燕弦边前悬烟怜；《观北湖田收》：川仙塵山
"环"天先烟芊年筵妍牵；《北使洛》：艰山间川贤椽烟年"言"
"繁"舋然。高允《鹿苑赋》：简践典宴遣显。鲍照《芜城赋》：肩
天田山妍；《舞鹤赋》：年天泉山；《河清颂》："溱"川年山涓渊
鲜；《代别鹤操》：间悬山烟；《代朗月行》：山前妍絃先篇宣间；
《代白纻舞歌》：捐天"恩"筵山年"言"；《和王承》：年绵贤山烟
牵传间；《拟古》：泉坚年山川烟填贤；《拟青青陵上柏》：泉烟年
絃川山莲前贤；《学刘公干体》：山前天妍；《白云》：天仙渊山烟
泉间絃传旋。谢惠连《雪赋》：鲜山；《甘赋》：圆山。袁淑《效子
建白马篇》：翩间贤年权鄽"言"泫"西"捐泉前然。谢庄《月
赋》：涓闲燕玄传；《宋孝武帝哀策文》：蹇冕"峄"剪；《舞马赋》：
荐盼箭练袨。王融《赠族叔卫军》：宣山。沈约《栖禅精舍铭》：
禅烟天田筌年旃椽山玄泉莲迁悬筵蝉传缘；《君子有所思行》：
川"轩"仙絃年蝉玄；《早发定山》：山间圆溅然莛仙；《悲落桐》：
山天悬。江淹《泣赋》：山泉烟连；《去故乡赋》：渊山天；《哀千里

赋》:怜"难"迁山;《赤虹赋》:山"轩"莲年;《江上之山赋》:旋迁天山坚;《空青赋》:仙山泉烟;《翡翠赋》:山泉天泉;《薯蓣》:怜仙年山;《白云》:捐山前天;《刘乔墓铭》:贤传宣年"关"坚甄玄山烟镂;《遂古篇》:然边天山渊川先间然传仙缘宣艰"论"旋"言""宣"偏间千篇坚"言"悬烟天先,然传山边缘前田千年全坚然间连鲜前先间山"沦"圆边船;《访道经》:传然山;《悦曲池》:绵旋天泉山,湲莲闲山前边;《爱远山》:山天田泉;《游黄蘗山》:边仙天泉烟间年山前然;《历山集》:年山田天然连间;《贻袁常侍》:天泉"姻"山莲前坚年。《寄丘三公》:川"西"坚天山;《袁淑从驾》:玄年川悬山渊酃絃天筵前宣;《学魏文帝》:山"寒"燕贤。谢朓《思归赋》:盼绚变电眩见。梁武帝《游钟山》:缠眠权迁年然然煎先缘川悬山绵圆娟溅牵泉"姻"禅虔田天边前贤;《春歌》:眼"恨"。吴均《吴城赋》:烟年迁壖山;《八公山赋》:山仙燕,天山鲜仙山翩天。温子昇《常山公主碑》:山泉田传。邢邵《文襄金像铭》:诠焉缠缘镂宣边千天山年玄传;《广平王碑》:山编玄。

寒桓删同用者:

鲍照《观漏赋》:难丸澜欢叹;《芜城赋》:寒残"言";《石帆铭》:难安"言"还"烟";《代东门行》:酸寒颜端;《拟行路难》:宽难"言"还关寒颜难叹,寒安看冠;《赠王子乔》:丹难颜还兰;《和王护军》:寒还弹酸单残难纨餐;《苦雨》:灌乱旦晏岸馆漫弹;《冬至》:叹换雁岸晏散弹。谢惠连《秋怀》:患晏烂雁慢半算慢宦玩翰乱旦焕叹"串"。谢庄《孝武宣贵妃诔》:纨阑寒栾攀;《怀园引》:关寒还。江淹《丹砂可学赋》:观澜纨安颜;《横吹赋》:冠寒还;《王太子》:丹岏兰还;《萧太傅东耕祝文》:坛"年"銮;《山中楚辞》:峦团寒难还兰;《赠炼丹法》:还颜攀丹欢箪寒鸾;《采石上菖蒲》:看端澜丹欢宽颜还;《古离别》:关还团寒;《征怨》:

"閑"颜还;《学梁王兔园赋》:雁汉散,乱叹半。吴均《赠王桂阳别》:欢干关湍还;《古意》:干纨团"言";《闺怨》:还安难纨。

先仙同用者:

梁元帝《玄览赋》:阡田连田然,然天莲连躔遄。何逊《学古》:年翩鞭圆连前天。张正见《御赤乐游宴》:埏宣编畋边川烟仙旃鞭弦筵絃天鲜蝉饴涓泉年;《重阳殿》:泉连泉瀍悬烟仙橡莲年鲜躔天弦前翩。隋炀帝《步虚词》:然天莲烟篇连泉田玄年。

卢思道《卢记室诔》:联年天贤前田;《从军行》:泉连年贤天;《后园宴》:仙年田连然。李德林《从驾》:宣年川烟连天旋篇。

薛道衡《老氏碑》:先天川然;《隋高祖颂》:然仙玄年;《和许给事》:年圆悬前连川絃。

同此派者:傅亮(?),简文帝,庾肩吾,吴均,陈后主,徐陵,沈炯。

寒桓同用者:

沈约《日出东南隅行》:郸端纨澜栾官鞍鸾冠;《白马篇》:鞍兰难盘寒飡兰安官单完;《登高望春》:安桓纨翰丹鞍兰难欢叹。王僧孺《永宁令诔》;湍干漫澜翰端残棺寒抟攒安澜。刘孝绰《栎口守风》:欢澜难峦寒安兰鸾;《爱姬赠主人》:看残纨欢冠。邢邵《冬夜》:安寒酸端残阑冠宽兰官韩干抟难桓。薛道衡《出塞》:团安寒端乾难官鞍韩刊兰;《山亭》:兰端寒;《和许给事》:兰难鞍丸。

同此派者:颜延之,袁淑,萧子良,昭明太子,简文帝。

寒桓先仙同用者:

刘孝威《采莲曲》:船莲鲜盘钿;《龙沙宵明月》:圆残澜寒单难欢丸。

寒桓山同用者:

庾肩吾《奉和赛汉高庙》:坛安残寒难;《和竹斋》:竿栾栏乾艰;

《从驾》:兰坛寒宫安;《奉和武帝》:攒寒餐兰峦蟠澜;《岁尽》:弹安盘丸看。庾信《哀江南赋》:难端安残难丸寒山;《伤心赋》:间安棺栾寒;《柳霞墓铭》:观寒宽棺;《雍夏》:阑"关";《舞媚娘》:看安"还"残;《正旦上司宪府》:阑端官盘弹寒栏抟栏难冠丹竿;《奉和赐曹美人》:寒兰看;《问疾示封中录》:闻寒"还"纨。

删独用者:

梁元帝《春别》:攀关还。刘孝绰《遥见邻舟》:关还颜管班环攀。庾肩吾《南苑看人还》:颜攀鬟关还。徐陵《和王舍人》:颜鬟关还。江总《别永新侯》:关还。庾信《连珠》:关还;《反命河朔》:班还颜关;《应令》:湾还关;《看舞》:关鬟;《望渭水》:湾还;《咏雁》:关还;《步陆孤氏墓铭》:"官"雁涧"赞"。李德林《入山》:关环攀还颜。

山独用者:

简文帝《游人》:间山。梁元帝《玄览赋》:殷山闲;《秋兴赋》:间"兰"。

删山同用者:

卢思道《从重行》:攀还间。

大致看来,元魂痕是一类,先仙山是一类,删寒桓是一类。元魂痕与先仙山相近,先仙山又与删寒桓相近。山删必不可混,否则先仙山删寒桓六韵就只好并成一类了;因为在南北朝大部分的韵文看来,山是与先仙混的,删是与寒桓混的,至于山删混用的例子则很少。删虽与寒桓相混,它的主要元音未必与寒桓完全相同:非但梁元帝,庾肩吾,庾信,江总,李德林的删韵独用是显然的,鲍照的《萧史曲》以"颜攀关还"为韵,《幽兰》以"颜还"为韵,谢庄《山夜忧》以"还颜关"为韵,江淹《古意》以"关环蛮还"为韵,都能显出删的独立性。山韵字比删韵字更少,所以很少独用的例子,但它的主要元音是否与先仙完全相同,也还是个疑问。删山完全相混,恐怕是第三期以后的事。其次,我们注意到元魂痕在南北朝没有分用的痕迹,先仙也是完全相混的。

"西"字很奇怪:谢灵运、袁淑都把它读入先仙韵,这与先秦古音相符;但江淹在《寄丘三公》里虽把它读入先仙韵,在《冬尽难离》里又把它读入齐韵,同是一个人而有两种读法,便不容易索解。我们可以这样猜测:南北朝第一期的"西"字归先仙,第二期归齐;江淹在《寄丘三公》里用古音,在《冬尽难离》里用今音。

七、侵覃衔谈盐添咸严凡

侵独用者:

谢灵运《伤已赋》:心临阴音;《昙隆法师诔》:深临林嵚。高允《答宗钦》:深心寻箴。鲍照《日落望江》:深阴林寻音心金沈;《和傅大农》:音心林阴深禽沈岑寻。谢庄《孝武宣贵妃诔》:祲渗衽禁。沈约《侍宴乐游苑》:临心沈阴林禽襟浔簪;《郊居赋》:甚禀稔埁枕。简文帝《金錞赋》:深金阴钦心音寻琳。庾信《小园赋》:林簪沈寻林心琴;《夜听捣衣》:阴林砧琴针心;《幽居值春》:沈临林侵琴深金;《卧疾穷愁》:侵心林寻琴吟。卢思道《卢记室诔》:深金沈簪临阴吟箴寻任音心;《有所思》:任深金林心。薛道衡《老氏碑》:林心琛琴。

同此派者:全南北朝诗人。

覃衔同用者:

谢灵运《山居赋》:南潭参耽。鲍照《采菱歌》:潭南。沈约《江南曲》:潭南谙簪嵌。江淹《丽色赋》:南骖衫。谢朓《临楚江赋》:南潭岚"严"。昭明太子《七契》:耽南。简文帝《正智寂师墓铭》:潭堪;《采菱曲》:含蚕南。梁元帝《玄览赋》:篸暗。吴

40

均《古意》:堪南篸潭蚕。庾信《伤心赋》:篸男含;《卭竹杖赋》:
南潭;《枯树赋》:南潭堪;《纥豆陵氏墓铭》:南骖覃蚕;《郑氏墓
铭》:南覃参蚕;《和侃法师》:潭南;《赠别》:含洽;《夜听捣衣》:
暗"篆"掺。隋炀帝《锦石捣流黄》:暗惨。

谈独用者:

简文帝《七励》:三甘谈惭。

盐添凡同用者:

谢庄《宋明堂歌》:帘檐。颜延之《陶徵士诔》:古瞻欿窆。高允
《答宗钦》:兼谦潜阁。沈约《八关斋》:染掩险渐。江淹《齐太
祖诔》:掩险俭渐,堑念剑。昭明太子《七契》:瞻檐潜霑淹。简
文帝《七励》:添甜盐,剑堑;《春闺情》:纤缣帘檐嫌;《咏雪》:奁
盐。刘孝绰《望月有所思》:纤檐帘。魏收《永世乐》:添霑嫌。
何逊《杂花》:染点敛。江总《东飞伯劳歌》:脸欿。庾信《连
珠》:染险;《元氏墓铭》:冉验掩。徐陵《鸳鸯赋》:念厌。

侵韵之独用,是全南北朝一致的。覃谈盐添咸衔严凡八个韵
很少见,尤其是严韵,只有"严"字见一次,咸韵则完全不见。这样,
我们颇难断定它们的音值的异同或远近。依我们所有的史料看
来,覃衔的音值该很相近,或相同;谈不与覃混,则它们的音值也许
相差较远。"严"字似乎就是衔韵中字,否则只能说它是偶然与覃
合韵,严的入声业韵却是与凡的入声乏韵同用,例如沈约《释迦文
佛像铭》以"业胁劫"与"法"为韵,可见《广韵》的严凡同用不是没有
理由的。咸韵字虽未见,但与它相当的洽韵是与叶帖同用的,可见
《广韵》把咸放在盐添的后面也是有缘故的。

八、职德屋沃烛觉药铎陌麦昔锡

(甲)职　德

职独用者:

颜延之《宋文帝元后哀策文》:饰测侧极。高允《徵士颂》:直识翼食式色。鲍照《游思赋》:抑蚀逼息织力棘;《拟行路难》:食息翼息侧识直;《代雉朝飞》:翼力逼直臆色;《行京口至竹里》:仄色翼逼食力息。谢惠连《鸂鶒赋》:鶒色息侧;《顺东南门行》:力息直识恻。王俭《高帝哀策文》:职式极昃。谢朓《酬德赋》:息翼恻懿植敕臆;《答张齐兴》:极色"昔"职侧直翼饰力陟。沈约《郊居赋》:棘即息翼力植直;《相逢狭路间》:忆侧食直翼色织即翼;《赤松涧》:测息陟翼食侧;《梦见美人》:息忆色食侧忆。江淹《江上之山赋》:色逼息仄力极;《刘桢感遇》:色直翼职饰侧测。梁武帝《登北顾楼》:识陟逼域侧测织。邢邵《七夕》:侧息测色轼织翼。江总《辞行李赋》:力棘息直翼饰极。王僧孺《中寺碑》:测极息"赫"力;《中川长望》:即极息昃识直色忆。刘峻《登都洲山》:峒翼测息色;《始营山居》:息织峒植翼极侧色食臆。刘孝绰《饯庾於陵》:侧色饰翼昃力息。何逊《拟轻薄篇》:亿饰植息直侧食类色织匿极。庾信《豆庐公神道碑》:巇直色殖棘轼;《步陆孤氏墓铭》:域色直植。卢思道《听鸣蝉篇》:极侧食。

同此派者:何承天,梁武帝,昭明太子,简文帝,梁元帝,吴均,陈后主,温子昇,任昉,刘潜。

德独用者:

谢灵运《山居赋》:默勒国得;《陈琳》:愿北勒国贼则德刻黑默惑。颜延之《宋文帝元后哀策文》:则德塞国。高允《征士颂》:或国墨忒;《北伐颂》:德国塞则。鲍照《河清颂》:国北黑棘德。袁淑《驴九锡文》:默刻忒德。谢惠连《雪赋》:国"域""竹""曲"德;《秋胡行》:得惑。王俭《诸彦回碑文》:默国则德。谢朓《敬皇后哀策文》:忒则国德;《海陵王昭文墓铭》:则嘿克德;《三日侍华光殿》:"式"德默国。沈约《需雅》:国德则忒塞。任昉《知

42

己赋》:惑"渴"默;《泛长溪》:勒国"域"惑缧黑。江淹《齐太祖诔》:德国克黑则默,国德塞则;《荐豆呈毛血歌辞》:则德塞默黑国。王僧孺《白马篇》:北勒得国"棘"惑黑墨特塞德。梁元帝《玄览赋》:则国,则国德墨"极"。吴均《送归曲》:默塞国北;《赠任黄门》:德勒北黑默;《古意》:塞德勒北。江总《玛瑙盘赋》:特国刻勒;《陈宣帝哀策文》:"业"默德塞。庾信《慕容宁神道碑》:北国则德;《赵广慕铭》:塞德国勒;《宇文显和墓铭》:德则北勒。王褒《于谨墓碑》:塞德北国。

同此派者:谢庄,王融,梁武帝,沈炯,邢邵,牛弘。

职德同用者:

隋炀帝《秦孝王诔》:则国德克,翼国塞,直侧。薛道衡《隋高祖颂》:慝国德塞则植息极;《豫章行》:极忆息;《山亭》:息侧色。

职德与蒸登相配;蒸登既分用,职德也跟着分用。这种整齐的情形,非但蒸登职德如此,其余平入相配的韵也都如此。不过,职德合韵的例子比蒸登合韵的例子多些;隋炀帝与薛道衡竟似以职德相混。也许职德在南北朝第一第二两期中,它们的主要元音是不相同的;后来在北方渐渐混同,只剩下洪细音的分别了。

(乙)屋沃烛觉药铎

屋沃烛觉同用者:

颜延之《赭白马赋》:属束足毂于嶽躅。谢灵运《山居赋》:谷竹麓渎,陆菽熟牧腹,牧逐竹谷蓲蓲福熟,木赎浊谷竹绿;《撰征赋》:目曲旭濯啄邈学躅属"慝"足;《归涂赋》:渥局邈谷乐;《宋庐陵诔》:酷毒辱赎;《慧海法师诔》:觉学"泽"琢;《过白岸亭》:屋木曲属鹿乐戚朴;《东阳溪中》:足"得"。谢惠连《雪赋》:服曲,幄缛爥曲;《祭古冢文》:渥曲卜麓木。高允《北征赋》:育"域"福服。鲍照《观漏赋》:仆觉促玉属木哭续;《芙蓉赋》:渥

43

曲<u>绿玉烛木</u>;《河凌颂》:竹<u>邈</u>;《石帆铭》:陆服木<u>斲</u>谷;《绍古辞》:木促"鹤"<u>録玉曲</u>。

屋沃烛同用者:

袁淑《啄木诗》:木宿<u>欲辱</u>。谢朓《酬德赋》:六淑複穆菊服<u>勖</u>;《冬日晚郡事隙》:木竹肃陆目馥轴菊;《和王著作》:澳服陆竹複目穀牧曝倏淑轴谷沐築;《治宅》:曲足旭<u>隶粟</u>;《咏竹火笼》:<u>玉褥曲绿旭</u>。孔稚珪《北山移文》:覆哭<u>黩</u>,<u>续狱録</u>牧。

屋独用者:

沈约《循役》:穆服陆複木伏牧竹復。江淹《灵邱山赋》:馥木矗肃陆。梁武帝《凡百箴》:肉築禄;《东飞伯劳歌》:六"玉"。昭明太子《讲席将讫》:竹宿菊築轴蓄伏目郁蹙馥熟穀腹郁谷覆恶屋族独缩木宿扑菽澳械逐穀。简文帝《登城》:轴竹陆谷木復目穀。吴均《春怨》:復煜竹宿目谷屋逐複独。徐陵《陈文帝哀策文》:畜築熟肃;《咏柑》:淑竹"国"郁育。庾信《哀江南赋》:覆鹿黩"酷"睦轴熟屋哭;《角调曲》:谷竹牧穀叔漉屋。卢思道《卢记室诔》:福陆淑目。牛弘《圜丘歌》:穆肃服祝福。

同此派者:王融,王筠,刘孝威,何逊,江总。

烛觉同用者:

谢庄《舞马赋》:躅烛足<u>驳</u>。王融《和南海王》:欲瞩<u>浊曲</u>。江淹《学梁王兔园赋》:确驳褥续;《灯赋》:缛<u>朴</u>。任昉《答陆倕知己赋》:<u>朴学喔曲乐喔褥</u>。

烛独用者:

简文帝《书案铭》:足玉绿曲褥束俗烛勖。沈约《郊居赋》:项烛俗玉;《伤美人赋》:玉曲躅烛褥;《游钟山》:足曲欲足;《伤春》:绿曲续玉;《愍衰草》:烛续曲绿。邱迟《何府君诔》:"壐"俗玉辱。王僧孺《捣衣》:促绿旭烛曲续足;《在王晋安酒席》:曲瞩玉醁。王筠《三妇艳》:褥烛曲续。何逊《七召》:欲足俗躅玉。

44

梁元帝《玄览赋》：旭促烛玉；《鸟栖曲》：玉曲"逐"；《示吏民》：足欲绿俗。徐陵《傅大士碑》：足"蜀"促狱烛。江总《真女峡赋》：瞩曲烛玉。庾信《长孙俭神道碑》：局玉烛粟；《微调曲》：欲俗粟触足。陈后主《朱鹭》：绿曲续瞩。隋炀帝《秦孝王诔》：促"谷"曲；《东宫春》：绿促玉曲。牛弘《和许给事》：烛续曲玉。卢思道《孤鸿赋》：绿浴旭粟续玉。

同此派者：梁武帝，张正见。

觉独用者：

沈约《僧敬法师碑》：觉学邈。陶弘景《许长史旧馆坛碑》：学浊朴觉。简文帝《筝赋》：角学乐；《七励》：觉朴学；《刘显墓铭》：握学岳。王僧孺《云法师碑》：樸"测"邈学觉握岳。王褒《陆腾勒功碑》：岳璞。卢思道《卢记室诔》：朔乐学握。

药铎同用者：

谢灵运《山居赋》：薄壑若，托龠作；《撰征赋》：托络诺弱镬；《宋武帝诔》：薄弱错跃；《善哉行》：落薄索却谑萼铄酌瘼乐。鲍照《游思赋》：壑络灼鹤泊乐；《舞鹤赋》：廓落漠灼阁跃。沈约《愍衰草》：薄灼阁鹤。何逊《七召》：恶乐作穫壑"鹄"。

同此派者：全南北朝诗人（惟孔稚珪、庾信又以**药铎**与**觉**同用）。

觉药铎同用者：

孔稚珪《北山移文》：郭岳壑爵。庾信《哀江南赋》：乐学落角乐略索鹤浊；《和张侍中述怀》：剥角落壑鹤渥寞镬壳箨洛索药缴诺托亳郭藿薄穫乐涸朔霍浊鹊橐数廓。

屋沃烛觉药铎与**东冬锺江阳唐**为并行式的进化：东冬锺江先合后分，**屋沃烛觉**亦先合后分；孔稚珪、庾信的**江**入**阳唐**，他们的**觉**也入**药铎**；**阳唐**始终不分用。这种并行式的进化情形足以证明《切韵》平入相配的系统是按照南北朝的实际语音系统而定的。

(丙) 陌 麦 昔 锡

陌麦昔锡同用者：

谢灵运《山居赋》：石隔適激，適隔石敫"借""霓"；《撰征赋》：狄
析格厄宅逆，策迹涤役；《岭表赋》：隔迹翮；《昙隆法师诔》：赜
析襞夕。鲍照《游思赋》：役客白石夕陌翮戚；《石帆铭》：惕鹢
璧历；《遇铜山掘黄精》：策历迹日滴璧积白客惜；《和王义兴》：
白客夕隔。谢惠连《雪赋》："错"索奕积隙席白。沈约《会圃临
东风》：碧石帟摘襞射隙席役惜。江淹《知己赋》：藉"密"历；
《学梁王兔园赋》：石璧尺；《空青赋》：璧碛；《齐太祖诔》：迹敌
册，益亦射石夕液；《构象台》：寂迹石惜；《镜论语》：册寂革；
《悦曲池》：柏石画尺。庾肩吾《暮游山水》：历鹢碛璧。

同此派者：何承天，王融，简文帝，徐陵，薛道衡。

陌麦昔同用者：

刘孝威《卧疾》：璧席益客。何逊《七召》：赫迹译帛；《别沈助
教》：鸟只昔石益；《和刘咨议》：陌驿石白积夕璧泽。徐陵《陈
文帝哀策文》：腊怿益鸟擗。庾信《连珠》：格客石；《崔谌神道
碑》：策客石璧；《祀圜丘歌》：格泽尺，泽帛迹百；《羽调曲》：尺
石璧"锡"脊策藉。

锡独用者：

何逊《闺怨》：璧滴。

依平声韵看来，谢庄，王俭，刘孝威，何逊，徐陵，庾信，王褒的锡
韵都该独用；因为他们的青韵是独用的，与青相配的锡也该独用才
对。但是锡韵颇窄，他们不大用它，我们只须看他们用陌麦昔韵时
不杂锡韵字就可证明锡是独立的了。庾信在《羽调曲》中杂用一个
"锡"字，因为是一种宗庙歌，用韵可以较宽，自当认为偶然的合韵。

九、质術栉迄物月没废霁祭屑薛黠鎋曷末泰

(甲) 质術栉迄物

质術栉同用者：

颜延之《赭白马赋》：日质出律踤秩。谢灵运《山居赋》：一悉实出，一律栗悉，质裛七術；《撰征赋》：日"益"；《罗浮山赋》：悉"橘"七日室術；《登绿嶂山》：室毕质密日悉吉匹一出；《徐幹》：瑟密毕慄质室一日匹失。鲍照《河清颂》：密疾一術室日；《从庾中郎游》：室密疾日质溢慄述毕；《登九里埭》：疾一瑟日。高允《鹿苑赋》：出吉術室溢毕。沈约《郊居赋》：崒日，溢失荜瑟日述笔一；《绣像题赞》：壹质律術溢实"测"室日。江淹《知己赋》："策"实術；《丽色赋》：日密溢瑟，瑟出；《水山神女赋》：实质，质瑟疋悉日術；《横吹赋》：日一出瑟；《齐太祖谏》：膝日"匣"逸匹，秩日律谧实，一密橘，日谧踤；潘岳《述哀》：日毕瑟一失质"瘵"；卢谌《感交》：匹一恤失谧出质瑟逸实。王融《生老病死篇颂》：实日術瑟质汨；《皇太子哀策文》：日吉"侧"瑟；《寒晚》：律日荜瑟疾逸"褹"。昭明太子《七契》：日密出溢悉实栗橘。简文帝《奉答南平王》：实失橘日密笔。王筠《昭明太子哀策文》："位"恤溢毕。何逊《登石头城》：一窒出恤悉日術出疾室；《刘博士江丞同顾不值》：室出疾帙膝日匹笔实荜逸術。吴均《赠朱从事》：漆出日一"泣"。江总《衡州》：瑟疾实日。庾信《长孙俭神道碑》：密失膝出；《昭夏》：日瑟质。卢思道《驾出圜丘》：日吉出。薛道衡《隋高祖颂》：日瑟一秩。

质術栉物同用者：

梁武帝《孝思赋》：室瑟匹；《效柏梁体》：绂術弼物密汨秩实质匹一"匮"。

47

物独用者：

颜延之《应诏燕曲水》：物黻屈拂。谢惠连《陇西行》：屈黻。江淹《悼室人》：郁拂物忽"慰"。徐陵《宋司徒寺碑》：佛物。

关于这五个韵，我们注意到几件事。第一，迄韵太窄，故完全未见。第二，质术栉之不可分，适如真谆臻之不可分。第三，质术栉之偶然与陌麦昔锡或缉合韵，适如真谆臻之偶然与庚耕清青或侵合韵(只有王融以职质合韵，是颇难索解的)。第四，脂韵去声"匮""弃""位""痹"等字，与质术栉为韵，微韵去声"慰"字与物为韵。第四件事是最有趣的，我们从此可断定脂与真质的主要元音相同，微与文物的主要元音也相同。但是如果质物的韵尾是 t，脂微没有韵尾 t，那么，质与脂或物与微押起韵来就不谐和；除非脂微的去声字在南北朝属于入声与质物才能押韵，但这种假定尚待多方面的证明，现在未便下断语。

(乙) 月没废霁祭屑薛黠鎋曷末泰

月没废霁祭屑薛黠鎋曷末同用者：

谢灵运《撰征赋》：节屑结月越说没雪垤，"代"济滏阅；《怨晓月赋》：悦月缺洁澈；《辞禄赋》：窟绝；《聚沫泡合》：沫"壑"夺怛；《昙隆法师诔》：察月越发，绝涅拔节；《折杨柳行》：雪洁节灭拔哲；《邻里相送》：越发月歇阙别蔑；《登庐山》：闭辙雪。

月没霁薛曷末泰同用者：

张融《海赋》：蒂瞖"界"，裂势"浩"外，鲐"鳍"月发，月忽逮外，外带濑阙月，月"界"灭雪，外末太泰会达大。

月没同用者：

颜延之《赭白马赋》：骨髪月没阙越；《为织女赠牵牛》：月阙髪越發没歇。鲍照《观漏赋》：月越"霏"歇阙没；《芙蓉赋》：發越月髪没歇；《代陆平原》：阙髪月渤越發歇骨没"晰"；《岐阳守风〉:没有發歇越髮。沈约《郊居赋》:窟越阙"及";《任昉墓铭》:阙"灭""绝";《却出东西门行》:阙没發谒月歇髮越渤窟;《和竟陵王》:阙月没歇髮。谢朓《冬绪羁怀》:阙髮月"对""蓑""绩"没越"渴""昧"歇。梁武帝《朝云曲》:谒"暖"没;《游女曲》:"滑"月阙。昭明太子《殿赋》:"昃"发。江淹《水山神女赋》:月發没;《石劫赋》:髮没發阙;《齐太祖诔》:發"内"阙钺月,"义""爱"罚,"节"阙月。江总《陆君诔》:"勿"谒忽阙月。隋炀帝《饮马长城窟行》:没忽卒窟月發谒阙。卢思道《从军行》:越月骨歇没;《彭城王挽歌》:發没卒月;《听鸣蝉篇》:没月越髮。同此派者:谢惠连,王融,高允,温子昇,薛道衡。

霁祭屑薛同用者:

萧子良《登山望雷居山精舍》:缺绝哲灭裔逝。王俭《褚彦回碑文》:缺递列竭;《侍太子》:洁卫辙。王融《皇觉辨德篇颂》:哲栅缺灭彻辙;《皇太子哀策文》:辙说世棣;《法乐辞》:结灭缺世;《游仙诗》:节雪碣说砺。江淹《伤友人赋》:洁彻绝"阙",绝结逝折烈;《齐太祖诔》:製绝濊结砺卫缀,筮撤结绝;《祭石头战亡文》:节烈折辙锐雪"歇""世""迣"。谢灵运《游山》:缺设绝彻晣沈蔽汭逝雪穴灭濊说。谢惠连《赠别》:汭别袂雪;《四时赋》:"思"滞;《丹砂可学赋》:"怪""珮"厉;《孙缅墓铭》:卫世烈节艺辙缺哲结闭岁。谢朓《芳树》:栅结折绝。陶弘景《云上之仙风赋》:裔际雪。邱迟《思贤赋》:世悦弊杰艺别闭袂际哲惠结。任昉《王贵嫔哀策文》:撤裔,哲"杀"缺翳。庾肩吾《联句》:折穴节缺,啮诀热设,劣设截结,暍涅别灭。沈炯《归魂赋》:绁辙雪折袂咽裂;《昭烈王碑》:裔系汭计。

真祭同用者:

高允《鹿苑赋》:裔世被制税睿义寄;《答宗钦》:逝滞敝赐。

霁祭同用者:

傅亮《登陵嚣馆赋》:逝憩厉瀣蕙脆。颜延之《宋文帝元后哀策文》:晣沴世卫;《陶徵士诔》:毙逝世惠。袁淑《咏冬至》:岁滞惠誓。谢庄《宋孝武帝哀策文》:筮卫裔世翳蒂。简文帝《采桑》:闭袂繄婿。沈约《梁宗庙登歌》:帝祭卫际裔。刘孝威《公无渡河》:厉枻祭袂逝娣。何逊《七召》:世细丽。徐陵《麈尾铭》:制势细。庾信《慕容宁神道碑》:筮世闭卫逝;《柳霞墓铭》:惠卫世隶继;《周祀方泽歌》:荔卫齐祭。王褒《于谨墓碑》:世济契厉。隋炀帝《秦孝王诔》:翳替世,弟替岁闭滞筮睿艺惠世。薛道衡《隋高祖颂》:世帝替弊;《豫章行》:滞递婿。

同此派者:谢惠连(?),牛弘。

泰独用者:

谢灵运《撰征赋》:旆滞沛外泰;《慧远法师诔》:泰"昧"大害。袁淑《吊古文》:艾蔡。萧子良《游后园》:外蔼会;《行宅》:外艾;《高德宣列乐》:大外霭泰。谢朓《齐雩祭歌》:盖外;《答王世子》:外籁会带艾;《后齐迴望》:带外盖旆。简文帝《招真馆碑》:会外大兑泰盖最。梁元帝《玄览赋》:盖会霭带,会带轪,盖旆盖。沈约《侍林光殿》:盖旆荟濑泰会;《饯谢文学》:带濭濑会外。陶弘景《水仙赋》:沫濑外。王僧孺《豫州墓铭》:蔼旆带会最大。江淹《齐太祖高皇帝诔》:蔼盖旆外,沛蔼旆盖带;《萧大傅东耕祝文》:盖沫;《山中楚辞》:蔼大盖带。王筠《苦暑》:濑盖带;《望夕霁》:籁霭汰会。吴均《食移》:脍艾。徐陵《陈文帝哀策文》:大外带泰。沈炯《归魂赋》:泰会旆害带。江总《真女峡赋》:外旆。庾信《郑伟墓铭》:外盖"拜"。王褒《关山篇》:蔼外带。隋炀帝《秦孝王诔》:会外盖大带旆最赖界。卢思道《祭漅湖文》:大外泰荟旆盖。牛弘《圜丘歌》:泰大会赖;《方邱歌》:会盖;《武舞歌》:大外赖。

屑薛同用者:

颜延之《赭白马赋》：设折埒绝节裂血泄悦；《祭屈原文》：折洁缺节；《赠王太常》：折彻穴哲列壹闭辙雪节阕"扎"。鲍照《芙蓉赋》：绝洁悦埒；《代悲哉行》：节辙结悦别列绝，《发后渚》：雪别"发""樾"灭结节绝。谢惠连《代悲歌行》：节辙结悦别列绝；《咏冬》：灭切雪洁辙。梁武帝《孝思赋》：结折雪飏绝切；《春歌》：雪"月"舌绝。沈约《黑帝》：节"阕"；《羽引》："拆"悦绝；《长歌行》：雪结节缺灭壹绝别裂设。何逊《咏春雪》：雪灭屑结节。徐陵《长相思》：节泄结雪。卢思道《卢记室诔》：灭折绝烈。

曷末泰同用者：

颜延之《阳给事诔》：阔秫褐达渴夺括；《吴歌》：阔达；《绍古辞》：达霭捋阔阒葛。谢庄《月赋》：末脱濑蔼；《宋明堂歌》：达沫。孔稚珪《北山移文》：外脱濑。

曷末同用者：

沈约《郊居赋》：阔沫达豁末栝渴。王筠《行路难》：袜襪达。

月没屑薛同用者：

庾信《马射赋》：节穴埒绝月；《枯树赋》：绝别血节折裂穴孽；《鹤赞》：折闭绝别；《钮麚见赵盾》：笏髮阙绝；《吴明彻墓铭》：没骨月；《纥豆陵氏墓铭》：绝月发雪；《拟咏怀》：阙灭绝雪别。

由本节的许多例子看来，去声真至志未霁祭泰怪队代都有与入声相通的痕迹；废韵字很罕见，但谢灵运《撰征赋》以"废"与"内对碎"为韵，而谢朓又以"对"与"阙髮月"为韵，可见废也可与入声相通。归纳起来可以说：以今音读之，凡全韵为"i"或韵尾为"i"者，其去声皆可与入声相通（卦夬两韵未见，恐因韵窄之故）。泰韵在南北朝第一期是与曷末同用的，到了第二期以后才变为独用。霁祭则在第一二两期都与屑薛同用，偶然也有不与屑薛同用的，但我们可断定霁祭与屑薛的音值极相近，因为依王融、江淹诸人的用韵看来，这四韵简直是并为一韵了。此外如月没不分，屑薛不分，曷

末不分，都与平声的系统相符。辖韵常用字少，未见。黠韵"察"字
与月韵字同用，"拔"字与屑薛韵字同用，见于谢灵运文；"扎"字与
屑薛韵字同用，见于颜延之诗；"滑"字与月韵字同用，见于梁武帝
诗；而何逊《答江革联句不成》以"扎""拔"为韵，似乎黠也能独立。
今姑认"察""滑"为归月没之字，"扎""拔"为归屑薛之字。

十、缉合狎盍葉怗洽业乏

缉独用者：

颜延之《陶徵士诔》：立及集级；《祭弟文》：邑立集泣及。谢灵
运《慧远法师诔》：集立习辑。鲍照《代白紵舞歌》：湿入急泣戢
立集；《学刘公幹体》："柏"集急立涩。王融《诃诘四大篇颂》：
入习给集及泣。谢朓《秋夜》：急立入湿及；《夏始》：隰邑袭戢
入及楫立汲粒集。昭明太子《玄圃讲》：及急岌入湿吸立给邑
十。简文帝《舞赋》：集急入及立；《陇西行》：入急及汲涩邑立；
《雪朝》：隰袭及湿。陆倕《新漏刻铭》：袭级噏入。梁元帝《夜
宿柏斋》：入急泣立。吴均《赠王桂阳别》：急湿邑泣；《酬闻人
侍郎别》：邑急泣立。卢思道《卢记室诔》：立执习集。牛弘《述
天下太平》：戢立缉集。

同此派者：全南北朝诗人。

合独用者：

谢灵运《山居赋》：纳沓"浥"合。谢朓《落日》：杂合沓飒。沈约
《听猿》：合沓答。江淹《丽色赋》：匝合沓阖；《江上之山赋》：纳
沓匝合；《悦曲池》：合沓飒。江总《修心赋》：杂沓匝飒合。陈
后主《画堂良夜》：飒歙沓答合纳阖匝杂拉。

葉怗洽同用者：

颜延之《赭白马赋》：葉洽接牒。谢灵运《登石鼓山》：接涉蹑

52

协狭叠葉爕悏。高允《北伐颂》:捷浹协牒葉。张融《海赋》:洽
荲。梁武帝《芳树》:葉接叠悏。江淹《爱远山》:葉叠接涉悏。
简文帝《菩提树颂》:荚浹叠葉牒摄叶;《采桑》:妾蝶摄镊葉;
《北渚》:葉墲妾概。梁元帝《萧琛墓铭》:箧牒;《乌棲曲》:㰏
葉。吴均《吴城赋》:葉蝶。张正见《衰桃赋》:葉妾。庾信《司
马裔神道碑》:接挾爕。薛道衡《山斋独坐》:叠接葉。

业乏同用者:

沈约《释迦文佛像铭》:业法胁劫。

侵独用,缉亦独用。覃衔同用,合狎也该同用,但狎韵字未见,
故合成为独用。谈独用,盍也该独用;但盍韵字亦未见。盐添凡同
用,葉帖乏也该同用;但实际上乏韵"法"字归业,这恐怕只有"法"
一个字如此,"乏""泛"二字也许是归业帖的。咸韵字虽未见,但由
其入声洽韵与葉帖同用的例字看来,咸韵该是与盐添同用的。

十一、结 论

南北朝诸韵书既"各有乖互",陆法言的《切韵》与其他韵书比
较起来,也该有许多"乖互"的地方。《切韵》在后人看来,似乎是
"定于一"了,然而这是所谓"成者为王,败者为寇";如果其他韵书
至今未佚,也许会比《切韵》更合于南北朝的语音系统。不过,现在
我们仍可不受《切韵》的束缚,而以南北朝的韵文为根据,归纳成为
一部韵书或韵谱。这种韵书或韵谱的价值,未必不在私人所著的
韵书的价值之上;因为前者完全是客观的,后者则不免参杂主观。
陆法言所谓"南北是非,古今通塞"都是主观的东西,如果我们依南
北朝的韵文归纳出一个韵谱,其中便无"是非通塞"之可言,较易接
近于语音实录。

大致看来,南北朝第一期的韵部较宽,以后的韵部较严。第一

期分用而第二三期合用的仅有脂之两韵;第一期合用而第二三期分用的却有歌麻,鱼虞,齐皆灰,萧肴豪,东锺江,庚青,真文,屋烛觉,陌锡,质物等。这种宽严的分别,有些当然是实际语音的变迁,例如歌与麻,鱼与虞,东与锺江,屋与烛觉等;有些只能认为诗人用韵的方式的异同,例如谢灵运以元魂痕寒桓删山先仙同用,我们决不能说当时谢灵运的方言里这九个韵的韵值完全相同。谢惠连,袁淑与他同时,而且同乡,但他们的元魂痕为一类,寒桓删为一类,山先仙为一类,是绝不相混的。可见当时阳夏的方言对于这九韵是可以分为三类的,不过谢灵运喜欢把韵用得宽些罢了。用韵的宽严似乎是一时的风尚:《诗经》时代用韵严,汉魏晋宋用韵宽,齐梁陈隋用韵严,初唐用韵宽(尤其是对于入声)。因为齐梁陈隋的用韵严,所以南北朝韵谱容易做。

齐梁陈隋的用韵虽严,其韵部仍不能如《切韵》之繁多。下列诸韵部,皆《切韵》所能分而南北朝韵文中所不能分者:

歌戈;灰咍;萧宵;尤侯幽;冬锺;阳唐;庚耕清;真谆臻;元魂痕;先仙;寒桓;盐添;沃烛;药铎;陌麦昔;质术栉;月没;屑薛;曷末;叶帖。

在《切韵》里,歌戈灰咍寒桓曷末由开口合口而分,尤侯阳唐药铎由有无韵头 i 而分,冬锺沃烛由合口撮口而分,耕清麦昔由开口齐齿而分,元魂痕由撮口合口开口而分;虽与全书的体例不符,还可以说得过去。至于萧与宵,尤与幽,庚与耕清,真与臻,先与仙,盐与添,陌与麦昔,质与栉,屑与薛,叶与帖,这种分法,恐怕是陆法言"论古今通塞"的结果;如果只论"南北是非",大约不会这样分析的,因为无论南朝或北朝的诗人都不曾这样分析过。

凡是南北朝诗人所未尝分析的韵(例如歌戈),尽管在韵头有分别,它们的韵腹与韵尾该是完全相同的。如果歌是 a,戈该是 ua,不会是 uo;如果寒是 ân,桓该是 uân,不会是 uon;如果先是 ien,

54

仙也该是 ien, 甚或可以是 en, 却不会是 iän, 等等。因为如果主要元音不相同, 必有分用的痕迹, 例如脂与之, 佳与皆, 删与山, 蒸与登, 覃与谈, 《广韵》注云同用者, 在南北朝韵文里也有分用的痕迹了。归纳起来, 南北朝的韵类如下表:

一、支(第一期包括《切韵》的支佳, 后来佳似乎独成一韵, 但未能断定);

二、歌(包括《切韵》的歌戈);

三、麻(第一期与虞同用);

四、鱼(第一期与虞模同用);

五、虞(沈约等少数人的虞与模似有别, 余人皆混用);

六、模;

七、之(第一期之脂有别, 其后混用);

八、脂(包括《切韵》中的脂韵一部分的字);

九、微(包括《切韵》中的微韵全部及脂韵一部分, 第一期与脂同用);

十、齐(第一期与皆同用, 后乃独立);

十一、泰;

十二、皆;

十三、灰(包括《切韵》的灰咍);

十四、萧(包括《切韵》的萧宵);

十五、肴(第一期与萧豪同用, 后乃独立);

十六、豪;

十七、尤(包括《切韵》的尤侯幽);

十八、蒸(偶然与东锺通押);

十九、登;

二十、东(第一期与锺江同用, 后乃独立);

二十一、锺(包括《切韵》的冬锺);

二十二、江(庾信等少数人的江与阳同用);

二十三、阳(包括《切韵》的阳唐);

二十四、庚(包括《切韵》的庚耕清);

二十五、青(庾信等少数人庚青有别);

二十六、真(包括《切韵》的真谆臻,第二三期又包括《切韵》的欣);

二十七、文(第一期包括《切韵》的文欣,其后只包括《切韵》的文韵字);

二十八、元(包括《切韵》的元魂痕,往往与先仙通押);

二十九、先(第一期包括《切韵》的先仙山,第二期沈约、江淹、谢朓诸人犹如此,其后山似归删);

三十、删(第一二期与寒同用,其后似独立);

三十一、寒(包括《切韵》的寒桓);

三十二、侵;

三十三、覃(包括《切韵》的覃衔);

三十四、谈;

三十五、盐(包括《切韵》的盐添凡,也许咸也在内);

三十六、严(由入声推想,严似可独立;惟因韵太窄,未尝独用)。

以上系举平声以包括上去(惟泰为去声韵),至于入声则如下表:

一、职(偶然与屋烛同押);

二、德(偶然与屋烛同押);

三、屋(第一期与烛觉同用,后乃独立);

四、烛(包括《切韵》的沃烛);

五、觉(庾信等的觉与药同用);

六、药(包括《切韵》的药铎);

56

七、陌(包括《切韵》的陌麦昔);

八、锡(由平声推想其可独用);

九、质(包括《切韵》的质术栉);

十、物;

十一、月(包括《切韵》的月没,及黠韵"察""滑"等字,往往与屑薛通押);

十二、屑(包括《切韵》的屑薛,及黠韵"扎""拔"等字);

十三、曷(包括《切韵》的曷末);

十四、缉;

十五、合(包括《切韵》的合,由平声推想,大约还包括《切韵》的狎);

十六、盍(由平声推想,盍可独立);

十七、葉(包括《切韵》的葉帖,及乏韵的"乏""泛"等字);

十八、业(包括《切韵》的业,及乏韵的"法"字)。

这是由南北朝韵文里归纳出来的实际韵部,虽比《切韵》的韵部较少,如果拿来与现代中国各地方言里的韵部比较已经觉得很丰富了。

末了,依南北朝的韵文观察,我们可以看得出陆法言的《切韵》有两个特色:

(一)除脂韵一部分字该归微,又先仙、萧宵、阳唐等韵不必细分之外,《切韵》每韵所包括的字,适与南北朝韵文所表现的系统相当。可见《切韵》大致仍以南北朝的实际语音为标准。

(二)《切韵》阳声韵与入声韵相配,是以南北朝的实际语音为标准的。故某人以某阳声韵与另一阳声韵同用时,则与此两阳声韵相配的两入声韵亦必同用;若分用,则相配的入声韵也分用。

由此可见《切韵》根据"古今通塞"的地方颇少,而所谓"南北是

非",恐怕也不过是尽量依照能分析者而分析①,再加上著者认为
该分析者再分析②,如此而已。

[1962 年 9 月后记]　本文所谓《切韵》,实际上就是《广韵》,
因而所论及的《切韵》分韵的宽严就和原来的《切韵》有些出入。例
如"歌戈""寒桓""真谆""曷末""质术"等,《广韵》各分为两部,《切
韵》实是不分的。

(原载《清华学报》11 卷 3 期,1936 年;又《汉语史论
文集》,科学出版社;《龙虫并雕斋文集》第 1 册,中华书
局;《王力文集》,第 18 卷,山东教育出版社。)

---

①　例如谢朓脂之能分而江淹脂之不分,则从谢朓;鲍照的脂微不分而沈约的脂微
能分,则从沈约。
②　例如寒桓以开口合口分为二韵。

上古韵母系统研究

一、关于上古韵母诸问题

1. 韵部多少问题

上古韵部的研究，到了王念孙、江有诰以后，似乎没有许多话可说了。上古的史料有限，我们从同样的史料去寻求韵部，其结论必不会大相违异。但是，有时因为离析《唐韵》的方法未能尽量运用，有时又因为一二字发生樛轕而没有把两部分开，以致后人仍有商量的余地。像章炳麟之别队于脂，实足以补王、江之所不及。所以我们虽承认王、江的造就已很可观，但仍不能像夏炘那样排斥顾、江、段、王、江以外的古韵学说为异说。

近代古韵学家，大致可分为考古、审音两派。考古派有顾炎武、段玉裁、孔广森、王念孙、严可均、江有诰、章炳麟等，审音派有江永、戴震、刘逢禄、黄侃等。所谓考古派，并非完全不知道审音；尤其是江有诰与章炳麟，他们的审音能力并不弱。不过，他们着重

59

在对上古史料作客观的归纳，音理仅仅是帮助他们作解释的。所谓审音派，也并非不知道考古；不过，他们以等韵为出发点，往往靠等韵的理论来证明古音。戴氏说："仆谓审音本一类，而古人之文偶有相涉，有不相涉，不得舍其相涉者，而以不相涉者为断。审音非一类，而古人之文偶有相涉，始可以五方之音不同，断为合韵。"这可算是审音派的宣言。

审音派的最大特色就是入声完全独立，换句话说，就是阴阳入三分。因此，审音派所分的古韵部数常比考古派为多。普通我们说江永分古韵为十三部，段玉裁分为十七部，其实江永还有入声八部，总数是二十一部①。戴氏分部，若不是入声独立，还比段氏少一部，但他加上了入声九部，才成为廿五部。黄侃的廿八部只是把章炳麟的廿三部再加入声五部。黄氏所谓"余复益以戴君所论，成为廿八部"②，就是承受戴氏入声独立的学说。只有萧部入声未独立，稍与戴氏乖违罢了③。

要知道入声应否完全独立，须先知道《切韵》所有一切入声字的韵尾是否都与平声的韵尾迥异。假使我们相信章太炎的话，以为之部的韵母是-ai，"待"是dˈai，"特"也是dˈai，"臺"也是dˈai，那么，我们绝对没有理由把之部分为咍德两部，以"待""特"归德，以"臺"归之。又假使我们相信高本汉的话，"待""臺"是dˈəg(只有声调的殊异)，"特"是dˈək，我们也不能把之部析为两类。除非我们把之部平声的韵尾假定为某种元音(例如-i)，同时却把入声的韵尾假定为某种破裂音(例如-k)，然后可分为咍德两部。但是，就《诗经》押韵而论，绝对不容我们这样设想，《静女》的"异贻"，《大东》的"裘

---

① 段氏虽也有异平同入之说，却没有像江氏把入声分为第一部第二部等名目。

② 见黄氏《音略》。

③ 闻黄氏晚年颇主廿九部之说，那么他的理论更显得一贯了。

60

试"，《采芑》一章的"芑亩试"，三章的"止试"，《小宛》的"克富又"，《大田》的"戒事耜亩"，《宾之初筵》的"识又"，《绵蛮》的"食诲载"，《生民》的"字翼"，《荡》的"式止晦"，《崧高》的"事式"，《瞻卬》的"富忌"，《潜》的"鲔鲤祀福"，《柏舟》的"侧特忒"，《黄鸟》的"棘息息特"，《出车》的"牧来载棘"，《我行其野》的"菖特富异"，《正月》七章的"特克则得力"，九章的"辐载意"，《大东》三章的"载息"，四章的"来服"，《楚茨》一章的"棘稷翼亿食祀侑福"，四章的"祀食福式稷敕极亿"，《大田》的"祀黑稷祀福"，《绵》的"直载翼"，《旱麓》的"载备祀福"，《灵台》的"亟来囿伏"，《生民》的"匐嶷食"，《假乐》的"子德"，《常武》的"塞来"，都是哈德通押的例子①。总之单就上古史料归纳，我们看不出哈德当分的痕迹来。此外如支之与锡，模之与铎，侯之与屋，豪之与沃，幽之与觉，都可以拿同样的理由证明其不能分立。

根据上述的理由，我大致赞成章氏的廿二部②。但是，我近来因为：(一)在研究南北朝诗人用韵的时候，有了新的发现；(二)看见章氏《文始》以"归蕢追"等字入队部，得了些暗示；(三)仔细寻求《诗经》的用韵，也与我的假设相符，于是我考定脂微当分为两部。一切证据及理论，都待下文第十二节再说。现在先说我对于古韵分部的结论：如果依审音派的说法，阴阳入三分，古韵应得廿九部，即阴声之幽宵侯鱼歌支脂微，阳声蒸东阳寒清真谆侵谈，入声德觉沃屋铎曷锡质术缉盍；如果依考古派的说法，古韵应得廿三部，即之蒸幽宵侯东鱼阳歌曷寒支清脂质真微术谆侵缉谈盍。上面说过，德觉沃屋铎锡都不能独立成部。所以我采取后一说，定古韵为廿三部。

---

① 举例根据段氏《六书音均表》。

② 章氏本分古韵为廿三部，但他晚年发表《音论》(见于光华大学《中国语文学研究》)，主张并冬于侵。我觉得他的理由很充足。下文第十三节里当再论及。

2. 谐声问题

自从顾炎武以来,大家都知道谐声偏旁对于古韵归部的重要。段玉裁说得最明白:"一声可谐万字,万字亦必同部"①。这一个学说是一般古韵学者所恪守不违的。依原则上说,这话自然是真理;但是,关于声符的认定,有时还成为问题。在最迷信"许学"的人看来,《说文》所认定的声符是不容否认的,这一派可以严可均为代表。但《说文》所认为声符,而与古音学大相冲突的地方,实在不少。如"妃"从己声,"必"从弋声,"存"从才声,"杏"从可省声之类,都是很难说得通的②。反过来说,有许多未被许慎认为声符的,依音理看来,却该认为声符,如"義"从我声,"陸"从坴声之类,都该补正③。

此外还有个更重要的问题,就是谐声时代与《诗经》时代不可混为一谈。谐声时代至少比《诗经》时代更早数百年。"凡同声符者必同部"的原则,在谐声时代是没有例外的,在《诗经》时代就不免有些出入了。依《诗经》韵部看来,"求"入幽而"裘"入之,"夭"入宵而"饫"入侯,"奴"入鱼而"呶"入宵,"芹"入谆而"顽"入微,"镎"入谆而"敦"入微。诸如此类,不在少数。假使我们拘泥于段氏学说,我们只能说是"合韵"。但是,如果我们把谐声时代认为在《诗经》时代之前,则此种声音的演化并不足怪,我们尽可以把同声符的两个字归入两个韵部,认为极和谐的押韵。例如我们索性把"裘"认为之字,把"饫"认为侯部字,把"呶"认为宵部字,把"顽""敦"认为微部字,也未尝不可。顾炎武以"裘"入之第二部,孔广森以"呶"入宵,以"饫"入侯,都是很好的见解;只可惜他们不能充其

---

① 《六书音均表》,页22。
② 此种情形,皆为朱骏声所驳改,见《说文通训定声》。
③ 这类地方,朱氏也补正了不少。

量。孔广森从顾氏以"裘"入之,却又以为"寒者求衣,故其字从衣从求,似会意,非谐声"①,想藉此卫护"凡同声符者必同部"之说,其实可以不必。

自然《诗经》里也有真的"合韵",如"母"字常与之部字押韵,只在《螺蛴》韵"雨",与鱼部通;"集"字既在《大明》韵"合",又在《小旻》韵"犹""咎""道"。我们可以认为"母"当属之,"集"当属缉,其他情形只能认为时间或空间之差异所致。但如"顾"字在《诗经》里只押韵一次,却在微部,我们尽可说"顾"字当入微部,而不必认为合韵了。此外如"傩"当入歌,"怛"当入曷之类,皆同此理。在后面各节中,遇着这种情形的时候,当再讨论。

3. 阴阳对转问题

阴阳对转,是清代古韵学家的大发明。我们只要拿《切韵》系统与现代各地方音相比较,就可以发现许多阴阳对转的实例。但是,我们首先要明白的,就是"对转"只能解释语音变迁的规律,而不能做押韵的理由。换句话说,我们只能拿"对转"的道理去解释甲时代的"ta"变了乙时代的"tan",却不能拿它去证明同一时代的"ta"与"tan"可以互相押韵。即就现代中国民歌看来,也没有阴阳通押的例子。譬如"顾"字既然能与"衣"字押韵,它们的韵尾一定相同或相似,假定"衣"音是"i","顾"该是"gˊi"。我们没法子假定"顾"音为"gˊin",因为"gˊin"与"i"押韵是不近情理的。《广韵》"顾,渠希切",如果我们说"顾"字在《诗经》里已经是"渠希切",并不是不可能的事。即使我们假定造字之初,"斤"得声的字的韵尾本来就有阴阳两种,也比阴阳通押的说法更合理些。

不过,阴阳通押的说法虽则不通,阴阳对转的道理却可以帮助

---

① 《诗声类》十一。

我们拟测上古的韵值。譬如"顾""欣"同从斤声,而一个入微,一个入谆(《广韵》"顾"入微,"欣"入殷),我们非但可以相信微谆对转,而且可以假定微谆的主要元音是相同的。

然而对转的条理也成问题。自从戴、孔发明阴阳之说,大家都喜欢造成极整齐的局面。戴氏的收唇韵没有阴声相配,赶快找一个解释,于是有"以其为闭口音,配之者更微不成声"的谬论①。孔氏更进一步,以宵配缓,以合配谈,于是他的古音十八部就成了一阴配一阳的呆板局面。严可均的十六部,也是一阴配一阳。关于这一点,章氏就高明多了。他说:"对转之理,有二阴声同对一阳声者,有三阳声同对一阴声者,复有假道旁转以得对转者;非若人之处室,妃匹相当而已"②。但是,章氏只知道不必妃匹相当,却不知道有些韵部简直可以不必有配偶。试以现代方音为例,北京有[o]而无[ong]或[on],上海有[e]而无[eng]或[en],有[ö]而无[öng]或[ön],广州有[öng]而无[ö],有[ɐn]而无[ɐ],都是没法子匹配成对的。

对转最明显者,有微与谆,脂与真,鱼与阳,侯与东,之与蒸,歌与寒;至于支与清,已经不很能确定了。章氏以宵配谈,以幽配冬侵,更是十分勉强③;倒不如让它们独立无配,以顺"物之不齐"的道理。

4. 声调问题

一般古音家,对于古韵部是走"增"的路,对于古声纽与古声调是走"减"的路。古韵部从顾氏的十部增至黄氏的廿八部,古声纽却从章氏的廿一纽减至黄氏的十九纽。至于声调,顾氏虽主张四

---

① 《答段若膺论韵》。
② 《国故论衡》上,页8。
③ 理由散见下文。

声一贯,并未否认四声的存在;后来段氏减了去声,孔氏减了入声,都只剩下三声,黄侃更进一步,以为上古只有平入两声。这显然与古韵学说是矛盾的。研究古韵的人都知道,偶然通押并不足以证明韵部相同,否则只好走上苗夔七部的路。同理,研究上古声调的人也该知道,不同的声调而偶然通押,也不足以证明调类相同,否则平入通押的例子也不少,何难并四声为一声?

在未研究得确切的结论以前,我们不妨略依《切韵》的声调系统,暂时假定古有四声。阴声有两个声调,即后世的平上,入声也有两个声调,即后世的去入。阴声也有转为后世去声的,例如之部的"忌""赍",歌部的"贺""货",脂部的"涕""穧"等。阳声的声调数目较难决定,现在只好暂时依照《切韵》的平上去三声。关于这个问题,我暂时不想详论。

5. 开合问题

稍为研究汉语音韵的人,都知道汉语上古音开合两呼的界限颇严。谐声偏旁属于开口呼者,其所谐的字也常常属于开口呼;谐声偏旁属于合口呼者,其所谐的字也常常属于合口呼。其在例外者,有"每"之于"海","景"之于"憬","支"之于"颏","玄"之于"牵"等。这种少数的例外,如果拿来与现代方言相比较,真是少得出乎意料之外①。在最初谐声的时候,大约连这些例外也没有。例如:《释名》"海,晦也",也许"海"字古读合口②。

有些字,似乎是以开谐合,或以合谐开,其实我们如果仔细寻求古音系统,就知道谐声偏旁与所谐的字原是同呼。例如"有"之于"贿""郁","者"之于"诸""暑","土"之于"社",在今音为不同

---

① 例如上海"陈""存"无别,北京"剧""句"无别,广州"危"开而"津"合,客家于合口三等字多念齐齿。

② 《释名》的声训,也是以开训开,以合训合,例外很少。

呼,在上古则"有""贿""郁"皆属于合口,"者""诸""暑""土""社"皆属于开口,正是同呼。我们不该设想上古等呼与中古等呼系统完全相同;其中也有上古属开而中古属合的,也有上古属合而中古属开的①。

关于唇音的开合问题,更易引起争论。《广韵》唇音字的反切,常游移于开合之间。例如"拜",博怪切,"诫",古拜切。如果说"拜"字属合口,就不该拿来切开口的"诫";如果说它本属开口,又不该拿合口的"怪"来切它。高本汉(Karlgren)解释这种现象,以为中古的"p"该是撮唇的"p",发音时两唇同时向前伸出,这种撮唇的"p"可写作"pʷ"。这样,开口的 pʷai 与合口的 pʷuai 在实际上虽有分别,而在听觉上却十分近似。因此,《广韵》有唇音开口字切合口字的现象(如以开口的"拜"切合口的"怪")。《切韵指掌图》更进一步,索性把一切唇音字都归入合口图内②。高氏于此一说,自信甚深③;我们也承认他的推测确有理由。

高氏因此断定《切韵》时代有两种"合口"的[w]:一种是原有的,上古的,拼在一切声纽之后;一种是附属的,后起的,只拼在唇音之后。单说唇音的合口三等也有两种:一种是后代变为轻唇的,如"方""分""非"等字,它们自古就属合口;另一种是后代未变轻唇的,如"丙""平""明"等字,它们在上古原属开口,后来由于双唇调节作用的扩大,其韵头才产生一个轻微的[w]④。

我大致赞成高氏的断案,但我比他更进一步,不仅拿《广韵》系统为根据,而且还拿谐声偏旁为根据。凡谐声偏旁,或其所谐之

---

① 江有诰认虞之通侯者为古开,麻之通模者为古合,又在屋沃烛觉皆认为古开,其所归开合虽与本文恰恰相反,然而其不拘泥于中古开合系统,则与本文理论相同。

② 效流深咸四摄只是"独图",故唇音字只好与其他开口共为一图。

③ 参看 Karlgren, Etudes sur la Phonologie Chinoise, pp. 57~66。

④ 参看 Karlgren, Word Families in Chinese。

字,后世有变入轻唇音者,在上古即属合口呼;凡谐声偏旁,或其所谐之字,完全与后世轻唇绝缘者①,在上古即属开口呼。例如"板"字在上古当属合口呼,因为它的谐声偏旁是"反","反"字在后世变入轻唇②;"翩"字在上古当属开口呼,因为从"扁"得声的字在后世没有一个变入轻唇的。这是与高氏所定上古开合系统相符的。然而像"蟒"字,高氏假定上古音值为 mǎng,"波"字,高氏假定上古音值为 puâ③,就与我的意见相反了。我以为上古读"蟒"当如 muang,读"波"当如 pâ④,此外如"浮""缶"之类皆当属上古合口,"婆""波"之类皆当属上古开口,这是可以牺牲《广韵》系统而迁就谐声系统的。

6. 洪细问题

这里所谓洪细,是指有无韵头[i̯-]或[i̯w-]而言。没有韵头[i̯-]或[i̯w-]的,叫做洪,有韵头[i̯-]或[i̯w-]的,叫做细。从前中国音韵学家,往往以为上古每一个韵部当中,有了洪音就没有细音,有了细音就没有洪音。例如顾亭林以为"离"古音"罗","为"古音"譌",就是不知"罗""吪"是洪音,"离""为"是细音。假定上古的"离"是 lia,"罗"是 la,"为"是 gi̯wa,"譌"是 ŋua,一样地可以互相押韵,正不必把细类并入洪类。然而这种毛病直至清末还未能避免:段玉裁以"丕"为铺怡切,江有诰《谐声表》以"离"为吕歌切,"为"为蓮歌切,《诗经韵读》谓"友"音以,依旧是顾亭林的派头。黄侃更进一步,索性以灰没痕歌曷寒模铎唐侯屋东豪沃冬哈德登合覃二十部

---

① 所谓"绝缘",除谐声不相通之外,在六书中的假借上也不相通。

② "板""反"同属合口,为什么一个未变轻唇,另一个却变了轻唇呢? 这是因为"板"的韵头是"w-","反"的韵头是"i̯w-"。

③ 见 Word Families in Chinese。

④ 此处着重在韵头性质之断定,其主要元音尚待再加研究。

为洪音，屑先齐锡青萧帖添八部为细音①，于是灰等二十部没有细音，屑等八部没有洪音，未免把古音看得太简单了。若如黄氏所论，"來"与"釐"，"離"与"羅"等，在上古都是同音字，那么，它们凭什么条件能变为后代的不同音呢？固然，同音字也有变为不同音的可能，例如方音的影响，僻字与口语字的分歧，都足以把它们拆散；但这只是极少数的例外，我们决不能把上古同部的洪细音完全相混，以致在音理上说不通。

7. 选字问题

研究上古的音，必须以上古的字为根据。这里所谓上古的字，并非指上古的字体而言，而是上古汉语里所有的"词"（words）。这是很容易了解的；上古口语里既然没有这字，我们还研究它的上古音值或是音系，岂非"无的放矢"？例如江有诰《入声表》里有"套"字，这是先秦史料所未载的一个字，它尽可以是中古以后才产生的，与上古汉语不发生关系。我们对于这类后起的字，为慎重起见，自然应该削而不载。

除了江有诰之外，普通古音学家的选字，往往以《说文》所有的字为标准。这自然比根据《广韵》或《集韵》好些，因为某一字既为《说文》所载，它的时代至少是在东汉以前。不过，这种办法还不能没有毛病；《说文》里也有许多字是先秦书籍所未载的，甚至有些字只见于《说文》，连汉魏以后的书籍中也不曾发现过。这些字，虽不能说先秦绝对没有，但是不该断定先秦一定有。为慎重起见，我们该取"宁缺毋滥"主义，把先秦史料所未载的字一律削去。

然而先秦史料的本身也成问题。我们在未能鉴定先秦一切史料以前，最好先拿一两部可靠的古书做根据。本篇暂以《诗经》所

---

① 见黄氏《与友人论小学书》。这种说法完全以他所认定的古本韵为标准。

有的字为研究的对象。这有三个理由：第一，《诗经》是最古而且最可靠的书之一；第二，《诗经》的字颇多（约有 2 850 字），足以表示很丰富的思想，及描写很复杂的事实；第三，普通研究上古韵部就等于研究《诗经》韵部，如果我们把《诗经》所有的字作为研究上古韵母系统的根据，也很相宜。

有些字，在先秦颇为常见，而在《诗经》却是没有。例如"欺"字见于《庄子》，《荀子》，《论语》，《战国策》，《韩非子》，《吕氏春秋》诸书①，而为《诗经》所不载。这有两种可能性：或者因为《诗经》时代没有这字，直至战国时代它才产生；或者《诗经》时代已有这字，而偶然用不着它。为了慎重起见，我们宁信其无。

若用这种选字的方法，对于上古音系的研究颇多便利之处。例如"疑"声有"礙"，属于洪音，又有"巍""巍"，属于细音，然而《诗经》有"巍""巍"而无"礙"，可见从"疑"得声的字最初本属细音，洪音乃是后起的现象。这么一来，许多复杂的问题都变为简单了。

8．语音与字义的关系

章太炎先生的《文始》，高本汉的《汉语词族》(Word Families in Chinese)，都从语音去研究字义的关系。他们对于字义的解释，尽多可议之处，然而他们的原则是可以成立的。语音相近者，其字义往往相近；字义相近者，其语音亦往往相近。由语音系统去寻求词族，不受字形的束缚，这是语史学的坦途。

同时，我们也可以把这个原则反过来应用，就是从字义的关连去证明古音的部居。如"改"之与"革"，"晦"之与"黑"，"子"之与"息"，都是之哈职德同部的证据。我们虽不能单凭这个去证明古音，但若有了别的重要证据之后，再加上这个做旁证，原有的理论

---

① 例子见于《说文通训定声》颐部"欺"字下。

就可以藉此增加不少的力量。

此外，意义相反的字，有时也可以证明语音之相近。如"否"之与"福"，"礼"之与"戾"，"氐"之与"颠"，"明"之与"暮"等，都是同部或"对转"的字。但这一类的例字比前一类的例字少些。

本文谈到字义的地方，只是举例的性质；因为如上文所论，字义方面只能作为旁证，不求详备也没有什么妨碍的。

二、图表凡例

1. 本文的图表专为上古韵母系统而作，故特别着重在韵母方面。至于声母的系统，暂时略依陈澧所分《切韵》四十声类，复从黄侃把明微分立。端系与知系，在《切韵》里不会同在一韵①，故表中依《韵镜》以端知两系同列。于喻两类，应分属喉舌两音。现在把匣于排在一栏，因为匣母没有三等，于母只有三等，恰相补充；把喻母排在定澄的前一栏，因为我暂依高本汉的说法，认喻母的上古音是不吐气的[d-]②。总之，关于声母的一切，都是暂时的性质，我愿意保留到将来再研究。

2. 此表除琐碎的修改不计外，自起稿至今，共有两次大变更。最初是略依江有诰的《入声表》，再加扩充，使阴阳入相配，如下图：

这种做法有三种毛病：第一，许多后代的僻字都搀在里头，徒然把上古的音系弄乱了③。第二，拘泥于等韵门法，把不该细分的音也细分了，例如之部实际上只该分为洪细两类就够了，《切韵》的皆麦两韵所含少数之部字，都可以认为从哈德类变来，是不规则的

---

① 僻字不算。

② 补注：实际上高本汉把喻母四等的上古音分为 d, z, g 三类。

③ 理由见上文。

该摄开口呼

影　于	晓　匣	见　溪　群	疑	
○ 欸 ○ 絯 ○ ○ ○	哈 海 儗 黑 ○ ○ ○ ／ 孩 亥 劾 劾 恒 ○ ○	该 改 ○ 祴 抪 ○ 互 ／ 毅 豥 欬 克 肯 ／ ○ ○ ○ ○ ○	○ ○ 癡 ○ ○ ○	哈德登类（一等）
搂 挨 噫 ○	○ ○ 欻 核 ／ ○ 骇 械 核	荄 ○ 戒 革 ／ ○ ○ 炫 绛 ／ ○	○ 骇 谘	皆麦类（二等）
噫 谙 意 億 膺 ○ 應	熙 喜 憙 桃 兴 ○ 兴	基 己 记 亟 兢 ○ ○ ／ 欺 起 呕 輊 殏 ○ ○ ／ 其 ○ 忌 极 殑 ○ 殈	疑 拟 儗 嶷 凝 ○ 凝	之职蒸类（二三等）

演变。其见于《诗经》者仅有"戒""革""豺""緎"四字，如果用等韵的说法，可以说它们原属一等，后来才流入二等。"改"与"革"音义并通，"改"既在一等，"革"亦可在一等。第三，每音只限定举一字为代表，以致相配的字不能尽现于表中，例如平声"基""姬"与入声"殛""棘"相配，今若仅载"基""殛"相配，则"基"与"棘"，"姬"与"殛"，"姬"与"棘"，"基"与"姬"，"殛"与"棘"的关系都无从表示。

　　因此，我另制一种图表，大致定下了三个条例：(一)凡《诗经》所有的字，一概列入表中；如系《诗经》所无之字，即不列入。(二)《诗经》非但没有此字，并且没有此音，而先秦书籍中却有此音者，则举一字为代表，加圈于外以为分别。(三)《诗经》虽有此字，然《广韵》中共有两种以上的读法，则假定一种为最古的读法，其余的读法索性不载。但如果此音无他字可表，则仍载此字，加圈于外。

今以之职蒸类喉牙音举例如下表(见下页):

影	晓	见	溪	群	疑
噎	熙嘻	基箕姬	敧	其綦淇祺期騏	疑
○	喜	纪	起苢屺杞	○	嶷
意	○	㠱	○	忌	○
億	○	亟棘襋	○	極	嶷
膺鷹	兴	兢	○	○	疑
○	○	○	○	○	○
應	兴	○	○	○	○

这次的办法,我认为进步了;但还有最后的修订如下:(一)洪细音当共列一栏,一则可省篇幅,二则谐声的系统更为明显,如"改"与"纪","台"与"治",都可一目了然。(二)《诗经》所无之字,索性完全不录;加圈于外的办法还不好,因为此字既为《诗经》所无,我们凭什么把它列入而不列另一个字? (三)一字有两音以上,则在重见之音加圈,惟宜加小圈于字旁,以便印刷。(四)无字处不加圈,更觉清楚①。

3. 开口呼与合口呼不同图。大约每图各分为洪细两类。同属一个声母的洪细音,则以虚线为界。亦有一图分为三类者,则因洪音有二类或细音有二类之故;又有一图分为四类者,则因洪细各有二类之故。

4. 一字分属两个以上的声母或调类的时候,以重见为原则。亦有不重见者,或因一时失察,尚待补载,或因我确认古无此音。此等情形未能一一注明。

5. 洪细共列一栏,好处既如上文所述,而其缺点则在语音系统不如分栏之清楚。为补救这缺点起见,每图之前先列一表,表中

---

① 这里叙述制表的经过,目的在乎解释我为什么不依等韵的成规。

依洪细分类,与图互相阐明。

6.每图之后,附有:(一)谐声对转证;(二)训诂对转证;(三)同部声训证;(四)归字杂论。所谓对转,非仅指阴阳对转,而是兼指阴与入对转或阳与入对转而言。例如"旦"在寒部,"怛"在曷部①,我们即可从这谐声的事实去证明寒与曷是阳入对转。又如"何"在歌部,"曷"在曷部,我们又可从这训诂的事实去证明歌与曷是阴入对转。至于同部声训,其例更多,现在择其不同声符者为例,以见一斑。末了说到归字杂论,这是讨论某字应归某部的。大部分的字,其所应归的韵部都已不成问题,但还有少数的字引起争执。本文既有图表,对于每字应归何部,都该认定,所以对于引起争执的字,也不能不加论断。凡此四事,或系前贤的意见,或系我个人的私见,也不能分别注明。反正这都是图表的附属品,而且是举例性质,不求详备,不过藉此略为证明音系之分排不是随意乱做而已。

7.有些字,依《诗经》用韵当属此部,而依谐声偏旁当属彼部者,则以《诗经》为准;然其谐声偏旁所属之部中,此字亦重见,加一括弧以示分别。例如"怛"字,见于曷部,无括弧;又见于寒部,加括弧。亦有不敢完全以《诗经》用韵为准者,则一律加括弧。例如"膴"字,见于之鱼两部,皆有括弧。另有些字,在《诗经》里不入韵,依谐声偏旁当属此部,而依《广韵》当属彼部者,则以谐声偏旁为准。例如"睡"字从"重"得声,故列入东部,无括弧;然《广韵》"睡",吐缓切,故又列入寒部,加括弧。《诗经》一字分入两部叶韵,则认其中一部为方音,亦加括弧。

8.本文的图表仅为拟测上古音值的准备,故于韵母系统虽力求其有条理,却暂时不愿意谈及音值。

---

① "怛"在《诗经》一见,与"癹""楬"为韵,当入曷部,不当拘泥旧说以入寒部。理由已见上文。

三、之蒸系

1. 开口呼

咍登类:海醢;改戒革,克;德得,邰忒慝;台臺迨怠殆代特;乃
迺蝻能;来莱𱀡赍;芣,栽灾哉宰载则,偲采菜,才在贼,塞;霾麦。
恒;肯;登,腾縢𦽏;增憎,曾赠。

之蒸类:噫意億;熙嘻喜;基箕姬纪亟棘襋,俟起杞屺芑,其綦
淇祺期騏忌极;疑嶷嶷;置稙陟,耻敕饬,饴诒贻以苢矣异翼弋,
治峙庤值直;昵,而耳;釐狸里理裏李力;之止沚祉趾职织,蚩齿
糖饎炽,食,诗始试式识饰爽,时埘恃市殖;缁菑甾侧,测,士仕俟
事,史使色啬穑;藟兹子仔籽梓旻稷,字,思司丝息,词辞似姒耝
祀汜嗣寺。

膺鹰應;兴;兢;蝇惩;陾仍;陵淩;烝蒸,称,乘绳,升胜,承。

影	晓	匣	见		溪	群	疑
噫	熙嘻		基箕	姬	俟	其淇期綦祺騏	疑
	海醢 喜		改	纪	起屺芑杞		嶷
意			戒		亟°	忌	
億			革棘襋	亟克		極	嶷
膺鹰應	兴	恒	兢				
					肯		
應°	兴°						

端	知	透	彻	喻	定	澄	泥	娘	日	来	
				诒饴贻台°	台臺	治	能°		而陕°	来莱骒	釐狸
			耻	以苫矣	追急殆	峙庤	乃萧逎		耳		里裹理李
	置			异	代	值治°	能		贲		
德得登	徝陟	忒慝	敕饬	翼弋	特	直		昵		力	
			蝇		塍腾滕	惩	能°		仍陕	陵凌	

照	穿	神	审	禅	庄	初	床	山
之	蚩		诗	时埘	缁葘		豺	
止祉沚趾	齿		始	恃市			士俟仕事	史使
	僖炽糦		试		葴		事	使°
职织		食	式饰识奭	殖	侧	测		色穑啬
烝蒸	称	绳乘	胜升	承				
	称°	乘°	胜°					

			精		清 从		心		邪	帮	明
哉 灾 栽		蕭 兹		偲		才			思 司 丝	词 辞		霾
载 宰		子 籽 仔 梓		采		在			似 粔 汜 姒 祀		
载°				菜		字			寺 嗣		
则		昃 稷				贼		塞 息			麦
曾° 憎 增						曾				(冰)	
					赠						

谐声对转证:疑凝①,乃仍,寺等,能態,而陾(如之切,又音仍)。

训诂对转证:正义:陟登,蟪螣,熙兴,贻赠。反义:革恒。

同部声训证:改革,子息,才偲。

归字杂论:

"海"从"每"声,"醢"从"㿑"声,实从"右"声("右"在上古属合口,说见下文),疑此两字在上古皆属合口呼。《释名》"海,晦也",又"醢,晦也","海醢晦"音并相近。今暂依旧说,以"海""醢"为开口呼,同时重见于合口呼,加括弧以示未定。

2. 合口呼

灰[登]类②:贿晦诲悔黑,或;國馘;背北,掊倍偄邶;梅铸媒敏。薨,弘軏;肱;崩,朋;梦。

尤[东]类:尤说邮友有又右宥侑圃或绒域蜮蔑椷减;龟久玖,

---

① 凡《诗经》所未载之字,加横画于其下,以示分别。

② 凡韵目加括弧者,表示其本身不属此呼,甚至不属此系。

丘,裘俅旧;牛;秠駆伾,否备匐;谋母亩牧;不富福菖幅辐福,纰
副,芣妇负伏服。

影	晓	匣	于	见	溪	群	疑
			尤邮 讥	龟		丘	裘俅	牛
	贿(海) (醢)		友 有	久 玖			
	晦海 悔		又宥囿 右侑			旧	
或	黑	緎° 減°	或 域緎罭圃° 蟓棫減	國 馘			
	薨	弘 軐	雄	肱	弓	穹	

帮	滂	並	明	非	敷	奉
秠駆 伾		掊	梅媒谋 铈	不	纰	芣(膴)
		倍 否°	敏 母亩	否		妇 负
背		佩邶 备		富辐°	副	伏°
北	福		匐 牧	富福幅福° 菖辐	副°	伏 服
崩 掤冰		朋 冯	梦			
			梦°			

雄;弓,穹;掤冰,冯。

训诂对转证:<u>恢宏</u>,晦梦。

同部声训证:正义:晦黑,妇伏,久旧,背负。　　反义:否福。

归字杂论:

<u>尤侯</u>韵字之在<u>之</u>部者,当属合口呼。若以谐声为证,"某"声有"媒","不"声有"坏",又有"丕";"有"声有"贿",又有"郁","尤"声有"蚘"(亦做"蛕""蛔")。若以反切为证,则"囿"于救切,又于六切;"副"敷救切,又芳福切;"覆"敷救切,又敷六切;"菖"方副切,又芳福切;"复""伏"皆扶富切,又音"服"。若以假借字为证,则"有"借为"或","负"借为"倍"。若以声训为证,则《广雅·释亲》:"母,牧也";《白虎通》:"妇者,服也";《释名》:"负,背也";《国语·楚语》"王在灵囿"注:"囿,域也"。诸如此类,都可以证明<u>尤侯</u>韵字入<u>之</u>部者在上古当属合口。

"龟"字有居求、居追两切①,当以居求切为较近上古音;若完全依上古音,当改为居丘切。今世仅于"龟兹"读居丘切,实则上古"龟"字皆读此切。后来变为居追切,虽则失了上古的韵部,倒反因此保留下了合口呼的痕迹。

"黑""北"两字皆当入合口呼。陈澧与高本汉皆误以此类字入开口呼。今按《广韵》:"黑",呼北切,"北",博墨切,"墨",莫北切,"菔",蒲北切,"覆",匹北切,凡以"北"字为切者,皆属合口,与开口字之反切绝对不混。宋代以后,"黑"字转入开口呼,世人因此误以"北墨菔覆"皆随"黑"字转入开口。若以反切为证,则"仆",芳遇切,又蒲北切;"菩",蒲北切,又音"蒲";"楅",符逼切,又蒲北切;"匐",房六切,又蒲北切;

---

① 《广韵》尤韵"龟"字下注云:"又居危切",微误。当依脂韵注为居追切。

"覆",芳福切,又匹北切,皆与合口呼相通。若以谐声为证,则"菔覆仆"等字皆与轻唇字相通,应入合口(理由见上文);况"北"声有"背""邶",更显示"北"属合口呼。若以声训为证,《白虎通》:"北方者,伏方也";《广雅》:"北,伏也";《释名》:"黑,晦也",又"墨,晦也",亦皆以合口字释合口字。顾亭林《唐韵正》云:"黑,呼北切,上声则呼每反";"黑"字是否应认为有上入两声,姑置勿论,但"呼每反"为合口呼,可见顾氏亦能审音。

四、幽 系

1. 开口呼

[豪]类:薅好,昊;考栲;翱;襦擣,透,陶绹翿稻道蹈;老;遭早蚤枣爪,草,曹皁漕,骚慅搔埽;褒衰保鸨报,袍。

[肴]类:孝,巧;包苞饱,匏炮炰庖。

[尤]类:麀;朽;辐俦,猷卣卣橹誘牖,裯绸;刘浏刘;周舟洲,丑臭,收手首守兽狩,雔醻讎受授售寿;逍酒,秋鹙,酋蝤,秀琇,囚。

[萧]类:呦幽窈;纠赳叫,芨;鸟茑,调蜩;滐。

同部声训证:考老,狩兽,麀呦。

归字杂论:

幽部的开合两呼,甚难分别。最初我把幽部字一律认为合口呼,后来我觉得不对,因为豪韵字之属于幽部者,大多数没有与合口相通的痕迹。现在改为开合两呼;分呼的标准是:(一)谐声偏旁有没有属合口呼的? (二)假借,声训,谚语三方面,是否与合口呼相通? 这种标准只是一种尝试,其准确的程度尚待将来多方面的证明。

影	晓	匣	见	溪	群	疑	端(知)	透	喻
幽麀呦	薅				烋	翱	輈侜		猷
窈	好	朽昊	纠赳	考栲	巧		禱擣	鸟茑	酉櫾牖卣诱
	好° 孝		叫					透	

定(澄)		来	照	穿	审	禅	精(庄)		
陶翿绹	裯绸	调蜩	周舟	洲		收	雠讎醻	遭	遒
稻道		老		丑	手首	守	受	早枣蚤	爪 酒
蹈		调°			臭兽狩		授寿售		

清		从		心(山)		邪	帮		并
	秋鹙	曹	酋蝤	骚搔	搔慅	囚	褒衰 包苞	袍	鲍炰庖 瀌
草		皁		埽			保鸨	饱	
		漕			秀琇		报		

2. 合口呼

皓类:皓浩鹄;瞽鼜告;笃,毒;猱猱;牢;造,搜叟瞍溲;宝;牟矛蟊牡戊茂。

[肴]类:虓烋,学;胶搅觉。

[尤]类:攸悠怮憂優優奥薁懊;休旭扅悃;鸠穆穋九韭玖救究匊,軌氿,仇厹犰求逑球捄觩舅咎鞠,逑;竹築,抽瘳畜蓄,遊游由蝣育;胄軸妯蓫;杻狃;柔揉踝;旒流留駵劉浏刘柳雷六陆蓼;祝鷟,㑀杌,叔菽,淑熟;戚,就,脩修繡夙宿肃,裦;卯茆昴貿穆目;缶腹,孚罦覆,浮蜉阜复。

萧类:条鲦儵涤迪;怒;聊;椒,戚,萧潇蟰儵啸歊。

影	晓	匣	见		
攸 怮 優 / 悠 憂 優	虓 烋	休 烋。	顰 藟	胶	鸠 穋 / 穆 穆
		皓 浩	搅	九 玖 / 韭	軌 氿
奥。			告。觉。	救 究	
奥 薁 懊	旭 悃 / 扅	鹄 学	告 觉	匊 鞠。	

群	端(知)	彻	喻	定(澄)		
仇 犰 逑 捄 觩 逑 / 厹 求 球 捄		抽 瘳	遊 由 / 游 蝣		条 儵 / 鲦 鯈	
舅 咎						
			裦。	胄		
鞠	笁 竹 / 築	畜 蓄	育 鷟。/ 毒	軸 蓫 / 妯	涤 迪	

81

泥	娘		日		来			照	穿	审	禅
猱猫			柔揉		牢	旒留刘浏 流斾㓞	聊				
	杻狃		蹂	扰	柳罶		蓼°				
								祝°			
	怒				六穆° 陆蓼			祝鬻	俶柷	叔茮	淑熟

精	清	从		心(山)		邪
	椒		搜	修脩	萧蟏 潇(翛)	
			叟溲 瞍			
	造	就		绣	啸歠	褒
蹙	戚			夙肃 宿		

帮	滂		明	非	敷	奉	微
		牟矛蟊			孚罦	浮蜉	
宝	牡	卯昴 茆		缶		阜	
	戊茂贸				覆°	复°	
	覆°	目穆		腹	覆	复	

同部声训证：正义：目眸，鞠告，戚忧，造就。反义：休戚。

归字杂论：

告声有鹄，九声有轨，由声有轴，攸声有鯈，丑声有衄，翏声有戮，就声有蹴；揽从觉声，椒从叔声，萧从肃声，故凡告声，九声，由

82

声,攸声,丑声,翏声,就声,觉声,叔声,肃声的字,都应该归入合口呼。

《释名》:柳,聚也;鸺鹠,《说文》作旧留;《释名》:霤,流也;刘,《说文》作镏;《汉书·匈奴传》注:游犹流也;又蜉蝣谜语。故凡休声,丣声,流声,刘声,游声的字也应该归入合口呼。

五、宵 系

宵部只有开口呼。

豪类:沃盗;蒿耗熇,镐号鹤;高膏羔缟杲;敖謷;刀叨倒到,桃逃洮轵盗悼;呶恢;劳潦乐;藻凿;褾,暴;毛髦旄耄。

肴类:敫傲;交郊狡佼教较;乐;罩倬,濯;荦;巢;豹驳驳。

宵类:妖要喓蒌夭约;嚣鸮枭谯;骄鸺矫,乔跷;虐;朝,遥谣摇瑶耀曜躍籥穮,朝旐肇赵召;莪;僚寮;昭招沼照炤勺灼,弨绰,少,绍;焦嚼雀,悄,樵谯;宵消逍蛸脩小笑削;麃儦瀌镳,飘嘌漂,摽骠;苗藐庙。

[萧]类:杳;晓;皎皦,翘;钓吊的,挑桃趒,迢佻苕窕翟籊;溺;肖栎。

影		晓			匣		见			群	
要喓 蒌妖		蒿	嚣枭 鸮	晓	号	敫	高膏 羔	交 郊	骄 鸺	乔	翘
夭 (妖)	杳				镐		缟杲	狡 佼	矫	皎 皦	
要°		耗			号°	傲	膏°	教 较			翘°
沃盗	约	熇	谯		鹤			较	跷°	跷	

疑			端(知)				透	喻	定(澄)			
敖聱			刀忉		朝		挑恌	遥摇谣瑶	挑靴逃洮		朝	迢苕佻
			倒								旐肇赵	窕
			到	罩		钓弔		耀曜	盗悼		召	
	乐	虐		倬		的	趯	躍籥禴		濯		翟籊

泥	娘	日	来				照	穿	审	禅	精		清
呶怓		荛	劳		僚寮	膋	昭招	弨				焦	
			潦				沼		少	绍	藻		悄
	溺°		劳°				照炤		少°				
	溺		乐	荦		栎	勺灼	绰			凿°	爵雀	

从	床	心(山)			帮			滂	並		明	
	巢	樵谯	蛸°	宵逍翛消蛸			麃瀌儦镳	飘漂嘌			毛髦旄	苗
				小						摽		藐
凿°		谯°		笑		豹			暴°	骠	芼	庙
凿				削	襮	驳驳			暴			

同部声训证:正义:要约,嚣号,謷哓,矫翘,敖乐,吊悼,迢遥,耀烁,趯跳,呹闹,照灼,卓超,骠镖,豹暴。

反义:劳乐,朝召,悄笑。

归字杂论:

"焦"声的字,段玉裁、孔广森诸人皆以入幽部,独江有诰、夏炘以入宵部,今依江、夏。按"焦""灼""燥"音义并近,"僬侥"则为谜语,又"噍"或作"嚼","谯"或作"诮","焦"声的字与宵部的关系似较深。若以《诗经》用韵为证,鸱鸮四章"谯"字押"翛翘摇哓","翛",《正义》引定本作"消",则亦在宵部。

六、侯东系

侯东系只有合口呼。

侯东类:沤屋;侯喉餱厚后候镞逅;钩句苟笱耇枸垢巩菁媾构靓雏彀谷縠,口寇;斗,投豆读獨;娄娄漏禄鹿麓;驺聚走奏,薮速薮楸;卜,僕樸;木沐霂。

烘,洪鸿虹讧;公工功攻,空孔控;东蝀,恫瞳,同桐童僮動;弄;翪總,葱聰,送;琫;篷莑;蒙濛幪蠓曚。

[觉]江类:渥握;角桷;嶽;味昼琢椓啄斲,濁;剥,璞。

项巷;江讲;双;邦,庞;龙庞。

遇鍾类:怄饫;驹屦,驱曲,劬娄具局;愚隅遇玉狱;株,瘉踰愉揄渝榆庾楔愈裕欲,躅蠋;濡臑孺辱;萎缕屡绿;朱主注驻,姝枢,赎,输戍束,殊殳树属;绉,刍,数;诹足,趋取趣,须粟,续菜;树,附;毋悔务綮。

雍饔雝雕;恭,恐,邛共;颙;冢,庸廊傭墉镛容勇踊用,重;龙;鍾鐘種,衝置充,舂,尰;豵枞纵,从,崧竦,松讼;捧菶,蜂豐捧,逢缝奉。

影	晓	匣	见	溪	群	疑
		鍭喉侯	钩句	驹 驱	劬	愚隅
	饇(饫)	厚后後	苟枸垢 笱枸巩	口	窶	
沤		候迒镞 媾	觏構雏° 媾覯	寇	具	遇
屋	渥握		縠谷縠 角楤	曲	局 嶽	狱玉
雍雠 罋雁	烘	鸿讧 虹洪	公功工攻 江 恭	空	邛	颙
		项	讲 (巩)	孔 恐	恐	
	雍°		巷	控	共	

端	(知)	透	喻	定(澄)		日	来
味	株		瘉踰揄 渝愉榆	投	蹰	濡	娄 萎
斗			庾梄	梗椩		醹	缕
昼			愈裕	豆		孺	漏镂 屡
琢啄 椓斲			欲	读獨	濁蠋	辱	鹿簏 禄 绿
东蝀		恫瞳	庸傭鏞 廊墉容	同童 桐僮	重		龙
	冢		踊勇	动	重°		
			用				弄

86

照	穿	神	审	禅	庄	初	山	精	清	从	
朱	姝枢		输	殳	驺椒		刍		诹	趋	
主							数	走	取		
注孖			戍	树		绉		数° 奏	足° 趣		
			赎	束	属			数°	足	趣° 族	
鍾鐘	衝充		春				双	霺 瓾枞 聰葱			从
種				尰				總			
種°								縱			从°

心	邪	帮	滂	并		明	非	敷	奉	微
	须									毋
薮							柎			侮 务
								附		桼
速 橚 蔌	粟 续 荽	卜	剥	璞 僕 樸		木 霂 沐				桼
崧 松		邦		蓬 庞		蒙 饛 幪 濛 矇	龙 厐	葑	蜂 豐	逢 缝
竦	琫		莑						唪 捧	奉
送	讼						葑°			

谐声对转证：莆讲，愚颙，束竦。

训诂对转证：正义：饇饟，口孔，寇恐，丛聚，充足，童秃①。

反义：同独。

---

① 《释名·释长幼》："山无草木曰童，人无发曰秃。"

同部声训证:伛踦,逅觏,隅角,咮啄,趣促。

归字杂论:

"敄"声的字,当依王念孙、江有诰归入侯部。

"巩"字在《诗经》只见一次,与"后"字押韵,当入侯部。按"讲""颙""竦"皆由侯入东,则"巩"未尝不可以由东入侯;甚至最初谐声的时候就以东部的"巩"去谐侯部的"巩",也不是绝对不可能的事。

"衝"与"充","蜂"与"豐",在《广韵》分属鍾东两韵。现在认为同属东部细音,不再分别。"充""豐"似乎是由鍾入东,系不规则的演变。

七、鱼阳系

1. 开口呼

模唐类:乌戏恶;呼虎箎浒壑,乎胡户扈祜岵怙楛貉;姑辜酤古贾鼓瞽罟股羖盬顾固故各阁,苦恪;吾梧五午晤寤骂鄂;都阇堵,土吐兔蒤橐,猪屠荼塗稌徒图杜度;帑怒诺;卢庐鲁虏路赂露鹭洛落雒骆;租祖组作柞酢,错,徂祚,苏素遡愬索;谟暮墓莫瘼。杭颃;冈刚纲,康抗伉,卬;汤,堂棠镗唐螗荡;囊;狼稂朗浪;臧牂,仓玱苍鸧,藏,桑丧。

马庚类:亚;赫,遐騢瑕下夏暇;家葭假煆砑稼嫁格;牙雅;野夜亦奕怿致驿绎,宅;者赭柘炙,车尺赤,射,舍释螫,阇社石硕;借踖,且,藉,写舄昔,邪谢夕席蓆;岊百伯栢,白;马祃霸。亨,行珩衡苻;庚羹梗;彭孟。

鱼阳类:於;虚许;居椐琚据车举莒据戟,祛袪,渠蕖秬距虚臚剧;鱼语围御禦逆;著,余馀與誉轝舁畬予与豫,除篨紓伫紵;女,如洳汝茹若;芦旅虑略;诸渚,处杵,书舒纾鼠癙暑庶;菹阻俎诅,初楚,助,疏所;咀苴沮,砠鸹,胥湑,徐序鲟写绪。

88

央鸯决鞅;香乡享餉向;姜疆京景竟,羌卿庆,竞;迎仰;张粻长,邕畅帐,羊洋痒阳钖杨扬养,长苌场肠;穰攘瀼讓;梁粱良凉粮两谅;章璋掌,昌倡,伤商,常裳尝鲿上尚;庄壮,床,霜爽;将浆,锵跄路,墙戕圻,相箱湘襄饟,祥详翔象;兵秉枋柄;明。

影		晓		匣		疑		
乌	於	呼 戏	虚	乎 胡	退 骽 瑕	吾 梧	牙	鱼
		虎 浒 筬	许	户 祜 怙 扈 岵 楛	下 夏	五 午	雅	语 圉
恶	亚	呼°	赫°		暇	晤 寤 瘝		御 禦
恶°		壑	赫	貉		咢 鄂		逆
	英 央 决 鸯	亨	香 乡	杭 颃 行°	行 衡 珩	卬		迎
	鞅		享 餉		荇			仰
			向		行°			迎°

见			溪		群	
姑 酤 辜	家 葭	居 琚 车 椐 据		祛 祛	渠 蕖	
古 鼓 罟 殳 贾 瞽 股 鹽	假 贾° 斝 椵	举 筥	苦		柜 距	虚
顾 固 故	稼 嫁	据			膧	剧
各 阁	格	戟	恪	客		
刚 冈 纲	庚 羹	姜 疆 京	康		卿 羌 庆	
	梗	景				
		竟	抗 亢		庆°	兢

89

端(知)	透(彻)		喻	定(澄)		
都闍		樗	余畬舆罃 餘予誉鴷	瘏稱荼图 屠涂徒		除篨
堵	土 吐	野	与予°	杜		紵羜佇
	著 兔	夜	豫	度°		
	著° 薯橐	亦怿敳 奕绎驿		度		宅
张 粻	汤	邑 畅 铽	羊痒杨钖 洋阳扬	堂棠螳 镗唐	长 长	场 肠
长			养	荡		

泥	娘	日	来		照	穿	神
帑	如	茹 洳	卢庐 庐	蒢	诸	车°	
	女	汝	鲁 虏	旅	者赭 渚	处	杼
怒	女°	茹°	路鹭 赂露	虑	柘°	处°	射
诺		若	洛骆 落雒	略	炙柘	尺赤	射°
襄	穰瀼 攘		狼 粮	梁良粮 梁凉	章 璋	昌	
			朗	两	掌		
	讓		浪	谅		倡	

上表

审	禅	庄	初	床	山	精
舒书纾	阇°	菹	初		疏	租	置
舍 署瘋鼠	社	阻俎	楚		所	祖组	苴
舍° 庶		诅	助		疏°	作°	借 沮
释螫	石硕					作柞	踖
伤商	常尝鲿 裳鲿	庄		床	霜	臧牂	将浆
	上				爽		
	尚 上°						

下表

清	从	心	邪
	砠 苴	苏	胥湑	邪 徐
	且	写		绪芧 序鲐
错°	柞 藉°	素愬 遬		谢
错	鹊 藉	索 舄昔		席蓆 夕
仓苍玱鸧	锵 藏	墙圻戕 桑丧	相湘禳 箱襄	祥翔详象
				象
	跄蹡 藏°	丧°	相°	

帮	並	明
犯		谟
		马
	暮	墓 祃
伯 栢 百	白	莫 瘼 䔅
兵	彭	明
炳 秉		
柄		孟

训诂对转证:正义:逆迎,吾卬,格梗,舍释罟纲,瘼病。
反义:苦康,豫痒,暮明。

同部声训证:竟疆,窬愕,明柄,迓逆,假格,渠壑,舍处,牾迕,
射敦,赭赤。

归字杂论:

鱼模两韵字,在上古当入开口呼。就谐声而论,鱼模是一个系统,虞是另一个系统①。这因为鱼模在上古属开口呼,虞在上古属合口呼,故能截然不紊。若以谐声为证,则鱼模两韵的声符与麻铎药陌昔诸韵开口呼相通的痕迹非常明显,如庶声有"席",䖝声有"剧",固声有"涸","恶"从亚声,"路"从各声,"醋"从昔声,"舒"从舍声,"恶且贾度著作朔",皆有开合两读。就谐声的常例看来,开合互谐是不会有的;于是我们推测庶声,䖝声(实为尼声),固声(实为古声),亚声,各声,舍声,且声,贾声,者声,乍声,宁声等类的字在上古汉语,若非全属开口,就是全属合口。但虞韵显然是合口,

---

① 鱼虞的谐声偏旁不相通。像"矩"字有俱雨其吕两切,是极少数的例外。即如"矩"字,当以其吕切为古本音,俱雨切为偶然的现象。

不能与鱼模相混,故鱼模当是开口①。

　　"京"与"疆","卿"与"羌"同属三等,在《广韵》虽有庚阳之别,在表中未便分为两类,因为庚韵三等只有"京卿英"三个字见于《诗经》,似乎不会独成一类。现在把"英"字认为古二等,"京""卿"则暂时认为与"疆""羌"同音,以待再考。

2. 合口呼

　　[模][唐]类:污;忨忕藿,瓠狐壶濩获樗;眾,廓鄿;吴;補布博搏鎛,痡铺圃浦,蒲葡步薄。

荒,黄簧皇遑喤凰煌;光洸廣,旷;雾澹,旁傍;芒。

　　[马][庚]类:华获;瓜呱寡,夸。

兄,觥;祊;虻氓。

虞[阳]类:訏盱吁骉栩于宇禹栩雨羽芋;踽,惧;虞娱麌嚧俣;夫肤甫脯黼斧傅赋,敷,扶皂釜父辅;无舞武肮。

觊况,永泳王迋;憬,匡筐,狂;方,访,房鲂防;忘亡望罔網。

影	晓		匣		于
汙	忨忕	訏盱吁	瓠狐壶	華	于
		骉栩			宇禹羽 雨栩
				華°	芋
	藿		濩获(撑)	获	
	荒	兄	黄皇喤煌 簧遑凰		王
				永	
		觊况		泳	迋

---

① 鱼模直至《切韵》时代仍当是开口,罗常培先生修正高本汉的意见是对的。

見			溪		群	疑	
罘	瓜呱			夸		吳	虞娛
	寡				蹞		麌噳俁
					惧		
			廓鞟				
光洸	觥			匡筐	狂		
廣		憬					
			旷				

幫		滂	並	明	
		痡鋪	蒲匍		
補		圃浦			
布			步		
博鑮搏			薄		
	祊	雰滂	旁傍	芒	虻岷
			傍°		

非		敷	奉	微
夫膚		敷	扶鳧	无
甫脯黼斧			釜父輔	舞武(膴)
傅賦				
方			房魴防	亡忘望
				罔網
		訪	防°	望°

训诂对转证:皇华,夸狂,无亡,怳荒,旁溥。

同部声训证:煌光,瓠壶,永廣,虞惧,怳昺。

归字杂论:

"樗"从雩声,实从于声,当入合口呼;《说文》"樗"下云:"读若华",又重出文"檴"字,下注云:"或从蔓",据此,亦当入合口呼①。但《广韻》作"榑",却又当入开口呼。今暂两归,以待再考。

"憬"从景声,似属开口;然《广韵》音俱永切,则属合口。

今按《诗经·泮水》"憬彼淮夷",《韩诗》作"獷",然则"憬"为"獷"之假借,自当属合口呼。

八、歌曷寒系

1.开口呼

歌曷寒类:阿;何河荷贺;歌柯哥,可;莪俄蛾我;多,佗他,黿紽沱杝驒;那儺;羅蘿;左佐,磋瑳瘥,佐娑;波簸,破,婆,磨。

蔼遏;害曷褐;盖葛,愒渴;艾;带怛,泰太闼挞,大达;贝,败。

安按;罕漢熯暵;韩寒翰旱;干竿靲,衍;岸;丹单瘅亶旦诞,啴歎嘆,檀墠禅惮;難戁;蘭爛;餐粲,残,散。

麻辖山类:加珈嘉驾;差哆,沙鲨莎灑;麻。

介界价;齘;亝;瘵,杀。

闲閒僩;间简菅简涧谏;颜雁;栈,山潸汕。

支薛仙类:猗椅倚;羲戲,畸掎,锜;仪宜義議;蛇也,池驰;離罹缡褵骊罾;侈,施,釃,差;彼,皮罴;靡。

孑揭,憩朅,偈桀傑;蕲刈;哲,曳勚,滞;热;厉砺烈洌冽;制折晰哲,舌,世,逝誓筮噬;祭,泄绁蛰;蔽鳖鼈,敝;威滅。

---

① 段氏以为"樗""榑"二篆互讹,恐未必是。

焉鰋偃；轩献宪，衍；建，愆褰骞遣谴，乾虔；言唁彦；鳣邅展辗，筵；然；连涟，旃膳战，煽善，翦，遷浅，钱践伐饯，偄，羨。

　　[齐][屑]霰类：髻枚地；蠡丽。

契；蜕（蜥）；截，瞥，彆。

裡闈宴燕，显，睍睍；肩豜见，牵；典，颠；薦前，霰；筊，骈。

　　谐声对转证：奈捺，大驮，折（杜奚切）哲，旦怛，赖嬾，献瞖，难傩，单驒鼍。

影			晓		匣(于)		
阿	猗椅倚		犧		何 荷°		
		倚			河 荷	贺	
藹			戲		害		
遏			歇		曷 害°	褐	
安	焉	裡闈		轩	韩 寒	闲	
	鰋偃	宴 罕		显	旱	倜	睍 睍
按	晏	燕	漢熯暵	献 宪	翰°		衍
见			溪		群		疑
歌	加 嘉	畸			锜	莪 蛾	儀
柯	珈				俄		宜
哿		掎	可			我	
	駕						義 議
蓋	介 界 价		愒	憩 契	偈	艾	藙 刈
葛		揭 子	渴	揭	桀 傑		瞖
干 竿	菅 間 简	肩 豜	愆 褰 塞		乾 虔		颜 言
榦	涧 谏 建	见	衍	遣		岸	雁 彦 唁

96

端(知)		透(彻)		喻	定(澄)			泥 娘	日
多		佗他		蛇	鼍絁騨沱杝	池馳	折。	那(難)儺	
				也					
帶	蛻	太泰	蛋髦	曳勩	大	滯	杕髦。地		
怛	哲	囦撻			達				熱
單丹瘅	鱣邅	啴		筵	檀埠			難	然
亶	展報	典		顧	禮			戁	
旦(怛)誕		欸嘆		惲啴。				難。	

來		照	穿	神	審	禅
羅蘿	離縭驪瞿緬			蛇。	施	
	蠡		侈			
	罳	麗			施。	
	厲砺	制			世	逝筮誓噬
	烈栵冽	折晰誓		舌		折。
蘭	連漣	旃				
		膳				善
爤		戰				煽

庄	初	床	山	精	清	从	
	差	沙 莎 鲨			磋 瑳	差	瘥
	哆	灑	釃	左	瑳。		
				佐			
察				祭			
		杀					截
		山			餐 遷 残	钱	前
		凊		蒯		浅	践 饯 伐
	栈	汕			荐 粲		

心	邪	帮	滂	並		明	
傞 娑		波		婆	皮 黑	磨 麻	
		簸 彼				靡	
			破			磨。	
		贝	蔽	败	敝		
泄 蝶 绁		鼈 鳖		瞥		鳖	威 滅
偏 鲜。		笾			(骈)		
散 (鲜)							
散。	霰 羡						

训诂对转证:正义:何曷,破败敝,磨滅,揭褰,大诞,烈爛,热然,祭荐,<u>继</u>线,<u>鹅</u>雁,義彦,議言,蛇诞,地埒。

98

反义:離连,多单。

同部声训证:義宜,離丽,熱烈,篓蔡,闲限,菅蕳,颜眼,坛禅,月惮,膳餐,残殚。

归字杂论:

"也"字本属歌部而转入《切韵》的马韵,这是不规则的演变。现在我把它归入歌部细音,认为支韵"蛇"字(弋支切)的上声。

典声堊声的字,段玉裁以入谆部,江有诰以入寒部,今暂从江氏,以待再考。㢟声的字,段、江皆入寒部,而朱骏声入屯部,今从段、江。

"莎"从"沙"得声,当依《集韵》师加切,读入开口呼。

2.合口呼

戈末桓类:货,和祸;戈过果裹螺,莏;吡讹;妥,堕;赢嬴;坐,琐;播。荟沙,啰翔,会活;桧骱脍括,阔;外;祋掇,骳脱,兑夺;挦;撮;撥,沛旆,柭跋芰魃;沬秣。

夵换,丸芄完桓萑瀍;冠莞观倌管筦萑鹳贯痯馆灌裸;锻碬,湍彖,㥏㥏断;鸾峦乱;缵赞,爨,瓒;判泮,柈伴畔。

[麻]夬[山]类:骒;瓦。

话;哙;拜,拔;迈。

还环睆患;关丱串;版板,阪贩;蛮慢。

[支]月元类:麾,为;亏;蕊;惴,吹,垂;随。

卫越钺;厥蕨蹶,阙;月;缀惙啜,阅说;赘;喙,帨说;绝,岁雪;蒂废髪發,肺,茷吠伐。

鸳宛婉菀苑怨;谖狟儇嬛咺,园爱援媛垣远;卷眷,锩,棬拳蜷鬈;元原源嫄骉阮愿;转,鸢;变;穿川,遄;泉,宣选,旋;变,弁拚;绵面洒;番反贩,幡,蕃燔藩樊繁繁祥;萬曼蔓。

[屑][霰]类:彗;决,缺。

㺻,县;蜎鞙昳,犬。

影		晓		匣(于)				
			麾		和		为	
					祸			
		货			和°		为°	
荟渷		哕翙	喙°	嘒	会	话	卫	
	哕°	渷°		决°	活		越钺	
	鸳		谖儇貆媗	㺻	丸完崔芄桓	还环	园援垣爰媛	县
	宛菀苑婉		咺		漖	睆	远	
	怨	奂涣		㺻°		患	援°	县°

见				溪			群	疑	
戈过	㧜			苽	亏			吡讹	(原)
果裹猓								瓦	
桧脍鲙				哙				外	
括		厥蹶蕨	决	阔	阙	缺		月	
冠观莞馆	关		鞙蜎	宽			瓘蜷拳鬈	元塬源	塬嫄
管筦		卷	昳			犬		阮	
堇灌痯裸鹳贯馆	卝串	眷			绻			愿	

100

端(知)		透(彻)		喻		定(澄)	日
		妥				堕	蕊
祋	缀	蜕	憜°			兑	
掇	啜 憜	脱		阅 说		夺	
		湍			鸢	忏汻	
	转	(睡)				断	
锻 断°		象				磓	

	来		照	穿	神	审	禅
蠃 蠃				吹			垂
			惴	吹°			
			赘	啄			帨
挦						说	
鸢 栾	娈			穿 川			歂
乱							

精	清	从	心	邪	帮		滂
		莎	随				
	坐	璅					
				播			
			岁		拜		沛 施
	撮	绝	雪	撥			
		泉	宣	旋			番°
缵	瓒		选		版 板		
赞	爨				变	判	泮

101

並	明	非	敷	奉	微
				茷 吷	
鈸	韎 邁	廢	茀	肺	
芨 魃 拔 跋	秣	蔑 蠛	髮 發	伐	
槃	曼° 蛮 绵	番	幡	蕃藩繁袢 燔樊蘩	
伴 阪 叛		反			
畔 伴 弁 拚	慢 面 洒	販			曼 萬 蔓

谐声对转证：番播，峀惴，果裸，宛浼（乌卧于阮两切）；萬邁。

训诂对转证：正义：亏缺，呙刮，宽阔，掐抉；婆娑。

反义：缵绝；眇浣。

同部声训证：正义：裸灌，环垣，绵曼；嗉啜，拜拔。

反义：惙说。

归字杂论：

"妥"字，依朱骏声归入歌部。

"赞"声的字，在《广韵》属开合两呼。开口呼有"赞讚瓚"等，合口呼有"鑽横缵"等。"酇"字共有"在丸""作管""则旰"三个切音，是一个字可以分属开合。上古音系不会像这样紊乱。今按《释名》："讚，纂也"，《说文》"酇"下注云："读若纂"，又"酇"下注云："酇，聚也"，由此看来，"赞"声在上古似宜属合口呼。

1. 开口呼

佳耕类:瘦隘;解邂;谪;簧,柴;派,牌粺;霖。
嘤莺;耕;争;生甥笙牲省。

支清类:益,溢;跂,岐衹伎;知,易埸蜴,篪踟;兒;支枝只忮,
適,是氏湜蹄;訾积蹟脊踖,雌此玭泚佌刺,斯;鞞俾璧辟,譬,
埤脾。
婴;赢盈;驚荆敬;祯桢,柽,醒郑,征钲整正政,声圣,成城诚盛;
菁旌,清倩,情静靖,性姓;并,聘,平苹;鸣名命。

[齐]青类:阋,兮盼;笄击;鹝;帝蹢,掷逖剔惕,狄;绩,鲜锡裼
析皙;鼹。
馨,刑;经泾,磬磬;丁鼎,聽町,廷庭定;宁;灵苓零铃蛉领令;青,
星;屏瓶並;冥螟。

影	晓	匣(于)	见		溪	群	疑
		兮 盼	笄				岐 衹
		解	解°				伎
瘦 隘°		邂			跂		
隘	益	阋	溢		击		鹝
嘤 莺	婴	馨	赢 盈	刑	耕	鹭 荆	经 泾
			敬			磬 磬	

端(知)	透(彻)	喻	定(澄)	泥娘	日	来
知			跗 篪　题 提		兒	
知° 帝	掭	易°				
谪　躺 谪°	逖 剔　惕	易 埸 蜴	狄			
祯 桢　丁	桯 聽		醒　廷 庭	寧		苓 铃 灵　零 蛉
鼎	町					领
听°			(郑) 定			令

照	审	禅	庄	床	山	精
支 枝			柴			訾
只		是 氏				
忮						積°
	適	湜 寔	簀			積 脊　蹟 踖　績
征 钲	声	成 诚 城	争	生 笙　甥 牲		菁 旌
整					省	
正 政	圣	盛				

清　从　心					帮　滂　並						明		
雌			斯					脾	埤 脾				
此泚 玼佌				鲜	俾 鞞								
刺						派	譬	粺					
刺°				锡析 裼晳	辟 璧					甓	霹		
清	青	情		星	并				平 苹	屏 瓶		鸣 名	冥 螟
		静 靖	省°		鞞°					並			
倩			性 姓				聘					命	

谐声对转证：卑鞞（并顶、并弭两切）。

训诂对转证：谛聽，洴澼，溢盈。

同部互训证：嚶莺，盈赢，裼裎。

归字杂论：[笄]字，严可均、朱骏声以入脂部，黄侃以入支部，从黄氏，以待再考。

"鲜"字，《诗经》只见一次，与"泚""瀰"为韵，当入支部。《说文》："霹，从雨，鲜声，读若斯"；《史记·五帝纪》："鲜支渠废"，《索隐》："鲜析声相近"，皆可为证。

2. 合口呼

[支][清]类：鹍，跬頍。

萦莺，莹营颖；鐍；倾顷，瓊睘惸；骍。

[齐]迴类：攜觿；圭，奎。

泂；駉垧，耿褧。

影	匣(于)	见		溪		群	心
	攜 觿		圭		奎		
				跬 頍			
		鶌(鷢)					
紫鸎	莹营	蠲	驷坰	倾		瓊惸 睘	骍
颖	泂			顷	褧耿		

谐声对转证：圭炷(口迥、乌圭两切)。

训诂对转证：跬顷。

同部声训证：耿炯,鸎荧,瓊莹,睘惸。

归字杂论：

"鸎"字从荧省声,当入合口呼;但《广韵》"鸎",乌茎切,又当入开口呼。按《诗经·桑扈》"有鸎其羽"传;"鸎然有文章",鸎荧莹音义并近,皆当属合口呼;黄鸎之鸎当作鸎,因为其鸣嘤嘤,则当属开口呼。疑"有鸎其羽"的"鸎"与黄鸎的"鸎"本是不相干的两个字。今以"有鸎其羽"的"鸎"归入合口图内。

"耿"与"炯"音义并近,当同属合口呼。《集韵》"耿,俱永切,光也,本作炅"。"炯"下又云:"或作耿";《说文》"耿"从耳,炯省声;《楚辞·远游》"夜耿耿而不寐兮"注引《诗经》作"炯"。今以"耿"字归入合口图内。"瓊"字当入青部。《说文》"夐"从敻省声,未必可靠。

十、脂质真系

1. 开口呼

皆[怪][痕]类：皆潜阶喈偕届;恩。

脂质真类:伊懿;饥几,耆祁;夷桋姨彝,迟雉稚;尔迩二贰;履利;脂衹旨指砥寔,鸱,示视,尸鸤蓍屎矢豕,嗜;师;咨资姊泲秭,佽,茨自,司私死四驷泗肆,兕;匕比妣嬖闶,配,牝纰貔膍牝;眉湄郿罙弥㳽媚。

一壹抑;咥;吉姞,佶;疐致轻窒挃铚,彻,肆逸,秩;日;浬栗溧慄;至挚质,实,失室设;桎,瑟;即,七漆,疾,悉蟋;愻泌必柲毕鞸膆,匹,苾驱柲悉;密。

因茵駰姻;矜;愁;引靷;陈尘;人仁;粦鄰麟;觽,身申矧,臣慎;臻蓁溱榛,莘,进,亲,秦螓尽烬荩,辛新薪信讯;宾傧滨,频苹嫔牝;民黾。

齐屑[先]类:鹥翳;奚;鸡稽继,启;瓶底坻纸氐疧,體替涕,黄鹈弟娣棣逮;泜祢泥;黎禮醴鳢;陟恓跻济,妻凄萋,齐蛴荠桥,栖犀;脆;迷。

噎瘖噎咽;结拮襭袺颉,弃;噎,籔;庆;节,切,屑;畀闭,湃,鼻。

肾;坚,牵;颠巅瘨,天,田阗瑱填电甸奠;年;戬,千;扁褊遍,翩;沔。

	影		晓	匣		见			溪	群	疑
	伊	鹥翳		奚	皆阶偕潜嗜	饥	鸡稽				耆祁
						几			启		
	懿	翳					继				
		噎瘖噎	咥		屆				弃		
	一壹	抑	噎咽			吉姞	结襭颉		佶		
恩	因茵	駰姻		贤		矜	坚		牵		
											愁

端(知)	透(彻)	喻	定(澄)	泥	日	来
氐氏。		夷桋 姨彝	迟	黐鷈 泥		黎
底骶胝 抵氏	體		雉 弟娣	泜袮	尔迩	履 禮鱧 醴
	替涕		稚 逮棣	泥。	二贰	利
致疐 轾	嚏		肆			泣 戾
挃窒 铚	彻	逸	秩		日	栗慄 溧 戾。
颠瘨 巅	天		陈尘 填瑱 阗田	年	人仁	邻麟 鄰
		引				
		鞞	陈。电奠 甸			

照	穿	神	审	禅	庄	山	精	清
脂祗	鸱	尸眷 屍				师	咨资 劑	妻萋 凄
旨砥 指		示视	屎矢	视。			姊秭 泲	济
真			嗜				济。	佽 妻。
至挚								
质	实	失室	设		栉	瑟	即 节	七漆 切
	神	身申	臣	溱臻 蓁榛	莘		亲	千
騺		矧					戬	
			慎				进	

从		心	邪	帮	滂	並		明	
茨	齐蛴	司私	栖犀(西)			毗貔纰	脆	眉郿湄罙弥	迷
		荠死	(洒) 咒	匕妣比		仳		弭㳷	媚
自	秭	四泗驷肆		嚭閟	配			媚	
				毖(罔)泌	畀閉	淠	鼻		
疾		悉蟋	屑	必铧柲麃毕	閟˚ 匹	蕊铋 驳柲		密	
秦螓		辛薪新		宾滨傧		翩 频嫔苹		民	
尽烬					扁褊	牝		黾	沔
荩		信讯		傧˚	遍				

谐声对转证:矢疾;因咽,壹懿①;匕牝,真實。

训诂对转证:正义:系结,茨蒺,细屑,洎届,配匹;尽悉,臻至;底颠,示神,阼进,妻亲,配嫔。

反义:禮戾②。

同部声训证:正义:鶏嗜,禮履,涕泪,美媚;铧膝,闭闶;尽戬,滨濒。

反义:比仳,新陈。

归字杂论:

"尘"字,段玉裁、朱骏声归入真部,江有诰归入谆部。按江氏

---

① 懿,《说文》云"恣省声",疑误。"懿"与"恣"声母相差太远;恐系"壹"声。

② 《左传》文四:"其敢干大礼,以自取戾。"

所以把它归入谆部者，因为他认《诗·无将大车》的“疷”字为“痕”字之误，于是以为“尘”“痕”叶韵，两字都在谆部。其实脂真可以对转，《诗经》时代的“尘”字也许是与“迟”同音，正不必改“疷”为“痕”。今从段氏把它归入真部。

“弭”字依《说文》是从耳得声，当入之部；但或从兒声作“猊”，则又当入支部。今按“弭”“敉”常相通假，则“弭”当入脂。《楚辞·远游》以“弭”韵“涕”，可以为证。

“奚”声的字，段玉裁、江有诰以入支部，朱骏声以入履部（即脂部），今依朱氏。鷄鸣喈喈，故谓之“鷄”；“鷄”“喈”音当同部。又“系”与“结”音义并相近，亦当系脂质对转。

2. 合口呼

[齐][屑][先]类：骙葵揆。

侐血，惠穴鴥；季，阕；恤，穗。

渊；玄眴；均钧；筍，旬询洵郇。

谐声对转证：癸阕。

训诂对转证：渊穴。

影	晓	匣(于)		见	溪	群	心	邪
						骙 癸 揆		
	侐	惠		季				穗
	血	穴	鴥		阕		恤	
渊		玄	眴	均 钧				旬 询 洵 郇
							筍	

十一、微術諄系

1. 开口呼

[哈][代]痕类:哀爱;漑,开凯嘅。
艰。

[微]迄殷类:衣依;唏;饑幾,岂,畿祈顾近;絺。
墍忾迄汔;既;亿。
殷慇隐;欣;斤巾谨菫,勤旂芹僅墐觐;疢,胤,殄殿;振畛震,辰晨;忍忉;诜駪,先西洗洒。

影	晓	见	溪	群	疑
哀 衣依	唏	饑	开	畿祈 旂°顾	
		幾	凯 岂	近	
衣°					
爱	墍忾	溉	既	嘅	
	迄汔				亿
殷慇	欣	艰 斤	巾	芹勤 旂	
隐		菫 谨		近°	
				僅瑾觐	

彻	喻	定	照	神	日	山	心
绨							
							（洗）
			振	辰 晨		诜 驮	先 西
疢		珍	畛		忍		洗 洒
	胤	殿	震 振°		韧		

谐声对转证:希诶(音迄),乞汔(音祈),辰㖘(丑饥、敕辰、抽敏三切),斤祈。

训诂对转证:正义:觑钦;饥馑,衣隐,沂垠。

反义:歆欣,恨爱。

同部声训证:正义:闉开,剀钆,畿近;仡暨①。

反义:恺哀。

归字杂论:

"兮"声的字,段玉裁、江有诰以入谆部,朱骏声以入坤部(即真

---

① 《博雅》:"仡仡暨暨,武也。"

部），今按当以段、江为是。《诗·载芟》叶"耘""畛"，《楚辞·惜诵》叶"忍""轸"，可证。

"斤"声的字，在《诗经》时代已分属微谆两部。其属微部者，有"近"（《杕杜》叶"偕""近""迩"，脂微合韵），有"顼"（《硕人》叶"顼""衣"）；其属谆部者，有"斤"（《释名》：斤，谨也），有"芹"，有"旂"（《采菽》叶"芹""旂"，《庭燎》叶"晨煇旂"，《左传》僖五叶"辰晨振旂旟军奔"）。

"西"字，依《说文》是与"栖"同为一字，古文字学家释甲骨文仍用其说；按《诗经》"妻"声的字入脂部，"西"声的字入谆部，界限非常明显。现在把"棲"字归入脂部，"西"字归入谆部；但于脂部仍录"西"字，加括弧以示分别。

2．合口呼

[灰]没魂类：虺火，回洄淮怀坏；瑰；鬼；敦，推薙，陨颓；雷虆纍，崔漼，摧罪；枚。

忽，溃；扤；对怼，退；内；类；磈；悖；妹寐沫昧。

温；昏惛；混昆衮绲；锌顿，啍，盾遁遯；论；尊罇，忖，存蹲鳟，孙飧；奔本，濆；门璊亹縻（麇）涴。

微物谆类：威倭萎委畏；翚徽卉讳睢毁，韦围违遗帏惟维唯；归鬼诡垝愧，岿；追；绥；累虆；雅隼雏，谁；衰，虽绥；悲；美；非飞匪，菲霏骓斐，肥腓；微薇尾。

蔚慰；渭谓聿骕遹曰；橘鳛，屈，掘；芮；律；出；苗，率蟀；醉卒，磊；萃瘁，谇；遂隧璲毯樇；沸弗绋，茀拂；未物勿。

煴蕴愠；熏薰焄壎训，云雲芸耘员陨；君窘，困，群；尹允狁；伦沦轮纶；谆，春蠢，淛顺，舜，纯鹑焞惇；遵浚，隼；幽，渍，贫；旻缗瘼闵勉；馑奋，芬，贲坟帻渍赍汾颁粉雰；文汶闻晚问。

上表

影	影	晓	晓	晓	匣(于)	匣(于)	匣(于)	匣(于)	匣(于)	见	见
威	倭萎	烣	烨°徽 / 翚	睢	回洄	怀淮	韦围违	遗帷维 / 唯惟		瑰	归
	委	火	卉	毁				唯°		鬼	诡垝
畏			讳			坏		遗°		愧	
蔚 / 慰						溃	渭 / 谓	位		贵	喟
		忽					曰 / 聿	骊 / 通		橘	繘
温	煜	昏 / 惛	熏 / 薰	燻			云 / 芸	雲 / 耘	员	昆 / 混	君
蕴		惛°				混°			陨	衮 / 绲	窘
愠		惛° / 训									

下表

溪	群	疑	端	知	透	喻	定	泥	日	来	来
崈		鬼	敦	追	推 / 搥		隤 / 頽		绥	雷 / 罍	累
										蠡	
										累°	
	匮 / 馈		对 / 怼		退			内	芮		类
屈	掘	抾								律	
困	群		(敦)锌		啍		諄		论	伦 / 轮	沦 / 纶
						尹 / 狁 / 允	盾				
			顿				遁 / 邎				

114

照	穿	神	审	禅	庄	山
雅 雛 隼	推°			谁		蓑
		水				
	出°					
	出				苗	率 蜂
谆	春	湣		鹑焞纯惇		
	蠢					
	顺	舜				

精	清	从	心	邪	
	崔 摧		雖		
			绥		
	漼 罪				
醉 皠	萃	谇	遂隧璲穟檖		
	瘁				
卒° 卒					
尊 遵	存	孙	狻		
	蹲				
噂	忖 鳟	(隼)			
浚					

帮	滂	並	明		
	悲		枚		
			浼°	美	
贲° 贲°					
			妹沫		
			寐昧		
		悖			
奔 豳	渍	贫	门璊	旻缗瞢	
			曹縻		
本			浼	闵勉	
奔°					

115

非	敷	奉	微
非飞	菲騑霏	肥腓	微薇
匪	斐		尾亹°
沸			未
弗绋	拂沸°茀	佛	勿物
饙	芬	贲帻蒉颁雰坟渍汾粉	文汶闻
			晚
奋			问闻°

谐声对转证:贵隤;鹑敦(都回、都昆两切),雖准,卉贲(诐、肥、坟、奔四音)[①],军翚。

训诂对转证:正义:坏溃;曰云,鬱煴,愤悁,飞奋。

反义:遁追。

同部声训证:威畏,蔚鬱,谓曰,未勿,邠豳。

归字杂论:

"璊"字,段玉裁以入谆部,江有诰、朱骏声以入寒部。按《诗经·大车》"啍璊奔"叶韵,自当以段说为是。

"享"声的字,在《诗经》时代已分属微谆两部。其属于微部者,有"敦",都回切(《北门》叶"敦遗");其属于谆部者,有"啍"(《大车》叶"啍璊奔"),有"鹑"(《伐檀》叶"轮湄沦囷鹑飧"),有"錞"(《小戎》叶"群錞")。

"军"声的字,在《诗经》时代已分属微谆两部。其属于微部者,

---

① "贲"依《说文》系从奔得声,朱骏声以为从奔省声。

116

有"翚"①;其属于谆部者,有"辉"(《庭燎》叶"晨辉旂")。

"隼"字在《沔水》与"水""弟"叶韵,当入微部。"隼"与"骓"通,上古当为职追切,属微部合口细音。

十二、脂微分部的理由

1. 脂微分部的缘起

章太炎在《文始》里,以"鬼隗鬽夔畏傀魌隤卉衰"诸字都归入队部;至于"𦣞"声"隹"声"畾"声的字,他虽承认"诗或与脂同用",同时他却肯定地说"今定为队部音"②。

黄侃的没部,表面上是等于章氏的队部,实际上不很相同,就因为黄氏的没部里不收"畏"声,"鬼"声,"虫"声,"贵"声,"卉"声,"衰"声,"𦣞"声,"隹"声,"畾"声的字,而把它们归入灰部(即脂部)里。这自然因为黄氏认没部为古入声,不肯收容他所认为古平声的字了。然而章氏把这些平上去声的字归入队部,也该是经过长时间的考虑,值得我们重视的。

我们首先应该注意的,就是这些字都是属于合口呼的字。去年七月,我发表《南北朝诗人用韵考》,其中论及南北朝的脂微韵与《切韵》脂微韵的异同,我考定《切韵》的脂韵舌齿音合口呼在南北朝该归微韵,换句话说,就是"追绥推衰谁蕤"等字该入微韵。这里头的"追推谁衰"等字,恰恰就是章氏归入队部的字。

因为受了《文始》与《南北朝诗人用韵考》的启示,我就试把脂微分部。先是把章氏归队而黄氏归脂的字,如"追归推谁雷衰隤

---

① "翚"字在《诗经》不入韵,故其当属于微部者,仅系一种猜想。

② 《文始》所定队部字,与《国故论衡》所定略有不同;但《文始》成书似在《国故论衡》之后,今依《文始》。

仳"等,都认为当另立一部,然后仔细考虑,更从《诗经》《楚辞》里探讨,定下了脂微分部的标准。

2．脂微分部的标准

中古音系虽不就是上古音系,然而中古音系里头能有上古音系的痕迹。譬如上古甲韵一部分的字在中古变入乙韵,但它们是"全族迁徙",到了乙韵仍旧"聚族而居"。因此,关于脂微分部,我们用不着每字估价,只须依《广韵》的系统细加分析,考定某系的字在上古当属某部就行了。今考定脂微分部的标准如下:

（甲）《广韵》的齐韵字,属于江有诰的脂部者,今仍认为脂部。

（乙）《广韵》的微灰哈三韵字,属于江有诰的脂部者,今改称微部。

（丙）《广韵》的脂皆两韵是上古脂微两部杂居之地;脂皆的开口呼在上古属脂部,脂皆的合口呼在上古属微部①。

上古脂微两部与《广韵》系统的异同如下②:

《广韵》系统	齐　　　韵	脂　　皆　　韵		微　　　韵	灰韵	哈韵
等　　呼	开　合　口	开　口	合　口	开　合　口	合口	开口
上古韵部	脂　　　　　部		微　　　　　部			
例　　字	鷖秖黎 迷 奚体济(膡) 稽替妻 继弟犀 启棣瞖	皆葌鸥司 喈迟示私 伊二尸比 饥利师眉 夷脂资	淮惟岜 懷遗毁 壞蘬唯 追悲雏 衰睢	衣祈韦肥 依顾归微 晞威鬼尾 幾翬非 岂徽飞	虺摧 回蓷 巋雷 傀隤 敦	哀开 凯

----

① 只有"癸"声的字当属上古脂部,因为"癸"声的字有"暌""睽"等字入《广韵》齐韵。又"季"声的字也当属上古脂部。

② 表中之韵,皆举平声以包括上去声。

118

3．脂微分部的证据

脂微分部起初只是一个假设，等到拿《诗经》来比对，然后得到确实的证明。今以段氏《六书音均表》为根据，而加以分析评论如下：

（甲）段氏表已显示脂微分部者：

A．脂部独用。《硕人》一章：黄脂蛴犀眉。《风雨》一章：凄喈夷。《衡门》一章：迟饥。《候人》四章：阶饥。《下泉》三章：蓍师。《大田》三章：凄祈私。《瞻彼洛矣》一章：茨师。《卷阿》九章：萋喈。《板》五章：恌毗迷尸屎葵资师。《瞻卬》三章：鸥阶。《谷风》二章：荠弟。《泉水》二章：沛祢弟姊。《蝃蝀》一章：指弟。《相鼠》三章：體禮禮死。《载驰》三章：济閟。《载驱》二章：济洓弟。《陟岵》三章：弟偕死。《鱼丽》二章：鳢旨；五章：旨偕。《吉日》四章：矢兕醴。《大东》：匕砥矢履视涕。《大田》二章：穉秭。《宾之初筵》一章：旨偕。《旱麓》一章：济弟。《行苇》二章：弟尔几。《丰年》：秭醴妣礼皆。《载芟》：济（积）秭醴妣醴。

B．微部独用。《卷耳》二章：虺隤罍怀。《樛木》一章：累绥。《柏舟》五章：微衣飞。《终风》四章：霏怀。《式微》一二章：微归微归。《北门》三章：敦遗摧。《扬之水》：怀归怀归怀归。《将仲子》一二三章：怀畏怀畏怀畏。《丰》四章：衣归。《东方未明》二章：晞衣。《南山》一章：崔绥归归怀。《素冠》二章：衣悲归。《东山》一章：归悲衣枚；二章：畏怀；三章：飞归。《九罭》四章：衣归悲。《四牡》二章：騑归。《常棣》二章：威怀。《采薇》一二三章：薇归。《南有嘉鱼》三章：累绥。《湛露》一章：晞归。《采芑》四章：（焞）靁威。《十月之交》一章：微微哀。《巧言》一章：威罪。《谷风》二章：颓怀遗；三章：虺萎（怨）。《鸳鸯》四章：摧绥。《车辖》三章：幾幾。《旱麓》六章：枚回。《泂酌》二章：罍归。《板》七章：怀畏。《云汉》三章：推雷遗遗畏摧。《常武》六章：回归。《瞻卬》六章：幾悲。《有駜》二章：飞归。《静女》三章：炜美。《敝笱》三章：唯水。《七月》一章：火衣；二章：火苇。《鱼藻》二章：尾岂。《瞻卬》二章：罪罪。

（乙）依段氏表虽当认为脂微合韵，实际上仍可认为分用者。此类又可细别为"转韵"与"不入韵"两种。

（子）可认为转韵者：《硕人》一章：顾衣，妻姨私（由微转脂）。《七月》二章：迟祁，悲归（由脂转微）。《采薇》六章：依霏，迟饥，悲哀（由微转脂复转微）。《鼓钟》二章：喈湝，悲回（由脂转微）。

（丑）可认为不入韵者：《葛覃》一章："葛之覃兮，施于中谷，维叶萋萋，黄鸟于飞，集于灌木，其鸣喈喈"（"谷木"侯部叶韵，"萋喈"脂部叶韵，"飞"字不入韵，按此章显然分为两段，每段首句无韵）。《葛覃》三章："言告师氏，言告言归；薄汙我私，薄澣我衣"（"衣归"微部叶韵，"私"字不入韵，江有诰亦认为非韵，按奇句不一定入韵）。《谷风》二章："行道迟迟，中心有违；不远伊迩，薄送我畿"（"违畿"微部叶韵，"迟"字非韵，又可认"迟迩"为叶韵）。《北风》二章："北风其喈，雨雪其霏；惠而好我，携手同归"（"霏归"微部叶韵，"喈"字不入韵）。《巧言》六章："彼何人斯，居河之麋；无拳无勇，职为乱阶；既微且尰，尔勇伊何；为犹将多，尔居徒几何"（"麋阶"脂部叶韵，"何多何"歌部叶韵，"伊尰"非韵，段氏误）。《四月》二章："秋日凄凄，百卉具腓；乱离瘼矣，爰其适归"（"腓归"微部叶韵，"凄"字不入韵）。《桑柔》二章："四牡骙骙，旟旐有翩；乱生不夷，靡国有泯；民靡有黎，具祸以烬；于乎有哀，国步斯频（"翩泯烬频"真部叶韵，奇句"骙夷黎哀"不必认为入韵）。《桑柔》三章："国步灭资，绥不我将；靡所止疑，云徂何往；君子实维，秉心无竞；谁生厉阶，至今为梗"（"将往竞梗"阳部叶韵，奇句"资疑维阶"不必认为入韵）。《匏有苦叶》二章："有瀰济盈，有鷕雉鸣"（"盈鸣"耕部叶韵"瀰鷕"在句中，不必认为入韵）。《谷风》一章："采葑采菲，无以下体；德音莫违,及尔同死"("体死"脂部叶韵,奇句则"菲违"微部叶韵,段氏以"菲体死"叶韵,非是)。《葛藟》一章:"绵绵葛藟,在河之浒;终远兄弟,谓他人父"("浒父"鱼部叶韵,奇句"藟弟"不必认为入韵)。

(丙)确宜认为脂微合韵者①:《汝坟》一章:枚饥。《采蘩》三章:祁归。《草虫》三章:微悲夷。《蒹葭》二章:萋晞湄跻坻。《出车》六章:迟萋喈祁归夷。《杕杜》二章:萋悲萋悲归。《斯干》四章:飞跻。《节南山》三章:师氏维毗迷师;五章:夷违。《小旻》二章:(瘁)哀违依底。《四月》六章:薇桋哀。《楚茨》五章:尸归迟私。《采菽》五章:维葵膍戾。《生民》七章:惟脂。《崧高》六章:郿归。《烝民》八章:骙喈齐归。《有客》:追绥威夷。《閟宫》一章:枚回依迟。《长发》三章:违齐迟跻迟祇围。《汝坟》三章:尾毁迩。《狼跋》一章:尾几。《常棣》一章:桦弟。《蓼萧》三章:泥弟弟岂。《大田》二章:稚火。《公刘》四章:依济幾依。《行苇》一章:苇履体泥。

以上共一百一十个例子,可认为脂微分用者八十四个,约占全数四分之三,可认为脂微合韵者二十六个,不及全数四分之一。

若更以段氏《群经韵分十七部表》为证,在三十四个例子当中,可认为脂微分用者二十七个,约占全数五分之四,可认为脂微合韵者仅有七个,约占全数五分之一。

最可注意的,是长篇用韵不杂的例子。例如《板》五章叶"恓毗迷尸屎葵师资",共八韵,《大东》一章叶"匕砥矢履视涕",共六韵。《载芟》叶"济积秭醴妣礼"("积"系支部字),共六韵,《硕人》二章叶"荑脂蛴犀眉",共五韵,《丰年》叶"秭醴妣礼皆",共五韵,都不杂微部一字。又如《晋语》国人诵改葬共世子叶"怀归违哀微依妃",共七韵,《诗经·云汉》叶"推雷遗遗畏摧",共六韵,《南山》一章叶"崔绥归归怀",共五韵,都不杂脂部一字。这些都不能认为偶然的现象。

---

① 所谓"合韵",是依段氏的说法,凡不同部而偶然叶韵者,叫做"合韵"。

4. 脂微分部的解释

由上面的证据看来,脂微固然有分用的痕迹,然而合韵的例子也不少,我们该怎样解释呢? 我想,最合理的解答乃是:脂微两部的主要元音在上古时代并非完全相同,所以能有分用的痕迹;然而它们的音值一定非常相近,所以脂微合韵比其他各部合韵的情形更为常见。

本来,谈古韵的人没有法子不谈"合韵"。假使看见两韵稍有牵连,就把它们归并,势非归并到苗夔七部不止。就把顾、江、段、王、江五君的古韵分部来相比较,要算顾氏的合韵最少,正因他的分部最少。江永把真寒分开,于是《生民》的"民嫄",《烈文》的"人训刑",《小戎》的"群锌苑",《楚茨》的"僕慇孙",就不能不认为合韵。段氏把真谆分开,于是《正月》的"邻云愍",亦不能不认为合韵。王氏把脂至分开,于是《载驰》三章的"济闷",《皇矣》八章的"类致",《抑》首章的"疾戾",《终风》三章之"曀寐嚏",亦不能不认为合韵①。其合韵情形最多者,要算幽部与宵部,曷部与术质两部。依段氏《六书音均表》,幽宵合韵共十二处;依王念孙致江有诰书,曷术合韵共六处②;依江有诰复王念孙书,质曷合韵共四处,质术合韵共七处。由此看来,研究古韵,确要加些判断;戴东原所谓:"审音非一类,而古人之文偶有相涉,始可以五方之音不同,断为合韵",在某一些情形之下,是合理的。但审音非一类而古人之文偶有相涉时,也未必是五方之音不同,而是虽非一类,却甚相近,即章太炎所谓"同门而异户"。

然而我们不能不承认脂微合韵的情形比其他合韵的情形多

---

① 参看江有诰《音学十书》卷首王氏来书。然"济闷""类致""疾戾"今皆认为叶韵,非合韵。

② 按江、王辩论时,江称曷为祭,王称曷为月。

些,如果谈古音者主张遵用王氏或章氏的古韵学说,不把脂微分开,我并不反对。我所坚持的一点,乃在乎上古脂微两部的韵母并不相同。假使说完全相同的话,那么,"饥"之与"饑","几"之与"幾","祁"之与"祈","伊"之与"衣",其音将完全相等,我们对于后世的脂微分韵就没法子解释。

严格地说,上古韵部与上古韵母系统不能混为一谈。凡韵母相近者,就能押韵;然而我们不能说,凡押韵的字,其韵母必完全相同,或其主要元音相同。因此,我们可以断定,脂微在上古,虽也可认为同韵部,却绝对不能认为韵母系统相同。

十三、侵缉系

1. 开口呼

覃合类:咸衔;感,堪;眈湛;醓喭,覃谭黚黬;南男;骖惨憯,蚕,三。合洽;舲,恰;荅;衲;杂。

侵缉类:音阴饮;歆;金今衿锦,钦衾,琴芩;椹,琛,淫,沈朕,簟簟;念,壬任荏;林临廪;鍼枕,葚,参深谂,谌煁忱甚;潜浸僭,侵缓骎寝,潜,心。

邑浥揖;翕潝,袷;急,及;絷,熠,蛰;入;立笠;执,湿隰,十拾;戢,缉,集辑楫,习。

影		晓	匣		见		溪		群
音	阴	歆	咸衔		今金衿		堪	钦衾	琴芩
饮					感	锦			
邑	浥	揖	翕潝	合洽	袷	舲	急	恰	及

端(知)	透(彻)	喻	定(澄)	泥	娘	日	来	照	神
耽 湛	椹	琛淫	覃 譚　沈	南 男		壬 任	林 临	鍖	
		蘫 喑	覭 黮　朕 簟彈				菻 廪	枕	甚
				念		任°	临°	枕°	
沓綝		熠	蛰	蜹		入	立 笠	执	

审	禅	精庄	清	从	心	邪
参 深	谌忱 煁		参 骖	侵駸 缓	蚕	潜　三　心
谂	甚		惨 僭	寝		
深°	甚°	谮浸僭			潜°　三°	
湿 隰	十 拾	戢	缉	杂	集楫 辑	习

谐声对转证：念敜(奴协切), 合頜(胡感切), 执垫(都念徒协两切), 甚墊(昌汁切), 音馣(去急切), 今盒(乌合切)。

训诂对转证：正义：饮吸①, 林立②, 沈蛰, 沛汁。

反义：惛惃③, 暗熠。

同部声训证：含衔, 耽湛, 忱谌, 沈潜, 入纳。

归字杂论：

兼声, 闪声, 丙声, 甜声, 冄声, 弇声, 猒声的字, 段玉裁以入侵部, 江有诰以入谈部。聂声, 燮声, 劦声的字, 段氏亦以入侵部, 江

---

① 《广雅·释诂四》："吸，饮也。"
② 《释名·释姿容》："立，林也。"
③ 《左传》"祈招之愔愔"注："安和貌"；《说文》："惃，不安也。"

氏则以入葉部。今皆从江氏。

　　㠪声的字,江有诰以入葉部,朱骏声以入临部,今亦从江氏。

2．合口呼

　　冬类:降,绛;冬,彤;农;宗,崇,宋;芃。

　　[东]类:宫躬,窮;中,仲,融,蟲冲仲;浓秾,戎;隆;终螽眾㴡;娀;貶;风,汎,凡凤。

匣	见	群	端	知	彻	喻	定	澄
降	宫躬	窮	冬	中	仲	融	彤	蟲冲
	胜绛°							仲

泥	娘	日	来	照	床	精	从	心
农	浓秾	戎	隆	终㴡 螽眾	崇	宗	㴡°	娀
				眾°				宋

帮	并	非	敷	奉
	芃	风		凡
貶				
			汎	凤

同部训诂证：宗衆[1]，终窮，蟊衆，蟊蟲。

归字杂论：

章太炎晚年以冬部并入侵部，我觉得很有理由。今认冬部为侵部的合口呼。侵部虽系闭口韵，并不一定不能有合口呼。假设侵部的上古音是-əm, -iəm，那么，冬部就是-uəm, iwəm。后来冬部起了异化作用（dissimilation），洪音变入冬江韵，细音变入东韵，仍旧保存它的合口呼[2]。

孔广森以幽与冬对转，严可均并冬于侵，以幽与侵对转，章太炎以幽与侵冬缉对转（晚年才并冬于侵），黄侃以豪与冬对转，其实冬部与幽部宵部（即黄氏的豪）关系都非常之浅。黄氏豪冬对转之说更不可从。今以幽侵分为两系，不认为对转。

十四、谈盍系

谈盍系只有开口呼。

谈盍类：阚，函涵菡；甘敢监鑑槛，坎；兓，谈惔餤苔；蓝滥；斩，嵒谗，毚。

夹甲；沓。

盐葉类：险猃狎；兼；霑，玷，忝；敛敛；詹瞻占，陝，奸，渐。胁，馣晔，挟；业，葉，叠；猎；摄楪，涉；捷，燮。

谐声对转证：毚捷，盍艳，占帖，奄奄（於辄切），厌压，协胁（许欠、虚业两切）。

---

① 《广雅·释诂三》："宗，衆也。"
② 王静如先生在他的《论冬蒸两部》（前中央研究院《史语集刊》第一本第三分）里，假定冬蒸全是合口呼。这里我赞成他的一半意见：我把蒸部认为有开合两呼，把冬部认为侵部的合口呼。

晓			匣(于)			见	溪	疑
			函 涵			甘	监	兼
阚	险	狝 猃	菡			敢		坎
			胁°				鑑 槛	
			胁	㿼	㬥	挟	夹 甲	业

端(知)	透(彻)	喻	定(澄)		来	疑
霑		餤°	谈 惔 餤		蓝	敁
	莶 忝		萏 餤°			敛
玷					滥	
		𦨵 沓		叠		猎

照	审	禅	庄	床	精	从	心
詹 瞻 占				㝡 谗		歼	
	陕		斩		𦝼	渐	
占°							
	摄 𣜩	涉				捷	𡎐

训诂对转证:正义:慊愜,恬惉①,铦锸②,炎㿼。

反义:晻㬥。

同部声训证:歉欠,瞻觇,沾染;劫胁③。

---

① 《说文》:"恬,安也",《广雅·释诂一》:"惉,安也",字亦作"帖","帖"。
② 《说文》:"铦,锸属。"
③ 《说文》:"人欲去以力胁止曰劫。"

归字杂论：

兔声,占声,欠声的字,严可均归侵类,占声的字,段玉裁归侵部;今依江有诰都归入谈部。

十五、结　论

当我们研究上古语音的时候,韵部的多少并不是最重要的问题。清儒研究古韵已经成绩卓著,现在我们所应努力者,不在乎探求韵部的多少,而在乎更进一步去考定上古韵母的系统,及假定其音值。本文暂不谈及音值,所以它的着重点在乎:(一)考定上古韵母的主要元音的类别;(二)考定韵母的开合与洪细。

关于主要元音的类别,我虽不愿在此时谈及音值,但我可以先说出一个主张,就是凡同系者其主要元音即相同。假设歌部是-a,曷部就是-at,寒部就是-an。

关于开合与洪细,以洪细为较易考定,因为上古的洪细系统与中古的洪细大致相同。开合较难考定,因为有上古属开而中古属合者,有上古属合而中古属开者。兹将上文研究所得,归纳如下:

（甲）自上古至中古,开合系统未变者[①];

　　东至微,虞,齐至仙,宵,歌,麻,阳至登,幽,侵至凡。祭泰夬废。屋至昔,职至乏。萧韵的"调"类与"迢"类,戈韵的"和"类,肴韵的"孝"类,豪韵的"考"类与"高"类,尤韵的"朽"类,锡韵的"狄"类与"翟"类。

（乙）上古属开而中古属合者:

　　鱼韵,模韵。戈韵的"婆"类。

---

　　① 中古的江韵与觉韵,当依《切韵指掌图》认为合口呼。此类字在上古也是合口呼,故可认为未变。

128

（丙）上古属合而中古属开者：

> 萧韵的"椒"类，肴韵的"胶"类，豪韵的"晧"类。尤韵的
> "鸠"类与"久"类。侯韵。锡韵的"怒"类。

这是大致的说法，至于详细的系统，仍须在图表上寻求。表中虽然分析得很细，却不愿意流于呆板；换句话说，我虽然极端注意语音演变的条件，同时也留些余地给方言的影响，以及种种不规则的变迁(由于特殊原因，而不是我们所能考知者)。我希望将来研究上古音值的时候，这一篇文章可以作为研究的基础。

[1956 年 7 月后记]　这是二十多年前的旧稿。今天我的意见(在《汉语史稿》中)已经是稍有出入了。举例来说，我在这篇文章里说："如果依审音派的说法，阴阳入三分，古韵应得廿九部……如果依照考古派的说法，古韵应得廿三部。……我采取后一说，定古韵为廿三部"。我在《汉语史稿》中，则定为十一类廿九部。归字也有出入。关于这些，我还不敢说今是昨非。因为《汉语史稿》已经三易其稿，将来也不能说不再改动。但是，有一点是可以肯定了的，就是脂微分部。

（原载《清华学报》12 卷 3 期，1937 年；又《汉语史论文集》；《龙虫并雕斋文集》第 1 册；《王力文集》第 17 卷）

上古汉语入声和阴声的
分野及其收音

一、中国传统音韵学对上古汉语入声和阴声的看法；

二、高本汉、西门等人把大部分或全部阴声派作入声；

三、韵尾-gʹ, -d 的学说破坏了阴阳入三分的传统学
　　说，也破坏了"平上为一类、去入为一类"的传统
　　学说；

四、从汉藏语系的一般情况证明韵尾-gʹ, -d, 和-k, -t
　　同时并存的不可能。

一

中国传统音韵学，自戴震以后，即将上古汉语的韵部明确地分
为阴阳入三声。阴声指以元音收尾的韵母，阳声指以鼻音(-m,
-n, -ng)收尾的韵母，入声指以清塞音(-p, -t, -k)收尾的韵母①。
若依西洋的说法，阴声韵就是所谓开口音节，阳声韵和入声韵就是
所谓闭口音节。但是，就汉语的情况来说，阳声韵也可以认为半闭
口音节，因为鼻音近似元音，声调的尾巴可以落在鼻音韵尾上面，
它和清塞音的性质大不相同。

依照《切韵》系统，入声是配阳声的；顾炎武以入声配阴声，受
到了王念孙、章炳麟等人的拥护②。但是，江永主张"数韵共一

---

① 戴震的理论有一些缺点，后来经过孔广森、黄侃、钱玄同等人的修订而更加合
理。这里不细谈。

② 王引之:《经义述闻》三十一。章炳麟:《国故论衡》"二十三部音准"。

130

入"，段玉裁主张"异平而同入"①，戴震以阴阳入相配，他们都认为入声兼配阴阳。后来黄侃和钱玄同实际上也采用了异平同入的说法。我们是赞成后一说的，因为（举例来说）以 ak 配 a 固然说得通，以 ak 配 ang 也未尝不可。

这里我想谈一谈中国传统音韵学对入声和阴声的看法，因为这篇文章是同入声、阴声都有关系的。

清儒对于上古汉语入声字的收音，大约有四种不同的看法。第一种看法是根本否认上古汉语有入声，孔广森主张这一说，他认为"入声创自江左，非中原旧韵"。固然，孔广森也不能不承认缉合诸韵是收音于-p 的②，但是，在他看来，上古汉语里并没有韵尾-k、-t 的存在，更谈不上-g、-d 了。第二种看法是承认上古有入声，但是他们只把入声看做是阴声的变相，换句话说，他们把入声韵看做是一种开口音节，不过这种开口音节比较短些吧了。顾炎武"四声一贯"的学说，实际上是把入声和阴声"一贯"起来，他认为"四声之别不过发言轻重之间，非有疆界之分"③。他甚至令人得到这样一个感觉，就是他把所有的入声字都派作平声、上声或去声，所以江永批评他说："顾氏于入声皆转为平、为上、为去，大谬。"④的确，他说"没者妹也，见于子产之书；烛音主也，著于孝武之纪。"⑤这样就是把许多入声字都改读为别的声调，照我们的说法就是改读为阴声。第三种看法是承认上古有入声，这些入声一律读喉塞音收尾，像现代吴方言一样。这一派的代表人物是很难确定是谁，估计某

---

① 江永：《〈四声切韵表〉例言》。段玉裁：《六书音均表》，《古异平同入说》。

② 孔广森《诗声类》卷十二："缉合诸韵为谈盐咸严之阴声，皆闭口急读之，故不能备三声。唐韵所配入声，惟此部为近古。"

③ 顾炎武《音论》："先儒两声各义之说不尽然。"

④ 江永：《古韵标准》"入声第一部总论"。

⑤ 江永：《音论》"近代入声之误。"按"没收"见于《左传》"襄公二十四年"，"一夜三烛"见于《汉书》"武帝本纪"。注云："服虔曰，烛音炷，师古读如字。"

131

些吴方言区的古音学家(如段玉裁)可能有这种看法。第四种看法是不但承认上古有入声,而且认为上古入声字收音于-p, -t, -k,这一派以戴震为代表,因为他以为职屋药陌都收鼻音①,质月都收舌齿音,缉合都收唇音。黄侃显然也属于这一派;钱玄同更明确地用-p, -t, -k标出②。我们赞同第四种看法。

. 由于黄侃的学说影响很大,大家以为这第四种看法是没有争论的了,其实不然。凡是主张上古汉语只有二十一个、二十二个或二十三个韵部的音韵学家,大概都接近第二或第三种看法,章炳麟说得很明白:"古之泰部,如今中原呼麻。……古之言藃,正如今之呼芽也;古之言泄,正如今之呼遮也;古之言泄,正如今之呼写也;古之言说驾,说正如今呼卸也;古之言召伯所说,正如今呼舍也;古之言匄(丐),正如今呼叚(假)也;古之言逝,正如今呼谢也(谢者辞去也);古之言歇、言愒(《说文》皆训息),正如今呼暇也;古之言肆,正如今呼奢也。皆以入声读之耳。"③对于其他各部,章炳麟也有类似的说法。

问题很明显:如果不像戴震那样,把职觉药屋铎锡从之幽宵侯鱼支诸部中分析出来④,势不能不承认这些入声韵是阴声韵的变相。章炳麟说:"古音本无药觉职德沃屋烛铎陌锡诸部,是皆宵之幽侯鱼支之变声也。"⑤在他的"成均图"中,这些入声韵部没有标出,因为它们都属于阴声一类。他说:"入声收喉者,丽阴声。"⑥充其量,他只能承认这些入声韵是以喉塞音收尾的,但是,他既然说

---

① 他所谓收鼻音实际上是收与鼻音-ng部位相同的-k。其实铎部也收"鼻音",戴震以为收喉,误。

② 钱玄同:《文字学音篇》,页11。

③ 章炳麟:《国故论衡》"二十三部音准"。

④ 黄侃没有分出觉部,这是他拘泥于他所幻想的"古本韵"的结果。据说他晚年对此有所修正。

⑤⑥ 章炳麟:《国故论衡》"二十三部音准"。

132

"平上韵无去入,去入韵亦无平上",又似乎他只承认泰队至等部有喉塞音收尾,而不承认之幽宵侯鱼支诸部有入声。这样,对于之幽宵侯鱼支诸部来说,他基本上是走孔广森的老路,否认入声的存在,也就等于否认-k 尾的存在。

当然,在不承认职觉药屋铎锡和之幽宵侯鱼支分立的情况下,对上古汉语这些韵母实际音值的拟测还可以走相反的一条路,那就是取消之幽宵侯鱼支,建立职觉药屋铎锡,而以原来的之幽宵侯鱼支分别隶属于职觉药屋铎锡,这样等于否认这些韵部作为开口音节而存在,不管平上去入,一律加上-g 尾、-k 尾或其他辅音韵尾(塞音或擦音)。换句话说,这个理论等于承认这些平声韵部(包括上去声)只是入声韵的变相,因为它们也都被拟测为闭口音节。高本汉、西门走的正是这条路,我们在下文还要详细讨论。

二十年前,我对于上古汉语的韵母主张二十三部的说法①,那就是大致依照章炳麟的二十三部,从他的脂部分出一个微部②,再合并他晚年所主张合并的冬侵两部③。前年我讲授汉语史,在拟测上古韵母音值的时候遭到了困难。我不愿意把之幽宵侯鱼支等部一律拟成闭口音节,那样是违反中国传统音韵学,而且是不合理的(见下文);同时我又不能像章炳麟想得那样简单,一律拟成开口音节;假使上古的药觉职德沃屋烛铎陌锡诸韵不收-k 尾,它们在中古的-k 尾是怎样产生出来的呢? 讲语音发展不能不讲分化条件,否则就违反

---

① 王力:《上古韵母系统研究》。见本书页 59～129。

② 章炳麟对脂队两部字的隶属问题,举棋不定。在《文始》里,他以"虽椎雷藟傀鬼鬼夔虺"等字归入队部;在《国故论衡》里,他又以这些字归入脂部。这里根据他的"去入韵无平上"的理论,把这些字归入脂部,而这些字也正是我所分出的微部字(当然还有其他的字)。

③ 章氏晚年,在光华大学《中国语文学研究》里发表《音论》,主张冬部并入侵部。按冬并入侵本来是严可均的主张。

了历史语言学的根本原则。在这时候我才觉悟到戴震阴阳入三分的学说的合理，于是我采取了戴震和黄侃的学说的合理部分，定为十一类二十九部，比黄侃多了一个微部和一个觉部，少了一个冬部（并入于侵）。这样，入声韵的职觉药屋铎锡收音于-k，和开口音节的阴声韵并行不悖，各得其所，而分化条件也非常明显了。

　　在入声和阴声关系的问题上，段玉裁和戴震形成两大派别，可以称为考古派和审音派。王念孙、江有诰、章炳麟是继承段玉裁的，刘逢禄、钱玄同、黄侃是继承戴震的①。入声是否独立成部，是两派的分野。但是，也有一些音韵学家虽然没有明显地把入声韵部独立起来，他们隐约地承认入声韵有相当独立的资格。江永的入声八部，姚文田的入声九部②，都是有一定的独立性的；朱骏声的《说文通训定声》虽然基本上依照段玉裁把古韵分为十八部（即加入戴震的泰部），但是书中有"临之习分部"、"谦之嗑分部"、"颐之革分部"、"孚之复分部"、"小之茸分部"、"需之剥分部"、"豫之泽分部"、"解之益分部"等③，这就是说缉（习）盍（嗑）职（革）觉（复）药（茸）屋（剥）铎（泽）锡（益）这八个入声韵部具有一定的独立性，它们能在之（颐）幽（孚）宵（小）侯（需）鱼（豫）支（解）诸韵中成为分部。像朱骏声这种办法，倒不如索性把入声韵部独立起来，特别是上古语音重建以后，入声独立显得系统性较强。

　　入声独立成部以后，音韵学家们要处理一个很复杂的问题，就是阴声和入声的分野问题，换句话说就是每一个具体的字的归类

----

　　① 巧得很，戴震和段玉裁是师生关系，章炳麟和黄侃、钱玄同也是师生关系，他们师生在这一个问题上分道扬镳。

　　② 江永：《古韵标准》；姚文田：《古音谐》。

　　③ 朱骏声的古韵十八部以卦为名，即丰、升、临、谦、颐、孚、小、需、豫、随、解、履、泰、乾、屯、坤、鼎、壮（孚、小、壮是中孚、小畜或小过、大壮的省略）。分部的革、复、剥、益也是卦名，习是习坎的省略（习坎即坎卦），嗑是噬嗑的省略，茸是坎卦的别名，泽是兑卦的代表物。

问题。哪些字归入阴声韵部,哪些字归入入声韵部呢?

就收-p 的字来说,问题很简单。即以考古派而论,从孔广森起,已经把缉盍从侵谈中分析出来。《诗·秦风》"小戎"叶"中骖合辋邑",段玉裁把它分为两韵,江有诰也没有异议。在谐声方面虽然有一些葛藤,如今声有衱(奴协切),執声有墊,占声有帖,厌声有压,盍声有齼,乏声有贬,有泛,等等,但是除"贬"字见于《诗·大雅·召旻》,与"砧"相押,应归谈部以外,这些字都不见于《诗》韵,我们可以拿阳入通转来解释谐声现象。

就收-t 的字来说,问题也比较简单。自从戴震立了一个泰部,王念孙立了一个至部,章炳麟立了一个队部,所有收-t 的字都从阴声韵里分出来了。根据段玉裁古无去声的学说,可以认为泰至队这三部的去声字在上古都属入声。但是必须承认上古的入声有两类(收-t 的字有两类),否则没有分化的条件。这样区分以后,脂微两部就只有平上而没有去入,被认为和泰相对应的歌部一向就是有平上而没有去入。当然,就《诗经》的用韵看来,还不能完全没有问题。泰部独立最可靠,它不但和歌部完全没有葛藤,和脂微两部也完全没有葛藤。只有一个小问题:《诗·大雅·生民》叶"旆稷",是泰队合韵,《桑柔》叶"瘁恤热"是泰至合韵,假使队至不能离开微脂而独立,泰部将受牵连。脂至分家的困难比较大一些。王念孙自己承认《诗经》中以质(至)術(脂微入声)同用者有《载驰》三章的"济閟"[1],《皇矣》八章的"类致",《抑》首章的"疾戾",江有诰说还有《终风》三章的"曀寐"[2]。但是,从入声独立这一点说,质術都是入声,合用也是可以理解的。

是不是所有的去声字在上古都隶属于入声呢? 不是的。有一

---

[1] "济"是脂部字,王念孙可能把它看做古入声字。

[2] 参看王念孙给江有诰的信,见江有诰《音学十书》卷首。

小部分去声字本来属于平声或去声。平去两读的字,如过、为、衣、迟、泥等,在上古只有平声;上去两读的字,如左、被、弟、比等,在上古只有上声。"读破"只是中古经生的习惯。此外还有一些去声字经段玉裁根据《诗经》《楚辞》证明它们在上古是平声,如歌部"驾破"叶"猗驰","詈"叶"歌","化"叶"他",叶"离",叶"为",叶"施","地"叶"过",等等①。总之,章炳麟所谓平上韵无去入的话在一定程度上是对的。歌脂微三部和其他各阴声韵部一样,和阳声韵部也一样②,都只有平上声,没有去入声。平上声向去入声的转化有一些明显的证据,例如"庆"字在《诗经》中凡六见都读平声,"济"字在南北朝诗人用韵中一律作上声。

入声独立以后,必须承认一些阴声和入声互叶的情形。《诗经·邶风·干旄》叶"纰四畀","纰"属脂部,"四畀"属至部;《大雅·皇矣》叶"类比","比"属脂部,"类"属队部。它们的主要元音相同(如-ei:-et),互叶完全是可能的,这样就构成了所谓"协押"(assonance)。

若就收-k 的入声来说,问题更加复杂;这些入声韵部独立以后,阴声和入声互押的情形更多了。考古派之所以不敢把收-k 的韵部独立起来,就是由于考虑到这种交叉的情形。依照段玉裁的《六书音均表》,阴声和入声(如果分立的话)互叶的情形如下(入声韵字加·为记):

(甲)之部

异贻　裘试　富时疚兹　背痗　芑亩试　止试　克富又　戒事耜
亩　识又　食海载　字翼　式止晦事式　富忌　鲔鲤祀福　牧来

---

① 段玉裁:《六书音均表》。
② 依照《六书音均表》,阳声韵一律只有平声,因此王国维作出"五声说"的结论(阴声韵四声加阳声韵一声)。但是,在《六书音均表》中,宵歌两部也只有平声。我看有些字可以认为上声,如阳部的仰掌,耕部的领骋,真部的尽引,寒部的转卷选,宵部的倒召,歌部的左我,等等。

載棘　輻載意　載息　棘稷翼億食祀侑福・祀食福式稷敕極億
祀黑　稷祀福　直載翼　載備祀福　亟來圃伏　子德　塞來
（乙）宵部
　　芼樂　暴笑敖悼　勞朝暴笑悼　膏曜悼　沼樂炤虐殽盜暴　濯嚻
沼躍　虐謔蹻芼謔燋藥　昭樂懆　藐教虐芼到樂藻蹻蹻昭笑教
（丙）幽部
　　脩啸啸淑　瀟膠瘳　罩造憂覺　皓繡鵠憂　欲孝　祝究
（丁）侯部
　　裕瘉　附后奏侮　驅續轂瑜玉曲　木附斲屬　谷穀垢
（戊）魚部
　　故露　路袪惡故　著素華　圃瞿夜莫　迦莫度度路　莫除居瞿
夜居　固除庶　作莫家故居故　夫夜夕惡　據柘路固　去呱訏路
　　呼夜　度虞　去故莫虞怒　惡斁夜譽　茹據恕怒　射御　茹獲
除莫庶暇顧怒　譽射　若賦
（己）支部
　　提辟揥刺　解易辟　解帝　辟績辟適解

　　首先，我們要排除一些可疑的例子。《鄭風・風雨》本來是叶
"瀟膠瘳"，段氏硬改為"潚"（江有誥沒有改），自然不能算數。《大
雅・文王有聲》叶"欲孝"，"欲"《禮記》作"猶"，也在可疑之列（"欲"
屬侯部入聲）。其次，有些字可能並不算韻腳，又有些字可能是轉
韻，例如"大田"四章：

　　曾孫來止，以其婦子，饁彼南畝，田畯至喜。來方禋祀，以其騂黑，與
其黍稷，以享以祀，以介景福。

兩個"祀"字可以不算韻腳，前半章用陰聲韻，後半章改用入聲韻。
又如《楚茨》首章和四章：

　　楚楚者茨，言抽其棘。自昔何為？我藝黍稷。我黍與與，我稷翼翼。
我倉既盈，我庾維億。以為酒食。以享以祀，以妥以侑。以介景福。

　　我孔熯矣，式禮莫愆。工祝致告，徂賚孝孫。苾芬孝祀，神嗜飲食。
介爾百福，如幾如式。既齊既稷，既匡既敕，永錫爾極，時萬時億。

两个"祀"字也可以不算韵脚。

但是,无论如何我们得承认阴声韵和入声韵有时互叶这一个事实。这种互叶,从某种意义上说也是一种合韵,但是它和一般所谓合韵不同。一般所谓合韵是指邻韵相通,如 au 和 əu, an 和 ən, 这里的互叶是指主要元音相同,收音不同,如 ə 和 ək, a 和 ak。

任何汉语音韵学家都不能不谈合韵(包括互叶)。江永别侯于鱼,别幽于萧,别真于寒,别侵于谈,对顾炎武的古韵分部有所发展,后人称赞他的功劳。但是,这样一来,《宾之初筵》叶"楚奏祖",《常武》叶"瞀虡羽鼓奏举",《载驱》叶"滔儦敖",《七月》叶"萋蜩",《思齐》叶"庙保",《公刘》叶"舟瑶刀",《生民》叶"民嫄",《小戎》叶"群镗苑",《楚茨》叶"嫫愆孙"①,《氓》叶"葚耽",就不能不认为合韵。王念孙把至部从脂部分了出来,章炳麟再分出队部,多数音韵学家认为他们有很大的贡献,但是他们也造成了合韵,也就是阴声和入声互叶(见上文)。那么,为什么不可以承认收-k 的韵部和阴声韵部互叶呢?

关于入声韵部的收字,最普通的标准是根据谐声偏旁,即声符。段玉裁说过:"同谐声者必同部"②。就一般说,我们的确可以根据这个原则,把声符相同的字归属到同一韵部里,例如"视""致"在中古同属去声,但是"视"在上古应属阴声韵,"致"在上古应属入声韵。我们往往可以这样检查:凡同声符的字有在平上声的,就算阴声韵(如果不属阳声韵的话),例如"视"从示声,而示声中有"祁"(平声),可见"视"属阴声韵;又如"致"从至声,而至声有"室"(入声),可见"致"属入声韵。祭泰夬废四韵之所以被认为上古的入声韵,就因为这四个韵中的字的声符几乎全部不和平声相通③,相反

---

① 江永未分真文为两部。

② 段玉裁:《六书音均表》,《〈古十七部谐声表〉序》。

③ 例外只有祭韵的一个"祷"字,而"祷"是兼属霁韵的。

138

地,几乎每一个字的声符都和入声相通,如大声有"泰"有"达",兑声有"锐"有"脱",带声有"滞"有"㧓"(徒结切,撮取也),最声有"撮",害声有"割",㓞(契)声有"齧",夬声有"快"有"决",曷声有"喝"有"竭",世声有"勚"有"泄",祭声有"蔡"有"察",埶(藝)声有"热",戌声有"岁"有"灭",折声有"逝"有"哲",叕声有"缀"有"辍",列声有"例"有"烈",寽声有"酹"有"将",发声有"废"有"拨",孛声有"誖"有"勃",昏声有"话"有"活",刺声有"赖"有"癞",赖声有"獭"有"獭"。

当然这并不是唯一的标准。假使从声符上看不出它和入声相通或和平上声相通,那就要从《诗经》的用韵或其他先秦的韵文,或声训、假借等证据来加以断定。例如"吠"字,它根本没有声符,但是《诗经·召南·野有死麕》以"吠"叶"脱""帨","吠"显然是入声字。

"同谐声者必同部"这一原则也不能机械地拘守。当先秦韵文(特别是《诗经》)和声符发生矛盾的时候,应该以韵文为标准,不应该以声符为标准,因为造字时代比《诗经》时代至少要早一千年,语音不可能没有变化。在这个问题上,不但段玉裁失之拘泥,后代许多著名的音韵学家也都想不通。如果想通了,就免去了许多葛藤。试举铎部为例,"博"从尃声(从朱骏声说),"薄"从溥声,"膜"从虞声,依声符本该属阴声鱼部,但是这些字在先秦时代已经像中古一样读作入声,所以《周颂·泮水》叶"博歠逆獲",《齐风·载驱》叶"薄鞹夕",《大雅·行苇》叶"炙膜咢",都自然谐和,而不是阴声和入声互叶。特别对于之幽宵三部和职觉药三部,更应该这样看待。职部"特"字虽从寺声,但在先秦早已读作入声(故字亦作"犆"),所以《鄘风·柏舟》叶"侧特忒",《魏风·伐檀》叶"辐侧直亿特食",《小雅·我行其野》叶"葍特富异";幽部"萧"字和"椒"字虽从肃声和叔声,但在先秦早已读作平声,所以《王风·采葛》叶"萧秋",《曹风·下泉》叶"萧周",《陈风·东门之枌》叶"荍椒";觉部"轴"字和"迪"字虽从由声,但在先秦早已读作入声,所以《卫风·考槃》叶"陆轴宿告",

139

《大雅·桑柔》叶"迪复毒";药部"较"字和"跻"字虽从"交"声(爻声)和"乔"声,但在先秦早已读作入声(较,音觉;跻,其虐切),所以《卫风·淇奥》叶"绰较谑虐",《大雅·板》叶"虐谑跻耄谑熇药"。

还有一点:即使向远古时代追溯,我们也只能说有些和入声有谐声关系的字在远古时代是属于闭口音节的,并不能说所有同韵部的字在远古时代一律属于闭口音节。例如"萧"从肃声,"萧"在远古时代应属闭口音节,这并不牵连整个幽部。高本汉在他的《藏语与汉语》里批评西门时说过这类话,在这一点上高本汉是对的。

朱骏声、黄侃等人抓住一个最初的声符作为出发点,然后把从此得声的字一律归入同部,这种简单的办法,在入声不独立成部的时候,毛病还不算大(段玉裁《六书音均表》中只有"颙""傩"等少数字是归得不妥的);至于入声独立成部以后,毛病就大了。朱骏声闹了一个笑话:他把宵部入声称为"小之茉分部",而"茉"字本身由于从劳省声,只好放在"劳"字底下,没法子放进"小之茉分部"里去。"茉"字属入声,宵部入声称为"茉分部"是对的;他把"茉"字本身排斥在入声韵部之外,则是错误的。

如果单凭声符,声符本身还可能引起争论。依照《说文》,彝从彑声(彑,居例切),彑在泰部,彝在脂部;巂从卨声(卨,女滑切),卨在队部,巂在支部。这种复杂情况,章炳麟已经指出来了①。朱骏声《说文通训定声》以"彑"归泰部,"彝"字跟着归泰部,本属至部的"肆",跟着也归泰部;另一方面,他虽承认"巂"从卨声,但并没有把"巂攜巂"等字归入队部,而仍归入支部,这是自乱其例。又试拿"季"字为例,《说文》以为"季"从稺省声,此说本来可疑②,若依《诗经》用韵,"季"在入声(《陟岵》叶"季寐弃",《皇矣》叶"对季"),稺

---

① 章炳麟:《文始》略例。
② 孔广居的《说文疑疑》以为季从禾会意,其说近是。

(稚)在阴声(《大田》叶"穉火",又叶"穉秭"),就十分明显了。

总起来说,中国传统音韵学对待阴声和入声的关系有两种不同的看法:在考古派看来,阴声和入声的分野并不十分清楚,特别是对于之幽宵侯鱼支六部,入声只当作一种声调看待,不作为带有-k尾看待,因此,在他们的眼光中,这六部都是阴声,其中的入声字只是读得比较短一点,并不构成闭口音节;在审音派看来,阴声和入声的分野特别清楚,因为在他们眼光中,阴声是开口音节,入声是闭口音节。二十年前我倾向于考古派,目前我倾向于审音派。

钱玄同是黄侃的朋友,同时也是黄侃的音韵学说的信奉者。在他的《古韵二十八部音读的假定》中,阴阳入是三分的,因而阴声和入声的分野是非常清楚的①:

歌	a ua	月	at uat	元	an uan
微	è uè	物	èt uèt	文	èn uèn
		质	ät	真	än
佳	ǎ	锡	ǎk	耕	ǎng
鱼	ò	铎	òk	阳	òng
侯	u	烛	uk	鍾	ung
幽	o	觉	ok	冬	ong
宵	âu				
咍	è	德	èk	登	èng
缉	op	侵	om		
盍	âp	谈	âm		

我在我的《汉语史稿》中,定上古韵母为十一类二十九部,若按照钱氏的名称和次序,则如下表(表下仅标出主要元音及韵尾):

---

① 钱氏此文发表于1934年12月,表面上好像完全接受黄侃的学说,实际上已经不像他在《文字学音篇》中那样地述而不作。他添上了一个觉部,减去了一个沃部。依我看来,添上一个觉部是对的,减去一个沃部是不对的。

141

歌 a	月 at	元 an
微 əi	物 ət	文 ən
脂 ei	质 et	真 en
佳 e	锡 ek	耕 eng
鱼 a	铎 ak	阳 ang
侯 o	烛 ok	鍾 ong
幽 əu	觉 əuk	
宵 au	沃 auk	
咍 ə	德 ək	登 əng①
缉 əp	侵（冬）əm	
盍 ap	谈 am	

尽管我所拟测的主要元音和钱氏颇有出入,但在阴声拟测为开口音节,入声拟测为闭口音节这一观点上,我和钱氏是完全一致的。

二

西欧某些汉学家,特别是高本汉和西门,对于上古汉语阴声韵部和入声韵部的研究,所得的结论和上述中国传统的音韵学完全相反。他们把上古的阴声韵部几乎完全取消,换句话说就是把上古的开口音节几乎完全取消,把清儒一向认为开口音节的字,大部分改为闭口音节。为叙述和评论的便利起见,我们先在这里着重介绍高本汉有关这一方面的学说。

在上古韵部的区分问题上,高本汉和章炳麟、黄侃的差别并不太大。在他的 Grammata Serica 中,他把上古汉语的韵母分为二十六部,按照我们的术语来说,可以列成下表:

1. 歌部　　2. 鱼部　　3. 侯部　　4. 寒部　　5. 月部

---

① 钱氏所拟的 ė, ėk, ėng 也就是 ə, ək, əng。

6. 緝部　　7. 真部　　8. 至部　　9. 文部　　10. 队部
11. 脂部　　12. 谈部　　13. 盍部　　14. 侵部　　15. 缉部
16. 阳部　　17. 铎部　　18. 耕部　　19. 支部　　20. 蒸部
21. 之部　　22. 冬部　　23. 幽部　　24. 宵部　　25. 东部
26. 屋部

由此看来,除了緝部是高本汉所独创以外,鱼铎分立和侯屋分立都和黄侃一致,其他二十一部更和章炳麟一致(当然,各部收字和章氏稍有出入)。但是,就他的拟音来说,那就和中国传统音韵学有根本上的差别。最值得注意的有以下两点:

(甲) 向来被中国音韵学认为阴声(开口音节)的韵部,除歌鱼侯三部外,一律被高本汉派作闭口音节,其中之幽宵支四部的平上声字被认为收-g,脂緝(歌部的小部分)两部字被认为收-r。例如:

母 məg	期 kiəg	梅 mwəg
子 tsiəg	有 giug	牛 ngiug
忧 ˑiôg	老 lôg	曹 dzôg
好 xôg	修 siôg	由 diôg
高 kog	刀 tog	朝 tiog
瑶 diog	交 kŏg	骄 kiog
夷 diər	旨 tiər	师 siər
眉 miər	比 piər	泥 niər
违 giwər	推 t'wər	非 piwər
迩 niar	毁 xiwar	

(乙) 中古的去声字被高本汉认为在上古收-g, -d, -b, 这些韵尾和入声的韵尾-k, -t, -p 不同。关于收-b的去声字,高本汉说得不十分肯定,这里不加以讨论。关于收-g, -d的字,举例如下:

置 tiəg	代 d'əg	富 piŭg
奥 ôg	就 dz'iôg	钓 tiog
耀 diog	悼 d'og	暴 b'og

143

赴 pʼiug	裕 giug	耨 nug
彀 kug	斗 tug	茂 mug
路 klâg	妒 tâg	愸 sâg
度 dʼâg	借 tsiag	护 gʼwâg
肆 dि̯əd	戾 liəd	弃 kʼi̯əd
贵 ki̯wəd	遂 dzi̯wəd	醉 tsi̯wəd
赖 lâd	契 kʼiad	废 pi̯wăd
逝 di̯ad	带 tâd	会 gि̯wad

　　首先要声明一件事:加上了韵尾-r,-g,-d 就不能再认为是阴声韵,因为中国传统音韵学一向认为只有开口音节才算是阴声,戴震、黄侃、钱玄同在这一点上最为明确。陆志韦先生说:"上古音的歌部不收阴声"(《古音说略》106 页)。陆先生把上古歌部拟成收-d,所以他说不收阴声。带有-r 尾的韵母的性质在阳声韵和入声韵之间,r 和 m,n 都是所谓响音,在这点上 r 尾的韵母近似阳声韵。至于以-g,-d 收尾的韵母当然应该认为是入声韵之一种。

　　西门的主要观点和高本汉相同;但是他比高本汉更彻底。在他的《关于上古汉语辅音韵尾的重建》[①]里,他不但把之幽宵支脂微等部都重建成为入声韵部,而且连鱼侯歌三部也重建为入声了,于是造成了"古无开口音节"。西门所拟的上古入声韵尾是-γ,-ð,-β 和-g,-d,-b 对立;他否认上古汉语和中古汉语有清塞音韵尾-k,-t,-p,所以他把高本汉所拟-k,-t,-p 的地方改为-g,-d,-b,而把高本汉所拟-g,-d,-r,-b 的地方改成-γ,-ð,-β(鱼侯两部定为收-γ,歌部定为收-ð)。当然我们应该认为以-γ,-ð,-β 收尾的韵母(如果存在的话)也算入声韵母,因为带塞声韵尾的既算入声,带擦音韵尾的也不能不算入声。

---

　　① Walter Simon: Zur Rekonstruktion der Altchinesischen Endkonsonanten, Mitteilungen des Seminars f. Orientalische Sprachen, Bd. XXX, Abt. I, pp. 21。

高本汉和西门二人的影响很大。从表面上看来,好像高本汉的影响要比西门的影响大,因为许多现代音韵学家接受了韵尾-g,-d,-b的学说,而没有接受韵尾-γ,-ð,-β的学说。实际上,就中国的情况来说,西门的影响要比高本汉的影响大,至少是一样大,因为(一)西门把鱼侯歌脂微等部一律认为上古入声韵部(虽然没有明显地称为入声),中国某些音韵学家也把鱼侯歌脂微等部一律认为上古入声韵部(也没有明显地称为入声);(二)西门没有承认脂微两部收音于-r,中国的音韵学家也没有任何人承认脂微两部收音于-r。

高本汉把阴声韵时而拟成闭口音节,时而拟成开口音节,显然是进退失据,自相矛盾。此外,高本汉还有一个缺点:本来阴声和入声对应,只能两分,不能三分,但是高本汉对于鱼侯脂微四部都采用了三分法,鱼部拟成 o, âg, âk,侯部拟成 u, ug, uk,脂微(高氏合为一部,有时又像分开)拟成 ər, əd, ət,这样是平上为一类,去声为一类,入声为一类,不但违反了传统的中国音韵学,而且违反了他自己的原则,因为他对之幽宵支四部只采用了两分法,否定了开口音节的存在。我们虽然反对把阴声韵拟成闭口音节(理由见下文),但是,我们同时认为,如果把所有的阴声韵一律拟成闭口音节,还不失为自成体系的学说。因此,我们认为西门的学说基本上是自成体系的,是持之有故,言之成理的,只有高本汉的关于上古汉语阴入两声韵尾的学说是矛盾百出的。

上文说过,如果依照考古派,入声不独立成部,那么,他们在拟测上古音值的时候,只有两条路可走。第一条是孔广森的道路,认为上古汉语只有阴声没有入声,或者像段玉裁和江有诰那样,认为入声和平上去声只是声调的分别,不是韵尾的分别(这是我的体会),所以入声只是阴声之一种,不是和阴声对立的东西,换句话说,不但平上去声的字是念开口音节的,连入声的字也是念开口音节的。第二条道路就是像西门那样,认为上古汉语只有入声韵,没有阴声韵(是否保留

"阴声"这个旧名称来表示-g, -d, -b 等韵尾不关重要),入声和平上去声除了声调的分别以外,韵尾也有一些分别(如西门的-g, -d, -b: -γ, -ð, -β),但是它们一律读作闭口音节。除非入声独立成部(如戴震、黄侃、钱玄同所做的那样),否则第三条路是没有的。

上文说过,无论从谐声偏旁看或者从《诗经》用韵看,阴阳入三声之间都不免有些葛藤。入声缉盍和阳声侵谈的关系比较密些,和阴声的关系比较松些;它们在谐声方面和队泰发生一些关系(如纳从内声,盖从盍声),那只是入声和入声的关系,并不是入声和阴声的关系。因此,从孔广森起,"合"类就已经独立起来,到了王念孙和江有诰就索性把缉盍分为两部,以配侵谈。除缉盍以外,入声只有泰部和阴声的关系较松,因此,戴震的泰部独立能得到考古派王念孙、江有诰的拥护。

高本汉的缺点是考古和审音都无是处。从考古方面看,他并没有遵照江有诰把铎和鱼、屋和侯、至队和脂微合并起来。我们不从审音方面责备他,因为看来他并不是走那条道路的(他从来没有提到戴震、黄侃、钱玄同);但是我们有权利从考古方面责备他,因为他正是企图从这方面寻找论据的。

高本汉把铎和鱼分开,屋和侯分开,理由是无论从谐声方面或者从《诗经》用韵方面看,阴声鱼侯和入声铎屋的关系都不密切①。这是没有根据的说法,陆志韦先生驳过他②。我在上文已经指出,依照段玉裁的《六书音均表》,《诗经》鱼铎通叶有二十二处,侯屋通叶有五处。就韵部的大小而论,鱼部好比之部,《诗经》之职通叶有二十六处,和鱼铎通叶二十二处的情况差不多,为什么之职不分立而鱼铎要分立呢? 侯部的大小好比支部,《诗经》支锡通叶有四处,和

---

① 参看高本汉:《诗经研究》,见 1932 年《远东博物馆集刊》第四期,页 131~146。
② 陆志韦:《古音说略》,页 94~100。

侯屋通叶五处的情况差不多,为什么支锡不分立而侯屋要分立呢?

　　高本汉谈到谐声的时候更是"以意为之"。正如陆志韦先生所批驳的,他硬说"涸"是会意字,是什么 solid water!《说文》明明说"涸"从固声,为什么要牵强附会呢?高氏援引《说文》以"博"为会意字(《说文》:博,大通也,从十从尃,尃,布也),其实应该依照朱骏声的意见,认为尃声。他从否认"博"字为谐声字出发,又硬说"缚"从博省声,这回可不能援引《说文》了,《说文》明明说"缚"从尃声,并没有说是从博省声!其实除了"博""缚"以外还有"薄""搏"等字。在他的 Grammata Serica 里(326 页),他把"薄""搏"等字也认为是从博省声,但是,这个说法显然是不能成立的,因为:(一)说"搏"是博省声已经是很勉强的了(《说文》认为"搏"从尃声),至于说"薄"从博省声,更是大兜圈子,我们必须先承认"薄"从博省声,然后"薄"才能和"博"发生关系;(二)高氏硬把从"尃"得声的字割裂为阴入两类,派入阴声鱼部的有"尃傅搏赙鱄"(承认是从尃得声),派入入声铎部的有"博搏溥镈缚簿薄礡"等字(硬说是从博省声),这种割裂是违反中国文字学的。高氏还割裂出一个笑话来。他把"溥"字归到入声里去,把它的上古音拟成 pâk,并且说明是水名(根据《广韵》)。其实水名是中古的意义,上古并没有这个意义,同时也就没有这个读音。在上古汉语里,"溥"的一般读法是滂五切,与"普"字音同义近("普天之下"又作"溥天之下");"溥"又通"敷",可见它是阴声韵字。高氏为了便于曲解"溥"为从博省声(从而曲解"薄"为从博省声),不惜把滂五切的上古音拟成 p'âg;但是他又把与"溥"相通用的"普"和"敷"都归到阴声里去,拟成 p'o、p'i̯wo,这种纯任主观的办法是不科学的。

　　上古鱼部除了从"尃"得声的字以外,还有一些谐声情况足以证明鱼铎相通。"豦"声有"劇噱",又有"據鐻醵遽蘧籧","劇"等应属铎部,"據"等应属鱼部,高氏把前者拟成 -k 尾,后者拟成 -g 尾,

147

那是说不通的。"镂醿籧"都有群余一切,"籧"字甚至仅有群余一切,它们都是平声字。"籧"亦作"筥",高氏把"筥"拟成 kli̯o,"籧"拟成 gʼi̯wag,也自相矛盾。"莫"声有"谟模",又有"暮墓寞"等,"谟"等应属鱼部,"暮"等应属铎部。高氏把"谟模"拟成 mag,也很难说得过去。"谟模"又写作"譕抚",显然是平声字,依高氏的体系当作 mo。其次,高氏对从"著"得声的字处理得最不妥当。"著"在铎部,"躇"在鱼部,高氏把"躇"拟成 dʼi̯o,算是做对了,但是他把"著"拟成 ti̯o,ti̯ak 两音,就有矛盾。"著"无论读去声或入声,都应该收-k(若依高氏的说法,去声的"著"也该收-g)。

侯部和屋部在谐声方面也不是没有一些葛藤的。"娄"声有"数",而"数"有上去入三声,高氏把"数"字分为 sli̯u,suk 两读,但是读 suk 的"数"仍是从"娄"得声,所以阴声和入声的谐声关系仍旧存在。从"数"得声的字有"薮",高氏把"薮"派作收-g,也显出了侯屋的密切关系。"趋"从刍声,而"趋"又通"促"。"趣"从取声,"趣"也通"促"。高氏没法子抹煞侯屋两部的谐声关系。

至队和脂微相通的情况没有铎屋和鱼侯相通的情况那样明显,因此,王念孙和章炳麟虽然是考古派,也能把至部和队部分别地独立起来(章氏的队部还没有和阴声严格分开)。但是,我们也不能说至部和脂微之间没有押韵关系和谐声关系。上文说过,在《诗经》用韵中有"济""阅"通叶,"类""比"通叶,都可以证明入声和阴声不能划若鸿沟。谐声方面,撇开生僻的字不说①,常见的字可以证明阴入两类的谐声关系的也不是绝无仅有的。"癸"声有"闋","矢"声有"疾"(据《说文》),这是两个比较明显的例子。高氏最不受人欢迎的一点是把脂微拟成收-r,他以为这样可以说明真文和脂微对转,又可以说明入声和阴声的关系,其实是两边不靠岸。关

---

① 若算生僻的字就很多。参看陆志韦:《古音说略》,页 189~190。

于收-r的学说,陆志韦先生曾经批驳了他①。高氏企图拿汉藏语系来证明上古汉语有韵尾-r的可能,但是汉藏语专家沙弗尔(R. Shafer)就批评他不对。沙弗尔指出,"死""二"等字在汉藏系许多语言中都有相当的字,但是都不收-r②。我没有什么新的意见,这里可以不谈了。总之,如果必须把脂微拟成闭口音节的话,自然是拟成-d比拟成-r好些。

沿着阴声和入声不分立这条道路走去的人,西门等人以外,还有陆志韦先生。陆先生把歌部也拟成了收-d的韵部③。打开陆先生的《诗韵谱》,我们找不到一个开口音节。

的确,陆先生的理论体系比高本汉的理论体系更为完整。陆先生很有力地证明,上古歌部和脂微是通叶的。陆先生指出:《诗·商颂·玄鸟》叶"祁何宜何",《易·家人》叶"义谓(?)",《书·仲虺之诰》叶"怀离"④,《荀子·成相》叶"过施义祸罢私施移",《老子》叶"离(儿)疵为疵(知)",又叶"雌豯豯离(儿)",《庄子·山木》叶"訾蛇化为",《则阳》叶"(知)(知)化为围为过",《九歌·东君》叶"雷蛇怀归",《远游》叶"妃歌夷蛇飞徊",《九辩》叶"偕毁弛",《高唐赋》叶"螭谐哀悽欷"。上古歌部和支部也是通叶的,陆先生指出:《诗·斯干》叶"地裼瓦仪议罹(?)",《易·渐》叶"陆仪(?)",《庄子·在宥》叶"知离",《韩非子·扬权》叶"地解",又叶"离知",《外储说上》叶"知随",《九歌·少司命》叶"离知",《大招》叶"佳规施卑移",等等。假使上古歌部收开口音节,脂微支部收闭口音节,按照高本汉的体系来说,显然是说不通的。陆先生把歌部拟为收-d,虽然在与-g押韵

① 陆志韦:《古音说略》,页104~106。
② 美国《东方学会杂志》(Journal of the American Oriental Society), LXX, 2(1950年),页139~141,对高氏新著《汉语的性质及其历史》的书评。
③ 陆志韦:《古音说略》,页102~104。
④ "仲虺之诰"是古文尚书,也许可以除外。

的时候还不很容易解释，但这是"阴声"收-g, -d 的学说的逻辑结果。我们感觉到陆氏的学说比高氏学说的逻辑性较强；高氏的学说自相矛盾，陆氏的学说不自相矛盾。

但是，除了"古无开口音节"的结论之外，是不是就没有出路了呢？我想不是的。出路很明显，就是维持阴阳入三分的学说，在阴声和入声的收音方面，基本上依照钱玄同的拟测，把阴声定为开口音节，入声定为闭口音节，问题就解决了。

应该承认，阴声和入声之间有着若干葛藤，正如阴声和阳声之间、阳声和入声之间有着若干葛藤一样。问题在于怎样看待这些葛藤。如果让它们牵连不断，我们势必在纷繁的史料中迷失方向。高本汉之所以拟出一个-r 尾来，就是一方面看见微队相通，另一方面看见微文相通，他以为只有-r 尾(或-l 尾)可以兼通-d, -n。其实我们只要区别一般和特殊，许多问题都可以迎刃而解。

下文我们将着重在批判高本汉关于阴声韵和入声韵的收音的学说，主要是他的-g, -d 学说。

三

高本汉把之幽宵支四部的平上去声字拟成收-g, 不拟成收-k, 是为后来平上去声字发展为阴声(依高本汉看法)准备了条件。他把鱼侯两部的去声拟成收-g, 不拟成收-k, 也是同样的理由。至于他把脂微的平上声字拟成收-r, 去声字拟成收-d, 理由更"充分"了，因为他认为从韵尾-r, -d 发展到韵尾-i 是很自然的。

但是，从中国传统音韵学看来，高本汉的-g, -d 学说有两个很大的缺点。

第一，-g, -d 学说破坏了阴阳入三分的传统学说。上文说过，中国音韵学上的考古派把入声归到阴声并非想要从上古汉语中消

150

灭开口音节,恰恰相反,他们认为入声只是阴声的附庸;高本汉和西门把阴声归入入声是和中国传统音韵学唱对台戏,他们或多或少地企图取消上古的阴声,即开口音节。

像西门那样做(我们把-γ, -ð学说认为是和-g, -d学说同一性质的),上古汉语里是完全没有阴声的。其实高本汉既然做到那一个地步,倒不如干脆像西门那样完全取消阴声。但是陆志韦先生意识到这个学说有一个大危险(这是西门所不肯说出来的),他说:

> 上古汉语没有开音缀的结论有人一定以为怪诞不经。世上哪里会有这样的语言呢? 姑不论说话,随意翻一句古书来念,例如"井灶门户箕帚臼杵",读成-ŋ, -g, -n, -g, -g, -g,-g, -g,何等的聱牙。

其实念古书还不算什么,最糟糕还是读《诗经》! 陆先生接着说有几种现象很可以教人怀疑。他举出两件事:(一)"齐桓公与管仲谋伐莒,谋未发而闻于国……'君呿而不唫,所言者莒也'"。(《吕氏春秋》)这"呿而不唫"的音好像是张口说的;(二)更可以教人怀疑的,鱼部有好些感叹词跟象声字,按情理好像不应当有收声。《大雅》跟《颂》的"于乎"拟为 a-xa,当然比 ag-xag 近情得多。

陆先生的治学态度是很好的,他没有隐讳困难。他并且还开着一个后门,他说:"心里不妨存一疑问,上古语是有开口缀的,可是不知道哪些字是的。"①

我们是不相信上古汉语没有开口音节的。就拿高本汉来说,他没有完全否定上古汉语的开口音节,他对于鱼侯两部字和歌部大部分字还拟成开口音节。但是我还觉得不够;在 Grammata Serica 所列举的 1 235 个声符中,只有 138 个声符是属于开口音节的,只占全数

---

① 陆志韦:《古音说略》,页 106～109。看来,陆先生并不想要证明上古汉语确实是一种没有开口音节的语言。但是,陆先生在没有从别的地方发现开口音节以前,先忙着把前人所肯定的开口音节否定了,这是令人感到遗憾的。

11%强,开口音节这样贫乏,也是全世界找不出来的一种语言!

我知道,高本汉之所以不肯把鱼侯两部派作闭口音节,也正是因为怕开口音节太少了,不像一种实际存在过的语言(高本汉批评西门说他实际上把每一个中古收元音的字都认为上古收-γ 或-δ,见《藏语与汉语》)。但是正是由于这样,才造成了他的体系的内部矛盾;也正是由于这样,他不能不对鱼铎相通的情况和侯屋相通的情况作出若干解释。我认为他的解释是有理由的,并且它们可以同样地用来说明之职分立,幽觉分立,宵药分立和支锡分立。

高本汉在他的《诗经研究》(135～136 页)里说:

> 那么,为什么这个唯闭音 *glo$_k$(指"路"字)只与"故"叶,不与"毒"d'uok一类字叶呢①? 理由很简单。像广州话那样的唯闭音-k,在句末或在有停顿跟着的时候,实际上是不大听得见的。像 mo$_k$ 一类的字在一个停顿的前面,这个-k 从语音学上去分析,只是前面的元音的一种滑收音(off-glide),它使你听见舌头放在-k 的部位;它的闭塞是悄悄地构成的,并没有可以感觉到的破裂作用。除非没有停顿,mo$_k$ 被另一元音直接跟随着,这个韵尾-k 才是显然可以听得见的。现在,《诗经》里入韵的字差不多全是在一行的末尾出现的,"路"*glo$_k$ 等字经常被一个停顿跟着,这个唯闭音-k 就是不大听得见的。因此,"路"*glo$_k$ 和"故"kuo 押韵而不和"毒"d'uok 押韵,那是很自然的。这种押韵,在听觉上是够谐和的。

高本汉承认带有唯闭音韵尾的字可以跟开口音节押韵,这一点很重要。我们认为,上古汉语的入声韵尾-k, -t, -p 都是唯闭音,跟现代广州话的入声韵尾-k, -t, -p 一样(参看下文)。高氏承认 *glo$_k$：kuo 的押韵是够谐和的,就不应该不承认 tsə：tə$_k$(子：德),məu：ləu$_k$(芼：乐),t$_i$au$_k$：k$_i$au(祝：究),ke：tie$_k$(解：帝)的押韵也是够谐和的。

----

① 高本汉在这里犯了一个音韵学的错误。"毒"字属幽部入声(即觉部),木字(他在另一处提到的)属侯部入声(即屋部),它们不可能和"路"字押韵。《诗经研究》把"木""毒"拟成 mok, d'uok 是错误的,依照他自己的体系,应该像 Grammata Serica 那样,拟成 muk(侯部入声)和 d'ôk(幽部入声)。

高氏曾经承认：之幽等部的去声字和"阴声字"押韵（如止 tśi：试śik；载 tsâi：意˙ik；究 kįeŭ：祝 tsįeŭk）并不能充分地证明这类上古"阴声字"一定收-g，因为这些去声字的-k 尾在早年已经变弱了，它们和开口音节押韵已经成为一种马马虎虎的韵了。至于入声字和"阴声字"押韵（如来 lai：亟 kįək），他才认为是上古"阴声"收-g 的充分证据①。其实根本就无所谓"变弱"；依我们看来，不但上古去声从一开始就是以唯闭音收尾的，连上古入声也是从一开始就是以唯闭音收尾的。那么，为什么上古入声不可以偶然和平上互押以构成"马马虎虎的韵"呢？

高氏屡次提到马马虎虎的韵（hedge-rimes）、不完全韵（imperfect rimes）和权宜韵（makeshift rimes）②，可见他承认这种特殊情况的存在。但是，他只允许鱼部和铎部之间、歌部和寒部之间、微部和文部之间有不完全韵或权宜韵，那就是纯凭主观判断，不肯根据事实，不肯概括了。

如果我们能够区别一般和特殊，通例和例外，问题本来是容易解决的。顾炎武说："其入与入为韵者什之七八，与平上去为韵者什之三。"③ 实际上入声和阴声的分野比顾氏所论的还要明显得多。根据段玉裁古无去声的学说，十分之九以上的去声字都应该属于上古入声（闭口音节），那么，入声和阴声押韵的情况就很少了。歌泰不通叶，脂微和至队极少通叶，且不必去说它；就拿收-k 的入声来说，依照段玉裁《六书音均表》的材料④，再依照我们所定的入声标准⑤，阴入通押所

---

① 参看高本汉：《上古汉语的一些问题》。赵元任译文（题为《上古中国音中的几个问题》）载《历史语言研究所集刊》第一本第三分。原文页 801，译文页 382。

② 《诗经研究》，页 134，页 136。《汉语词族》，页 32。

③ 顾炎武：《音论》卷中。

④ 其实有些可算不入韵，现在姑且都算入韵。

⑤ 例字见王力：《汉语史稿》上册，页 83~86。

占的百分比如下表：

之部	258：27	占 10.5%	弱
幽部	143：6	占 4.7%	弱①
宵部	67：11	占 16.4%	强
侯部	57：5	占 8.8%	弱
鱼部	228：22	占 9.6%	强
支部	26：4	占 15.4%	弱

由上表看来，高本汉把幽部拟成-g 尾最没有道理，因为幽部阴入通叶的情况只占 4.7% 弱。支部阴入通押占 15.4% 弱，似乎是颇大的比重，其实"解"字在上古可能是入声字，支部阴入通押四个例子当中有三个是"解"字和入声通押，"解"字如果算入声，比重就很小了。剩下来只有宵部阴入通押的比重较大，但也不过 16% 强。如果区别一般和特殊，阴入分立还是可以说得通的。

高本汉并不是一开始就把之幽宵支四部一律拟成-g 尾的。在他的《分析字典》(Analytic Dictionary of Chinese and Sino-japanese)里，他把一些去声字如"异""意""富""代""告""钓""耀""貌""易""避"等的上古音拟成收-g，那是有相当理由的；我们虽不同意拟成收-g，但是我们同意把这类去声字拟成闭口音节(收-k)，因为它们本来是古入声。至于这四部的平上声字，高氏在这部书里并没有把它们的上古音拟成-g 尾。"由""油""抽"由于是平声字，"浩""皓"由于是上声字，虽然谐声偏旁和入声相通，高氏对它们特别慎重，拟成-g 尾还加上一个疑问号。对于之部的"有友右母某谋侮"等字高氏更明确地指出它们的上古音是收-ui 尾的；对于支部的"支知"等字，他也明确地指出它们的上古音是收-a 尾的。

---

① 段氏幽部入声实际上包括侯部入声，现在依江有诰分为两类来统计。《小雅·大东》叶"蜀宿"是幽侯合韵，统计时算幽部；《小雅·采绿》叶"绿菊局沐"也是幽侯合韵，统计时算侯部。

可见当时他并没有想到要把之支两部的阴声字拟成-g尾；对于幽宵两部是否收-g尾的问题，他还在举棋不定。直到1931年，他在《藏语和汉语》里，还说："也许上古汉语所有的-əu, -iəu 当中的舌根音 u 都念得很重，以致人们仿佛听见一个寄生的-g，如口 k'əu$_g$，九 kiəu$_g$ 等。"我们认为当时他是比较明智的。后来他是"出乔木而迁幽谷"，越来越错了。

凡是研究上古汉语韵部的人都知道，之部和鱼部的读音是很相近的。依照段玉裁《六书音均表》，《诗经》之鱼通叶的例子有《小旻》的"肷谋"，《宾之初筵》的"呶欺邮"，《緜》的"肷饴谋龟时兹"，《蟏蛸》的"雨母"，《巷伯》的"者谋虎"，《常武》的"士祖父戎"；依照朱骏声《说文通训定声》，先秦韵文中之鱼通叶的例子还有《礼记·乐记》的"俯止女子语古"，《礼运》的"户下俎鼓祖子所祜"，《射义》的"举士处所"。金文中之鱼通押也是常见的[1]。假使上古之鱼两部像高本汉所拟的那样，一个是闭口音节，一个是开口音节，元音又不相同（如"雨"giwo："母"məg），它们怎么能押韵呢？

高本汉自己承认，他虽然在《诗经》用韵上找到了一些证据，但还踌躇着不肯说他早先的学说是错的（指"有"iəu-ui等等），还不肯说"期基姬纪母亩"等字在上古全有-g尾；后来他面对着一个稀奇而重要的发现，才不再踌躇了[2]。这个稀奇而重要的发现是什么呢？原来当时他以为脂部在上古是一种开口音节，收音于-i，上古之部如果在上古也是收音于-i 的话，岂不是没有分别了？他这个"重要的发现"到现在一点儿也不重要了，因为他已经把脂部拟成了闭口音节，收音于-r 了！

---

① 参看郭沫若：《殷周青铜器铭文研究》，页130~137。

② 高本汉：《上古汉语的一些问题》。译文见《历史语言研究所集刊》第一本，第三分，页387。

即使同属开口音节,实际上也不愁无分别。我在《汉语史稿》中把之支脂微拟成ə, e, ei, əi,不是都有了分别吗?我觉得:阴阳入三分是应该肯定的,上古汉语的开口音节决不会像高本汉所想像的那样贫乏。至于每一个韵部的主要元音,还是可以反复考虑的。

为什么ə(之部)有时候和ək(职)押韵,但是从来不和əi, ət(微,队)押韵呢?那也很容易了解:之部的ə的发音部位和微部的ə的发音部位有所不同。前者发音部位较低,较后(可能是个ɐ),所以有时候和a(鱼部)押韵;后者发音部位较高,较前,所以有时候和ei, et(脂,至)押韵。关于元音问题,本文不打算详细讨论了。

第二,韵尾-g, -d的学说破坏了"平上为一类,去入为一类"的传统学说。段玉裁说:"古四声不同今韵,犹古本音不同今韵也。考周秦汉初之文,有平上入而无去;洎乎魏晋,上入声多转而为去声,平声多转为仄声,于是乎四声大备而与古不侔。有古平而今仄者,有古上入而今去者,细意搜寻,随在可得其条理。……古平上为一类,去入为一类。上与平一也,去与入一也。"① 段氏在这里谈的是声调问题,但同时也牵涉到韵尾问题。用他自己的话来说,这是"古四声"的问题,也是"古本音"的问题。如果我们承认上古入声是收音于-k, -t, -p的,同时又承认段氏古平上为一类,去入为一类的说法,那么上古汉语中的平上声字就是属于开口音节的,去入声字就是属于闭口音节的。段氏这一个发现是非常重要的,它不但解决了上古的调类问题,同时也解决了阴声韵和入声韵的分野问题。高本汉等人从中古的语音系统去看上古语音系统,以为平上去为一类(中古都是开口音节),入声自成一类(中古是闭口音节),那是很大的错误。

段玉裁的话,从表面看来有矛盾。他说"考周秦汉初之文有平

① 段玉裁:《古四声说》(在《六书音均表》内)。

上入而无去"，又说："去入为一类"，到底上古汉语有没有去声呢？其实他的话并没有矛盾。上古入声实有两类，其中一类到后代变为去声，这就是说，从闭口音节发展为开口音节，另一类则维持闭口音节直到中古汉语里和现代某些方言里。

段玉裁虽然主张"同谐声者必同部"，但是在区别入声和非入声的时候，他只以《诗经》用韵为根据，不以谐声为根据。例如"时""特"都从寺声，但是段氏把"时"归入平声，把"特"归入入声；"葵""闋"都从癸声，但是段氏把"葵"归入平声，把"闋"归入入声。这一点也很重要。在区别入声和非入声时，如果不拘泥于谐声系统，就没有很多纠缠。去声和入声押韵，在上古汉语里是明显的事实。

高本汉把之幽宵支四部的平上去三声的字和侯鱼两部的去声字拟成收-g[①]，入声字收-k；其次，他又把脂微两部的平上两声的字拟成收-r，去声收-d，入声收-t。这样显然和段玉裁的学说相反。

根据去入为一类的理论，我们应该把去入两类的字一律拟为收-k，-t，高本汉在他的《上古汉语的一些问题》和他的《诗经研究》里也正是这样主张的[②]。在这一个问题上，高氏是反复了三次的。第一次，在他的《分析字典》里，他主张这些去声字收-g，-d；第二次，在上述两文里，他主张它们收-k，-t；第三次，到了《汉语词族》[③]（直到现在），他又回到九年前《分析字典》的原说。在我们看来，他在1928年（《上古汉语的一些问题》发表）是"出于幽谷而迁于乔木"，到了1932年（《汉语词族》发表）却又是"出于乔木而回到幽谷"去了！

最鲜明的证据乃是《诗经》用韵。去入通押在《诗经》里常见到

---

① 这里所说的平上去入的界限只是大致的界限，个别字的归类有出入。对于高氏是这样，对于段氏也是这样。

② 高本汉：《上古汉语的一些问题》。译文见《历史语言研究所集刊》第一本第三分，页350～355。《诗经研究》，《远东博物院集刊》，第四期，页119～121。

③ 《汉语词族》，页14～15，页28，页31～32。张世禄译本（名为《汉语词类》），页13～16，页46，页52～54。

那种程度,以致段玉裁认为上古没有去声,可见韵脚是非常谐和的,决非偶然的"协押"可比。假使-g∶-k通押,-d∶-t通押,那就是"协押"(assonance),并不谐和。依照高本汉的拟音,下面所引《诗经》的两章的韵脚将是这样:

《桑柔》十五章

民之罔极(kiek),　　职凉善背(pwəg);
为民不利,　　　　　如云不克(kʻək)
民之回遹,　　　　　职竞用力(liək)。

《蟋蟀》二章

蟋蟀在堂,岁聿其逝(dʲiad);
今我不乐,日月其迈(mwad)。
无已大康,职思其外(ngwad);
好乐无荒,良士蹶蹶(kiwăt)。

pwəg和kiək, kʻək, liək押韵, kiwăt和dʲiad, mwad, ngwad押韵,是多么不谐和! 如果像我们所拟的, puək, kiək, kʻək, liək押韵, kiwat, ʐiat, muat, nguat押韵,那就谐和得多了。

当高本汉从去声收-g, -d的理论转变到收-k, -t的理论的时候,他首先说明入声能有两类。他说:"我现在的说法就是说,现在有 tan⁻, tanˋ的分别,那么在上古音当中也有 tat⁻, tatˋ的分别,不过因为在第六世纪以前 tatˋ已经变了(tad—)taiˋ或是 taˋ,所以后来的中国音韵学家就看不出那种入声字当中还有调的变化的可能了。"① 其实入声能分两类,现代汉语方言就可证明,如吴方言的阴入、阳入,广州话的阴入、阳入、中入等。不过,阴入和阳入的分化是由于声母清浊的不同,阴入和中入的分化是由于韵母的不同,而上

----

① 高本汉:《上古汉语的一些问题》,译文见《历史语言研究所集刊》第一本,第三分,页351。

古汉语的入声分两类恐是比较原始的情况,而不是分化的结果。

上古入声分化为中古的去入两声,这就意味着上古的闭口音节分化为开口音节和闭口音节两类。这种分化是凭着什么条件的呢? 高本汉说是由于去声是一个降调,所以影响到韵尾-d(来自-t)的失落(来自-k尾的-g尾也是一样);也有人说可能是由于上古去声是个先强后弱(diminuendo)的调,所以影响到辅音失落;我在我的《汉语史稿》里说上古有长入和短入,长入到中古变了去声,短入到中古还是入声。在这篇文章里我不打算辩论这个问题;我觉得三种情况都有可能,而且也可能两三种情况同时存在。只要不把这两类入声完全混同起来,分化条件是容易说明的。

至于高本汉说从-k, -t 到开口音节还要经过一个-g, -d 的阶段,这是调和前后两种理论的一种说法。我看这种说法是不容易成立的。固然,tat—tad—tai 这个发展程序是言之成理的;辅音 d 和元音 i 发音部位相近,d 是浊音,变元音容易些。但是,tək—təg—tai 这个发展程序则是很难自圆其说的,特别是像 tiək—tiəg—ti 这样的程序很难找到满意的解释。高氏挖空心思地找到了一个解释,他说:"tsaʾ＞ts-g 表示一种普通的-g;˙ai＞-g 表示一种硬颚的-g,这个 g 和 i 的部位相当,所以后来它转变为 i;kâu＞-g 表示一种软颚的-g,这个 g 和 u 的部位相当,所以后来它转变为 u。"[1] 这种发展程序的人为性很重,所以缺乏说服力。我看还不如解释为韵尾-k 失落以后,元音自身逐渐发生变化。

尽管这样,当他推翻自己的-g, -d 学说的时候,他说出了许多令人信服的理由。在《上古汉语的一些问题》里[2],他说:

① 高本汉:《分析字典》,页 29。
② 高本汉:《上古汉语的一些问题》,译文见《历史语言研究所集刊》第一本,第三分,页 353～355。

1. 先说,有好些字的构造,用了新的说法,可以容易解释得多。"例"拟为 liăt̆,比拟为 liăd 更接近它的声符"列"liăt。不但如此,代从弋声,措从昔声,显得我的新说法的好处。

我早期的理论是:

代 dʼâg   弋声 (d)iǝk

措 tsʼuog   昔声 siäk

它远不如我现在修正的说法:

代 dʼâk̆   弋声(d)iǝk̆

措 tsʼuok̆   昔声 siäk̆

2. 其次,修正了的理论可以解释许多一字两读的有趣的例子。"度射恶食塞质易"等字都有两读,照我早期的理论,每个字的两种读音之间有不小的差别:

度 dʼâk̆:dʼuog   恶 ˑâk̆:ˑuog

塞 sǝk̆:sâg   易 iäk̆:ieg 等

若用现在修正的理论,那两种读音就相近得多了:

度 dʼâk̆:dʼuok̆   恶 ˑâk̆:ˑuok̆

塞 sǝk̆:sâk̆   易 iäk̆:iek̆

射 dźʼiak̆:dźʼiak̆   食 dzʼiǝk̆:(d)zik̆

质 tśiet̆:tśit̆

而且从上古音变到中古音的时候,那些失掉韵尾-k̆, -t̆ 的字,它们跟保存韵尾-k̆, -t̆ 的字的元音变化未必是一样的,所以如果追溯到上古时代那些两读的字,除了声调不同以外,可能(甚至非常可能)它们的声音是完全相同的。如果是这样,那就跟"好"字的读为 hao˅, hao˟,"王"字的读为 wang˅, wang˟ 一样,纯然只有声调上的分别了。由此看来,我们现在假设为-k̆, -t̆,不再像早期那样拟成-g, -d,这样对于一字两读的现象就解释得非常好了。

3. 又其次,像 kag 那样的音,在听觉上和 kang 很相近似,料想念 kag 的字应该可以用作念 kang 的字的声符,念 kang 的字也应该可以用作念 kag 的字的声符。实际上这种事情没有发生过,这种情况也有利于肯定上古的 kak̆ 而不肯定上古的 kag。

4. 最后,有一个"害"字可以给一点暗示。这个字在经书里,例如《书经》"汤誓"和《诗经》"葛覃",有时候可以代替"曷"字。如果"害"字念

ɣâd 而写来代替念 ɣât 的"曷"字,那就奇怪了;如果"害"字念 ɣât,稍为不小心就把"曷"写成了"害",那是很可以理解的。

以上四种理由合起来,我想盖然性的程度就差不多等于必然性了。

在他的《诗经研究》里①,高本汉重复了他的论据。他说:

在我的《分析字典》里,我把"怕"(声符"白")"例"(声符"列")② 一类的字肯定为收辅音韵尾。在那里,我提出的规则很简单:切韵时代以前消失了的辅音都是-g, -d (pʻag, li̯äd 等),而保存下来的辅音("入声"韵尾)都是-k, -t (bʻɐk, li̯ät 等)。在我的《上古汉语的一些问题》(1928年)里,我修正了我的拟测。结果是前一类的收音也是-k, -t,不过"怕""例"等字在上古汉语里已经是一种降调("去声"),是这个降调使上述这些辅音韵尾在切韵时代以前失落了,至于入声的"白"bʻɐk,"列"li̯ät 则仍旧保留着它们的-k, -t。李方桂拒绝接受这种拟测,仍然维持我早期的拟测,但是他没有说明任何理由。因此,我在这里还要重复我的论据,同时还增加了一些新的材料。

(A) 如果我们把"害曷"拟成 gʻâtˇ, gʻâtˉ,"载则"拟成 tsəkˇ, tsekˉ,就比把它们拟成 gʻâd, gʻât, tsəg, tsək 更能解释它们之间的假借。这不是一个决定性的证据,因为"假借"的字有时候不一定是完全同音的字,但是如果加上下面的一些证据,它还不能说不是有启发性的。

(B) 如果我们接受去声收-k 的说法,一字两读(词干变化)就更容易理解:

度 dʻak   又音 dʻuoˋ < * -kˇ

复 pʻi̯uk   又音 pʻi̯əuˋ < * -kˇ

塞 sək   又音 sai < * -kˇ

(C) 决定性的证据还在乎这个。我们发现,在"怕"(从"白"声)这一类谐声字里,主谐字或被谐字到切韵里失落了辅音韵尾的,有95%以上属于去声:怕 pʻaˋ:白 bʻɐk。例外是有的:高 kauˉ:鄗 xak,但这种例外是很

---

① 《远东博物院集刊》,第四期,页 119～120。

② 高本汉在文中举"例""怕"二字作为去声的例字,不妥。先秦根本没有"例"字。先秦虽可能有"怕"字(《老子》:"我独泊兮其未兆",河上公本作"怕"),那是一个入声字,和后代的"怕"音义都不同。

161

少的。从《诗经》和其他上古作品里,我们知道,许多平声字和上声字也都带着辅音韵尾,如"来"与"亟"叶,"子"与"德"叶,等等。假使平声"来"等、上声"子"等、去声"怕"等一律都收-g(或一律收-k),为什么去声字常常和入声字互相谐声(如"怕"),而平声和上声则仅仅有一些例外(如"高")呢?我们不能不下这样一个结论:"来""子"等字收辅音韵尾-g,这个-g有别于入声韵尾-k,因此,谐声的创造者很少把-g,-k混合起来;至于"怕""例"一类字和入声互相谐声则非常普遍,所以这些去声字应该也是收音于-k的。

高本汉这些理由都是很有力的论证,我们主张上古去声收-k,-t,也就根据同样的理由。就收-g的字来说,如果采用高本汉最近的说法,平上去三声收音于-g,只有入声收音于-k,这样是平上去为一类,入声自成一类,严重违反了"平上为一类,去入为一类"的传统学说。在这一点上,高本汉曾经把自己批评得很彻底(特别是上文理由(C)项),但他不惜自己推翻了自己的可靠学说,根据一些站不住脚的理由,重新回到他早期的-g,-d学说。在重新回到他早期的-g,-d学说的时候,他还不能不承认他的修正学说有着许多很大的优点(great advantages)①,但是他终于把它推翻了。

他的推理是这样的:(1)既然脂微两部是收-r的,而至队两部的去声字又有和脂微押韵的情况,所以这些去声字的韵尾应该是-d,-d和-r押韵是比较谐和的②;(2)既然和入声韵尾-t相当的去声韵尾是-d,所以和入声韵尾-k相当的去声韵尾应该是-g。这个逻辑推理是错误的,因为它的大前提是错误的。脂微两部在上古并非收音于-r(见上文)!

高本汉在早期的学说中,有浊音引出降调的理论。他说:"大家知道,在支那语系中,清音声母使字调成为一个高调(如"刀"

---

① 《汉语词族》,页14。
② 同上,页32。

tâu⁻),浊音声母使字调成为一个低调(如"萄"d'âu⁻)。无疑地,这是由于生理上的原因,而这一件事实正是和我们这个问题有关,因为上古的 tsag(乍)变为中古的 tsà 正是变成一个降调,尾音低降,韵尾-d, -g 是字音的最后部分,它们是浊音,所以把尾音的声调拉低了。"① 在《上古汉语的一些问题》里,他承认这是倒果为因,是降调促成了 li̯ät-li̯äd-li̯ai̯ 的发展,而不是韵尾-d 引出一个降调来②。但是,到了《汉语词族》中,他重新拾起已经放弃了的理论③。我们认为这个理论也是不能成立的。应该指出,声母和韵尾辅音在影响声调的作用方面是完全不同的;我们不能从浊声母产生低调这一件事实引出结论,以为韵尾辅音也产生低调。声母在元音前面,所以对元音的高低能产生影响;-d, -g 在元音后面,元音过去了,声调也就过去了,-d, -g 来不及影响它了。现代粤方言的入声也有低调(阳入),但是这些低调的字的韵尾并不是-b, -d, -g 而是-p, -t, -k。

总之,"平上为一类,去入为一类"的传统学说必须维持。高本汉在<u>之幽宵支</u>等韵部中以平上去为一类(收-g),入声自成一类(收-k),那是严重的错误。至于<u>鱼侯脂微</u>等部,入声和去声也不应该有韵尾上的分别,只能有声调上的分别。

四

高本汉的-g, -d 学说遭遇着一个不可逾越的障碍。构成障碍的是这样一件事实:在汉藏语系中,韵尾-g, -d, -b 和-k, -t, -p 是

① 《分析字典》,页29。
② 高本汉:《上古汉语的一些问题》,译文见《历史语言研究所集刊》第一本,第三分,页372。
③ 《汉语词族》,页14。

不能同时存在的。

　　研究汉藏系语言,必须了解它们的共同特点,藉此以区别于非汉藏系语言。汉藏系语言的特点之一是:它们的闭口音节,如果是收音于闭塞音或响音的,一律收唯闭音。高本汉认为在唐代(至少在某些方言里)入声韵尾-k"已经"是唯闭音[1],其实它从上古以来一向就是唯闭音。他在《诗经研究》里还承认"路"等字属于唯闭音,所以他把"路""夜"写成 glok, ziok 等,后来到了《汉语词族》里,他修改他的说法。他以为在《诗经》时代,-g 在 e, ə, o, u 的后面仍旧"活着",但是在 a 的后面已经变了喉塞音:"路""怕""夜"由 glâg, pʼăg, ziug 变为 glâʼ, pʼaʼ, ziaʼ, 再变为 gloʼ, pʼoʼ, zioʼ。本来,如果把之幽宵侯鱼支六部的去入声字一律拟成收喉塞音,倒不失为一个近理的拟测;收喉塞音也是收唯闭音,符合汉藏系语言的特点。但是,高氏在这里只是用头痛医头,脚痛医脚的办法,铎部去声的收喉塞音仅仅是为了照顾《诗经》押韵,所以他造出一种所谓"诗经方言"来,以为只有"诗经方言"的铎部去声收唯闭音,"诗经方言"以外有许多"有势力的姊妹方言",这些方言的"路""怕""夜"等字一直是收-g 的,它们是切韵的"直接祖先"[2]。这是多么迂曲的解释!

　　我们必须能够证明汉藏语系中某些语言(且不要求多数)的闭口音节是以完整的破裂音收尾的,然后可以相信上古汉语也收完整的破裂音。事实不是这样。据我们所知,现代汉藏系语言闭口音节的尾音-k, -t, -p 都收的是唯闭音,并不像印欧系语言那样收破裂音。听说日喀则地方的藏语韵尾-k, -p 在高元音 i, u 后面有轻微的破裂现象(如 sik 豹子, nup 西);梭磨地方的嘉戎语(rgya rong)韵尾-k 在慢说的时候说成破裂,快说则不破裂,至于-t, -p 则无论快

---

　　[1]　《诗经研究》,页 135。
　　[2]　高本汉:Grammata Serica, pp. 31。

说慢说都不破裂①。这些都是个别的现象,不能破坏一般的规律。

我们又必须能够证明汉藏语系中有这样一些语言(至少也要有一种),它们同时具备清浊塞音两套韵尾(即同时有-g, -d, -b 和-k, -t, -p),然后可以相信上古汉语也有这样的两套韵尾。-g, -d, -b 作为非正常的现象而存在,那完全是可能的;特别是在浊音声母的前面(如广州话的"黑猫"hɐkmau,"一年"jɐtnin,"入来"jɐplɐi),容易形成韵尾-k, -t,-p 的浊音化。但是这样并不能构成浊音韵尾和清音韵尾的对立。西门说古代西藏语没有-p, -t, -k,只有-b, -d, -g,那应该是可信的②。但是当它具备-b, -d, -g 的时候,并不同时具备-p, -t, -k。

为什么在汉藏系语言里不可能有两套清浊对立的塞音韵尾呢?原因就在于它们是唯闭音。我们知道,唯闭音的性质是只有成阻、持阻而没有除阻(除阻时不成音)。这种唯闭音正如高本汉自己所说的,它"只是前面的元音的一种滑收音(off-glide),它使你听见舌头放在-k 的部位,它的闭塞是悄悄地构成的,并没有可以感觉到的破裂作用"(见上文 37 页所引)。在这种情况下,除非用仪器实验或者由听觉灵敏的语音学家来辨别,否则韵尾-b 和-p,-d 和-t, -g 和-k是辨别不出来的。

也许可以辩驳说,现代汉藏系语言的塞音韵尾虽然是一种唯闭音,但是上古的汉藏系语言也可能有破裂音韵尾的存在。这种假定完全是虚构的。如果古代汉藏系语言有过破裂音韵尾,不可能不在某些语言中留下一些痕迹。大家知道,汉语及其同系语言的韵尾-m, -n, -ng 也是唯闭音;就汉语说,它们是和-p, -t, -k 配对的。相对应的韵尾照理也不应该有破裂和不破裂的分别。从来没有人证

---

① 这是金鹏先生供给的材料。谨此道谢。
② 高本汉:《上古汉语的一些问题》,译文见《历史语言研究所集刊》,第一本,第三分,页370。

明过上古汉语韵尾-m, -n, -ng 是破裂音,因此上古汉语韵尾-p, -t, -k 也不可能是破裂音,否则就破坏了汉语语音系统的完整性。

班奈笛克(Paul K. Benedict)在他的《上古汉语中的*g和*d》里说①:

> 第四种尝试(我们认为这是正确的)就是把古汉藏语拟成只具有一套塞音韵尾(-k, -t, -p),它有一整套的元音韵母(-u, -o, -a, -e, -i,也许还有其他),还有一对半元音韵尾(-w, -y)。这就是说,这个语音系统是古藏缅语的语音系统,也是现代南亚洲大多数具有声调的单音节语(汉语、karen语、泰语、kadai语、越南语、苗瑶语)的语音系统。

这一段话是正确的。我们期待着他下那么一个结论:古汉藏语是这样,到了上古汉语也是这样。但是,他不顾他所证明的古藏缅语的事实,也不顾他所证明的古汉藏语的事实,反而相信高本汉和西门的意见,从而说上古汉语的-g, -d 是由半元音-w, -i 来的。上文已经从各方面证明,-g, -d 学说是不能成立的,我看就用不着大兜圈子了。

在高本汉的近著(1954年)《中古及上古汉语语音学概要》里(234页),他企图拿日本的吴音和汉音来证明中古和上古汉语的塞音韵尾都是破裂音(不是唯闭音)。他说:"吴音和汉音在借词的形式上有 katu, kati, kapu, kaku,它们显示着当时日本人听见的是一种真正的、容易抓得住的清塞音(tenues)。"这个证据是不充分的。第一,高本汉自己说过:"古代日本音没有韵尾-ng,所以他们对译汉语的'刚'kang用 kagu(→kau→ko)。假使当初日本人听见'各'字念作 kag(按,这是西门的说话),他们一定会把这个'各'字翻成 kagu,不会翻作 kaku 了。"② 汉语韵尾-ng 是个唯

---

① 《哈佛亚洲研究杂志》,1948年,第二卷,页203。

② 高本汉:《上古汉语的一些问题》,译文见《历史语言研究所集刊》,第一本,第三分,页371。

闭音①,为什么日本人也听成了-g呢?可见并不需要真正破裂,然后日本人才能听得是什么收音。日本人自己没有-p, -t, -k 一类的闭口音节,当然念成 katu, kati, kapu, kaku 了。第二,高氏自己看重以汉语本身证明汉语(这个原则是对的),也看重以汉藏系语言来证明汉语(那也是对的),但是他在这里抛弃了汉藏语的共同特点,求证于和汉语没有亲属关系的日本语的特点(它不能有-p, -t, -k一类的闭口音节),那就不对了。

高本汉说:"也许藏语从前-b, -d, -g, -p, -t, -k 都有的(就像汉语,我想我能证明也有),不过后来由于类化作用都变成了-b, -d, -g,这种普遍化和简单化的现象是很符合支那语系的特点的。"② 这完全是无稽之谈! 他不能证明上古藏语同时有两套,就只好说个"也许";他说他能证明上古汉语有两套,但是我们已经从各方面证明他的-g, -d 理论是不能成立的。

在这一个问题上,西门比高本汉高明些。他把上古汉语的闭口音节拟成-b, -d, -g 和-β, -ð, -γ 的对立,一套是塞音,一套是擦音,在听觉上容易辨别多了。但是他的上古收-b, -d, -g 的说法既然为高本汉所驳倒③,-β, -ð, -γ 也就搭配不上。西门这一个学说最大的缺点还在于否定了上古汉语的开口音节。

开口音节对闭口音节的优越性,这是汉藏系语言的共同特点。汉藏系语言是元音占优势的语言。在现存的汉藏系语言中,我们绝对找不着一种语言像高本汉所拟测的上古汉语那样,开口音节非常贫乏,

---

① m, n, ng,也是塞音之一种,全名应称为"鼻塞音"(Roudet:《普通语音学纲要》,页152)。既是塞音之一种,所以也有所谓唯闭音(前书页 142 讲到唯闭音 implosive 的时候,就是举 ap, am, at, an 为例的)。
② 高本汉:《上古汉语的一些问题》,译文见《历史语言研究所集刊》,第一本,第三分,页370。
③ 同②,页369~374。

更不必说像西门所拟测的那样,完全缺乏开口音节了。相反的证据倒是不少:阿细语、撒尼语、威宁苗语等都没有闭口音节,这就是说,完全没有韵尾-p, -t, -k, -m, -n, -ng①。因此,把上古汉语拟成开口音节极端贫乏或完全没有开口音节的语言,是不合理的。

＊　　　　　＊　　　　　＊

高本汉在中古汉语的语音研究上有颇大的成就;但是,等到他拟测上古汉语的语音系统时,他陷入了机械主义的深渊。本文的主要目的在于批判高本汉的上古汉语音韵学,同时捍卫中国的传统音韵学。当然中国的传统音韵学也有它的缺点,例如说"家"古音"姑","友"古音"以"之类,它在这些地方违反了历史语言学的根本原则,必须加以纠正。高本汉在这一方面是正确的,他认清楚了语音分化必须有分化的条件。但是,在语音系统的分析和概括上,中国传统音韵学有其不可磨灭的成绩,因为先秦的史料有限,客观的分析会得到客观的结论,前代学者在这方面的成绩几乎可说是无可修正的了。阴阳入三分的传统学说必须维持,"平上为一类,去入为一类"的传统学说必须维持。

现在我把本文的要点总结一下:

(1) 在上古汉语里,每一个阴声韵部和它的入声韵部的关系都应该是一样的,我们不能像高本汉那样,把它们割裂为四个类型,第一类是之幽宵支四部及其入声,一律收塞音(-g, -k),第二类是鱼侯两部及其入声,一半收元音,一半收塞音(-o, -u, -g, -k),第三类是脂微两部及其入声,收颤音和塞音(-r, -d, -t),第四类是歌部及其入声,一大半收元音,一小半收颤音(-a, -ar)。从史料上

---

① 参看袁家骅:《阿细民歌及其语言》。马学良:《撒尼彝语初探》。王辅世:《贵州威宁苗语量词》(《语言研究》,1957年,第二期)。哈尼语除了少数汉语借词收-ng 以外,也没有闭口音节;参看高华年:《扬武哈尼语研究》。

168

看,这是没有根据的。

(2) 如果依照高本汉的原则,凡阴声和入声在谐声和押韵上稍有牵连,即将阴声字改为闭口音节,那么,逻辑的结论不应该是高本汉自己所得的结论(因为高氏没有遵守自己所建立的原则),而应该是西门所得的结论或类似的结论,这就是说,完全否定上古汉语的开口音节。但是,完全没有开口音节的语言是世界上所没有并且不曾有过的,我们不能设想上古汉语是这样一种语言。这不仅仅是常识判断的问题,而是关系到语言的本质的问题。语言必须具有开口音节,这是从世界语言概括出来的结论,也就是客观存在着的语言本质的特点之一。

(3) 从整个语言系统来看,上古汉语的阴阳入三声是有机地联系着的,同时又是互相区别的。在史料上,阴阳入的通转体现着有机联系的一方面;但是,我们并不能因此泯灭了它们之间的界限。我们必须辩证地处理谐声和押韵的问题,区别一般和特殊,然后不至于在纷繁的史料中迷失方向。

(4) 汉语韵尾-p, -t, -k 是唯闭音,不但现代闽粤等方言如此,中古和上古也莫不如此。它们和西洋语言闭口音节的-p, -t, -k 不同。西洋语言闭口音节的浊尾-b, -d, -g 和清尾-p, -t, -k 由于是完整的破裂音,所以清浊两套能同时存在而且互相区别;汉语闭口音节的清尾-p, -t, -k 由于是唯闭音(不破裂),所以不可能另有浊尾-b, -d, -g 和它们对立,即使清尾和浊尾同时存在也只是互换的,不是对立的。因此,高本汉所构拟的清尾和浊尾对立的上古汉语是一种虚构的语言,不是实际上可能存在的语言。

(原载《语言学研究与批判》第二辑,1960 年;又《龙虫并雕斋文集》第 1 册;《王力文集》第 17 卷)

古韵脂微质物月五部的分野

一

古韵脂微质物月五部,在顾炎武看来,只算一个韵部。江永以质物月划为入声第二部,根据他的异平同入的理论,在《四声切韵表》中,质物月既配脂微泰(平上去第二部),也配真文元(平上去第四、第五部)。这样,在江永的心目中,入声具有较大的独立性。他说:"入声与去声最近;诗多通为韵;与上声韵者间有之,与平声韵者少,以其远而不谐也。韵虽通,而入声自如其本音。顾氏于入声皆转为平,为上,为去,大谬! 今亦不必细辨也。"① 戴震对古韵采用了阴阳入三分法,以质物(第十七部)配脂微(第十七部),又配真文(第十六部);以月(第二十一部)配泰(第二十部),又配元(第十九部)。表面上看来,上古入声韵部,从江永、戴震就独立起来了,其实江氏、戴氏所了解的上古入声韵部,跟今天我们所了解的上古入声韵部大不相同。当时他们是把《广韵》去声至未霁祭泰怪夬队废等韵归到阴声韵去,而我们今天却把这些韵基本上归到入声韵部里来。黄侃在他的《音略》中说他自己所定古韵二十八部的屑部

---

① 江永:《古韵标准》,渭南严氏丛书本,页149。

(即质部)、没部(即物部)都是戴震所立，这就容易引起误解。因为如上所说，戴氏所了解的上古入声韵部跟今天我们所了解的大不相同，而黄侃所了解的上古入声韵部则跟今天我们所了解的大致相同。

段玉裁把我们的质部归入真部(他的第十二部)，作为真部的入声。这一点为戴震所反对，其他各家也都没有采用。但他直到晚年写信给江有诰，仍旧坚持他的看法。他说："第十二部既不可不立，则以入质栉屑配真臻先，此乃自古至六朝如是，而不可易者，故质栉屑在第十二部，古音今音所同，犹之缉以下九韵在第七部、第八部，亦古今所同也。"① 段氏其他收-t的入声都配阴声，只有质栉屑配阳声，实在缺乏系统性。他拿缉以下九韵来比较，但王念孙、江有诰连缉以下九韵也独立起来了，则其说不攻自破。但是这件事给我们很大的启示，那就是质部具有很大的独立性，它跟物部能够截然分开。戴震、江有诰以质物合为一部，同样是错误的。

段玉裁把我们的物月两部都归入脂部(他的第十五部)，作为脂部的入声。这一点他不如戴震。但是戴震以泰月分立也是缺点，不如王念孙把祭部(即月部)认为去入韵，泰月同属一部，而跟物部划分开来。黄侃在《音略》中不说他的曷部是戴震所立，而说是王念孙所立，正因为他所定的范围比戴氏的遏部大一倍，而与王念孙的祭部相当。江有诰、朱骏声、章炳麟、黄侃在这一点上都跟王念孙相一致，于是物月的分立也就被肯定下来了。

上古入声韵部的独立，实际上导源于段玉裁，而不是导源于戴震。如上所说，我们今天所了解的上古入声韵部，跟戴震所了解的大相径庭。我们所谓上古入声韵部，包括绝大部分的去声字。入声的定义是收音于-p, -t, -k，古去声和古入声都具有-p, -t, -k的

---

① 江有诰:《江氏音学》，渭南严氏丛书本，页12。

收音,只是在声调上有差别,也许再加上元音长短的差别①。这样,段氏的古无去声说是跟我们的意见基本上符合的,只是我们不把去声和入声混同起来罢了。段玉裁在他的第十五部(脂微物月)分为平声、上声和入声,三声互不相押,则入声的独立性是很明显的。正因为这样,后人更进一步,才把入声韵部独立起来。

章炳麟的队部独立,这是一个新发展。这个队部,段玉裁、王念孙、江有诰等人一向都把它归入脂部(包括我们的微部)。他在《国故论衡·二十三部音准》说:"队异于脂,去入与平异也。"他在这里明确地说队部是去入韵,正与黄侃的没部(我们的物部)相当。黄侃在《音略》中说没部为戴震所立,其实应该说是章炳麟所立。但是,章氏在自己的著作中,对队部的领域,是前后矛盾的,也是摇摆不定的。他在《文始二》说:"队脂相近,同居互转。若聿出内术戾骨兀鬱勿弗卒诸声谐韵,则诗皆独用,而自佳靁或与脂同用。"自佳靁都是平声字,从它们得声的字也多是平声字,这就跟他在《国故论衡》里所主张的队部为去入韵的说法相矛盾。他在《国故论衡》里特别举出从佳、从自、从靁的字共 28 个作为脂部正音,这个矛盾更加突出了。《文始二》举了"豕"、"乀"、"勿"三个初文作为队部字②,同时又说"左文三,诗或与脂同用,今定为队部音。""豕"是上声字,也与去入韵之说不合。他两次说"或与脂同用",又说脂与队"同门而异户",可见他摇摆不定。这样就造成他在归字问题上的踌躇。例如从"未"得声的字,在《文始二》里本是归入脂部的,在《国故论衡·二十三部音准》里却归入队部去了!

章氏对脂队的分野的看法前后矛盾是富于启发性的。他看见了从自、从佳、从靁得声的字应该跟脂部区别开来,这是很可喜的

---

① 参看拙著《上古汉语入声和阴声的分野及其收音》,见本论文集,页 130～169。
② 乀,分勿切,读与"弗"同。

发现；他看见了队部应该是去入韵，跟脂部也有分别，这也是很好的发现。可惜他没有再进一步设想：从自、从隹、从靁得声的字如果作为一个平声韵部（包括上声）跟去入韵队部相配，又跟脂部平行，那就成为很有系统的局面：

脂：质：真　　微：物：文

直到我写《南北朝诗人用韵考》(1936)①，才提出了微部独立。罗常培、周祖谟两先生合著的《汉魏晋南北朝韵部演变研究》(1958)也主张周秦韵部应该把脂微分开。② 看来脂微分部是可以肯定下来了。

关于脂微质物月五部的区分，现在持异议的人不多了。但是这五部的归字问题却还是相当复杂的。本文的主要目的在于考察这五部之间的界限，也就是讨论某些具体的字的归部问题。

二

仅仅只有从"自""隹""靁"得声的字，还不足以构成一个韵部，而且也不成系统。根据我研究的结果，微部的范围和脂部的范围一样大。

段玉裁以《广韵》的脂微齐皆灰五韵合并为先秦的脂部（他叫十五部），这是大概的说法。事实上齐韵有一部分字（如"提""携""圭"）归古音支部，脂灰两韵也有少数字（如"丕""龟""梅"）归古音之部。就这五个韵来说，在脂微分立的时候，是哪些韵应划入脂部，哪些韵应划入微部呢？ 我们认为：齐韵应划入古音脂部；微灰两韵应划入古音微部；脂皆两韵是古音脂微两部杂居之地，其中的

---

① 发表于《清华学报》十一卷三期。
② 见《汉魏晋南北朝韵部演变研究》第一分册，科学出版社，1958 年，页 11。

173

开口呼的字应划归古音脂部,合口呼的字应划归古音微部。①

《广韵》的咍韵(包括上声海韵)有少数字如"哀""开""阊""凯"等,一向被认为古脂部字,现在我们把它们划入古微部。

依照江有诰的《谐声表》,我们认为脂部的谐声偏旁应如下表:

妻声	皆声	厶声	禾声
夷声	齐声	眉声	尸声
卟声	伊声	犀声	幾声
豸声	氏声	湍声	比声
米声	尔声	豊声	死声
弟声	美声	矢声	兜声
履声	癸声	(平上声字)②	豕声
匕声	示声	二声	冀声
利声	(平上声字)③		

微部的谐声偏旁应如下表:

飞声	自声	衣声	裹声
绥声	非声	枚声	散声
口声	佳声	幾声	
累声	希声	威声	回声
衰声	肥声	夒声④	乖声
危声	开声	鬼声	畾声
尾声	虫声	皋声	委声
毁声	火声	水声	卉声
臾声⑤	(平上声字)	末声	畏声

---

① 这两个韵的唇音字算开口呼。

② 癸声的字,有一部分属《广韵》脂韵,如"癸""葵""骙""揆";另一部分属《广韵》齐韵,如"睽"。今一律划入脂部。唯有入声"闋"字则划入质部。

③ "犂""黎"等字入脂部,但"利"字本身入质部。参看下文。

④ 拙著《汉语史稿》上册(修订本)以夒字入脂部(页82),未合。

⑤ 臾,同黄。"贵"字从此。"遗""魋"等字归微部,"贵""匮"等字归物部。

这样分配的结果,脂部开口字多,合口字少;微部合口字多,开口字少。这种情况跟真文两部正好相当:真部开口字多,合口字少;文部合口字多,开口字少。

脂微分部以后,拟音也可以比较合理。哈灰两韵是一等字(一开一合),皆韵是二等字,齐韵是四等字,拟音时都不产生矛盾;至于脂微两韵,它们都是三等字,如果不分为两部,拟音时就产生矛盾了。微韵只有喉牙轻唇,脂韵没有轻唇,但是喉牙字仍然与微韵喉牙字重叠。高本汉在他的 Grammata Serica 里,把哈灰拟成 ər, wər, 皆拟成 ɛr, wɛr, 齐拟成 iər, iwər, 虽然我们也不完全同意(特别是韵尾 r 不能同意),但是不产生矛盾;至于他把脂微都拟成 iər, iwər, 那就产生矛盾了。所以他不能不把脂韵的喉牙音拟成 iɛr, iwɛr, 来回避微韵喉牙音的 iər, iwər。这样就破坏了脂韵的系统性:微韵反而与脂韵的韵母完全相同,脂韵本身却分为两种差别颇大的元音了。如果分为两部,脂部的主要元音是 e,微部的主要元音是 ə,连韵尾成为 ei 和 əi,那就完全没有矛盾了。①

三

月部与阴声韵部没有缪辖,因为在《广韵》里,祭泰夬废四韵没有平上声的韵跟它们相配。至于入声质物两部与阴声脂微两部之间的界限,一向就存在着分歧的意见。质与物之间,质与月之间,也不是没有分歧意见的。现在先讨论入声质物与阴声脂微之间的界限。在目前的讨论中,暂时把质物看成一体。

在段玉裁《六书音均表·诗经韵分十七部表》中,第十五部入声兼收质物月三部(依照我们的看法),其中有些是在《广韵》属平上

---

① 参看拙著《汉语史稿》上册(修订本),科学出版社,1958 年,页 82。

175

声的，如《小雅·车攻》叶"庞""柴"，《唐风·杕杜》叶"比""庞"，那是很难令人置信的。但其中也有在《广韵》属去声的，如《周南·汝坟》叶"肄""弃"，《召南·摽有梅》叶"塈""谓"，《邶风·日月》叶"出""卒""述"，《邶风·谷风》叶"溃""肄""塈"，《卫风·芄兰》叶"遂""悸""遂""悸"，《王风·黍离》叶"穗""醉"，《魏风·陟岵》叶"季""寐""弃"，《秦风·晨风》叶"棣""檖""醉"，《陈风·墓门》叶"萃""谇"，《小雅·采芑》叶"苣""率"，《雨无正》叶"退""遂""瘁""谇""退"①，《小弁》叶"嘒""淠""届""寐"，《蓼莪》叶"蔚""瘁"，《采菽》叶"淠""嘒""骖""届"，《隰桑》叶"爱""谓"，《大雅·大明》叶"妹""渭"，《既醉》叶"匮""类"，《假乐》叶"位""塈"，《泂酌》叶"溉""塈"，《荡》叶"类""怼""对""内"，《抑》叶"寐""内"，《桑柔》叶"僾""逮"，又叶"隧""类""对""醉""悖"，《瞻卬》叶"类""瘁"，都是令人信服的。其中还有质物和月叶韵，如《小雅·出车》叶"旆""瘁"，《小宛》叶"迈""寐"，《雨无正》叶"灭""戾""勩"，《大雅·皇矣》叶"拔""兑""对""季""季"，《瞻卬》叶"惠""厉""瘵""届"②，又有去声和入声叶韵，如《小雅·雨无正》叶"出""瘁"，《大雅·皇矣》叶"茀""仡""肆""忽""拂"，《抑》叶"疾""戾"，这些都更证实了段氏古无去声的说法。③

朱骏声的《说文通训定声》履部中有"日分部"，自然也跟段氏一样，在一定程度上表示了入声韵部的意思。但是他的错误较多。譬如说，他把未声、尉声、胃声、位声、彗声、惠声、四声、戾声、至声等都划在日分部之外。他又拘泥于不可靠的谐声偏旁，把入声与非入声混在一起。例如由于《说文》说"褱"从衣，眔声，又说眔从目，隶省声（依小徐本），就把隶声的字和褱声的字混在一起。其实

---

① 段氏以为还有"答"字叶韵，其实"答"字可以认为不入韵。
② 《瞻卬》一章应依江有诰、朱骏声以"惠""厉""瘵"为韵，"疾""届"为韵，见下文。
③ 我们认为上古有两种入声，而没有去声。当然也可以把第一种入声叫做去声，但是那种"去声"是收音于-t 的（专指这五部来说），跟中古的去声收音于-i 的迥然不同。

176

大徐本"罘"字下只说"从目从隶省",并无"声"字,小徐本不一定可信(段玉裁就不信)。又如由于《说文》说"曳"从申,丿声,又说"系"从糸,丿声,而"奚"又从系省声,就把曳声的字和奚声的字混在一起。其实"曳"所从的丿,应作厂,余制切(依段玉裁说),而"系"和"奚"本来都是象形字,"系"在甲骨文作 ,"奚"在甲古文作 ,"系"上的丿是爪的省略,而"奚"简直就是从爪。"曳"当属月部,而"系"和"奚"当属支部①。朱骏声的"日分部"对于阴声和入声的辨别,不但没有很大的价值,而且还使人弄不清楚了。

黄侃崇奉段氏古无去声的说法②,他对阴声和入声的界限,照理应该有很大的参考价值。可惜得很,他的研究结果是颇为令人失望的③。但是,他既然把声符都列出来了,仍然值得我们重视,有些地方还是值得参考。现在把他所定灰部(即我们的脂微两部)和没部(即我们的物部,还有我们的质部的一部分字)的声符列举如下:

(1) 灰部

胃声*④	口声	伊声	位声*
月声(於机)	衣声	畏声	希声(羊至)*
尉声*	夷声	威声	委声
医声(於计)*	毁声	火声	虫声(许伟)
希声	赘声(胡畎)*	回声	惠声*
褱声*	卟声	皆声	幾声

---

① 江有诰虽也误认"系"从丿声,但是他把"曳"划归祭部(即月部),"系""奚"划归支部,则是正确的。

② 黄氏还更进一步否定了上古的上声。

③ 我根据的是刘赜教授的《音韵学表解》。杨树达在清华大学时,曾将书中的表印发给学生,加按语说:"右表乃从武汉大学教授刘君伯平《音韵学表解》录出,刘君用黄君季刚之说也。"

④ 凡加＊号的,是下文将要提出来讨论的。

禾声	鬼声	几声	癸声
启声	夔声	臾声*	开声
出声*	叔声(苦坏)*	佳声	夂声(陟移)
觜声	氏声	自声	菌声(式视)
矢声	尸声	屍声	豕声
水声	弟声	爾声	二声
㸚声(力几)	利声*	末声	丰声
履声	頪声(卢对)*	磊声	戾声*
雷声	盇声(郎计)	弟声	夂声(楚危)
妻声	齐声	皋声*	奞声(息遗)
死声	师声	衰声	厶声
絲声(息利)*	绥声	犀声	采声*
帅声*	七声	飛声	非声
妃声	配声*	肥声	比声
闅声*	眉声	美声	枚声
米声	敝声	尾声	

(2) 没部

乔声	鬱声	卉声*	戛声(火劣)
曰声(呼骨)	㾓声(火滑)	眉声(许介)	计声*
骨声	无声	继声	气声*
器声	弃声*	欮声*	塈声(苦骨)
兀声	对声*	退声	出声
云声	示声	隶声*	术声
突声	卤声	卒声	自声*
ㄩ声(疾二)*	崇声	兒声*	率声
四声*	闭声*	弗声	へ声(分勿)
畾声*			肉声(敷勿)
鼻声*	冀声(平秘)	丿声(房密)	
绿声(房六)*	孛声	嫂声(勃莫)	
勿声	彪声*	未声*	

178

高本汉在他的 Grammata Serica 里,也把上述这些谐声偏旁的字(少数例外)分为第十部和第十一部。第十部相当于黄侃的没部,第十一部相当于黄侃的灰部;但是,在归字的问题上,他跟黄侃有很大的不同。他把灰部的音构拟为-ər, -ɛr,没部的音构拟为əd, -ət, -ɛd, -ɛt,我们虽不同意他的拟音①,但是,从他的拟音中可以看见,他的灰部和没部之间的界限是非常清楚的。现在仍按谐声偏旁来叙述高本汉对这两个韵部的划分:

　　(1) 灰部

开声	回声	自声	隤声*
磊声	枚声	幾声	岂声
希声	衣声	夷声	旨声
示声*	韋声	次声	兕声*
厶声	死声	师声	矢声
尸声	履声	尼声	二声
匕声	比声	眉声	美声
鬼声	归声	韦声	尿声
畏声	威声	隹声	水声
畾声	末声	非声	飞声
妃声	肥声	尾声	敦声
靁声*	箕声	卟声	启声
医声*	氏声	弟声②	妻声
齐声	西声*	犀声	犀声
豐声	米声	皆声	衰声
淮声	几声	冀声*	伊声
癸声*			

----

　　① 我们认为:灰部应该像他在《分析字典》(Analytic Dictionary of Chinese and Sino-japanise)那样,拟为收音于-i;没部应该像他在《上古汉语的一些问题》和《诗经研究》那样,拟为一律收音于-t。

　　② 高本汉以为弟声有"𪓑",这是采用段玉裁的说法。"𪓑"同"秩",转入质部。

(2) 没部

骨声	兀声	云声	突声
卒声	孛声	叕声	质声
疾声	鬱声	出声	术声
率声	帅声*	弗声	市声
聿声	勿声	夏声	乙声
蓝声*	卨声	爱声*	隶声*
出声*	对声	退声	皋声*
配声	旡声	豙声*	气声*
四声*	利声*	苢声*	畀声
魅声*	胃声*	彙声*	尉声*
豖声*	彗声*	祟声*	类声*
朏声	未声*	戻声*	惠声*
叔声*	弃声*	器声*	劓声
季声*	位声*	叟声*	

下面我们选择一些字出来讨论：

胃声有"谓""渭""喟"等。《诗·召南·摽有梅》叶"墍""谓"，《大雅·隰桑》叶"爱""谓"，《大明》叶"妹""渭"，《楚辞·怀沙》叶"喟""谓""爱""类"。应依段氏属入声。黄氏误，高本汉不误。

位声。《诗·大雅·假乐》叶"位""墍"，《易·旅卦》叶"位""快""逮"，《涣卦》叶"外""大""位""害"，《说卦》叶"位""气"。应依段氏属入声。黄氏误，高本汉不误。

弟声。《说文》虽说"弟"读若"弟"，但是《说文》所谓"读若"不一定就是同音。弟声有"肆"，就是"肆"字。《诗·周南·汝坟》叶"肆""弃"，《邶风·谷风》叶"溃""肆""墍"。应依段氏属入声。黄氏误，高本汉不误。[①]

———

① 但高本汉误以为"肆"从隶声。

尉声有"蔚"。《诗·小雅·蓼莪》叶"蔚""瘁"①,《曹风·候人》叶"荟""蔚"②。应依段氏属入声。黄氏误,高本汉不误。

医声有"翳"。《诗·大雅·皇矣》叶"翳""枊"。应依段氏属入声。黄侃、高本汉皆误。

赞声。《说文》虽说"赞"读若"回",但《广韵》读胡畎切。属灰部可疑。

惠声。《诗·小雅·节南山》叶"惠""戾""届""阕",《大雅·瞻卬》叶"惠""厉""瘵",《礼记·月令》叶"泄""出""达""内""惠""绝"。应依段氏属入声。黄氏误,高本汉不误。

叀声有"贵","贵"字有"馈""溃""匮"等。《易·颐卦》叶"贵""类""悖",《吕氏春秋·权勋》叶"外""内""贵",《易·家人卦》叶"遂""馈",《诗·邶风·谷风》叶"溃""肆""墍",《大雅·既醉》叶"匮""类",《左传》成公九年叶"删""悴""匮"。应依段氏属入声。黄氏误,高本汉不误。但贵声又有"遗"。《诗·邶风·北门》叶"敦""遗""摧",《小雅·谷风》叶"颓""怀""遗",《大雅·云汉》叶"推""雷""遗""摧"③。当依段氏属平声。高本汉误,黄氏不误。贵声又有"陨""颓"。《诗·周南·卷耳》叶"虺""隤""罍""怀",宋玉《高唐赋》叶"隤""追",《诗·小雅·谷风》叶"颓""怀""遗",《礼记·檀弓》叶"颓""怀""萎"。也当依段氏入平声。高本汉以为"隤"是会意字,"隤"有"崩"的意思,"贵"表示高,墙高则崩④,这纯然是臆断。他又以"颓"为"隤"省声。其实同谐声者必同部的原则也有例外,不必曲解。

甴声。"甴"在《广韵》读苦对切,属队韵。它虽然又写作"块",但不能跟从"鬼"得声的字一样看待。《礼记·礼运》:"蕢桴而土

---

① 段氏《六书音均表》引作"悴"。
② 句中韵,依朱骏声。
③ 韵例依朱骏声。"畏"字不入韵。
④ Grammata Serica, pp. 262。

181

鼓。"郑玄注："蒉读为凷。"可见"凷""蒉"同音或音近。凷声有"屈"。《诗·小雅·节南山》叶"惠""戾""届""阕",《小弁》叶"嘒""届""淠""寐",《大雅·瞻卬》叶"疾""届"。应依段氏属入声。黄氏误,高本汉不误。

叙声有"蒯"。《左传》昭公九年有"屠蒯",《礼记·檀弓》作"杜蒉"。可见"蒯""蒉"同音或音近。上古音应属入声。黄氏误,高本汉不误。

利声也像臾声一样,情况比较复杂。《诗·小雅·大田》叶"穗""利"[1],《易·大壮卦》叶"退""遂""利",《国语·越语》叶"物""一""失""利"。"利"字本身应依段氏属入声,黄氏误。利声有"黎"。《诗·大雅·桑柔》叶"骙""夷""黎""哀",又应依段氏属平声。高本汉把"利"拟成 liəd,而从"利"得声的字都拟成 liər,从阴声和入声的分野看,他是对的。其实《说文》说"黎"从黍,㘈省声,("㘈"是古文"利"字),也有点勉强。段氏说:"从㘈省者,不欲重禾也。"也不一定讲对了。可能"勹"就是最初的"犁"字,而"黎"字直接从"犁"得声[2]。

頪声有"类"。《诗·大雅·既醉》叶"匮""类",《荡》叶"类""怼""对""内",《桑柔》叶"隧""类""对""醉""悖",《易·颐卦》叶"贵""类""悖",《楚辞·怀沙》叶"喟""谓""爱""类",《吕氏春秋·有始》叶"物""类"。应依段氏属入声。黄氏误,高本汉不误。

絫声。《说文》引《虞书》"絫类於上帝",今《书·舜典》作"肆"。依段氏,"肆"当属入声。

采声。"采"即"穗"字。《诗·小雅·大田》叶"穗""利",《王风·黍离》叶"穗""醉"。应依段氏属入声。黄氏误。高本汉以穗为从惠声,归入他的第十部,不误。

---

[1] 此依段玉裁说。朱骏声、江有诰都以为叶"穉""秭""穗""利",而不知是转韵。这是段氏高明的地方。

[2] 参看郭沫若:《甲骨文字研究》,科学出版社 1962 年,页 84。

帅声。这个问题比较复杂。《说文》"帅""帨"同字,那末就应属月部,所以《诗·召南·野有死麕》叶"脱""吠""帨"。如果依一般古书,解作"将帅"的"帅","帅"与"率"音同义通,那末就应属物部(即没部)。黄氏归灰部是进退失据。也许是认为"帅"从自声,但是大徐本无"声"字,可疑。高本汉归入他的第十部,相当于黄侃的没部,不误。

配声。《说文》:"配,酒色也,从酉,己声。"段玉裁、朱骏声都说是妃省声。按"配"字金文作𤰈,不从己,自然也不是妃省声。宋玉《小言赋》叶"贵""类""配""位"。应属入声。黄氏误,高本汉不误。

矞声。按"矞"即"狒"字,应属入声。黄氏误。

卉声。按卉是上声字,应与平声为一类,不应属入声。黄氏误。

计声,继声。高本汉于"计""继"二字存疑,黄侃属入声。我想黄氏是可从的。

器声。朱骏声引《左传》昭公七年叶"器""罪",原文是"盗所隐器,与盗同罪",不像押韵。所以不能认为古上声。又引《六韬·文韬》叶"害""败""器""世",可见"器"字应属入声。《六韬》虽是伪书,也不会出在汉代以后。黄侃、高本汉都归入入声韵部,我想是可从的。

弃声。《诗·周南·汝坟》叶"肄""弃",《魏风·陟岵》叶"季""寐""弃"。应依段氏属入声。黄侃、高本汉皆不误。

季声有"悸"。《诗·魏风·陟岵》叶"季""寐""弃",《大雅·皇矣》叶"对""季",《卫风·芄兰》叶"遂""悸"。应依段氏属入声。高本汉归入他的第十部,不误。刘赜教授《音韵学表解》中不列季声,可能是由于《说文》说"季"字"从子,从稚,稚亦声。"按"稚"同"穉","穉"从犀声。黄氏以犀声属灰部,类推则"季"也在灰部,那就不对了。甲骨文和金文的"季"都从禾从子,并无稚声的痕迹。

欸声。这个字很怪。《说文》说"欸"字"从欠,窬省"。小徐本作"窬省声"。姚文田、严可均《说文校议》说:"当作祟声"。朱骏声说:"此字古音读如窟,从欠,祟声,或从柰声。"黄氏大约也主张当作祟声。但这是可疑的。

对声有"怼"。《诗·大雅·皇矣》叶"拔""兑""对""季""季",《荡》叶"类""怼""对""内",《桑柔》叶"隧""类""对""醉""悖"。当依段氏属入声。黄侃、高本汉皆不误。

退声。《诗·小雅·雨无正》叶"退""遂""瘁""谇""退",《易·大壮卦》叶"退""遂""利"。应依段玉裁属入声。黄侃、高本汉皆不误。

示声有"祁""视"等。《诗·召南·采蘩》叶"祁""归",《商颂·玄鸟》叶"祁""河""宜""何"①。《小雅·大东》叶"匕""砥""矢""履""视""涕"。应依段氏属平上声。黄氏误,高本汉不误。

隶声有"逮""棣""肆"等。《诗·大雅·桑柔》叶"僾""逮",《易·旅卦》叶"位""快""逮",《说卦》叶"逮""悖""气""物",《秦风·晨风》叶"棣""檖""醉",《大雅·皇矣》叶"茀""仡""肆""忽""拂"。应依段氏属入声。黄侃、高本汉皆不误。隶声又有"𨽻",即"苍"字,所以"苍"也应属入声,高本汉不误。依《说文系传》:"罙,目相及也,从目,隶省声。"而《说文》又说"褢"从罙声。这样"褢"就和"隶"发生了关系(朱骏声《说文通训定声》正是这样做的)。但是"罙"读徒合切,不可能以"隶"为声符。黄氏以隶声和褢声分属入声与平声是对的。

旡声有"既",既声有"塈""溉""慨"等。《诗·召南·摽有梅》叶"塈""谓",《邶风·谷风》叶"溃""肆""塈",《大雅·假乐》叶"位""塈",《泂酌》叶"溉""塈",《楚辞·怀沙》叶"溉""谓",《哀郢》叶"慨""迈"。应依段氏属入声。旡声又有"炁",即"爱"字。爱声有"僾"。《诗·小雅·隰桑》叶"爱""谓",《楚辞·怀沙》叶"喟""谓""爱""类",《大雅·桑柔》叶"僾""逮"。也应依段氏属入声。黄侃、高本汉皆不

---

① 微歌合韵,依江有诰《诗经韵读》。

误。黄氏爱声不另列，高本汉另列爱声。

自声。高本汉存疑。黄侃归入声。我想黄氏是可从的。"自"是古"鼻"字，"鼻"属入声（见下文）。黄氏还另列㠯声。㠯也是"自"字，但因"替"从㠯声，故另列。

兕声。《诗·小雅·吉日》叶"矢""兕""醴"。应依段氏属上声。黄氏误，高本汉不误。

四声。《诗·鄘风·干旄》叶"纰""四""畀"。这是不完全韵，因为"纰"属阴声①，"四""畀"属入声。段氏把"四"字划归入声，这是对的。黄侃、高本汉皆不误。章炳麟以"四"声归泰部，虽是错误的，但这样就属入声，仍然有可取之处。

闭声。"闭"字本有去入两读。朱骏声《说文通训定声》引《素问·调经论》叶"闭""疾"，《灵枢·胀论》叶"穴""闭""越"，《九缄十二原》叶"疾""刺""结""闭""毕""术"，《三略上》叶"疾""闭""结"。这些书的时代不会太晚，仍有参考价值。"闭"字应属入声。黄侃、高本汉皆不误。

眷声。高本汉存疑。按《释名》："眷，拂也。"应属入声。黄氏不误。

"畀"，敷勿切。畀声有"畀"，畀声有"鼻""潷"等。宋玉《高唐赋》叶"气""鼻""泪""瘁""硊"，《诗·小雅·小弁》叶"嘒""届""潷""寐"。应依段氏属入声。黄氏不误。但他以鼻声另列，因《说文》只说"从自畀"，不说"畀亦声。"② 高本汉以畀声归入他的第十部，亦不误。

彔声。"彔"是古"魅"字。段玉裁说："当读如密，今音房六切，非也。"

---

① "纰"字在单句，不押韵也行，所以押得不严格。
② 这里说"鼻"从畀声是依王筠、朱骏声、苗夔、徐灏等人的说法。

魃声。"魃"也是古"魅"字。

未声有"寐""妹""眛"等。《诗·小雅·小弁》叶"嘒""届""浘""寐",《邶风·终风》叶"曀""寐""嚏"①,《魏风·陟岵》叶"季""寐""弃",《大雅·大明》叶"妹""渭",《楚辞·九辩》叶"带""介""慨""迈""秽""败""昧"。应依段氏属入声。黄侃、高本汉皆不误。

亹声。《说文》没有"亹"字。《广韵》"亹"有无匪、莫奔二切。段玉裁归他的第十三部,朱骏声归屯部(即文部)。高本汉归他的第十一部(即脂微合部)。可能"亹"有两音,文微对转。但《诗·大雅·凫鹥》叶"亹""熏""欣""芬""艰"。仍应依段氏认为文部字较妥。

冀声。《说文》说"冀"从北,异声。因此,段玉裁、朱骏声都把它归入之部(我们的职部)。这是有问题的。金文"冀"作𤰞,从异,象人立之形,㞢是头上的装饰②。"冀"是纯粹的象形字。《广韵》:"冀,几利切。"属至韵。《楚辞·九辩》叶"冀""歆"。《史记·孝武纪》"冀至殊庭焉",《汉书》作"幾"。"冀"应是脂部字。高本汉划归他的第十一部,这是对的。江有诰正是把"冀"字归入脂部。

癸声有"葵""骙""揆""闋"等。"癸""葵""骙""揆"应属脂部没有问题,但是"闋"字应属入声。《诗·小雅·节南山》"惠""戾""届""闋"。段氏划归入声,是他的见识高超。江有诰《诗经韵读》以"惠""戾""届""闋""夷""违"通为一部(脂部),并于"闋"下注为音楑,否认它是入声字。其实脂质对转("闋"应是质部字,见下文),"癸"字正可以谐入声。高本汉于"癸""揆""骙""葵"拟为iwɛr,睽拟为iwər,属于他的第十一部(黄侃的灰部),"闋"拟为iwət,属于他的第十部(黄侃的没部)。他这样做是对的。

西声有"洒""哂"等。《诗·大雅·桑柔》叶"愬""辰""西""瘨"③,

---

① 韵例依朱骏声、江有诰。
② 参看孙海波《古文声系》之部页10。但孙氏调和《说文》的说法,以为异亦声。
③ 《诗经》原文是"自西徂东",江有诰、朱骏声都认为应该是"自东徂西"。

《邶风·新台》叶“洒”“浼”“殄”。《白虎通·五行》:“西方者,迁方也。”段玉裁、朱骏声都以西声入文部(十三部、屯部),江有诰入元部。我认为江氏是对的。高本汉把西声划归脂部,不可靠。

乿声。《说文》说“乿”从卂声。朱骏声把它划入坤部(即真部)。其实真质对转,古音应在质部。高本汉划归入声是对的。①

辠声。“辠”即“罪”字。《说文》说“罪”从网非,其实应是从非得声。段玉裁、王筠、朱骏声皆主此说。辠声应属微部。黄氏属灰部,按他的体系是不错的。高本汉错了。

气声有“气”“忾”等。“气”又是古“乞”字。“乞”声有“仡”“纥”“讫”等。从“气”“乞”二字的相通即可证明古音气声的字属入声。黄侃、高本汉皆不误。

豙声有“毅”。高本汉归入他的第十部,是把它当作入声(黄侃的没部)。黄侃把它归入曷部(即月部),虽不完全对,但也是当作入声看待的。

彙声。《说文》说“彙”从胃省声,或从虫作“蝟”。“胃”既应属入声,“彙”自应也属入声。高本汉不误。

㒸声有“遂”“隊”“檖”“襚”等。《诗·卫风·芄兰》叶“遂”“悸”,《小雅·雨无正》叶“退”“遂”“瘁”“谇”“退”,《易·大壮卦》叶“退”“遂”“利”,《家人》叶“遂”“馈”,《秦风·晨风》叶“棣”“檖”“醉”,《大雅·生民》叶“旆”“穟”。应依段氏属入声。《说文》说“㒸”从豕声,未必可信。金文“㒸”就是“隊(墜)字,写作⿱,是个象形字。如果说是从豕声,就和脂部纠缠在一起。非但平入不应相谐,而且开口和合口一般也不应相谐。高本汉属入声是对的。黄侃不列㒸声,恐怕算是豕声,那就错了。

彗声有“嘒”“彗”等。彗声属入声不成问题,只是归月部还是

---

① 但是他说从卂意义不明,则是错的。

归物部、质部的问题。下文再讨论。

由上文看来,高本汉和黄侃不同的地方,多数是高本汉对了,黄侃错了①。高本汉实际上是吸收了清儒的研究成果,特别是段玉裁、王念孙的古音学说。

由上述的情况看来,并不是所有的去声字一律应该划归古入声。例如二声、示声等,都是应该归入古上声的。

四

上文谈了阴声和入声的分野。我们说黄侃不误或高本汉不误,只是说他们在阴声和入声的分野上没有错误。至于质物月三部的分野,那又是另一问题,需要更深入地加以分析。

大致说来,质与月之间、物与月之间,界限是相当清楚的,只有少数谐声偏旁和个别的字有问题。问题较大的在于质部和物部之间的界限。

王念孙所定的至部包括下列这样一些谐声偏旁:

至声	疐声	质声	吉声
七声	日声	疾声	悉声
栗声	桼声	毕声	乙声
失声	八声	必声	卪声②
节声	血声	彻声	设声
闭声③	实声	逸声	一声
抑声	别声		

---

① 如果刘赜教授《音韵学表解》能代表黄说的话。
② 卪,音节,瑞信也。"即"字从此。
③ 闭声以下,王念孙只说"闭实逸一抑别等字",现在为整齐起见,也作为声符看待。

188

段玉裁的第十二部入声与王念孙的至部基本上一致，仅仅多了一个替声。黄侃的屑部与王念孙的至部也大致相同，只少了一个闭声，多了暗声和阤声。① 高本汉的第八部相当于王念孙的至部，他的拟音是-ied, iet, iwet, -iĕd, -iĕt, -iuĕt。但是高本汉少了质声，乙声，抑声，八声，彻声，设声，别声，多了弱声，匹声，穴声，佾声②。

现在我们先讨论上述各家之间的小分歧。

替声。应依段氏入质部。《楚辞·怀沙》叶"抑""替"，《庄子·则阳》叶"替""洫"，"抑""洫"都是质部字。张衡《东京赋》叶"结""节""替""谲""秩"，潘岳《西征赋》叶"替""结""节""闭"，这是段氏所谓"未违古音"。

闭声。应依王念孙入质部。③ 段玉裁以"闭"字归他的第十五部，黄侃以闭声归没部，皆不妥。如上文所引，《素问·调经论》叶"闭""疾"，《三略上》叶"密""一""疾""闭""结"，都可以作证。

暗声只有一个"暗"（於悦切）字，而且是个僻字，可以不必讨论。

阤声。黄侃归屑部。由语音系统看，黄说可从。理由见下文。

质声。高本汉拟成-iət tɕi，乙声，高本汉拟成-ȶʂi，都属于他的第十部，相当于黄侃的没部。这显然是错误的。不但黄侃，连段玉裁、王念孙也都认为"质""实"同部，"一""乙"同部。"踬"从"质"声，"踬""蹇"音近义通。宋玉《高唐赋》叶"室""乙""毕"。

抑声。高本汉归他的卅一部，相当于段玉裁的第一部（之部）。这是依照《切韵》系统，因为"抑"在《广韵》中是职韵字。这是错误的。《诗·小雅·宾之初筵》叶"抑""怭""秩"，《大雅·假乐》叶"抑"

---

① 根据刘赜教授的《音韵学表解》。表中未列失声和节声，大约因为"失"从乙声，"节"从即声，而"即"又从卩声。又多了一个致声，王氏未列，因为王氏认为致从至声。

② 高本汉还多列了壹声、即声、致声。但是这和王氏没有矛盾，因为王氏认为"壹"从吉声，"即"从卩声，"致"（人质切）从至声。

③ 王引之《经义述闻》卷三十一载王念孙与李方伯书，书中明言"及闭实逸一抑别等字"。书后附韵表，表中缺"闭"字，想系漏列。

"秩""匹"，《楚辞·怀沙》叶"抑""替"。"抑"分明是质部字。

八声，匹声，穴声，佾声。王氏认为"匹""穴""肎"（佾）都从八声，所以不另列。高本汉不承认这些字从八得声，所以匹声、穴声、佾声都另列了。从"匹""穴""佾"得声的字都入质部，和王氏没有矛盾。唯有"八"字本身，高本汉把它归入他的第五部（等于我们的月部）。"匹""穴""肎"以八为声符，许慎这个说法是靠不住的，可惜段玉裁、王念孙、江有诰都依了他。惟有朱骏声以为"匹""穴""肎"都不从八声。按金文"穴"写作⋂，显然是象形字（有人说象灶形）。"匹"写作⟨⟩，也是象形（但不知所象何形）。"佾"本作"肎"，今本《说文》："肎，从肉，八声"，但戴侗引唐本《说文》作"从八"，没有声字。"八""佾"声母相差很远，"肎"不应从八得声。我们认为"八"字古属合口呼（这点与高本汉相同），应属物部（这点与高本汉不同）。

弜声。罗振玉以"弜"为"弼"的古文，高本汉从罗说。段玉裁以"弼"归他的第十五部（脂部）的入声，朱骏声把它归入泰部（即月部），都和高本汉不同。我想段玉裁是对的。"弼"字似乎是古合口字，按语音系统应属物部。《孟子·告子下》："入则无法家拂士，出则无敌国外患者，国恒亡。""拂"借为"弼"。《大戴礼记·保傅》："弼者，拂天子之过者也。"这是声训。"弼""拂"应同属物部。

彻声，设声。王念孙把这两个声符归入至部，段玉裁把它们归入十二部（即真部）入声，朱骏声把它们归入履部（即脂部）入声，黄侃把它们归入屑部（即至部）。王、段、朱、黄是一派。江有诰则把这两个声符归入祭部（即月部）；高本汉归入他的第五部（即月部），与江有诰一致。我觉得江有诰和高本汉是对的。《诗·小雅·十月之交》叶"彻""逸"，《宾之初筵》叶"设""逸"，只能认为是质月合韵。[①] 单靠《诗经》还不能说明问题。《老子》七十九

---

① 江有诰《诗经韵读》在这两个地方都认为是脂祭通韵。

190

章:"有德司契,无德司彻。""契"与"彻"押韵。《管子·弟子职》:"先生已食,弟子乃彻;趋走进漱,拚前敛祭。""彻"与"祭"押韵。又:"俯仰磬折,拚毋有彻"。"折"与"彻"押韵。据朱骏声所引,《三略上》叶"设""夺"。《三略》虽是伪书,出书不会太晚,也可作为旁证。主要证据是:"彻""设"在《广韵》属薛韵,薛韵应属古音月部。

别声。王念孙归至部,段玉裁归他的十二部入声,黄侃归屑部。王、段、黄是一派。江有诰归祭部,朱骏声归泰部,江、朱是一派。高本汉和江、朱一样,他把别声归入他的第五部。但是朱氏自己也有矛盾。他引《管子·弟子职》叶"鳖""别","鳖"字在他的履部,而他对"鳖""别"的押韵称为"古韵",不称为"转音"(即合韵)。其实连敝声的字也应入泰部,那就没有矛盾了。高本汉正是这样做的。

上面所述的是各家之间的小分歧,现在谈到我们和段、王、朱、江、黄以及高本汉之间的较大分歧。我们认为:质部的范围应该扩大,物部的范围应该缩小。质部的范围应该和脂部的范围相当,物部的范围应该和微部的范围相当。因此,大致说来,去声霁韵、入声质栉屑三韵应划入古音质部;去声未队两韵,入声术物迄没四韵应划入古音物部;去声至怪两韵、入声黠韵是古音质物两部杂居之地,其中的开口呼应划归古音质部,合口呼应划归古音物部。怪黠两韵情况比较复杂,其中还包括一部分月部的字。正如哈韵有小部分微部字,代韵也有小部分物部字。江有诰在《入声表》的凡例上说:质栉为脂开口之入,术为脂合口之入,物为微合口之入,迄为微开口之入,没为灰通脂之入,屑为齐通脂之入,黠部当分为二,半为皆通脂之入,又半为祭泰通用之入。他的话是对的。因此,古音质部与脂部相配,物部与微部相配,是很富于系统性的。如下表:

脂 部	质 部	
脂旨韵开口	至韵开口	质韵,栉韵
齐荠韵	霁韵	屑韵
皆骇韵开口	怪韵开口	黠韵开口
微 部	物 部	
脂旨韵合口	至韵合口	术韵
微尾韵	未韵	物韵,迄韵
皆韵合口①	怪韵合口	黠韵合口
灰贿韵	队韵	没韵
咍海韵(少)	代韵(少)	——

依照上述的划分法,质部与物部的谐声偏旁应如下表:

(1) 质部

利声	戾声	弃声	器声
季声	惠声	彗声	计声
继声	剺声	四声	隶声
希声	闭声	替声	屈声②
医声	自声	鼻声	畀声
至声	疐声	镵声	壽声(平秘)
眉声(许介)	必声	实声	吉声
戜声(徒结)	质声	七声	卪声
日声	栗声	桼声	郅声
毕声	一声	血声	逸声
抑声	乙声	失声	疾声
匹声	肎声	穴声	执声(一部分)

---

① 骇韵没有合口呼的字。

② "屈"从出声,"出"是合口字,存疑。

192

（2）物部

气声	旡声	胃声	贵声（一部分）
未声	位声	退声	祟声
尉声	对声	頪声	内声
字声	配声	率声	帅声
卒声	术声	出声	兀声
弗声	癶声	喬声①	勿声
突声	骨声	鬱声	聿声
八声	戛声		

　　王念孙只是机械地把《诗经》用韵情况分析了一下,得出了他的至部。这个至部是缺乏系统性的。《诗经》不入韵的字,他只好不管了。例如"替"字,大概他以为在《诗韵》里不入韵(不赞成段玉裁所说的"替"在《召旻》中与"引""频"押韵),也就不提它。甚至像从戋得声的"戴""鐵""驖""趚"等,明显地属于至部的字,也只好不理会了。江有诰《谐声表》以戋声归脂部,在他的系统中是对的。朱骏声拘于"戋"从呈声之说,把"鐵"等字归入鼎部(即耕部),反而乱了。②段玉裁在他的《六书音均表·古十七部谐声表》上虽然未列戋声,但是他在《诗经韵分十七部表》的十二部中注明"替"字平读如"亲"而近"汀",入读如"七"而近"鐵"。又在《说文解字注》"替"字下注云:他计切,古音鐵。又在"鐵"字下注云"十二部"。段氏是正确的。《诗·小雅·巧言》"秩秩大猷",《说文》引作"戴戴大猷"。《大雅·假乐》"威仪抑抑,德音秩秩",《说文》于"趚"字下云:"读若诗'威仪秩秩'。"③"鐵"字古文作"銕"从夷,是脂质对转的证据。由此可以肯定,王念孙至部之说还有许多应该补充的地方。

---

① "喬"从冏声,"冏",女滑切。
② 黄侃于屑部未列戋声,可能是跟朱氏一样的见解。
③ 这也可能是引《诗·邶风·柏舟》的"威仪棣棣",参看下文。

193

江有诰不肯接受王念孙至部独立之说，主要理由之一是：这样一来，脂部就没有去入声了。到了章炳麟，明确地指出至部和队部是去入韵。① 到了黄侃，索性认为是入声韵部，即屑部和没部。但是这样就引起了混乱：原来江有诰脂部的去声字归到哪里去呢？依照王念孙，这些去声字只有很小的部分是属于至部的，黄侃不愿意扩大它，于是把这些去声字胡乱地归入了没部和灰部，搅乱了整个语音系统。

　　关于四声相配，江永《四声切韵表》已经是良好的开端；到了江有诰的《入声表》，可以说是基本上达到了完善的地步。现在我们试举一些例子来看：

饥几〇吉	〇〇器诘	纰疕渒匹	呰佌鼻泌
茨〇自疾	私死四膝	夷〇肄逸	梨履利栗
梯体替鐵	黎礼戾捩	皆锴届戛	

由此可见，"诘"是"器"的入声，"匹"是"渒"的入声，"泌"是"鼻"的入声，"疾"是"自"的入声，"膝"是"四"的入声，"逸"是"肄"的入声，"栗"是"利"的入声，"鐵"是"替"的入声，"捩"是"戾"的入声，"戛"是"届"的入声。黄侃以"诘""匹""泌""疾""膝""逸""栗"等字归屑部，而以"器""渒""鼻""自""四""替"等字归没部，"肄""利"等字归灰部，这是不合语音系统的。

　　以上谈的是语音系统。下面再从史料方面加以证明。

　　《说文》"趍"字下引《诗经》"威仪秩秩"。钱坫《说文解字斠诠》说："读若'威仪秩秩'，今诗作'棣棣'。"按"威仪棣棣"见于《邶风·柏舟》。钮树玉《说文解字校录》说："今诗无此文。段云即'威仪棣棣'，恐未确。顾曰：'此《大雅·假乐》之三章'威仪抑抑，德音秩秩'

---

　　① 但是他说："至部古音如今音，去入韵也，以此异支。"（《二十三部音准》）他把至看成支的去入，大误。

194

也。"今本段注只是采用了顾说,不知钮氏何故批评段氏。我的意见是:"棣棣"、"秩秩"是同一个词,只是字形不同。《礼记·孔子闲居》又作"威仪逮逮。"由此可以证明隶声应属质部。

戾声应属质部。《诗·大雅·抑》叶"疾""戾",这是很好的证明。由于《节南山》叶"惠""戾""届""阕",《采菽》叶"维""葵""脆""戾",似乎牵连不断,所以王氏、段氏都认为"疾"与"戾"相叶是合韵。其实依照我们的韵部,"惠""戾""届""阕"都是质部字,正好与"疾"同部,并非合韵。至于"维""葵""脆""戾"相押,那是脂微质三部通韵。《吕氏春秋·乐成》:"麛裘而韠,投之无戾;韠而麛裘,投之无邮。""韠"与"戾"叶,"裘"与"邮"叶,毫无疑义,"戾"是质部字。张衡《东京赋》叶"日""戾""泊""质",可见直到汉代,"戾"字仍然读入质部。

彗声应属质部。江有诰入祭部、黄侃入曷部(都等于月部),这是因为有"雪"字牵连着。朱骏声以彗声入履部,而认为"雪"不从彗得声,应另入泰部。高本汉以彗声归他的第十部,"雪"字另归他的第五部,与朱略同。《诗·小雅·小弁》叶"嘒""届""沸""寐",《广韵》"慧""嘒"等字属齐韵,可见朱氏是正确的。高本汉不完全对;依他的体系,彗声应属他的第八部。

屈声应属质部。《诗·大雅·瞻卬》:"瞻卬昊天,则不我惠。孔填不宁,降以大厉。邦靡有定,士民其瘵。蟊贼蟊疾,靡有夷届。"江有诰、朱骏声都认为"惠""厉""瘵"是脂(履)祭(泰)通韵,而"疾"与"届"相押则是脂(履)部。段玉裁认为"惠""厉""瘵""届"相叶,而"疾"不入韵。我觉得江朱二人的意见是对的。

利声应属质部。《诗·小雅·大田》叶"穗""利",已经可以为证。特别是《国语·越语》:"唯地能包万物以为一,其事不失,生万物,容畜禽兽,然后受其名而兼其利。"这里"一""失""利"叶韵[1]。

---

[1] 朱骏声以为叶"物""一""失""利"。按,"物"字不入韵。

执声一部分应属质部。"执"本字和从执得声的字如"蛰""絷"等应属缉部;但是执声的"挚""势""贽""鸷"等则是质部字。朱骏声以挚声、鸷声归泰部,而以"贽"为"挚"的变体;江有诰也以挚声归祭部,将脂利切改为脂祭切。他们之所以这样做,大约是因为《楚辞·天问》叶"挚""说",宋玉《高唐赋》叶"会""碣""磕""厉""瀄""需""迈""喙""窜""挚"。但是这些只能算是质月通韵,不能因此断定"挚"属月部。《说文》大徐本"挚"字从手,从执,小徐本从手,执声,应以小徐本为准。《说文》:"势,至也。"段玉裁注云:"以双声叠韵释之。"这话很对。大徐本和小徐本都说"势"从执声,而段氏偏要改为埶声,大徐本说"读若挚同",小徐本说"读若执同",段氏偏要改为"读若埶同",那就错了。至于"鸷"字,段氏说古音在十二部,这话对极了。但是大徐本和小徐本也都说是从执声,而段氏偏要说是从鸟,从执,那又错了。钮树玉《段氏说文注订》说:"按'挚''鸷'并从执声,《系传》'挚'本作执声而《解字》删去'声'字,今'鸷'下亦删去'声'字,并非。"钮氏的意见是正确的。《说文》没有"贽"字,段氏以为就是"势",朱氏以为就是"挚"。按,"贽"字古通作"质"。《孟子·滕文公下》:"出疆必载质。"赵注:"质,臣所执以见君者也。""质"字从王念孙起就认为是至部字。高本汉把执声的字归入他的第十五部(即缉部),把"挚"等拟为-i̯ab＞-i̯ad 等,并且说这些字很早就由-b 过渡到-d,因为《书经》已经借"挚"为"至",《周礼》已经借"挚"为"致"、为"轾"。[1]他的说法是比较正确的,缺点是认为"挚"属于他的第十部(物部),而不是属于他的第八部(质部)。

医声应属质部。《释名》:"殪,翳也。"《诗·大雅·皇矣》"其菑其翳",韩诗"翳"作"殪"。"翳""殪"同音同部。

质物的分野是由脂微的分野推知的;二者之间有着对应的关

<hr>

① Grammata Serica, pp.29, pp.301。

系。在脂微没有分立以前,还不可能正确地划分质部与物部之间的界限;脂微分立以后,这个界限也就跟着清楚了。关于脂质对转,我们也有许多证据,现在试举一些为例。

《荀子·劝学篇》:"白沙在涅,与之俱黑。"《群书治要》引《曾子·制言》作"白沙在泥,与之皆黑。"《论语·阳货》:"不曰白乎? 涅而不淄。"《史记·屈原列传》作"皭然泥而不滓。"按"涅"从日声,应属质部;"泥"属脂部,脂质对转。

《左传》隐公元年:"不义不暱。"《说文》引作"不义不䵒。"杜子春注《考工记·弓人》引作"不义不昵。"按,"䵒"从日声在质部。"昵"从尼声,"尼"在脂部。

《诗·小雅·宾之初筵》叶"礼""至",《易·需卦》叶"泥""至",《楚辞·悲回风》叶"至""比",《九辩》叶"济""至""死",《鄘风·载驰》叶"济""闷",都是脂质合韵。可见以质配脂是有根据的。至于以物配微,不必详细讨论,因为章炳麟、黄侃都是以物配微,只是他们的物部和微部(章氏称为队脂,黄氏称为没灰)比我们的物部和微部范围更大罢了。

质部和物部的分野弄清楚了,月部的分野就非常好懂了。收-t的韵部只有质物月三部,除了质物两部的字以外,就都是月部的字了。月部的谐声偏旁如下表:①

祭声	卫声	赘声	毳声
肎声	制声	裔声	埶声
世声	祋声(丁外)	拜声	介声
大声	泰声	丐声	带声
贝声	会声	兑声	豙声
最声	寽声	外声	蛋声
吷声	乂声	丰声	筮声

---

① 为了便于了解,不一定列出最初的声符。

曳声	夬声	岁声	戌声
月声	伐声	厥声	发声
刺声	截声	列声	末声
寽声	友声	桀声	折声
舌声	绝声	薛声	雪声
叕声	臬声	昏声	威声
辇声	杀声	盖声	夺声
戊声	罚声	孑声	劣声
市声(分勿)	彻声	设声	别声
米声(普活)			

现在只有少数声符需要提出来讨论一下。

曳声。王念孙、江有诰归祭部(即月部),朱骏声归履部(即脂部),高本汉归他的第五部(即月部)。王氏、江氏和高本汉是对的。"曳"又作"拽""抴","泄"又作"洩","绁"又作"绁"。世声既属月部,曳声也应属月部。

闹声。朱骏声归履部(即脂部),王念孙、江有诰归祭部(即月部)。高本汉归他的第五部。王氏、江氏和高本汉是对的。闹声有"敝",敝声有"蔽"。《国语·越语》叶"蔽""察""蓺",《荀子·成相》叶"蔽""势""制""臲",《离骚》叶"蔽""折"。除"臲"字属脂部外,其余都是月部字。《广韵》"闹""敝""弊""獘""蔽"等都入祭韵,"鳖""鼈""暼"等都入薛韵,依语音系统也应属月部①。

雪声,问题比较复杂。朱骏声以彗声归履部,但是雪字另归泰部,因为他认为"雪"不从彗得声。《说文》"雪"字作"霅",从雨,彗声。朱骏声以为是从雨,从彗,会意。按,"雪"字甲骨文作雨,象雨雪之形,并非从彗得声。

蠆声。问题也比较复杂。甲骨文"萬"字作 𢍰,象蝎子形,看

---

① 屑韵有"揳""暼""蔑"等少数字,"暼"字又两属,不足为凭。

来应该"萬"与"蠆"是同一字。但是"萬"解作"蠆",在文献上无可证明。王念孙于蠆声收"蠆""厲""勱"等字,而不收"萬"字。江有诰以萬声归元部,蠆声归祭部,高本汉亦同。这是对的。朱骏声把二者混在一起,未妥。

丰,古拜切。丰声有"契"又有"害",江有诰和朱骏声都是这样处理的。高本汉把"契"和"害"分为两处,也许他以为"害"不从丰声。林义光《文源》也以为"害"不从丰声。这个问题不大,不必详细讨论。

歲声。《说文》说"歲"从戌声。今依高本汉另列歲声,因为"歲"在甲骨文作 𣥷,是个象形字。①

截声。"截"字《说文》作"戳",从戈,雀声。"截""雀"旁纽双声,但是不同韵部。朱骏声把它归入小部(即宵部)是不对的。王念孙、江有诰都归祭部,黄侃归曷部,高本汉归他的第五部,这四家是一致的。《诗·商颂·长发》叶"拨""达""达""越""發""烈""截",又叶"旆""钺""烈""曷""蘖""达""截""伐""桀",可以证明截声属月部。"截""绝"音近义通,(《说文》:截,断也。《广雅·释诂一》:"绝,断也。")可见"截""绝"应同属一部。《广韵》"截"入屑韵,在系统上不合(屑韵属质部),这是一个例外。江有诰《谐声表》于"截"下注云:"昨结切,改昨薛切"。他也是作为例外来看待的。

蓋声。《说文》"蓋"从盍声。因此,江有诰以盍声归祭部,把胡腊切改为胡葛切。朱骏声以为蓋从草从盍会意,所以把"蓋"字收入泰部,盍声收入谦部的嗑分部(等于葉部)。王念孙把"蓋"字收入祭部,盍声收入盍部,与朱略同。黄侃承认"蓋"从盍声,但蓋声仍应归曷部,与盍声不同部。高本汉最为特别:他把去声、盍声、蓋声都摆在一条底下,"去"拟为 k'iab,"盍"拟为 g'âp,"蓋"拟为 kab

---

① 郭沫若先生以为"歲""戌"本一字(戌就是钺),见《甲骨文字研究》,1962 年版,页 140。按两字的声母相差颇远,未敢肯定。

>kâd。我们认为,高本汉以"盍"从去声,虽然在语音系统上不无根据(去声有"怯""劫"都是葉部字),但是于字形无征。"盍"字古从大作"盍",不从"去"①。"蓋""盍"同属一个声符则是可信的;古"蓋""盍"通用,如《孟子·梁惠王上》"蓋亦反其本矣"等于说"盍亦反其本矣"。但是,"蓋"字可能有两读,覆蓋的"蓋"仍应归月部。至于盍声,自然应属葉部。江说不可从。

市声。《说文》以"市""宋"分为二字:"市"下云:"韠也,上古衣蔽前而已,市以象之。"又云:"韍,篆文市,从韦,从发。""市"又作"芾"。"宋"下云:草木盛宋宋然,象形,八声,读若辈。"桂馥以为通作"孛",朱骏声疑即"孛"字之古文。但是,《说文》于"索"下又云"从宋系,杜林说,宋亦朱市字。"这样,"市"与"宋"又是同一字了。王念孙于祭部不收市声,也不收宋声,不知何故。朱骏声以市声与宋声分立(都在泰部),"沛""旆""悖""勃"等字都归宋声。江有诰以孛声归脂部,市声、宋声都归祭部,他在《诗经韵读》中把《诗·商颂·长发》的"旆"、《陈风·东门之杨》的"肺"都算作祭部字。黄侃以市声、宋声都收入曷部,但他的没部另收孛声,与江氏同。高本汉以孛声独立,这是与江黄一致的;以"旆""肺""沛"等字为从市得声,则与江黄不一致②。高本汉还有他的特点:他以"市""芾"归他的第十部(即物部),"旆""肺""沛"归他的第五部(即月部)。各家分歧的情况是相当复杂的③。我们认为高本汉比较正确。"市"

---

① 而且不一定从大。林义光以为"盍"即覆蓋的"蓋"。𢝽,其中的 㿻 是皿中有物(不是"血"字),𠆢 象蓋形。

② 黄侃在这个问题上没有明确的表示,这只是猜想。

③ 戴震在《答段若膺论韵》中,谈到《诗·商颂·长发》六章的"旆"字,注云:"此字误。《荀子》引此诗作'载发',《说文》引作'载坺','发''坺'皆与韵合。"这话也是可怪的。旆,蒲盖切,泰韵。泰韵正是与月末相通的。引文不同正足以证明去入相通。戴震以"旆"归第十九霭,以'发''坺'归第二十遏,遂致判若鸿沟!

"朱"两个声符被人们弄乱了。依大徐注音是："市"，分勿切，"朱"，普活切(《广韵》："市，分勿切"；但普活切没有"朱"字)。其实应该对调一下："朱，分勿切，去入相通，也就是《玉篇》的甫未切，《说文》的"读若辈"；"市"，普活切，"旆""沛""肺"都应该是从市得声。《集韵》末韵普活切正写作"市"。《说文》于"旆""沛""肺"等字的声符都写作"朱"，但可能在汉代已经混用了，所以杜林说"朱亦朱朱字"。既然"市"又作"祓"，从友声，可见"市"本身应属月部。"市"又作"芾"。"蔽芾"是叠韵连绵字。《诗·曹风·候人》叶"祋""芾"，"祋"是月部字(见下文)，则"芾"也应属月部。

祋字应依夏炘《诗古韵表》归月部。《说文》"祋，殳也。或说城郭市里，高县羊皮，有不当入而入者，暂下以惊牛马曰祋，故从示殳。"由此看来，"祋"字是否从示字得声，尚是疑问，依或说殳则是会意字。"祋"在《广韵》有丁外、丁括两切，依语音系统也该属月部。

"宷"字，王念孙、朱骏声、江有诰、黄侃都归月部(韵部名称各有不同)。只有高本汉归他的第四部(即元部)。王朱江黄是对的。《字林》"宷"字读七外反，所以朱骏声说古音读如"毳"。《易·讼卦》叶"宷""掇"，宋玉《高唐赋》叶"会""碣""磕""厉""滴""霈""迈""喙""宷""挚"。证据是确凿的。

喙声。《说文》"喙"从彖声。"彖"，他乱切。"喙"，许秽切。段注："许秽切，十五部，彖声在十四部，合韵也。"段氏说得很对，"喙"从彖声是月部与元部对转①。桂馥、朱骏声嫌他乱切不协，改为彖声("彖"音式视切)，反而改坏了。《诗·大雅·绵》叶"拨""兑""驳""喙"，可见"喙"正是月部字。《广韵》"喙"在废韵(许秽切)和祭韵(昌芮切)，依语音系统看，去声祭泰夬废四韵都属月部。江有诰、黄侃在月部(祭部、泰部)中未收喙声，不知是从桂馥说，还是以为

_____

① 但对转的"喙"字应该是昌芮切，而不是许秽切。

"喙"应从"彖"归元部。高本汉于"喙"字拟为-iwad,归他的第五部,那才是对的。

五

以上所论,我根据的是一个总原则,就是以语音的系统性为标准。在过去,我对语音的系统性是注意得不够的。在考古、审音两方面都缺乏较深入的钻研,而在这两方面的辩证关系也处理得不好。讲语音发展不能不讲发展的规律,没有系统性也就无规律可言。而我过去不但在这方面重视不够,而且有轻视的倾向。我引了戴震的一段话:

> "仆谓审音本一类,而古人之文偶有相涉,有不相涉,不得舍其相涉者,而以不相涉者为断。审音非一类,而古人之文偶有相涉,始可以五方之音不同,断为合韵。"

于是批评说:

> "他有了这一个根本观念,就不肯纯任客观。凡是他所认为应合的,就说是审音本一类;凡是他所认为应分的,就说是审音非一类。"①

其实戴氏的理论本身不能说是有什么错误。《诗经》只有 305 篇,连《楚辞》及诸子韵语都算也不能说我们占有很丰富的材料了,其中不可避免地存在着一些偶然性。我们把先秦韵文中押韵的字系联起来成为一个韵部,这是正常的做法。但是,我们不能不注意两种偶然性。一方面,要注意偶然的合韵不能串连,否则势必牵连不断,成为大韵,脂微物月之所以被段玉裁合为一部,就是这个缘故。其实质部与物月两部何尝没有缪辕,否则江有诰就不会反对王念

---

① 见拙著《汉语音韵学》第三编第二十九节,页 324。中华书局,1956 年。

孙的至部了！另一方面，要注意偶然的不碰头不能就认为不同韵部，因为那样做是不合逻辑的。事实上古音学家们也不是处处这样拘泥的。例如谈部，《诗经》入韵字是那样少，古音学家们仍然划得出一个韵部来。兼声、佥声、毚声等，都可以从语音系统而知道它们属于谈部。由此看来，语音系统应该是一个重要的标准。我们从第一个偶然性看出了脂微应分为二；从第二个偶然性看出了至部应该扩大。当然，我们不能单看语音系统而忘了"考古之功"。考古与审音是相反相成的。

切韵音系在很大程度上反映了上古汉语的语音系统。由于语音的发展是有规律的，所以差不多一切的变化都是系统的变化。中古语音不就是上古语音，但中古语音系统则是上古语音系统的线索。当然，例外是有的，但系统性则是主要的。考古的结果符合审音的原则，这正是很自然的，而不是主观主义的东西。假如考古的结果是缺乏系统性的，反而是值得怀疑的了。

戴震的缺点不在于他提出了审音的原则，而在于他不懂得怎样实践这个原则。他提出了"呼等同者音必无别"，他不知道还有主要元音不同的可能，这就是缺乏历史主义观点。我们应该批判他缺乏历史主义观点；但是不应该把他所提出的审音原则也一并抛弃了。

本文所论的，主要是古韵脂微质物月五部的归字问题。其他各部也有归字问题，但是不像这五部那样复杂，所以留待将来再谈了。

拙著《汉语史稿》中，古韵脂微质物月五部的分野，就是根据本文所论的原则来划分的。个别字的归韵，《汉语史稿》与本文有出入，应以本文为准。至于拙著《上古韵母系统研究》，归字的错误更多一些，将来有机会当再修订，这里不再赘及。

（原载《语言学论丛》第 5 辑，1963 年；又《龙虫并雕斋文集》第 3 册；《王力文集》第 17 卷）

先秦古韵拟测问题

小引　拟测的意义

拟测又叫重建。但是先秦古韵的拟测,和比较语言学所谓重建稍有不同。

比较语言学所谓重建,是在史料缺乏的情况下,靠着现代语言的相互比较,决定它们的亲属关系,并确定某些语音的原始形式。至于先秦古韵的拟测,虽然也可以利用汉藏语来比较,但是我们的目的不在于重建共同汉藏语;而且,直到现在为止,这一方面也还没有做出满意的成绩。一般做法是依靠三种材料:第一种是《诗经》及其他先秦韵文;第二种是汉字的谐声系统;第三种是《切韵》音系(从这个音系往上推)。这三种材料都只能使我们从其中研究出古韵的系统,至于古韵的音值如何,那是比系统更难确定的。

是不是我们就应该放弃这一方面的探讨呢? 我以为先秦古韵的拟测,在汉语语音发展史的说明上有很大的用处。因为研究上的困难而放弃这一方面的探讨,那是因噎废食,是不应该的。

首先必须声明,所谓拟测或重建,仍旧只能建立一个语音系统,而不是重建古代的具体音值。如果拟测得比较合理,我们就能看清楚古今语音的对应关系以及上古语音和中古语音的对应关系,同时又能更好地了解古音的系统性。例如清儒说古音"家"读如"姑",意思是说读为[ku]。为什么不说古音"姑"读如"家"呢?

假如鱼部字一律读ɑ韵,"姑"读为[kɑ],不是一样地解决问题吗?再说,清儒把"家""姑"认为同音,是违反比较语言学原则的:假如它们完全同音,后来凭什么条件分化为两音呢? 前人又说"亡"通"无"是鱼阳对转,这只指出了现象,至于鱼阳凭什么对转,就非把古音拟测出来不能从音理上加以说明。

拟测出来的语音系统好比一种示意图:示意图不是精确的,但也不是随意乱画的。拟测必须做到近似而合理。

近十年以来,我一直反复考虑古音拟测的问题。有些地方我自以为有把握,另有些地方我还没有把握。现在把先秦古韵拟测问题提出来讨论一下。我在我的《汉语史稿》里只讲了我的结论,现在我想解释一下我之所以得出这些结论的理由。其中也有一些小小的修正。

一、韵部是不是韵摄

中国传统音韵学从来不认为韵部等于韵摄。实际上韵部就是韵。其所以被称为韵部,是对《广韵》而言的。顾炎武以《广韵》的鱼虞模侯及麻之半合为一部,就意味着这些韵在先秦应该合为一个韵,元音只有一个[u](其撮口呼为[y])。所以他说"家"古音"姑","牙"古音"吾","茶"古音"涂","奢"古音"都","华"古音"敷","斜"古音"馀","侯"古音"胡","楼"古音"闾","偷"古音"俞","头"古音"徒","沟"古音"沽",等等。后人证明侯韵不属鱼部,"侯"古音"胡"之类是错的。但是这个例子可以说明一个道理:古韵部无论相当于《广韵》多少韵,也只能认为只有一个共同的元音。当然,顾炎武由于主张"韵缓不烦改字",有些韵部也读成两种元音,例如他说"天"字不必读铁因反(见《音论》),"麻"字不必读为"磨"(见《唐韵正》卷四)。这样他的韵部又太大,等于臻摄和山摄

205

相通,假摄和果摄相通。江永纠正了他,认为"天"古读铁因切,"坚"古读居因切,"贤"古读下珍切,"年"古读泥因切,"麻"古读莫婆切,"嗟"古读子娑切,"蛇"古读唐何切,"嘉"古读居何切,"沙"古读桑何切(见《古韵标准》)。从此以后,再也没有人主张"韵缓不烦改字"。段玉裁提出"古音韵至谐说",他说:"明乎古本音,则知古人用韵精严,无出韵之句矣;明乎音有正变,则知古人咍音同之,先音同真,本无诘屈聱牙矣"(见《六书音均表》)。

清儒所讲古韵的读法,有简单化的毛病,但也有合理之处,那就是"古音韵至谐"的理论。不能设想,先秦押韵多半是马马虎虎的(段氏所谓诘屈聱牙)。假如像高本汉(B. Karlgren)所拟测,"家""华"等字的元音是 â(很开口的 o),鱼模韵字的元音是 o,那就只能偶然通押,而不能像《诗经》那样经常碰在一起。如高本汉所拟,虽在先秦,仍然麻韵内部的字是一家,鱼模韵字另是一家,那是所谓同门异户,不够亲密。清儒认为"家"古读如"姑","华"古读如"敷"等,那才亲如一家了。把韵部看成韵摄,如高本汉所为,是不合乎段氏"古音韵至谐"说,是认为先秦诗人经常押些马马虎虎的韵,那是不合事实的。

韵摄只有十六摄,而古韵有廿九部(如果冬部独立则有三十部)。如果把韵部拟测成为韵摄,势必造成上古汉语元音系统的极端复杂化。如上文所论,古音拟测只应该是一种示意图,因此,上古元音只能是音位性质的描写,不应该是实验语音式的描写。高本汉利用了几乎一切可以利用的元音音标来拟测上古汉语的语音,我们怀疑事实上存在过这样纷繁的元音系统。这和他所拟测的上古汉语声母系统是不相称的。声母由于可根据的材料少,就拟测得比较简单。韵部由于有先秦韵文和《切韵》系统对照,就拟测得非常复杂。这种形而上学观点,是值得批判的。

把韵部看成韵摄,最大的毛病是韵部与韵部之间的界限不清楚。例如高本汉把鱼部的"家"拟测为 kǎ,"古"拟测为 ko,歌部的"歌"拟测为 kâ,"加"拟测为 ka。他并且说明:ǎ 是很开口的 o,â 是 â grâve (法语的 pâte),a 是 a aigu (法语的 patte)。这样说,ǎ 就是国际音标的 [ɔ],â 就是国际音标的 [ɑ],a 就是国际音标的 [a]。试看下面的元音舌位图:

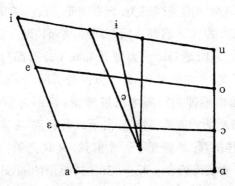

可以看见,[a] 和 [ɑ] 的距离颇远,而 [ɔ] 和 [ɑ] 的距离很近,只相当于 [ɔ] 和 [o] 的距离。人们不禁要问:为什么"加"和"歌"读音的距离颇远,却同在一个韵部,"家"和"歌"读音的距离很近,反而不能同在一个韵部呢?"家"和"古"的距离跟它和"歌"的距离相等,为什么"家"类字和"古"类字能押韵,而和"歌"类字不能押韵呢?这是无法说明的。

　　鱼部已经占了 [o] 的位置,剩下只有从 [o] 到 [u] 的狭小范围,要摆得下宵部、药部、幽部、觉部、侯部、屋部,以及之职两部的一些字,可以说是"拥挤不堪"!高本汉把宵药拟测为 og, ok 等,固然和鱼铎没有冲突,因为他把鱼部大部分去声字(如"度")拟成 ag 等,铎部拟成 âk 等。但是这样仍嫌鱼部平上声的 o 和宵部元音相重,人们会问:鱼部平上声既然是 o,为什么它的去入声不能是 og, ok?为什么同是一个"著"字,当它读去声时是 tio,读入声时又是 tiak,元音距离那么远?更严重的是,像《邶风·式微》的"故""露"

207

(ko:glâg),《唐风·葛生》的"夜""居"(zi̯ag:ki̯o),不但收音不同,连元音也不同,为什么可以经常押韵?[1] 其次,高本汉把宵拟成og,幽拟成ôg(相应地,入声分别拟成ok、ôk),这样细微的区别还分为两个韵部,显然违反了他把韵部看成韵摄的原则,与a、â合为一部、å、o合为一部成为鲜明的对比。又其次,我们不能了解:之部"久"类和谷部"仆"类"毂"类,一方面是i̯ŭg,一方面是i̯ug、ŭg,读音如此相近,为什么韵部不同? 同理,职部"囿"类和谷部"曲"类、"角"类,一方面是iuk,一方面是iuk、ŭk,蒸部"弓"类和东部"恭"类、"江"类,一方面是i̯ung,一方面是iung、ŭng,读音如此相近,为什么互相不押韵? 高本汉解释说:谷部之所以没有i̯ŭk、i̯ŭg,是由于i后面的ŭ读得特别开,所以转移到ǝk类(按即之部)去了。他这样解释,是躲开了一个麻烦,又碰上了一个麻烦。不错,短音的ŭ确实比长音u开一些(比较英语的good和food),但是开了以后应该是接近了ô(闭口的o),而不是接近ǝ,应该是转入幽部,而不是转入之部! 高本汉在这些地方遭遇了不可逾越的困难。

不但高本汉是这样,凡是把韵部看成韵摄的人都会得到同样的结果。高本汉在后高元音的范围内搞得拥挤不堪,别人可能在别的范围内搞得拥挤不堪。把先秦古韵拟成二百多个韵母(高本汉拟成了223个),元音的舌位有限,要避免拥挤是不可能的。这和清儒的简单化的作法形成了两个极端。过犹不及。

我的设想是:每一个韵部只有一种主要元音。由于声母的不同或介音的不同,发展为中古的不同的韵。

开口呼原则上共有四种韵母。除第一种没有介音外,其余三种都有介音,即e、ǐ、i。假定主要元音是a,则开口呼的四种韵母

---

① 这类例子很多。参看段玉裁《六书音均表》。

208

就是 a、ea、ĭa、ia。介音 e 表示一种很松的介音,它可能是很开口的 i。ĭ 表示带辅音性的 i,i 表示元音性的 i。

合口呼原则上共有四种韵母,它们都有介音,即 u、o、ĭw、iw。假定主要元音是 a,则合口呼的四种韵母就是 ua、oa、ĭwa、iwa。介音 o 表示一种很松的介音,它可能是很开口的 u。ĭw 略等于 y̌,即带辅音性的 y;iw 表示元音性的 y。

大家可以看出,开口呼的四种韵母和合口呼的四种韵母反映了韵图的两呼八等(每呼四等)。但是,由于每一个韵部只有一个主要元音,所以仍旧不同于韵摄。

介音 ĭ、i、u、ĭw、iw 是高本汉的老办法,我想用不着解释了[①]。需要解释的是介音 e 和 o。

介音 e 不是不可能的。英语 shame(羞耻)来自古英语 sceamu;shoe(鞋)来自古英语 sceǒh[②]。这显然是上升的复合元音,强元音在 a 或 ǒ,弱元音在 e,后来 e 在发展中消失了。我认为中古汉语的二等字在上古也是有介音 e 的,到了中古,介音 e 消失了,于是"家"从 ke 变 ka,"间"从 kean 变 kan 等。现代北方话"家""间"等字有介音 i,可能不是由于元音 a 的分裂,而是直接从介音 e 演变而来。即 kea>kia>tɕia、kean>tɕian,没有经过 ka、kan 的阶段。

介音 o 也不是不可能的。越南语既有 tùa(拾),又有 tòa(座),既有 lúa(稻,谷),又有 lóa(闪眼),既有 thua(输),又有 thoa(抹,擦),既有 hùa(搞阴谋),又有 hòa(和),等等。虽然现代越南语在主要元音 a 上的读法有分别(在 u 后面读[ɑ],在 o 后面读[a]),但是既然文字上都写成 a,我们可以设想二者原先都是同一的[a],而分别只在介音上。法国语言学家 Roudet 曾经指出,法语在文字

上写成 oi 的地方,有人读成[ua],也有人读成[oa]①。现在我把上古汉语拟成既有 ua 等,又有 oa 等。其实我所拟的介音很接近高本汉所拟的介音 w,只是为了跟开口呼的介音 e 相应,才拟成了 o。

先秦韵部主要元音既然只有一个,有时候就产生同呼同等的字如何处理的问题。歌部有麻韵三等极少数的几个字(如"嗟""蛇")②以外,同等同呼的字集中在鱼铎阳三个韵部③。这三部正好是对转的,可见不是偶然的。现在我的设想是:鱼部的麻韵三等字拟成有介音 i 的,与鱼韵的介音 ǐ 有别("邪"zia:"徐"zǐa),铎部的陌韵三等字和昔韵字(还有麻韵去声三等字)拟成有介音 i 的,与药韵的介音 ǐ 有别("戟"kiak:"脚"kǐak;"炙"ȶiak:"斫"ȶǐak;"赦"ɕiak:"庶"ɕǐak)。歌部的麻韵三等字也可以拟成有介音 i 的,与支韵字有别("嗟"tsiai:"厜"tsǐai)。阳部的庚韵三等字拟成 iang,iwang,与阳韵的 ǐang,ǐwang 有别("京"kiang:"姜"kǐang;"永"ɣiwang:"往"ɣǐwang)。这样,是承认麻庚陌的三等字和昔韵字从四等转入三等。这是完全可能的。

有些韵部并不具备四种韵母,例如侯部开口呼只有一类(o),合口呼只有一类(ǐwo),屋部开口呼只有两类(ok、eok),合口呼只有一类(ǐwok),东部开口呼只有两类(ong、eong),合口呼只有一类(ǐwong)。之部虽有极少数的字发展为二等字(如"戒""革""麦""虋"),但是字数少到这种程度,恐怕不能自成一类。应该允许有少数不规则的变化。与"该""改"相当的一等去声字缺乏,正好由"戒"字补缺(读 kək),与"该""改"相当的一等入声字只有僻字"裓""㦸""蝈",这些字是先秦没有的,正好由"革"字补缺。"麦"二

---

① Roudet:《普通语音学概要》,页 108。

② 这里所谓三等包括韵图中的一些四等字,因为这些四等字在《切韵》中是和三等字互切的。余类推。

③ 其有声母作为分化条件者,不在此例。参看下文第二节。

等,"默"一等,放在一起似乎不行,但是"默""墨"等字很可能是合口呼的字①,这样,"麦"开"默"合②,都归一等也没有矛盾了。支锡耕真四部有一种很有趣的情况:它们在韵图中都没有一等字,正好以二等归一等。我们于开口二等字拟成介音 e,而支锡耕真的主要元音又拟成 e,不是有矛盾了吗? 现在以二等归一等,这个矛盾很自然地解决了。这不是偶合,而是说明了介音 e 的拟测是符合事实的。侯部没有二等,屋东两部没有二等合口呼,也避免了介音 o 和元音 o 相撞。这也不是偶合,而是说明了介音 o 的拟测是符合事实的。

二、声母系统和拟测的关系

在语音发展中,正常的情况是有条件的变化。注意到了变化的条件,则复杂变为简单;不注意变化的条件,则简单变为复杂。关于元音所受的影响,在印欧语系中有重音关系,有后面的元音与前面元音的关系(如日耳曼语系的 umlaut)。古代汉语以单音节为主,所以重音关系和后面元音影响前面元音的关系都是罕见的。汉语发展有一个特点,就是声母对韵母的影响。大家知道,现代普通话的卷舌辅音 tʂ、tʂʻ、ʂ、ʐ 与元音 i 不相容,韵母的介音 i 因此被失落(如 tʂiɑn＞tʂɑn),如果全韵为 i,则演变为[ʅ]。这是很明显的影响。有时候不是不相容,而是一种倾向性使韵母因声母不同而分化。例如《广韵》的寒韵(ɑn)在现代广州话里分化为[ɔn]和[an]。分化的条件是喉牙音变[ɔn](干[kɔn]汉[hɔn]),舌齿音变[an](蓝[lan],残[tʃʻan])。这是由于喉牙音发音部位靠后,所以把元音往后拉,舌齿音

---

① 参看王力《汉语史论文集》,页 97~98。
② 在这一点上,我和高本汉相反,他认为"默"开"麦"合。

发音部位靠前，所以把元音往前拉。把元音往前拉以后，使寒韵的舌齿字与删山韵的韵母合流了，以致寒韵的"餐"[tʃʻan]和山韵的"产"[tʃʻan]，韵母完全相同（只有声调不同）。如果不从声母的条件去说明韵母的分化，我们是不能把问题讲清楚的。

高本汉在拟测先秦韵部读音时，虽然不是完全忽略，但是他对于这些因素是注意得不够的。他一般只知道从韵母上寻找分化的条件：先秦能分的，他要分，例如分先韵为二：1.寒部"见"kian，"涓"kiwan；2.真部"天"tien，"渊"iwen；中古能分的，他也要分，例如元仙两韵虽同属先秦寒部，他也要区别开来，例如元韵的"言"ngiăn，"原"ngiwăn，它们的韵母不同于仙韵的"展"tian，"转"tiwan。这样，越是追溯到上古，韵母越复杂。幸亏李登《声类》亡佚了，否则多了一层，不知更复杂到什么程度！为什么不多考虑一下声母的条件呢？当高本汉拟测中古韵母的时候，并没有因为现代普通话读之韵为[i]、[ɿ]、[ʅ]、[ɚ]四个韵母（"基"[tɕi]、"之"[tʂʅ]、"思"[sɿ]、"而"[ɚ]）而把中古的之韵拟成四种不同的韵母，也没有因为现代广州话读寒韵为[ɔn]、[an]两个韵母而把中古的寒韵拟成两种不同韵母（他那样做是对的），为什么不能用同样的原则来处理先秦韵部呢？我们认为：清儒完全不讲分化条件的简单化做法固然是不对的，高本汉常常只从韵母着眼来看分化条件，不大考虑声母的因素，也是不对的。

现在就那些因声母条件而分化的先秦韵部分别加以讨论。

（1）之部开口呼 ə，ɪə，喉舌齿音为一类，发展为中古的咍之两韵，如"在"dzʻə＞dzʻɒi，"基"kɪə＞kiɪ；唇音自为一类，发展为中古的侯脂两韵，如"母"mə＞məu，"鄙"pɪə＞pi。与"母"同类者有"剖""亩""某"等字①，与"鄙"同类者有"丕""駓""秠"等字。

---

① "埋""霾"是例外，它们从里得声，可能原来不属唇音。

（2）幽部开口四等的 iəu，舌齿音为一类，发展为中古的萧韵，如"调"dʰiəu＞dʰieu，"萧"siəu＞sieu；喉牙唇音为一类，发展为中古的幽韵[①]，如"幽"iəu—iəu，"谬"miəu—miəu[②]。

（3）微部合口三等 ĭwəi，舌齿音为一类，发展为中古的脂韵合口，如"追"tĭwəi＞twi，"虽"sĭwəi＞swi；喉牙唇音为一类，发展为中古的微韵合口，如"归"kĭwəi—kĭwəi，"飞"pĭwəi—pĭwəi[③]。

（4）寒部二等开口的 ean，齿音为一类，发展为中古的山韵，如"山"ʃean＞ʃæn，"栈"ʤean＞ʤæn；喉唇音为一类，发展为中古的删韵，如"颜"ngean＞ngan，"班"pean＞pan。二等合口的 oan 只有喉牙类[④]，所以都发展为中古的删韵[⑤]，如"关"koan＞kwan，"还"ɣoan＞ɣwan。三等开口 ĭan，舌齿唇音为一类，发展为中古的仙韵，如"连"lĭan＞lĭɛn，"钱"dzʰĭan＞dzʰĭɛn，"边"pĭan＞pĭɛn；喉牙为一类，发展为中古的元韵，如"言"ngĭan＞ngĭɐn，"轩"xĭan＞xĭɐn。三等合口 ĭwan，舌齿为一类，发展为中古的仙韵，如"传"dʰĭwan＞dʰĭwɛn，"泉"dzʰĭwan＞dzʰĭwɛn；喉牙唇音为一类，发展为中古的元韵，如"元"ngĭwan＞ngĭwɐn，"园"ɣĭwɛn＞ɣĭwɐn，"蕃"bʰĭwan＞bʰĭwɐn。这个韵部最富于启发性。《广韵》仙韵虽有喉牙音字，但大多数是从元韵变来的，所以"援""媛""瑗""圈""卷"等字元、仙两收，当以元韵为正。（"骞"字有虚言、去乾两切，也当以虚言切为正。）同一谐声偏旁，读舌齿就发展为仙韵，读喉牙就发展为元韵。"亘"声的字

---

① 幽韵在韵图属四等，近人归三等。依先秦韵部的系统看，仍当属四等。

② 《广韵》幽韵有"飍"，子幽切，"摻"，山幽切。这都是些僻字，不算。

③ 高本汉注意到这部的分化条件，见 Grammata serica, pp. 25～26。

④ 舌齿类有删韵上声"撰""僎"，去声"篹"。《说文》无"撰"字，《论语》"异乎二三子之撰"，《经典释文》引郑云作"僎"。《说文》有"籑"无"僎"。今《广韵》去声线韵士恋切有"僎""篹""僎"，当以此为正。"篹"字是不规则的变化。

⑤ 中古山韵合口有"鰥"，那是由先秦文部发展而来。

最为典型:"亘",须缘切,"宣"从"亘"声,因是齿音,所以发展为仙韵字;"垣"也从"亘"声,是因喉音,所以发展为元韵字。"宣"声有"喧""暄""萱",读况袁切,属喉音,所以属元韵;"宣"声又有"揎""瑄",因是齿音,所以属仙韵。声母系统作为韵母分化的条件是很明显的。

(5) 文部开口三等的 iən,舌齿唇音为一类,发展为中古的真韵,如"辰"ẑiən＞ẑiěn,"贫"b'iən＞b'iěn;喉牙音为一类,发展为中古的欣韵,如"欣"xiən＞xiən,"勤"g'iən＞g'iən。合口三等 iwən,舌齿音为一类,发展为中古的谆韵,如"春"tɕ'iwən＞tɕiuěn,"遵"tsiwən＞tsiuěn;喉牙唇为一类,发展为中古的文韵,如"云"ɣrwən＞ɣiwən,"群"g'iwən＞g'iwən,"分"piwən＞piwən①。

这个说法,对《汉语史稿》略有修正。在《汉语史稿》里,我把欣韵认为古四等,原因是真欣都有喉牙字,有矛盾。现在仔细考察,文部的真韵并没有喉牙字。"巾"字虽在《诗经·郑风·出其东门》叶"门""云""存""员",好像是在文部,但是它在宋玉《小言赋》叶"尘""鳞""身""泯",则在真部。《诗经》的"巾"字可能是合韵。"银"字虽从"艮"得声,但《荀子·成相》叶"陈""银""门""分",似乎是"陈"与"银"叶(真部),"门"与"分"叶(文部)。段玉裁《说文解字注》"银"字下注云"十二部"(即真部),想必有所据。"禋"字在《诗经·周颂·维清》叶"典"字。但是江有诰把"典""禋"都归元部,则"禋"字隶属也有问题。这样,我们可以认为文部真韵没有喉牙字,与欣韵的喉牙字正好互补。我过去又把谆韵的喉牙字认为古四等,那也不很合理(因为舌齿字在三等)。其实谆韵只有少数喉牙字如"麕""囷""陨""殒",可能都是不规则的变化。"员"声的喉牙字时而入仙

---

① 高本汉注意到文部在发展中所受声母的影响,他看到了开合三等喉牙音及合口三等唇音发展为中古的文欣两韵,开合三等舌齿音及开口三等唇音发展为中古的真谆两韵(Grammata Serica, pp.22)。

韵(如"员""圆"),时而入谆韵(如"陨""殒"),可能都由文韵变来,《出其东门》"员"字,《释文》云:"员音云,本亦作'云'",可以为证。

过去我在这一点上忽略了语音发展的系统性,现在这样修正,然后文部与微部的对应关系才显示出来了(参看下文第三节讲阴阳对转的一段)。

(6)谈部二等的 eam,分化为中古的咸衔两韵,《汉语史稿》没有讲分化条件。看来,应该是舌齿为一类,发展为中古的咸韵,如"谗"dʒeam>dʑɐm,"斩"tʃeam>tʃɐm;喉牙为一类,发展为中古的衔韵,如监 keam>kam、岩 ngeam>ngam。咸韵有个"陷"字,似乎是例外。但段玉裁以"臽"声的字归侵部,那就没有问题。江有诰以"臽"声归谈部,但"臽"声既有喉音字如"陷",也有舌音字如"萏""啗"。"陷"字的原始读音不一定是单纯的喉音。衔韵有个"芝"字,也是例外,这可能是不规则的变化,待将来再考。

(7)铎部四等开口呼 iak,舌齿音为一类,发展为中古的昔韵(转入三等),如"怿"diak>jĭɛk,"昔"siak>sĭɛk;喉牙音为一类,发展为中古的陌韵三等,如"戟"kiak>kĭɐk、"逆"ngiak>ngĭɐk。

(8)月部二等开口呼 eat,舌齿音为一类,发展为中古的黠韵,如"察"tʃeat>tʃæt、"杀"ʃeat>ʃæt,喉牙音为一类,发展为中古的鎋韵,如"辖"ɣeat>ɣat。"揠"字属黠,应认为不规则的变化。(《汉语史稿》没有讲清楚这一点。)这样,鎋黠就和删山对应。[①]二等合口呼比较复杂:黠韵既有"拔""茁"(邹滑切),又有"滑";鎋韵既有"刮",又有"刷"。留待再考。三等开口呼 iat,舌齿唇音为一类,发展为中古的薛韵开口,如"列"liat>lĭɛt,"泄"siat>sĭɛt,"别"bʻiat>bʻĭɛt;喉牙音为一类,发展为中古的月韵开口,如"歇"xiat>xĭɐt,

---

[①] 《广韵》黠配删,鎋配山。经近人考证,应该是鎋配删,黠配山。这里所讲的发展规律证明近人的考证是对的。

"竭"ɡ'ĭat＞ɡ'ĭɐt。三等合口呼 ĭwat，舌齿音为一类，发展为中古的薛韵合口，如"悦"dĭwat＞jĭwɛt，"雪"sĭwat＞sĭwɛt；喉牙唇音为一类，发展为中古的月韵，如"越"ɣĭwat＞ɣĭwɐt、"厥"kĭwat＞kĭwɐt、"发"pĭwat＞pĭwɐt。这些情况和寒部元仙两韵的关系是完全对应的。月韵喉牙唇音字有许多兼入薛韵，如"蹶"，居月切，又纪劣切，"啰"，於月切，又乙劣切，"曼"，望发切，又许劣切，"讦""揭"，居竭切，又居列切，"竭""揭""碣""楬"，其谒切，又渠列切，"𬌗"，语讦切，又鱼列切。这跟元韵喉牙唇音字有许多兼入仙韵一样，应该以月韵为正轨，而以薛韵为不规则的变化。像"杰""朅"入薛，就是不规则的变化。"孑""孓"叠韵，"孓"在月韵(居月切)，"孑"最初恐怕也在月韵(读如"讦")，后来才转到薛韵(居列切)去的。

(9) 质部开口一等的 et，齿音为一类，发展为中古的栉韵(转入二等)，如"栉"tʃet＞tʃiet，"瑟"ʃet＞ʃiet；喉唇为一类，发展为中古的黠韵(转入二等)，如"黠"ɣet＞ɣæt，"八"pet＞pæt[1]。

(10) 物部合口三等的 ĭwət, ĭwət，舌齿音为一类，发展为中古的术至两韵，如"律"lĭwət＞lĭuĕt，"戌"sĭwət＞sĭuĕt，"类"lĭwət＞lwi，"醉"tsĭwət＞tswi；喉牙唇音为一类，发展为中古的物未两韵，如"鬱"ĭwət＞ĭwət、"屈"k'ĭwət＞k'ĭwət、"物"mĭwət＞mĭwət、"谓"ɣĭwət＞ɣwəi、"贵"kĭwət—kwəi、"费"pĭwət—pwəi。[2]

(11) 葉部二等开口呼 eap，以阳声咸衔类推，齿音为一类，发展为中古的洽韵，如"插"tʃ'eap＞tʃ'ɐp，"霎"ʃeap＞ʃɐp；喉牙音为一类，发展为中古的狎韵，如"压"eap＞ap，"甲"keap＞kap。这样，"夹"(古洽切)和"翣"(所甲切)要算不规则的变化。

由上述的情况看来，声母作为韵母的分化条件，并不是孤立

---

① "八"字可能不是质部字，而是月部字。
② 高本汉注意到物部在发展中所受声母的影响，见 Grammata Serica, pp.23。

的、单一的,而是系统性的。大致说来,舌齿是一类,喉牙是一类,唇音则开口呼归舌齿一类,合口呼归喉牙一类。这样整齐的局面,这样富于规律性,决不是主观臆测出来的。

三、韵母系统和拟测的关系

本文所讨论的是先秦韵部的拟测问题,当然与韵母系统有密切关系。这里特别提出三个问题来谈:第一是阴阳入的对应;第二是韵部的远近;第三是开合口问题。

1. 阴阳入的对应

古音学家江永、戴震、黄侃都强调了阴阳入三声之间的对应关系。孔广森、严可均、章炳麟讲了阴阳对转。段玉裁虽不讲阴阳对转,但他所谓"异平同入"实际上包括着阴阳入三声对应的关系,和江永的学说差不多。也有人不赞成阴阳对转的理论,例如姚文田和江有诰。但是他们所不赞成的是阴阳互相押韵的说法。那是我们也不完全同意的。我们所赞成的是:在语音发展过程中,阴阳入三声可以互转。

一字两读最能说明问题。举例来说,《广韵》"等"字多肯切,又多改切;"能"字奴登切,又奴来、奴代两切。古音学家以为"等"的古音应是多改切,"能"的古音应是奴来切;但是如果之蒸两部主要元音不相同,则由之部转入蒸部就很难说明。如果拟测为"等"tə > təng,"能"nə > nəng,就比较容易说明了。这显示了阴声和阳声的关系。又如《广韵》"嶷"字有语其、鱼力二切,或者由之部转入职部,或者由职部转入之部,主要元音总该是一样:即"嶷"ngïə > ngïək,或 ngïək > ngïə,或者同时存在,即 ngïə:ngïək。这显示了阴声和入声的关系。又如《广韵》"縢"字有徒登、徒得二切，或者由蒸部转入职部，即 d'əng＞d'ək，或者由职部转入蒸部，即 d'ək＞d'əng，或者同时存在，即 d'əng：d'ək。这显示了阴声和入声的关系。由此看来，在拟测先秦韵部的时候，我们必须坚持阴阳入三声的对应关系，凡有对应的阴阳入三声，必须是主要元音相同的。

高本汉对先秦韵部的拟测，在阴阳入对应方面，有些地方做得很好，有些地方做得很差。这大致有四种情况。第一，对应合理，拟音基本上正确的，如歌部 â、a，月部 ât、at、ăt，元部 ân、an、ăn；盍部 âp、ap、ăp，谈部 âm、am、ăp。第二，对应合理，拟音不合理的（主要在阴声韵上），如之部 əg、ɛg、ŭg，职部 ək、ɛk、ŭk①，蒸部 əng、ɛng、ŭng；支部 ĕg、eg，锡部 ĕk、ek，耕部 ĕng、eng。第三，对应不合理的，如脂部只有 ər、ɛr，与脂部对应的入声分为质部的 et、ĕt 和物部的 ət、ɛt，与脂部对应的阳声分为真部的 en、ĕn 和文部的 ən、ɛn。如果说脂部只配物文，不配质真，则更讲不过去，因为脂质关系密切，所以王念孙把它叫做至部（至韵是脂韵去声），又因为质真关系密切，所以段玉裁把质部字归入真部。高本汉不知道区别脂微两部，所以看不出脂微和质物、真文的对应关系来。附带说说，高本汉对于真文之间的界限、质物之间的界限，也分不清楚。他把"艰""鳏""诜""巾""陨"认为是收-ɛn 的，那么文部是收-ɛn 了；但是他把"臻"拟成 t ʂiɛn，把"莘"拟成 ʂiɛn（与"诜"同音②），"臻""莘"是真部字③，那就产生矛盾了。他又把"戛""滑""瑟""暨""橘"认为同类（Grammata Serica，23 页），应该是同属物部了④，但

---

①　高本汉的职部不完全与我们的职部相当，其余-k 尾的韵部准此。

②　"诜"字，高本汉在 Grammata Serica pp. 22 拟成 tṣiɛn，在 pp. 247 拟成ṣiɛn。按"诜"是审母二等字，照他的体系应拟成ṣiɛn。

③　高本汉也认为是真部字，见同书 pp. 221。

④　"橘"类属物属质有争论，这里不谈。

是他自己反对了自己,在另一个地方(同书230页)他却把"瑟"字归入质部。依他的体系,"暨"应拟成 gǐed(他在同书257页正是这样做的),却错误地拟成了 kǐet(23页)。实际上"栉""瑟"都是质部字(高本汉在同书227,230页在归类上做对了),高本汉把它们拟成 tṣiet、ṣiet,就跟物部没有分别了。最糟糕的是他把"质"字本身都归到物部去了(23页、250页),跟"质"在一起归到物部去的还有"疾"(250页),我不知道他根据的是什么。第四,缺乏对应的是鱼部与铎部的关系、鱼部与阳部的关系。中国古音学家一向认为铎部是鱼部的入声,鱼部与阳部是阴阳对转。高本汉故意把鱼部跟阳铎两部隔离开来,鱼在第二部,阳在第十六部,铎在第十七部。其实鱼部与阳铎两部有千丝万缕的联系。高本汉只注意到阳和铎的对应关系,把阳部拟成 âng、ang、ăng,铎部拟成 âk、ak、ăk;他忽略了鱼和阳铎的对应关系,把鱼部拟成了 å、o。这是最严重的缺点。

这里有必要谈一谈鱼部的拟测问题。很早就有人讲到中国人以"浮图"或"浮屠"翻译 Buddha 是上古鱼部读 a 的证据①。当然,单靠一两个翻译的例子是不够的,但是,加上谐声偏旁、一字两读和声训的证据,就完全能够说明问题。先讲鱼铎对应。固声有涸,虡声有劇,専声有博等,都是谐声的证据。一字两读则有"著""恶"等。高本汉把"著"拟成 tǐo:tiak,元音相差很远,不知是怎样互转的。他把"恶"拟成·âg:âk,似乎没有问题,但是他忽略了"恶"字还读平声(疑问词),照他的体系应拟成·o,那就跟·âg、·âk 不好对应了②。其次讲鱼阳对应。"莽"字有莫补、模朗二切,"亡"字古音通"无",都是鱼阳对转的证据。声训如"荒""恍"之类也是旁证。高本汉对证据较为薄弱的支耕对转已经承认了,对证据确凿的鱼阳

---

① 汪荣宝:《歌戈鱼虞模古读考》。
② 还有《诗经》鱼铎互押不好解释,已见上文。

对转反而否认(表现在拟音上),那是无论如何讲不通的。这又是他把韵部看成韵摄的结果:两种 a (â、a)都被歌部占用了,鱼部不能再用 â 了。这样反而形成了歌阳对转,铎部变了歌部的入声,这显然是违反语言事实的。

我的拟测反映了阴阳入三声的对应,如下表①:

第一类

    之部 ə iə uə iwə

    职部 ək iək uək iwək

    蒸部 əng iəng uəng iwəng

第二类

    幽部 əu eəu iəu iəu

    觉部 əuk eəuk iəuk iəuk

第三类

    宵部 au eau iau iau

    药部 auk eauk iauk iauk

第四类

    侯部 o — iwo

    屋部 ok eok iwok

    东部 ong eong iwong

第五类

    鱼部 a② ea ia ia ua oa iwa

    铎部 ak eak iak iak uak oak iwak

    阳部 ang eang iang iang uang oang iwang

---

① 除歌部外,拟测基本上与《汉语史稿》相同。

② 鱼铎阳三部的元音 a,不一定是前 a,可能是中 a 或后 a(â)。现在歌部改拟为 ai,鱼部拟成 a 也没有冲突,但 a 的性质不必十分确定。

第六类

　支部 e ǐe ie ue ǐwe iwe

　锡部 ek ǐek iek uek ǐwek iwek

　耕部 eng ǐeng ieng ueng ǐweng iweng

第七类

　歌部 ai eai ǐai iai uai oai ǐwai ——

　月部 at eat ǐat iat uat oat ǐwat iwat

　元部 an ean ǐan ian uan oan ǐwan iwan

第八类

　微部 əi eəi ǐəi uəi oəi ǐwəi

　物部 ət — ǐət uət — ǐwət

　文部 ən eən ǐən uən oən ǐwən①

第九类

　脂部 ei ǐei iei uei ǐwei iwei②

　质部 et ǐet iet uet ǐwet iwet

　真部 en ǐen ien uen ǐwen iwen

第十类

　缉部 əp eəp ǐəp — uəp — ǐwəp

　侵部 əm eəm iəm ǐəm uəm oəm iwəm

第十一类

　盍部 ap eap ǐap iap ǐwap

　谈部 am eam ǐam iam ǐwam

比较难解决的问题是冬侵合部的问题,其中牵涉到幽冬对转的问题。孔广森别冬于东,几乎成为定论,严可均并冬入侵,章炳

---

①　比较《汉语史稿》:文部删去 iən, iwən,理由见上文。另增加 oən(鳏类)。

②　比较《汉语史稿》:增加了 iwei(睽类)。

麟晚年也并冬入侵,看来也很有道理。《诗经》、《易经》,冬侵通押的地方很多,不能说是偶然。按语音系统说,"风"也该属冬部(因为是东韵三等,东韵三等字都该属冬部),清儒以"风"字归侵,因为"风"字押侵韵的情况太常见了,不容否认。其实冬部"宫""中""虫"等字和"风"一样都是 iwəm 类,后因异化作用(iw 圆唇,与 m 有抵触),转为收-ng。"风""宫""中""虫"有着共同的命运,高本汉把"风"拟成 pium(接近我所拟的 piwəm),而把"宫"拟成 kiung,在音理上是讲不通的。章炳麟早年虽未把冬侵合并,但是他在"成均图"中把冬侵缉放在一条线上,与幽对转。一方面,他认为冬部与侵部非常近似("同门而异户");另一方面,他又认为幽冬可以对转。章氏不承认幽部有入声,又以缉部算阴声,所以没有阴阳入三声对应上的困难。如果我们承认觉部独立,缉部又算入声,则共有两类入声,冬侵合并后,侵部就只能与入声缉部对应,不能与觉部对应了。(章氏认为宵谈对转,我们也不能接受,也是因为宵谈都有入声,不好对应。)总之,要设想冬幽对转,必须冬侵分立才能做到。我们不承认冬侵分立,也就不能设想冬幽对转。冬部和幽部实际上有没有对应关系呢?在押韵上看不出来。从谐声偏旁看。个别字有对应关系,例如"臭"声有"趋"(香仲切)。但这是僻字,虽见于《说文》,而不见于先秦文献,不足为凭。古音学家之所以讲幽冬对转,主要是考虑到幽部的入声(觉部)在《切韵》里正好与冬部相配:东韵三等与钟韵属冬部,屋韵三等与烛韵属幽部入声(觉部),系统井然不紊。但是我们可以设想冬部很早就从侵部转入东部,它与觉部相配的整齐局面也可以形成。这样处理是否妥当,尚待进一步研究。

阴阳入三声对应的理论也值得仔细探讨。阳声和入声的对应关系最好解释:ang 与 ak 对应,因为 ng 和 k 都是牙音(舌根音);an 与 at 对应,因为 n 和 t 都是舌音;am 与 ap 对应,因为 m 和 p 都是唇音。除了主要元音完全相同之外,韵尾的发音部位也相等,所以它们的对应是自然的。阴声和阳声的对应就不同了:假定阴声为a,按理说,跟它相配的阳声既可以是 ang,也可以是 an 或 am。但是古音学家只说<u>鱼阳</u>对转,不说<u>鱼元</u>对转,也不说<u>鱼谈</u>对转,可见 a 只跟 ang 对应,而不跟 an, am 对应。阴声与入声的对应关系也是不容易解释的:假定阴声为 a,按理说,跟它相配的入声既可以是 ak,也可以是 at 或 ap。但是古音学家只说<u>铎部</u>是<u>鱼部</u>入声(或<u>鱼铎</u>合为一部),不说<u>月部</u>或<u>盍部</u>是<u>鱼部</u>入声,可见 a 只跟 ak 对应,而不跟 at, ap 对应。

高本汉企图用加韵尾的办法来说明阴声和入声、阳声的关系:<u>之部</u>、<u>幽部</u>、<u>宵部</u>、<u>支部</u>一律加-g 尾("基"ki̯əg,"求"gʻi̯ŏg,"高"kog,"知"ti̯ĕg),<u>鱼侯</u>部分去声字加-g 尾(度 dʻăg, 彀 kŭg),<u>歌部</u>小部分字及<u>脂部</u>(包括我们的<u>微部</u>)平上声字加-r 尾(罍 dʻăr, "归"ki̯wər),<u>月质物</u>三部的去声字收-d 尾(带 tăd, 嚏 tied, 利 li̯əd)。这样,收-g 的字必然与-k, -ng 相配,收-r, -d 的字必然与-t, -n 相配,似乎把问题解决了。其实完全没有解决。除收-d 的韵颇有理由以外[1],其他都不能成立。阴声收-g,是阴声变了入声,因为-g 与-k 是同性质的;阴声收-r,是阴声变了阳声,因为-r 与-n 是同性质的。这样就大大违反了中国传统音韵学,把上古汉语的开口音节局限于三个韵部(<u>鱼侯歌</u>),而且从这三个韵部中还抽出一部分字作为收-g 的和-r 的。上古汉语开口音节贫乏到那个地步,那也是违反语言学常识的[2]。

唯一合理的解释是韵尾-i 与韵尾-t、-n 相对应,其他韵尾与韵

---

[1] 但是只要收-t 就够了,不必收-d,见下文。

[2] 关于这个问题,详细的讨论见于我的另一篇文章《上古汉语入声和阴声的分野及其收音》。

尾-g、-ng 相对应。韵尾-i 是部位最高、最前的舌面元音,与[t]、[n]的发音部位最近,所以能够对应。我在《汉语史稿》里把歌部拟成 a,后来在《汉语音韵》里改拟为 ai,就是考虑到它应该有-i 尾①。这样,"單"声有"鼉"(tan:dʼai),"番"声有"播"(pǐwan:puai),"崇"声有"瑞"(tuan:ʑǐwai),都得到合理的解释。入声-k 尾的性质可能接近于喉塞音[ʔ]尾,或者是短而不促(连[ʔ]尾也没有),后来逐渐由[ʔ]尾过渡到-k。所以先秦-k 尾的字往往与阴声字押韵。阳声-ng尾的韵部可能不是真正带-ng 尾,而是鼻化元音。普通语音学证明,高元音不容易鼻化。幽宵两部收-u 尾,所以没有鼻化元音跟它们相配(虽然它们的入声收-k);歌微脂三部收-i 尾,所以另配-n 尾,而不配鼻化元音。

2．韵部的远近

自从段玉裁改变《广韵》的次序,依照先秦韵部的远近,"循其条理",重新安排次序以后,古音学家们都按韵部远近来排列。他们的排列与段氏大同小异。这种排列有两个好处:第一,可以说明合韵(邻韵才能通押);第二,可以用作拟测的根据之一。这两个好处又是互相联系着的。

段玉裁把先秦韵部分为六类:第一类之部;第二类宵部、幽部、侯部、鱼部;第三类蒸部、侵部、谈部;第四类东部、阳部、耕部;第五类真部、文部、元部;第六类脂部、支部、歌部。现在分别加以讨论。

第一类,之部为 ə,其入声职部为 ək。我们就从这里作为出发点进行讨论。

第二类,段氏以为宵近之,所以排在之部后面,幽近宵,所以排在宵部后面,侯近尤(尤韵是幽部三等),所以排在幽部后面,鱼近

---

① 歌部拟为 ai,还有其他理由,见下文。

侯,所以排在侯部后面。

　　江有诰改之宵幽侯的次序为之幽宵侯,章炳麟改排为侯幽之宵。我觉得江有诰最有道理。依先秦押韵的情况看,没有必要把幽侯连在一起。幽侯的接近,是汉代的事了①。段氏也许因为看见幽部入声字和侯部去声字在谐声偏旁上相通(如族:嗾;续:窦;縠:觳),其实这些所谓幽部入声字正该是侯部入声字(段氏晚年对王念孙、江有诰承认了这一点)。因此,幽部应该提升到之部后面,认为读音相近。段氏所引《诗经》之幽合韵者十处(包括职觉合韵),《丝衣》叶"纻""俅""基""牛""鼏",《思齐》叶"造""士",《召旻》叶"茂""止",《楚茨》叶"备""戒""告",《抑》叶"告""则",《七月》叶"穋""麦",《閟宫》叶"稷""福""穋""麦""国""穑",《烈文》叶"福""保",《闵予小子》叶"造""疚""考""孝",《生民》叶"夙""育""稷",大致都确凿可据。现在设想之部读ə,幽部读əu,职部读ək,觉部读əuk,主要元音相同,自可通押。

　　幽宵也有合韵的情况。依段氏所举《诗经》的例子,《载驱》叶"滔""儦""敖",《月出》叶"皎""僚""纠",《七月》叶"蜎""蜩",《鸱鸮》叶"谯""消""翘""摇""哓",《思齐》叶"庙""保",《公刘》叶"舟""瑶""刀",《桑扈》叶"觩""柔""敖""求",《角弓》叶"浮""流""髦""忧",《丝衣》叶"敖""休",《君子阳阳》叶"陶""翿""敖",《抑》叶"酒""绍",《良耜》叶"纠""趙""蓼""朽""茂",都是合韵。现在设想宵部读au,幽部读əu,药部读auk,觉部读əuk,其中的u相同,自可通押。

　　鱼侯两部在《诗经》中没有合韵的情况。段玉裁以为《宾之初筵》叶"鼓""奏""祖",《有瞽》叶"瞽""簴""羽""鼓""圉""奏""举",江有诰以为两处"奏"字都不入韵。江氏是对的。既然不合韵,元

_____

① 《诗经》只有《棫朴》叶"槱""趣"是幽侯合韵。《生民》叶"揄""蹂""叟""浮",但"揄"字《说文》引作"舀"。《抑》"苟"字非韵(据江有诰),段氏误以为韵。

225

音应有相当的距离,所以鱼是 a 而侯是 o,铎是 ak 而屋是 ok。

　　第三类,段氏之所以把它放在第二类的后面,并非因为这类和第二类音近,而是因为蒸部近于之部("蒸登音亦近之,故次之")。这个理由是不充分的,所以王念孙、章炳麟把这一类都搬到东部后面去,而江有诰也把它搬到东冬两部后面去了。但是,蒸侵谈三部的接近,则是段玉裁、孔广森、王念孙、严可均、江有诰、章炳麟、黄侃所共同承认的。这三部的读音是怎样接近的呢? 章炳麟把蒸部拟测为-m 尾,使它和侵谈的-m 尾一致起来,这未免太鲁莽了①。蒸部如果是-m 尾的韵,它和职部的-k 尾就没法子对应了。实际上,蒸与侵近,侵与谈近,但是蒸与谈并不近。蒸侵合韵有《小戎》叶"膺""弓""縢""兴""音",《閟宫》叶"乘""縢""弓""绶""增""膺""惩""承",《大明》叶"林""兴""心"为证,入声职缉合韵有《六月》叶"饬""版""急""国",《小戎》叶"合""軜""邑"为证。侵谈合韵有《泽陂》叶"菡""俨""枕"②为证,入声缉盍合韵有《烝民》叶"业""捷""及"为证。至于蒸谈两部之间,却并没有合韵的情况。那么,只要侵部既有可以与蒸部押韵之处,又有可以与谈部押韵之处,就行了。那么,侵部只可能是 əm,因为它既可以凭元音 ə 的相同与蒸部 əng 通押,又可以凭韵尾 m 的相同与谈部 am 通押。如下图:

蒸	əng	职	ək
⋮		⋮	
侵	əm	缉	əp
⋮		⋮	
谈	am	盍	ap

---

　　① 章氏还把东部拟成-m 尾,那更是难于接受的。

　　② 段氏以"枕"属谈部,不算合韵。江有诰以"枕"属侵部,算合韵。江有诰是对的。

第四类是东部(包括冬部)、阳部和耕部。段氏认为东冬钟江与侵谈两部音近,所以排在侵谈的后面。阳庚音近冬钟,所以排在东部的后面;庚耕清青音近阳,所以排在阳部的后面。其实只有冬部与侵部关系密切,其他与侵谈关系并不密切。段玉裁以为《殷武》叶"监""严""滥""遑",其实经江有诰证明,《殷武》叶的是"监""庄""滥""遑"("监"与"滥"押,"庄"与"遑"押)。段玉裁以为《桑柔》叶"瞻""相""臧""肠""狂",但是江有诰并不承认"瞻"字入韵。只有东部与阳部有通押的情况,例如《烈文》叶"公""疆""邦""功""皇"①。这可以从韵尾-ng 相同得到解答,不一定要把元音拟得十分近似。

段氏既说耕部与阳部音近,又说耕部与真部音近。前者是一种假象,是受《广韵》的影响;后者才是真实情况,因为《诗经》真耕互押已经屡见不鲜,《易经》这种情况更多。真耕不同韵尾(真是-n,耕是-ng),唯一的可能性是主要元音相同,否则不会经常押韵。真部是 en,耕部只能是 eng。

第五类是真部、文部和元部。由于韵尾同是-n,互相合韵的情况是有的。不必细说。

第六类是脂部、支部和歌部。段氏以为脂部音近文元两部,所以把脂部排在文元的后面。支近脂,歌又近支,所以排成一类。其实它们之间的关系是不一样的,支与脂的关系浅,歌与支的关系、歌与脂的关系都较深。段氏所引《诗经》三处支脂合韵的例子都是不可靠的。《小弁》叶"伎""雌""枝""知",段氏以为"雌"是脂部字,江有诰以为"雌"是支部字。江有诰是对的。段氏以为《载芟》叶"济""积""秭""醴""妣""礼",江有诰以为"积"字不入韵。江有诰也是对的。《韩奕》叶"嶽""厄",情况特殊,但"嶽"是月部字,与脂

---

① 段氏以为叶"邦""崇""功""皇",我以为"崇"不入韵。

部无关(依王念孙、江有诰)。我们把支部拟成 e,脂部拟成 ei,微部拟成 əi(从脂部分出),支部读音与脂部读音距离较远(一个是单元音,一个是复合元音),是理所当然的。歌支合韵例子不少。《诗经·小雅·斯干》叶"地""裼""瓦""仪""议""罹"("裼"属支部入声),《楚辞·九歌·少司命》叶"离""知",《九章·涉江》叶"知""螭",皆可为证。我们本来可以设想支部为 ε(其入声锡部为 εk),让它与歌部的 ai 比较接近,但是由于支耕对转的关系,终于拟成了 e。这个问题没有解决得很好,留待来哲讨论。

歌部与脂部关系很深。我们把脂微分为两部以后,歌部与微部关系最深。《易经·家人》叶"义""谓"("谓"是微部入声),《楚辞·九歌·东君》叶"雷""蛇""怀""归",《九章·远游》叶"妃""歌""夷""蛇""飞""徊"("歌""蛇",歌部;"妃""飞""徊",微部;"夷",脂部),《庄子·则阳》叶"知""化""为""围""过"(据朱骏声、江有诰。"知",支部;"围",微部;"化""为""过",歌部),皆可为证。我们如果从谐声偏旁看歌微两部的关系,两部更是明显地接近的。如"衰"声有"蓑"(据《说文》,"衰"即"蓑"的本字),"妥"声有"绥"(依段玉裁说),"委"声有"倭"("委"入微部是依朱骏声),"累"声有"骡""螺"。对于这些声符的字,我们不能简单地用"同声必同部"的原则来解释;它们的读音徘徊于歌脂两部之间。"衰"声的字,段玉裁认为是歌部字,但是《论语·微子》叶"衰""追",《荀子·成相》叶"衰""归""累""怀",《礼记·檀弓》叶"绥""衰","衰"显然属于微部(朱骏声、江有诰亦以"衰"声入脂部,即我们的微部)。"绥"从妥声,段玉裁的说法是对的①。但"妥"在歌部而"绥"在微部。段玉裁以"绥"归歌部是拘泥于谐声,《樛木》叶"累""绥",《南山》叶"崔""绥""归""怀",《鸳鸯》叶"摧""绥",《有客》叶"追""绥""威""夷","绥"显然

---

① 朱骏声"挼"从妥声,依段玉裁;"绥"不从"妥"声,不依段说,是自相矛盾。

228

是微部字。段玉裁在《说文解字注》中以"绥"归歌部,而在《六书音均表》中以"绥"归脂部(我们的微部),也不能做到一致。朱骏声、江有诰索性以"绥"字归脂部。关于"委"字当在何部,段氏在《说文解字注》中闪烁其词。他说:"十六、十七部合音最近,故读于诡切也。诗之委蛇即委随,皆叠韵也。"看来段氏还是倾向于肯定"委"属歌部。他提到十六部(支部)最为无理;"委"在《广韵》虽属纸韵,那是后代的读音了。他在《六书音均表》中以"委"声归脂部,那才对了。朱骏声、江有诰都以"委"声归脂部。《谷风》叶"嵬""萎",《檀弓》叶"穨""坏""萎",又叶"绥""衰",可以为证。但是我们不能忽略连绵字"委蛇"、"委随"、"逶迤"、"倭堕"等,段氏以"委"声归歌部也是有根据的。"累"声属脂部(微部)是没有争论的,但作为声符,"累"又和"羸"(郎可切)相通,"骡""螺"本作"驘""蠃"。由上述这些事实看来,歌部和微部的关系,比之它和脂部的关系,还更密切得多。我最近把歌部改拟为 ai,与其说是从阴阳入三声的对应上考虑,不如说是更多地从歌微两部读音相近的事实上考虑,ai 和 əi 是可以合韵的,也是可以互谐的,也许微部竟是一个 ɐi(相应地,物部 ɐt,文部 ɐn)。只要心知其意,也不必更动了。高本汉也看见了歌微两部的密切关系,所以他把"衰""妥""委"等字都归入罞部,让他们收音于-r,好与微部相通("衰"读 swâr;又读 sị̯wər;"妥"读 t'nwâr,"绥"读 snị̯wər;"委"读·ị̯wăr,"踒"读·wâr)。他这样一来,罞部与脂微的关系照顾到了,罞部与歌部的关系反而疏远了(罞与歌,中国传统音韵学只看成一部)。例如他把"羸"拟成 luâ,"蠃"拟成 lwâ,"累"拟成 lị̯wər,"骡"拟成 lwâr,这些谐声相通的字时而不带-r 尾,时而带-r 尾,它们怎能互相通假呢?

3. 开合口问题

汉字谐声,开合口的界限是很明显的。一般说来,开口谐开口,合口谐合口。凡开合口不对应的地方,常常是后起的现象。江有诰在他的《入声表》中也注意到古开今合、古合今开的情况,因为他寻找阴声和入声的对应关系,开合口的矛盾就显露出来。合理的解释应该是:凡对应的字、特别是同一声符的字,要么同属开口,要么同属合口。江有诰的原则是对的,但是他所定的开合口和我们不尽相同。现在把十一类先秦韵部中的开合口问题,分别讨论如下。

第一类是之职蒸三部。之部尤韵字古读合口,所以拟成 ĭwə,这样就和入声职部搭配上了。如"有"ɣĭwə:"郁"ĭwək,"富"pĭwə:"福"pĭwək。江有诰把"有""郁""富""福"一律归开口,和我们正相反。高本汉在这一点上和我们是一致的。

第二类是幽觉两部。觉部屋韵字我们拟成开口呼("菊"kĭəuk,"竹"tĭəuk),与江有诰是一致的,和高本汉也是一致的①。必须拟成开口,然后去入两读的字才有着落,如"宿"sĭəuk:sĭəu,"畜"xĭəuk:xĭəu。再说,谐声字的入声与非入声才有了对应,如"肃"sĭəuk:"萧"sĭəu,"叔"ɕĭəuk:"椒"tsĭəu。但是,元音 ə 很早就变为模糊了,所以 əu,əuk 也近似合口呼,以致东晋时代以"优"或"忧"与梵文字母 u 对音②。

第三类是宵药两部。这两部没有开合口问题。少数屋沃韵字都是不规则的变化,如"曝"bʰauk＞bĭuk,"沃"auk:uok。

第四类是侯屋东三部。江有诰以侯屋的一二等为开口,三等为古开今合。江氏在《入声表》里没有提到东部,若由此类推,也应该是古开今合。高本汉把侯屋东拟成 u、ĭu、uk、ŭk、iuk、ung、ŭng、ĭung 是一律归入合口呼,与江君正相反。我们认为侯屋东的

---

① 我在旧作《上古韵母系统研究》中,认为幽部有开合两呼。后来在《汉语史稿》中放弃了这种说法。
② 见法显译《大般泥洹经》和昙无谶译《大般涅槃经》。

拟音应该是 o、ǐwo、ok、eok、ǐwok、ong、eong、ǐwong，一二等属开口呼，三等属合口呼。

第五类是鱼铎阳三部。江有诰认为麻铎昔陌麦诸韵鱼部字都是合口呼的字，那仍然是古侈今弇的看法。我们的看法正相反：鱼部读音应该是古弇今侈，不是"家"读如"姑"，而是"姑"读近"家"（ka：kea），"姑"与"家"都算开口呼。在传统音韵学里，铎部一字有去入两读时，是去声合口，入声开口。江永的看法是上古一律归合口；我们的看法正相反，应该一律归开口，如"度"d'ak：d'ăk，"著"d'ǐak：d'ǐăk，"恶"ak：ăk 等。其实在《切韵》时代，鱼韵也属开口呼（是 io）①。《七音略》以鱼韵为"重中重"，也正是开口呼的意思。

这并不是说鱼部就没有合口呼了。虞韵有轻唇字，显然从上古就属合口呼。麻韵"瓜""华"等字当然也属合口呼。模韵在《七音略》中与虞韵合图，算"轻中轻"，也该算合口呼。但是模韵有相当大的一部分字在上古应该归开口呼，如"模"从"莫"声，"莫"是mak，"模"也应该是 ma，而不是 mua。把模韵字的上古音分为开合两类，是很费考虑的一件事。我在《汉语史稿》中根据这样一个标准：凡与轻唇音有谐声偏旁关系的字算合口呼，如"補"pua："博"puak："甫"pǐwa，"布"（父声）pua："父"bǐwa；凡与合口字有谐声偏旁关系的字也算合口呼，如"孤"kua："瓜"kua，"汙"ua："华"（亏声）ɣua。根据这个标准，《汉语史稿》还有须修正的地方，如"吴""误"应属合口呼，读 ngua，因为从吴得声的字有"虞""娱"ngǐwa。

高本汉大约也是出于同样的考虑，他把"都""屠""祖""古""胡""鼓""股""盅""户""顾""互""乎""壶""虎""五""吾""午""乌""土""於""徒""兔""图""苏""素""卢""鲁""卤""普""库"

① 参看罗常培《切韵鱼虞之音读及其流变》（历史语言研究所集刊第十三本页119～152）和李荣《切韵音系》页 145～149。

"步""涂""奴"拟成开口呼的-o,又把"孤""瓠""裤""汙""布""補""蒲"拟成合口呼的-wo。只有"吴""误""博""薄"是例外。"吴"声的字应属合口,上面已说过了。从古音通假说,"吴"通作"俣"(《方言》:"吴,大也";《说文》:"俣,大也"),"吴"字也该属合口。"博"字,高本汉拟为 pâk,"薄"字拟为 b˙âk,这就和他所拟的"缚"b˙ĭwak有矛盾。

第六类是支锡耕三部。这三部没有开合口问题。

第七类是歌月元三部。这三部基本上也没有开合口问题。只有一些唇音字不容易断定,例如"拔",蒲八切①,陈澧《切韵考》认为是开口二等字,《切韵指南》也把它归入开口图内,但是《七音略》、《切韵指掌图》都把它归入合口。《韵镜》"拔"字开口合口两收,起初我以为是传抄之误,现在看来是摇摆不定。"拔"从"犮"得声,"犮",蒲拨切,是合口字,从"犮"得声的"髪"也是合口字,依谐声偏旁看,"拔"应该属合口呼。

第八类是微物文三部。没有开合口的问题。

第九类是脂质真三部,也没有开合口的问题。

第十类是缉侵两部。缉部假定有合口呼 uəp, ĭwəp。如"纳"nuəp,"立"lĭwəp,"泣"kĭwəp。因为"纳"从"内"得声,而"内"的上古音是 nuət;从"立"得声的字有"位"(从王筠说),而金文"立"即"位"字,"位"的上古音是 ɣĭwət。uət 与 uəp 相通,ĭwət 与 ĭwəp 相通都是很合理的,因为介音和主要元音都相同了。侵部有合口呼 uəm、oəm、ĭwəm。如"冬"tuəm,"降"ɣoəm,"中"tĭwəm。上文说过,由于异化作用(圆唇介音与唇音韵尾有矛盾),冬类字演变为-ng 尾。"降"字发展为江韵字。江韵在《七音略》里被认为是开口

① 在《切韵》里,"八"字作为反切下字,既切开口,又切合口。若按《说文繫传》的朱翱反切,"拔"字彭札切,显然是开口字。

呼(重中重),但是江韵字在上古有两类:一类属东部,如"江"keong,"邦"peong①;另一类是合口呼,如"降"ɣoəm。在汉代以后,这两类合流了,"江""邦"等字仍属开口,"降"等字由合口变为开口。

第十一类是盍谈两部。这两部没有开合口问题。

四、声调系统和拟测的关系

入声在汉语里是一个特别的声调。例如,依《切韵》系统,"帮""榜""谤""博"为四声,但是"帮""榜""谤"读音都是 pâng,而"博"是 pâk(中古音)。那么,入声不但意味着声调不同,而且意味着韵尾(收音)不同。不论上古或中古汉语,当我们谈到入声的时候,指的就是以塞音收尾的韵母;当我们拟测成为塞音收尾的韵母的时候,这个韵母就应该认为是入声。因此,当高本汉把之幽宵支四部字与职觉药锡四部去声字以及铎屋两部去声字拟成收-g尾的时候,我们就认为他把这些字都拟成了入声。当高本汉把月物质三部的去声拟成收-d尾的时候,我们也认为他把这些字都拟成了入声。入声的概念本来是一种常识,但是竟然有人把收-g、-d的字(假定它是存在的)认为是阴声字,这是不可不辨的。

我们反对高本汉把之幽宵支四部的平上声字拟成收-g,也就是反对他把这些字归入入声。我们有条件地赞成高本汉把之幽宵支鱼侯六部的大部分去声字以及月物质三部的去声字拟成收-g或-d,也就是赞成他把这些字归入入声。

---

① "邦"从"丰"声,而属开口("丰"属合口),是由于它是唇音的缘故。唇音字谐声在开合口上不很严格。

我们同意段玉裁的看法:上古音平上为一类,去入为一类。我们也赞成段氏古无去声说。既然说去入为一类,又说古无去声,不是自相矛盾了吗?段氏当时的话可能稍欠斟酌,以致前后不一致。其实他所谓去入为一类是指《广韵》的去入,不是指上古的去入。对于上古,他只承认有入声,不承认有去声,他认为后代去声是入声演变成的。我们同意段氏去声来自入声的说法,但是不赞成他把去声和入声完全混同起来。我们认为:上古有两种入声,其中一种到中古变为去声,另一种到中古仍是入声。我在《汉语史稿》里以前一种为长入,后一种为短入。长短的区别只是一种可能,还不能作为定论。只要有了两种入声,就有了分化的条件,至于这两种入声是长短的区别还是高低升降的区别,那是次要的问题,可以留待将来详细探讨①。在本文里,第二种入声已经不再加上短音符号;第一种入声虽加上长音符号,也不必了解为仅仅在长短上区别于第二种。总之,入声分为两种完全是可能的。现代吴方言的入声不是也分为两种吗?广州话入声还分为三种,博白话入声还分为四种呢!

现在集中讨论一个问题:到底是平上为一类,去入为一类的学说合理呢,还是平上去为一类,入声自为一类的学说合理呢?这个问题很重要:如果承认平上去为一类,入声自为一类,就会像高本汉那样,把在《广韵》属平上去三声而先秦属<u>之幽宵支</u>四部的字一律算-g尾,与入声的-k尾对立。在《广韵》属去声而先秦属<u>铎屋月物质</u>五部的一律算-g、-d尾,与入声的-k、-t尾对立。或者像戴震那样,把阴声韵部的平上去声字都看成收元音,惟有入声字收促音。如果承认平上为一类,去入为一类,就会像段玉裁那样,他在他的《六书音均表·诗经韵分十七部表》和《群经韵分十七部表》里,

---

① 除了长短音的区别以外,去声可能是先强后弱,以致韵尾失落。

根本不列去声①。或者像我这样,平上声一律拟为收元音,去声大部分字和入声字一律拟为收-k、-t、-p②。

我们应该分为两个步骤来进行考察:第一步是按照同声必同部的原则,先确定入声韵部的声符。这样,我们将看见中古的去声字在上古还应该分为两类:一类归上声或平声,另一类归入声。例如"疚"虽是去声字,但应归之部,因为"疚"从"久"得声,而"久"属之部。又如"富"字应归职部,算是古入声字,因为"富"从"畐"得声,"畐"读若"伏"(见《说文》)。第二步是按照古入声的声符去检查,可以看见入声与去声的关系非常密切(指阴声韵的去声),它们在先秦韵文中经常互相押韵,直到汉代及南北朝初期还有去入通押的痕迹③,而这些所谓去声字实际上是读成入声。

试举职部为例,《诗韵》入韵字如下表:

(1) 去声　炽试备背富戒异意圆

(2) 入声　识织弋忒螣式亟极塞北福辐菖葡直德力食饬饰敕息则侧贼测稷色棘稶穑國绒域蟈或箴奭得匿克黑革伏服牧翼亿

入声与去声互押者10处:

翼服戒棘(《采薇》)　　　　菖特富异(《我行其野》)

辐载意(《正月》)　　　　载备祀福(《旱麓》)④

①　黄侃也属于段派。

②　"缉""盍"两部情况特殊,去声只有少数字在上古属入声。

③　江淹《齐太祖诔》叶"膝""日""匿""逸""匹",潘岳《述哀》叶"日""毕""一""失""质""寐",王融《寒晚》叶"律""日""苹""瑟""疾""逸""昚",江淹《悼室人》叶"郁""拂""物""忽""慰",张融《海赋》叶"月""界""灭""雪",谢朓《冬绪羁怀》叶"阙""发""月""对""菱""缬""没""越""渴""昧""歇",等等。

④　"载"字疑有上入两读,与入声押者读"长入"。因未能确定,故《大东》叶"载""息",《绵》叶"直""载""翼"皆未列入。

亟来圉伏(《灵台》)①　　背翼福(《行苇》)

告则(《抑》)②　　　　极背克力(《桑柔》)

戒國(《常武》)　　　　忒背极匿识织(《瞻卬》)

这是最多的了。入声与平声互押者无一处,如果把去声来自入声的字算上(应该算上),也只有两处:异贻(《静女》),裘试(《大东》);入声与上声互押者只有两处:式止晦(《荡》)③,鲔鲤祀福(《潜》),如果把去声来自入声的字算上,也只增加两处:苗试畞(《采芑》),止试(同上)。

最值得注意的是去声自相押韵的只有三处:备戒告(《楚茨》),富忌(《瞻卬》),炽富背试(《閟宫》)。《瞻卬》叶"富""忌"是职部与之部通押,《楚茨》叶"备""戒""告"是职部与觉部通押,《閟宫》叶"炽""富""背""试"则完成是职部字。

各个韵部去声与入声的关系不很一样:关系最深的是月部,它的去声字只跟入声相通,不和平上声相通,这就不可能把去声字分成两类,只须一律算作古入声就是了;没有关系的是歌部,它的去声字只跟平上声相通,不跟入声相通,这也不能把去声分成两类,只须一律算作古平声或古上声就是了④。但是跟之幽宵支鱼侯脂微八部的去声字都应该分为两类,一类归之幽宵支鱼侯脂微,作为这八部的古上声或古平声,另一类归职觉药锡铎屋质物,作为这八部的古入声。

王念孙把至部(我们的质部)和祭部(我们的月部)叫做去入韵,把缉部和盍部叫做入声韵⑤,章炳麟把至部、泰部(我们的月

---

① "来"字疑有平入两读,亦未能定。"圉"字依《广韵》有去入两读,这里算去声。

② "告"是觉部字,职觉合韵。

③ 江有诰以为"止"字不入韵。

④ 例如"过""磨"都算平声,不算去声。"化"算平声,因为《离骚》叶"他""化"。

⑤ 见王引之《经义述闻》卷三十一。

部)、队部(我们的物部)、缉部、盍部叫做去入韵①。所谓去入韵,实际上就是包括两种入声。唯有把质物月三部去入声字全都拟成-t尾,然后能与平上声没有-t尾的阴声韵对立起来,不相通押。唯有把缉盍两部的去入声字全部拟成-p尾,然后能与平上声收-m尾的阳声韵对立起来,不相通押②。

黄侃把之宵支鱼侯五部的入声独立起来,另成为德萧锡铎屋五部,这五部其实也是去入韵,虽然他不承认上古有去声,但是《广韵》去声字大部分被他收到这五个入声韵部来了。觉部未分出,这是他的缺点。如果再分出觉部,就成为《汉语史稿》所定的入声职觉药屋铎锡月物质缉盍十一个韵部。

我们之所以反对戴震把祭月分为两部,是因为他不懂得同声必同部的原则,也不懂得去入韵的原则,硬把一个韵部拆成了两个韵部。由于他违反了同声必同部的原则,下面的谐声关系就讲不通了:

"大"声有"奎","奎"声有"达"。"大",祭部;"达",月部③。

"兑"声有"说""脱""梲""悦""税""骁""阅""锐""悦"。"兑""梲""悦""税""骁""锐",祭部;"阅""悦""脱",月部。"说"读失爇切或弋雪切时属月部,读舒芮切时属祭部。"脱"又音"兑",则属祭部。

"最"声有"撮"。"最",祭部;"撮",月部。

"害"声有"割""豁""辖""害",祭部;"割""豁""辖",月部。但"害"又通"曷",则在月部。

"初"声有"猰""契""挈""絜","絜"声有"潔"。"契",祭部;

<hr />

① 章炳麟《国故论衡》,浙江图书馆《章氏丛书》本,页21。
② 王氏之所以不认为缉盍是去入韵,因为这两部的去声字很少,只有"垫""庡"及一些僻字。
③ 这是按戴氏的原则来区分的,其实不该分。

"挈""挈""絜""潔",月部。但"契"又读私列切,则在月部。

"夬"声有"抉""玦""缺""袂""快""决"。"夬""快""袂",祭部;"抉""玦""缺""决",月部。

"曷"声有"葛""渴""遏""谒""羯""竭""歇""偈","葛"声有"藅"。"藅",祭部;"曷""葛""渴""遏""谒""羯""竭""歇",月部。"偈"读苦盖切时属祭部,读丘竭切时属月部。

"世"声有"贳""泄","贳"声有"勘"。"世""贳""勘"在祭部,"泄"在月部。但"泄"又读余制切,则在祭部。

"祭"声有"察""瘵""際"。"祭""瘵""際"在祭部,"察"在月部。

"埶"声有"勢""褻""熱"。"埶"(蓺)"勢"在祭部,"褻""熱"在月部。

"戌"声有"歲""威","歲"声有"薉"(穢)"濊""噦""翽","威"声有"滅"。"歲""薉""翽"在祭部,"戌""威""滅"在月部。"濊""噦"既属祭部,又属月部。

"折"声有"逝""誓""哲""晢"。"逝""誓"在祭部,"折""哲"在月部。"晢"读如"制"则属祭部,读如"折"则属月部。

"叕"声有"啜""辍""缀""惙""掇"。"缀",祭部;"啜""辍""惙""掇",月部。但"缀"又读陟劣切,则在月部;"啜""辍"又读陟工切,则在祭部。

"列"声有"烈""裂""栵""例"。"栵""例",祭部;"列""烈""裂",月部。但"栵"又音"列",则在月部。

"寽"声有"捋""埒""酹"。"酹"在祭部,"捋""埒"在月部。

"发"声有"废""拨""泼"。"废"在祭部,"发""拨""泼"在月部。

"孛"声有"誖""悖""勃"。"勃"在月部。"孛""誖""悖"都有蒲昧、蒲没二切,既属祭部,又属月部。

"厥"声有"蹶"。"厥""蹶"在月部。"蹶"又读居卫切,则在祭部。

238

"昏"声有"话""活""刮""括","活"声有"阔"。"活""刮""括""阔"在月部,"话"在祭部。

"杀"声有"铩"。"杀""铩"都有所拜、所八二切,既属祭部,又属月部。

"刺"声有"赖","赖"声有"獭""籁""濑"。"赖""籁""濑"在祭部,"刺""獭"在月部。违反了去入韵的原则,则下面这些最谐和的押韵也只能算是合韵了①:

厉揭(《匏有苦叶》)	辇迈卫害(《泉水》)
发烈褐岁(《七月》)	结厉灭威(《正月》)
烈发害(《蓼莪》)	烈发害(《四月》)
辇逝渴括(《车舝》)	拔兑驲喙(《绵》)
拔兑(《皇矣》)	月达害(《生民》)
靸烈岁(《生民》)	揭害拨世(《荡》)
舌逝(《抑》)	舌外发(《烝民》)

王念孙、章炳麟的去入韵说是古音学上的一大进步。段玉裁虽然主张平上为一类,去入为一类,但是还未能把平上韵和去入韵截然分开。王念孙把缉盍分出,于是收-p的韵部独立了,章炳麟把泰至队分出,于是收-t的韵部独立了,黄侃把德沃屋铎锡分出,钱玄同再把觉部分出,于是收-k的韵部也独立了(但钱氏后来又并药于宵,那是错误的)。到了今天,在古音学昌明的时候,我们不能再回到戴震那种以平上去为一类,入声自为一类的学说上去。

上文说过,除了歌月两部以外,去声还应该分为两类,一类算是古平声或上声,另一类算是古入声。这样,上古汉语的声调到底有几个呢?

我设想阴阳入三声各有两调。阴声只有平上两声,阳声也只有

---

① 加重点号的是祭部字,不加的是月部字。

平上两声,入声也分两种,仍称为去声和入声未尝不可以,但若以收塞音为入声的特点的话,则不妨改称长入、短入。所谓"长""短"只是一种假设,也可能不是长短,而是高低升降及其他特征。有一点可以肯定,那就是职觉药屋铎锡六部的去声字一定是收-k,月物质三部的去声字一定是收-t,缉盍两部的去声字(极少数)一定是收-p。

依段玉裁《六书音均表·诗经韵分十七部表》,阳声韵部以及阴声歌宵两部都只有平声;支部只有平声和入声,依章炳麟《国故论衡·二十三部音准》,除泰至队缉盍五部去入韵以外,无论阳声韵或阴声韵,一概只有平声。章氏否认上声的存在①。依我看,上声还是不能否定的。段氏对之幽侯鱼脂五部所定的上声韵证据确凿,不能推翻。宵部上声独用者有《邶风·柏舟》的"悄""小""少""摽",《陈风·月出》的"皎""僚""纠""悄",《小雅·鱼藻》的"藻""镐"②;歌部上声独用者,有《卫风·竹竿》的"左""瑳""傩",《小雅·何人斯》的"祸""我""可"③;支部上声独用者,有《离骚》的"蕊""绸"④。同是阴声,应有它们的系统性,不能认为有些阴声韵有上声,另一些阴声韵没有上声。至于章炳麟、黄侃认为阴声韵只有平声,更不可信。即以阳声韵部而论,恐怕也不能认为只有平声。侵部上声独用者有《小雅·斯干》的"簟""寝",《巷伯》的"锦""甚";谈部上声独用者有《大雅·召旻》的"玷""贬"⑤,《王风·大车》的"槛""菼""敢",《陈风·泽陂》的"菡""俨""枕"⑥,《易经·坎卦》的"坎""窞",又"坎"

---

① 一般人只知道黄侃否认上古有上声,而不知他这种说法是从他的老师那里来的。

② 如果以去声归上声,还可以加上《月出》三章的"照""燎""绍""懆",《齐风·东方未明》的"倒""召",《小雅·角弓》的"教""傚",《大雅·思齐》的"庙""保"。

③ 如果以去声归上声,还可以加上《大雅·下武》的"贺""左"。

④ 段玉裁以"蕊""绸"归支部,江有诰把"蕊""绸"归歌部。

⑤ 段玉裁以"玷""贬"归侵部,这里从江有诰。

⑥ 江有诰认为"枕"是侵部字,侵谈合韵。

"枕""窘",《楚辞·九章·抽思》的"敢""憯";阳部上声独用者有《小雅·北山》的"仰""掌",《楚辞·九章·橘颂》的"长""像",《檀弓》叶"仰""放";耕部上声独用者有《小雅·节南山》的"领""骋";真部上声独用者有《小雅·楚茨》的"尽""引";文部上声独用者有《邶风·新台》的"洒""浼""殄",《离骚》的"忍""陨",《九章·惜诵》的"忍""轸";元部上古独用者有《邶风·柏舟》的"转""卷""选",《静女》的"娈""管",《鄘风·载驰》的"反""远",《豳风·伐柯》的"远""践",《小雅·杕杜》的"嘽""痯""远",《角弓》的"反""远",《周颂·执竞》的"简""反""反",《九歌·国殇》和《九章·哀郢》的"反""远"。特别是元部上声独用的情况较多。

　　这样，如果按入声兼承阴阳的说法，则上古汉语应该有四声，即平声、上声、长入、短入。

　　能不能设想为五声，即平声、上声、去声、长入、短入呢？我曾经为此踌躇过。如果仍旧觉得古无去声说比较可信，有种种迹象使我们倾向于相信古无去声，其中最重要的有三点：第一，《广韵》阴声韵去声字，除了可认为长入字外，所余不多了，阳声韵去声字虽不能有长入字，但是可以算是平声或上声。第二，一字有平去两读者，往往以平声为古读，这种情况以阳声韵为最常见，如"信"字古通"伸"，"信义"的"信"亦即读平声，例证有《邶风·击鼓》叶"洵""信"，《小雅·节南山》叶"亲""信"，《巷伯》叶"翩""人""信"等，"庆"字古通"卿"（庆云：卿云），"吉庆"的"庆"亦即读平声，例证有《小雅·楚茨》叶"祊""明""皇""饗""庆""疆"，《甫田》叶"梁""京""仓""箱""梁""庆""疆"，《大雅·皇矣》叶"兄""庆""光""丧""方"，《鲁颂·閟宫》叶"洋""庆""昌""臧""方""常"等，"梦"字不但在"视天梦梦"里读平声（《小雅·正月》叶"蒸""梦""胜""憎"），而且在"甘与子同梦"里（《齐风·鸡鸣》叶"虌""梦""憎"），在"乃占我梦"里（《小雅·斯干》叶"兴""梦"），在"讯之占梦"里（《正月》叶"陵""惩"

"梦""雄"),也都读平声。第三,一字有上去两读者,往往以上声为古读,例如"甚",常枕切,又时鸩切,上古读上声,所以《巷伯》叶"锦""甚";又如"玷",多忝切(《广韵》),又都念切(《集韵》),上古读上声,所以《召旻》叶"玷""贬"。因此,我宁愿设想上古没有去声,而以中古的去声字分别归入上古的长入、平声或上声。

结　语

综合上文的论据,我们得出以下的一些结论:(一)先秦韵部不是韵摄,每一个韵部只有一个主要元音;(二)上古一韵分化为中古的两韵,往往是由于声母条件的不同;(三)阴阳入的对应是汉语系统性的表现,我们应该依照对应的规律来进行先秦韵部的拟测;(四)韵部的远近也是古音拟测的根据之一;(五)上古的开合口和中古的开合口略有不同;(六)以中古的声调和上古的声调对应来说,平上为一类,去入为一类,但是一部分去声字应归古平声或古上声。古入声分两类,一律收音于-k, -t, -p,这两类的区别可能是长短的不同,也可能是高低升降的不同。

古音的拟测是以音标来说明古音的系统。这些音标只是近理的假设,并不是真的把古音"重建"起来。但是,即使是假设也要做得合理,如果假设不合理,连古音的系统也会弄错了的。

(原载《北京大学学报》人文科学版,1964年第5期;
又《王力文集》第17卷)

黄侃古音学述评[①]

黄侃的古音学,特别是他的古韵学说,在汉语音韵学上有很大的影响。他的学说虽然也有合理的部分,但是值得批判的地方也很多。我在我的《汉语音韵学》里对他提出了批评[②],但是批评得不深入,同时也没有看见他的学说中的合理部分。张世禄先生在他的《中国音韵学史》里对黄氏古音学也着重在批评,他的批评比我所做的深刻得多[③]。后来我讲清代古音学,在备课过程中仔细看了黄氏的著作,觉得还有许多话要说,所以写这篇文章。文章打算分为两部分:第一部分叙述并分析黄氏的古音学说;第二部分对这个学说加以评论。

一

黄侃治古音学是有他的方法的。他以为必须认识声母与韵母之间的密切关系;声母问题解决了,韵母问题也跟着得到解决;同理,如果韵母问题解决了,声母问题也跟着解决。所以他说:

> 古声既变为今声,则古韵不得不变为今韵。以此二物相挟以变,故自来谈字母者以不通古韵之故,往往不悟发声之由来;谈古韵者,以不憭古声之故,其分合又无的证[④]。

---

① 这里所谓"古音"是依传统音韵学上的定义,指的是上古语音。
② 王力:《汉语音韵学》1956年中华书局版,页400~405。
③ 张世禄:《中国音韵学史》下册,1938年商务印书馆版,页279~294,又页313~320。
④ 《制言》半月刊第六期,黄侃:《音略》,页1。

黄氏以此方法为指导,考得古声母十九个,古韵部廿八个。他是怎样得出这个结论的呢?钱玄同叙述他的考证的过程说:

> 黄侃复于《广韵》中考得有三十二韵为"古本韵"。此三十二韵中,惟有影见溪晓匣疑端透定来泥精清从心帮滂并明十九纽,无其他之二十二纽[1],因知古纽止此十九[2]。

又说:

> 黄侃据章君(按,指章炳麟)之说,稽之《广韵》,得三十二韵。(知此三十二韵为"古本韵"者,以韵中止有十九古本纽也。因此三十二韵中止有古本纽,异于其他各韵之有变纽,故知其为"古本韵"。又因此三十二"古本韵"中止有十九纽,故知此十九纽实为"古本纽"。本纽本韵,互相证明,一一吻合,以是知其说之不可易。)合之为二十八部。[3]

黄氏所定古韵廿八部如下表:

阴声　一歌戈　二灰　三齐　四模　五侯　六豪　七萧　八咍

阳声　九寒桓　一〇先　二痕魂　三青　三唐　四东　五冬

　　　六登　七覃　八添

入声　九曷末　一〇屑　三没　三锡　三铎　四屋　五沃

　　　六德　七合　八帖

歌与戈,寒与桓,痕与魂,曷与末,都只是开合口的关系,所以合并为一部。"古本韵"三十二韵实得二十八部。在上面的表中,我**加方框**的字,表示本字不在此部:《广韵》灰韵虽属古音灰部,但是"灰"字本身属咍部;《广韵》齐韵虽属古音齐部,但是"齐"字本身属灰部,《广韵》先韵虽属古音先部,但是"先"字本身属痕部[4]。

---

① 按,黄侃认为《广韵》有四十一个声母,所以说十九纽之外还有二十二纽。
② 钱玄同:《文字学音篇》,页30。
③ 钱玄同:《文字学音篇》,页31。
④ 根据刘赜先生《音韵学表解》。

章氏古韵廿三部与黄氏古韵廿八部的比较如下表(加[ ]号者是章氏韵部):①

[歌部]＝歌部　　　　　　　[脂部]＝灰部

[支部]＝锡部、齐部　　　　[鱼部]＝铎部、模部

[侯部]＝屋部、侯部　　　　[宵部]＝沃部、豪部

[幽部]＝萧部②　　　　　　[之部]＝德部、哈部

[寒部]＝寒部　　　　　　　[真部]＝先部

[谆部]＝痕部　　　　　　　[清部]＝青部

[阳部]＝唐部　　　　　　　[东部]＝东部

[冬部]＝冬部　　　　　　　[蒸部]＝登部

[侵部]＝覃部　　　　　　　[谈部]＝添部

[缉部]＝合部　　　　　　　[盍部]＝帖部

[泰部]＝曷部　　　　　　　[至部]＝屑部

[队部]＝没部

　　古音学家如王念孙、江有诰、章炳麟等的古韵部名称都大同小异,惟有黄氏古韵部名称与众迥然不同,这是因为他选用了"古本韵"的名称的缘故。

　　黄氏于《切韵》的声母,基本上采用了陈澧《切韵考》的分类。陈澧分为四十类,他只多分出了一类,成为四十一类。他说:

　　　　依陈君所考,照穿床审喻应分为二类,而明微合为一类。侃以为明微应分二类,实得声类四十一。

　　他以十九纽为古本纽,其余二十二纽为变纽,如下表(大字代表古本纽,小字代表变纽)③:

---

① 参看《唯是月刊》第三期,黄侃:《与友人论小学书》,页 10。

② 章氏幽部包括入声,黄氏萧部似乎不包括入声,讨论见下文。

③ 参照钱玄同:《文字学音篇》,页 30。

245

影喻于

　　见群　　　溪　　　　晓　　　　匣　　　疑

　　端知照　　透彻穿审　　定澄神禅　　来　　　泥娘日

　　精庄　　　清初　　　从床　　　　心山邪

　　帮非　　　滂敷　　　並奉　　　　明微

　　黄氏于《广韵》的二百零六韵,以为除了开合洪细的区别之外①,主要还是由于从古韵看来不宜合并,又由于古本韵与变韵应该区别开来。他说:

　　　　《广韵》分韵分类虽多,要不外三理。其一,以开合洪细分之。其二,开合洪细虽均,而古本音各异,则亦不能不异。如东冬必分,支脂之必分,鱼虞必分,佳皆必分,仙先必分,覃谈必分,尤幽必分,是也。其三,以韵中有变音无变音为分。如东第一②(无变音)鍾(有变音),齐(无变音)支(有变音),寒桓(无变音)删山(有变音),萧(无变音)宵(有变音),豪(无变音)肴(有变音),青(无变音)清(有变音),添(无变音)盐(有变音),诸韵皆宜分析,是也。③

什么是"变音"呢? 他说:

　　　　当知二百六韵中但有本音不杂变声者为古本音,杂有变声者,其本声亦为变声所挟,是为变音④。

可见变纽(变声)是构成变音的条件。韵中有了变纽,不但带有变纽的字被认为是变音(如鍾韵的"蚩""重""釀""封""峰""逢""松""鍾""冲""舂""容""茸"),而且连不带变纽的字(如鍾韵的"恭""颙""从""邕""胸""龙")也被认为是变音,因为这些古本纽的字也

---

　　①　开合大约指的是寒桓之分,痕魂之分,歌戈之分等。洪细大约指的是庚韵分为洪细、东韵分为洪细等。
　　②　按,指东韵第一类,即红类(一等字)。
　　③　《唯是月刊》第三期,黄侃:《与友人论小学书》,页7。
　　④　同上。

受了变纽的字的影响("其本声亦为变声所挟"),它们的韵母也起了变化,不能保持上古的韵母了。

单就平声和入声而论,古本韵和变韵如下表:①

古本韵	变韵
东一②	锺,江
冬	东二
模	鱼,虞半,麻半
齐	支半,佳
灰	脂,微半,皆
咍	之,尤半
痕魂	微半,谆半,文,殷
寒桓	元,删半,山,仙半
先	真,谆半,臻,删半,仙半
萧	宵,肴半,尤半
豪	肴半,幽
歌,戈一③	戈二,戈三,麻半,支半
唐	阳,庚半
青	庚半,耕半,清
登	耕半,蒸
侯	虞半
覃	侵,咸半,衔,严半,凡
添	谈,盐,咸半,严半

---

① 参照钱玄同:《文字学音篇》,页 22～25。
② 东一指东韵第一类,即红类(一等字),东二指东韵第二类,即弓类(三等字)。
③ 戈一指戈韵第一类,即禾类(合口一等),戈二指戈韵第二类,即伽类(开口三等),戈三指戈韵第三类,即靴类(合口三等)。

247

屋一① 　　　　屋二,烛,觉半

沃　　　　　觉半,药半

没　　　　　术半,迄,物

曷末　　　　祭,泰,夬,废,月,黠半,镈,薛半

屑　　　　　质,术半,栉,黠半,薛半

铎　　　　　陌,药半,麦半,昔半

锡　　　　　麦半,昔半

德　　　　　职

合　　　　　缉,洽半,狎

帖　　　　　盍,葉,业,洽半②

黄氏认为古音只有平声和入声,因此所有上声韵和去声韵都认为是变韵。即以古本韵而论,其上去声也算是变韵。钱玄同说:

> 古韵有平入而无上去。故凡上去之韵,皆为变韵。如此处上声之董,去声之送一,在古皆当读平声,无上去之音,故曰变韵是也③。

古本音和变音,这是黄氏古音学的基本概念。他所拟定的整个古音系统都从此出发。我们必须深入考查他是怎样看出"本"和"变"来的。

我们首先要知道黄氏对开合洪细的看法。他反对等韵开合各分四等,他认为开口只有两等,合口只有两等,总计也不过四个等。

他说:

> 若夫等韵之弊在于破碎。音之出口不过开合,开合两类各有洪细,其大齐唯四而已。而等韵分开口合口各为四等。今试举寒桓类音质之,

---

① 屋一指屋部第一类,即谷类(一等字),屋二指屋韵第二类,即六类(三等字)。

② 所谓"半",只表示一韵分为两部分其中的一部分,字数多寡可以不平衡。

③ 钱玄同:《文字学音篇》,页 22。按,钱玄同声明他的古音学说是采用黄侃的。

为问寒(开洪)桓(合洪)贤(开细)玄(合细)之间尚能更容一音乎?①

黄氏这个议论和他的老师章炳麟的议论正相符合。章炳麟说:

> 又始作字母者未有分等。同母之声,大别之不过阖口开口。分齐视阖口而减者为撮口,分齐视开口而减者为齐齿。阖口开口皆外声,撮口齐齿皆内声也。依以节限,则阖口为一等,撮口其细也:开口为一等,齐齿其细也。本则有二,二又为四,此易简可以告童孺者。季宋以降,或谓阖口开口皆四等,而同母同收者可分为八,是乃空有名言,其实使人哽介不能作语。验以见母收舌之音,昆(阖口)君(撮口)根(开口)斤(齐齿)以外,复有他声可容其间邪②?

由此看来,黄氏所谓开合洪细四等,实际上就是开齐合撮四呼。钱玄同采用他的说法,索性称为开齐合撮。如说:"东二,冬之变韵,由本音变同东韵之撮口呼。"③

其次,我们要知道黄氏所谓"本"与"变"的含义。所谓"本",就是说直到《切韵》时代,仍然保存着上古的读音。例如见母,从上古到《切韵》时代一直读[k];又如咍韵,从上古到《切韵》时代一直读[ai]。所谓"变",就是说上古读音与《切韵》时代的读音不同。例如群母的演变过程是[k]→[g‘]④,又如之韵的演变过程是[ai]→[i]。

既然他认为一摄只能有开齐合撮四呼,那么,等韵中的四个等不可能同时存在。他就设想:其中有两个等是上古时代存在的,另外还有两个等则是后代的变音。从实际读音来看,一等与二等没有分别,三等与四等没有分别,只是一等与四等代表古本音,二等与三等代表后来从别处转变来的音罢了。刘申叔(师培)在他的

① 《唯是月刊》第三期,黄侃:《与友人论小学书》,页6~7。
② 章炳麟:《国故论衡·音理论》。
③ 钱玄同:《文字学音篇》,页22。
④ 黄氏虽认为群母在中古属浊音,但是他对浊音的说明很不科学。现在姑且把群母拟成"g‘"。

《音论序赞》里泄露了这个秘密：

> 实考古音二等，《广韵》四等。一与四者古音之本；其二与三，本音变也①。

黄氏自己在讨论等韵时也说：

> 顾其理有暗与古合者，则其所谓一等音，由今验之，皆古本音也。此等韵巧妙处，其他则缤纷连结，不可猝理②。

我们要进一步追问：为什么黄氏选择了一等和四等，而不选择一等和三等，或二等和三等，作为古本音呢？如果能回答这个问题，那就算是知道了黄氏古音学的全部秘密。

原来黄氏是从古本纽出发，来证明古本韵的。钱大昕证明古无轻唇舌上，又正齿亦多归舌头，这样就从三十六母中减去了十三个字母(非敷奉微知彻澄娘照穿床审禅)，剩下二十三个。章炳麟以喻归影，以日归泥，又减去了两个。黄氏即从钱章的结论出发，看见非敷奉微禅喻日只出现于三等(喻母虽有喻三喻四之分，但喻四的字可以用三等字为反切下字，实属三等)，知彻澄娘照穿床审只出现于二三等，可见变纽不能属于一四等。若以无变纽的韵作为古本韵的话，只能从一四等寻找古本韵了。按照这个简单的方法来考察十六摄，凡一等韵和纯四等韵都算古本韵。具体说来：

江摄全是二等，所以没有古本韵。

止摄只有三等(其中包括假二等和假四等)，所以没有古本韵。

遇摄一等有模，三等(包括假二等)有鱼虞，所以模是古本韵。

蟹摄一等开口有咍泰，合口有灰泰，二等有佳皆夬，三等有祭废，四等有齐。咍灰齐是古本韵。泰因为是去声，不算古本韵。

臻摄一等开口有痕，合口有魂没，二等有臻栉，三等(包括假四

---

① 《制言》半月刊第六期。
② 《唯是月刊》第三期，黄侃：《与友人论小学书》，页7。

等)有真谆文欣质术物迄,所以痕魂没是古本韵。

山摄一等开口有寒曷,合口有桓末,二等有删山黠镯,三等(包括假二四等)有元仙月薛,四等有先屑,所以寒桓曷末先屑是古本韵。

效摄一等有豪,二等有肴,三等(包括假四等)有宵,四等有萧,所以豪萧是古本韵。

假摄没有一等,也没有纯四等,所以没有古本韵。

宕摄一等有唐铎,三等(包括假二四等)有阳药,所以唐铎是古本韵。

曾摄一等有登德,三等(包括假四等)有蒸职,所以登德是古本韵。

梗摄没有一等字,二等有耕庚陌麦,三等(包括假四等)有庚清陌昔,四等有青锡,所以青锡是古本韵。

流摄一等有侯,三等(包括假二四等)有尤幽,所以侯是古本韵。

咸摄一等有覃谈合盍,二等有咸衔洽狎,三等(包括假四等)有盐严凡叶业乏,四等有添帖。覃合添帖是古本韵。照理,谈盍也该算古本韵,但是黄氏以前的古音学家都只把收-m的韵分两类(即黄氏的覃添),收-p的韵分两类(即黄氏的合帖),黄氏也就不改变前人的结论了①。此外还有两个摄,其中找不出一等韵和四等韵,但是能找到一等字。于是黄氏把一韵分成两三类,以其中一类为古本韵:

通摄一等有东韵第一类(红类),屋韵第一类(谷类)和冬韵、沃韵;三等(包括假二四等)有东韵第二类(弓类),屋韵第二类(六类)和钟韵、烛韵,所以东一、屋一、冬、沃是古本韵。

---

① 据说黄氏后来又分古韵为三十部,谈添盍帖算是四部。下文当再论及。

果摄一等有歌韵和戈韵第一类(禾类);三等开口有戈韵第二类(迦类),合口有戈韵第三类(靴类),所以歌和戈一是古本韵。

黄氏的古音十九纽也是从这里找证据的。上面说过,轻唇舌上,正齿日喻等纽都只出现于二三等;章炳麟古音二十一纽,正是以轻唇与重唇合并,舌上与舌头合并等办法得出来的。黄氏比章氏减少了两个声纽,即群母和邪母。大家知道,群母只出现于三等,邪母在韵图中虽属四等,那是假四等,因为它只出现于三等韵中,以三等字为反切下字(如叙,徐吕切)。

现在谈到黄侃对上古声调的看法。这个看法和他的古韵部学说是有密切关系的。他说:"四声古无去声,段君所说;今更知古无上声,惟有平入而已。"[1] 又说:"段茂堂《六书音均表》去去声而不去上声者,一则以《诗经》今之上声连用者多,故不敢下断语,一则以《诗经》韵例尚未严密。"[2] 他否定了上去两声之后,只剩平入两声,于是他想到了平入对立,把所有的入声韵都独立起来。这样就成为阴阳入三分法。本来阴阳入三分不是从黄氏开始的;戴震的古韵二十五部就包括阴声七部,阳声九部,入声九部。但是黄氏的入声韵部和戴氏的入声韵部有很大的分别。最明显的是曷部,包括戴氏的阴声霭类和入声遏类。其实岂但曷部? 其他各部都有同样的问题。黄氏同意段玉裁古无去声的学说,把大多数去声字(主要是偏旁与入声相同的字)都归到入声韵部去了(其余少数归入平声),他的弟子刘赜教授的《音韵学表解》和《说文古音谱》反映了他对于入声的见解。而戴氏则把阴声韵去声字仍旧看成去声,算是阴声韵部。例如"护""祚""暮"等字,戴氏归入去声[3],而黄氏归入声[4]。

① 《制言》半月刊第六期,黄侃:《音略》,页1。
② 黄永镇:《古韵学源流》页83所引。
③ 戴震:《声类表》,渭南严氏丛书本,页3。
④ 参看刘赜:《说文古音谱》,铎部。

黄氏入声一律独立的学说,和他的老师章炳麟的古韵学说是相抵触的。章氏明白地宣称,收[-k]的入声韵部在上古是不存在的。他说:

> 案古音本无药觉职德沃屋烛铎陌锡诸部,是皆宵之幽侯鱼之变声也。有入声者:阴声有质栉屑一类,曷月镈薛末一类,術物没迄一类,阳声有缗类盍类耳。

在入声问题上,黄氏和章氏的分歧很大。前人因他们有师生关系,而忽略了他们之间的重大分歧,那是不合适的。

依黄氏的学说,二十八个韵部中,每一个韵部都只有一个声调,阴声韵和阳声韵都只有一个平声,入声韵自然也只有一个入声。这实际等于说上古汉语没有声调的存在,因为在声母完全相同的情况下,声调必然相同。即使阴声、阳声和入声在高低升降的形状上有所不同,声调已经失掉辨义的作用了。

有一件事是黄氏没有讲清楚的:章氏幽部的入声(我所谓觉部),黄氏归到哪里去了? 刘赜教授把这一类字归入萧部,那就和章氏一致了。杨树达在把刘赜教授《音韵学表解》印发给清华大学中文系的学生作为参考资料时[1],加一个附记说:"刘君用黄君季刚之说也。"这样,似乎以觉类归萧部是可信的。但是,如果我们仔细玩味黄氏自己的话,就会得出完全不同的结论。第一,黄氏在《与友人论小学书》提到"侯萧同入"[2],可见他受了段玉裁《六书音均表》的影响。段玉裁第三部(萧部)有入,第四部(侯部)无入。段氏晚年接受了王念孙和江有诰的意见,同意把第三部入声的一半归入第四部。黄氏因为找不到觉部的"古本韵"才又把两部的入声合并起来。不过这一回不像段氏那样算是第三部的入声,而算是

---

① 时间约在 1935 年左右。
② 《唯是月刊》第三期,黄侃:《与友人论小学书》一文页 11。

侯萧同入了。第二,黄氏在《音略》中提到屋部是"戴所立"。戴震的屋部也正是包括屋觉两部的①。第三,黄氏整个古音体系是阴阳入三声分立,怎肯把入声字归到平声韵里去呢? 因此,如果没有有力的反证,我们还是相信黄氏把觉部合并到屋部去了。

依黄氏的学说,上古音系比中古音系简单很多。每一个韵部不能同时具备洪细音:有开合者不能有齐撮;有齐撮者不能有开合。有些韵部有开无合,有些韵部有合无开,有些韵部有齐无撮。现在参照他的《与友人论小学书》和《音略》,叙述各韵的开合洪细如下:

阴　声	入　声	阳　声
————	屑(齐细)	先(齐细)
灰(合洪)	没(合洪)	痕魂(齐洪)
歌戈(齐洪)	曷末(齐洪)	寒桓(齐洪)
齐(齐细)	锡(齐细)	青(齐细)
模(合洪)	铎(齐洪)	唐(齐洪)
侯(开洪)	屋(合洪)	东(合洪)
萧(开细)	————	————
豪(开洪)	沃(合洪)	冬(合洪)
哈(开洪)	德(齐洪)	登(齐洪)
————	合(开洪)	覃(开洪)
————	帖(开细)	添(开细)②

这是"古本韵"学说的逻辑结果,因为从一等韵中找出古本韵来就必然是洪音,从四等韵中找出古本韵来就必然是细音,绝不可能兼

---

① 戴氏幽侯不分,屋觉不分。参看《声类表》卷三。

② 这个表见于《音略》和《与友人论小学书》。后者于合帖覃添只注洪细,不注"开"字。

备洪细。有些古本韵只有开口字(如咍),就不容许再有合口;有些古本韵只有合口字(如灰),就不容许再有开口。黄氏自己讲得很清楚:

> 段君能分支脂之为三类而不得其本音。……谨案:"支"之本音在齐韵,当读为"鞮";"脂"之本音在灰韵,当读如"磓"(脂韵古皆合口,前人已多言之①);"之"之本音在咍韵,当读如"鼟"。今之所以溷者,以"支"由本声为变声,遂成变纽;"脂"由本声为变声,复由合口为开口,由洪音为细音;"之"由本声为变声,复由洪音为细音。于是"支""脂""之"皆为开口细音,斯其分介不憭矣。②

黄氏在教人读古音的时候说:"当知变音中之本声字,改从本音读之。其变声字当改为本声,而后以本音读之。③"他把东韵第二类列成一个表,现在为了节省篇幅,不照录原表了,只引申其意来说明一下。所谓"变音中之本声字,改从本音读之",例如东韵撮口呼去声"趥"字(香仲切)属晓母,晓母是古本纽(本声),但仍要改读如"烘"(呼东切),因为东韵撮口呼是变韵,去声韵也是变韵。又如"穹"字(去宫切)属溪母,溪母是古本纽,但仍要改读为"空",因为读去宫切则属撮口呼,仍非本音。所谓"其变声当改为本声,然后以本音读之"。例如"雄"(羽弓切)属于母(喻三),"融"(以戎切)属喻母(喻四),都是变纽(变声),应先改成本纽影母,然后以一等音(本音)读之,"雄""融"都读如"翁"。由此类推,"穷"(渠弓切)属群母,应先变成溪母,然后读如"空";"中"属知母,"终"属照母,都应先变成端母,然后读如"东"。他讲到古声纽的时候,也采用了同样的原则。现在只举舌音为例:

---

① 按,段玉裁自己也这样说。他说:"第十五部之音,脂读如追,夷读如帷,黎读如累,师读如虽,全韵皆以此求之。"见《答江晋三论韵》,在江有诰《音学十书》卷首。

② 《唯是月刊》第三期,黄侃:《与友人论小学书》,页13。

③ 《唯是月刊》第三期,黄侃:《与友人论小学书》,页11。

舌音

端,本声。单,都寒切,古今同。驙,都年切,声同韵变,古音亦读如单。

知,此端之变声。趚,张连切,声韵俱变,古音当读如亶平声,亦即读如单。

照,此亦端之变声。旃,诸延切,声韵俱变。古音当读如丹,即如单。

透,本声。嘽,他干切,古今同。觍,他典切,声同韵异,古音亦读如嘽。"觍"重"靦"①,故知在此韵。

彻,此透之变声。龊,丑善切,声韵俱变。古音亦读如嘽。"龊"从歬声②,故知在此韵。

穿,此亦透之变声。阐,昌善切,声韵俱变。古音亦读如嘽。

审,此亦透之变声。燀,式连切,声韵俱变。古亦当读如嘽。"燀"重"靼",故知在此韵。

定,本声。沱,徒何切,古今同。地,徒四切,声同韵变。古亦读如沱,以《楚辞·天问》用韵知之。

澄,此定之变声。驰,直离切,声韵俱变。古亦读如沱。

神,此亦定之变声,蛇,食遮切。此即"它"之重文,声韵俱变。古亦读如沱。

禅,此亦定之变声。垂,是为切,声韵俱变。古音当读憜平声③。

泥,本声。奴,乃都切,古今同。变韵无泥纽(除上去声)。

娘,此泥之变声。挐,女加切,声韵俱变。古亦读如奴。

日,此亦泥之变声。如,人诸切,声韵俱变。古亦读如奴。

来,本声。罗,鲁何切,古今同。罹,吕支切,声变,即罗之后

---

① "靦"是"觍"的重文,见《说文》。下文"燀"重"靼"仿此。

② 歬,於愆切,读如偃。

③ "憜"即"惰"字。惰的平声也是沱。

出字,则古只有罗音也①。

这样,在上古音系里,"单""亶""斒"同音,"嘽""觌""䀹""虋""阐"同音,"沱""地""驰""蛇""垂"同音,"奴""挐""如"同音,"罗""罹"同音。

古音之简单化是显然可见的。以"觌"字为例,透母虽是古本纽,但是必须把[-ian]改为[-an](齐齿改开口),把上声改为平声,然后合于古音。至于"阐"字,则既不属于古本纽,又不属于古本韵,就必须改穿母为透母,改齐齿呼为开口呼,改上声为平声,才合乎古音了。其余由此类推。

黄氏对于古音拟测,用不着许多理论,因为古本纽与古本韵的理论已经包含着上古音读在内了。例如端母为古本纽,可见端母的读音古今都是[t];寒桓为古本韵,可见寒部的读音古今都是[an],[uan]。只有少数古本韵在今音不能读出分别来,才需要处理一下。他说:

两本音复相溷,则以对转之音定之。如东冬今音亦难别,然东与侯对转,此必音近于侯也。冬与豪对转,此必音近于豪也。试于读"东"字时先读"兜"字,读"冬"字时先读"刀"字,则二音判矣。(简言之,无异以兜翁切"东",以刀硝切"冬",但须重读其上声耳。)

这样,黄氏的古音拟测应如下表:

古音十九纽:

深喉音②	浅喉音	舌音	齿音	唇音
影○	见 k	端 t	精 ts	帮 p
	溪 kh	透 th	清 tsh	滂 ph
	晓 x	定 d	从 dz	並 b
	匣 h	泥 n	心 s	明 m
	疑 ng	来 l		

① 《制言》半月刊第六期,《音论》,页11~13。
② 深喉浅喉之分,依照钱玄同《文字学音篇》页30。

古韵二十八部①：

阴声	入声	阳声
——	屑 iat, yat②	先 ian, yan③
灰 uei	没 uet	痕魂 en, uen
歌戈 o, uo④	曷末 at, uat⑤	寒桓 an, uan
齐 i, yi	锡 ik, yk	青 ing, yng
模 u	铎 ok, uok	唐 ang, uang
侯 ou	屋 °uk	东 °ung
萧 iau	——	——
豪 au	沃 ªuk	冬 ªung
咍 ai	德 ek, uek	登 eng, ueng⑥
——	合 ap	覃 am
——	帖 iap	添 iam⑦

二

黄侃的古音学说，在当时大受推崇。他的老师章炳麟说："黄

---

① 黄氏以《广韵》某韵为古本韵时，即以《广韵》读该韵之音为古本音(有特别声明者除外)。他以《广韵》为今音，即认为与现代北方音没有分别。

② 依黄氏"古本音表"(《与友人论小学书》)看来，入声分别配阳声-ng、-n、-m。今依钱玄同的说法，把入声拟成-k、-t、-p 三类。

③ 黄氏以"寒""桓""贤""玄"为四呼(见上文所引)。"寒""桓"是寒部字，"贤""玄"是先部字。所以寒部是 an、uan，先部是 ian、üan。黄氏并不要求两个韵部之间主要元音有分别，只要洪细不同就行了。余仿此。

④ 黄氏以歌麻合为阿摄，读为 o、uo 等，不读 a、ua 等，另有霭摄才读 a、ua 等。

⑤ 黄氏同意章炳麟泰部读 a，那就没有 t 尾，与入声韵说有矛盾，今以钱玄同的入声定义，拟成-t 尾。其实黄氏将章氏泰部读 a 之说用于《广韵》，所以霭摄读 a。

⑥ 表中的 e，一律读如 attempt 中的 a。

⑦ 为了印刷的方便，不用国际音标。在本文中，k、t、ts、p 后面的 h 表示送气，h 表示与 x 同部位的浊音，ng 表示与 g 同部位的鼻音，y 表示与 i 同部位的圆唇音，等于法文的 u，韵头 y 等于法文 lui 中的 u。

258

侃云:'歌部音本为元音,观《广韵》歌戈二韵音切,可以证知古纽消息。如非敷奉微知彻澄娘照穿床审禅喻日诸纽,歌戈部中皆无之,即知古无是音矣。'此亦一发明。"[①] 他的师兄刘申叔(师培)说:"是皆夔旷所未传,吕忱李登之所忘阙,自非耳顺,性与天通,孰能与此?[②]"他的师弟钱玄同在北京大学讲音韵部分,完全采用黄说,以为黄氏古纽学说"较之钱(大昕)章(炳麟)所考,益为精确[③]",又以为"章君之图(按指"成均图")于入声分合原未尽善,黄氏据《广韵》之'古本韵'以补正之,证据精确,殆可作为定论[④]。"但是据说黄氏晚年并不满意他中年时代的著作(《音略》初次发表在《国学厄林》杂志[⑤],时在 1920 年,《与友人论小学书》发表在《制言》半月刊,也在 1920 年,黄氏当时 34 岁)。汪辟疆在《悼黄季刚先生》一文中说:"旧撰《音略》《文心雕龙札记》皆非其笃意之作,有询及之者,心辄不怿,盖早已刍狗视之矣。[⑥]"殷孟伦先生在《音略跋》中说:"闲尝请于先生欲观其真,先生谦让未遑,以为少作不足存。[⑦]"我想他很可能是不满意,但是他的古音学说只发表在中年时代,而这个学说至今在学术界还有一定的影响。我们只好根据他中年时代的著作来叙述和评论了。

　　黄侃的古音学说有两个贡献:第一是照系二等和照系三等分属不同的古纽;第二是入声韵部的独立。

---

① 章炳麟:《莿汉微言》,《章氏丛书》浙江本,页 68。

② 刘申叔《音论序赞》,见《制言》半月刊第六期。

③ 钱玄同:《文字学音篇》,页 30。

④ 钱玄同:《文字学音篇》,页 31。

⑤ 当时只发表了一部分,后来在《华国月刊》也只发表一部分。到他逝世后(1935年),《音略》才全文由《制言》半月刊发表。

⑥ 《制言》半月刊第四期。这里附带说一说,《文心雕龙札记》的价值要比《音略》的价值高得多。

⑦ 《制言》半月刊,第六期。

黄氏古纽学说远胜其师，这并非由于他比章氏减少了两个古纽（这反而是他的缺点），而是由于他采用了陈澧《切韵考》的分析，把照系分为照穿神审禅和庄初床疏两类。尤其值得称赞的是他把照系三等归到古端系，照系二等归到古精系。钱大昕说："古人多舌音，后代多变为齿音，不独知彻澄三母为然也[1]。"齿音在这里指正齿（照系），不指齿头（精系）。但是，照系如果不分为两类，那么，或者把所有的正齿字一概归并到古端系去，或者如章炳麟所做的一样，保留照穿床审禅作为古本纽，而把精清从心邪归并入正齿[2]。这两种做法都不能解决问题。实际上，古音只有照系三等和端系相通，钱大昕所提到的"种""舟""周""至""支""专"等，都是三等字，没有一个照系二等字。可见只要把照穿神审禅归入古端透定中去就够了。从谐声偏旁看，照系二等字和精系字关系很深：宗声有崇，衰声有蓑（衰即古蓑字），（即灾）声有甾，宰声有滓，则声有厕有侧，且声有助，此声有柴，才声有豺，齐声有齑，秦声有臻，辛声有莘，节声有栉，戈声有栈，巽声有撰，肖声有稍，仓声有创，相声有霜，束声有策，秋声有愁，聚声有骤，叟声有搜，参声有渗，妻声有霎等等，不胜枚举。徐貌《毛诗音》把"骤"注作在遘反，为颜之推所讥[3]，其实以"在"切"骤"，正是合乎古音。当然，照系三等古音是否完全与端系相同，二等古音是否完全与精系相同，还须进一步考虑（见下文），但是照系三等与端系相近，照系二等与精系相近，则是可以肯定的，因此，在一定程度上，黄侃对照系的看法是正确的。

　　入声韵部独立不从黄侃开始。戴震《声类表》分古韵二十五

---

①　钱大昕：《十驾斋养新录》卷五，1957年商务印书馆版，页116。
②　章炳麟：《国故论衡》，《章氏丛书》浙江本，页5。
③　《颜氏家训·音辞》。

部,其中有入声九部;姚文田《古音谐》分古韵十七部,另立入声九部;刘逢禄《诗声衍》(未成书,但有序及条例等)分古韵二十六部,其中有入声八部。但是,黄侃的入声概念和戴震等人的入声概念大不相同。戴姚刘等人所谓入声韵部,是不包括去声字的。黄侃接受了段玉裁古无去声的学说,把大部分去声字归入入声。段玉裁说平上为一类,去入为一类,黄氏继承了段氏观点,索性把平上合并,去入合并。黄氏生在王念孙、江有诰、章炳麟之后,知道了至部、队部、泰部都是去入韵,由此类推,他的锡部、铎部、屋部、沃部、德部也该都是去入韵了。从去入为一类这一点上看,他和朱骏声比较接近。凡谐声偏旁为入声字者,朱氏一律归入"分部"。如辱声有耨,"耨"字虽是去声字,古音应为需韵(侯)的"剥分部"。朱氏分古韵为十八部(段氏十七部加泰部),此外还有十个"分部"。"分部"实际上等于入声韵部,"分部"兼属阴阳,正像黄氏入声兼配阴阳。但是黄氏比朱氏做得更彻底,他干脆把入声韵部独立起来,让它和阴声、阳声鼎足三分了。

黄氏以去入为一类,同归上古入声,这是和段氏"同谐声者必同部"的原理相符合的。如之部"亟""识""植",侯部"读",支部"易",鱼部"莫""度"等既读去声,又读入声。又如式声有试,意声有億,益声有溢,各声有路等去入互谐的字也不胜枚举。这都证明去声和入声为亲属,而黄氏以去入合并是有他的理由的。

入声韵部独立为什么是比较合理的呢?只要从古音拟测上考察,就知道了。从孔广森、王念孙起,收-p 的韵部已经独立起来,到了章炳麟,收-t 的韵部也完全独立了,只缺少收-k 的韵部,这样,收-ng 的阳声韵部就没有入声和它们对应。再说,假定上古没有收-k 的底子,到中古也不能凭空生出个-k 尾来。如果说上古的之幽宵侯鱼支六部全都收-k 尾或-g 尾(高本汉基本上就是这么做的),那样在语音发展规律上算是讲得通,但是上古汉语闭口音节那样多，开口音节那样少，却不近情理①。因此，入声韵部一律独立是比较合理的。

章炳麟曾经解释之幽宵侯鱼支六部入声不应独立的理由。他说：

> 顾君(按指顾炎武)以药觉等部悉配阴声，征之《说文》谐声，《诗》《易》比韵，其法契较然不移。若"藐"得声于"貌"，"沃"(按即"沃"字)得声于"芙"、"瘵"(按即"瘵"字)得声于樂，"试"得声于"式"，"特"得声于"寺"，"萧"得声于"肅"，"寶"得声于"賣"(按余六切)，"博""缚"得声于"専"，"锡"得声于"易"，兹其平上去入皆阴声也，遞数之不能终物②。

从谐声偏旁看之幽等六部阴声与入声的分野，的确有些麻烦，但是并不像章氏说的那样严重。先就谐声字来说，章氏所举"藐"得声于"貌"，"瘵"得声于"樂"，"试"得声于"式"，"寶"得声于"賣"，"锡"得声与"易"，都是去入互谐，不能成为入声必须与平声合并的理由。只有"沃"得声于"沃"(乌皓切，"芙"又得声于"夭")，"特"得声于"寺"("寺"声又有"時")，"萧"得声于"肅"，"博""缚"得声于"専"，比较难于解释。但是谐声虽然原则上同部，也不是没有一些例外，因为谐声时代早于《诗经》时代，若干偏旁已经有了变读，只要声母相同，主要元音相同，也就能成为谐声。如旦声有怛(曷部)，"禺"声有"颙"(东部)，可认为阳声与入声对转，阴声与阳声对转，不必以"怛"归寒部，以"颙"归侯部。这样，如果以"沃"入沃部而以"夭"入豪部，以"特"入德部而以"時"入之部③，以"肅"入觉部而以"萧"入萧部，以"博""缚"入铎部而以"専"入模部，也未尝不可。

入声韵部独立后，对《诗经》押韵的解释，也遭遇到一些麻烦。

---

① 参看拙著《上古入声和阴声的分野及其收音》。
② 章炳麟：《国故论衡上》，页21。
③ "寺"字亦当入之部。《诗经·大雅·瞻卬》叶"海""寺"。

262

在《诗经》开卷第一篇《关雎》里,我们就遇到"芼"和"乐"押韵。此外如《大雅·绵》叶"止右理亩事",而《大雅·崧高》叶"事式","事"若归之部则《崧高》押韵不够和谐,归德部则《绵》押韵不够和谐。在这种地方有两种可能的解释:一种解释是认为一种不完全韵(as-sonance),如以 mau(芼)与 lauk(乐)互押①;另一种解释是认为存在着一字两读的情况,如"芼"既可以读 mau,又可以读 mauk②。前几年我倾向于前一种解释,现在我倾向于后一种解释。江有诰主张古四声不同于今四声,事实上正是承认一字两读。不过他常常以入为去,如于《关雎》的"乐"字注云"去声",而我却认为应该以去为入,如于《关雎》的"芼"字应注云"入声"。

以上对于谐声字和《诗经》的解释,都只是我的意见,未必就是黄侃的看法。也许黄侃当时把问题看得很简单,没有考虑过这些复杂的问题。

但是,如果不对这些问题作出答案,就会被章炳麟的话所驳倒。我们既然支持黄氏入声韵部独立的学说,就不能不为他辩护一番。

这里附带谈一谈黄氏古韵学说的师承。黄氏说他的古韵分部"皆本昔人,未尝以己见加入③。"他说齐模豪先东覃六部为郑庠所立,歌青唐登四部为顾炎武所立,萧寒添三部为江永所立,冬部为孔广森所立,曷部为王念孙所立。他这种说法是有毛病的:不但不能帮助人们了解他的师承,反而模糊了人们对他的古韵学说的认识。其实应该以黄氏二十八部收字的范围为标准,不应该简单地以韵部的名称为标准。黄氏在这里两个标准同时并用,这是违反

---

① 依照我在《汉语史稿》的拟音。

② "芼"字甚至可能只有 mauk 音。

③ 见《制言》半月刊第六期,黄侃《音略》。

逻辑的。如果以黄氏二十八部收字的范围为标准,我们只能说歌青唐登四部为顾氏所立,寒部为江氏所立,覃谈合帖四部为戴氏所立,痕部为段氏所立,东冬两部为孔广森所立,先屑曷三部为王氏所立,灰没两部为章氏所立,咍萧豪侯鱼齐德沃屋铎锡十一部为黄氏自己所立。为什么不能说齐模豪先东覃六部为郑庠所立呢?因为郑庠的韵部太大了,又不能离析《广韵》,没有一个韵部合于古韵的要求。黄氏把宋代的郑庠抬出来,实在最没有道理。其次,为什么不能说萧添两部为江氏所立呢?因为入声韵部尚未从萧添分出(江氏虽分入声八部,但他所谓入声不包括去声),而侯又并入于萧。为什么不能说屑没锡铎屋沃德七部为戴氏所立呢?上文说过,戴氏这些韵部并不包括去声,与黄氏的入声韵部大不相同。只有合帖两部和去声没有关系,所以戴、黄才一致了。为什么不能说灰侯咍三部为段氏所立呢?也是因为入声韵部尚未从灰侯咍分出。覃添为戴氏所立(与合帖分开),东为孔广森所立(与冬分开),先屑为王念孙所立(段氏先屑混合),黄氏反而没有提到。队部独立(黄氏的没部)是章氏得意之作,黄氏对他的老师这一个大贡献完全不提,也欠公平。钱玄同说黄氏古韵二十八部"大体皆与章说相同,惟分出入声五部(锡铎屋沃德)为异[①]。"这话要比黄氏的话简明扼要得多,而且确当得多。黄氏对古韵分部有他的创造性(五个入声韵部从五个阴声韵部分出),他完全归功于前人,反而不合事实。

黄氏古音学说虽然有上述的两个优点(照系二等与三等分立,入声韵部独立),但是由于他研究工作缺乏科学方法,以致他的学说存在着严重的错误。错误的原因可以概括为两点:第一是在作出结论时违反了逻辑推理的原则,第二是对语音发展的规律缺乏

---

① 钱玄同:《文字学音篇》,页31。

正确的了解。

人们不止一次地批评过:黄氏以古本纽证明古本韵,又以古本韵证明古本纽,陷于循环论证的错误①。表面上证据确凿,实际上不能说明任何问题。黄氏心目中先有三个成见:第一是他的老师章炳麟的古音二十一纽和古韵二十三部,第二是戴震的古韵二十五部,第三是段玉裁古无去声说,再加上他自己的古无上声说。他的研究过程实际上是主观的演绎,而不是客观的归纳。他是从原则出发,先有了一个结论,然后企图以材料去证明他的结论。他先从等韵中寻找"变纽"所在的等列,而这些"变纽"绝大多数是钱大昕、章炳麟所已经证明了的。他发现"变纽"都出现在二三等,于是以为一四等韵都是古本韵;反过来又企图证明这些古本韵里所没有的声母都是"变纽"。这样循环论证,就引出了很不合理的结论。

黄氏强调声母和韵母的连带关系,以为"古声既变为今声,则古韵不得不变为今韵",他把纽韵关系说成是"二物相挟而变"。在语音发展史上,这个理论能不能成立呢? 我们承认,声母发音部位可以成为韵母分化的条件,例如现代广州话寒韵舌齿音字读-an,而喉牙音字读-on(吴方言有类似的情况);韵母的发音部位也可以成为声母分化的条件,例如现代北京话见母在 i、y 前面变成了 tɕ-,在其他情况仍保存着古代的 k-。但是这些条件都只是可能的,而不是必然的。因此,北京话寒韵字并没有分化为-an、-on,广州话见母字也并没有分化为 tɕ-、k-。再说,作为分化的条件,无论声母韵母的演变,都是有道理可以说明的。例如寒韵舌齿音与-an 的结合,是因为舌齿音是前腭辅音,和前元音 a 的部位接近。而喉牙音是后腭辅音,则和后元音 o 的部位接近。又如见母在 i、y 前面演变为 tɕ-,是因为 tɕ-的发音部位和 i、y 的发音部位几乎是相

---

① 参看王力《汉语音韵学》,页 402,张世禄《中国音韵学史》下册,页 316。

同的,其他元音就很难和 tɕ-结合了。黄侃的理论不是这样。他不能说明,为什么群母一定是后起的声母,而且一定是由溪母变来的;我们尤其不明白,见溪两母既是古本纽,为什么有些见溪母字也受了群母的拖累,跑到变韵里去了。我们必须找出事物发展的内在联系;如果讲不出发展的条件来,空谈"二物相挟而变"是无济于事的。

《切韵》(后来是《广韵》)作为后代的材料,我们能不能从中证明古音的消息,这也是值得讨论的问题。当然,语言的演变是富有系统性的,后代语音系统在一定程度上也反映着上古的语音系统。问题在于"古本韵"的概念。这个概念在黄氏的著作中始终是模糊的。是陆法言深明古韵,有意识地把这些"古本韵"独立成部呢,还是后代语音系统反映古音系统呢? 若说是陆法言深明古韵,有意识地把这些"古本音"独立成部,这是不可能的,因为陆法言还不能像清儒那样科学地研究古音;若说是后代语音系统反映古音系统,黄氏却又否定了等韵两呼八等的可能性。他把一等韵与二等韵的实际读音等同起来,三等韵与四等韵的实际读音等同起来,所谓"变韵",在洪细的分别上还好理解(如东二为东一的变韵,仙为寒桓的变韵),在洪细相同的情况下(如删山为寒的变韵,肴为豪的变韵,盐为添的变韵)就不好了解了。如果二等读同一等,三等读同四等,就无所谓"变韵";如果二等不读同一等,三等不读同四等,那又该读什么音呢? 黄氏不是主张开合洪细(开齐合撮)之外不可能有其他的音吗?

我在《汉语音韵学》上批评说:

> 所谓"古本纽"(例如帮)与"变纽"(例如非)在古代的音值是否相同呢? 如不相同,则非不能归并于帮,亦即不能减三十六纽为十九纽[①];如

---

① 依黄氏说,当云:"不能减四十一纽为十九纽"。

古代非帮的音值相同,则帮纽可切之字,非纽何尝不可切呢? ……我们不信黄氏的说法,这也是一个强有力的理由①。

对于古本韵和变韵,也可以这样说。如果古本韵与变韵在上古音值不相同,就不能合并为二十八部;如果音值相同,则古本韵之外怎么能有变韵呢?

黄氏虽然建立了古本韵之说,还不能不照顾前人研究的成果。若按没有变纽就算古本韵,则远远地超过了二十八部。黄氏先依段氏古无去声的理论把去声韵排除在古本韵之外,又按自己的主观臆断把上声排除了,这样,古本韵就大大地减少了。但是,即以平入两声而论,谈盍两韵也没有变纽②,为什么不算古本韵呢? 这因为前人于谈添都不分,盍帖都不分,黄氏就不敢擅自把它们分开。这是他的谨慎处,但同时也使他不能严格遵守他自己所立的原则。

黄氏去世后,《制言》半月刊第八期发表了《谈添盍帖分四部说》,标明是"黄季刚先生遗稿,孙世扬录。"人们因此认为这是黄氏晚年的主张,其实是误解。孙世扬在附记里说:"右表及说皆黄先生民国七年所作。先生论古音先分二十八部,至是加分谈盍为三十部。其后《国学厄林》《华国月刊》并载先生所撰《音略》,其中古韵仍旧为二十八部。不知《音略》之作在何时也。世扬得此稿十余年,既不能引申师说,亦不知先生晚年定论云何。"按,民国七年(1918)时黄氏只有32岁,不能说是他晚年的主张。既然黄氏早年就有三十部的主张,为什么后来还让《国学厄林》《华国月刊》发表他的《音略》,《唯是月刊》发表他的《与友人论小学书》而不加以补正呢? 这始终是一个谜。如果黄氏真的把谈添盍帖分为四部,当

---

① 王力:《汉语音韵学》,页405,注十五。
② 谈盍是一等韵,应该没有变韵。今本《广韵》上声敢韵有"㿼",赏敢切,入声盍韵有"𧮴",章盍切,都是"后人沾益"(黄氏原语)。《切韵》残本和王仁昫《刊谬补缺切韵》都没有这两个字。

然弥补了他理论上一个缺陷，但是，谈添盍帖四部分立的证据也是不充分的，韵文材料既少，谐声关系又犬牙交错。我们读了《谈添盍帖分四部说》以后，觉得说服力不强。

依段王等人的研究成果，幽部(萧部)是有入声的。黄氏拘于古本韵的理论，在幽部入声中找不出古本韵，只好牺牲了这个古韵部(觉部)。如果这些字不算入声，那就不合乎语言事实；如果是入声而不独立出来，就破坏了阴阳入三分的大原则。我们在上文把阴阳入三分(入声独立)作为黄氏的优点提出来，但若觉部不独立，这个优点也得大大地打折扣。据说黄氏晚年颇想改古韵为二十九部(二十八部加觉部①)，那就合理得多，但是古本纽与古本韵的理论却又因此被推翻了。

有人为黄氏学说的"巧合"所迷惑，以为黄氏古本韵学说所得出的古韵二十八部跟前人所得的结果适相符合，总还有道理。其实即使是巧合也不能认为是科学的定论，何况连"巧合"也谈不上呢？如上文所说，从古本韵理论得不出觉部来，这已经是一个大漏洞。此外还有东部和歌部的古本韵也是不合标准的。《广韵》的东韵和戈韵都有三等字，也就是都有变纽，黄氏只好把东韵分为两类，戈韵分为三类，各以其中一类为古本韵。这是削足适履的办法，还有什么"巧合"可言呢？

由上所述，黄氏的理论在逻辑上毛病百出，根本不能成为理论。有人会问：错误的理论为什么能引出一些正确的结论来呢？实际上，黄氏的一些正确的结论并不是从他的古本纽、古本声互证的错误理论引出来的。照系二等和三等分立，本来是陈澧所证明了的，黄氏进一步从实际材料中证明照系三等和古端系为一类，二等和精系为一类，这是合乎科学方法的。入声韵部的独立本来不

---

① 参看张世禄《中国音韵学史》下册页281。

是黄氏的创见，但是黄氏善于把戴震的入声九部和段玉裁去入为一类的学说结合起来，得到了新的结论。假定黄氏没有建立古本纽、古本韵互证的理论，也同样地能得出这些结论，甚至比他所实际达到的学术水平更高一些，因为觉部如果独立了，入声韵部的体系就更完整了。

黄氏对语音发展的规律缺乏正确的的了解。首先是关于"变"的看法。语音的演变，是由简单到复杂呢，还是由复杂到简单呢？这要看具体的历史情况，不能一概而论。发展固然意味着由简单到复杂，但是复杂有多方面的因素，例如现代北京话的声母系统和韵母系统比起中古音系来是简化了，但是轻音儿化的复杂性则是空前的。语音的简化，又可以从词汇的复音化得到补偿。如果设想语音系统越古越简单，先秦时代的汉语只有极贫乏的声母、韵母系统，那就想得太天真了。

试举唐部为例，就可以看黄氏把古音简单化到了什么程度。依照江永《四声切韵表》，这一部平上去三声共有二百十七个音(以二百十七个字为代表)① 而黄氏简化为二十四个：

影（于喻）ang　　央鞅快，阳养漾，佒块盎，英影映。

　　　　　　uang　　枉；王往迋，汪洭汪，永咏。

见 kang　　姜缰，冈骯熿，庚梗更，京境竟。

　　uang　　惟犷迋，光广广，觥矿，憬。

溪（群）khang　　羌硗呿，强彊弶，康慷抗，阬，卿庆，鲸竞。

　　　　　　khang　　匡恇眶，狂狌狂，骱廲旷，客，憬。

晓 xang　　香乡向，炕夯，亨。

　　xuang　　怳况，荒慌；兄。

---

①　在这二百十七个字中，应该除去一些僻字和两读的字。这里只是想要说明江黄古音学说差别之大，不必要求严格的数字。

匣 hang　　杭沆吭，行杏行。

　　　huang　　黄晃潢，横横。

疑 ngang　　仰钘，昂驲柳，迎迎。

端（知照）tang　　张长帐，章掌障，当党当，趟。

透（彻穿审）thang　　伥昶怅，昌敞倡，商赏饷，汤偿盪，瞠。

定（澄神禅）dang　　长丈杖，常上尚，唐荡宕，振。

来 lang　　良两亮，郎朗浪。

泥（娘日）nang　　娘䑋酿，穰壤让，囊曩儴。

精（庄）tsang　　将奖酱，庄牂壮，臧驵葬。

清（初）tshang　　锵抢呛，创磢㼱，仓苍怆。

从（床）dzang　　墙嫱匠，床状，藏奘藏，伧。

心（邪疏）sang　　襄想相，详像，霜爽，桑颡丧。

帮（非）puang①　　帮榜谤，祊俖榜，方昉放，兵丙柄。

滂（敷）phuang　　滂髈胮，烹，芳纺访。

並（奉）buang　　旁傍，彭蟛，房防，病。

明（微）muang　　茫莽漭，盲猛孟，亡网妄，明皿。

在这一个韵部中，黄氏所定的音比江永所定的音简化了九倍，实在是令人吃惊的。前人虽也说古读"英"如"央"；读"行"如"杭"等（严格地说，那也是不对的，理由见下文），那只是把庚韵读入阳唐而已。黄氏拘于古本韵之说，不但庚韵被认为变韵，连阳韵也被认为变韵，②于是必须做到"英"读如"佚"（乌郎切），"良"读如"郎"、"姜"读如"冈"、"将"读如"臧"，等等，才算合乎古韵。关于古纽，他也要求人们读"长"如"唐"，读"商"如"汤"，等等。关于声调，由于他否定了上古的上声和去声，他也要求人们读"掌"如"当"，读"永"

---

① 黄氏认为唇音字都属合口。

② 钱玄同解释说："阳、唐之变韵，由开合呼变为齐撮呼。"

如"汪",等等。他这种做法是严重地违反了历史语言学原则的。历史语言学中有一个很重要的原则是：在相同的条件下,不可能有不同的变化。因此,凡发音部位相同的语音总是朝着同一个方向演变,凡同音的字到了后代一般也总是同音①。如果古音像黄侃想像的那样简单,后代就没有分化的条件了。现在分声母、韵母、声调三方面来讨论。

声母方面,前人所谓古音舌上归舌头,轻唇归重唇,娘日归泥等,都还要仔细分析。这里有两种情况：一种是声母相同,韵母不同,例如知彻澄娘在上古是 t、th、d、n,与端透定泥无别,但是由于知彻澄娘主要是三等字,其韵头是 j, jw,而端系字或者没有韵头,或者韵头是 i, iw,② 既然上古读音有了差别,后代就有可能分化成为两类声母。又如非敷奉微在上古是 p、ph、b、m,与帮滂并明无别,但是由于非敷奉微是三等合口字,其韵头是 jw,而帮系字没有这种韵头,也就形成了分化条件。另一种情况是声母相似而不相同。例如照穿神审禅日在上古就不可能是 t、th、d、n,否则它们与知彻澄娘就没有分别了(因为大家都是三等),我想它们在上古可能是 tj、thj、dj、sj、zj、nj。③ 又如庄初床疏,上文说过,黄氏把它们归到精系一类去是对的。但是庄初床疏在上古也不可能读 ts、tsh、dz、s,因为在某些古韵部中,庄系与精系同时在 i、iw 前面出现(如之部的"事"字,鱼部的"俎"、"初")。现在我们把庄初床疏暂定为 tzh、tsh、dzh、sh。④ 这里附带讲一讲,黄侃以喻于归

---

① 其中有极少数例外是受外因的影响。有受文字影响,如现代北京话读"婿"为絮,是受胥声的影响。有文言白话的分别,如溪母开口字在广州较文的字读 Kh⁻,较白的字读如英文的 h⁻。也有方言的影响。

② 关于声母的拟音,依照拙著《汉语史稿》。这些拟音不都是定论。下仿此。

③ j 表示舌面前音。

④ tsh 等于英文的 ch; tzh 等于英文不送气的 ch; dzh 等于英文的 j; sh 等于英文的 sh。

影是毫无道理的。曾运乾以于(喻三)归匣,以喻(喻四)归定,其说比较可从。于母(喻三)归匣毫无问题,匣母正缺三等,可以互补。其实一直到《切韵》时代,喻三与匣仍然不分(如"雄",羽弓切)。至于喻四归定,就只能了解为近似,不能了解为相同。喻四在上古可能是 d 与 tj-部位相当的一种闪音,也可能不止一个来源。

韵母方面,我们绝对不能同意黄氏简单化的作法。每一个古韵部都应该有洪有细,而不是像黄氏那样造成洪细互相排斥。我们没有任何理由说明"将"字古读如"臧"而不读细音,反证倒是有的,"将"字即良切,而"即"字正是属于细音(属于黄氏的屑部)。许多韵部都有开有合,特别是脂部(黄氏所谓灰部),不能只有合口呼,没有开口呼。四个等也应区别清楚。黄氏不了解分等的意义,以致认为不可能有四等。其实不但中古有四等,上古也有四等,不过不需要摆出"等"的名称罢了。章炳麟说:"齐部字虽杂有支脂,而以后从支流入者为多,应直称支为得。[1]"这个争论是多余的,要紧的是从古音中区别支齐,因为支属三等,应为 je、jwe,齐属四等,应为 ie、iwe。前人说"英"读如"央"也不对,"英"与"央"中古既有分别,上古也该不同。我以为"英"在上古属四等,后来才转入三等。

黄氏的"变韵"概念又是前后矛盾的。古本韵可以各有变韵,例如鱼为模的变韵,虞为模侯的变韵,但是两个变韵如果开合洪细全同,实际读音是不是一样呢?照上文所引,黄氏说"开合洪细虽均,而古本音各异,则亦不能不异",可以了解为实际读音一样。钱玄同也说:"鱼、模之变韵,由合口呼变为撮口呼。虞、模侯二韵之变韵,模由合口呼变为撮口呼,侯由本音变同模韵之撮口呼。[2]"但是,黄氏又说:"两变韵之相溷,以本音定之。如鱼虞今音难别,然

---

① 章炳麟:《与黄永镇书》,见黄永镇《古韵学源流》卷首。
② 钱玄同:《文字学音篇》,页23。

鱼韵多模韵字,此必音近于模也;虞韵多侯韵字,此必音近于侯也。①"这样,实际读音又不一样了。再者,虞韵既有一部分字古归模,古音又与鱼相同,何以不以这一部分字一并归鱼呢? 这也是无法解释的。

声调方面,我们也不能同意黄氏古无上去的看法。假定上古只有两声,后代凭什么条件分化为四声呢? 中古四声分化为现代某些方言的八声,是以清浊音为分化条件的。广州阴入分为两声,是以长短音为分化条件的。上古如果只有两声,我们找不出分化条件来。实际上所谓平入两声就等于取消了声调,因为读入声的音节(收-k、-t、-p 的)不可能读平声,而读平声的音节(收元音和-ng、-n、-m 的)不可能读入声。

段玉裁说"去入为一类"是对的,说"古无去声"就有问题了。所谓"古无去声",其实是古有两种入声。一种是长入,后来变为去声,另一种是短入,后来保持入声。之幽宵侯鱼支六部的去声字,凡谐声或先秦押韵与入声相通的,都该是长入,至于谐声或先秦押韵与平上声相通,都该是上声。

黄氏说古无上声,并没有有力的证据。他的《诗音上作平证》,是缺乏说服力。②《诗经》单句本来可以不押韵,黄氏所引《采蘩》的"沚之事",《柏舟》的"舟流忧酒游",《日月》的"诸土处顾",《谷风》的"菲体违死",等等。其中的"之""酒""诸""违"等都可以认为不入韵,段玉裁正是这样处理的。黄氏认为《谷风》叶"迟违尔畿荠弟",其实当依段氏,"尔"字不入韵,"荠""弟"算转韵。黄氏以为《北门》叶"我我我为何",其实当依段氏,以"敦""遗""摧"为韵,"为""何"为韵。当然,平上互押的地方也不是没有,如《小屋》的

---

① 《唯是月刊》第三期,黄侃:《与友人论小学书》,页 12。

② 参看黄永镇《古韵学源流》页 84—86 所引。

"昂裯犹",《野有死麕》的"包诱",《定之方中》的"虚楚",等等。但是汉语的民歌从来就有平仄互押的传统,我们决不能因为互押了就否定平上去三声的区别。《诗经》以同声相押为常,平仄通押为变,我们绝不能因此消灭了平上两声的界限。《诗经》里平入通押,上入通押的地方也不少,而黄氏毅然把入声独立出来了,为什么厚于彼而薄于此呢?

黄氏对于"变"的看法,完全是错误的。其次,黄氏对于"本"的看法,也是不合于历史语言学原则的。

在黄氏心目中,有两种截然不同的语音:一种是变的,一种是不变的。变的为什么变(在什么条件下变),他说不出个道理来;不变的为什么不变,他也说不出个道理来。其实语音的发展意味着变化,不变的音毕竟是少数。先秦到现在二千多年,像黄氏想像的那样少的变化是不合事实的,特别在韵母方面是如此。

黄氏承认阴阳对转。钱玄同在解释阴阳对转的时候说:"要之,阴声阳声实同一母音,惟有无鼻音为异。故阴声加鼻音即成阳声,阳声去鼻音即成阴声。"[1] 又说:"入声者,介于阴阳之间……故可兼承阴声、阳声,而与二者皆得通转。[2]"阴阳入三声通转的道理被钱氏讲得很清楚,但是黄侃的古本韵学说并不能很好地说明这一点。除了屑 iat:先 ian,齐 i,锡 ik:青 ing,合 ap:覃 am,帖 iap:添 iam 比较地符合对转的道理外,其他都不合。东°ung 和冬ᵃung 是主观臆断的怪音,所以侯 ou:屋°uk:东°ung,豪 au:沃ᵃuk:冬ᵃung 的搭配完全是人为的。再说,冬豪对转也是没有根据的。孔广森主张冬幽对转。章炳麟主张幽与侵冬缉对转,严可均并冬于侵[3],主

---

① 钱玄同:《文字学音篇》页 11。

② 同上。

③ 章氏晚年也主张并冬于侵,见于他所著《音论》,载于光华大学《中国语文学研究》,又见于《与黄永镇书》,载于黄永镇《古韵学源流》卷首。

张幽侵对转,都比较合乎实际。但是最合理的恐怕还是幽觉对转,冬幽对转。

黄氏把灰没痕的对转定为 uei：uet：en, uen 是不对的。既然痕部具备开合口,则灰没两部也应该具备开合口。这三部都应该有细音。

黄氏把歌曷寒的对转定为 o, uo：at, uat：an, uan,曷寒二部比较合理(但仍应有细音),但是歌部的 o 与 at, an 元音不同,怎能对转呢?歌部应该是 a 或 ai,我在《汉语史稿》里拟成 a,后来在《汉语音韵》(知识丛书)里拟为 ai。我认为凡与-n、-t 尾对转的都带-i尾,似乎更合乎实际。歌部亦应有细音。

黄氏把模铎唐的对转定为 u：ok, uok：ang, uang 更是不合理了。模部不是没有开口字的,试看"者"声有"暑"又有"著"(丁吕、陟虑、张略、直略四切),依今韵"暑"在语韵属合三,"著"在语御两韵亦属合三,但"著"又在药韵属开三,"者"字本身在马韵开三。"者"声的字古音应该一律属开口,然后阴声和入声才能对应。当然,这一套韵部也跟歌灰等部一样,应该有细音("者"声既有洪音的"屠",又有细音的"暑"等)。再说,从 u：ok, uok：ang, uang 的搭配中,主要元音不同,完全看不出对转的道理来。依黄氏的拟测,铎部配歌倒是合适的,因为 o, uo：ok, uok 正是整齐得很,鱼部配东也是合适的,因为 u：ung 正是整齐得很。实际上,鱼部古读 a 音已为汪荣宝所证明①。模铎唐的对转应该定为 a：ak：ang(不包括韵头),那是毫无疑义的。

黄氏把哈德登的对转定为 ai：ek, uek：eng, ueng,缺点和歌曷寒的拟音是一样的。黄氏从《切韵》系统里寻找古本韵,势必造成入声与阳声相应,而与阴声不相应的情况。所以必须回到上古

---

① 汪荣宝:《歌戈鱼模古读考》,《国学季刊》一卷二号。

音系,然后能找出正确的答案来。黄氏的咍部拟音,跟灰部拟音一样,是受章炳麟的影响①。杨树达曾作《之部古韵证》,企图证明章氏之说②。其实杨氏所有的证据都只能证明之咍相通,到底古音之读咍还是咍读如之,还是一个谜。我认为咍读开口洪音 e,之读开口细音 je,灰(梅等字)读合口洪音 ue,尤读合口细音 jwe,这样,它的主要元音是 e,和德部的 e、je、ue、jwe,登部的 eng、jeng、ueng、jweng③,就对应上了④。

应该指出,如果主观地规定某部与某部对转,然后要求两部主要元音相同,那就是错误的。如黄氏主观地规定冬豪对转,再规定冬读ªung,侯读 au,那是错误的。如果从《诗经》押韵和谐声偏旁证明了对转,然后肯定两部主要元音相同,那就是合理的。以之蒸对转为例,《诗经·女曰鸡鸣》"来""赠"互押,《大田》"膍""贼"互押,"等"从"寺"声,"仍"从"乃"声,证明了对转,再肯定两部主要元音相同,就是合理的了。

由上述的各方面看来,黄氏的"本""变"学说,可谓一无是处。他的变纽、变韵、变调是天上掉下来的,他从来不讲为什么(在什么条件下)发生这些变化;他的本纽、本韵、本调又是一成不变的,仿佛从先秦到现代两千多年仍然保持着原来的样子。这种研究方法是唯心主义的研究方法。黄氏在古音学上虽然有一些贡献,但是他在研究方法上的坏影响远远超过了他的贡献。

(原载《大公报在港复刊三十周年纪念文集》,上卷,
1978 年;又《王力文集》第 17 卷)

---

① 章炳麟:《国故论衡·二十三部音准》,章氏丛书本,页 29。
② 杨树达:《之部古韵证》,见其所编《古声韵讨论集》,好望书店版,页 119~136。
③ 这里的 e,都等于英文 attempt 中的 a。
④ 参看《汉语史稿》上册(修订本)页 78~79,页 85~86,页 93~94。

古无去声例证

段玉裁说:"古四声不同今韵,犹古本音不同今韵也。考周秦汉初之文,有平上入而无去。洎乎魏晋,上入声多转而为去声,平声多转入仄声。于是乎四声大备,而与古不侔。有古平而今仄者,有古上入而今去者。细意搜寻,随在可得其条理。"又说:"古平上为一类,去入为一类,平与上一也。上声备于三百篇,去声备于魏晋。"

段玉裁的话,基本上是正确的。这里要补充两点。第一,上古入声分为长入短入两类,长入由于元音较长,韵尾-k、-t容易失落,于是变为去声。第二,《切韵》的去声字有两个来源,一部分来自平上,另一部分来自长入。阳声韵收音于-ng、-n者,其去声多来自平声;其收音于-m者,其去声多来自入声。阴声韵的去声字除来自长入外,多来自上声。

本文列举周秦两汉韵文的例子,证明段氏古无去声之说是正确的。

一 送

送,古读平声。《诗·郑风·丰》叶"丰巷送"。

仲,古读平声。《诗·邶风·击鼓》叶"仲宋忡";《小雅·出车》叶"虫螽忡降仲戎"。

梦,古读平声。《诗·齐风·鸡鸣》叶"薨梦憎"。

二　宋

宋,古读平声。《诗·邶风·击鼓》叶"仲宋忡"。

三　用

用,古读平声。《诗·小雅·小旻》叶"从用";《荀子·天论》叶"诵用("诵"亦古平声字)"。

讼,古读平声。《诗·召南·行露》叶"墉讼从"。

诵,古读平声。《楚辞·九辩》叶"通从诵容同";《诗·小雅·节南山》叶"诵讻邦"。

四　绛

巷,古读平声。《诗·郑风·丰》叶"丰巷送"。

五　寘

积,子智切,又子昔切,古读入声。《楚辞·九章·悲回风》叶"积击策迹适愁益释"。《文选·宋玉〈高唐赋〉》叶"积益"。

易,难易,以豉切,古读入声。《诗·大雅·文王》叶"帝易("帝"亦古入声字)",《板》叶"益易辟"。

议,古读平声。《诗·小雅·斯干》叶"仪议罹",又《北山》叶"议为"。

六　至

至，古读入声。《诗·豳风·东山》叶"垤室窒至"；《小雅·蓼莪》叶"恤至"；《吕氏春秋·审时》叶"至疾节"。

位，古读入声。《诗·大雅·假乐》叶"位墍（"墍"亦古入声字）"；《易·旅卦》叶"位快逮（"快""逮"亦古入声字）"，《家人卦》叶"位爱谓（"爱""谓"亦古入声字）"，《解卦》叶"位退悖（"退""悖"亦古入声字）"，《涣卦》叶"外大位害（"外""大""害"亦古入声字）"，《说卦》叶"位气（"气"亦古入声字）"。

备，古读入声。《诗·小雅·楚茨》叶"备戒（"戒"亦古入声字）"，《大雅·旱麓》叶"载备祀福（"载"与"祀"叶，上声；"备"与"福"叶，入声）；王褒《圣主得贤臣颂》叶"备内（"内"亦古入声字）"。

视，常利切，又承矢切，古读上声。《诗·小雅·大东》叶"匕砥矢履视涕（"涕"亦古上声字）"。

墍，古读入声。《诗·召南·摽有梅》叶"墍谓（"谓"亦古入声）"，《邶风·谷风》叶"溃肄墍（"溃""肄"亦古入声字）"，《大雅·假乐》叶"位墍"，《泂酌》叶"溉墍（"溉"亦古入声字）"。

肄，古读入声。《诗·周南·汝坟》叶"肄弃（"弃"亦古入声字）"，《邶风·谷风》叶"溃肄墍"。

弃，古读入声。《诗·周南·汝坟》叶"肄弃"，《魏风·陟岵》叶"季寐弃（"季""寐"亦古入声字）"。

遂，古读入声。《诗·卫风·芄兰》叶"遂悸（"悸"亦古入声字）"，《小雅·雨无正》叶"退遂瘁谇退（"退""瘁""谇"亦古入声字）"；《易·家人卦》叶"遂愧（"愧"亦古入声字）"；杜笃《论都赋》叶"渭类实溉遂（"渭""类""溉"亦古入声字）"；张衡《西京赋》叶"醉萃屈绂遂贵（"醉""萃""贵"亦古入声字）"。

燧，古读入声。刘歆《遂初赋》叶"戾燧"。

醉，古读入声。《诗·王风·黍离》叶"穗醉（"穗"亦古入声字）"，《秦风·晨风》叶"棣檖醉"，《大雅·桑柔》叶"隧类对醉悖（"隧""类""对""悖"亦古入声字）"。

隧，古读入声。张衡《西京赋》叶"阓隧尉萃匮（"阓""尉""萃""匮"亦古入声字）"；《诗·大雅·桑柔》叶"隧类对醉悖"。

檖，古读入声。《诗·秦风·晨风》叶"棣檖醉"。

邃，古读入声。王延寿《鲁灵光殿赋》叶"暧邃秘濞悸（"暧""秘""濞""悸"亦古入声）"。

谇，古读入声。《诗·陈风·墓门》叶"萃谇"，《小雅·雨无正》叶"退遂瘁谇退"。

类，古读入声。《诗·大雅·既醉》叶"匮类"，又《荡》叶"类怼对内"，《桑柔》叶"隧类对醉悖"；《楚辞·九章·怀沙》叶"喟谓爰类"；杜笃《论都赋》叶"渭类实溉遂"。

匮，古读入声。《诗·大雅·既醉》叶"匮类"；《左传·成公九年》叶"鄟悴匮"；张衡《西京赋》叶"阓隧尉萃匮"。

喟，古读入声。《楚辞·九章·怀沙》叶"喟谓爰类"。

利，古读入声。《诗·小雅·大田》叶"穗利"；《易·大壮卦》叶"退遂利"；《越语》叶"物一失利"。

寐，古读入声。《诗·小雅·小弁》叶"嘒淠届寐（"嘒""届""淠"亦古入声字）"，《邶风·终风》叶"嚏寐嘅（"嚏""嘅"亦古入声字）"，《魏风·陟岵》叶"季寐弃"；班固《幽通赋》叶"寐霏坠察对"。

悸，古读入声。《诗·卫风·芄兰》叶"遂悸"。

二，古读入声。蔡邕《崔君夫人诔》叶"粹馈遂寐二"；胡广《黄琼颂》叶"类懿位绂瞀蔚贵遂二"；张衡《东京赋》叶"戾洎质贽二"。

贰，古读入声。班固《答宾戏》叶"贵坠气贰（"贵""坠""气"亦古入声字)";张衡《东京赋》叶"器位贰"。①

鼻,古读入声。宋玉《高唐赋》叶"气鼻泪瘁("气""泪""瘁"亦古入声字)"。

萃,古读入声。《诗·陈风·墓门》叶"萃谇";司马相如《子虚赋》叶"类萃";张衡《西京赋》叶"醉萃屈绂遂贵"。

悴,古读入声。《诗·小雅·蓼莪》叶"蔚悴";冯衍《显志赋》叶"贵悴"。

瘁,古读入声。《诗·小雅·出车》叶"旆瘁",《雨无正》叶"退遂瘁谇答退",《大雅·瞻卬》叶"类瘁"。

季,古读入声。《诗·魏风·陟岵》叶"季寐弃",《大雅·皇矣》叶"对季"。

器,古读入声。张衡《东京赋》叶"器位贰",又叶"器位肆瞀";崔瑗《窦大将军鼎铭》叶"器位器"。

遗,加也,以醉切,古读平声。《诗·邶风·北门》叶"敦遗摧"。

七　志

事,古读上声。《诗·召南·采蘩》叶"沚事",《小雅·北山》叶"杞子事母",《大雅·绵》叶"止右里亩事",《抑》叶"子否事耳"。

治,理也,形容词,直吏切,又动词,直之切,古皆读平声。《荀子·成相》叶"治灾";《诗·邶风·绿衣》叶"丝治就"。

饎,古读上声。《诗·大雅·泂酌》叶"饎子母"。

忌,古读上声。《诗·大雅·桑柔》叶"里喜忌"。

意,古读入声。《诗·小雅·正月》叶"辐载意"。

异,古读入声。《诗·小雅·我行其野》叶"富异("富"亦古入声

---

① 从前我认为二贰是脂部字,误。

字)”;《楚辞·离骚》叶“异佩（“佩”亦古入声字）”,《九章·惜往日》叶
“代意置载备异再识（“代”“置”“载”亦古入声字）”。

八　未

贵,古读入声。《易·颐卦》叶“贵类悖”;《吕氏春秋·权勋》叶
“外内贵（“外”“内”亦古入声字）”;《文子·守平》叶“制势大贵遂
（“大”亦古入声字）”。

畏,古读平声。《诗·郑风·将仲子》叶“怀畏”,《豳风·东山》叶
“畏怀”,《大雅·云汉》叶“推雷遗遗畏摧”;《书·皋陶谟》叶“畏威”。

九　御

御,古读上声。《诗·小雅·黍苗》叶“御旅处”,《大雅·行苇》叶
“席御胥（鱼铎对转）”。

庶,古读入声。《诗·小雅·楚茨》叶“踖硕炙莫庶客错度获
格作”。

助,古读上声。《诗·大雅·云汉》叶“沮所顾助祖予（“顾”亦古
上声字）”,又《烝民》叶“举图举助补”。

处,处所,名词,昌据切;又居也,动词,昌与切,古皆读上声。
《诗·召南·殷其雷》叶“下处（“下”亦古上声字）”,《江有汜》叶“渚与
与处”,《邶风·日月》叶“土处顾（“顾”亦古上声字）”,《简兮》叶“舞
处”,《豳风·七月》叶“股羽野宇户下鼠处”,《小雅·蓼萧》叶“湑写语
处”,《斯干》叶“祖堵户处语”,《黍苗》叶“御旅处”,《大雅·公刘》叶
“野处旅语”,《凫鹥》叶“渚处湑脯下”,《桑柔》叶“宇怒处圉（“怒”亦
古上声字）”,《常武》叶“父旅浦土处绪”。

十 遇

饫,古入声字。《诗·小雅·常棣》叶"豆饫具孺("豆""具""孺"亦古入声字)"。

具,古入声字。《诗·小雅·楚茨》叶"具奏禄("奏"亦古入声字)",《无羊》叶"馂具(侯屋对转)";《楚辞·离骚》叶"属具";《吕氏春秋》叶"具欲务(侯屋对转)"。

孺,古读入声字。《诗·小雅·常棣》叶"豆饫具孺("饫""豆"亦古入声字)"。

树,古读上声。《诗·小雅·巧言》叶"树数口厚",《大雅·行苇》叶"树侮"。

附,古读上声。《诗·大雅·皇矣》叶"祤附侮("祤"亦古上声字)",《绵》叶"附复奏侮("奏",古入声字,侯屋对转通押)";宋玉《神女赋》叶"傅去附("去"亦古上声字)"。

裕,古读上声。《诗·小雅·角弓》叶"裕瘉("瘉",以主切)"。

趣,趣向,七句切,古读上声。《诗·大雅·棫朴》叶"櫶趣"。

十一 暮

暮,古读入声,写作莫。《诗·齐风·东方未明》叶"夜莫("夜"亦古入声字)",《小雅·采薇》叶"作莫"。

度,徒故切,法度;又徒洛切,度量(动词),古皆读入声。《诗·齐风·汾沮洳》叶"莫度路("路"亦古入声字)",《大雅·抑》叶"格度射("射"读入声)",《皇矣》叶"赫莫获度廓宅",《小雅·皇皇者华》叶"骆若度",《楚茨》叶"踖硕炙莫客错度获格酢",《鲁颂·閟宫》叶"柏度尺舄硕奕作若"。

露，古读入声。《诗·召南·行露》叶"露夜露（"夜"亦古入声字）"；《文子·道原》叶"露泽"。

顾，古读上声。《诗·邶风·日月》叶"土处顾"，《王风·葛藟》叶"浒父顾"，《魏风·硕鼠》叶"鼠黍女顾土所"，《陈风·墓门》叶"顾予"，《小雅·伐木》叶"许芌羜父顾"，《大雅·云汉》叶"沮所顾助祖予"。

怒，乃故切，又奴古切，古读上声。《诗·邶风·谷风》叶"雨怒"，《小雅·巧言》叶"怒沮"，《大雅·桑柔》叶"宇怒处围"，《常武》叶"武怒虎旟浦所"；《周书·小明·武》叶"女所下苦野鼓怒户弩女伍武"；《素问·离合真邪论》叶"怒下取"；宋玉《风赋》叶"口下怒迋莽（"迋"亦古上声字，"莽"读莫补切）"。

妒，古读上声。《楚辞·离骚》叶"佇妒"。

十二　霁

济，子计切，又子礼切，古读上声。《诗·齐风·载驱》叶"济汶弟"，《大雅·旱麓》叶"济弟"，《公刘》叶"济几"，《载芟》叶"济秭醴比礼"。

涕，他计切，又他礼切，古读上声。《诗·小雅·大东》叶"匕砥矢履视涕（"视"亦古上声字）"；《楚辞·远游》叶"涕弭"。

髢，特计切，又他计切，《说文》以为是"鬄"的重文，古读入声。《诗·鄘风·君子偕老》叶"翟髢掦晰帝（"掦""帝"亦古入声字）"。

帝，古读入声。《诗·鄘风·君子偕老》叶"翟髢掦晰帝"，《大雅·文王》叶"帝易"，《荡》叶"帝辟"。

棣，古读入声。《诗·秦风·晨风》叶"棣樼醉"。

逮，古读入声。《诗·大雅·桑柔》叶"偿逮（"偿"亦古入声字）"，《易·旅卦》叶"位快逮（"位""快"亦古入声字）"，《说卦》叶"逮悖气物";宋玉《高唐赋》叶"斾盖逝会害逮滞岁("斾""盖""逝""会""害""逮""滞""岁"亦古入声字)"。

戾,古读入声。《诗·小雅·节南山》叶"惠戾届阕",《雨无正》叶"灭戾勘("勘"亦古入声字)",《大雅·抑》叶"疾戾";《吕氏春秋·乐成》叶"铧戾"。

十三　祭

祭,古读入声。《管子·弟子职》叶"彻祭"。

際,古读入声。《易·泰卦》叶"外大際",《坎卦》叶"際大岁"。

岁,古读入声。《诗·王风·采葛》叶"艾岁("艾"亦古入声字)",《豳风·七月》叶"发烈褐岁",《大雅·生民》叶"苡烈岁";宋玉《高唐赋》叶"斾盖逝会害逮滞岁"。

卫,古读入声。《诗·邶风·泉水》叶"辖迈卫害";《吕氏春秋·士容》叶"大外赖世竭卫厉折("大""外""赖""世""竭""厉"亦古入声字)"。

悦,舒芮切,古读入声。《诗·召南·野有死麕》叶"脱悦吠("吠"亦古入声字)"。

说,通税,舍也,舒芮切,古读入声。《诗·召南·甘棠》叶"拜说("拜"亦古入声字)",《曹风·蜉蝣》叶"阅雪说"。

逝,古读入声。《诗·大雅·抑》叶"舌逝",《小雅·车辖》叶"辖逝渴括",《邶风·二子乘舟》叶"逝害",《魏风·十亩之间》叶"外泄逝",《唐风·蟋蟀》叶"逝迈外蹶";《楚辞·九歌·湘夫人》叶"裔澨逝盖";宋玉《高唐赋》叶"斾盖逝会害逮滞"。

掦,丑例切,古读入声。《诗·鄘风·君子偕老》叶"翟髢掦晰帝"。

滞,古读入声。宋玉《高唐赋》叶"斾盖逝会害逮滞"。

厉，古读入声。《诗·邶风·匏有苦菜》叶"厉揭"，《卫风·有狐》叶"厉带"，《小雅·正月》叶"结厉灭威"，《都人士》叶"厉蛮迈（"蛮""迈"亦古入声字）"，《大雅·民劳》叶"愒泄厉败大"，《瞻卬》叶"惠厉瘵届"。

世，古读入声。《诗·大雅·荡》叶"揭害拨世"；《吕氏春秋·离俗》叶"外察赖害势世"，《士容》叶"大害越外赖揭卫厉折"；《荀子·成相》叶"厉败害世"。

势，古读入声。《孟子·公孙丑上》叶"慧势（"慧"亦古入声字）"；《管子·七臣七主》叶"察势"；《荀子·成相》叶"蔽势制龁"。

龁，古读入声。《荀子·成相》叶"蔽势制龁"。

制，古读入声。《庄子·在宥》叶"制杀决"；《荀子·成相》叶"蔽势制龁"；《文子·守平》叶"制势大贵遂"；《三略下》叶"制败"。

蹶，行急遽貌，居卫切，古读入声。《诗·唐风·蟋蟀》叶"逝迈外蹶"，《大雅·板》叶"蹶泄"。

揭，去例切，古读入声。《诗·邶风·匏有苦叶》叶"厉揭"，《卫风·硕人》叶"活濊发揭孽揭"。

愒，去例切，同憩，古读入声。《诗·大雅·民劳》叶"愒泄厉败大"，《小雅·菀柳》叶"愒瘵迈"。

十四　泰

盖，古读入声。《楚辞·九歌·湘夫人》叶"裔濈逝盖"；宋玉《高唐赋》叶"盖会蔼沛蒂籁会"，又叶"旆盖逝会害逮滞岁"。

艾，古读入声。《诗·王风·采葛》叶"艾岁"，《小雅·庭燎》叶"艾晢哕"，《鸳鸯》叶"秣艾"，《鲁颂·閟宫》叶"大艾岁害"。

蔼，古读入声。宋玉《高唐赋》叶"盖会蔼沛籁会"。

大，古读入声。《诗·大雅·民劳》叶"愒泄厉败大"，《鲁颂·泮

286

水》叶"茷哕大迈";《易·坤卦》叶"大利",又叶"發大害",《泰卦》叶"外大际",《坎卦》叶"际大岁",《咸卦》叶"害大末说",《涣卦》叶"外大位害";《吕氏春秋·士容》叶"大害越外赖揭卫厉折"。

害,古读入声。《诗·邶风·泉水》叶"辖迈卫害",《二子乘舟》叶"逝害",《小雅·蓼莪》叶"烈發害",《四月》叶"烈發害",《大雅·生民》叶"月达害",《鲁颂·閟宫》叶"大艾岁害";《易·坤卦》叶"發大害",《大有卦》叶"害败害哲",《咸卦》叶"外害",又叶"害大末说",《涣卦》叶"外大位害";《楚辞·离骚》叶"艾害",《天问》叶"害败"。

带,古读入声。《诗·卫风·有狐》叶"厉带";《楚辞·九辩》叶"带介慨迈秽败昧"。

会,古读入声。宋玉《高唐赋》叶"会碣磕厉澌霈迈窜挚",又叶"施盖逝会害逮滞岁"。

窜,《字林》七外切,古读入声。《易·讼卦》叶"窜掇";宋玉《高唐赋》叶"会碣磕厉澌霈迈窜挚"。

沛,霈,古读入声。《易·丰卦》叶"沛沫";宋玉《高唐赋》叶"盖会蔼沛蒂籁",又叶"会碣磕澌霈迈窜挚"。

蔼,古读入声。宋玉《高唐赋》叶"盖会蔼沛蒂籁"。

兑,古读入声。《诗·大雅·绵》叶"拔兑驹喙",《皇矣》叶"拔兑"。

哕,泧,呼会切,古读入声。《诗·小雅·庭燎》叶"艾晢哕",《鲁颂·泮水》叶"茷哕大迈",《卫风·硕人》叶"活泧發揭桀"。

外,古读入声。《诗·魏风·十亩之间》叶"外泄逝",《唐风·蟋蟀》叶"逝迈外蹶",《烝民》叶"舌外發";《易·泰卦》叶"外大际",《涣卦》叶"外大位害",《杂卦》叶"外内类退";《吕氏春秋·离俗》叶"外察赖害势世",《士容》叶"大害越外赖揭卫厉折"。

旆,古读入声。《诗·商颂·长发》叶"旆钺烈蘖达截伐",《大雅·生民》叶"旆襚",《小雅·出车》叶"旆瘁";宋玉《高唐赋》叶"旆盖逝

287

会害逮滞岁”。

赖，籁，古读入声。《吕氏春秋·离俗》叶“外察赖害势世”，《士容》叶“大害越外赖世揭卫厉折”；宋玉《高唐赋》叶“盖会蔼沛蒂籁”。

骒，他外切，古读入声。《诗·大雅·绵》叶“拔兑骒啄”。

十五　卦

懈，古隘切，本作解，古读入声。《诗·大雅·韩奕》叶“解易辟”，《鲁颂·閟宫》叶“解帝（“帝”亦古入声字）”；《秦琅琊刻石》叶“帝地懈辟易画”。

画，胡挂切，又胡麦切，古读入声。《楚辞·天问》叶“画厉”；《秦琅琊刻石》叶“帝地懈辟易画”。

十六　怪

壊，古读平声。《诗·大雅·板》叶“壊畏（“畏”亦古平声字）”。

瘵，古读入声。《诗·小雅·菀柳》叶“愒瘵迈”，《大雅·瞻卬》叶“惠厉瘵届”。

戒，古读入声。《诗·小雅·采薇》叶“翼服戒棘”，《楚茨》叶“备戒”，《大雅·常武》叶“戒国”；《楚辞·九章·惜往日》叶“戒得”；《孙子·九地》叶“戒得”；《管子·枢言》叶“戒敕麦伏稷得”。

介，古读入声。《楚辞·九辩》叶“带介慨迈秽败昧”。

届，古读入声。《诗·小雅·节南山》叶“惠戾届阕”，《小弁》叶“嘒淠届寐”，《大雅·瞻卬》叶“疾届”。

拜，古读入声。《诗·召南·甘棠》叶“拜说”。

十七　夬

快，古读入声。《易·旅卦》叶"位快逮"。

迈，古读入声。《诗·邶风·泉水》叶"辖迈卫害"，《唐风·蟋蟀》叶"逝迈外蹶"，《小雅·都人士》叶"厉蚩迈"，《菀柳》叶"愒瘵迈"，《白华》叶"外迈"，《鲁颂·泮水》叶"筏哕大迈"；《楚辞·九辩》叶"带介慨迈秽败昧"；宋玉《高唐赋》叶"会磍磕厉濿霈迈窜挚"。

败，古读入声。《诗·召南·甘棠》叶"败憩"，《大雅·民劳》叶"愒泄厉败大"；《楚辞·九辩》叶"带介慨迈秽败昧"。

蚩，古读入声。《诗·小雅·都人士》叶"厉蚩迈"。

十八　队

佩，古读平声。《诗·郑风·子衿》叶"佩思来"，《秦风·渭阳》叶"思佩"；《楚辞·离骚》叶"能佩（"能"，奴来切）"，又叶"佩诒"。

背，古读入声。《诗·大雅·行苇》叶"背翼福"，《桑柔》叶"极背克力"，《瞻卬》叶"忒背极愿翼织"，《鲁颂·闵宫》叶"炽宫富背试（"炽""富""试"亦古入声字）"。

悖，古读入声。《诗·大雅·桑柔》叶"隧类对悖"；《易·颐卦》叶"贵类悖"，《说卦》叶"逮悖气物"；《左传·庄公十一年》叶"悖忽"；《礼记·中庸》叶"悖害"。

妹，昧，古读入声。《诗·大雅·大明》叶"妹渭"；《老子》叶"昧物"；《楚辞·九辩》叶"带介慨迈秽败昧"。

悔，荒内切，又呼罪切，古读上声。《诗·召南·江有汜》叶"汜以以悔"，《大雅·生民》叶"时祀悔（平上通押）"。

海，荒内切，古读上声。《诗·大雅·瞻卬》叶"海寺（"寺"亦古上声字)"。

晦，荒内切，古读上声。《诗·郑风·风雨》叶"晦已喜"。

怼，古读入声。《诗·大雅·荡》叶"类怼对内"。

对，古读入声。《诗·大雅·皇矣》叶"对季"，《荡》叶"类怼对内"，《桑柔》叶"隧类对醉悖"。

退，古读入声。《诗·小雅·雨无正》叶"退遂瘁谇答退"；《易·大壮卦》叶"退遂利"，《杂卦》叶"外内类退"。

溃，古读入声。《诗·邶风·谷风》叶"溃肄墍"。

谇，古读入声。《诗·陈风·墓门》叶"萃谇"，《小雅·雨无正》叶"退遂瘁谇答退"。

内，古读入声。《诗·大雅·荡》叶"类怼对内"；《易·家人卦》叶"内外"，《临卦》叶"内谓"，《杂卦》叶"外内类退"；《礼记·月令》叶"泄出达内惠绝"；《吕氏春秋·权勋》叶"内外贵"。

十九　代

代，古读入声。《楚辞·九章·惜往日》叶"代意置载备异再识"；《管子·势》叶"极德力代"；《素问·宝命全形论》叶"惑代贼"。

载，古读上声。《诗·小雅·彤弓》叶"载喜右"。又读入声。《诗·小雅·大东》叶"载息"，《正月》叶"辐载意"，《大雅·绵》叶"直载翼"；《楚辞·九章·惜往日》叶"代意置载备异再识"。

再，古读入声。《楚辞·九章·惜往日》叶"代意置载备异再识"。

溉，古读入声。《诗·大雅·泂酌》叶"溉墍"；《灵枢·决气》叶"味溉气"。

慨，古读入声。《楚辞·九章·哀郢》叶"慨迈"。

爱，僾，古读入声。《诗·小雅·隰桑》叶"爱谓"，《大雅·桑柔》叶"僾逮"；《楚辞·九章·怀沙》叶"喟谓爱类"。

290

二十　废

废，古读入声。《易·系辞》叶"大废"；《大戴礼·武王践祚》叶"废世"；《管子·版法》叶"杀废外"；《内业》叶"未废竭"；《吕氏春秋·孝行》叶"杀废阙"；《灵枢·制节真邪》叶"大害界外废"。

秽，古读入声。《楚辞·离骚》叶"刈秽"。

吠，古读入声。《诗·召南·野有死麕》叶"脱帨吠"。

刈，古读入声。《楚辞·离骚》叶"刈秽"。

二十一　震

信，古读平声。《诗·邶风·击鼓》叶"洵信"，《鄘风·蝃蝀》叶"人姻信命（"命"亦古平声字）"；《郑风·扬之水》叶"薪人信"，《唐风·采苓》叶"苓颠信"，《小雅·节南山》叶"亲信"，《雨无正》叶"天信臻身天"，《巷伯》叶"翩人信"。

振，古读平声。《诗·周南·螽斯》叶"诜孙振"；《左传·僖公五年》叶"晨辰振旗贲焞军奔"。

烬，古读平声。《诗·大雅·桑柔》叶"翩泯烬频"。

墐，古读上声。《诗·小雅·小弁》叶"先墐忍陨"。

吝，古读平声。《易·姤卦》叶"牵宾民正命吝（"正""命"亦古平声字）"。

二十二　稕

顺，古读平声。《庄子·天地》叶"缗昏顺"。

二十三　问

问,古读平声。《诗·大雅·绵》叶"愠问("愠"亦古平声字)"。

愠,古读平声。《家语·观乐》叶"薰愠"。

训,古读平声。《诗·周颂·烈文》叶"人训刑",《大雅·荡》叶"训顺("顺"亦古平声字)"。

二十五　愿

愿,古读平声。《诗·郑风·野有蔓草》叶"溥婉愿"。

怨,古读平声。《诗·小雅·谷风》叶"嵬萎怨";宋玉《讽赋》叶"怨泉"。

献,古读平声。《诗·小雅·瓠叶》叶"燔献"。

宪,古读平声。《诗·小雅·六月》叶"安轩闲原宪",《桑扈》叶"翰宪难那("翰"读平声)",《大雅·板》叶"难宪",《崧高》叶"番啴翰宪"。

二十六　恩

困,古读平声。《国语·晋语》叶"训困("训"亦古平声字)"。

闷,古读平声。《老子》叶"昏闷",又叶"闷醇"。

遁,古读平声。《诗·大雅·云汉》叶"川焚熏闻遁",《三略·上》叶"贤遁"。

二十八　翰

翰,侯旰切,又胡安切,古读平声。《诗·小雅·桑扈》叶"翰宪难

292

那"，《板》叶"藩垣翰"，《崧高》叶"翰蕃萱"，又叶"番啴翰宪"，《常武》叶"啴翰汉（"汉"亦古平声字）"；《易·贲卦》叶"皤翰"。

汉，古读平声。《诗·大雅·常武》叶"啴翰汉"。

歎，嘆，他旦切，又他干切，古读平声。《诗·邶风·泉水》叶"泉歎"，《曹风·下泉》叶"泉歎"，《王风·中谷有蓷》叶"乾歎难"，《小雅·常棣》叶"原難歎"，《大雅·公刘》叶"原繁宣歎巘原"；《楚辞·九辩》叶"滫歎"。

衍，苦旰切，又苦旱切，古读平声。《易·渐卦》叶"盘衍"。

烂，古读上声。《易·杂卦》叶"烂反"。

旦，古读上声。《左传·昭公三年》叶"旦显"。

岸，古读平声。《诗·大雅·皇矣》叶"援岸反"，《卫风·氓》叶"怨岸泮宴晏旦反（"怨"，古平声字；"泮""宴""晏""旦"，古上声字。平上通押）"。

粲，古读上声。《诗·郑风·缁衣》叶"馆粲"，《羔裘》叶"晏粲彦（"晏""彦"亦古上声字）"。

二十九　换

馆，古玩切，古读上声。《诗·郑风·缁衣》叶"馆粲"，《大雅·公刘》叶"馆乱锻"。

乱，古读上声。《诗·大雅·公刘》叶"馆乱锻"，《齐风·猗嗟》叶"娈婉选贯反乱"。

贯，古读上声。《诗·齐风·猗嗟》叶"娈婉选贯反乱"。

锻，古读上声。《诗·大雅·公刘》叶"馆乱锻"。

涣，古读平声。《诗·周颂·访落》叶"涣难"，《郑风·溱洧》叶"涣闲"。

三十　谏

谏,古读上声。《诗·大雅·民劳》叶"绻反谏",《板》叶"板亶远管瘅谏"。

涧,古读平声。《诗·卫风·考槃》叶"涧宽言谖"。

雁,鴈,古读上声。《诗·邶风·匏有苦叶》叶"雁旦泮",《郑风·女曰鸡鸣》叶"旦烂雁("旦""烂"古亦上声字)"。

患,古读平声。《韩非子·扬权》叶"患端";《楚辞·九章·抽思》叶"闻患";《三略·下》叶"安残患";贾谊《鹏鸟赋》叶"拚患"。

晏,古读上声。《诗·卫风·氓》叶"怨岸泮宴晏旦反(平上通押)",《郑风·羔裘》叶"晏粲彦"。

卝,古患切,古读上声。《诗·齐风·甫田》叶"娈卝见弁("见""弁"亦古上声字)"。

三十二　霰

电,古读平声。《诗·小雅·十月之交》叶"电令("令"亦古平声字)"。

霰,苏佃切,古读上声。《诗·小雅·頍弁》叶"霰见宴("见""宴"亦古上声字)"。

见,古读上声。《诗·齐风·甫田》叶"婉娈卝见弁",《小雅·頍弁》叶"霰见宴"。

宴,古读上声。《诗·卫风·氓》叶"怨岸泮宴晏旦"《小雅·頍弁》叶"霰见宴"。

甸,古读平声。《诗·小雅·信南山》叶"甸田"。

燕,古读平声。《诗·鲁颂·有駜》叶"骍燕"。

三十三　线

彦,古读上声。《诗·郑风·羔裘》叶"宴粲彦("宴""粲"亦古上声字)"。

媛,王眷切,古读平声。《诗·鄘风·君子偕老》叶"展袥颜媛"。

展,见君之服,陟扇切,古读平声。《诗·鄘风·君子偕老》叶"展袥颜媛"。

弁,古读上声。《诗·齐风·甫田》叶"婉娈丱见弁"。

转,知恋切,又张兖切,古读上声。《诗·邶风·柏舟》叶"转卷选"。

贱,古读上声。《庄子·秋水》叶"贱衍蹇"。

三十四　啸

啸,亦写作歗,古读入声。《诗·王风·中谷有蓷》叶"修歗歗淑(幽觉对转)"。

吊,古读入声,音的。《诗·桧风·匪风》叶"飘嘌吊(宵沃对转)"。

三十五　笑

笑,古读平声。《诗·大雅·板》叶"寮嚣笑荛",《邶风·终风》叶"暴笑敖悼(宵沃对转)",《鲁颂·泮水》叶"藻跻昭笑教(平上通押,"教"亦古平声字)";《易·萃卦》叶"号笑",《同人卦》叶"咷笑",《旅卦》叶"鸟巢笑咷(平上通押)";《楚辞·九歌·山鬼》叶"笑窕(平上通押)"。

照，炤，古读上声。《诗·陈风·月出》叶"照燎绍懆"，《小雅·正月》叶"沼乐炤虐(宵沃对转)"；《楚辞·天问》叶"到照("到"亦古上声字)"。

曜，燿，古读入声。《诗·桧风·羔裘》叶"膏曜悼(宵沃对转)"。

燎，力照切，又力小切，古读上声。《诗·陈风·月出》叶"照燎绍懆"。

庙，古读上声。《诗·大雅·思齐》叶"庙保"。

三十六　效

效，傚，古读平声。《诗·小雅·鹿鸣》叶"蒿昭桃傚敖"，《角弓》叶"教傚"。

教，古读平声。《诗·小雅·车辖》叶"鸦教"，《角弓》叶"教傚"，《大雅·抑》叶"昭乐懆教虐芼(宵沃对转)"，《鲁颂·泮水》叶"藻跻昭笑教"；《楚辞·九辩》叶"凿教乐高(宵沃对转)"。

孝，古读平声。《礼记》引《诗·大雅·文王有声》叶"犹孝"。

觉，睡觉，古孝切，又古岳切，古读入声。《诗·王风·兔爰》叶"罦造忧觉(幽觉对转)"。

三十七　号

悼，古读入声。《诗·邶风·终风》叶"暴笑敖悼"；《桧风·羔裘》叶"膏曜悼"。

暴，古读入声。《诗·邶风·终风》叶"暴笑敖悼"；《孟子》叶"濯暴"；《墨子·亲士》叶"灼暴"。

告，古读入声。《诗·鄘风·干旄》叶"祝六告"，《卫风·考槃》叶"陆轴宿告"，《小雅·楚茨》叶"备戒告("备""戒"亦古入声字)"，《大雅·既醉》叶"俶告"，《抑》叶"告则"。

造，七到切，又昨早切，古读上声。《诗·郑风·缁衣》叶"好造"，《大雅·思齐》叶"造士"，《周颂·闵予小子》叶"造疚老（"疚"亦古上声字）"；《易·乾卦》叶"道咎造久首"。

奥，古读入声。《诗·小雅·小明》叶"奥蹙菽宿覆"。

扫，埽，苏到切，又苏老切，古读上声。《诗·鄘风·墙有茨》叶"埽道丑"，《唐风·山有枢》叶"栲杻埽考保"，《小雅·伐木》叶"埽簋牡舅"。

三十八　个

贺，古读上声。《诗·大雅·下武》叶"贺佐（"佐"亦古上声字，读如左）"。

三十九　过

过，古卧切，又古禾切，古读平声。《诗·召南·江有汜》叶"沱过过歌"，《卫风·考槃》叶"阿迈歌过"。

破，古读平声。《诗·小雅·车攻》叶"驾猗驰破"。

和，唱和，胡卧切，古读平声。《诗·郑风·萚兮》叶"吹和"。

货，古读平声。《老子》叶"货过为"，又叶"货多"。

四十　祃

驾，古读平声。《诗·小雅·车攻》叶"驾猗驰破（"破"亦古平声字）"。

稼，古读上声。《诗·豳风·七月》叶"圃稼"。

迓，吾驾切，亦写作御，古读平声。《诗·召南·鹊巢》叶"居御"。

暇，胡驾切，古读上声。《诗·小雅·伐木》叶"湑酤鼓舞暇"，《何草不黄》叶"虎野暇"，《小旻》叶"除莫庶暇顾怒("除"，平声；"莫""庶"，入声；"顾""怒"，上声。<u>鱼铎对转</u>)。

夏，胡驾切，又胡雅切，古读上声。《诗·陈风·宛丘》叶"鼓下夏羽"，《小雅·四月》叶"夏暑"。

下，动词，胡驾切；形容词、名词，胡雅切，古皆读上声。《诗·召南·采蘋》叶"下女"，《殷其雷》叶"下处"，《邶风·凯风》叶"下苦"，《陈风·宛丘》叶"鼓下夏羽"，《东门之枌》叶"栩下"，《豳风·七月》叶"股羽野宇户下鼠处"，《小雅·采菽》叶"股下纾予"，《大雅·凫鹥》叶"渚处湑脯下"。

夜，古读入声。《诗·召南·行露》叶"露夜露("露"亦古入声字)"，《齐风·东方未明》叶"夜莫"，《小雅·雨无正》叶"夜夕恶"。

炙，之夜切，又之石切，古读入声。《诗·小雅·楚茨》叶"踖硕炙莫客错度获格酢"，《瓠叶》叶"炙酢"，《大雅·行苇》叶"席酢炙臄咢"；《礼记·礼运》叶"炙酪帛朔"，又叶"席幂帛炙魄莫"。

舍，屋也，始夜切，古读上声。《诗·小雅·何人斯》叶"舍车盱(平上通押)"。

射，神夜切，又羊谢切，又音石，古读入声。《诗·大雅·抑》叶"格度射"。

化，古读平声。《易·系辞下》叶"化宜"；《楚辞·离骚》叶"他化"，又叶"化离"，《天门》叶"为化"，又叶"施化"；《六韬·武韬》叶"施移化"；《管子·形势》叶"歌化"；《周书·酆保》叶"移化奇"；《庄子·天运》叶"化波"，《秋水》叶"驰移化为"，《则阳》叶"和化宜施"，又叶"为化宜差"，《山水》叶"訾蛇化为"；《荀子·天论》叶"多化"，又叶"畸施多化"，又叶"宜化过何"；《三略·上》叶"施加宜知移化随"。

四十一　漾

恙，古读平声。《楚辞·九辩》叶"臧恙"。

让，古读平声。《诗·小雅·角弓》叶"良方让亡"；《楚辞·大招》叶"明堂卿张让王"。

上，上下，时亮切，又登也，时掌切，古皆读上声。《诗·陈风·宛丘》叶"汤上望（"望"亦古平声字，平上通押）"，《大雅·大明》叶"上王方（平上通押）"。

壮，古读平声。《尔雅·释天》叶"相壮阳"；《楚辞·远游》叶"行乡阳英壮放（"放"亦古平声字）"。

望，看望，巫放切，又武方切，古读平声。《诗·卫风·河广》叶"杭望"，《陈风·宛丘》叶"汤上望"，《小雅·都人士》叶"黄章望"，《大雅·卷阿》叶"卬璋望纲"；《易·系辞下》叶"彰刚望"。

觊，古读平声。《诗·小雅·彤弓》叶"藏觊飨（"飨"亦古平声字）"；《左传·僖公十五年》叶"羊盆筐觊偿相"。

相，助也，息亮切；相，瞻视也，息良切，古皆读平声。《诗·大雅·棫朴》叶"章相王方"，《桑柔》叶"相臧肠狂"；《左传·僖公十五年》叶"羊盆筐觊偿相"；《礼记·少仪》叶"相更"；《荀子·成相》叶"相殃良怅"。

尚，古读平声。《诗·大雅·抑》叶"尚亡章兵方"；宋玉《神女赋》叶"望相尚量畅状（"畅"状亦古平声字）"。

四十二　宕

抗，古读平声。《诗·小雅·宾之初筵》叶"抗张"。

伉，古读平声。《诗·大雅·绵》叶"伉将行"。

丧，丧失，动词，息浪切；死亡，名词，息郎切，古皆读平声。《诗·大雅·皇矣》叶"兄光丧方"，《荡》叶"蟊羹丧行方"；《书·汤誓》叶"丧亡往"；《易·震卦》叶"刚当光行丧"，《旅卦》叶"伤丧"。

葬，古读平声。《庄子·山木》叶"藏将行方葬"。

四十三　映

竞，古读平声。《诗·大雅·桑柔》叶"将往竞梗（"往"亦古平声字，平上通押）"。

庆，古读平声。《诗·小雅·楚茨》叶"祈明皇飨庆疆"，《甫田》叶"梁京仓箱粮庆疆"，《大雅·皇矣》叶"兄庆光丧方"，《鲁颂·閟宫》叶"洋庆昌臧方常"；《易·坤卦》叶"刚光常方行庆殃"，又叶"亨疆行常行庆疆"，《益卦》叶"疆光庆行疆方行"，《升卦》叶"亨庆行"，《履卦》叶"明行当刚行当庆"，《大畜卦》叶"庆行"，《颐卦》叶"光上庆"，《晋卦》叶"行当庆光"，《暌卦》叶"当刚行庆亡"，《困卦》叶"明庆刚祥"，《丰卦》叶"当明行庆翔藏"，《兑卦》叶"当庆当光"。

命，古读平声。《诗·鄘风·蝃蝀》叶"人姻信命（"信"亦古平声字）"，《唐风·扬之水》叶"鲜命人"；《易·乾卦》叶"天命"；《庄子·天地》叶"名形命神性（"性"亦古平声字）"，《秋水》叶"天命名真"，《天运》叶"声命生形冥荣人"；《易·姤卦》叶"牵民正命沓（"正""沓"亦古平声字）"；《韩非子·主道》叶"令命定情正（"定"亦古平声字）"，《扬权》叶"形生盛宁命情（"盛"亦古平声字）"；《吕氏春秋·顺说》叶"劲命（"劲"亦古平声字）"；《楚辞·大招》叶"盛命定"。

病，古读平声。《老子》叶"亡病"，又叶"上病（"上"亦古上声字）"；《文子·上德》叶"虹藏病"；《左传·僖公七年》叶"竞病（"竞"亦古平声字）"。

泳，古读平声。《诗·周南·汉广》叶"广永永方（平上通押）"。

行,品行,下更切,古读平声。《诗·卫风·氓》叶"汤裳爽行(平上通押)"。

敬,古读平声。《诗·周颂·闵予小子》叶"庭敬";《易·讼卦》叶"正敬";《周书·周祝》叶"正争经刑敬听争静";《文子·符言》叶"令争敬正宁"。

四十五　劲

劲,古读平声。《吕氏春秋·顺说》叶"劲命("命"亦古平声字)"。

盛,盛大,茂盛,承正切,古读平声。《韩非子·扬权》叶"形生盛宁命情";《楚辞·大招》叶"盛命定"。

政,古读平声。《诗·小雅·节南山》叶"定生宁醒成政性("性"亦古平声字)";《管子·四称》叶"令政矜人骈亲身"。

正,端正,之盛切,古读平声。《诗·齐风·猗嗟》叶"名清成正甥",《小雅·斯干》叶"庭楹正冥宁",《大雅·云汉》叶"星赢成正宁";《易·乾卦》叶"正精情平",《井卦》叶"井正成(平上通押)",《讼卦》叶"正敬",又叶"成正渊",《临卦》叶正命,《姤卦》叶"牵宾民正命吝",《屯卦》叶"正民",《大畜卦》叶"正贤天";《荀子·乐论》叶"情经刑正身听成营";《韩非子·主道》叶"令命定情正名形";《吕氏春秋·君守》叶"平生静宁",《勿躬》叶"形正情性成";《楚辞·九章·怀沙》叶"盛正";《礼记·乐记》叶"正定声",《周书·周祝》叶"正争经刑敬听争静"。

性,古读平声。《管子·天地》叶"名形命神性";《文子·上礼》叶"营性",《下德》叶"情营性正";《礼记·月令》叶"身宁性静定";《庄子·天地》叶"名形命神性";《吕氏春秋·先己》叶"听静性",《勿躬》叶"形正情性成"。

301

令，古读平声。《诗·齐风·东方未明》叶"颠令"，《秦风·车邻》叶"邻颠令"，《小雅·十月之交》叶"电令"，《小宛》叶"令鸣征生"；《易·革卦》叶"成令天人"；《管子·四称》叶"令政矜人骈亲身"；《左传·襄公五年》叶"挺肩令定"；《管子·轻重己》叶"耕令"；《韩非子·主道》叶"令命定情正名形"；《文子·符言》叶"令争正敬宁"；《秦会稽刻石》叶"清名情贞诚程经令平倾铭"。

姓，古读平声。《诗·周南·麟之趾》叶"定性"，《唐风·杕杜》叶"菁裛姓"，《小雅·节南山》叶"定生宁醒成政性"。

聘，古读平声。《诗·小雅·采薇》叶"定聘（"定"亦古平声字）"。

四十六　径

定，古读平声。《诗·小雅·节南山》叶"定生宁醒成政性"，《大雅·采薇》叶"定聘"，《江汉》叶"平定争宁"，《周南·麟之趾》叶"定姓"；《左传·襄公五年》叶"挺肩令定"；《礼记·月令》叶"身宁性静定"，《乐记》叶"正定声"；《韩非子·主道》叶"令命定情正名形"；《文子·道原》叶"形定成生"。

听，听从，他定切，聆也，他丁切，古皆读平声。《诗·小雅·伐木》叶"丁嘤鸣声生听平"，《小旻》叶"程经听争成"，《大雅·荡》叶"刑听倾"，《云汉》叶"牲听"。

四十七　证

乘，车乘，名词，实证切；又驾也，动词，食陵切，古皆读平声。《诗·鲁颂·閟宫》叶"乘滕弓绠增膺惩承"，《商颂·玄鸟》叶"胜乘承"；《楚辞·招魂》叶"乘蒸"；《易·贲卦》叶"乘兴陵"。

胜，克也，诗证切；又任也，识蒸切，古皆读平声。《诗·商颂·玄

302

鸟》叶"胜乘承"，《小雅·正月》叶"蒸梦胜憎（"梦"读平声)"，《大雅·绵》叶"薨登冯兴"；《易·渐卦》叶"陵孕胜"；《周书·周祝》叶"胜称"，《柔武》叶"心胜"。

孕，古读平声。《易·渐卦》叶"陵孕胜"。

应，物相应也，於证切；又当也，於陵切，古皆读平声。《易·临卦》叶"临应"，《升卦》叶"升应"，《蒙卦》叶"蒙中应功"，《比卦》叶"从中应穷"，《未济卦》叶"中终应"。

四十八　嶝

赠，古读平声。《诗·郑风·女曰鸡鸣》叶"来赠"。

四十九　宥

右，於救切，又云久切，古读上声。《诗·卫风·竹竿》叶"右母"，《秦风·蒹葭》叶"采已涘右沚"，《小雅·彤弓》叶"载喜右"，《甫田》叶"止子亩喜右否有敏"，《大雅·绵》叶"止右理亩事（"事"亦古上声字)"。

祐，古读上声。《楚辞·天问》叶"祐喜"。

侑，于救切，古读上声。《礼记·礼运》叶"史侑右"。

狩，古读上声。《诗·郑风·叔于田》叶"狩酒好"，《秦风·驷𫘨》叶"阜手狩"，《小雅·车攻》叶"好阜草狩"。

臭，古读平声。《诗·大雅·文王》叶"臭孚"；《左传·僖公四年》叶"莸臭"。

疚，古读上声。《诗·周颂·闵予小子》叶"造疚考孝（"造"，古读上声；"孝"，古读平声，平上通押)"，《小雅·杕杜》叶"来疚（平上通押)"，《大东》叶"来疚"。

褎，袖，古读上声。《诗·大雅·生民》叶"道草茂苞褎秀好(平上通押)"。《唐风·羔裘》叶"褎究好"。

秀，古读上声。《诗·大雅·生民》叶"道草茂苞褎秀好"。

究，古读上声。《诗·唐风·羔裘》叶"褎究好"；《国语·越语》叶"牡道究"。

寿，古读上声。《诗·豳风·七月》叶"枣稻酒寿"，《小雅·天保》叶"寿茂("茂"亦古上声字)"，《南山有臺》叶"栲杻寿茂"，《大雅·江汉》叶"首休考寿(平上通押)"，《周颂·雖》叶"牡考寿"，《载见》叶"考寿保"；《老子》叶"久寿"；《荀子·赋篇》叶"首寿老牡"；《管子·内业》叶"道久寿"。

咮，喙，陟救切，又竹角切，古读入声。《诗·曹风·候人》叶"咮媾("媾"亦古入声字)"。

旧，古读上声。《诗·大雅·荡》叶"时旧(平上通押)"，《召旻》叶"里里旧"。

售，古读平声。《诗·邶风·谷风》叶"雠售"。

副，敷救切，古读入声。《素问·疏五过论》叶"测极式则副德"。

富，方副切，古读入声。《诗·小雅·我行其野》叶"富异("异"亦古入声字)"，《小宛》叶"克富又("又"，古上声字，之职对转)"，《鲁颂·閟宫》叶"炽富背试("炽""背""试"亦古入声字)"；《管子·侈靡》叶"富伏"，《四称》叶"稷富力侧饬贷殖伏革德式("贷"亦古入声字)"。

覆，盖也，敷救切；又反覆，芳福切，古皆读入声。《诗·邶风·谷风》叶"鞠覆育毒"，《小雅·小明》叶"奥蹙菽戚宿覆"；《灵枢·刺节真邪论》叶"得伏北覆惑"。

复，又也，返也，白也，告也，扶富切；又返也，重也，房六切，古皆读入声。《诗·豳风·九罭》叶"陆复宿"，《小雅·我行其野》叶"蓫宿畜复"，《蓼莪》叶"鞠育畜复腹"，《大雅·桑柔》叶"迪复毒"；《易·暌卦》叶"逐复"，《解卦》叶"復夤"；《左传·宣公二年》叶"目復腹"；

《礼记·礼运》叶"復埶";《老子》叶"畜育熟復",又叶"嗇復德极克国"。

五十　候

茂,古读上声。《诗·小雅·斯干》叶"苞茂好犹(平上通押)",《天保》叶"寿茂",《南山有臺》叶"栲杻寿茂",《大雅·生民》叶"道草茂苞褎秀好",《周颂·良耜》叶"朽茂",《齐风·还》叶"茂道牡好";《韩非子·扬权》叶"道茂";宋玉《笛赋》叶"宝道老好受保楚茂"。

豆,古读入声。《吕氏春秋·贵公》叶"斲豆鬥寇("鬥""寇"亦古入声字)"。

鬥,古读入声。《吕氏春秋·贵公》叶"斲豆鬥寇"。

寇,古读入声。《吕氏春秋·贵公》叶"斲豆鬥寇"。

奏,古读入声。《易·屯卦》叶"寇媾("媾"亦古入声字)";《诗·小雅·楚茨》叶"具奏禄("具"亦古入声字)"。

媾,觏,古读入声。《诗·曹风·候人》叶"咮媾";《大雅·抑》叶"漏觏";《易·屯卦》叶"寇媾"。

漏,古入声字。《诗·大雅·抑》叶"漏觏"。

五十二　沁

潜,庄荫切,古读平声。《诗·大雅·桑柔》叶"林潜"。

五十四　阚

滥,古读平声。《诗·商颂·殷武》叶"监严滥遑"。

憺,徒滥切,又徒敢切,古读上声。《楚辞·九章·抽思》叶"敢憺"。

五十九　鉴

监,领也,格忏切;又临下也,古衔切,古皆读平声。《诗·小雅·节南山》叶"岩瞻惔谈斩监",《商颂·殷武》叶"监严滥"。

以上所述,有些字,完全可以证明古读平声、上声或入声,因为他们在上古韵文中只跟平上入声押韵,而不跟去声押韵。例如"庆"字,《诗经》四见,皆读平声;"埤"字,《诗经》三见,皆读上声;"告"字,《诗经》三见,皆读入声。古长入字(后来变为去声字)与长入字相押,似乎古有去声;但是我们用系联法,亦可证明其为古入声字。例如"大"字,《诗·鲁颂·泮水》叶"筏哕大迈",《大雅·民劳》叶"愒泄厉败大",似乎是去声叶去声;但是《易·坤卦》叶"发大害",《咸卦》叶"害大末说",《吕氏春秋·士容》叶"大害越外揭赖厉折","大"既可以跟入声字"发"、"末"、"说"、"越"、"折"叶韵,可见它古读入声。又如"外"字,《诗经·魏风·十亩之间》叶"外泄逝",《唐风·蟋蟀》叶"逝迈外蹶",似乎是去声叶去声,但是《烝民》叶"舌外發","舌"、"發"都是入声字,可见"外"字古读入声。用系联法推知,"筏哕迈愒泄厉败害赖揭厉逝蹶"等都应该是古入声字了。

凡是有平去两读者,古皆读平声,如"梦信振行盛正相丧听令乘胜应叹翰散过和"等;凡字有上去两读者,古皆读上声,如"夏下右上舍处怒济涕转造扫"等;凡字有去入两读者,古皆读入声,如"积易觉暴告射味(喝)覆復"等。

(原载南开大学《语言研究论丛》,1980 年;又《龙虫并雕斋文集》第 3 册;《王力文集》第 17 卷)

现代汉语语音分析中的几个问题

一、日母的音值问题；　　三、汉语拼音方案和四
二、标调问题；　　　　　　　呼的关系问题。

一、日母的音值问题

现代汉语的日母，在汉语拼音方案中用 r 来表示；在现代汉语教科书中，用国际音标来说明日母的音值时，通常用[ʐ]来表示。汉语拼音方案用 r 来表示日母，是正确的；教科书中用国际音标[ʐ]来表示日母，则是错误的。日母应该是个卷舌闪音[ɽ]。1963年，我把这个[ɽ]写进我所写的《汉语音韵》里。① 现在我讲一讲日母不应该定为[ʐ]而应该定为[ɽ]的理由。

据我所知，现代汉语日母定为[ʐ]，是从高本汉（B. Karlgren）开始的。在《中国音韵学研究·方言字汇》中，他把北京话"惹"标为 ʐə，"蕊"标为 ʐuei，"锐"标为 ʐuei，"染"标为 ʐan，"任"标为 ʐən，"然"标为 ʐan，"软"标为 ʐuan，"人"标为 ʐen，"闰"标为 ʐən，"仍"标为 ʐəŋ，"攘"标为 ʐaŋ，"饶"标为 ʐau，"柔"标为 ʐou，"如""儒"标为 ʐu，"戎""茸"标为 ʐuŋ，"热"标为 ʐə，"日"标为 ʐʅ，"若"标为 ʐo，"肉""辱""入"标为 ʐu。② 他这样做，不是没有理由的。我想，他有两个理由。第一，既然知、痴、诗、日四母发音部位相同，那么，

---

① 《汉语音韵》，1963 年中华书局版，页 13，页 23。
② 高本汉：《中国音韵学研究》中译本，页 551～731。

日母应该是诗母的浊音。诗母是[ʂ]，日母就应该是[ʐ]了。第二，威妥玛式的汉字译音把日母译成法文字母 j，如"然"译为 jan，"让"译为 jang，"扰"译为 jao，"热"译为 jê，"人"译为 jên，"日"译为 jih，"若"译为 jo，"柔"译为 jou，"入"译为 ju，"软"译为 juan，"锐"译为 jui，"润"译为 jun，"戎"译为 jung。的确，现代汉语日母很像法语的 j，只不过法语的 j 不卷舌，汉语的日母卷舌。既然法语的 j 在国际音标是[ʒ]，那么，再加卷舌，岂不就是[ʐ]了？

我们认为，现代汉语日母并不是[ʐ]，而是个[ɻ]。理由有四：

第一，在听觉上，它不是[ʐ]。[ʐ]是摩擦音，而日母字并不能令人有摩擦的感觉。实际上，日母也并不是摩擦发出来的音。试使一个法国人按照法语的 j 再加卷舌读一个现代汉语普通话的日母字，像不像？很不像。许多人依照"ʐ"的发音方法来说中国话的日母字，很难听。

第二，从语音系统上说，现代汉语的日母也不可能是个[ʐ]。我们知道，任何语言的语音都是很有系统性的，现代汉语普通话也不例外。在音韵学上，浊音声母分为全浊、次浊两种。① 全浊包括塞音、擦音和塞擦音的浊音；次浊包括鼻音、边音、半元音。滚音和闪音，也应该归入次浊一类。音韵学家把三十六字母中的群、匣、定、澄、床、禅、从、邪、並、奉十母归入全浊，疑、泥、娘、明、微、喻、来、日八母归入次浊。现代汉语普通话只有次浊声母，没有全浊声母。如果说，双唇[p][pʻ]、唇齿[f]、舌尖塞音[t][tʻ]，舌尖前音[ts][tsʻ][s]、舌面音[tɕ][tɕʻ][ɕ]都没有相配的全浊声母，单单是舌尖后音(卷舌音)[tʂ][tʂʻ][ʂ]有一个全浊声母[ʐ]和它们相配，那就太没有系统性了。事实上是不可能的。

第三，从语音发展规律说，现代汉语普通话的日母也不可能是

_____

① "全浊"又称"浊"，"次浊"又称"清浊"或"不清不浊"。

个全浊声母。我们知道,中古全浊上声字,到南宋以后,已经转入了去声,所谓"浊上变去"。例如"动"音如"洞","是"音如"豉","似"音如"寺","巨"音如"惧","杜"音如"渡","弟"音如"第","在"音如"再","旱"音如"汗","践"音如"贱","肇"音如"召","抱"音如"暴","坐"音如"座","丈"音如"仗","荡"音如"宕","静"音如"净","舅"音如"旧","朕"音如"鸩","颔"音如"憾","范"音如"梵",等等。但是,次浊声母却安然无恙,直到今天,上声字仍读上声,"勇"不读如"用","蚁"不读如"义","以"不读如"异","语"不读如"御","吕"不读如"虑","武"不读如"务","羽"不读如"芋","鲁"不读如"路","礼"不读如"丽","你"不读如"腻","乃"不读如"耐","引"不读如"胤","吻"不读如"问","满"不读如"漫","眼"不读如"雁","免"不读如"面","鸟"不读如"尿","渺"不读如"妙","卯"不读如"貌","马"不读如"骂","网"不读如"妄","两"不读如"亮","朗"不读如"浪","有"不读如"右","柳"不读如"溜","廪"不读如"吝","俨"不读如"验",等等。日母也属于次浊声母,所以也安然无恙,上声字仍读上声,不变去声。例如"汝"不读如"洳","忍"不读如"刃","扰"不读如"绕","壤"不读如"让","稔"不读如"任","戎""惹""冉"等字也都不读去声。这就有力地证明,日母决不是全浊声母[z],而应该是一种次浊声母。

第四,从来源说,日母应该是卷舌闪音[ɽ]。音韵学家把声母分为七类,叫做"七音":1.唇音(帮滂并明,非敷奉微);2.舌音(端透定泥,知彻澄娘);3.牙音(见溪群疑);4.齿音(精清从心邪,照穿床审禅);5.喉音(影晓匣喻);6.半舌(来);7.半齿(日)。[1] 其实,来日二

---

① 次序依照《韵镜》。若依《切韵指掌图》、《四声等子》、《切韵指南》,则七音的次序是:1.牙音;2.舌音;3.唇音;4.齿音;5.喉音;6.半舌;7.半齿。《切韵指掌图》还分舌音为舌头、舌上二类,齿音为齿头、正齿二类。喉音次序,依《切韵指掌图》和《四声等子》卷首的《七音纲目》是影晓匣喻;依《切韵指南》是晓匣影喻。

母应并为一类,《韵镜》把它们归入同一栏,合称"舌齿音"。《四声等子》卷首有一个"韵图",也把它们归入同一栏,合称"半舌半齿音"。《韵镜》和《四声等子》把来、日二母合为一类是正确的,因为[l]和[ɻ]都是所谓"液音"(liquids),正是同一类的。从宋元韵图中可以看出,半舌半齿音排列在最后,是由于它们的发音方法和舌音、齿音的发音方法不同;这些韵图之所以把来、日二母排列在一起,则是由于它们的发音方法有相似之点(都是液音)。由此可见,宋元时代(甚至更早),日母就已经是个[ɻ]。我在我的《汉语音韵学》和《汉语史稿》中,采用高本汉的拟音,把中古日母拟测为[nʑ],是错误的。

现代汉语普通话的日母确是和知痴诗三母同一发音部位,所以我把它定为卷舌闪音[ɻ]。①

上文说过,汉语拼音方案用拉丁字母 r 表示日母是正确的,因为闪音是颤音的变种。② 记得赵元任先生在什么地方说过,汉语的日母就是英语的 r。的确,许多英国人读 r 用的是闪音。③ 据英国语音学家琼斯(D. Jones)说,英语的 r 是后齿龈音(post-alveolar),那就和汉语的舌尖后音(知痴诗日)[tʂ][tʂʰ][ʂ][ɻ]非常接近了。从前中国人唱乐谱时,把 re 唱成"咧",那是错误的,现在用日母唱成[ɻe],那就很好,因为[ɻe]非常接近英语的闪音 re(国际音标写作[re])。

二、标调问题

现在通行的一种汉语标调法,是五度标调法④。这是用一根

---

① 关于闪音的性质,参看罗常培、王均《普通语音学纲要》,页 81~82。

② 参看同上。

③ 参看 D. Jones, An Outline of English Phonetics, 750 节, pp. 195。

④ 罗常培先生把它叫做字母式声调符号。参看罗常培、王均:《普通语音学纲要》,页 126。

竖线分为四等分,从下到上分为五度(1、2、3、4、5),表示声音高低的尺度(低、半低、中、半高、高)。例如北京话阴平是55 ˥(高平),阳平是35 ˧(中升),上声是214 ˨˩˦(降升),去声是51 ˥˩(高降)。也可以把四声画成一个总图,如图1。

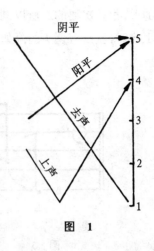

图 1

据我所知,五度标调法是赵元任先生创造的。[①] 1927 年,他向国际语音学会提出这个建议,后来发表在该会的刊物 Maitre Phonétique 上。从此以后,五度标调法就被采用了。在此以前,一般用的是乐谱标调法(高本汉用过这种标调法)。例如北京话四声的表示如图2。[②]

阴平　　阳平　　上声　　去声

图 2

五度标调法有优点,也有缺点。它的优点是不至使人误会声调是绝对音高;它的缺点是有时候不能准确地表示某种声调。五度标调法(指现在通行的标调法)只能表示高平、中平、低平、全升、全降、高升、低降、中降、降升、升降等,它不能表示三折调,例如降平升、升平降。北京话的上声,基本上是个低平调,调头的降、调尾

① 刘复在他的《四声实验录》里也用过类似的标调法,但没有规定为五度。
② 参看罗常培、王均:《普通语音学纲要》,页126。

的升,都是次要的。所以刘复《四声实验录》用乐谱记录北京话的
上声时,就没有调头的降如图3。

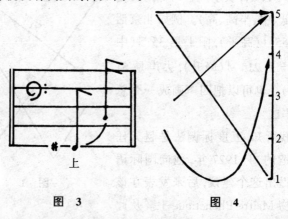

图 3   图 4

上声字在双音词组的第一字时,如果下字不是上声,上字要读"半
上","半上"就是没有调尾升的部分的,有时候连调头降的部分也可以
不用,"半上"实际上是个低平调。① 从《四声实验录》北京话上声的乐
谱可以看出,低平占 3/4 拍,升的部分只占 1/4 拍,那么,用数目字
表示,应该是 2114,而不是 214。如果标为√,那就是简单的降升调,
略等于去声加阳平。简单地用去声加阳平的办法,无论如何念不出
一个北京话上声来。所以 1958 年北京大学汉语教研室编写的《现代
汉语》和 1963 年我所写的《汉语音韵》把声调图修改了一下如图 4。

依照刘复实验的结果,北京话上声的频率曲线是:

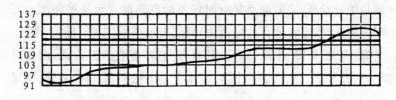

① 对于北京话的上声,一般标为 214,依刘复则应是 114,依"半上"则应是 211 或
11。调值不同,实际上应认为同一调位。

这是和他所做的乐谱标调相符合的。如果依照 214 ⌄ 来发音，放到浪纹计上实验，决不会得出这样一个曲线来。

赵元任先生在他没有创造五度标调法以前，曾经使用过一种很好的标调法。在他的《现代吴语研究》里，他所使用的标调法是：先画一根横线作为平均音高，然后画出声调曲线（这是上述刘复《四声实验录》的声调曲线的简化）。横标里头就是时间，竖标就算音高。右边注出简谱 1、2、3、4 等（简谱只表示相对音高，不表示绝对音高）。例如无锡的声调有八个，如下：

阴平	＼	**5 3**♭	阳平	◡	**1 3**♭
阴上	◡	**3**♭**2**♭**3**♭	阳上	⌒	**2**♭**3**♭**2**
阴去	╱	**3**♭**24**	阳去	◡	**2**♭**13**♭
阴入	─	**4**	阳入	╱	**1**#**4**

这样，无锡的阴上是降平升调、阳上是升平降调、阳平是低平升调、阴去是中平升调，都表示得很准确，这是五度标调法所做不到的。这种标调法，可以称为曲线标调法。曲线标调法也是分为五度，但是由于使用了曲线，照顾到音的长短，就比现在通行的五度标调法更为准确。我建议调查方言使用曲线标调法。

三、汉语拼音方案和四呼的关系问题

每一个汉字是一个音节。每一个音节只有一个元音。称为韵母。例如：

大 da 理 li 波 bo 车 che 都 du 徐 xü

有些字似乎包含两个或三个元音，其实是一个复合元音。两个元音复合，叫做二合元音。二合元音中，有一个元音较长、较强，叫做主要元音;另一个元音较短、较弱,近似于半元音,叫做韵头或韵尾。二合元音分为两种:第一种前弱后强,叫做上升的复合元音,这种二合元音只有韵头,没有韵尾。例如:

家 jia　瓜 gua　过 guo　斜 xie　雪 xüe

第二种前强后弱,叫做下降的复合元音,这种二合元音只有主要元音和韵尾,没有韵头。例如:

排 pai　飞 fei　高 gao　楼 lou

此外还有三合元音。在汉语里,三合元音是两头弱当中强,既有韵头,又有韵尾。例如:

条 tiao　忧 iou　怀 huai　威 uei

韵母收尾的 n, ng([ŋ]),我们也叫它韵尾,因为鼻音 n, ng([ŋ])能独立自成音节,带有元音的性质。例如:

等于二合元音的:

han 寒　根 gen　刚 gang　冷 leng

等于三合元音的:

前 qian　良 liang　关 guan　温 uen

况 kuang　翁 ueng　玄 xüan

根据这个汉语语音系统,中国音韵学家把汉字的音节分为四类,叫做四呼:(一)没有韵头,主要元音为 a、e、o 者,叫做开口呼;(二)韵头或主要元音为 i 者,叫做齐齿呼;(三)韵头或主要元音为 u 者,叫做合口呼;(四)韵头或主要元音为 ü 者,叫做撮口呼。

四呼的说法,便于说明汉语音节系统的性质,所以许多《现代汉语》教科书都讲四呼,这是合理的。

四呼本来是很好懂的,但是,最近我看了几本稿子(讲曲韵的),看见作者根据汉语拼音方案来讲四呼,有些地方竟讲错了。这不是汉语拼音方案的过错,因为拼音方案不是音标,有些地方为了某种便利,可以不严格依照实际读音。为了避免误解,这里我把汉语拼音方案和四呼不一致的地方加以说明。

（一）汉语拼音方案委员会认为，在拼音方案中应该尽可能少用拉丁字母 u，因为 u 在手写时容易和 n 相混。这样，"轰"的韵母本该是 ung，写成了 ong；"雍"的韵母本该是 üng，写成了 iong。合口呼变了开口呼了。我们讲四呼时，仍应把它们归入合口呼。"熬"的韵母本该是 au，由于怕容易和"安"的韵母 an 相混，改写为 ao；"腰"的韵母本该是 iau，由于怕容易和"烟"的韵母 ian 相混，改写为 iao。我们讲韵尾时，应该把这类韵尾认为是 u。

（二）音韵学认为"恩、因、温、晕"是相配的开齐合撮四呼，注音符号ㄣ、丨ㄣ、ㄨㄣ、ㄩㄣ反映了这个系统。汉语拼音方案把丨ㄣ写成 in，不写成 ien，把ㄩㄣ写成 ün，不写成 üen，一则因为可以省掉一个字母，二则现在实际读音也确是 in、ün。不过，从语音系统说，仍应认为是相配的开齐合撮四呼，即 en、ien、uen、üen。十三辙把"恩、因、温、晕"合为一个辙（人辰辙），并不分为两个或三个辙，正是说明了这个道理。汉语拼音方案把它们并列一个横行，也是合理的。

（三）音韵学认为"亨、英、轰（翁）、雍"是相配的开齐合撮四呼，注音符号ㄥ、丨ㄥ、ㄨㄥ、ㄩㄥ反映了这个系统。汉语拼音方案把丨ㄥ写成 ing，不写成 ieng，一则因为可以省掉一个字母，二则现在实际读音确也是 ing。[①] 方案把"轰"的韵母写成 ong 是为了避免 u 与 n 相混（前面说过了），方案把它摆在开口呼的直行，在音韵学上是错误的，但是已经改写为 ong，也只好这样摆了。方案把"翁"写成 ueng，是因为北京话实际读音是这样。从音位学上说，ueng 是 ung 的变体，前面有声母读 ung，没有声母读 ueng。这样，"翁"的读音 ueng 倒可以证明 ung 是 eng 的合口呼。在许多方言

---

① 许多北京人说 ing 时，往往说成 iəng，那也说明 ing 是 eng 的齐齿呼。

里，"翁"字念 ung 不念 ueng。方案把"雍"的韵母写成 iong，其实应该是 üng，前面已说过了。依照实际语音，"雍"的韵母也可以认为是 iung，因为其音在 üng、iung 之间。但是，在音韵学上，必须认为它是 üeng，然后 eng、ieng、ueng、üeng 成为相配的四呼。方案把它摆在齐齿呼的直行，在音韵学上是错误的，但是已经写成了 iong，也只好这样摆了。《康熙字典》卷首的《字母切韵要法》把这四呼归入庚摄，是合理的。十三辙把"亨、英、翁、轰、雍"合为一个辙（中东辙），正是说明了这个道理。有人写现代诗韵（韵书），分 eng、ing 和 ung、üng 为两个韵，则是错误的。

（四）汉语拼音方案规定，iou、uei、uen 前面加声母的时候，写成 iu、ui、un，例如 niu（牛）、gui（归）、lun（论）。这不但是为了节省一个字母，而且也符合实际读音。iou 和 iu 是互换音位，有人说 iou，有人说 iu，一般人听不出分别来。[①] uei 和 ui，uen 和 un，也是同一音位。没有声母、或声母是 g、k、h 时，实际上读 uei（威）、guei（归）、huei（辉）、uen（温）、guen（棍）、kuen（昆）、huen（婚）；其它情况，实际上读 ui、un，如 zui（最）、dui（对）、lun（论）、dun（顿）。汉语拼音方案没有加以区别，是按照音位论来处理的。但是，这样规定以后，就引起许多误解。照理，声调符号应该放在主要元音上面，iou 的主要元音是 o，uei、uen 的主要元音是 e，现在规定，前面加声母的时候写成 iu、ui、un，o 和 e 不出现了，声调符号放在哪一个字母上面呢？当时汉语拼音方案委员会有两种意见。一种意见主张把声调符号放在 iu 中的 i 上、ui 中的 u 上。另一种意见主张把声调符号放在 iu 中的 u 上，ui 中的 i 上。[②] 我赞成前一种意见，因为在这种情况下，iu 中的主要元音是 i，ui 中的主要元音是 u。后来委员

---

① 有人说，上声是 iou（如柳），其余是 iu。
② 关于 un，没有争论，因为不会有人主张把调号放在 n 上。

会决定采用后一种意见,这样就令人误解,以为 iu 中的 i、ui 中的 u 是韵头,而 iu 中的 u、ui 中的 i 反而是主要元音了。例如"牛"写作 niú,i 被认为是韵头,u 被认为是主要元音。i 认为是韵头还不算大错,但应说明主要元音 o 不出现;u 认为是主要元音则是大错。又如"催"写作 cuī,u 被认为是韵头,i 被认为是主要元音。u 认为是韵头还不算大错,但应说明主要元音 e 不出现;i 认为是主要元音则是大错。我所看见的一本书稿,就是这样错了的。正当的办法是:在分析四呼的时候,应该把主要元音补出,iu 还原为 iou,ui 还原为 uei,un 还原为 uen,然后说明,在 iou 中,i 是韵头,o 是主要元音(也叫韵腹),u 是韵尾;在 uei 中,u 是韵头,e 是主要元音,i 是韵尾;在 uen 中,u 是韵头,e 是主要元音,n 是韵尾。这样,才不至陷于错误。

　　以上三个问题,都是在编写《现代汉语》教材中遇到的问题。我在这里提出我的意见,供参考。

　　(原载《中国语文》1979 年第 4 期;又《王力文集》第 17 卷)

再论日母的音值，兼论
普通话声母表

　　最近看见《中国语文通讯》1982年第3期上登载了关于普通话日母的音值的两篇文章，一篇是朱晓农同志写的，另一篇是夏秋同志写的，读了很受教益。我接受朱、夏两同志的批评意见，所以写这一篇文章。

　　我的错误在于把普通话日母说成是闪音。朱晓农同志批评说："'日'不是断续的，发音时舌头并不颤动，因此它不是闪音，不能用[ɾ]来表示。"他的话是对的。朱同志又说：

　　　　事情正像王力先生所说的，外国人学汉语，把"然"读成[zan]，把"人"读成[zən]，是很难听的。其所以难听，是因为读得太"强"了，摩擦太大了。实际上，"日"的摩擦并不大于[j]。试比较"壤"："阳"，"容"："勇"，"然"："盐"，"日"："倚椅异"等。在音色上"日"最接近[ɹ]。当发"日"字音时，听感上很难把声母和韵母区别开，这有点像"倚"[ji]、"五"[wu]，只是韵母同部位有少量摩擦。"日"跟[ɹ]的关系平行于[ji]的关系。"日"是个舌尖后浊久音，但不闪动（闪动便成了[ɾ]），摩擦也不太强（若是摩擦音便成了[z]），也就是说，是个半元音。

这一段话也讲得很好，所谓"浊久音"，就是赵元任先生在《中国话的文法》中所说的 voiced contiuants，吕叔湘先生译作"浊持续音"，丁邦新先生译作"浊通音"。

　　唯一可以商榷的是：日母可否认为是半元音？我看不大合适。国际音标最后一栏是"无擦通音及半元音"。可见无擦通音和半元音不是同类，只是性质相近而已。赵元任先生只把日母归入浊通

音,没有认为是半元音。赵先生是对的。夏秋同志比朱晓农同志更进一步,他认为日母就是元音。他说:

> 如果不考虑声调的因素,我们说"值日生"时,说完"值",口型、舌位不作任何改变,只要拖长"值"的韵母[ʅ],即成了"日"字的读音。构成日音节的音素与"知痴诗"的韵母[ʅ]应该是同一个音。由此可见,"知痴诗"的韵母[ʅ]是可以自成音节的。日音节就是自成音节的韵母[ʅ]。它和声母后的[ʅ]应该加以合并,在韵母表中占有一个位置。

这话更不妥。"值日生"的"值",即使不考虑声调因素,随便拉得多长,也拉不出一个"日"音。韵母[ʅ]在普通话里不单独成音;但是在京剧里,支思韵字拉长时,就有自成音节的[ɿ][ʅ]出现,而这两个元音并不就是"日""思"的字音。应该承认,日母是声母,不是韵母。赵元任先生把日母认为是声母,那是对的。在中国音韵学上,一向认为日母是声母。

赵元任先生虽然采用过高本汉的[ʐ]作为普通话日母的音标,但是他并不相信这个[ʐ]就是[ʂ]的浊音。他宁愿相信这个[ʐ]等于英语的r,而英语的r也就是无擦通音[ɹ]。在他的《现代吴语的研究》中,一方面,他采用高本汉的[ʐ]作为普通话日母的音标(原书26页);另一方面,他又在说明声母表的时候,说[ʐ](如普通话"人"[ʐən])等于英语draw中的r。此后,他常常讲起,普通话的日母就是个r,他制订的国语罗马字也就用r作为日母字的声母。他的《中国话的文法》的声母表中(原书22页)并没有[ʐ],也就是说,在塞音、塞擦音、擦音的发音方法中没有浊音一栏,日母[ɹ]作为浊通音和边音[l]同一直行,这是完全正确的。也就应了我的话:古人把来日二母放在一栏内,叫做半舌、半齿,不是没有理由的。

赵元任先生把日母[ɹ]比作英语的r,是有道理的。典型的英语r,也就是无擦通音。Daniel Jones说:

> 无擦通音:发音部位和摩擦辅音一样,但是气流很微弱,以致听不出

摩擦音来。例如主要的英语 r。(《英语语音学纲要》,47 页)

普通话日母[ɹ]和英语的 r[ɹ]只有两点不同:第一,发音部位方面,英语的[ɹ]是个舌尖前音,普通话日母[ɹ]是个舌尖后音;第二,发音方法方面,典型的英语[ɹ]是圆唇化的。但是赵元任先生并没有错,他在《中国话的文法》的声母表中,正是把浊通音[ɹ]放在卷舌音一栏内的。

我在我的《现代汉语语音分析中的几个问题》中,也把日母比作英语的 r,本来是不错的;但是,我认为它是闪音,那就错了。我说:

记得赵元任先生在许多地方说过,汉语的日母就是英语的 r。的确,许多英国人读 r 用的是闪音。

我这一段话是根据 D. Jones 的话来说的,D. Jones 的原话是:

许多人用"闪音"r 作为 r 音位的辅助音;主要是出现在非重音的、夹在两元音中间的位置上,例如 very, period,或者用在一个单词的末尾。这种辅助性的 r 还不是主要的;在这种情况下,也常常用的是摩擦音 r。

由此可见,我根据 D. Jones 这段话是不合适的。在英语 r 音位中,最常见的只有两种读音,一种是摩擦音 r,另一种是无擦通音 r,我应该把日母[ɹ]比作英语的无擦通音 r[ɹ]。①

剩下的问题是音标问题。朱晓农同志说:

总之,"日"是个不易把握的音,说得确切点,是个用现有的国际音标难以表示的音。几十年来用了三个不同的音标且都不能使人满意,正说明了这一点。因此我们想另外提出两个供选择的办法。

朱同志的两个办法是:(1)创造一个新音标[ɻ];(2)用[ʐ]同时表示舌尖后浊擦音和舌尖后半元音。我认为,朱同志第二个办法不好;第一个办法可以考虑采用。但音标问题不是重要的问题,

---

① 参看 D. Jones《英语语音学纲要》第二十二章《无擦通音》,页 205。

只要决定它的音值,就便于教学和学习了。

这里顺便谈谈普通话声母表的问题。过去我们搞汉语音韵学,一般依照国际音标的次序安排列表。例如北京大学中国语言文学系汉语教研室编写的《现代汉语》(1962 年版),其中的辅音表如下:[①]

发音部位 发音方法			双音唇	唇齿音	舌尖音	舌尖前音	舌尖后音	舌面音	舌根音
塞音	清	不送气	b		d				g
		送 气	p		t				k
塞擦音	清	不送气				z	zh	j	
		送 气				c	ch	q	
擦音	清			f		s	sh	x	h
	浊						r		
鼻音	浊		m		n				ng
边音	浊				l				

这种辅音表有一个缺点:汉语普通话没有全浊声母,塞音、塞擦音、擦音都没有浊音(普通话的 r 并不是 sh 的浊音),所以我们不必区别清浊。鼻音、边音有浊无清,我们更不必区别清浊。强调了清浊的区分,反而掩盖了汉语普通话的特点。

赵元任先生在他的《中国话的文法》里,根据汉语普通话的特点,特制一个声母表如下:[②]

---

① 表内是汉语拼音字母,不是国际音标。
② 见原书页 22。原有两个表:(甲)国语罗马字;(乙)国际音标。这里只录第二表。

方法 部位	不送气塞音	送气塞音	鼻　音	擦　音	浊通音
唇　　音	b̥	pʰ	m	f	
舌 尖 音	d̥	tʰ	n		l
舌尖前音	ts	tsʰ		s	
卷 舌 音	tʂ	tʂʰ		ʂ	ɻ
舌 面 音	tɕ	tɕʰ		ɕ	ɻ
舌 根 音	ɡ̊	kʰ	(ŋ)	x	ʁ—ø

这个表有许多优点。第一,它改正了以前的错误,把日母从浊擦音移到浊通音的位置上来;第二,它把[l]和[ɻ]排在同一直栏内①,符合等韵学半舌、半齿并列的原则;第三,它略去了辅音清浊的对立,强调送气不送气的对立,符合汉语普通话的特点。我想,只要稍为改动一下,就能适应教学和学习的需要了。我的意见是这样:

第一,仍依国际音标的办法,横行是发音部位,直行是发音方法。

第二,在发音部位上,取消浊通音的ʁ-ø。据赵元任先生说,ʁ指喉塞音,ø指元音开头。从音位观点看,都属于零声母,可以不列。

第三,在发音方法上,把塞擦音和塞音区别开来。塞擦音是先塞后擦(成阻是塞,除阻是擦),和塞音混在一起似乎欠妥。

第四,在声母表上,应该有半元音②国际音标把无擦通音和半元音合并在一栏,我们认为,为了照顾汉语的特点,应该分列。

第五,国际音标不必用[b̥][pʰ][d̥][tʰ][ɡ̊][kʰ]。固然,从实验语音学上看,赵先生这样标音是有道理的;但是,从音位观点看,标作[p][pʻ][t][tʻ][k][kʻ]就可以了。

根据上面的原则,我试拟一个汉语普通话声母表如下:

---

① 辅音[l]既是边音,又是通音,赵元任先生把[l]归入通音是可以的。参看 D. Jones《英语语音学纲要》188 节。

② 我们认为,汉语拼音字母 y、w 也应该看作声母,容当另文讨论。

（甲）汉语拼音方案

发音方法＼发音部位	唇 音	舌尖音	舌前音	舌尖音	卷舌音	舌面音	舌根音
不送气塞音	b	d					g
送气塞音	p	t					k
鼻 音	m	n					
不送气塞擦音			z		zh	j	
送气塞擦音			c		ch	q	
擦 音	f		s		sh	x	h
通 音		l			r		
半元音	w, y(u)					y, y(u)	(w)

（乙）国际音标

发音方法＼发音部位	唇 音	舌尖音	舌前音	舌尖音	卷舌音	舌面音	舌根音
不送气塞音	p	t					k
送气塞音	p'	t'					k'
鼻 音	m	n					
不送气塞擦音			ts		tʂ	tɕ	
送气塞擦音			ts'		tʂ'	tɕ'	
擦 音	f		s		ʂ	ɕ	x
通 音		l			ɹ①		
半元音	w	ɥ				j(ɥ)	(w)

（原载《中国语文》1983 年第 1 期；又《王力文集》第 17 卷）

---

① 日母依照朱晓农同志的建议，标作[ɻ]。但若印刷有困难时，仍可标作[ɹ]（即倒写的 r）。

中国文法学初探

一、比较语言学与中国文法

中国人曾由比较语言学引起了中国文法学的兴趣；马建忠拿拉丁文法比较中文，然后写成了一部《马氏文通》。我们现在要研究中国文法，当然不能避免其他族语的文法学的影响。不过，我们应该先问：(一)该拿什么文法与中文比较？(二)比较后，该怎样应用比较的结论，才能避免牵强附会的毛病？

比较语言学并不限于同系统的族语互相比较；有时候两族语的关系越浅，其文法上的异同越足引起我们的兴趣。但是，如果我们希望从甲族语的文法上研究出乙族语的文法系统，寻觅其相符或相似之点，以作乙族语的文法分析的根据，那么，甲乙两族语就该是同一系统的，而且关系越深越好。由此看来，马建忠从拉丁文法的比较上研究中国文法，就不算一个最好的方法；因为拉丁语属于印欧语系，中国语属于支那语系，二者的关系算是极浅的了。

近年中国的语言学颇有进步，大家知道中国语属于支那语系，如果我们要从语言比较上寻求中国的文法，与其拿印欧语系来比较，不如拿支那语系来比较。但是，支那语系各族语的文法都是尚待研究的,我们在没有确知甲族语的文法系统以前,就没有法子拿它的文法与乙族语的文法相比较。假使有人要研究缅语的文法,而拿中国的上古文法去比较,就可以说是很危险的,因为中国的上古文法的系统,还没有得到切实的证明。先举一个例罢。高本汉(Karlgren)以为在中国上古文法里,"吾""女"二字属于主格与属格,"我""尔"二字属于目的格①。同时,我们知道缅语里的第一人称与第二人称亦分为主格与目的格二种②:

	第一人称	第二人称
主　格	nga-ga'	nin-ga'
目的格	nga'-go	nin'-go

但是,我们不敢遽然断定缅语的第一人称与第二人称的变化与中国语恰恰相同,因为我们不肯认高氏的话为铁案。高氏的结论,是以《论语》为主要根据的,但我们细检《论语》则见例外甚多③。尤其是"莫我知"与"不吾知","吾与女弗如"与"我与尔有是","我不欲人之加诸我"与"吾亦欲无加诸人"诸句里"吾""我""女""尔"所属的格完全相同,句的组织亦甚相似,我们更无从窥见"格"的屈折作用了。我们既不能遽然断定中国上古文法也像缅语一般地有主格与目的格的屈折性,那么,关于"格"的问题,也就无从比较起。

又假使我们看见中国上古文法有动词变化的痕迹,我们似乎可以拿藏语某一些动词的变化作比较。例如"充"字在藏语里:

现在式 gens 过去式 b-kan 将来式 d-gan 命令式 k'on

---

① Karlgren：Le Proto-Chinois langue flexionnelle.

② 参看 Les Langues du Monde, article de T. Przyluski sur le Sino -Tibətain, pp. 364。

③ 在下节里,我们将再回到这问题上并把诸例外之句写出,详加讨论。我们将见高氏对于例外的解释未能使我们满意。

但是,这些动词是否依着时间而起屈折作用的尚是问题。依Conrady 先生的意见,这上头并没有真的屈折作用,因为在最古的藏文里,同一的形式的字可以表示几个时间,并没有显然的分野①。由此看来,藏语的文法系统本身尚未得到满意的解决,我们如果拿某人一偏之见所定的藏语文法系统来比较汉语,其结论就未必能有价值。

支那语系的文法比较,既有上述的困难,我们似乎不妨更求其次,拿印欧语系的文法与中国文法相比较。同是人类的语言必有相似之处。语言的应用,在乎叙述某动作,说明某种状况,命令某人,或表示某种感触。在叙述语里至少有动词;在说明语里,至少有名词。在命令语里,至少必有动词;在感触语里,至少必有感叹词。因此,名词、动词、感叹词,为人类所同有②。同属于一名之人物而有形态性质之不同,同属于一事之动作而有方式时间空间之不同,于是我们遇必要时就用各种限制词去限制名词与动词。词与词的关系及句与句的关系,都可用各种关系词去表示。因此,限制词与关系词又为人类所共有。动作必有其主动者,又往往有其受动者,因此,主格与目的格又为人类所共有。我们如果采用西文的"名词""动词"等名称,并不是拿西洋文法来范围中国文法;只因世界各族语都有这些事实,我们纵欲避免这些名称而不可得。如果我们能从相同点着眼,不把相异点硬认为相同,岂但印欧语系可与中国语比较,就是非洲土话也何尝不可与中国语比较呢?

不过,我们对于某一族语的文法的研究,不难在把另一族语相比较以证明其相同之点,而难在就本族语里寻求其与世界诸族语相异之点。看见别人家里有某一件东西,回来看看自己家里有没

---

① 参看 L'article de Przyluski, pp. 363。

② 至少可以说开化的民族所同有;所谓 sentence-words 只是语言的雏形。

有,本来是可以的,只该留神一点,不要把竹夫人误认为字纸篓。但是,我们尤其应该注意:别人家里没有的东西,我们家里不见得就没有。如果因为西洋没有竹夫人,就忽略了我们家里竹夫人的存在,就不对了。

丁声树先生发见否定词"弗""不"二字的分别,立了三个规律①:

(1)"弗"字只用在省去宾语的外动词之上,内动词及带有宾语的外动词之上只用"不"字,不用"弗"字;

(2)"弗"字只用在省去宾语的介词之上,带有宾语的介词之上只用"不"字,不用"弗"字;

(3)"弗"字决不与状词连用,状词之上只用"不"字,不用"弗"字。

这就是在我们家里发见了我们的竹夫人! 如果我们专拿西洋文法来比较中国文法,就永远不会有这种成绩②。《马氏文通》说:"正义云:'弗者,不之深也,'与'不'字无异,惟较'不'字辞气更遽耳。"在这种地方,中国所特有的文法规律,往往为马氏所忽略,因为马氏先看西洋文法里有什么,然后看中国有无类似的东西;至于西洋所不分别者,他就往往不能在中国文法里看出来了。此后我们最重要的工作,在乎寻求中国文法的特点;比较语言学能帮助我们研究,但我们不能专恃比较语言学为分析中国文法的根据。

二、西洋文法与中国文法

中国人学西洋语文的时候,同时注意到它的文法;研究中国文

---

① 《释否定词"弗""不"》,中央研究院历史语言研究所《集刊》外编。
② 八年前我在我的《中国古文法》(清华研究院毕业论文,未刊)里说:"按'弗'之与'不',一则仅能限制动词,一则并能限制区别词。"那我只看见了丁先生的第三个规律。

法的人往往学过西洋语文,于是自然地倾向于以西洋文法来支配中国文法。如果作者只懂英文,他会把"有朋自远方来"的"有"字认为与"there is"相似,而不知它与法文的"il y a"更相似。最可指摘的,就是把英文译成不合中国文法的中文,算是中国文法里的例子。陈浚介先生的《白话文文法纲要》里就有这样的两个例子:

> "捉得的贼,已经受嘱咐去受严厉刑罚了。"(页59)
>
> "除非他讲话太快是一个优秀的教师了。"(页62)

这是极端模仿西洋文法的一派。此外,就要说到努力在中国文法里寻求西洋文法的一派了。西洋人研究中国文法的时候,总想看看中国文法所无而西洋文法所有的东西究竟是否真正没有;如果现代的中国没有,还要问古代的中国是否也没有。这种精神原是好的,但其流弊就在乎先存成见,然后去找证据;遇着例外的时候,再去寻求解释。譬如高本汉以为"我"字在上古只用于目的格,但在《论语》里发见了二十个例外:

(甲)"我"字居主格者共十八个:

> 孟孙问孝於我,我对曰无违。(《为政》)
>
> 尔爱其羊,我爱其礼。(《八佾》)
>
> 我未见好仁者,恶不仁者……我未见力不足者;盖有之矣,我未之见也。(《里仁》)
>
> 我不欲人之加诸我也,吾亦欲无加诸人。(《公冶长》)
>
> 唯我与尔有是夫。(《述而》)
>
> 我非生而知之者。(《述而》)
>
> 盖有不知而作者,我无是也。(《述而》)
>
> 我欲仁,斯仁至矣。(《述而》)
>
> 有鄙夫问於我,空空如也,我如叩其两端而竭焉。(《子罕》)
>
> 我待贾者也。(《子罕》)
>
> 人皆有兄弟,我独亡。(《颜渊》)
>
> 君子道者三,我无能焉。(《宪问》)

賜也賢乎哉，夫我則不暇。(《宪问》)

我則異於是，无可无不可。(《微子》)

我之大賢與，於人何所不容；我之不賢與，人將拒我①。(《子张》)

(乙)"我"字居领格者共两个：

窃比於我老彭。(《述而》)

三人行必有我師焉。(《述而》)

高氏首先以"同化作用"(assimilation)去解释"我对曰""我不欲人之加诸我"与"我叩其两端而竭焉"。但是，"吾"字在下列的句子里，何以不受"我"字的同化？

如有復我者，則吾必在汶上矣。(《雍也》)

大宰知我乎，吾少也賤。(《子罕》)

回也非助我者也，於吾言无所不说。(《先进》)

如有用我者，吾其为东周乎。(《阳货》)

"吾"字不被"我"字同化时，高氏把它当作"吾""我"分格的证据②；"我"字占了高氏所定"吾"字的格时，高氏又说它被"我"字同化了。相反的两种情形都被高氏利用做重要的论据，显然是有矛盾的。此外如"我爱其礼"等句的"我"字，高氏又以"铺张语"为解释，这也与"同化作用"同为或然而非必然的现象。对于多数的例外加以或然的解释，至少是不能令人深信的。

至于高氏以为"尔"字在中国上古只用于目的格，就更可怪，因为他自己计算过，"尔"字在《论语》里九次居主格，三次居领格③，六次居目的格。例外比例内还多，而高氏轻轻地以"尔"字在《论语》里已渐代"主格"为解释。这完全是"想当然"，更不能令人相信了。

---

① 这一句里加着重点的两个我字，高氏认为领格。

② 上述的四句就是他的例证，见 Le Proto-Chinois, pp. 8。

③ 其实有四次，《尧曰》篇的"天之历数在尔躬"，高氏未引。

高氏大约因为"吾"字不能为肯定句的目的格,就猜想到"吾""我"在格上有分别,又因为"吾""女"在古音为同部,"我""尔"在古音为同部,就猜想同部的即同格。但是,《论语》里还有一个"予"字,用于三格。"吾""女"与"我""尔"虽则排成了很好的并行式,如果加上一个"予"字,却又不整齐了。关于这一点,高氏又轻轻地以"予"字罕见为理由,把它撇开不提①。其实"予"字见于《论语》共二十次,"女"字见于《论语》共十六次,"尔"字共十八次,孰为罕见?较罕见的"女""尔"二字既值得详细讨论,较多见的"予"反撇开不提,似乎近于迁就自己的成见了。

总之,西洋文法所有而中国中古文法所无的现象,在中国上古固未必无,然亦未必有。如果没有颠扑不破的证据,我们宁信其无,不信其有。譬如我们存心去寻求中国上古的动词的时间变化与名词的性数的变化,未尝没有一二字可以附会;但这样附会下去,终成空中楼阁。例如"羊"与"群",似乎是名词的单复数;"麒"与"麟","凤"与"凰","雌"与"雄","牝"与"牡",似乎是名词的阴阳性②;但我们决不能拿它们去比西洋文法的名词的数与性;就因为它们没有一定的屈折作用,而是古人为每一个概念而造的一个名词。

末了,我们要谈到马建忠的一派。这一派的人,似乎并不硬把西洋文法都搬到中国文法里来,例如名词的性与数,动词的时间,代名词的人称,都不在他们所定的中国文法中提及。他们所定的系统,大约能使一般人认为"说得过去"。但是,表面上说得过去的不一定就是事实。我们首先该注意到中国语的"语像"(法文 image verbale)③ 的结构与西洋语的"语像"的异同,而且我们该直溯到"语像"未成立时的精神行为的两个步骤:(一)分析作用;(二)综合

---

① 参看 Le Proto-Chinois, pp. 4。
② 参看陈承泽《国文法草创》,页3。
③ 从前我把这字译为"语言观念"。

作用①。

例如说："颜渊死"。我们的精神行为先把这事的表象分析为两个成分，即"颜渊"与"死"，同时我们承认"颜渊"与"死"的关系，这就是分析作用。后来我们的精神行为再把这两个成分组织起来，成为一个"语像"，这就是综合作用。分析作用与综合作用都可与西洋语言不同。

譬如孟子说的"庖有肥肉"，拿来与英文的 There is some meat in the kitchen 或法文的 Il y a de la viande dans la cuisine 相比较，我们觉得"庖"与"肉"的关系，在中国人的心里，与英法人的心里，显然不同②。英法人在精神行为里，把"庖"与"肉"分析了之后，认为"庖"与"肉"只有间接的关系，而中国人却把它们认为有直接的关系，换句话说，就是英法人不认那"肉"是隶属"庖"的，中国人却认那"肉"隶属于"庖"。在中国人的心目中，觉得"庖有肥肉"与"桌有四足"或"马有四蹄"是相似的。孟子在"庖有肥肉"句下接着就说"厩有肥马，民有饥色，野有饿莩"。这里的"庖""厩""民""野"都是主格，其与"肉""马""色""莩"的关系是一样的。这是分析作用上中西不同的一个例子。

表象所引起的许多观念，由精神行为把它们综合起来的时候，更能形成族语之间的差异点。例如"马跑"与"马壮"都是两个观念组成的句子，中国人只把两个观念依一定的次序放在一起，就显出它们的关系来。在中国人的心里，觉得马的动作与马的状态一般地是与马有关系的一种表象，动作与马的关系既用不着一种联系物来表示，状态与马的关系也用不着一种联系物来表示了。西洋人的"语像"与我们的"语像"不同：他们觉得动作与马的关系可以

---

① 参看 Vendryes, Le Langage, pp. 86。

② 章士钊《中等国文法》(页 57)以为"园有桃"者，犹"於园有桃"也。这是以英文法勉强比附的。

不用联系物来表示，而状态与马的关系却不能不用一种联系物，所以他们用一种"系词"（copula），就是英文所谓 verb to be。在英文里，"马跑"可以说 The horse runs，"马壮"却必须说 The horse is strong。但我们决不能拿中文比附英文，而说"马壮"为"马是壮"或"马为壮"的省略。若云省略，为什么我们从来不曾看见过它的原形呢？在古希腊语、梵文、古波斯语、古爱尔兰语、俄语里，verb to be 都可不用[1]，我们何必认为句中的要素呢？

子句与子句的关系（le rapport entre propositions），在中国语里，往往让对话人意会，而不用连词。英文的 and 字，译为中文时，大多数可以省去。又如《史记·武安侯列传》云：

> 非痛折节以礼诎之，天下不肃。

《马氏文通》以"非"字为承接连词[2]，大约马氏认为与英文的 unless 相似。其实"非"字只是一个否定词，前面没有用"若"字，就被马氏误会了。现代白话里有一个常用的句子"非走不可"，意思是说"如果不走就不成"，但我们决不能说"非"是连词。又如说："你不去，我也不去"，有时候可以等于说"如果你不去，我也不去"；但是我们能认"不"字为连词吗？

总之，我们研究中国文法，该从"语像的结构"上着眼。说得更浅些，就是体会中国人的心理。中国人心里把某字认为甲种词品，我们不该认为乙种词品。若要体会中国人的心理，每遇一个句子，该先就原文仔细推敲，不必问西文有无此类句子。此外，我们有时候也可以在骈语上看出中国人对于词性的认定。中国人的骈语，虽不限定字字针对，但我们如果为一字而搜求千百个骈语为例证，

---

① 参看 Vendryes, Le Langage, pp. 145. 又 Bloomfield, An Introduction to the Study of Language 也引拉丁文 Cuniculus albus 为证（pp. 68）。

② 《马氏文通》卷八，页 43。

则这字的词性总可因此知其大概了。例如上文所引孟子的话：

> 庖有肥肉，厩有肥马，民有饥色，野有饿莩。

我们看见四个"有"字骈举，就知道它们的词性相同，决不能以英文比较而说第三个"有"字等于 to have 而其余的"有"字等于 there is 或 there are。又如梁昭明太子《文选序》里说：

> 椎轮为大辂之始，大辂宁有椎轮之质；增冰为积水所成，积水曾微增冰之凛。

"所"字与"之"字骈举，我们就知道在中国人的心里它们的词性是相似的。怎样相似，待下文再谈。总之，我们不该认"所"字为代名词，因为它从来不能与"吾""我""汝""尔"等字骈举，甚至颇相近似的"其"字，也很少与"所"字对立过。

陈承泽说过：中国文法是独立的，非模仿的[1]，我很相信这句话。我们并不反对从比较文法学上悟出中国文法的系统来，我们只像陈氏反对削足适履的文法。

三、中国文字与中国文法

就普通说，中国每一个字，只有一个音缀(syllable)，许多语言学家的误会都由此而起。第一，他们误认中国语为单音缀的语言；第二，他们误以为中国一字(character)即代表一词(word)。这两种误会是互为因果的。

因为他们误以为中国一字即代表一词，于是忽略了双字以上的词。我们如果举"鹦鹉""葡萄""仓庚""蚯蚓"诸词为例，就知道中国的词(word)也有两音缀的。我们不要为中国的文字(writing)

---

① 陈承泽：《国文法草创》，页3。

所迷惑，假使我们把"葡萄"用罗马字拼音，写作 putao，不是也像法文的 raisin 一般地也有两个音缀吗？就是"厨房""客厅""书房""书架""书橱"等等，也未尝不可认为两字组合的一个词；当我们说"客厅"的时候，心里并没有"客"与"厅"两个观念，只把一个名词配上一个对象，而这唯一的对象就是"客厅"。也许这名词初成立时，是由"客"与"厅"两个观念构成的，但当它成为常用的名词之后，说话的人只有整个的"客厅"观念，并非先想起"客"后想起"厅"。这种现象，可以拿希腊文变来的现代西洋名词相比较。希腊文两个词，往往由后人拼合成为一个，这与"客厅"之由两词变为一词很是相似。我们试看法文里的几个例子：

书橱 = bibliothèque < biblion 书, thêkê 橱；
人类学 = anthropologie < anthrôpos 人类, logos 学；
动物学 = zoologie < zôon 动物, logos 学；
反感 = antipathie < anti 反, pathos 感。

除此之外，近于复辅音而又有两音缀者，像广州的"石榴"seklao，"白果"pakkuo 等语，越发与西洋语近似。由上面的事实看来，我们不能把中国语认为单音缀的语言；每字虽只有一个音缀，但我们不能认为每一个词只能包括一个字。

反过来说，我们又不能说每一个字必能成立一个词。这一点更为重要。假使一个西洋人不认得中国字，也不知道一字只表一音，我们只教他学会了中国话，将来他写一部中国语法，其所分别的词性一定与普通中国文法家所定的大不相同。譬如我们说：

他们都把杯子拿起来喝酒；
你们把这些门儿都关上罢；
那粉红的衣裳是她的不是我的；
他慢慢儿走，我连忙地赶上去。

依上面的一些例子，我们可以看得出许多字只是一个词的附

334

加成分(affix),这种附加成分原是一种文法成分(morphem),用以表示词性的。

表示名词的词性的,普通有"子"与"儿"字。除了少数例外(如玩儿,慢慢儿),我们看见它们总是附在名词的后面的,而且它们本身没有意义①,其唯一的作用即在乎表示词性。

表示代名词复数的,普通只有"们"字,且只用于人类的称谓上。如果我们要说中国语有黏合作用(agglutination),这一个"们"字勉强可以充数。假使有一个不认识中国字的人,我们拿罗马字教他学中国语,他将发见下面的变化律(declination):

	单数	复数
第一人称	wo	women
第二人称	ni	nimen
第三人称	ta	tamen

代名词单数用语根,复数加语尾,这非但完全是种黏合作用,而且近似于所谓"屈折语"的名词变化。英法文的名词单数用本字,复数加 s 为语尾,也差不多是一样的道理②。但这种黏合作用似乎是后起的;在先秦的古籍里,我们看见代名词的单数复数竟没有分别,与名词的单数复数没有分别是一样的。这且待下文再提。些字为指示形容词的语尾,亦同此理。

表示限制词(形容词与副词)的词性的,有"的""底""地""之"诸字,其实只算一个字:"底""地"本与"的"字同意义,而"的"字又是从"之"字演变而来的。但"之"字本是一种关系词,后来渐失其关系的作用而变为语尾,等到它变为"的"字的时候,已经不是一定要表示关系的了,例如上面所举"是她的不是我的",不能写作"是

---

① 也许从前有"微小"的意义,但现在这意义已倾于消灭了。

② 其间只有一个小差别:men 是一个音缀,而 s 只是简单的一个辅音。

她之不是我之"。

形容词后的"的"字有点儿像英文的语尾-tive, 法文的-tif 或-tive, 副词后的"的"字或"地"字像英文的-ly 或法文的-ment[1]。北京话的副词语尾有用"儿"字的, 例如"慢慢儿走"。

以上所举的语尾, 都是自身没有意义的。现在要说到有些字不是语尾, 而是一个词的组合成分。例如"拿起来"三个字并不是三个动词相连, 而是三个字组合的一个动词。在这动词中, "拿"字是主要成分, 动词大部分的意义即在它身上; "起来"二字有点儿像副词, 表示怎样拿法。同是一种"拿"的动作, 我们可以说成"拿起来","拿出来","拿出去","拿进来","拿进去", 等等, 表示这动作当中的细微的区别。"关上","关起来","放上去","放进去","赶上去"也都可以如此解释。这些组合的动词与英文的 superpose, subscript 等词相近似, 所不同者, sup- sub-等为附加成分, 而"起来""出去"等原是动词。但是, 我们须知, 当我们说"拿起来"的时候, 并没有"起"(to get up)与"来"(to come)的观念存在, 可见这两字已失了本义而有附加成分的性质了。

上文所述, 只是些"后加成分"(suffix)或语尾(termination); 此外如"前加成分"(prefix), 似乎也存在于中国语里。最显明的就是"所"字, 它不是代名词, 不是副词, 也不是助词[2]; 依我的意见, 它只是动词的一种前加成分。在最初的时候, "所"字附于动词, 只以表示其动作性; 《左传》"所不归尔帑者[3], 有如河"等于说: "不归尔帑, 有如河"。后来这种含义甚少的"所"字渐渐增加了别的作用, 不止于表示动作性了; 于是这一类的语法归于消灭。有时候, 我们偶然发见古代文法的残留, 例如孟子还说: "国之所存者幸也。"

---

① 文言"喟喟然"的"然"也归此例。
② 但认为助词总比认为代名词或副词好些。数年前我把它认为助词。
③ "者"字在这里只是一个助词。

后来,"所"字的作用扩大了,非但表动作性,而且能使动词再变为形容词。例如:

仲子所居之室,伯夷之所筑与,抑亦盗跖之所筑与?(《孟子·滕文公》下)

第一个"所",其所助的动词下有目的格;"所居"二字(即一词)可视同形容词。介词"之"字可视为表示形容词与名词的关系,换句话说,动词"居"字已带形容性用以限制名词"室"字。

"所筑"与"所居"皆为动词所变成的形容词。所不同者:"所居"所形容的名词写出,故其本身仅为形容词;"所筑"所形容的名词不写出,故其本身复兼名词之用,成为"形容词性的名词"。"所筑"本身既变为名词,故其上又可加介词"之"字,以示此名词与另一名词(伯夷)的关系。如果它本身未变为名词,则不能加上介词"之"字,例如我们不能说"仲子之所居之室"。

在"被动态"(passive voice)里,"所"字所属的动词不能再带形容词,当然也不能再变为名词,于是"所"字的作用又复减小,成为仅表动作性。例如:

卫太子为江充所败。(《汉书·霍光传》)

这里的"所"字只表示动作性,其作用近似于"所不归尔帑"的"所";所不同者,此为"被动态",彼则为"主动态"。关于"所"字的问题,将散见于下文第六节与第八节中。

四、死文法与活文法

中国的文法,在上古时,想必经过一个未固定的时期。第一、是词品未固定;第二、是词或句的次序未固定。

所谓词品未固定者,是指"文法成分"的种类尚混合而言,我们

知道,在文法学上,有所谓"意义成分"(semanteme)与"文法成分"(morpheme),如下图:

$$意义成分\begin{cases}名\ \ 词\\形容词\\动\ \ 词\\副\ \ 词\end{cases}\qquad文法成分\begin{cases}代名词\\介\ \ 词\\连\ \ 词\\助\ \ 词\end{cases}$$

名、形、动、副就本身而言,词性是有一定的[1]。至于文法成分中,代名词、介词、连词、助词等的界限,在上古就分不清楚。例如:

"之"字可以有下列数种词性:

(1) 代名词主格:闻之死,请往。(《礼记·檀弓》)
(2) 代名词目的格:爱共叔段,欲立之。(《左传》隐元)
(3) 代名词领格:为人后者为之子。(《左传》成十五)
(4) 代名词性的形容词:之人也,物莫之伤。(《庄子·逍遥游》)
(5) 领格后介词:蔡泽,山东之匹夫也。(扬雄《解嘲》)
(6) 目的格介词:之其所亲爱而避焉[2]。(《礼记·大学》)
(7) 助词:礼亦宜之。(《书·金縢》)

"其"字可以有下列两种词性:

(1) 代名词领格:其旨远,其辞文。(《易·系辞》)
(2) 助词:若之何其。(《书·微子》)

"而"字可以有下列数种词性:

(1) 代名词:而康而色。(《书·洪范》)
(2) 连词:不好犯上而好作乱者,未之有也。(《论语·学而》)
(3) 助词:俟我於著乎而。(《诗·齐风》)

"尔"字可以有下列数种词性:

---

① 词有本性、准性、变性,见第六节。
② 此处"之"字词性不明,今暂依《马氏文通》之说,见卷七,页18。

(1) 代名词:且尔言过矣。(《论语·季氏》)

(2) 限制词语尾:如有所立,卓尔。(《论语·子罕》)

(3) 助词:便便言,唯谨尔。(《论语·乡党》)

我们不能说"之"字先为代名词,后为介词,或"而"字先为连词,后为代名词等等;我们只能说这些"文法成分"都借用"意义成分"为表号,例如"之"本训"往","其"为"箕"之本字,"而"本训"颊毛","尔"本训"靡丽",因为它们的字音与"文法成分"的字音相同,就借来作文法成分的表号。这与后人借"鹄的"的"的"字为介词是一样的道理。既然同音便可借用,于是"之"字可为代名词,亦可为介词;"而"字可为代名词,亦可为连词。诸如此类,我们不一定说古人的词品完全混而不分,但至少是同一的"文法成分"可以有许多用法。这许多用法当中,有些用法占了优势,就永远流传至今;有些失了势,渐渐没人用它,就趋于消灭了。例如"若之何其"与"俟我於著乎而"等句中的"其""而"二字的用法,在汉代以后已成一种死文法了。

现在说到词或句的次序未固定。主格、动格、目的格的位置,在现代中国语里,算是比许多族语固定得多。但依世界语言的历史来推测上古时代的中国语,它们在句中的位置该不能像现代这样固定。后来属于某一些模型的句子占了优势,习惯上就以此为宗,别的模型就趋向于消灭了。例如近代的中国语里,介词"於"字不能置于其所介的动词之前,但上古的中国语里却有下列一些例子:

> 贪而无信,唯蔡於感。(《左传》昭十一)
>
> 其一二父兄私族於谋而立长亲。(《左传》昭十九)
>
> 谚所谓室於怒而市於色者,楚之谓矣。(《左传》昭十九)

"感於蔡","谋於私族","怒於室","色於市",在这里的次序是颠倒了。我们不能认为方言的现象,因为在《左传》里,於字置于动词后的要比这些例子多了许多。唯一的解释就是当时容许有两种的次序,不过,甲种已渐占优势,乙种已渐不为人所常用,等到后来,就完全不用它了。又按,汉以后的中国语,连词"与其"二字冠首之附属句,须置于主要句之前,但《左传》里亦有与此相反的例子:

> 孝而安民,子共图之,与其危身而速罪也。(闵二)

凡此种种,都应该认为死文法。我们研究中国文法,首先应该把死文法另列专篇,不与活文法混杂,然后系统分明。八年前,我已经注意到这一点,所以在我的《中国古文法》①里说:

> 上古文法之未固定者,或不久即成固定,或终归消灭而不能固定。其终归消灭者,或成死句,或成死法。死句者,后人不复用此语句也;死法者,后人虽用其语句而不用其法则也。国人向慕古人,惟恐不肖,虽生当文法已固定时代,犹效文法未固定时代之语句以为古雅。然吾人须知彼等但敢用古人之成语,不敢用古人之法则。今人敢言"有众",而不敢言"有群",敢言"有北"而不敢言"有东";敢言"爰居爰处"而不敢言"爰坐爰行";敢言"自贻伊戚"而不敢言"自寻伊乐";敢言"室於怒而市於色",而不敢言"父於孝而君於忠",敢言"凄其以风"而不敢言"霎其以雨";敢言"之子于归"而不敢言"之人于往";敢言"箝之舌而夺之气"而不敢言"降之志而辱之身",敢言"螽斯"而不敢言"蝗斯";敢言"利有攸往"而不敢言"害有攸至";敢言"自时厥后"而不敢言"自时厥前"。诸如此类,皆足证明今时已无此等文法,可谓文法已废,古语仅存而已。若据"室於怒而市於色"一语,遂谓副格可置介词之前;据"箝之舌而夺之气"一语,遂谓"之"字可用为领格,以一例万,岂通论哉?故未固定与已固定之分期,诚最妥善之法。未固定文法之研究,仅欲以读古人之书;已固定文法之研究,则兼以为作文之程式;分则两利,合则两伤。吾国人为文难于通顺,未始非文法家有以误之;盖自眉叔以来,皆以未固定之死法与已固定之活法融为一炉,令人眩惑,不知所从。谓宜划分封域,昭示后学。

---

① 清华大学研究院毕业论文,未出版,亦未完成。

340

直至现在，我仍旧如此主张。当时我更为"未固定"与"已固定"的文法下了这样的一个定义：

> 所谓未固定者，周秦两汉之间偶见于书，其后数千年不复有人用之者也；所谓已固定者，无论起于上古中古近古，其用能历千年而不替者也。

现在我的意思只有一点与前不同，就是我不再愿意把文法分为未固定与已固定二期，只愿把它分为死活二种。凡偶见于书，其后不复为人所用者，就是死文法；凡其用能历千年而不替者，就是活文法。

五、古文法与今文法

所谓古文法与今文法，就是普通说的文言文的文法与白话文的文法。把中国文法分为古今两大类，在字面上看来似乎不通，因为至少该按时代分为若干期，成为文法史的研究。但是，中国的文章（指写下来的文字）从古文变为白话是那样突然，就令我们感觉到文言文与白话文所代表的语言是两个距离极远的时代的语言。我们若从这两种文体去窥测文法史的简单轮廓，一定较易见功。

如果我们要写一部中国文法史，那就很不容易了。固然，南北朝的小品文如《世说新语》，唐宋的小说杂记，宋人的语录，宋元的词曲等，其中都有当时的口语；甚至唐人所译佛经里，除了印度化的文法外，也未尝不杂着当时的口语。但是，这工作太大了，我们一时谈不到。简单说一句，就是两千年来，词汇与语音的变化很多，文法上变迁很少。固然，古今文法的差异也尽有，然而与词汇语音的进化史相比，就算变化不多了。

现在先谈古今文法的大概。第一、我们注意到代名词的人称与格。在上古中国语里，代名词的第一人称与第二人称为一类，第三人称自为一类。我们先在音韵上看出它们的分别：

(1) 第一人称用于诸格者有"我""予""余"诸字，用于主格与领格及否定词后之目的格者有"吾"字。除"予""余"同音外，"我""吾"二字为双声。

(2) 第二人称用于诸格者有"尔""女""汝"诸字，用于主格与领格者有"而"字。除"女""汝"可认为同字外，"尔""女""而"亦为双声。

(3) 第三人称用于领格者有"其"字，用于目的格者有"之"字。"其""之"二字为叠韵。

我们由此可以看出古人把第一第二人称认为同类，所以同人称的字都为双声；第三人称自为一类，所以同人称的字不用双声而用叠韵。我们再看代名词的格，就可发见上古代名词第三人称没有主格，与第一第二人称之有主格者大不相同。例如：

> 白话的"我从卫国回鲁国"，可译为文言的"吾自卫反鲁"。
> 白话的"你到哪里去?"可译为文言的"女何之?"
> 但是白话的"他是你的朋友"，不可译为文言的"其为尔友"。

固然，我们不曾忘了代名词"彼"字可以用于主格；但是我们须知，"彼"字本为指示代名词，与"此"字相对待。在古书中，"彼"字虽偶然借用为人称代名词，但仍有彼此比较之意。例如：

> 彼丈夫也，我丈夫也，吾何畏彼哉? (《孟子·滕文公》上)
> 彼夺其民时。(《孟子·梁惠王》上)
> 彼陷溺其民。(《孟子·梁惠王》上)

充其量，我们只能承认"彼"字是指示性很重的代名词，其词性与"其""之"二字不能相提并论。我们再看有些"其"字似乎可认为主格。例如：

> 其为人也孝弟。(《论语·学而》)

其行己也恭,其事上也敬,其养民也惠,其使民也义。(《论语·公冶长》)

王若隐其无罪而就死地。(《孟子·梁惠王》上)

然而这些"其"字在实际上也有领格的性质;"其"字后的动词及其附属语都可认为带名词性。因此,"其"字与动词合起来只能算一个主格(如第二例)或一个"目的格"(如第三例);如果这主格之后不加叙述或说明,这目的格之前不加动词,就不能成为完整的一句话。假使我们简单地说:"其无罪而就死地",就等于有目的格而没有主要的动词。在白话文里:"他没有罪而被杀"是合文法的;在文言文里,若说"其无罪而就死地",就不通了。

在古文里,普通的句子既不用主格的代名词,那么,主要动词的主格只能靠名词的复说,否则唯有把它省略了。

名词复说的如下列诸例:

齐侯欲以文姜妻郑太子忽,太子忽辞。(《左传》桓六)

且私许复曹卫,曹卫告绝於楚。(《左传》僖二十八)

非神败令尹,令尹其不勤民,实自败也。(同上)

奥骈之人欲尽杀贾氏以报焉。奥骈曰:"不可。"(《左传》文六)

代名词省略的如下列诸例:

公谓公孙枝曰:"夷吾其定乎?"对曰:"臣闻之,唯则定国。"(《左传》僖九)

夫人以告,遂使收之。(《左传》宣四)

郤子至,请伐齐,晋侯不许;请以其私属,又不许。(《左传》宣十七)

射其左,越於车下;射其右,毙於车中。(《左传》成二)

这一类的省略法,不能拿来与下面的例子相比:

孟之反不伐。奔而殿,将入门,策其马,曰"非敢后也"。(《论语·雍也》)

因为"奔""入""策""曰"四种动作的主格都是孟之反,所以省

343

去了代名词之后,仍可借上句的主格为主格。至若"射其左"等句,"射"与"越"的主格并不相同,似乎主格的代名词必不可省。

然而我们试想:假使我们不改变这句的动词的性质与位置,有什么法子可以使句子更完善些呢? 如果把主格的名词完全补出,未免太啰唆了。如果把主格的代名词补出,写成:

> 彼射其左,彼越於车下;彼射其右,彼毙於车中。

姑勿论"彼"字在上古没有这种用法,单就句的意义而论,我们觉得这种代名词实在毫无用处;加了四个"彼"字,反易令人误会是同一的主格①。由此一点,我们可以悟到:这种"语像"能促成古人不用第三人称代名词的主格。

古人虽不用第三人称代名词的主格,但遇必要时,他们可以用些"文法成分"去表示动词的主格之变换。上文所举"夫人以告,遂使收之",句中的"遂"字已经令人悟到"使"的主格是变换了。但是,最普通的还是用连词"则"字。试读下列的《论语》两章:

> 哀公问曰:"何为则民服?"孔子对曰:"举直错诸枉,则民服;举枉错诸直,则民不服。"(《为政》)

> 季康子问使民敬忠以劝,如之何? 子曰:"临之以庄,则敬;孝慈,则忠;举善而教不能,则劝。"(同上)

在第一章里,也可以说"举直错诸枉,则服;举枉错诸直,则不服"。在第二章里,也可以说"临之以庄则民敬"等等。可见"则"字比主格还更重要。有了"则"字,就表示这动作的结果,再加上了上文的语气,就知道这动作与那动作不是属于同一主格的了。

近来往往有人误以文言的"其"字与白话的"他"字相当,以致写下来的文言文不合文法。其实我们只要守着下面的两个规律,

---

① 除非把句法改变,写成"彼射其左,坠之於车下;射其右,毙之於车中",意义才十分明显。但这么一来,就只有一个"彼"字属于代名词主格了。

就不至于不会用"其"字了:

(1)"他"字可用为代名词主格,"其"字不能。

(2)在古文里,目的格必须用"之",不能用"其"。

依这两个规律,我们就可知道"他不去"不能写作"其不往"①,
"替他执鞭"不能写作"为其执鞭",等等。

第二、我们注意到代名词的数。在中国上古语里,代名词单复
数是同一形式的,至少在文字上的表现是如此。譬如下列诸例:

(1)第一人称复数仍用"吾""我"等字:

> 楚弱于晋,晋不吾疾也;晋疾,楚将辟之,何为而使晋师致死於我?
> (《左传》襄十一)

(2)第二人称复数仍用"尔"字:

> 尔无我诈,我无尔虞。(《左传》成二)
> 子曰:"以吾一日长乎尔,毋吾以也。"(《论语·先进》)
> 如或知尔,则何如哉?(同上)

(3)第三人称仍用"其""之"等字:

> 齐、晋、秦、楚,其在成周,微甚。(《史记·十二诸侯年表序》)
> 今天下大安,万民熙熙,朕与单于为之父母。(《史记·匈奴列传》)
> 长沮桀溺耦而耕,孔子过之。(《论语·微子》)

总之,白话的"我们",译为文言可用"吾"或"我";白话的"你
们",译为文言可用"尔";白话的"他们",译为文言可用"其"或"之"
或"彼"。古人虽有"吾人""吾党""吾曹""吾侪""若辈""彼辈""彼
等"种种说法,但这些说法在先秦甚为罕见;有时偶见于书,也可把
"吾""尔""彼"等字认为领格。"吾曹""吾辈""吾侪"等于现在说
"我们这班人"或"我们这一类的人",所以"吾""尔""彼"等字在此

---

① 但"怪他不去"却可写作"责其不往"。

情形之下仍当认为领格代名词的复数,不当与"侪""辈"等字并合认为一个不可分析的单位。例如:

> 文王犹用众,况吾侪乎?(《左传》成二)

意思是说"何况我们这一类的人",非简单的代名词可比。非但人称代名词在上古没有复数的形式,就是指示形容词或指示代名词也没有复数的形式;换句话说,白话里"这些""那些"等词,如果译为文言,只能写作"此""斯""彼"等字,与单数的形式完全相同。例如:

> 今此下民……。(《孟子·公孙丑》下)
> 吾非斯人之徒与而谁与?(《论语·微子》)

这一点,非但违反了西洋人的心理,甚至违反了现代中国人的心理。我们似乎可以拿声调去解释,说代名词的数由声调表示,写下来虽然一样,念起来却是两样,有点儿像现代北京所用询问词的"那"与指示词的"那",写起来是一样的,念起来则前者为上声,后者为去声。但是,这种猜想的危险性太大了,因为我们找不出什么证据。不过,我们试就文法的本身仔细想一想,代名词的数是不是必不可缺少的东西?先就中文本身而论,名词单复数既可用同一的形式,代名词为名词的替身,其单复数何尝不可用同一的形式?名词既可由意会而知其单复数,代名词的单复数何尝不可由意会而知?梵文与古希腊语里,除了单复数之外,还有一个"双数"(duel);但现代欧洲诸族语大部分没有"双数"与单复数对立,我们并不觉得它们不合逻辑。同理,我们的祖宗嘴里的代名词没有数的分别,也像动词没有时的分别一般地不能令他们感觉到辞不达意之苦。

第三、我们注意到"关系词"的嬗变。所谓"关系词"就是介词与连词,但中国上古的介词与连词没有清楚的界限,故不如统称之为"关系词"。这理由且待下文再述。现在只举出"之""於"两字,以见"关系词"嬗变之一斑。

文法成分的"之"字,除了有代名词与助词的用途之外,又可用为关系词。这一个关系词,能表示名词与名词的关系,限制词与名词的关系,名词与动词的关系,动词与动词的关系,限制词与动词的关系。在古人的"语像"里,只把有关系的两个观念,用文法上的工具"之"字贯串起来,使它们并合而成为一个名词语。至于其所贯串者为名词或形容词或动词,皆视同一律。例如:

(1) 表示名词与名词的关系:

> 仲尼之徒,无道桓文之事者。(《孟子·梁惠王》上)

(2) 表示限制词与名词的关系:

> 大小之势,轻重之权。(《史记·贾山传》)
> 吾尝闻少仲尼之闻而轻伯夷之义者。(《庄子·秋水》)

(3) 表示名词与动词的关系:

> 德之不修,学之不讲……。(《论语·述而》)
> 不患人之不己知,患不知人也。(《论语·宪问》)
> 虽执鞭之士,吾亦为之。(《论语·述而》)

(4) 表示动词与动词的关系:

> 浸润之谮,肤受之愬不行焉。(《论语·颜渊》)
> 有不虞之誉,有求全之毁。(《孟子·离娄》上)

(5) 表示限制词与动词的关系:

> 如知为君之难也,不几乎一言而兴邦乎?(《论语·子路》)

在白话里,有"的"字颇与古文关系词"之"字相当①。但我们

---

① 我们甚至可以说"的"字为"之"字古音之余存。

应该仔细审察由"之"变"的"之过程中,其词性是否发生变化。我们首先发见古文里的"之"字并非个个能由"的"字替代的,例如"不患人之不己知",我们只能译为"不怕人家不知道我",不能加入一个"的"字。其次,我们发见今文里的"的"并非个个能由"之"字替代的,例如"这本书不是我的",我们只能译为"此非吾书",或"此非吾之书",不能译成"此书非我之"。从这两点上,我们窥见"之"字变为"的"字时,其词性亦同时发生变化,换句话说,就是由关系词变为含限制性的一种后加成分(suffix)。"的"字的用途并不在乎表示两个观念之间的关系,而在乎帮助甲观念去限制乙观念。"不患人之不己知"不能译为"不怕人家的不知道我",就因为"人"为"知"的主动者,不是限制语;"这书不是我的"不能译为"此书非我之",就因为"之"字不在"书"与"我"的当中,不适宜于表示两观念之间的关系。

现在谈到"於"字。除了成语之外,"於"字在今天的口语里可以说是死了。"於"字用于叙述句里的时候,它表示动作与间接目的格的关系;例如说"子畏於匡"或"天将降大任於是人"。"於"字用于说明句里,则表示限制词的比较级;例如说"金重於羽"。

现代中国语对于"於"字的第一种用法,是借用动词"在""给"等字替代的。譬如"子畏於匡"只能译为"孔子在匡受惊","天将降大任於是人"只能译为"天将要降大责任给那人"。同时,我们注意到:当间接目的格表示地点的时候,必须置于动词之前。例如"孔子在匡受惊"不能说成"孔子受惊在匡"。仅有极少的例外,例如"我在城里住"也可以说成"我住在城里"。这些例外可以说是古代文法的残留;"住"字本带外动词的性质,所以"我住在城里"也可以说成"我住城里"。前者受了后者的同化作用(assimilation),所以能令我们说成了习惯而不觉得它不合于普遍的规律。

至于"於"字的第二种用法,在白话里,我们也借用动词"比"字

348

来替代,而且词在句中的次序也颠倒过来。譬如"金重於羽",译成白话就该说:"金比羽毛重"。在两广大部分的方言里,用动词"过"字替代"於"字,但是词的次序却未因此而变更。例如广西南部的人不说"金比羽毛重",而说"金重过羽毛"。这"过"字颇像"由也好勇过我"的"过",有"超过"的意思。

从这上头,我们可以看出一件很有趣的事实。"於"字本是纯粹的文法成分,其职务只在乎表示甲观念与乙观念的间接关系,本身毫无意义。后来"於"字的力量渐渐衰微,不复能执行它的职务,于是借用"存在"的"在"字去联系那动作发生的地点,借用"给与"的"给"字去联系那动作所间接施及的人物。更有趣的是:在北方人的"语像"里,先注意到金与羽毛的比较,然后注意到它们的重量;在两广人的"语像"里,先注意到金的重量,然后注意到它与羽毛的重量的比差。因此,两处的人所借用的动词不同:一则借用"比"字以示比较,一则借用"过"字以示其重量之比差。

中国语的词性算是富于弹性的,而中国古文比今文还更富于弹性。除了代名词的格恰是相反的情形外,其余如代名词的数,"关系词"的形式,都比现代语更有伸缩的余地。关于中国古今文法的变迁,尽可以写成一部很厚的《中国文法史》,现在只能提出几个问题,对于每一问题也只能举很少的例子而已。

六、本性准性与变性

词有本性、有准性、有变性。所谓本性,是指不靠其他各词的影响而能有此词性的;所谓准性,是为析句的便利起见,姑且准定为此词性的。所谓变性,是因位置关系,受他词之影响,而变化其原有的词性的。

先说词的本性。我们按照词的本性,可以把它们分为若干类,但这分类的标准是很难决定的。西文因有屈折作用，我们就能按照其屈折作用来分类。中文没有屈折作用，有许多详细的分类就等于赘疣。如果照逻辑的分类法去分类，这是违背语言学原理的，因为文法与逻辑并不是同一的东西。在这一点，我们仍旧应该去体会中国人的心理。最容易令人看得出中国人对于词品的辨别的，就是骈体文或诗。依中国语的骈句看来，中国的词只能分为下列的七类：

1. 名词　　2. 代名词　　3. 动词　　4. 限制词
5. 关系词　　6. 助词　　　7. 感叹词

形容词与副词不必区别①，因为许多字可以限制名词或动词而其形式不因此发生变化。例如"难事"的"难"与"难为"的"难"的形式完全相同。连词与介词不必区别，一则因为它们自身的界限本不分明，二则因为骈体文里没有它们不能相配的痕迹。"以"字与"而"字为对偶，在骈体文里是常事。实际上，我们也不能硬说"以"是介词而"而"是连词。"拂然而怒"的"而"字，与"节用而爱民"的"而"字，一则表示某种状态与某种动作的关系，一则表示甲动作与乙动作的关系，为析句方便起见，我们固可以认前者为介词（甚或认为副词性语尾），后者为连词，但这是上下文形成的词性，并非"而"字本身有此不相同的两种词性。

助词为中国特有的词品，有些表示动词的"时"（tense），其用途等于西文的屈折作用；有些表示句的性质，颇近似于西文的标点。这且待下节讨论。

词的准性，本可不立。但有时为析句方便，也不妨将某字暂命为某词。例如孟子："地不改辟矣，民不改聚矣。""改"字本为动词；

---

　　①　但有时为析句方便起见，不妨分为形容词与副词。词未入句时，虽无形容词与副词的分别，及其入句之后，仍可依其性分为两种词品。

但我们如果从权,把它认为动作的限制词,就易于分析或图解。不过,当我们研究文法的时候,仍该尽量地少谈准性。

最该注意的乃是本性与变性的分别。中国语的词既无屈折作用,又没有"语根"(radical)与"语尾"(termination)的组合,若要使词性变更,就只能靠词的次序的形成。中国语句中,词的次序比世界各族语更固定;有了这个特性,就省了"语尾"的麻烦。这好比叫化子到了御座上,至少可以做几秒钟的皇帝! 中国的限制词必须置于其所限制者之前;如果把它移在后面,它就变为一种说明语。例如"黄菊花","黄"字只是一个限制词,是主格领格或目的格的附加语;如果倒过来说"菊花黄","黄"字就变为一种宾词(predicate)。又如"他慢慢的走"与"他走的很慢"相比较,前句里的"慢"字是限制"走"的动作的,后句里的"慢"字却是宾词。前句等于法语的 Il marche lentement,后句等于法语的 C'est avec lenteur qu'il marche。

除了词的次序可以使词性发生变化外,有时候,某词为前面语气所影响,其词性似乎稍为变化。例如"也"字的本性不含疑问之意,但在"斗筲之人何足算也"句里,因为前面"何"字表示疑问,影响及于"也"字,我们似乎觉得"也"字也是一个带疑性的助词。其实,这是"何"字付给"也"字的一种"幻相";如果我们把"何"字取消了,换上一个"不"字,说成"斗筲之人不足算也",我们又觉得"也"字完全没有疑问性了。再拿"耶"字与"也"字比较,我们觉得"耶"字的本性是疑问助词,所以如果说成"斗筲之人不足算耶"仍有疑问之意。但是,严格说起来,"何足算也"的"也"字只能认为准性的疑问助词,不能认为变性的疑问助词。

关于词的变性,我在旧作《中国古文法》里已论及:

　　中国有影响变性之文法。何为影响? 词当独立时,本无此性;及其入句也,以上下文之影响,其词性即变。当此之时,但能认为变质,不能认为本质。譬如月之有光,借日之光以为光,能谓光为月之本质乎? 影响之为用大矣;不知影响之理而论词之品质,鲜不误者。故代名词"之"字之前,不能不为动词;介词"之"字之后,不能不为名词;"也"字非能代"耶",唯有"岂""焉""安""何"等字为之先则可代"耶";"哉"字非能反诘,唯有"岂""焉""安""何"等字为之先则能反诘。诸如此类,皆非字之本质。若谓"也""耶"通用,"乎""哉"同义,则谬甚矣。"耶""乎"本质可为问辞,"也""哉"本质不能成问,必赖上文有发问之辞,然后助之成问耳。故"何为者耶"可作"何为者也",而"是耶非耶"不可作"是也非也";"岂有既乎"可作"岂有既哉",而"伤人乎"不可作"伤人哉"。王伯申以"也""耶"为同义,马眉叔以"乎""哉"同属传疑助字,皆不知影响变性之理也。中国文法家对于"所"之一字,聚讼纷纭,莫衷一是。马眉叔以"所"为代字,或驳之,以谓受动词前之"所"字不能谓之代字。今按"所"字虽非代字,实为带代字性之助词①。至受动词前"所"字之所以丧失代字性者,则以上文带受动性之助动词"为"字语意太重,影响及于"所"字,"所"字不能不丧失其代字性而复其古时有声无义之本质。此种有声无义之字,殊为无谓,今俚语直将"所"字取消,惟行文不敢擅变习惯之文法,故仍加"所"字耳。然如《论语》"不为酒困",《庄子》"卒为天下笑"之类,亦已略去"所"字。"所"字可略而"为"字不可略,则知"为"字意重,而"所"字意轻,意轻者,为意重者所影响,自易变其性质。又如"士兵之","诸侯之士门焉","人其人,火其书,庐其居"等句,"兵""门""人""火""庐"诸字之本质,非能为动词也,必依某种影响变行之定律,而后能为动词。设今有人仿西洋字典之法,于中国字典每字之下注其词品,以"兵""门""人""火""庐"等字为有名动两性,可谓不通之至! 盖其本质但为名词而已,与本质为动词者迥异。试以"火其书"与"焚其书"相比,"火"字必赖"其"字之影响,然后成为动词;苟减去"其"字,则"火书"复成何语? "焚"字不待"其"字之影响,故虽减去"其"字,焚书之意犹昭然也。"火其书""庐其居"之类,文法家谓之活用,或谓之假借,然知其然不知其所以然。予尝疑活用假借云者,岂漫无规律者耶? 则何以"诸侯之士门焉","焉"字略去,"门"字即不成其为动词;"士兵之""之"字易以普通名词,"兵"即不成其为动词? 因搜罗活用之语句,比例而同之,触类而长之,乃恍然悟其一

---

① 此乃八年前的旧见解,现在我只认"所"字为动词的前加成分,不认为单独的词。

定之规律,著为影响变性之定律一章以究其旨。向之惊为神妙者,今则变为平庸;向之不知所以然者,今则能言其故。马眉叔于斯未尝深究,特发假借之例,而不知其规则。乃喟然叹曰:"古人用字之神,有味哉! 有味哉!"夫治文法者,所贵乎观其会通,求其律例,岂徒咏叹所能塞责者? 影响变性之例既明,神奇之说自破……。

我的意见至今未改。中国语的绝大弹性,形成了词性的变化多端。然而终不至于毫无条理者,实因词的次序已成固定。其变性的定律,有最显明的几条如下:

(甲)动词

(1) 外动词后无目的格者,变受动词①。

　　舜有臣五人而天下治。(《论语·泰伯》)
　　吾不试,故艺。(《论语·子罕》)
　　入公门,鞠躬如也,如不容。(《论语·乡党》)
　　在邦必闻,在家必闻。(《论语·颜渊》)
　　君子疾没世而名不称焉。(《论语·卫灵公》)
　　有此四德者,难必抒矣。(《左传》文六)
　　辰嬴嬖於二君。(同上)
　　盖文王拘而演《周易》,仲尼厄而作《春秋》,屈原放逐乃赋《离骚》②。
(司马迁《报任安书》)

(2) 内动词后加目的格者,变外动词。

　　小子鸣鼓而攻之可也。(《论语·先进》)
　　今我逃楚,楚必骄。(《左传》襄十)
　　太史公读秦记至犬戎败幽王③。(《史记·六国年表》)
　　天之亡人国,其祸败必出於智所不及。(苏轼《志林》)

----

① "饮""食"等字可用于内动词,不必有目的格,不在此例。
② 这是中国语的"受动态"(passive voice),如果改为欧化的句子,则成为"文王被拘而演《周易》"等语。但这种"被"字还不能处处都应用,例如"难必抒矣"决不能改为"难必被抒矣"。现代白话也只说"饭没有烧好",而不说"饭没有被烧好"。
③ "犬戎败幽王"等于说"犬戎胜幽王",这是变性定律所产生的有趣的事实。

353

(3) 名词、形容词、内动词在代名词之前者,皆变外动词。

睹其一战而胜,欲从而帝之。(《战国策·赵策》)
曲肱而枕之。(《论语·述而》)
及其使人也器之。(《论语·子路》)
友其士之仁者。(《论语·卫灵公》)
於是乘其车,揭其剑,过其友,曰:"孟尝君客我。"(《战国策·齐策》)
人洁己以进。(《论语·述而》)
秦王足己而不问,遂过而不变。(贾谊《过秦论》)
博我以文,约我以礼。(《论语·子罕》)
夫子欲寡其过而未能也。(《论语·宪问》)
少君之费,寡君之欲,虽无粮而乃足。(《庄子·山木》)
德泽有加焉,犹尚如是,况莫大诸侯,权力且十此者乎?(贾谊《陈政事疏》)
起予者商也。(《论语·八佾》)
三已之,无愠色。(《论语·公冶长》)
求也退,故进之;由也兼人,故退之。(《论语·先进》)
故远人不服,则修文德以来之。(《论语·季氏》)

(4) 介词"於"(于)字前只有名词而无动词时,则此名词变为动词。

栾黡士鲂门於北门。(《左传》襄九)
甲戌,师於氾。(同上)
靡衣玉食以馆於上者,何可胜数!(苏轼《志林》)

(5) "不"字后之名词变动词。

何以不地?(《公羊传》)
君子不器。(《论语·为政》)
人之不力於道者,昏不思也。(李翱《复性书》)
不耕而食鸟兽之肉,不蚕而衣鸟兽之皮。(苏洵《易论》)

(6) "所"字后的名词或形容词或副词,变动词。

何至一旦便易此情於所天。(《晋武帝诏》)

354

其所厚者薄,而其所薄者厚。(《礼记·大学》)

天子所右则寡君亦右之,所左亦左之。(《左传》襄十)

诚投以霸王为志,则战攻非所先。(《战国策·齐策》)

(乙) 名词

(1)"其"字后仅有形容词而无名词,则此形容词变名词。

其知可及也,其愚不可及也。(《论语·公冶长》)

抑之欲其奥,扬之欲其明。(柳宗元《答韦中立》)

(2)"之"字后仅有形容词而无名词,则此形容词变名词。

不有祝鮀之佞而有宋朝之美。(《论语·雍也》)

不知鞍马之勤道途之远也。(韩愈《上于相公书》)

攻其恶,无攻人之恶,非修慝与?(《论语·颜渊》)

(丙) 形容词

凡两名词相连,前者变形容词①。

夫颛臾,昔者先王以为东蒙主。(《论语·季氏》)

割鸡焉用牛刀?(《论语·阳货》)

(丁) 副词

凡动词前的名词,不能认为主格者,变副词。

有席卷天下,包举宇内,囊括四海之意。(贾谊《过秦论》)

天下云集响应,赢粮而景从。(同上)

人头畜鸣。(班固《记秦始皇本纪后》)

吾读秦纪至於子婴车裂赵高。(同上)

周有天下,裂土田而瓜分之……履布星罗,四周於天下。(柳宗元《封建论》)

献孝以后,稍以蚕食诸侯。(《史记·秦楚之际月表》)

---

① 就某一些例子看来,也可以说变为领格;但有些例子却不能认为有领格的存在。例如"牛刀",我想把它认为带形容性好些。

人臣狼顾胁息，以得死为幸。(苏轼《志林》)

撞搪呼号，以相和应，蜂屯蚁聚，不可爬梳。(韩愈《送韩尚书序》)

至纷不可治，乃草薙而禽狝之。(同上)

圣人者立，然后宫居而粒食。(韩愈《与浮屠文畅师序》)

於马之中，又有上者下者……立者，人立者。(韩愈《画记》)

绵谷跨溪，皆大石林立……怒者虎斗，企者鸟厉。(柳宗元《永州万石亭记》)

由冉溪西南水行十里。(柳宗元《袁家渴记》)

潭西南而望，斗折蛇行，明灭可见。(柳宗元《至小邱西小石潭记》)

已而吾母病瘵，蓐处者十有八年。(归有光《王母顾孺人寿序》)

以上所举诸定律，还不能算完备，至少还可加上一倍有余。再者，纵使我们详细找出了许多定律，认为完备了的时候，也不能说毫无例外。但在这些例外里，我们可以说词性不受位置的影响，只受上下文意义的衬托，使人们意会而知其性质。又有利用骈句，使词的变性更显著：

於是从散约解，争割地以奉秦。(贾谊《过秦论》)

器利用便而巧诈生，求得欲从而心志广。(苏轼《始皇论》)

这些句子，如果不是骈偶的，就比较地难懂了。上面所列诸定律，除甲类第一条，乙类第一、二条及丙类之外，在现代白话里已成死法。"帝之"不可译为"帝他"，"寡其过"不可译为"少他的过失"，"不器"，"不蚕"，"逃楚"，"败幽王"，"狼顾"，"蛇行"等语，都不能用入白话里①。上古的中国人，实际上有没有这种口语，现在尚未考定。所可断定者，自唐以后，古文家利用词性变化定律以求文字之简练，决非当时的口语能如此。为什么文字能因此而简练呢？因为这些变性的词在变性之后往往仍兼本性，例如"帝之"等于说"以之为帝"，"帝"字虽加上了动词性，然"皇帝"的本义仍在其中。因

---

① "瓜分"一语是文言之混入白话者。

356

此,词性变化的定律竟似成为古文家的秘诀。

七、中国的文法成分

所谓"文法成分",就是旧时所谓"虚字"。古人往往以代名词归入虚字,很是合理;非但依语言学原理看来,代名词该归虚字,即就中国语本身观察,代名词与其他虚字实为同源。除上文所举"之""其""而""尔"既为代名词而又为他种虚字之外,还有"若"字与"乃"字既为第二人称代名词,又为连词。甚至第一人称代名词"余""予"与疑问助词"欤"(与)"邪"(耶)既为双声,又为叠韵,也许还有密切的关系哩。古人之于"虚字",有一种下意识的倾向;某一些韵部的字常被用为文法成分,另有些韵部的字则很少见。例如鱼部、之部、歌部的字特别多用(於、与、以、于、所、惟、也、欤、耶、或、诸、乎、而、耳、何、兮、如、若、矣、其、则、乃、故、我、吾、女、者、亦、哉),寒部次之(焉、然、安),其余各部,几乎没有什么常用的虚字了。

文法成分是文法学的主要对象,该有专篇作详细的研究;现在只就我所注意到的古文法略说一说,至于现代白话文法,则待将来再加讨论了。

句尾助词可以形成语句的性质。要知道这道理,先该知道中国的语句显然分为两大类:

(1)名句(nominal sentence,法文 phrase nominale)。

在此类语句里,普通只用"也"字煞尾。例如:

> 唯女子与小人为难养也。(《论语·阳货》)
>
> 非其鬼而祭之,谄也;见义不为,无勇也。(《论语·公冶长》)
>
> 夏,曹伯来朝,礼也;诸侯五年再相朝,以修王命,古之制也。(《左传》文十五)

所谓"名句",非但指"仁,人也","义,宜也"之类而言,凡把上句视同名词,而加以说明者,皆可谓之"名句"。例如"非其鬼而祭之,谄也"就等于说"非其鬼而祭之,是谄也",这里的"是"字与现代白话的"是"的含义也不相同。上古的"是"字只等于"此"。故"是谄也"等于说"非其鬼而祭之"这一种行为即是"谄"的行为。又如:"知之为知之,不知为不知,是知也"可写成下列的公式:

> 知之为知之,不知为不知＝知。

又"德之不修,学之不讲,闻义不能徙,不善不能改,是吾忧也"也可写成下列的公式:

> 德之不修,学之不讲,闻义不能徙,不善不能改＝吾忧。

此外,凡限制词在后,对于动作成为说明语者,亦可认为"名句"。例如:

> 出,降一等,逞颜色,怡之如也。(《论语·乡党》)

总之,所谓"名句"者,说得浅些,就是"表明句",只表明事物之如此或否,并未叙述动作。我们如果分析这类语句,只看见事物间的关系,换句话说,就是以甲事说明乙事,以甲物说明乙物,或以某状态去形容某动作或某主格,说话的人并不着重在以动作的本身告诉我们。在这情形之下,"也"字很近似西文的系词(copula);所不同者,系词到现代,渐渐限定于名词与名词,或名词与形容词之间①,而"也"则必须用于句尾,然后能有系词的作用罢了②。

(2) 动句(verbal sentence,法文 phrase verbale)。

在此类语句里,普通不用句尾助词。如果用的时候,则于过去

---

① 尤其是在英法语里。

② 补注:后来在《中国文法中的系词》里,我又说"也"字并没有系词的性质。后一说才是对的。

时用"矣"字，现在时用"也"字。例如：

> 有颜回者好学，不幸短命死矣。(《论语·公冶长》)
> 王曰："吾既许之矣。"(《左传》襄九)
> 或问禘之说。子曰："不知也。"(《论语·八佾》)
> 弗如也，吾与女弗如也。(《论语·公冶长》)

　　疑问句与感叹句，在西洋非但用标点以表示，有时候也从词的次序表示。在中国，词的次序另有作用，不为表示疑问或感叹之用；标点又非中国所固有。因此，古人只能利用助词以表示疑问或感叹了。无论名词或动词，皆可加上疑问助词以表示疑问，或加上感叹助词以表示感叹。在最初的时候，名句与动句仍可照普通的规律先加"也"字或"矣"字于句尾，然后再加疑问助词，成为"也乎"，"也哉"，"也夫"，"矣乎"，"矣哉"等形式。

　　其次，我们注意到中国语里的"时"的观念。当其不用助词时，动作发生之时间皆由上下文义而显。如昨日或去年所为之事当然是过去，明日或明年所为之事当然是将来，用不着动词的屈折作用。但是，当其用句尾助词的时候，我们可以从此窥见古人的时的概念。上文说过，"动句"之过去时用"矣"字，现在时用"也"字；例如"吾既许之矣"不能写作"吾既许之也"，"子曰，不知也"不可写作"子曰，不知矣"。但是，当我们仔细观察之后，觉得"矣"字非但用于事实上的过去时，而且用于心理上的过去时；换句话说，非但用于客观的过去时，而且用于主观的过去时。中国上古语里的现在时，与西洋语里的现在时的概念不完全相同。关于这一点，我们仍是在中西"语像"的异同中得到了满意的解答。

　　过去时在中国，严格地说起来，应该叫做"决定时"（definitive tense）；无论动作或状态已完成或未完成，只要说话的人肯作主观的决定，就可把它视同过去。因此，将来时亦可视同过去，如果说话的人肯作主观的决定的话。马眉叔说得有理："吾将仕矣者，犹云吾之将出仕於将来,已可必於今日也。"① 所谓将来时,本是主观的东西②。如果我们决定其必然,就等于看见那事已经实现,于是我们的古人就用过去时,例如"吾将仕矣",如果我们不敢十分决定其必然,就索性用个疑问助词,例如"庶几免於戾乎?"③ 在"吾将仕矣"句中,既有助动词"将"字表示将来,又有"矣"字表示过去,这有点儿像西文的 future perfect tense;但其用法稍有不同。中国人之用 future perfect,并非以与简单的 future 相比较,却是把料其必然的 future 视同已经完成。在假设句中,欲表示其因果之必然性,亦用"矣"字。例如:

> 如有复我者,则吾必在汶上矣。(《论语·雍也》)
> 微管仲,吾其披发左衽矣。(《论语·宪问》)
> 慎终追远,民德归厚矣。(《论语·学而》)

反过来说,凡说话的人要表示某动作或某状态之未完成,并且料想将来也未必能完成者,则不用过去时而用现在时,换句话说就是不用"决定时"。在西洋人的语像里,有过去的"未",有现在的"未",甚至有将来的"未"。在中国人的语像里,凡未发生之动作或状态决不能属于过去,因为实际上过去无此动作或状态;也不能属于将来,因为将来亦未必能有此动作或状态。依语言的普通现象,凡不能认为过去现在或将来者,只能勉强放在现在时里;所以中国语里凡有"未"字的句子都用"也"字煞句而不用"矣"字。例如:

> 不好犯上,而好作乱者,未之有也。(《论语·学而》)
> 盖有之矣,吾未之见也。(《论语·里仁》)
> 吾未见能见其过而内自讼者也。(《论语·公冶长》)

---

① 《马氏文通》卷九,页31。
② 参看 Vendryes, Le Langage, pp.179。
③ 《左传》文十八。

360

未闻好学者也。(《论语·公冶长》)

非公事,未尝至於偃之室也。(《论语·雍也》)

子食於有丧者之侧,未尝饱也。(《论语·述而》)

由也升堂矣,未入於室也。(《论语·先进》)

君子而不仁者,有矣夫;未有小人而仁者也。(《论语·宪问》)

夫子欲寡其过而未能也。(《论语·宪问》)

在上列九例中,尤以第二、七、八例为最显明。"矣""也"不能互易,则知古人用句尾助词有一定的规律,而其规律则出于其对于时的概念。

"解释句"亦用现在时。在这种语句里,说话的人只着重在说明两事的因果关系并不着重在叙述动作。这与"仁,人也","义,宜也"同一作用,近于"名句",所以无论其所解释者为过去现在或将来,都不用过去时。例如:

告子未尝知义,以其外之也。(《孟子·公孙丑》上)

故王之不王,不为也,非不能也。(《孟子·梁惠王》上)

"名句"也只用现在时,不用将来时。这也与中国人的时间概念有关。譬如说:"孔子,鲁人也",在西洋人看来,孔子是古人,孔子之为鲁人,自然是一件过去的事。但中国人可以这样想:"孔子"与鲁的关系是永远不灭的,"孔子虽死了许久,但他并未因此而停止其为鲁人"。因此,凡属"名句",都只用"也"字煞尾。

在"真理句"里,也用现在时;关于这一点却与西文相同。我们知道,这也是勉强归入的;其实"真理"在过去已有其价值,在将来亦不失其价值①。在无可归属的时候,只好把它当做现在时。例如:

人而无信,不知其可也。(《论语·为政》)

不患人之不己知,患不知人也。(《论语·宪问》)

————————————

① 至少在说话的人心里如此。

当然,过去时与现在时也没有截然的鸿沟;因此,在有些情形之下,"也"字可用,"矣"字也可用。不过,用"也"字时,往往只表示一时的事实,用"矣"字时,则表示时间前后的关系,有"已"字之意。譬如说:"孺子可教也"①,仅表示眼前的事实如此;若云:"孺子可教矣"②,则等于说"孺子已可教矣",言外有"昔者孺子犹未可教"之意。这种细微的分别,是多读古文的人都能感觉到的。

在古文里,"也"字可置于主格之后,表示一个休止时间(pause)。这一类的助字,省去也可以;不省则更觉其顿挫有韵致。例如:

> 雍也仁而不佞。(《论语·公冶长》)
> 由也千乘之国,可使治其赋也。(《论语·公冶长》)
> 丘也闻有国有家者,不患寡而患不均。(《论语·季氏》)
> 今由与求也相夫子。(同上)
> 是鸟也海运则将徙於南冥。(《庄子·逍遥游》)

"也"字又可为按断助词。凡将下断语时,先设按语,而以"也"字助其语势。例如:

> 其为人也发愤忘食,乐以忘忧。(《论语·述而》)
> 三代之得天下也以仁;其失天下也以不仁。(《孟子·离娄》上)

这两类的"也"字不能与煞句的"也"字相提并论,正像发语的"夫"字不能与煞句的"夫"字相提并论一样。

助词之能表示句的性质者,除了句尾助词外,还有句首助词。句首助词之最常用者为"夫"字,表示语句属于议论的性质。例如:

> 夫人必自侮,然后人侮之。(《孟子·离娄》上)
> 夫兵,犹火也;弗戢,将自焚也。(《左传》隐四)
> 夫树国必审相疑之势……。(贾谊《治安策》)

---

① 苏洵:《留侯论》。
② 《史记·留侯世家》。

362

夫天之道也,东仁而首,西义而成。(李邕《麓山寺碑》)

马眉叔以"夫"为提起连字;连字谓之提起,实属费解。其所以叫做连字者,据说"皆以顶承上文,重立新义";然如上面所举第三第四两例,既居一篇之首,则不能更谓之"顶承上文"。马氏以"结煞实字与句读者"为助字,"夫"字既不结煞字句则不能不把它勉强归入连字。但我很赞成陈承泽的说法:"夫非名象动副,而又无连介之作用,又不如叹字之得独立表示意思者,皆助字也。"所以"夫"字也可认为助词。

助词应讨论者甚多;今为篇幅所限,不能多谈。"文法成分"不仅限于助词,此外还有连词介词代名词与词的附加成分等等。现在为篇幅所限,也都不详细讨论了。

八、词的次序

词的次序,就是词在句中的位置。在第六节里,我已举"黄菊花"与"菊花黄"为例,证明词的次序能确定词性。但这也是渐渐地才确定了的。例如"於"字后的名词必为间接目的格,这话只适用于已固定的文法;如果拿"室於怒而市於色"等句法来看,则间接目的格却在"於"字之前。同理,"所"字后面的动词,在文法未固定时代,也有种种不同的性质。今分析如下:

(1)"所"字后之动词变为"动词性的名词",但此动词应认为由受动词变来。例如:

大官大邑,身之所庇也。(《左传》襄三十一)

若译为文法已固定时代的古文,则该是:"身为大官大邑所庇。"

(2)"所"字后之动词变为"动词性的名词",但此动词应认为由内动词变来。例如:

363

冀北之土，马之所生。(《左传》昭四)

若译成文法已固定时代的古文，则该是："冀北之土，马之所由生。"

(3)"所"字后之动词变为"动词性的名词"，但此动词应认为由外动词变来。例如：

> 举尔所知；尔所不知，人其舍诸？(《论语·子路》)
> 如有所誉者，其有所试矣。(《论语·卫灵公》)

这三种说法当中，第一种早已消灭。第二种则流传颇久，杨恽《报孙会宗书》里还说："西河魏土，文侯所兴。"但是，至少可以说它的势力渐渐衰微，终于消灭。第三种说法最占优势，除最少的例外，凡"所"字后的动词都可认为外动词，甚至本非外动者亦被"所"字影响而变为外动①。由此看来，我们就普通的文法而论，自然可以说"所"字后的动词或名词或形容词皆变为"外动词"了。

词的次序在中国语里，其固定程度远非西文所能及。所以谈中国文法决不能不谈及词的次序。现在举几条重要的规律：在中国人看来，觉得平平无奇；在外国人看来，这正是中国语的大特色。

(1) 主格先于其动词。例如"乡人饮酒"不能写成"饮乡人酒"或"酒饮乡人"。

(2) 目的格后于动词②。例如"乡人饮酒"不能写成"酒乡人饮"或"酒饮乡人"。

(3) 领格先于其所领之名词。例如"邦君之妻"不能写成"妻之邦君"。

(4) 形容词必先于其所形容之名词。例如"远人不服"不能写成"人远不服"；"摄乎大国之间"不能说成"摄乎国大之间"。

(5) 副词必先于其所限制之形容词或动词。例如"名不正"不

---

① 参看第六节所举例。

② 关于这一条，有些例外，见下文。

364

能写成"名正不";"善与人交"不能写成"与人交善";"先进於礼乐"不能写成"进先於礼乐";"亿则屡中"不能写成"亿则中屡"。

(6) 空间副词短语,以"於"字为介词者①,置于动词之后;若在白话里,以"在"字为介词,则置于动词之前。例如"子畏於匡"不能写成"子於匡畏";"自经於沟渎"不能写成"於沟渎自经"。又如"我在戏院里听戏"不能说成"我听戏在戏院里";"他在我家吃饭"不能说成"他吃饭在我家"。

(7) 方式副词短语,以"以"字为介词者,置于动词前后均可;若在白话里,以"拿"字为介词②,必置于动词之前。例如"杀人以梃"亦可写成"以梃杀人";"泪尽,继之以血"亦可写成"泪尽,以血继之"③。但"拿刀杀人"不能说成"杀人拿刀"。

(8) 在"被动态"(passive voice)里,如用助动词"为"字,则主动者须置于动词之前;如用介词"於"字,则主动者须置于动词之后。若在白话里,则不用"於"字,仅用助动词"被"字(或"给"字),主动者须置于动词之前。例如:

"卫太子为江充所败"(《汉书·霍光传》)不可写成"卫太子所败为江充",却可写作"卫太子败於江充"。

"郤克伤於矢"(《左传》成二)不可写成"郤克矢於伤",却可写作"郤克为矢所伤"。

"郤克被箭伤了"(或"给箭射伤了")不可写成"郤克伤了被箭"。

(9) 附属句必先于主要句。例如"微管仲,吾其被发左衽矣"不能写成"吾其被发左衽矣,微管仲";"如有复我者,则吾必在汶上矣"不能写成"吾必在汶上矣,如有复我者"。在白话里,偶然也可倒过来。例如"如果天下雨,我不出去"也可偶然说成:"今天我不

---

① 非限制空间者不在此例;如"於吾言无所不说","於吾言"三字在"无"字之前。

② "在"字"拿"字本性属于动词,今认为介词,乃就其准性而言。

③ 有时因修辞的关系,依字的多寡与语气的强弱而定"以"字的位置。

365

出去,如果下雨的话"。

在上述的九个规律当中,第二个规律在某一些情形之下是与事实不符的。先说,否定句的动词的目的格如果是一个代名词,在古文里,目的格必先于动词。例如"不患人之不己知","莫我知也夫"等等,已为一般语史学家所注意。但是,如果目的格是一个名词就必须置于动词之后,例如"不践迹"不能写成"不迹践"。然而我们仍该注意到:否定句仍可使目的格在动词之前;不过,其次序不复是"否定副词加目的格加动词",而是"目的格加否定副词加动词"。例如:

> 子曰:"笃信好学,守死善道,危邦不入,乱邦不居。"(《论语·泰伯》)

在这情形之下,我们不能认为"入"字与"居"字为受动词,因为就上下文的语气看来,"入""居"两字显然与"笃信好学,守死善道"同其主格,"危邦"与"乱邦"显然是目的格。这种倒装的可能性,显然是否定句所特许。直至现代白话里,"我今天不喝酒"也可以说成"我今天酒不喝",但"我今天喝酒"不能说成"我今天酒喝"。然而如果在后面加上副词性的形容词,说成"我今天酒喝了不少"或"我今天酒喝了许多",又可以说得通了。这可以说是一种习惯,大家用惯了这种说法,就通行了。其次,我们注意到一切目的格皆可提至主格之前,只要在动词后面补上一个代名词就行了①。例如:

> 高者抑之,下者举之,有余者损之,不足者补之。(《老子》)
>
> 老者安之,朋友信之,少者怀之。(《论语·公冶长》)
>
> 百亩之田,匹夫耕之。(《孟子·尽心》上)
>
> 三里之城,七里之郭,环而攻之而不胜。(《孟子·公孙丑》下)

其他如第四规律(形容词必先于其所形容之名词)也在某一些

---

① 在骈语里,有时代名词可以不补上,例如李斯《谏逐客书》:"不问可否,不论曲直,非秦者去,为客者逐。"

情形之下该加以补充。如果动词之后加上表示数量的形容词（"多""少"等字及数目字），这些形容词就不必在其所形容的名词之前。例如"我今天喝了不少的酒"也可说成"我今天酒喝了不少"；"我吃了三个苹果"也可说成"我苹果吃了三个"或"苹果我吃了三个"。但这只是现代白话里的情形，古文里这种文法是罕见的。此外，各规律在特殊情形之下也可变更，不复细论了。

九、事物关系的表现

语句乃是种种观念的综合。甲观念与乙观念综合，有时候用文法成分表现二者的关系，这是所谓"屈折作用"及"介词"；甲语句与乙语句综合，有时候用文法成分去表示它们的关系，这是所谓"连词"。我们说有时候用它们，因为有时候也可以不用的。不用的时候，这些关系的表现，往往寄托在词的次序之上；甚或不用文法成分与词的次序去表现，只把甲观念与乙观念并列着，甲语句与乙语句并列着，让对话的人自己去体会它们的关系。这种情形，在中国语最为常见。譬如英文的 while、if、to，法文的 lorsque, de 等关系词，译成中文，往往可省。反过来说，西文用不着关系词的地方，在中文里却用得着。例如副词与动词的关系，在西文里，因为它们各有特殊的形式并列，已经看得出它们的关系了；在中国的古文里，往往用得着关系词，把副词与动词焊接起来：

> 欲常常而见之，故源源而来。（《孟子·万章》上）
> 旦旦而伐之，可以为美乎？（同上《告子》上）
> 使我欣欣而乐与？乐未毕也，哀又继之。（《庄子·知北游》）
> 往往而聚者百有余戎。（《史记·匈奴列传》）

但是，最令我们觉得中文的特点者，仍在文法成分之少用。事物关系之表现，在中文里往往是不显的。从这一点看来，中国的文字与口语很接近。懂得西洋语言的人都能察出他们的关系词(包括关系代名词)在文字上比在口语里多了许多。例如"如果没有钱,就没有面包"这句话在法国人口里可以说成 Pas d'argent, pas de pain,但写下来时必须写成 Si l'on n'a pas d'argent, on n'aura pas de nain。我们又注意到:西文里用许多介词、连词、关系代名词组成的很长的"复合句"(compound sentence),何尝在日常谈话里出现过? 因此,我们可以说中国的文章组织就是口语的组织的变相;文言文在上古是与口语一致的。

现在把事物的种种关系,不为中国语所表现者,分别说一说。

第一、人称与动作的关系,用不着表示;主格属于第一人称,则动词用不着语尾变化也可知道它属于第一人称。这完全因为位置固定的关系;假使主格可以任意置于动词的前后,非靠语尾变化就往往不能决定那动词属于何人称了。

第二、数与动作的关系。这与人称的关系同理;有了位置固定的好处,动词里就不必有数的表现了。有时候,主格没有数的表现,而说话的人想要表示数与动作的关系,就利用一个表示数量的副词。例如说:"他的儿子都来了",就能表示"来"的动作是属于复数的了。

第三、时与动作的关系,可由上下文推测而知。遇必要时,也可利用副词来表示,例如"已浴","方浴","将浴"。

第四、主动者与动作的关系。在现在西文里,除了命令式及感叹句之外每句必须有一个主格,以表示动作之所自来①。在中文里,主格却不是必需的。譬如一段言语只叙述同一主格的动作,自然用不着在每句指出其主格;此外,如中途变更主格,若可不言而喻者,亦不必将主格指出。所谓不言而喻者,往往是些代名词;古

----

① 这里的动作包括 verb to be 而言。

文第三人称代名词之所以没有主格，就是这个缘故。至于第一第二人称，虽可用主格，但也尽可省略。在古人书札中，第一第二人称的主格以省略为常；大约谦虚的话便属于第一人称，恭维的话便属于第二人称。例如：

> 琳死罪死罪。昨加恩辱命，并示《龟赋》。披览粲然。(陈孔璋《答东阿王笺》)

"加恩辱命，并示《龟赋》"属于第二人称，"披览"属于第一人称，虽然都没有主格，我们不至于误会。在以上诸例里，我们不可以说是主格省略。至于"真理句"里，情形又大不相同；并不是本该有主格而被我们省略了，而是中国人认为不该有主格。例如："不怕慢，只怕站"，这"怕"不是我怕，我们怕，不是你怕，你们怕，也不是他怕，他们怕，而是人人都怕。在西文里，遇着这种情形，只好用一种"无定代名词"，像法文的 on，德文的 man，英文的 one。但是，在这上头，中国人的逻辑与西洋人不同：既是代名词就该有定，既无定就不该有代名词。因此，像下列《论语》诸句子的主格都无法补出：

> 贫而无怨，难；富而无骄，易。(《宪问》)
>
> 可与言而不与之言，失人；不可与言而与之言，失言。(《卫灵公》)
>
> 过而不改，是谓过矣。(同上)
>
> 当仁，不让於师。(同上)

第五、受动者与动作的关系。在中文里，目的格不如主格之易于省略，但也不是绝对不可略去的。先说最常用的外动词，如"饮""食"等字，其目的格往往可省，此在西文也有类似的情形。此外，在古人的书札里，第一第二人称代名词目的格也可省去。例如：

> 曩者辱赐书，教以顺於接物，推贤进士为务。(司马迁《报任安书》)
>
> 适有事务，须自经营，不获侍坐，良增邑邑。(应璩《与满炳书》)

至于名词的直接目的格也有可省略的,尤其是关涉君父的话。例如:

> 不期而会孟津八百诸侯,犹以为未可,其后乃被弑。(《史记·秦楚之际月表》)
>
> 屈原既放,三年不得复见。(《楚辞·卜居》)
>
> 今之孝者,是谓能养。(《论语·为政》)

间接目的格也有可省略的;最普通的是在介词"以""与"或"为""用"之后。例如:

> 成王以桐叶与小弱弟戏,曰:以封汝。(柳宗元《桐叶封弟辨》)
>
> 其后崔昌遐倚朱温之兵以诛宦官……无一人敢与抗者。(苏辙《唐论》)
>
> 时君莫尚之,是以王道遂用不兴。(刘子政《战国策序》)
>
> 王谢相谓曰:"渊源不起,当如苍生何?"深为忧叹。(《世说新语》)

"以封汝"等于说"以此封汝","敢与抗"等于说"敢与之抗","遂用不兴"等于说"遂用此不兴","深为忧叹"等于说"深为此忧叹",间接目的格代名词都省略了。这种省略,与省略关系词颇有不同:这里是借关系词的出现,以表示间接目的格的隐藏;如果省略关系词而把间接目的格写出,则此间接目的格与动词的关系必待读者意会而知了。当间接目的格是一个代名词的时候,必须置于直接目的格之前,然后介词可省。例如《左传》"赐我南鄙之田"。当它是一个名词的时候,介词省略者,在古文为较常有的情形。在古文里,凡"於"字所介之目的格系表示动作之所止或所向者,均可省略:

> 百越之君,俯首系颈,委命下吏。(贾谊《过秦论》)
>
> 或穷居陋巷,委身草莽。(《五代史·一行传叙》)

但受动词后的"於"字,其所介的名词即为主动者,故必不可省去。例如《孟子》"治於人者食人,治人者食於人",若把两个"於"字

370

省略,就不能表示原来的意义了。

第六、表明语与主格的关系。第二节里,我们已经谈到:像"马壮"一类的句子,"壮"为"马"的表明语,它们的关系只由次序去表示就够了,没有用系词(copula)的必要,我们知道,亚里士多德一派的论理学认为每一语句都该具有系词,于是他们以为法文的 le cheval court 等于说 le cheval est courant。这是错误的。在现代西文里,主格与动词的关系用不着系词来表示;英语 the horse is running 句里的 is 并不是表示动作与主格的关系的,只是"组合动词"的一部分罢了①。同理,主格与表明语的关系,在中国语里也不必用系词来表示。严格地说起来,中国上古是没有系词的。非但现代的"是"字与上古的"是"字的词性大不相同,就是上古的"为"字,也由"作为"的意义变来,不完全等于现代的"是"字。因此,凡古人用"为"字的地方都是特别着重"是非"的;用"为"字表示主格与表明语的关系乃是特殊的情形,不用"为"字却是正常的情形。《论语》"唯天为大,唯尧则之"的"为"字动作意味很重,我们拿来比较"赤也为之小,孰能为之大",就可见"唯天为大"不完全等于现代语"只有天是大的"。

以名词为表明语的时候,也用不着系词。"孔子是鲁国人",在古文里非但可以说"孔子鲁人也",甚至于可以说"孔子,鲁人"。"孔子为鲁人"的说法,在古文里是罕见的,除非在补充语里,例如说"子不知孔子为鲁人耶"?

上面说的六条,是甲观念与乙观念的关系不必用字表现的。此外,还有甲句与乙句的关系,在中国语里,也往往用不着表现,尤其在中国的古文里。

---

① 也有些语言学家认 running 这类词为 verbal adjectives 的,参看 Bloomfield, An Introduction. pp. 122。

第一、在假设句里，连词"如""苟""若"等字可以不用。在此情形下，往往用"则"字置于主要句之首。"则"有"然则"之意，上句的假设的意义借此"则"字以显。因此，"仁则荣，不仁则辱"等于说"如仁，则荣，如不仁，则辱"。"如用之，则吾从先进"也可省为"用之则吾从先进"。如果把古书的假设句加以统计，将见不用"如""若""苟"等字的句子实较用者多了许多。甚至连"则"字也不用的。例如：

> 今不取，后世必为子孙忧。(《论语·季氏》)
> 加我数年，五十以学易，可以无大过矣。(《论语·述而》)

尤其是主要句与附属句都是否定句的时候，"如""若""苟"等字以不用为常，"则"字也不必用。例如：

> 圣人不死，大盗不止。(《老子》)
> 不塞不流，不止不行。(韩愈《原道》)

这些句法直至现代还存在。我们可以说"无风不起浪"，"不是你说，我不信"等语，都用不着"假设连词"。

第二、附属句如果是表示时间的，连词更用不着。例如"子适卫，冉有仆"，可以译为"当孔子适卫之时，冉有为之御车"。但是，这一类表时间的附属句太不明显了，我们竟可把它认为独立句，译为"孔子适卫。冉有为之御车"。"当"字当"当其时"讲，乃是后起的用法；在先秦的书里，"当孔子适卫之时"一类句子是没有的。但我们的先人另有一个法子表示时间附属句，就是在主格与动词之间加上一个介词"之"字，句末再加助词"也"字，表示这不是一个完全的句子，只是表时间的短语。例如：

> 小人之过也必文。(《论语·子张》)
> 诸葛亮之为相国也抚百姓，示仪轨。(《三国志·诸葛亮传》)
> 昔者，圣王之治天下也参其国而任其鄙。(《国语·齐语》)

但是,有时候把很短的两句缩为一句,前一半表示时间,后一半表示主要的动作。前半与后半都有动词,严格地说起来,显然是附属句与主要句的结合了。例如:

> 见利思义,见危授命。(《论语·宪问》)
> 食不语,寝不言。(《论语·乡党》)

这等于说"当见利时,思义;当见危时,授命"与"当食时,不语;当寝时,不言"。在这情形之下,非但没有文法成分,就是词的次序也失了文法上的效用。"食不语"的"食"字,其所处的位置与平常主格的位置完全相同;只因在逻辑上"食"不能为"语"的主动者,绝不至被人误会为主格,于是"食"字实际自为一个附属句,以表示不语的时间。

在种种方面,我们都可以看出西文的组织偏重于法的方面,中文的组织偏重于理的方面。无论何种事物的关系,如果不必表现而仍可为人所了解的,就索性不去表现它。固然,有时候假设的附属句与表时的附属句的界限分不清楚,例如"无风不起浪"既可译为"如无风则不起浪",又可译为"没有风的时候不起浪";"见利思义"既可译为"当见利时,思义",又可译为"如见利则思义";但是,正因为这些语句的意义本身就相近似,不必分别也没有害处。法文的 quand 有时可译为"如果",而 si 有时也可译为"当某时"。

拿现代白话与古文相比较,则见今人用的关系词多些。例如"食不语"在白话里往往说成"吃饭的时候不谈话"。但是,偶然也会有相反的情形。例如"不患人之不己知"句里,"人之不己知"只像一个名词短语,为"患"的目的格,此句的组织显得缜密,完全是介词"之"字的功劳。在白话里,我们只说"不怕人家不知道我",省去介词,就显得组织松弛了。

十、结　语

以上所论的九个问题，每一个都是轻轻地说了过去的。自知范围太大，以致研究不能深入。但是，本篇的旨趣不在乎搜求中国文法里的一切系统，只在乎探讨它的若干特性，希望从此窥见中国文法学的方法。篇中非但于例证多所遗漏，即所谓特性亦未敢认为定论。不过，我此后研究中国文法，当从这一条路出发；待修正的地方虽多，大致的方向是从此决定的了。

[**1962 年 10 月后记**]　本文所用的术语，有许多都陈旧了，如"文法"应是"语法"，"观念"应是"概念"，"音缀"应是"音节"，"词品"应是"词类"等。有些术语则是不妥的，如"中国语"应该是"汉语"，"支那语系"应该是"汉藏语系"。因为是旧稿，所以保留原来的样子。在语法理论上，有许多见解（如关于"所"字的词性）已和今天的见解不同了，也不加改动，以见我的研究过程。文章虽然不深入，但是这仿佛是一篇"宣言"，我在这篇文章里确定了我的研究方向和方法。

（原载《清华学报》11 卷 1 期，1936 年；又商务印书馆1940 年出版单行本；《汉语史论文集》；《龙虫并雕斋文集》第 1 册；《王力文集》第 3 卷）

中国文法中的系词

一、导　言

在拙著《中国文法学初探》一文里①，我曾经讨论到，表明语与主格的关系只由词的次序去表示就够了，没有用系词(copula)的必要。但是我没有彻底地考求过中国文法中的系词在历史上的演变，只是对它作了概略的观察。这种观察，在大体上虽是不错，毕竟有不详尽甚或不确当的地方。现在这一篇文章可以说是推阐并补充前文的一段话；但仍不敢认为详尽，恐怕将来还要补充或修正的。

我们研究中国文法，与校勘学发生很大的关系。古书的传写，可以由形似而讹，或由音同而讹，这是大家所知道的；但另有一种讹误的来源：有些依上古文法写下来的文章，后代的人看去不顺眼，就在传写的时候有意地或无意地添改了一两个字，使它适合于抄书人的时代的文法。例如《后汉书·窦宪传·燕然山铭》"兹所谓一劳而久逸，暂费而永宁者也"，《文选》作"兹可谓"，当是传写之误；因为"五臣本"《文选》尚作"兹所谓"，与《后汉书》正相符合。这与唐明皇改《书·洪范》的"无偏无颇"为"无偏无陂"，使它与下文"义"字协读，同

---

① 见本书页324～374。

是以今律古的谬误；不过一则是误以今音正古音，一则是误以今文法正古文法罢了。"所"之与"可"，既非形似，亦非音同，自然是因古今文法的歧异了。又如《史记·刺客列传》"此必是豫让也"一句，依汉代以前的文法通例看来，应该只说："此必豫让也"，不该有"是"字，因为据我现在所曾注意到的史料看来，"此……是……"的说法不曾在《史记》以前的古籍中发现。《刺客列传》叙述豫让一段系根据《战国策》，而《战国策》恰恰缺少"是"字，只作"此必豫让也"。假使我们不能在《史记》以前或与《史记》同时的史料中，找出"此必是豫让也"一类句子（"是"字为系词，在"此"字之后），我们尽可以根据《战国策》而认《史记·刺客列传》的"是"字为传写之讹。一般考据家对于形似而讹的字最苛，认为不容不订正，对于音似而讹的字已经采取宽容的态度，因为在任何情形之下都可以有"同声相假"为护符；至于文法上的错误（以后代文法替代或冒充古代文法），更为考据家所忽略了。这因为在后代的人们看来，倒是错误的比原来的更通顺些；譬如我们叫一个不大懂古文的人来读"此必是豫让也"与"此必豫让也"两个句子，他一定会觉得前者更顺眼些。至于考据家看来，虽没有顺眼不顺眼的分别，但他们认为两种文法都可通，就不管了，我们研究文法史的人，对于这类事实却绝对不该轻易放过。

因此，我在这一篇文章里，严守着"例不十，法不立"的原则，凡遇单文孤证，都把它归于"存疑"之列，以待将来再加深考。所谓文法者，本是语句构造上的通例；如果我们在某一时代的史料中，只在一个地方发见了一种特别的语句构造方式，那么就不能认为通例，同时也就不能成为那时代的文法。纵使不是传写上的错误，也只能认为偶然的事实罢了①。

---

① 例如《前汉书》"由所杀蛇白帝子，所杀者赤帝子故也"，《史记》作"由所杀蛇白帝子，杀者赤帝子，故上赤也"，当以《史记》为合当时的文法，《汉书》多一"所"字，系传写之讹。

说中国的系词等于西洋的系词,固然与事实距离太远;但如果说中国文法中完全没有系词的存在,也未免武断。我们该把问题看得复杂些。第一、我们得先问在什么情形之下用得着系词,又在什么情形之下用不着系词;第二、即使在同一情形之下,我们得再问在什么时代不用系词,到什么时代才开始用它;第三、即使情形相同,时代相同,我们还应该看什么字在当时有做系词的资格,而什么字还没有这资格。

　　关于第一个问题,我们该把情形分得很细;越分得细,系词的职务越看得明显。首先应该分别的是表词① 的性质:表词是名词性的(例如英文 He is friend),与表词是形容词性的(例如英文 He is honest),在中国文法中有很大的差别。此外,因别的情形不同而生出系词用途上的差别的也很多,都待下文详述。

　　关于第二个问题,就是文法史上的问题,乙时代所有的文法,甲时代未必就有。文法与词汇、语音、文字,都是随着历史而演化的;词义的演变,语音之有古今音,文字之有古今体,都是考据家所津津乐道的,文法也一般地是带时代性的东西,我们怎能忽略了时代呢? 因此,假使我说:"某种情形之下可用系词",这话是不够的;必须说"某种情形在某时代可用系词"。

　　关于第三个问题,就牵涉到词汇的变迁了。凡是研究中国古代文法的人,都很容易注意到"为"字比"是"字先被用为系词。等到"是"字在口语里替代了"为"字的时候②,文字上仍旧是"为"字占优势。但是,我们须知,系词"为"与"是"的来源并不相同(见下文),因此,它们的用途也始终不能完全相等。否定词"非"字也比"是"字先被用为系词,它虽似乎与"是"字同出一源,但是我们不能

----

　　① 我们把"名句"的 predicate 译为"表明语",把 predicative 译为表词。
　　② 这是随俗的说法;实际上,"是"字在许多情形下都不能替代"为"字,详见下文结论。

因此就把它们认为正反的一对。事实上,"非"字能在反面作否定词的时候,"是"字还不能在正面作肯定词呢。

总之,我们应该在归纳的研究之下,看出来同情形,同时代,同字的文法规律。

二、无系词的语句

在先秦的史料中,肯定的句子,主格与表明语之间没有系词,乃是最常见的事实。如果我们以少见的事实为例外,那么,我们尽可以说有系词的是例外了。大概我们越往上古追溯,则越发少见系词的痕迹,这种现象自然使我们倾向于相信最古的中国语的肯定语句里是不用系词的。《尚书》、《仪礼》诸书里,有些"惟"字,乍看起来,很像是系词:

> 厥土惟涂泥,厥田惟下下,厥赋下上。(《书·禹贡》)
> 醮辞曰:甘醴惟厚,嘉荐令芳。(《仪礼·士冠礼》)

我们会猜想"惟"就是"为","惟"与"为"为古今字;《晋书·司马叡传》正作"厥土为涂泥",更令人觉得这话不错了。然而我们如果从古音上考求,上古的"惟"字与"为"字却不能通用。"惟"字属于喻母四等,在上古是"舌音"或"齿音"字,"为"字属于喻母三等,在上古是"牙音"字[①],牙与舌齿,并非双声;"惟"字古音属脂部[②],"为"字古音属歌部,也不是叠韵。我想"惟"字并不是动词,只是一种帮助语气的虚字,与《皋陶谟》"惟帝其难之",《洪范》"惟十有三祀"的"惟"字性质很相似,不过一在句首,一在句中罢了。

我们只要很浮泛地观察,也会觉得中国上古系词的缺乏。譬

---

① 姑用旧名,以便叙述。
② 补注:后来我主张古韵脂微分部,则"惟"属微部。

如试拿西洋书籍与中国古书比较,就可发现西洋书籍里几乎每页都有系词,而中国先秦的古籍中往往全篇文章自始至终没有一个系词(例如《荀子·王制篇》)。至于西文须用系词的地方而中国古代不用者,亦不胜枚举。现在随便举例如下:

> 筮短龟长,不如从长。(《左传》僖四)
> 其政闷闷,其民淳淳,其政察察,其民缺缺。(《老子》)
> 亲老出不易方,复不过时。(《礼记·玉藻》)

这是表词为形容词的例子。在复合句里,重音不在那形容词上头,所以只把形容词放在名词之后,就由词的次序形成一种表明语。如果在单纯句里,重音寄托在形容词上头,就往往在形容词前面加上一个帮助语气的"也"字,例如:

> 回也不愚。(《论语·为政》)
> 雍也仁而不佞。(《论语·公冶长》)

至于以名词或名词短语为表词者,因为重音常在名词或名词短语上头,所以在先秦的文章里,常是以助词助足其语气的。例如:

> 占之曰:"姬姓,日也,异姓,月也,必楚王也。"(《左传》成十六)
> 王骀,兀者也。(《庄子·德充符》)
> 其母曰:"孔子,贤人也。"(《战国策·赵策》)
> 彼丈夫也,我丈夫也,吾何畏彼哉?(《孟子·滕文公》上)

这种"也"字只是帮助语气,并没有系词的性质。我们有两个理由可以证明"也"字不是系词:第一、当句末有他种助词时,语气已足,就用不着"也"字①;第二、有些作家索性在句末省去助词,而主格后之名词或名词性短语仍能不失其表词的功用。关于第一种情形,例如:

---

① 自然用也可以,但不是必需的。

人不知,而不愠,不亦君子乎?(《论语·学而》)

是故孔子曰:"知我者,其惟《春秋》乎?"(《孟子·滕文公》下)

仲子所居之室,伯夷之所筑与?抑亦盗跖之所筑与?(《孟子·滕文公》下)

关于第二种情形,例如:

前识者,道之华而愚之始。(《老子》)

虎者戾虫,人者甘饵。(《战国策·秦策》)

天下者,高祖天下。(《史记·魏其列传》)

相国,丞相,皆秦官;……关都尉,秦官。(《前汉书·百官公卿表》)

天德施,地德化,人德义。(《春秋繁露》卷十三)

凡禘、郊、宗、祖、报,此五者国之典礼。(《风俗通义》卷八)

释道融,汲郡林虑人。(《高僧传·道融传》)

婚姻者,人道之始。(《北史·文成帝纪》)

君子所贵,世俗所羞;世俗所贵,君子所贱。(《近思录》卷七)

这都可以证明"也"字可有可无,因此就不能认为系词,只能认为助词而已。无系词的语句几乎可说是文章的正宗,所以后世的口语里虽有了系词①,而所谓"古文派"的作品里,仍旧不大肯用它;数千年来,"名句"(nominal sentence)里不用系词,仍是最常见的事实。兹再举若干例句如下:

(一) 表词为形容性的:

谭长而惠,尚少而美。(《后汉书·袁绍传》)

自斯以后,晋道弥昏。(《宋书·武帝纪论》)

彼于有司,何酷至是?(《宋书·周朗传》)

名与身孰亲也?得与失孰贤也?荣与辱孰珍也?(李康《运命论》)

末法以后,众生愚钝,无复佛教。(《隋书·经籍志》四)

羽朕之懿弟,温柔明断。(《北史·武卫将军谓传》)

---

① 也只限于以名词或名词短语为表词的句子。详见下文。

（二）表词为名词性的：

此用武之国而其主不能守。（《三国志·诸葛亮传》）

佛出西域，外国之神。（《高僧传·佛图澄传》）

余亦与子同斯疾者也。（《抱朴子·遐览》）

自太和十年以后，诏册皆帝之文也。（《魏书·孝文纪》）

若夫一统之年，持平用之者，大道之计也。（《北史·孙绍传》）

是时海内富实，米斗之价钱十三，青齐间斗才三钱。（《隋书·食货志》一）

今之天下亦先王之天下。（王安石《上仁宗皇帝言事书》）

臣草木瓦砾，陛下用之则贵，不用则贱。（《太平广记·钱氏私志》）

帝师帕克斯巴者，土番萨斯嘉人足克衮氏。（《元史·释老列传》）

郑和，云南人，世所谓三保太监者也。（《明史·郑和传》）

清代思潮果何物耶？（梁启超《清代学术概论》）

从上述诸例看来，不用系词乃是中国古文的常态。既是常态，就不能认为有所省略①。假使我们把"清代思潮果何物耶"改为"清代思潮果为何物耶"，两相比较，则见"为"字的增加是后起的现象，是受了近代口语的影响才加上去的。因此，如果我们认"果何物耶"为"果为何物耶"的省略，就是以流为源，以枝叶为根本，把一部中国文法史倒过来看了。

三、论"为"字

1. "为"字系词性的来源

《说文》爪部："爲，母猴也。"段注云："假借为作为之字，凡有所变化曰为。"但是，据古文字学家的说法："爲，从爪从象，象牵象之形。古者役象以助劳其事，故引申以为作为字。"今按当以后一说

---

① 参看本书页370～371。

为是。然则"为"字最初被用为动词的时候,必是"作为"之义,可以断言。

由此看来,"为"字原是纯粹的动词,有"作"、"造"、"治"、"从事于"……诸意义,而其用途比"作""造""治"诸字较为广泛。后来行为的意义渐渐变为轻淡,然后有"变为""成为"……诸意义。段玉裁所谓"凡有所变化曰为",可以说是彻底了解"为"字的意义;因为凡有所造作,也就是对于原有的事物有所变化。演变到最后阶段,"为"字渐渐带着多少系词性了;然而在许多情形之下,仍未完全脱离"变为""成为"……诸意义。再有一点该特别注意者,就是新的意义发生之后,旧的意义并不一定消灭,以致新义与旧义同时存在。我们可以说,"为"字所有的一切意义,在先秦都已完成;仅凭先秦的书籍,很难断定某种意义发生在后,或在前。但我们追究诸意义引申的痕迹,也不能说毫无根据。譬如说,"爲"字最初是象形字,无论它是象猴形,或象人牵象之形,其所孳生的意义都应该是"作为"。如果说从人牵象之形一变而为毫无动作性的系词,就没法子说得通。所以我们尽有权利去假定"作为"的意义为由意义颇狭的动词引申到意义甚广的动词的第一阶段,而系词为其最后阶段。现在按照我们所假定的先后次序,把"为"字分为各种型式,如下①:

型甲　这是纯粹的动词,其动作性甚重。例如:

三月之末,择日翦发为鬌。(《礼记·内则》)

公摄位而欲求好于邾,故为蔑之盟。(《左传》隐元)

名者实之宾也,吾将为宾乎?(《庄子·逍遥游》)

有为神农之言者许行。(《孟子·滕文公》上)

王之为都者,臣知五人焉。(《孟子·公孙丑》下)

---

① 最早的意义,至后代仍未消失者,则举例不限于先秦。

人皆可以为尧舜。(《孟子·告子》下)

斩木为兵,揭竿为旗。(贾谊《过秦论》上)

绛侯周勃始为布衣时,鄙朴人也。(《史记·绛侯周勃世家》)

田文既死,公叔为相。(《史记·孙子吴起列传》)

及壮试吏,为泗上亭长。(《前汉书·高帝纪》)

诸将故与帝为编户民,北而为臣,心常鞅鞅。(同上)

慢主罔时,实为乱源。(《晋书·刘毅传》)

汝为第六世祖。(《坛经·自序品》)

散木也,以为舟,则沈;以为棺椁,则速腐。(《庄子·人间世》)

又以郑愔为侍郎,大纳货赂。(《新唐书·选举志》下)

韦氏败,始以宋璟为吏部尚书,李乂卢从愿为侍郎,姚元之为兵部尚书,陆象先卢怀慎为侍郎。(同上)

型乙 "为"字与目的格之间,隔以"之"字。"之"字似乎是帮助语气的助词,又似乎是代名词;但是,省去"之"字与否,都不能影响及于全句的意义①。这也是纯粹的动词,与型甲的分别很微。例如:

千室之邑,百乘之家,可使为之宰也。(《论语·公冶长》)

原思为之宰。(《论语·雍也》)

颜路请子之车以为之椁。(《论语·先进》)

微子去之,箕子为之奴。(《论语·微子》)

廛无夫里之布,则天下之民皆悦,而愿为之氓矣。(《孟子·公孙丑》上)

今之君子,岂徒顺之,又从而为之辞。(《孟子·公孙丑》上)

覆杯水于坳堂之上,则芥为之舟。(《庄子·逍遥游》)

夫道论至深,故多为之辞,以抒其情。(《淮南子·要略》)

张天下以为之笼,因江海以为罟,又何亡鱼失鸟之有乎?(《淮南子·原道》)

---

① 读者请特别注意下面所举《淮南子·原道训》的例子:对偶的两句中,一句有"之"字,一句没有"之"字。

383

寒,然后为之衣;饥,然后为之食①。(韩愈《原道》)

型丙　这种"为"字有"变为""成为"的意思,其动作性甚轻,但仍该认为外动词,因为在形式上它与型甲完全相同,只不过意义上稍有差别罢了。例如:

高岸为谷,深谷为陵②。(《诗·小雅·十月》)
其君之戎,分为二广。(《左传》宣十二)
一与言为二,二与一为三。(《庄子·齐物论》)
地入于汉为广陵郡。(《史记·五宗世家》)
拔剑斩蛇,蛇分为二,道开。(《前汉书·高帝纪》)
荣体变为枯体,枯体即是荣体,丝体变为缕体,缕体即是丝体。(《梁书·范缜传》)

型丁　这与型丙的分别仅在乎用于条件句中:在某条件之下,则某事物变为某状况,可见也是"变为"或"成为"的意思。不过,"为"字后的目的格不一定是名词;有时是形容词,有时是动词。但这些形容词或动词皆可认为带名词性,变成"为"字的目的格。例如:

改之为贵……绎之为美。(《论语·子罕》)
何必读书,然后为学?(《论语·先进》)
能行五者于天下为仁矣。(《论语·阳货》)
君子有勇而无义为乱,小人有勇而无义为盗。(同上)
执事顺成为臧,逆为否;众散为弱;川壅为泽。(《左传》宣十二)
掘井九轫而不及泉,犹为弃井也。(《孟子·尽心》上)
若君不修德,舟中之人尽为敌国也。(《史记·孙子吴起列传》)
含笑即为妇人,蹙面即为老翁,踞地即为小儿,执杖即成林木③。

---

①　依《原道》的例子看来,"之"似颇有间接目的格的性质,有点儿像英文的 for him, for them;但这恐怕是后起的事实。
②　凡诗歌中之文法与散文相同者,亦举为例。
③　注意"为""成"二字互用,可见"为"有"成为"之意。

384

（《抱朴子·遐览》）

知即是虑：浅则为知，深则为虑。（《梁书·范缜传》）

型戊 这种"为"字用于补足语里，有"作为"的意思。它与型甲的分别，在乎型甲"为"字的主格是整个的主格，型戊"为"字的主格是一种"兼格"。"兼格"是中国文法的特色。例如"我谢谢你替我做了这件事"，"你"字是个"兼"格，它对于"谢"字是目的格，对于"做"字是主格，以一身而兼两职。同理，"我请你帮忙"，"政府升他做省长"，"你""他"也是"兼格"。型戊的"为"字就很近似于"做"字。例如：

> 季氏使闵子骞为费宰。（《论语·雍也》）
>
> 乃悉封徐卢等为列侯。（《史记·绛侯周勃世家》）
>
> 使韩安国、张羽等为大将军。（《史记·梁孝王世家》）
>
> 尽立孝王男五人为王。（同上）
>
> 请废太子爽，立孝为太子。（《史记·淮南衡山列传》）
>
> 吴起取齐女为妻，而鲁疑之。（《史记·孙子吴起列传》）

也有省去兼格的。例如：

> 拜为将军……迁为丞相……谥为共侯。（《史记·绛侯周勃世家》）
>
> 武王载木主，号为文王。（《史记·伯夷列传》）
>
> 晏子於延入为上客。（《史记·管晏列传》）

型己 这种"为"字与"以"字相应，其公式为"以……为"。《庄子·大宗师》："以汝为鼠肝乎？以汝为虫臂乎？"这就是"为"与"以"相应的例子。如间接目的格已见于前，则"以为"二字可以不必隔开。例如《庄子·逍遥游》"剖之以为瓢"，《大宗师》"浸假而化予之右臂以为弹"。但这些"为"字的动作性甚重，可以归入型甲。至于动作性甚轻的，如《诗·邶风》"反以我为雠"，《鄘风》"我以为兄"，可以归入型己。但是我们须知，型己与型甲的差别，仅在乎动作性的重轻：型甲是实际表现于外的动作；型己是意念中的动作，可以称

385

为"意动"。意动仍算是动,不是系词。例如:

> 若臧武仲之知,公绰之不欲,卞庄子之勇,冉求之艺,文之以礼乐,亦可以为成人矣①。(《论语·宪问》)
> 赐也,女以予为多学而识之者与?(《论语·卫灵公》)
> 一以己为马,一以己为牛。(《庄子·应帝王》)
> 勃以织薄曲为生。(《史记·绛侯周勃世家》)
> 今舍纯懿而论爽德,以春秋所讳为美谈。(张衡《东京赋》)
> 老庄之作,管孟之流,盖以立意为宗,不以能文为本。(萧统《文选序》)

型庚　型己与型庚的差别,仅在乎"为"字后是名词或是形容词。其实,这一类"为"字后的形容词或形容短语,都可认为带名词性。例如:

> 事君尽礼,人以为谄也。(《论语·八佾》)
> 硁硁然小人哉,抑亦可以为次矣。(《论语·子路》)
> 恶徼以为知者,恶不孙以为勇者,恶讦以为直者。(《论语·阳货》)
> 於是诸将乃以太尉计谋为是。(《史记·绛侯周勃世家》)
> 高帝以为可属大事。(同上)
> 鲍叔不以我为贪。(《史记·管晏列传》)
> 斯自以为不如非。(《史记·老庄申韩列传》)
> 夫口论以分明为公,笔辩以荄露为通,吏民以昭察为良。(《论衡·自纪篇》)

型辛　"以……为"的公式,从型甲演化到型己,从型己演化到型庚,动作性已经够轻了;但它更进一步,把"以为"合成一词②。这仍是一种"意动"。型己与型辛的差别仅在乎一则以名词为目的

---

① "以"与"为"相应,不可把"可以"认为一词。现代白话里的"可以"(助动词)只等于先秦一个"可"字。

② 马建忠以型己的"为"字为断辞,型辛的"以为"为动字(《文通》卷四,页 15),我以为不对。

格,一则以整个子句为目的格,一则"以"字用为介词,一则"以"字失去介词性而与"为"字合并为"意动"①。例如:

> 王往而征之,民以为将拯己于水火之中也。(《孟子·梁惠王》下)
> 之则以为爱无差等,施自亲始。(《孟子·滕文公》上)
> 己则弃去之,以为龟藏则不灵,蓍久则不神。(《史记·龟策列传》)
> 贾素骄贵,以为将己之军而己为监,不甚急。(《史记·司马穰苴列传》)

型壬　此种"为"字在助动词"能""足""得"等字之后,在形容词之前,看去颇像系词,但不可译为白话的"是"字,所以不是系词。例如:

> 今夫犛牛,其大若垂天之云,此能为大矣。(《庄子·逍遥游》)
> 郑之刀,宋之斤,吴粤之剑,迁乎其地而不能为良。(《礼记·内则》)
> 繿缕茅檐下,未足为高栖。(陶潜《饮酒》)
> 人离恶道,得为人难。(《四十二章经》)
> 三公又奏请吏民入钱谷得为关内侯云。(《晋书·食货志》)

上述九种模型,都不能认为系词。我们所以不惮详细论列者,一则因要表明"为"字系词性的来源,二则因要把一般人误认为系词的"为"字都排除出去。下面可以叙述"为"字的系词性了。

2. "为"字的系词性

"为"字可认为纯粹系词的很少,但稍带系词性者则颇常见。所谓稍带系词性者,因为仍含若干动作性在内。今仍照前节,把带系词性的"为"字分为几种模型,再逐一加以说明。

A. 表词为形容性者。

型子　此种"为"字只用于否定句。例如:

> 万取千焉,千取百焉,不为不多矣。(《孟子·梁惠王》上)

---

① 甚至以"曰以为"合成一词,如《史记·三王世家》:"皆曰以为尊卑失序。"

齐卿之位不为小矣,齐滕之路不为近矣。(《孟子·公孙丑》上)

乐岁粒米狼戾,多取之而不为虐。(《孟子·滕文公》上)

在太极之先而不为高,在六极之下而不为深,先天地生而不为久,长于上古而不为老。(《庄子·大宗师》)

鳌万物而不为义,泽及万世而不为仁,长于上古而不为老,覆载天地,刻雕众形,而不为巧。(同上)

以上诸例中的"为"字有"可谓"之意,也很近似现代白话里的"算"字。"不为不多"就是"不算少","不为小"、"不为近"也就是"不算小"、"不算近";其中的"为"字都带普通动词性,不是纯粹的系词。我们最好是拿"非"字与"不为"二字相比较,例如《孟子》:"城非不高也,池非不深也,兵革非不坚利也,米粟非不多也,委而去之,是地利不如人和也",假定上文曾叙述某国某城,则此数语变为实指而非泛指,可改为:"城不为不高矣,池不为不深矣,兵革不为不坚利矣,米粟不为不多矣……。"然而"非"字却是系词①,而"为"字不能认为系词。我们可以在句尾的助词上看出"非"与"不为"的分别来。"非"字的句尾必须用"也"字,不能用"矣"字;"不为"的句尾必须用"矣"字,不能用"也"字。这因为"非"字的句子属于"名句"(nominal sentence),应该用"也"字煞尾;"不为"的句子属于"动句"(verbal sentence),又因语气加重而用"决定时",应该用"矣"字煞尾②。我们从"也""矣"的分别上看出"名句"与"动句"的不同,再从"名句"与"动句"的不同上便可看出"非"字与"为"字词性的歧异;因为"名句"中只许有系词或准系词,"动句"中只许有动

---

① 补注:后来我认为"非"字在上古也并不是系词;它只是一个否定副词。见《汉语史稿》中册,页352。

② 关于"也""矣"二字与"名句""动句"的关系,参看拙著《中国文法学初探》。"未为"亦与"不为"同例,都属于"动句"。但《说苑》"死然后知之,未为晚也",用"也"不用"矣",因为否定词"未"字的句子必须认为现在时,以"也"字煞尾。详见《中国文法学初探》。

388

词或准动词。由此看来,型子的系词性,可以说只是一种幻相而已。

型丑　这种"为"字是从事物的比较上生出来的。我们虽猜想它也从纯粹的动词变来,但它确在很早的时代就变为系词了。例如:

1. 礼之用,和为贵;先王之道,斯为美。(《论语·学而》)

2. 唯天为大,唯尧则之。(《论语·泰伯》)

3. 唯女子与小人为难养也。(《论语·阳货》)

4. 物皆然,心为甚。(《孟子·梁惠王》上)

5. 无恒产而有恒心者唯士为能。(《孟子·公孙丑》上)

6. 唯仁者为能以大事小①。(同上)

7. 唯此时为然。(同上)

8. 唯天下至诚为能尽其性。(《礼记·中庸》)

9. 唯贤者为不然。(《荀子·性恶》)

10. 师直为壮,曲为老,岂在久乎?(《左传》僖二十八)

11. 天下莫大于秋毫之末,而太山为小;莫寿于殇子,而彭祖为夭。(《庄子·齐物论》)

12. 言对为易,事对为难,反对为优,正对为劣。(《文心雕龙·丽辞》)

13. 有安息国沙门安静……翻译最为通解。(《隋书·经籍志》四)

14. 策万行,惩恶劝善,同归于治,则三教皆可遵行,穷理尽性,至于本源,则佛教方为决了②。(宗密《原人论序》)

15. 此辈少为贵,四方服勇决。(杜甫《北征》)

16. 佛郎西货船之至中国者少,而私赴各省之传教者为多。(江上蹇叟《中西纪事》卷二)

凡属仅有的德性(如 2、3、5、6、7、8、9 例),最高级的德性

---

① "能以大事小"可认为是形容短语。下面所举《中庸》的例子亦同此理。

② "最为"、"方为"、"殊为"、"甚为"、"尤为"、"更为"诸形式较为后起;大约最早只能达到南北朝。

（如 1、4、13、15 例），对比的德性（如 10、11、12、14、16 例），都用得着"为"字做系词。我在《中国文法学初探》里说"唯天为大"不完全等于现代语"只有天是大的"。这话不算错，因为"为"与"是"的来源不同，用途也不能完全相等；但我又说"唯天为大"的"为"字动作意味很重（原文页 75），就说得不对了。它的动作性很微，至少可认为准系词。

型寅　此种"为"字与型丑的差别，只在乎句子是否带疑问性。例如：

> 哀公问弟子孰为好学？①（《论语·雍也》）
> 事孰为大？事亲为大。守孰为大？守身为大。（《孟子·离娄》下）
> 何者为善？何者最大？（《四十二章经》）

凡欲从大范围中指出一小范围（如第一、二例），或浮泛地发问（如第三例），才用得着"为"字。"为"字总是用于最高级的，"何者为善"等于说"何者最善"。至于显明地举出所比较的人或事物，就不用"为"字，例如《老子》"名与身孰亲，身与货孰多，得与亡孰病"，《论语》"女与回也孰愈"，"师与商也孰贤"。因为所比较的两项都写出，所以用不着"为"字。但这规矩恐怕只适用于六朝以上，后代凡语涉比较，都可用"为"字了。

B. 表词为名词性者。

型卯　这种"为"字与型寅的差别，只是型寅以形容词为表词，型卯以名词为表词。例如：

> 四体不勤，五谷不分，孰为夫子？（《论语·微子》）
> 夫文由语也，或浅露分别，或深迂优雅，孰为辩者？（《论衡·自纪篇》）
> 浑沌难晓，与彼分明可知，孰为良吏？（同上）

_____

① "好学"可认为形容短语。

型辰　此型虽亦用于疑问句,但无比较之意,"为"字的位置反在疑问代名词之前。例如:

> 长沮曰:"夫执与者为谁?"子路曰:"为仲尼。"(《论语·微子》)
>
> 桀溺曰:"子为谁?"曰:"为仲由。"(同上)
>
> 今亲不幸,仲子所欲报仇者为谁? (《战国策·韩策》二)

这比以上诸型的系词性更重;《孟子·离娄》下"追我者谁也"可译成"追我者为谁",可见这一类的句子是属于"名句"的①。

型巳　"为"的主格是指示代名词。例如:

> 老而不死,是为贼。(《论语·宪问》)
>
> 辞十万而受万,是为欲富乎?② (《孟子·公孙丑》下)
>
> 以兄之室则弗居,以於陵则居之,是尚为能充其类者乎? (《孟子·滕文公》下)
>
> 帝阳甲崩,弟盘庚立,是为帝盘庚。(《史记·殷本纪》)
>
> 长子曰太子,是为孝景帝。(《史记·梁孝王世家》)
>
> 虽职之高,还附卑品;无绩于官,而获高叙:是为抑功实而隆虚名也③。(《晋书·刘毅传》)

型午　这种"为"字用于并行句。例如:

> 南海之帝为儵,北海之帝为忽,中央之帝为浑沌。(《庄子·应帝王》)
>
> 尔为尔,我为我。(《孟子·公孙丑》上)
>
> 重为轻根,静为躁君。(《老子》)
>
> 万物为道一偏,一物为万物一偏,愚者为一物一偏。(《荀子·天论》)
>
> 乾为马,坤为牛,震为龙,巽为鸡。(《易·说卦》)
>
> 天所赋为命,物所受为性。(《近思录》卷一)

---

① 用疑问代名词而非疑问句者,亦归此型。例如《史记·游侠列传》:"解实不知杀者,杀者亦竟绝,莫知为谁。"

② "欲富"可认为名词短语。

③ 先秦时代用"是为"则不用"也",用"是……也"则不用"为";《晋书》的句法是后起的。

型未　这种"为"字用于包孕句的附属句里,有点儿像英文的关系代名词带动词 who is。例如:

> 颍考叔为颍谷封人,闻之。(《左传》隐元)
> 公子姊为赵惠文王弟平原君夫人,数遗魏王及公子书,请救于魏。(《史记·信陵君列传》)
> 吴兴孟景翼为道士,太子召入玄圃园。(《南齐书·顾欢传》)

《左传》所欲叙述者为"颍考叔闻之",《史记》所欲叙述者为"公子姊请救于魏",《南齐书》所欲叙述者为"太子召孟景翼入玄圃园"。至于颍考叔之为颍谷封人,公子姊之为赵惠文王弟平原君夫人,孟景翼之为道士,在文中几等于插注。因此,我们可以译成"颍谷封人颍考叔闻之","赵惠文王弟平原君之夫人(即公子姊)数遗书魏王及公子,请救于魏","太子召吴兴道士孟景翼入玄圃园",而原意不改。

型申　凡子句为全句之宾语者,"为"字可在此子句中为系词。例如:

> 曾不知以食牛干秦穆公之为污也,可谓贤乎?(《孟子·万章》下)
> 知与之为取,政之宝也。(《史记·管晏列传》)

最初的时候,有"之"字在"为"字前以表示其为子句;后世"之"字可以省去,例如:"子不知张君为吾友","余不信某人为卖国贼"等等。

型酉　"为"字仅用于叙述名称,其功用等于"曰"字。例如:

> 北冥有鱼,其名为鲲。(《庄子·逍遥游》)
> 有鸟焉,其名为鹏。(同上)
> 阿罗汉者,能飞行变化,旷切寿命,住动天地。次为阿那含……。次为斯陀含……。次为须陀洹……。(《四十二章经》)

型戌　这是"为"字变为系词的最后阶段,它的系词性最为纯粹。上面所举子丑寅卯辰巳午未申酉诸型的"为"字,都是在某条件之下才能为系词；型子只能用于否定句，而且是一种幻相；型丑与型寅型卯只能用于事物的比较上；型辰只能用于疑问代名词之前；型巳只能以指示代名词"是"字为主格；型午只能用于并行句；型未与型申只能用于包孕句；型酉只能代"曰"字之用。若求其不受条件的限制，能如英文 verb to be 之自由者，在先秦可说是没有的。即以现代白话"张先生是我的朋友"为例，在先秦只该是"张先生，吾友也"，而不能写成"张先生为吾友"。直到了六朝以后，以普通名词或专有名词或名词短语为主格，以"为"字为系词而且是全句的主要骨干，又以名词或名词短语为表词的句子才渐渐出现。例如：

> 椎轮为大辂之始，大辂宁有椎轮之质？增冰为积水所成，积水曾微增冰之凛①。（《文选序》）
> 都下人多为诸王公贵人左右佃客典计衣食客之类。（《隋书·食货志》）
> 天竺沙门佛陀邪舍译《长阿含经》及《四分律》……并为小乘之学。（《隋书·经籍志》四）
> 西土俗书罕不披诵，为彼国外道之宗。（《高僧传·释道融传》）
> 负重者负米五斛，行二十步，皆为中第。（《新唐书·选举志》）

但是，我们仔细观察，觉得这些例子仍是有条件的。譬如第一例有"大辂宁有椎轮之质"一句，然后上句"为"字才用得妥当；第二例的"多为"是型丑的变相，仍从比较上生出来；第三、四、五例的"为"字不是紧接主格的。由此看来，六朝以后，仍不能有"张先生为吾友"一类的单纯句子。譬如《史记·伯夷列传》："伯夷、叔齐孤竹君之二子也"，必不能代之以"伯夷、叔齐为孤竹君之二子"；否则会弄成下面一段：

> 伯夷、叔齐为孤竹君之二子。父欲立叔齐。及父卒，叔齐让伯夷。

---

① 这虽也是并行句，但已发展到每句可以独立的程度。以"大辂宁有椎轮之质"上承"椎轮为大辂之始"，这种"为"字是先秦所没有的。

伯夷曰："父命也"，遂逃去。

依现代一般人看来，似乎很通顺；其实这是不合古代文法的。如果勉强要用"为"字，必须变为下列诸式：

> 型卯：孰为孤竹君之二子？曰：伯夷、叔齐也。
> 型辰：伯夷、叔齐为谁？曰：孤竹君之二子也。
> 型午：孤竹君之长子为伯夷，次子为叔齐。
> 型酉：孤竹君有二子，其名为伯夷、叔齐。

虽也不能替代"伯夷、叔齐，孤竹君之二子也"的用途，但各句的本身还算不违反古代的文法。

总而言之，"为"字虽在某一些情形之下认为系词，但它的用途决不能像西文系词的用途那样大；就拿现代白话的"是"字来说，也比"为"字的系词性重得多了。"为""是"的异同，留待下文再说。但我们须知，"为"字的用途至六朝已大致确定，后代对于"为"字的应用，不能越出六朝以前的范围；而"是"字的系词性却在六朝才渐渐滋长，直至最近恐怕还要扩大范围呢。

3．与"为"字相近似的准系词

"曰"字"谓"字，与"为"字为双声，其韵部也颇相近，故在某一些情形之下可以互相通假。王引之在《经传释词》里说：

> "曰"犹"为"也，"谓之"也。若《书·洪范》"一曰水，二曰火，三曰木，四曰金，五曰土"之属是也。故桓四年《穀梁传》"一为乾豆，二为宾客，三为充君之疱"，《公羊传》"为"作"曰"。
>
> 家大人曰："谓"犹"为"也。《易·小过》上六曰："是谓灾眚"，《诗·宾之初筵》曰："醉而不出，是谓伐德"，"是谓"犹"是为"也。庄二十二年《左传》："是谓观国之光"，《史记·陈杞世家》作"是为"，是其证也。

我们再看《说文》："曰，词也"，"谓，报也"，段注云："谓者，论人论事得其实也……亦有借为'曰'字者，如《左传》'王谓叔父'即《鲁

394

颂》之'王曰叔父'也。""曰""谓"古音同在脂部①，又为双声，也许完全同音，所以它们的意义最为相近。它们原是普通的动词，《诗·郑风》"女曰鸡鸣"的"曰"字，《召南》"谁谓雀无角"与《王风》"谓他人父"的"谓"字，乃是较早的形式。后来虽变得颇像系词，但仍不失其动作性；王引之以"谓之"释"曰"字是很合理的。如果拿现代白话去翻译这种"曰"字"谓"字，也只该译成"叫做"，不该译成"是"字。

说到这里，我们可以明白：在"为"字与"曰""谓"通用的情形之下，只是"为"字被假借为"曰""谓"之用，不是"曰""谓"被假借为"为"字之用。这种分别很关重要，因为可以说明"为"字在此情形之下仍可认为普通的动词，不必认为纯粹的系词。上节型酉所举《庄子》"其名为鲲"尽可译成"它的名字叫做鲲"；甚至型巳所举《论语》"老而不死是为贼"也许还可以译成"老而不死，这就叫做贼"。这样一来，型巳型酉的系词性也都受了动摇。至于我们把"曰""谓"二字称为准系词，意思是说它们本来没有系词性，仅有一种幻相而已。

四、论"是"字

1."是"字系词性的来源

"是"字系词性的来源，比"为"字较难考究。《说文》："是，直也，从日正。"这大约是以"曲直"解释"是非"，但未必就是最早的意义，金文里的"是"字也不像是从"正"。《广雅》："是，此也"；虽也不知道是否最初的意义，但至少在先秦是这种意义占优势。"是"字与"此"字"斯"字都是叠韵。"此"与"斯"是旁纽双声；"是"字声母的上古音值虽未经考定，但无论是 z，是 dz，或是 d，都与"此""斯"的声母 ts'，s 很相近。因此，"斯""此""是"三字往往

---

① 补注：后来我把"曰"归入月部，"谓"归入物部。

通用①。这是指示代名词；但又有当做名词或形容词用的。《庄子·齐物论》："未成乎心而有是非"，是当名词用；《礼·曲礼》："夫礼者，所以定亲疏，决嫌疑，别同异，明是非"，是当形容词用。闻一多先生对我说："是"就是"此"，"非"就是"彼"②；古人以近指的事物为"是"，以远指的事物为"非"。这样说来，"彼是"的"是"与"是非"的"是"可认为同一来源。不过，我仍旧认为这两种意义在先秦已经是分道扬镳，各不相涉的了。

上文说过，"是"字当做系词用，乃是六朝以后的事情。但是，它的来源是"彼是"的"是"呢，还是"是非"的"是"呢？换句话说，它的来源是指示代名词呢，还是名词或形容词呢③？这是很费考虑然后能答复的，现在先把很像系词的指示代名词"是"字仔细研究，再来答复系词性的来源问题。

在某一些情形之下，"是"与"此"的用途完全相等，例如《庄子·逍遥游》"其视下也，亦若是则已矣"与同篇"其自视也，亦若此也"，句法完全相同，可证其用途完全相等。至于"是"字用于句首，则与"此"字或相等或不完全相等。但无论如何，它仍旧只是指示代名词，不是系词。兹分述如下。

型甲　表词是名词或名词短语者。这一类的"是"字都可代以"此"字。例如：

> 富与贵，是人之所欲也。（《论语·里仁》）
> 是知其不可而为之者与？（《论语·宪问》）
> 谓我诸戎：是四岳之裔胄也，毋是剪弃。（《左传》襄十四）

---

① 《论语》无"此"字，凡该用"此"字的地方都用"斯"或"是"替代。

② "非""彼"双声。

③ 在这情形之下，名词与形容词的界限是不很分明的。或者我们可认为形容词，用为名词只算活用，像它被活用为动词一样。《齐物论》："欲是其所非，而非其所是"，《韩非子·显学篇》："是墨子之俭，将非孔子之侈"，都是活用为动词的例子。

既不能令，又不受命，是绝物也。(《孟子·离娄》上)

千里而见王，是予所欲也①。(《孟子·公孙丑》下)

无父无君，是周公所膺也。(《孟子·滕文公》下)

庄子曰："是非吾所谓情也。"②(《庄子·德充符》)

日月星辰瑞历，是禹桀之所同也。(《荀子·天论》)

妻不以我为夫，嫂不以我为叔，父母不以我为子，是皆秦之罪也。
(《战国策·秦策》二)

这些"是"字，都是复指上文的名词或子句的。如果它与所复指的名词或子句不相紧接，如上面第二例与第七例，"是"字是不可省去的。如果它与所复指的名词或子句紧接，如其余诸例，则"是"字可以省去，写成"富与贵，人之所欲也"一类的形式。"也"字普通是不省去的；如果像《荀子·性恶篇》"礼义积伪者，是人之性"，偶然省去"也"字，加上"者"字，就不可以"此"字代"是"字了。由此看来，"是"字与"此"字毕竟有很微的差别："是"字的复指性较轻，"此"字的复指性较重。

型乙　表明语为形容词或形容短语者。这一类的"是"字不可代以"此"字。例如：

既欲其生，又欲其死，是惑也。(《论语·颜渊》)

不逆诈，不疑不信，抑亦先觉者，是贤乎？(《论语·宪问》)

知而使之，是不仁也；不知而使之，是不知也。(《孟子·公孙丑》下)

三宿而后出昼，是何濡滞也？(《孟子·公孙丑》下)

型丙　表词为动词(infinitive)及其目的格或补足语者。这一类的"是"字都可代以"此"字。例如：

谷与鱼鳖不可胜食，材木不可胜用，是使民养生丧死无憾也。(《孟

---

① 参看《后汉书·马援传》："好议论人长短，妄是非正法，此吾所大恶也。"

② 在这一类的句子里，最能看出"是"字是指示代名词。因为下面已有系词"非"字，则前面的"是"字显然不是系词。

子·梁惠王》上）

　　杨氏为我，是无君也；墨氏兼爱，是无父也。（《孟子·滕文公》下）

　　今天子立诸侯而建其少，是教逆也。（《国语·周语》上）

　　今世咸知百年之外必至万岁，而不信积万之变至于旷劫，是限心以量造化也。（《弘明集后序》）

　　我们试拿《孟子》"庖有肥肉，厩有肥马……此率兽而食人也"与上面第一例的"是使民养生丧死无憾也"相比较，就知道"此"与"是"可以通用了。"也"字普通是不省去的；但《庄子·养生主》："彼其所以会之，必有不蕲言而言，不蕲哭而哭者，是遁天倍情，忘其所受"，句末没有"也"字也就不能代以"此"字。

　　型丁　表词为整个子句者。这种"是"字一般也可代以"此"字。例如：

　　　　然而不胜者，是天时不如地利也。（《孟子·公孙丑》下）

　　　　未成乎心而有是非，是今日适越而昔至也。（《庄子·齐物论》）

　　　　礼，孙为父尸，故祖有荫孙令，是祖孙重而兄弟轻。（《新唐书·刑法志》）

　　"是"字虽是指示代名词，但当其用于复指时，其作用在乎说明上文。故凡欲加重说明的语气者，都可以加上承接连词"则"字，尤其是型乙、型丙、型丁，更往往用得着"则"字，放在"是"字的前面：

　　型乙：不识王之不可以为汤武，则是不明也。（《孟子·公孙丑》下）

　　型丙：识其不可，然且至，则是干泽也。（同上）

　　　　若驷之过隙，然而遂之，则是无穷也①。（《礼记·三年问》）

　　　　然而夷子葬其亲厚，则是以所贱事亲也。（《孟子·滕文公》上）

　　　　鲁卫，兄弟之国也，而君用起，则是弃卫。《史记·孙子吴起列传》

　　型丁：诸侯替之，而建王嗣，用迁郏鄏，则是兄弟之能用力于王室也②。（《左传》昭二十六）

----

①　"无穷"亦可认为形容短语，归入型乙。

②　"兄弟之能用力于王室"亦可认为名词短语，归入型甲。

这些"是"字仍当认为指示代名词,不能因其前有"则"字而改变其词性。此外有"是"与"非"对立的句子。例如:

型甲:是祭祀之斋,非心斋也。(《庄子·人间世》)

　是集义所生者,非义袭而取之也。(《孟子·公孙丑》上)

　故王之不王,非挟太山以超北海之类也;王之不王,是折枝之类也。(《孟子·梁惠王》上)

型丁:楚王后车千乘,非知也;君子啜菽饮水,非愚也:是节然也。(《荀子·天论》)

　若疑教在戎方,化非华夏者,则是前圣执地以定教,非设教以移俗也。(《弘明集后序》)

"非"字是系词,"是""非"相形之下,很容易令人认"是"字也是系词。其实,在这种情形之下,"是"字仍当认为指示代名词。"是折枝之类也"的"是"字,与上文所举"是予所欲也"的"是"字,用法完全相同,不能因其偶然与"非"字对立,就把它认为系词。除非我们把上述诸型的一切"是"字都认为系词,然后这些"是"字也能类推为系词。然而这是不可能的;因为"是"字与"此"字往往通用,例如上文所举"此率兽而食人也"等于说"是率兽而食人也",又如《庄子·德充符》"是何人也"等于说"此何人也"。我们尽可把《孟子》的话改成"是率兽而食人也,非爱民也"①,但我们并不能因此就认"是"字为系词。

上面说过,"彼是"的意义与"是非"的意义分道扬镳:由"彼是"的意义生出型甲、型乙、型丙、型丁;那么,由"是非"的意义生出来的是什么? 依我看来,下列的两种模型可说是由"是非"的意义生出来的:

型戊　这种"是"字只用于举例。先说出某一类的事物,然后

----

① 参看《战国策·魏策》:"此庸夫之怒也,非士之怒也。"又《南齐书·顾欢传》:"此修考之士,非神仙之流也。"

举一两个实例来证明。例如：

> 水由地中行,江淮河汉是也。(《孟子·滕文公》下)
> 子游曰:"地籁则众窍是已,人籁则比竹是已。"(《庄子·齐物论》)
> 坠茵席者,殿下是也;落粪溷者,下官是也。"(《梁书·范缜传》)
> 天官显验,赵简秦穆之锡是也;鬼道交报,杜伯彭生之见是也;修德福应,殷代宋景之验是也;多杀祸及,白起、程普之证是也。(《弘明集后序》)
> 自古亡国,未必皆愚庸暴虐之君也……昭宗是已。(《新唐书·昭宗哀帝纪赞》)

这一类的"是"字其用途在乎"是认"某一些例证。它所以不能被认为系词者,一则因为它的用途仅限于举例,二则因为它并没有连系两"项"(terms)的效能。

型己　这种模型与型戊的差别,在乎型戊用于举例,型己非用于举例;型戊必须有主格,型己不一定要有主格。例如:

> 曰:"是鲁孔丘与?"曰:"是也。"(《论语·微子》)
> 其友识之,曰:"汝非豫让邪?"曰:"我是也。"(《史记·刺客列传》)

马建忠以为"是鲁孔丘与"的"是"与"是也"的"是"都是"决辞"[①];黎锦熙先生批驳他说:"上'是'字固指代,下'是'字乃形容词是非之是,用为然否副词耳。"[②] 黎先生的话最为有理。"是也"有点儿像英文的 yes,"非也"有点儿像英文的 no,"是耶非耶"有点儿像 yes or no;"是也"与"然","非也"与"否",用途是很相像的。"我是也"的句式稍为后起,与然否的意义颇有分别;现在勉强把它们归入同一的模型,其实是可细分为两种模型。

上面所述甲乙丙丁戊己六种模型里,都没有系词。正式的系词须是具备主格与表词两项,而系词置于两项的中间,如"张先生

---

① 《马氏文通》卷一,页14。
② 黎锦熙:《比较文法》,页127。

是我的朋友"一类的句子。这类句子是先秦所绝对没有的,汉代也可以说是没有。六朝以后是有了;但它的系词性的来源是什么呢?

就意义上看来,似乎是形容词"是非"生出系词的"是"与"非";因为形容词的"是"就是"对","非"就是"不对",系词的"是"是"是认"那个事实,"非"是"否认"那个事实。因为那事情是"对"的,所以是认它;因为那事情是"不对"的,所以否认它。这样看来,"是"字系词性该是由形容词或副词变来的了。但是,从文法上看来,我们却该换一种看法。由"是非"的"是"生出来的只有型戊与型己,它们都是很像副词,没有表词在后面,所以很难再变为系词①。至于"彼是"的"是"所生出来的型甲就不同了。上文说过,"是"字虽是指示代名词,但当其用于复指时,其作用在乎说明上文。系词的作用在乎表明主格,与说明上文的作用相差很近。只要指示的词性减轻,说明的词性加重,就很自然地变为系了。型甲的表词为名词或名词短语,与系词句的表词相同,因此,我们可以断定"是"字的系词性是从型甲转变而成的②。譬如:"富与贵,是人之所欲也"转变而成:"富与贵都是人们所希望的",真是极自然的转变了。

2."是"字的系词性

"是"字最初被用为系词,该是在六朝时代。不过,六朝这一个时代太长,我至少该追究它在那一个朝代就有了系词的功用。西洋的语史学家往往能考定某字始现于某年,某年代即以现存的古籍初见此字的年代为准。照这种说法,我们要知道"是"字的系词

---

① 型戊不能认为表词在"是"字之前;"坠茵席者殿下是也"并不完全等于"坠茵席的是殿下"。譬如说:"国贫而弱者,中国是也",大家都懂得它不能改为:"贫而弱的国家是中国"。因为世界上尽可以还有许多贫弱的国家,不仅是中国。前者是举例,后者是全称,不容混同。

② 型乙没有关系,因为形容性的表明语用不着系词。详见下文。型丙型丁因"是"字后为动词或子句,也不能生出正式的系词。

性始于何年,并非绝对不可能的。不过,现在我的精力还不能达到那样精确的地步,就只能含混地说个六朝。如果就已经发见的例子看来,该说是起于晋末以后(约当西历第五世纪),因为陶潜、刘义庆、沈约、顾欢、慧皎、范缜诸人都曾经用"是"字为系词(例证散见下文)。但是,在没有查遍六朝的书籍以前,我们还不敢断定陶潜以前没有人把"是"字当系词用。因此,为比较妥当起见,我们仍旧愿意暂时说是六朝。

型子　这是最纯粹的系词。上面所举"张先生是我的朋友"就是属于这种模型的。在中国语文里,这可称为典型的系词。其主格为名词,表词亦具备。例如:

> 未闻孔雀是夫子家禽。(刘义庆《世说新语·言语》)
> 张玄之、顾敷是顾和中外孙。(同上)
> 豫章太守顾邵是雍之子。(《世说新语·雅量》)
> 佛是破恶之方,道是兴善之术。(顾欢《夷夏论》,见《南齐书·顾欢传》)
> 鸟王兽长往往是佛。(同上)
> 神仙是大化之总称,非穷妙之至名①。(顾欢答袁粲语,见《南齐书》)
> 若枯即是荣,荣即是枯②,应荣时凋零,枯时结实也。(范缜《神灭论》,见《梁书·范缜传》)③
> 若形骸即是骨骼,则死之神明不得异生之神明矣。(沈约《难神灭论》)
> 问今是何世④,乃不知有汉,无论魏晋。(陶潜《桃花源记》)

---

①　参看上节所举《庄子》:"是祭祀之斋,非心斋也。"同是"是非"对立,但《庄子》的"是"是指示代名词,《南齐书》的"是"是系词,因为有"神仙"做主格。

②　"枯""荣"在此句里皆当认为抽象名词。

③　《梁书》虽为唐姚思廉所撰,但《神灭论》则为范缜所作,故可认为齐梁作品。

④　依时代而论,该把陶潜排在刘义庆的前头。但"今"字不一定可认为名词(若依西洋文法,可认为副词),而且"今是何世"是疑问句,也难算正例。

佛是外国之神,非天下诸华所宜奉。(《高僧传·佛图澄传》)

佛是戎神,正所应奉。(同上)

问耆年是谁耶①?(《高僧传·法显传》)

弟子是岭南新州百姓。(《坛经·自序品》)

孔老释迦皆是至圣。(宗密《原人论序》)

劫劫生生,轮回不绝……都由此身本不是我。(《原人论·斥偏浅》)

大乘法相教者……有八种识,于中第八阿赖耶识是其根本。(同上)

古老传云,此仓本是永安旧寺也。(《续高僧传》卷十三)

律是慧基,非智不奉。(同上卷二十七)

佛是胡中桀黠欺诳,夷俗遵尚,其道皆是邪僻小人模写庄老玄言,文饰妖幻之教耳。(《唐会要》卷四十七)

近代白话小说里,这类"是"字很多,不必赘述。此外有"所"字构成的名词短语,也可归入型子。例如:

如此衣形者,是汝所拟者非邪?(《世说新语·容止》)

舍利弗,汝勿谓此鸟实是罪报所生。(《阿弥陀经》)

又如下面的例,亦可归入型子:

戏演的是《八义观灯》八出。(《红楼梦》第五十四回)

"戏演的是"略等于"所演的戏是",虽然在句子结构上稍有不同,但为归类的方便起见,也就暂时归入型子了。

型丑　型子与型丑的差别,只在乎一则以名词为主格,一则以代名词为主格。例如:

诸客曰:"此是安石碎金。"(《世说新语·文学》)

显问:"此是何地耶?"猎者曰:"此是青州长广郡牢山南岸。"(《高僧传·法显传》)

汝是岭南人,又是獦獠,若为堪作佛?(《坛经·自序品》)

斯是陋室,惟吾德馨。(刘禹锡《陋室铭》)

---

① "耆年"可认为名词。

403

弟子慧进入问:"此是何人?"(《续高僧传·明建传》)

贾母……便问:"这是薛姑娘的屋子不是?"(《红楼梦》第四十回)

型寅　这是主格省略的①;或主格虽未省略,而不是与"是"字紧相连系的。例如:

卿云"艾艾",定是几艾? 对曰:"凤兮凤兮,故是一凤。"(《世说新语·言语》)

卫玠总角时,问乐令梦,乐云是想。(同上《文学》)

苟是天下人望,亦可无言而辟,复何假一? (同上)

因倒箸水中而饮之,谓是干饭。(同上《纰漏》)

显虽觉其韵高,而不悟是神人。(《高僧传·法显传》)

每至夏坐讫,龙化作一小蛇,两耳悉白,众咸识是龙。(同上)

忽至岸,见黎藿依然,知是汉地。(同上)

昨见融公,复是大奇聪明释子。(同上《释道融传》)

戡初不见,谓是神仙所为。(《续高僧传》卷二十七)

其实是大夫以否,不可委知也。(孔颖达《左传疏》隐元)

上云:"是个享福节度使。"(《太平广记·钱氏私志》)

《玉台新咏·陌上桑》"使君遣吏往,问是谁家姝",乍看"是"字很像型寅,其实只是型甲,与《庄子·德充符》"是何人也"的"是"字同一用途②。松陵吴显令笺注本《玉台新咏》作"问此谁家姝",注云"一作是",就是"是"字与"此"字通用的证据③。

型卯　表词省略者。例如:

形即是神者,手等亦是邪? (范缜《神灭论》)

师曰:"汝从玉泉来,应是细作。"对曰:"不是。"师曰:"何得不是?"对曰:"未说即是,说了不是。"(《坛经·顿渐品》)

---

① 所谓"主格省略",只是方便的说法。严格地说,并非省略,因主格不能补出。例如"知是汉地"不能改为"知其是汉地"。

② 古体的诗歌与散文的文法无大差别,所以我们以诗文相提并论。

③ 《后汉书·仲长统传》"均是一法制也"亦是"均此一法制也"的意义,故未引。

404

以其所住为大像寺,今所谓际显寺是也。(《续高僧传》卷三十九)

某,汉元帝是也。(元曲《汉宫秋》)

祖曰:"道信禅师,贫道是也。"(《指月录》卷六)

第一、二两例为表词省略,最易看出,故不讨论。第三例的"是也"与上面型戊的"是也"或"是已"并不相同。型戊"是"字用于举例;《庄子》"人籁则比竹是已"并不是说"人籁等于比竹",比竹只是人籁之一种;现在型卯的"是"字却是把完全相等的两种东西放在一起,大像寺就是际显寺,并不像人籁与比竹有范围大小的差别。这可以说是"是也"的用途发生了变化,不复是先秦的"是也"或"是已"了。第四、五两例与第三例文法相同。

型辰　表词为动词(或带目的格)或子句,可视同名词性者。例如:

谢太傅曰:"不得尔;此是屋下架屋耳。"(《世说新语·文学》)

又夷俗长踞,法与华异;翘左跂右,全是蹲踞。(《南齐书·顾欢传》)

又若生是禀气而欻有,死是气散而欻无,则谁为鬼神乎?(《原人论·斥执迷》)

邢以为人死还生,恐是为蛇画足。(《北史·杜弼传》)

才着意,便是有个私心。(《近思录》卷二)

型巳　表词为动词或子句,可认为带形容性者。例如:

其寺是五祖忍大师在彼主化。(《坛经·自序品》)

极乐国土……皆是四宝周匝围绕。(《阿弥陀经》)

房之此请,乃是破格。(《日知录》卷八)

其稿亦是无锡门人蔡瀛与一姻家同刻。(同上卷十六)

小可是祖代打造军器为生。(《水浒传》第五十五回)

明日正是天子驾幸龙符宫。(同上)

众头领都是步战。(同上)

这炮必是凌振从贼教他施放。(《水浒传》第五十六回)

宝玉和林黛玉是从小儿一处长大。(《红楼梦》第二十七回)

型午　略如型巳,但句末加"的"字,使表词带名词性。例如:

　　幸亏他是个使力不使心的。(《红楼梦》第五十三回)
　　谁又是二十四个月养的?(同上第五十五回)

型午似乎是较后起的形式;但型巳大致都可加一个"的"字,使它们变为型午。例如说:"其稿亦是无锡门人蔡瀛与一姻家同刻的","这炮必是凌振从贼教他施放的"等等。但也有须在"的"字后添一个名词的,例如说:"明日正是天子驾幸龙符宫的日子"。

型未　句末仍加"的"字,但"的"字前面是名词、代名词、或形容词;表词亦带名词性。例如:

　　我们有两件事:一件是我的,一件是四妹妹的。(《红楼梦》第四十五回)
　　想着那画儿也不过是假的。(同上第四十回)

意思是说"我的事","四妹妹的事","假的画儿"。虽把后面的名词省略了,仍带名词性。但这也是后起的形式,六朝似乎没有它①。

型申　主格为一子句或数子句者。例如:

　　铜山西崩,灵钟东应,便是"易"耶。(《世说新语·文学》)
　　孔经亦云:立身行道,以显父母,即是孝行。(《续高僧传·慧远传》)
　　但发心慈悲,行事利益,使苍生安乐,即是佛心。(《唐会要》卷四十七)

型酉　"是"字的补位兼为主位(即兼格)者。例如:

　　怅然遥相望,知是故人来。(《孔雀东南飞》)
　　祖云:"合是吾渡汝。"(《坛经·自序品》)
　　倒是三妹妹高雅。(《红楼梦》第三十七回)
　　众人看了,都道是这首为上。(同上)
　　老太太……见人就说到底是宝玉孝顺我。(同上)

这种形式颇像法语的 C'est……qui……,比型午型未的时代都

---

① 但《元曲》里已有它,例如《老生儿》第一折:"久以后,这家缘家计,都是我的。"

要早些。但最早也该不会超过六朝,所以依文法看起来,《孔雀东南飞》该是六朝的作品①。

型戌　这是表词前置的。例如:

满腔子是恻隐之心。(《近思录》卷一)

拶出通身是口,何妨骂雨诃风。(《明高僧传》卷六)

刘老老之下便是王夫人,西边便是史湘云,第二便是宝钗,第三便是黛玉。(《红楼梦》第四十回)

左边是张天……当中是个五合六。(同上)

宋元以后,常有"如何是……"的说法,也可归入此型。例如:

问:"如何是近思?"曰:"以类而推。"(《近思录》卷三)

僧问:"如何是佛法大意?"(《指月录》卷五)

帝曰:"如何是心?"远正身叉手立曰:"只这是。"(《明高僧传》卷四)

如何是和尚无老婆心②?(同上卷六)

型亥　型戌与型亥的差别,在一则以副词短语前置为表明语,一则以副词后置为问句。例如:

我当日与这刘员外做女婿,可是为何?(元曲《老生儿》)

这是为什么? 唬得你这个样儿! (《红楼梦》第三十九回)

以上自子至亥,共十二种模型,除型巳稍带形容性,型戌型亥的表词可认为副词短语外,其余各型的表词都是名词性的。至于表词为简单的形容词者,就用不着系词。《中国文法学初探》所举英文 The horse is strong 的例子③,其中的 is 是中国文法里所不用的。在文言里,只简单地写成"马壮";在现代白话里,也只说成"那马很壮"。在文言不能写成"马为壮",在白话不能说成"那马是壮"。

---

①　因此,《昭明文选》也没有录它。我们不愿意单凭文法去断定史料的时代性;但如果同时有了别的证据,文法倒是可以做个次要的证据的。

②　"和尚无老婆心"整个子句可认为"是"的主格,后置。

③　见本书页 332。

偶然有"是壮"的说法,却等于说"实在很壮","是"字有特别承认的语气,不是普通系词,仍不能等于英文的 verb to be。"那马很壮"的"很"字也不完全等于英文的 very;在这种情形之下,"很"字只等于形容词的前加部分(prefix),用来助足语气的①。在否定的句子里,因有"不"字,语气已足,就用不着"很"字,只说"那马不壮"就行了,仍不会说成"那马不是壮"。此外如"他这人很好","他这人不好","我的花园很小,他的也不大"……一类的句子,都用不着"是"字的。

3."是"字系词性的活用

"是"字自从被用为系词之后,越来越灵活了,于是生出了许多似系词而非系词的用途。上文说过,正式的系词该是连系主格与表词的,如果不足两项,必须认其中一项为被省略。但是,谈文法的人不能一味谈省略,否则有牵强附会的危险②。在本节里,我们所举各种模型,都不该认为正式的系词,只能认为系词的活用,换句话说就是离开了系词的正当用途,扩充到别的领域去。这几种"是"字都已近似副词,不能再认为系词了。

型 A. 是认或否认某一件事实。例如:

只为众生迷佛③,非是佛迷众生。(《坛经·付嘱品》)

人生气禀,理有善恶,然不是性中元有此两物相对而生也。(《近思录》卷一)

昨夜晚,是有这般一个人挑着个羊皮匣子过去了。(《水浒传》第五十五回)

我不是不会,只是未谙得④。(《明高僧传》卷六)

---

① 关于形容高度的副词用久便失其力量,参看 Vendryes, Le Langage, pp. 252~253。

② 参看 Jespersen, The Philosophy of Grammar, pp. 306~307。

③ "为"字也是活用,与下面"是"字用途相同。

④ 这个例子与型已的差别,在乎型已可加"的"字变为型午,而此则不能。下面"说趣话取笑儿"一例亦同此理。

我方才不过是说趣话取笑儿。(《红楼梦》第四十一回)

不是阴尽了又有一个阳生出来。(同上第三十一回)

型 B. 追究原因。例如:

庾曰:"君复何所忧惨而忽瘦?"伯仁曰:"吾无所忧,直是清虚日来,
滓秽日去耳。"(《世说新语·言语》)

司马太傅问谢车骑:"惠子其书五车,何以无一言入玄?"谢曰:"故当
是妙处不传。"(同上《文学》)

学不能推究事理,只是心粗。(《近思录》卷三)

人不能祛思虑,只是杏;杏故无浩然之气。(同上卷五)

谓之全无知则不可;只是义理不能胜利欲之心,便至如此也。(同上
卷七)

五更里,听得梁上响,你说是老鼠厮打。(《水浒传》第五十五回)

今日如何反虚浮微缩起来? 敢是吃多了饮食,不然就是劳了神思。
(《红楼梦》第五十三回)

也别怪老太太,都是刘老老一句话。(同上第四十二回)

型 B 与型亥相近似,其差别在乎一则仅用副词短语为问句,
一则往往用整个子句为表明语。

型 C. 判断事情做得对不对,或好不好。这类又可以细分为
两种。第一种是"是"字放在动词之后。例如:

不如家去,明儿来是正经。(《红楼梦》第二十四回)

第二种是"是"字放在动词之前。例如:

此刻自己也跟了进去,一则宝玉不便,二则黛玉嫌疑,到是回来的
妙。(同上第二十七回)

型 D. 仅助连词或副词的语气。例如:

若是韩彭二将为先锋,何愁狂寇不灭。(《水浒传》第五十四回)

或是马上,或是步行,都有法则。(同上第五十五回)

汤隆虽是会打,却不会使。(同上)

又是伤心,又是惭愧。(《红楼梦》第三十五回)

姑娘们份中,自然是不敢讲究。(同上第五十六回)

宝玉虽是依了,只是近日病着,又有事,尚未得说。(同上第六十回)

张天君从阵里出来,甚是凶恶。(《封神演义》第五十一回)

型 E. 成为副词的一部分的。例如:

都从我的份例上匀出来,不必动官中就是了。(《红楼梦》第三十六回)

明日老太太问,只说我自己烫的就是了。(同上第二十五回)

型 F. 完全变了副词,略等于"然否"的"然"或"对不对"的"对"。例如:

卿说的是,就加卿为选择使……。(元曲《汉宫秋·楔子》)

翠缕道:"说的是了,就笑的这么样儿!"湘云道:"很是很是①。"(《红楼梦》第三十一回)

翠缕听了笑道:"是了,是了!"(同上)

普通答应人的"是的",或卑辈对尊辈说"是,是,是",也都可以归入此型。型 F 的副词性该是从形容词直接变来的,并未经过系词性的阶段。所以型 F 放在这里也只算是便宜归类,其实不该认为系词性的活用的。型 E 的"是"字或者也有"对"的意思,"就是了"也许略等于"就对了"或"就可以了"。如果照这看法,型 E 该与型 F 为一类,都认为从形容词变来。《红楼梦》第三十四回:"君子防未然,不如这会儿防备的为是","是"字仍带形容性,但已经与"说的是"的"是"很相似,这就是从形容词转到副词的关头。

4. 与"是"字相近似的准系词

除"为""是"二字外,被一般人认为肯定系词的有"即""乃"

---

① 这种"是"字来源很古,参看《论语·阳货》:"偃之言是也,前言戏之耳。"

"系"等字。

"即"字,从某一些观点看来,比"为"字的系词性更纯粹,比"是"字的系词性更古。例如:"伯夷叔齐,孤竹君之二子也",若写成"伯夷叔齐为孤竹君之二子",在先秦两汉的文法是不通的,若写成"伯夷叔齐即孤竹君之二子",虽与原意不完全相等,但在先秦两汉的文法上是通的;所以该说"即"字比"为"字的系词性更纯粹。若写成"伯夷叔齐是孤竹君之二子",通是通的,但这是六朝以后的文法①。所以该说"即"字比"是"字的系词性更古。

然而从另一些观点看来,"即"字并不是纯粹的系词。它只是副词略带系词性;我们甚至可以说,"即"字当认为副词,所谓略带系词性只是"名句"所形成的一种幻相。《文通》把"即"字认为断词② 及连词,其实"即"字略等于白话的"就"字,既不是断词,也不是连词,《文通》所谓断词的"即"与连词的"即",在意义上是差不多的。例如:

> 非其父兄,即其子弟。(《左传》襄八)
> 此不北走胡即南走越耳。(《史记·季布列传》)

这两类的"即"字都一样地是加重叙述或判断语气的副词,其差别只在乎一则在动词或动词短语之前,一则在名词或名词短语之前;换句话说,一则用于"动句",一则用于"名句"罢了。后世因为"即其子弟"可译成"就是他的子弟",于是误认"即"为系词。其实"就是"并不是从"即"字直接变来的,至少可分为三个阶段:

> 即→即是→就是。

在先秦两汉,这一类句子用不着系词,所以只用"即"字;六朝

---

① 参看《世说新语·栖逸》:"李廞是茂曾第五子。"
② 《马氏文通》所谓断词就是本文所谓系词。

以后,用得着系词,所以变为"即是"(范缜《神灭论》:"枯体即是荣体,缕体即是丝体");后来"即"字再变而为"就"字("即""就"旁纽双声,意义亦通,故《说文》云:"'即',即食也,一曰就也"),于是成为"就是"。如果说"即"含有"是"字的意义,有了"即"字,就不必再用"是"字了,何以六朝有"即是"的说法呢?

退一步说,纵使我们承认"即"字带有若干系词性,也该承认它是以副词性为主的。至多只能算它是一种"准系词"。现在举例如下:

> 吾翁即若翁。(《史记·项羽本纪》)
> 梁父即楚将项燕。(同上)
> 充即庐江人,所闻异于此。(《世说新语·方正》)
> 此即真教,何谓非实?(《北史·杜弼传》)

其中以《世说新语》的例子最能表现"即"字的词性。《世说新语》叙述王含作庐江郡贪浊狼籍,王敦护其兄,故于众坐称"家兄在郡定佳,庐江人咸称之",何充正色曰:"充即庐江人,所闻异于此。""即"字,以现代语勉强翻译,可译为"恰巧就是",可见系词性甚微(假设是有的话),而副词性甚重了。

"乃"字是否可与"即"字一例看待呢?表面看来,我们觉得"乃"与"即"有语气缓急的分别,但下面的例子又使我们倾向于相信它们的用途颇有可相通之处了。例如:

> 吕公女乃吕后也。(《史记·高祖本纪》)
> 吕公女即吕后也。(《汉书·高帝本纪》)

其他如:

> 故善吾生者,乃所以善吾死也。(《庄子·大宗师》)
> 无伤也,是乃仁术也。(《孟子·梁惠王》上)
> 夫非乃上蔡布衣,闾巷之黔首。(《史记·李斯列传》)
> 夫人所以贵者,乃此男也。(同上《高祖本纪》)

是乃君子思济物之意也。(嵇康《与山巨源绝交书》)

援曰:"吾乃松父友也。"(《后汉书·马援传》)

斯人乃妇女,与人别,唯啼泣!(《世说新语·方正》)

此乃古今同然,百王之定法也。(《北史·孙绍传》)

斯乃得道超生之胜兆,人师无上之奇征。(《续高僧传》卷十六)

有司观检,乃龙齿也。(同上卷三十九)

有些是可拿"即"字替代的(如第一、四、六、九例),有些是不能代以"即"字的(如第二、三、五、七、八、十例),又可见它们的用途并不完全相同。"即"字的副词性甚重,系词性甚轻;"乃"字的系词性甚重,副词性甚轻。故凡用不着现代副词"就"字的地方,就不能代以"即"字。

六朝以后,有了系词"是"字,也就有了"乃是"连用的例子,与上文所述由"即"变为"即是"的演化情形相同。例如:

郗公曰:"正此好!"访之,乃是逸少。(《世说新语·雅量》)

谓是火起,及至仓所,乃是光相。(《续高僧传》卷十三)

同时,因为"乃"字的系词性甚重,后来就渐渐被认为系词,与"是"字某一些用途相等。我们试看:

道是佛之父师,佛乃道之子弟。(《续高僧传》卷三十一)

"是"与"乃"递代为用,可见唐以后的"乃"字已变为纯粹的系词了。到了近代,"乃"字前面还可以再加副词。例如:

云中子乃福德之仙也;今不犯黄河阵,真乃大福之士。(《封神演义》第五十一回)

"真乃"等于"真是"。"真是"可译为"真乃",而不可译为"真即",于此可见"乃""即"的系词性的重轻。

末了说到"系"字。它虽然有时可当"是"字之用,但它的历史就短得多了。据我所能考见,"系"字之为系词,始见于《近思录》。

413

因此,它的系词性该是起于宋代,但未盛行。直至元代的诏令公文里,才常用它来代"是"字①。近代公牍中,也常有"委系""确系"的说法。今举例如下:

> 国子监自系台省,台省系朝廷官。(《近思录》卷十)
> 丘神仙应有底修行院舍等,系逐日念诵经文告天的人每。(《元代白话碑》页十五)
> 有长清县南一乡净然神宝寺;系灵岩寺下院。(同上页四十八)
> 这原系我起的主意。(《红楼梦》第三十七回)

《说文》:"系,絜束也",《尔雅·释诂》:"系,继也",《左传》僖二十五年注:"系,缚也",皆与"是"字意义相差甚远。依我们的猜想,"系"字是从"系属"的意义转入系词性的,《广韵》"系"训"连系",义与此近②。试看《近思录》的例,我们也可解释作"国子监自属于台省,台省属于朝廷官";不过,到元代以后,它的系词性越重,"系属"的意义就消灭无余了。但我们现在还有"实属……"、"殊属……"等说法,与"委系","确系"很像同出一源,它们的动词性之消灭也如出一辙,更令我们倾向于相信这种假定了。

然而另有一种事实,却令我们猜想"系"字的系词性起源颇古,未必是宋代以后的产品。现代粤语(一部分)与客家话都用"系"字来替代"是"字:粤语念[hɐi]客家念[hɛ]。就书籍而论,我们虽则可以把它认为是宋代才有的;就实际的语言事实而论,我们应该承认它的来源是很远的。因为粤人与客家很早就离开了中原,我们不能想像宋代以后产生的系词会流传到闽粤,并且只能保存在闽粤人的口语里。总之,"系"字系词性的来源问题很复杂,我们只好存疑了。

---

① 参看冯承钧《元代白话碑》。
② 这意见是闻一多先生启发我的。

414

以上所述"即""乃""系"三个字,除了"即"字与"是"字相差太远之外,"乃""系"二字都可以有"是"字的功用。然而我们须知,它们只能有"是"字一小部分的功用,有许多可用"是"字的地方却是不能用它们的。这因为"是"字本身是系词,再由系词生出种种活用的形式;"乃""系"二字只是借来替代系词之用的,就不能再活用了。"乃"字与"系"字的表词必须是名词或名词短语,其主格亦必不可省略,所以只能与"是"字的型子型丑型辰型午大略相当,其余诸型都不是它所能胜任的了。

五、论"非"字

1. "非"字系词性的来源

《说文》:"非,违也,"① 朱骏声云:"违背,故为不是之辞。"② 《说文》喜欢以双声叠韵字为训(这是汉儒的派头,走极端的是刘熙《释名》),朱骏声勉强从"违背"的意义牵涉到"不是"的意义③。其实"非"就是"非";如果从形容词方面看它,还可以说是"违也",违背事理谓之"非";如果从系词方面去看它,简直没法子解说。《广韵》:"非,不是也,"似乎是从系词方面去解说了;然而依上文研究的结论,汉代以前"是"字未为系词,叫许叔重怎能如此解说?("不是"二字连用,恐怕也是汉以前没有的)。许叔重不便于解说它的系词性;而且《说文》一书又以解释名、形、动三种词类为主,所以索性拿"非"字当做形容词看待了。

"非"与"匪"通,"匪"与"彼"通,均见于《经传释词》;因此我们很容易联想到"非"与"彼"也有相通的可能。闻一多先生"非"出于

---

① 段玉裁注本作"韦也"。
② 闻一多先生云:"非""飞"古今字,飞去,故引伸而有违背之义。
③ 《说文通训定声·履部》。

"彼"的说法,是很值得我们重视的。但依先秦古籍看来,"彼""非"显然是分开了。至于"匪"与"非"的关系,就《诗经》、《易经》诸书看来,是很密切的。但是,"匪"字有当"彼"字讲的,有当"不"字(纯粹的否定副词)讲的,都该撇开不提。单就普通认为与"非"同义的"匪"字而论,我们应该仔细观察,看它们到底有没有分别,兹举《诗经》《易经》"匪"训"非"的例子如下[①]:

> 我心匪鉴,不可以茹。(《邶风·柏舟》)
> 我心匪石,不可转也;我心匪席,不可卷也。(同上)
> 匪女之为美,美人之贻。(《邶风·静女》)
> 氓之蚩蚩,抱布贸丝;匪来贸丝,来即我谋。(《卫风·氓》)
> 送子涉淇,至于顿丘;匪我愆期,子无良媒。(同上)
> 匪报也,永以为好也。(《卫风·木瓜》)
> 鸡既鸣矣,朝既盈矣;匪鸡则鸣,苍蝇之声。(《齐风·鸡鸣》)
> 东方明矣,日既昌矣,匪东方则明,日出之光。(同上)
> 析薪如之何,匪斧不克;取妻如之何,匪媒不得。(《齐风·南山》)
> 伐柯如何,匪斧不克;取妻如何,匪媒不得。(《豳风·伐柯》)
> 屯如邅如,乘马班如,匪寇婚媾。(《屯卦》)
> 匪我求童蒙,童蒙求我。(《蒙象》)
> 获匪其丑,无咎。(《离卦》)
> 王臣蹇蹇,匪躬之故。(《蹇卦》)

而"非"字用为系词者则仅有:

> 溥天之下,莫非王土;率土之滨,莫非王臣。(《小雅·北山》)
> 雷在天上,大壮,君子以非礼弗履。(《大壮》)

在用途上,我们看不出"匪"与"非"的分别;只有一点极应注意,就是全部《国风》都不曾用一个"非"字,除了"十翼"不算外,全

---

① 《诗经》里的例子大约都可用;《易经》则《文言》《系辞》以下不引,因为我认为它们是战国以后的作品,不足根据以研究"非"字系词性的来源。

部《易经》也不曾用一个"非"字。凡该用"非"字的地方都用"匪"字,可见"匪""非"乃是古今字了。大约较古的形式是"匪",较后的形式是"非",我们也不必在用途上找出它们的分别来了①。

"非"字之为系词,比"是"字至少早一千年②,比"为"字又纯粹得多。如果我们相信"匪""非"是古今字的话,《诗·邶风》"我心匪石"一句就可证明"非"字的前身已是最富于系词性的了;假使我们要从肯定方面去说"我心是石",这是六朝以后的文法;若说"我心为石",就变为不通的句子。

但是,如果我们认系词为必须连系主格与表词两项,那么,"非"字应分为两类:第一类是纯粹的系词,即具备两项,或其中一项可认为省略者;第二类是"准系词",即不具备两项,而近于副词性者。若以上文所述"匪"字为例,"我心匪石"的"匪"字是颇纯粹的系词,因为主格"我心"与表词"石"两项俱全;"匪我愆期,子无良媒"的"匪"字为准系词,因为它并不连系两项,只是否认某一件事实而已。下面即将"非"字的系词性及准系词性分别讨论。

2. "非"字的系词性

"非"字略等于现代的"不是",但我们不该把它看为"不是"的合体,换句话说就是不该认为系词性之外再加副词性。"非"是否定式的系词,是不可分析的单体。在中国文法史上,并非先有肯定式的系词"是"字,然后再加副词性而成为"非"字,像英文先有 to be 再有 not to be,法文先有 être 再有 ne pas être;却是先有否定式的系词"非"(或"匪"字),一千年后,才从指示代名词里变出一个系词"是"字与它对立。为什么会有这现象? 且待下章再谈。

---

① 闻一多先生云:非本飞字,故系词须加匚作匪以别于非;然匪乃筐本字,用为系词,亦是假借。

② 如果我们认为《诗经》是春秋时代的作品的话。

"非"字既为否定之用,称为系词,似乎名不副实;系词是表示主格与表词二者之间的关系的。如果否定它们的关系,适与系词的功用相反,与其称为系词,反不如称为"绝词",因为"非"字正是特来断绝它们的关系的。但我们并不把它这样看待:在意义上,它是"绝词";在论理学上,它还是系词,因为它能从反面去连系主格与表词两项。现在把它分为数种模型如下:

A. 表词为名词,名词短语或子句者①。

型子　主格与表词两项俱全者。例如:

> 回也,非助我者也。(《论语·先进》)
> 子贡曰:"管仲非仁者与?"(《论语·宪问》)
> 行或使之,止或尼之,行止非人所能也。(《孟子·梁惠王》下)
> 尺地莫非其有也,一民莫非其臣也。(《孟子·公孙丑》上)
> 夫言非吹也,言者有言。(《庄子·齐物论》)
> 曰:"恶,恶可! 子非其人也。"(《庄子·大宗师》)
> 庄子曰:"是非吾所谓情也。"(《庄子·德充符》)
> 是非坎之蛙与? (《庄子·秋水》)
> 惠子曰:"子非鱼,安知鱼之乐?"庄子曰:"子非我,安知我不知鱼之乐?"(同上)
> 宁割席分坐曰:"子非吾友也。"(《世说新语·德行》)
> 人之质非木质也,木之质非人质也。(范缜《神灭论》)
> 吾女非可试者也。(《近思录》卷七)

型丑　此型之所以别于型子,在乎是非并举。例如:

> 所谓故国者,非谓有乔木之谓也,有世臣之谓也②。(《孟子·梁惠王》下)
> "六"者非它也,三材之道也。(《易·系辞》)

---

① 如为动词短语,亦可视同名词,归入 A 类。
② 注意,如在末句添一字,只能添作"乃有世臣之谓也",不能添作"是有世臣之谓也"。

公曰:"同非吾子,齐侯之子也。"(《公羊传》庄元)

此修考之士①,非神仙之流也。(《南齐书·顾欢传》)

型寅　在包孕句中者。例如:

如知其非义,斯速已矣。(《孟子·滕文公》下)

以指喻指之非指,不若以非指喻指之非指也。(《庄子·齐物论》)

予恶乎知恶死之非弱丧而不知归者邪?(同上)

庸讵知吾所谓天之非人乎?(《庄子·大宗师》)

型卯　主格省略者。例如:

子曰:"非吾徒也,小子鸣鼓而攻之可也。"(《论语·先进》)

唯求则非邦也与?(同上)

非求益者也,欲速成者也。(《论语·宪问》)

古之有也,非吾有也②。(《庄子·人间世》)

若遵此命,真报吾恩;倘固违言,非吾之子。(《指月录》卷九)

型辰　表词省略者。例如:

始也,吾以为其人也,而今非也。(《庄子·养生主》)

以为阳虎也,故围之;今非也,请辞而退。(《庄子·秋水》)

型巳　主格为动词(或带目的格)或子句者。例如:

攻其恶,无攻人之恶,非修慝与?(《论语·颜渊》)

久于齐,非我志也。(《孟子·公孙丑》下)

赤子匍匐将入于井,非赤子之罪也。(《孟子·滕文公》上)

子路曰:"未同而言,观其色,赧赧然,非由之所知也。"(《孟子·滕文公》下)

臣弑其君,子弑其父,非一朝一夕之故。(《易·文言》)

鞭挞宵越,以立威名,恐非至理之本。(《世说新语·政事》)

---

① 注意"此"字下没有"为"字或"是"字。

② 《宪问》与《人间世》二例皆是非并举,可入型丑;今因其无主格,姑置于此。

型午　表词为动词(或带目的格)或子句者。例如:

今人乍见孺子将入于井,皆有怵惕恻隐之心,非所以内交于孺子之父母也,非所以要誉于乡党朋友也。(《孟子·公孙丑》上)

二者凶器,非所以尽行也。(《庄子·人间世》)

上下无常,非为邪也;进退无恒,非离群也。(《易·文言》)

而君以法奏之,非吾所以共承宗庙意也①(《史记·张释之传》)

型未　在条件句(conditional)的主要子句者。此型的主格必须省略。例如:

无恻隐之心,非人也;无羞恶之心,非人也;无辞让之心,非人也;无是非之心,非人也。(《孟子·公孙丑》上)

故乐通物,非圣人也;有亲,非仁也;天时,非贤也;利害不通,非君子也;行名失己,非士也;忘身不真,非役人也②。(《庄子·大宗师》)

型申　"非"字下连名词,可认为名词短语者。例如:

以指喻指之非指,不若以非指喻指之非指也,以马喻马之非马,不若以非马喻马之非马也。(《庄子·齐物论》)

亦得人矣,而未始出于非人。(《庄子·应帝王》)

其知情信,其德甚真,而未始入于非人。(同上)

型酉　在条件句的附属子句,而表词为名词或为名词短语者。例如:

非礼勿视,非礼勿听,非礼勿言,非礼勿动。(《论语·颜渊》)

非天下之至精,其孰能与于此?(《易·系辞》)

苟非其人,道不虚行。(同上)

非梧桐不止,非练实不食,非醴泉不饮。(《庄子·秋水》)

非命世之才,不能取之矣。(《晋书·怀愍帝纪论》)

---

① 如认"所"字为关系代名词,则第一、二、四例可分别归入型子型巳。

② "仁""贤"皆可认为带名词性,"役人"是动词短语。

型申与型酉的差别,在乎一则以"非"字连名词为名词短语,一则"非"字主格省略,其本身为附属子句中之动词。型卯与型酉的差别,在乎一则居于主要句,一则居于附属子句。《论语·为政》:"非其鬼而祭之,谄也,"亦可归入型酉,不过有了"而"字,加上一番转折而已。

B. 表词为形容词或形容短语者。

型戌 "非"字后加"不"字,作跌宕语气者。例如:

> 城非不高也,池非不深也,兵革非不坚利也,米粟非不多也,委而去之,是地利不如人和也。(《孟子·公孙丑》下)
>
> 非不呺然大也,吾为其无用而掊之。(《庄子·逍遥游》)
>
> 白旃檀非不馥,焉能逆风?(《世说新语·文学》)

型亥 "非"字后不加"不"字,然亦作跌宕语气者。这种形式似较后起,故与型戌分列。例如:

> 且夫天下非小弱也……陈涉之位,非尊①于齐、楚、燕、赵、韩、魏、宋、卫、中山之君;鉏耰棘矜,非铦于句戟长铩也;谪戌之众,非抗于九国之师;深谋远虑行军用兵之道,非及乡时之士也②;然而成败异变,功业相反也。(贾谊《过秦论》)

这种"非"字之否定某种德性,与否定副词"不"字大有分别。"非"字仅助跌宕之势,正意尚在后头(例如上面的"成败异变功业相反"才是正意);"不"字则可居于主要句中而为正意所在。"天下非小弱也"与"天下不小不弱"并不相同:"天下不小不弱"可以独立成语;"天下非小弱也"则仅引起下文。这种分别极关重要;下文当再论及。总之,表词为形容性者,"非"字并不是十分纯粹的系词。

以上自子至亥,共十二个模型,都可认为系词。尤其是型子值

---

① "非尊"《古文观止》作"不尊",误;宜依《史记·秦本纪》作"非"。

② "抗于九国之师"与"及乡时之士"皆可视同形容短语。

得我们注意,因为那种作用是"为"字所没有的;六朝以前的"是"字也没有那种用途。

3."非"字的准系词性

"非"字的准系词性,未必全由系词变化而来。但我们尽可以设想它是与"非"字的系词性同时起源的。"非"字的根本作用在乎否定;用于主格与表词之间则为系词,否则只能为准系词,我们不该说那一种用途较古。严格地说,"准系词"的名称也不妥当,我们可以索性把它认为否定副词,与"不"字用途异而词性相同。兹分类举例如下:

型 A. 否认某一件事实。例如:

> 非敢后也,马不进也。(《论语·雍也》)
> 非不说子之道,力不足也。(同上)
> 古之善为道者,非以明民,将以愚之。(《老子》)
> 是集义所生者,非义袭而取之也。(《孟子·公孙丑》上)
> 以力服人者,非心服也,力不赡也。(同上)
> 非愚于虞而知于秦也,用与不用,听与不听也。(《史记·淮阴侯列传》)
> 周不能制,非德薄,形势弱也。(《史记·娄敬传》)
> 非苦城乏粮也,但苦将不食耳。(《潜夫论·救边》)
> 今世非无孝弟之人,而不能尽性至命者,由之而不知也。(《近思录》卷六)

或先非而后是,或先是而后非,但"非"字的用途并没有改变,都是用以否认一件事实的。因为反面的意思不足以显示正面的意思,所以正面与反面并举。这种"非"字所以不能认为系词者,因为它所在的"动句"仍旧不失其为"动句"(verbal sentence)①;"非敢后

---

① 当然,如本为"名句"者,也不能变为"动句",如第六、七例。

也"的"敢后",既不可认为名词短语,又不可认为形容短语,只是用"非"字去否认那"敢后"的事实。"非敢后"与"不敢后"的差别,只在乎"非"字所否认者是"敢后"二字,而"不"字所否定者仅有一个"敢"字;我们并不能说"非敢后也"的"敢后"等于"敢后者"或"敢后之人"。再者,像"非敢后也,马不进也"这样正反两面对举的复句,我们也很难说其中一句为"名句"而另一句为"动句";因此,"非敢后也"必须与"马不进也"同样看待。"非以明民"必须与"将以愚之"一样看待。

既从反面否认,则正面为唯一可能的事实(至少说话人的心理是如此),所以正面的句子,都可加上一个"耳"字,例如"非敢后也,马不进耳","是集义所生者耳,非义袭而取之也","非心服也,力不赡耳"等等。

凡属型 A 而句末有"也"字者,往往为推究原因之用;推究原因还有一种更简的形式,如型 B。

型 B. 型 A 与型 B 的区别,在乎一则"非"字后为子句或动词短语,一则"非"字后仅有名词或名词短语;一则除推究原因外,兼为别用,一则仅为推究原因之用。例如:

> 虽在缧绁之中,非其罪也。(《论语·公冶长》)
> 人死则曰:"非我也,岁也。"(《孟子·梁惠王》上)
> 曰:"天也,非人也……以是知其天也,非人也。"(《庄子·养生主》)
> 禹以治,桀以乱,治乱非天也①。(《荀子·天论》)

型 C. 在条件句的附属子句,而其作用在乎否认某一件事实者。在此情形之下,"非"字之后必为动词或子句。例如:

> 吾非至于子之门,则殆矣。(《庄子·秋水》)
> 非痛折节以礼诎之,天下不肃。(《史记·武安侯列传》)

---

① 注意"天"不是治乱的表词。

非尽族是,天下不安。(《史记·高帝本纪》)

非有诏召,不得上。(《史记·刺客列传》)

非夫人之为恸而谁为?(《论语·先进》)

此子非灵山会上业已习之,焉能至此哉?(《明高僧传》卷一)

这种"非"字因在条件句的附属子句,很像有"若非"的意义,因此《马氏文通》把它"引列于连字"①。其实"非"本身并不包含"若"字的意义,只是句的组织生出假设的意义来。

型 D. 在条件句的附属子句,而"非"字后只有一个名词,或名词短语,"非"字之前又不能补出主格者。例如:

非公事,未尝至于偃之室也。(《论语·雍也》)

君非姬氏,食不安。(《左传》)

非彼无我,非我无所取。(《庄子·齐物论》)

妇人之美,非诔不显。(《世说新语·文学》)

这类"非"字,译为近代语,可勉强说是"非有"的意思。总之,"非"字只是否认事物的存在,并不是系词,又不能认为主格省略。故与型酉大有差别。

型 E. "非"字后加"徒""但""止"等字,作顿挫语气。这类"非"字的词性更近于副词了。例如:

病非徒瘇也,又苦蹩。(贾谊《治安策》)

非但能言人不可得,正索解人亦不可得。(《世说新语·文学》)

此童非徒能画,亦终当致名。(同上《识鉴》)

斯乃非止人谋,抑亦天也。(《隋书·高祖纪论》)

型 F. 此型该是从形容词变来的副词,勉强放在此处,其实连"准系词"的名称也够不上了。例如:

对曰:"然。非与?"曰:"非也,予一以贯之。"(《论语·卫灵公》)

---

① 《马氏文通》校注本,1954 年中华书局版,下册页 392~393。

"仕而不受禄,古之道乎?"曰:"非也。"(《孟子·公孙丑》下)

型 F 与型辰的分别,在乎型辰的"非"字用于表明句中,为主要部分;而型 F 的"非"字只是表示然否的副词,不必认为主格及表明语省略。

"非"字本有"不是"的意义,后来大约因为在口语里"不是"已替代了"非",它的系词性渐渐为普通人所忽略,以致"非"字后再加"是"字。例如:

> 彼佛有无量无边声闻弟子,皆阿罗汉,非是算数之所能知。(《阿弥陀经》)
> 心中恍惚想道,莫非是他亲家母。(《红楼梦》四十一回)

最近白话里的"无非"变为"无非是","除非"变为"除非是",都是这个道理。这里不必详谈了。

六、结 论

1. 系词"为""是""非"的时代性

"为""是""非"三字之为系词,孰先孰后,从上文已可看出。现在再作总括的叙述。

三字之中,起源最早的是"非"字;如果我们承认"匪"就是"非"的话,那么,它在《诗经》时代,甚至《易经》时代已经用作系词了。因此,我们可以断定:否定系词的产生,远在周代以前。

"为"字在《诗经》、《易经》里,都不曾被用为系词。《诗经》只有《邶风》"匪女之为美","为"字颇似系词;但它的系词性并不纯粹,因为它在名词短语"女之为美"里,不是全句的主要部分。自古至今,"为"字始终没有做过极纯粹的系词。"张先生为吾友"或"此女为美"一类的句子始终没有出现过;除非把它们变为名词短语,譬如说:"张先生之为吾友,已将十载矣","此女之为美,固众所共称许也"等语。由此看来,"为"字纵勉强认为系词,亦决不能与"是""非"相提并论。但它这种近似系词的用途,也发生于战国以前。

"是"字系词性的起源最晚;上文说过,我们在六朝的作品里,才开始发现"是"字为真正的系词。但是,自从它有了系词性之后,就变化无穷;在现代白话文里,几乎每页总有"是"字。许多新的用途还不断地产生,譬如说:"买是买了,不知道好用不好用";"风是停了,雨却来了!"我们预料将来还有许多欧化的"是"字出世呢。

2."为"与"是"的异同

一般人往往以"为""是"为古今字,以为文言里的"为"等于白话文的"是";这是很大的谬误。它们的来源既不相同①,用途又不相等,可见在词性上大有差别。系词的"为"字共有十一种模型②,除卯辰巳午未酉戌七型可以勉强由"是"字替代外,其余四种模型都不可由"是"字替代。例如:

型子:"不为不多矣"不能译成"不是不多了";

"在太极之先而不为高"不能译成"在太极之先而不是高"。

型丑:"礼之用,和为贵"不能译成"礼之用,和是贵";

"唯天为大"不能译成"唯天是大"③;

"师直为壮,曲为老"不能译成"师直是壮,曲是老"。

型寅:"孰为好学"不能译成"谁是好学";

"守身为大"不能译成"守身是大"④。

型申:"曾不知以食牛干秦穆公之为污也"不能译成"并不

---

① 参看上文第二章第一节及第三章第一节。
② 参看上文第二章第二节。
③ 只能译成"是大的"。
④ 纵使加"的"字译成"守身是大的",也不能表达原意,因为原意是含比较性的。

知……的是污秽的"①；

"知与之为取"不能译成"知与的是取"。

反过来说，系词"是"字共有十二种模型，除型寅外，竟没有一种是可由"为"字替代的②！例如：

型子："弟子是岭南新州百姓"不能译成"为……百姓"；

"都由此身本不是我"不能译成"……本不为我"。

型丑："此是安石碎金"不能译成"此为安石碎金"；

"这是薛姑娘的屋子不是?"不能译成"此为……否?"

型卯："对曰:不是"不能译成"对曰:不为"。

型辰："才着意,便是有个私心"不能译成"……即为有个

私心"。

型巳："其寺是五祖忍大师在彼主化"不能译成"其寺为……在

彼主化"。

型午："谁又是二十四个月养的?"不能译成"孰为二十四月

生者?"

型未："想着那画儿也不过是假的"不能译成"……为伪者"。

型申："使苍生安乐,即是佛心"不能译成"……即为佛心"。

型酉："知是故人来"不能译成"知为故人来"；

"倒是三妹妹高雅"不能译成"却为三妹妹高雅"。

型戌："满腔子是恻隐之心"不能译成"满腔子为……"。

型亥："这是为什么?"不能译成"此为何故?"或"此为何耶?"

至于"是"字系词性的活用,自型 A 至型 F,更非"为"所能替代。今试就宋以前的文章为例,"故当是妙处不传",不能译成"故当为妙处不传";"学不能推究事理,只是心粗",也不能译成"……

---

① 因为"之"字必须去掉。

② 分型的标准,"为""是"不相同,故"是"能代"为"之型与"为"能代"是"之型数不相等。

只为心粗"。《世说新语》"为""是"二字都用,正因二字不能互相替代:"向雄为河内主簿"(《方正篇》),只能用"为",不能用"是"①;"豫章太守顾邵是雍之子"(《雅量篇》),只能用"是",不能用"为"。由此看来,"为""是"二字,即在六朝以后,也只能说是小同大异,决不能认为古今字的。

3.“是”与“非”的异同

“是”与“非”在意义上,处于相反的地位,有异而无同。本节所谓异同,仅指其词性而言。

就六朝以后而论,“是”与“非”的词性颇有相似之处。“是”字的型子型丑等于“非”字的型子②;“非”字的型丑是从型子分出来的,型寅也可认为从型子分出(“是”字的型子就能包括“非”字的型寅)。“是”字的型寅等于“非”字的型卯;“是”字的型卯等于“非”字的型辰。“是”字的型申等于“非”字的型巳;“是”字的型辰等于“非”字的型午。

然而“是”字有些较后起的模型,不能与“非”字相对待,只能与“不是”二字相对待;例如型巳:“宝玉和林黛玉是从小儿一处长大”,型午:“幸亏他是个使力不使心的”,型未:“一件是我的,一件是四妹妹的”,型酉:“都道是这首为上”,如果要说反面的话,也只能说“不是”,不能说“非”。

“是”字的型戌与型亥,因为表词是副词短语,所以不能与“非”字相对待,甚至不能与“不是”相对待。“满腔子是恻隐之心”不能从反面说成“满腔子不是恻隐之心”。

至于“是”字系词性的活用,只有型A型B与“非”字的型A相

---

① 这种“为”字,有时被误认为系词,其实是动词,请参看上文第二章第一节型甲,又请比较《世说新语·方正》“郭淮作关中都督”。
② 其实“非”字的型子亦细分为二型,与“是”字的型子型丑完全相等。

似,其余都大不相同。"非"字的准系词性,也只有型 A 与"是"字相似,又型 F 与"是"字的型巳相似,其余也大不相同。

因此我们可以说:就它们用为系词的时候而论,它们的词性是大同小异的,若就它们不用为系词的时候而论,却是"小同大异"了。

4. 系词的缺乏及其理由

从上文的研究,我们对于中国文法中的系词,可得结论如下:

(一) 表明语为形容性者,不用系词;

(二) 表明语为名词性者,在六朝以前,无肯定式的系词。

第一个结论是包括古代现代,而且包括肯定否定两方面而言的。The rose is red 在中国文言是"玫瑰花红"或"玫瑰之色红",不是"玫瑰花为红"或"玫瑰之色为红";在白话是"玫瑰花是红的",不是"玫瑰花是红"①。在文言里,"为"字后可用形容词的,只有型子型丑型寅,然而型子的系词性只是一种幻相,型丑与型寅是限于比较德性的,都不是纯粹的系词。在白话里,"玫瑰花是红的","红的"带有名词性,并不是纯粹的形容词。上面所举《红楼梦》的例:"我们有两件事:一件是我的,一件是四妹妹的","是"字后的名词性,是很容易看得出的;但"玫瑰花是红的"也是从这种型式变出来的。"世界上有种种不同颜色的花:玫瑰是红的,梨花是白的……",不是也跟《红楼梦》的例子差不多了吗?

最值得我们注意的,就是形容词前面加上了副词之后,更用不着系词。《老子》"其精甚真"不能写成"其精为甚真";《论语》"回也不愚"不能写成"回为不愚"。在白话里,我们说"玫瑰花很红"或"梨花不红"就够了,也用不着"是"字。这因为有了副词,语气更足,所以用不着系词了。

---

① 如果说"是红"就等于说"实在是红"。

再说到"非"字，依原则也是不能用的。"梨花不红"尽够了，我们用不着说"梨花非红"。在这里，我们可以顺便说到中西语言对于否定式的"名句"，其结构很不相同。英文的"……is not……"，not 字所限制的是 verb to be；中文的"梨花不红"，"不"字所限制的是形容词"红"字。我们切不可误认"梨花不红"的"不"字等于英文"……is not……"的 not；否则我们既承认"不"字所限制的是系词，就只好承认系词是被省略了。

第二个结论只指六朝以前，因为六朝以后有"是"字；只指肯定式，因为否定式有"非"字，而且还在周代以前。肯定系词产生于六朝，又常常在佛教书籍中发现，也许会有人猜想是受了印度文法的影响。但是，无论如何，我们须假定中国文法先有此种倾向或可能性，然后外族的文法才容易输入。

专就上古而论，为什么没有肯定式的系词？我们要解答这一个问题，必须先问：系词在语言里，是不是绝对不可缺少的东西？

亚里士多德一派的论理学者，把一切语句都分析为三个成分：(一)主格；(二)系词；(三)宾辞。非但 My father is old 一类的句子是有系词的，连 The man walks 一类的句子也可认为包含着主格 the man，系词 is，宾辞 walking。由此看来，系词乃是构成语句的必要成分了。然而这种逻辑却被现代的语言学家根本推翻。Otto Jespersen 在它的 The Philosophy of Grammar 里说：

> 依传统的论理学的说法，每一个句子都可分为主格、系词、宾辞三部分。论理学家把他们所要讨论的一切句子(命题)都分析为三个成分，于是得到了一种固定的图解式，以便解说。但是，即使就纯然理智的命题看来，这种图解已经是不自然的，虚幻的了；至于日常的句子，多少带些感情的色彩，而为文法家主要对象的，更是有一大半跟它完全不相适合 (pp. 305—306)。

他在同书里又说：

430

系词与典型的动词差得太远了,所以有许多语言从来不曾产生任何系词,另一些语言也在许多情形之下可以不用它,观上文所述可知。(p. 131 附录)

J. Vendryes 在他的 Le Language 里也说:

整个的论理学都寄托于动词 être 的最先存在,以为它是一切命题的两项之间必需的连系物,是一切肯定的表现,是一切三段论法的基础。然而语言学非但不依靠这经院派的学说,而且根本推翻了它。依照大多数族语的证明,"动句"与动词 être 毫无关系;就说在"名句"罢,它被用为系词,也是颇晚的事情呢。(p.144)

由这两位语言学家的话看来,我们应该注意两个要点:第一、系词在语言中并非必要,所以有许多族语完全不曾用它,另有好些族语在许多情形之下也不用它;第二、系词用于"名句",在欧洲也是后起的事实。因为它在语言中并非必要,所以我们看见了它就说有它,看不见它就说没有,犯不着谈省略。因为系词用于名句,在欧洲也是后起的事实,所以我们中国的肯定系词后起,并不足怪。

西文的 predicate,普通译为"宾辞";但是为了便于说明中国文法的特性起见,我提议分宾辞为两种:"动句"的宾辞称为"叙述语","名句"的宾辞称为"表明语"。至于 predicative 则译为"表词"。此意既明,则中国上古的系词现象可以一言以蔽之曰:

中国上古文法里只有宾辞,没有表词。

"动句"是表示主格与某种动作的关系,"名句"是表示主格与某种属性的关系。主格与某种动作之间既可不用系词,如"国兴",那么,主格与某种属性之间自然也可以不用系词,如"国强"。"强"字不靠系词的力量而能与主格相连属,恰如"兴"字不靠系词的力量而能与主格相连属;事之自然,无过于此者①。如果我们不先存

---

① 参看本书页370~371。

西洋文法的成见,倒反觉得这是很整齐的形式,因为就中国上古而论,我们尽可以把"国强"的"强"字也称为宾辞(predicate),与"国兴"的"兴"字受同等待遇。如果要仔细分别,"兴"字可称为叙述语,"强"字可称为表明语;但"强"字不必称为"表词"(predicative),因为表词是在系词之后出现的,既然没有系词,也就不必称为表词了。

这一层道理可以使我们明了中国形容词与动词的界限为什么往往分不清。譬如"老"字本质是形容词,但当我们说"吾老矣"或"我老了"的时候,"老"字又像变了动词。这因为"矣"字或"了"字表示整个宾辞的过去时,"老"字既是宾辞,自然可用"矣"字或"了"字来表示时间。假使我们认它为表词,则"矣"字"了"字都无着落,自然只好说它是变了动词了。

在"孔子,贤人也"与"虎者戾虫,人者甘饵"一类的句子,也可把"贤人"、"戾虫"、"甘饵"认为表明语或宾辞,不必认为表词。

上古的否定句里,也可认为没有表词吗?"我心匪石"的"石"字也不认为表词吗?在第五章第二节里,我们曾经承认"非"("匪")字为系词,"石"字为表词。"石"字之是否表词,须视"非"字之是否系词而定。但是,在同章第三节里,我又说:"非"字根本作用在乎否定;用于主格与表词之间则为系词,否则只能为准系词。"非"字的根本作用既在乎否定,则系词性不是它的根本作用可知。严格地说,"非"字否定某种事物与主格的关系,比之"不"字否定某种作用或德性与主格的关系,其间并没有什么歧异之点。"我心匪石"与"我心不说","我躬不阅","我思不远",其歧异处只在宾词的性质,不在系词的有无。如果我们认"非"字与"不"字同为纯粹的否定词,则可归纳成下列的规律:

在动句里,否定动作与主格的关系者,用"不"字;

在名句里,否定德性与主格的关系者,仍用"不"字;

在名句里，否定事物与主格的关系者，则用"非"字。

由此看来，"非"与"不"都可认为否定宾辞的；"非"字的系词性只是句式所形成，并非其本身在最初就含有此性。要证明此理，我们只须看上古的"匪"字可有"不"字的功用，如《诗经》："夙夜匪解"，"稼穑匪解"等；甚至"非"字也有"不"字的功用，"不"字也有"非"字的功用①。可见它们的词性完全相同；后来虽然分道扬镳，我们仍不能把它们看得十分歧异。我们在上文把"非"字认为系词，"非"字后的名词认为表词，乃是为便于分析起见。实际上，"非"字既不是纯粹的系词，"非"字后的名词也可不必认为表词。

说到这里，我们可以明白上古为什么既然没有肯定式的系词，却能有否定式的系词了。原来"非"字所赖以存在者，不是它的系词性，而是它的否定性。正面的话，用不着肯定词已能显示；反面的话，非加否定词不能表示。"国亡"的反面，必须说"国不亡"；"孔子，贤人也"的反面，必须说"孔子非不贤之人"。但"孔子非不贤之人"的正面不必说成"孔子是贤人"，恰如"国不亡"的正面不必说成"国是亡"一样。

假定中国上古没有肯定式的系词"是"字，却有否定式的"不是"，就可怪了。因为"不是"里头的"是"乃是真正的系词，有了正面的"是"，然后能生出反面的"不是"。

系词"是"字产生之后，同时也产生了反面的"不是"。我们应该特别注意：这"不""是"二字是显然分得开的两个词，一个是副词，一个是系词，与"非"字之为单体者绝对不同。"非"字并非"不是"的前身，单靠"非"字，永远不会产生"不是"；"不是"只是"是"字反映出来的，只是被否定了的"是"，有了"是"然后有"不是"。"为"与"是"不是古今字；"非"与"不是"更不是古今字。最严格地说，我

---

① 参看王引之：《经传释词》卷十。

们可以把第二个结论改为：

表明语为名词性者，在六朝以前，没有真正的纯粹的系词。

附言：本文写成后，承闻一多、朱佩弦两先生为阅一遍，各有所指正。谨此志谢。

[1962年10月后记] 这是二十多年以前的旧作。在今天看来，除了系词产生的时代应该提早到东汉（参看拙著《汉语史稿》中册354页）以外，其他论点基本上都是可以成立的。"非"字应该肯定不算系词；这样，东汉以前也就没有真正系词了。

（原载《清华学报》12卷1期，1937年；又《汉语史论文集》；《龙虫并雕斋文集》第1册；《王力文集》第16卷）

关于汉语有无词类的问题

一、词类的定义问题

要判断汉语有没有词类,必须先肯定什么是词类。

按说,如果词类就是词的分类的话,有词就该有词类。从逻辑上讲,一般概念总是可以划分的。词是用来表达个别概念的言语单位,既然概念可以分类,似乎词也因此可以分类。但是,语法上所谓"词类"不是这个意思;它不应该是逻辑上的分类,而应该是语法上的分类。

词类是词的语法分类。对于这一点,语法学家的意见是完全一致的。即使有人反对这一个简单的定义,也只因为它不够全面;但是,所谓词类,基本上是语法的事情,这一点无论如何不会有人反对的。由此可以得出一个结论:单纯地从概念范畴去分别词类是错误的。下文第二节我们将回到这个问题上来。

词类不但带着形态上的标志,而且可以从造句的功能上划分。关于这一点,可以有两种不同的了解。第一种了解是:造句的功能虽然也可以认为词类划分的标准,但必须结合着形态来看;假定词在形态上并没有任何标志,则单凭造句的功能是不能分别词类的。至少在实词是如此。第二种了解是:在一般不具备某一词类的外部形态的标志的语言里,可以用另外一些标准来划分词类。例如1.一定词类对某一句子成分的不同的担任能力;2.这一类词跟其他各类的词以及跟某些形式成分的不同的结合能力。照我看来,不但第一种能力,连第二种能力也是属于句法范围。下文我们将再回到这一点。

此外还有一种不同的意见,就是认为只有形态足以决定词类,词类和句法没有多大关系。一般语法书把词类放在形态学上讲,已经容易令人有此印象。"语法范畴"这一个术语,有时候就指具有一定语法范畴的词类来说,譬如说动词具有态、体、式、时、人称、数、性等范畴。语法范畴和词类,在有语法范畴的语言里差不多变了同义词,令人意识到:起初的确是单纯地从语法范畴去划分词类,换句话说也就是单纯地从形态上划分词类的。抱着这种见解的语言学家必然认为汉语没有词类,因为他们拿"词类是单纯地从形态划分的(指实词)"作为大前提,又拿"汉语是没有形态的"作为小前提,他们的结论不可避免地是"因此,汉语是没有词类的"了。

我个人认为:如果不把词汇范畴和语法范畴对立起来,那么词汇-语法的范畴和语法范畴并不是不相容的东西;前者是补充后者的,而不是排斥后者的。我在后面将要谈到,词汇范畴和语法范畴正是密切相关的,把词类看成词汇—语法的范畴,是把问题看得更全面些。

有人说,词类是由词义上的、句法上的和形态上的特征互相区别开来的。这一个说法和词汇·语法范畴的说法并没有什么不同;因为句法和形态是语法上的事,从词义、句法、形态上划分词类,也就是从词汇—语法的范畴上划分词类。

现在谈一谈资产阶级语言学家对词类的看法,我只举马鲁梭(Marouseau)的《语言学术语词典》为例。马鲁梭在说明"词类"时说:

词类是传统语法所赖以分别语言的词的种类的一些范畴。或者依照基本意义来分类(如适宜于指称一种概念的叫做名词,适宜于指称一种性质的叫做形容词),或者依照它们在句子结构中的作用来分类(联系两项的叫做连词,限制动词的叫做副词),或者依照它们的构词方式和屈折方式等等。这些分类的原则,没有一个是有绝对价值的(例如在副词、前置词、连词的中间,往往分不出清楚的界限来),因此,有时候,在屈折语里,只好按照屈折形式分为三大类:1.静词(有格变化的词);2.动词(有人称变化的词);3.不变的词。

这一段话的大错误是不能分别看待不同的问题,以致嫌分类的原则没有绝对价值。实际上,实词和虚词是应该分别处理的。

我们认为,无论以词汇-语法的范畴为标准,或以单纯的语法范畴为标准,汉语都是有词类的。下面我们将从词义、形态、句法三方面来证明这一个事实。

二、词义和词类的关系

词义和词类的关系也就是概念和词类的关系,因为词是表示概念的。按理,谁也不能反对这种关系,因为词类如果离开了现实,就是离开了物质的基础。假使我们简单地说:"名词是指称事物的,动词是指称行为的"等等,虽然说得不够全面,但是并没有犯原则上的错误。正是在这一个基础上,连小学生也能判断"人"和"马"是名词,"走"和"跑"是动词。也正是在这一个基础上,就汉语来说,为了教科书的可接受性,用不着给词类下一些太复杂的定义,只要抓住词类反映客观存在这一个要点就行了。

差不多每一部语法书对每一实词词类下定义的时候,都先指出这一点。有些书中只凭词义的观点给予各个实词词类的定义:

表示事物的词类叫做名词;
表示事物特性的词类叫做形容词;
表示事物的数量或表示事物在计算时的顺序的词类,叫做数词;

表示事物的行为或状态的词类叫做动词；

表示行为的特性或行为在进行中的各种不同的状况的词类,叫做副词。

印欧语系的形态是那样复杂,而为每一词类下定义的时候,也可以只管词义方面。就汉语来说更可以这样做了。

我们也知道,就屈折语来说,实词的词类是按照语法范畴来分的。但是,必须指出,语法范畴本身也就是以客观存在的物质和现象为基础的。

必须强调语法范畴的客观基础。名词之所以有数,是因为事物是有数量可言的；动词之所以有时,是因为行为是有时间性的；动词之所以有人称和数,那是因为要表示"行为者"是说话人,对话人或第三者,而且要表示"行为者"是单独的或不是单独的；形容词之所以和名词同具某些语法范畴,是因为当人们想像人物的时候,同时想到他们的性质。总之:一切语法范畴都可以从客观事物的属性中找根据。资产阶级语言学家过分强调了语法范畴与事实不符的一方面,就好像语法范畴是凭空杜撰出来的,和客观事物没有密切的关系,那就是把语言和思维割裂开来,陷入唯心主义的泥潭中去了。例如法国语言学家勃吕诺（Brounot）和房特利耶斯（Vendryes)都特别强调名词的性和人物的性的不一致[1]；但是,我们应该先肯定名词的性是从人物的性来的,这是主要的一面,因为这样就肯定了语法范畴的物质基础；至于它们之间的不一致,我们可以再从历史上去寻找其原因。现代俄语里,数目 2, 3, 4 后面的名词用单数生格,表面上是和 5 以上后面用复数的情形不一致了,但是现在这种不一致的原因已经被语言史学家找出来了。关于名词的性也一定能从历史上找出原因来。我个人认为这和远古时期的部落和部族的心理状态有关。总之,语法范畴也是一种概念,不

---

① 　勃吕诺:《思想和语言》,页 85~86；房特利耶斯,《语言论》,页 108~110。

过因为它们表现在语法上,所以它们只是语法概念,而不是一般概念罢了。

但是,把语法概念和一般概念区别开来,这也是非常重要的。词汇方面(所谓"物质意义")和语法方面各有它的特点;概念范畴和语法范畴决不能混为一谈。概念范畴是没有民族性的,而语法范畴是有民族性的。汉语里没有性的语法范畴,并不能证明汉族人民没有性的概念。在有性的语法范畴的语言里,性别的区分也不能一致。语法里没有中性名词,这是大家所知道的;此外,在东非洲某些语言里,对于"大而强"的东西有一种特殊的范畴,对于"小而弱"的东西又有一种特殊的范畴。必须这样去了解,然后语言才能成为民族特征之一。拿现代汉语来说,"们"字可以认为表示名词复数的词尾,但是,由于它只用于指人,而且名词前面有了数词就不能再用"们"字,于是有些同志就怀疑它的形态性质。其实"们"字正是表示复数的语法概念,它所受的限制是民族特性的表现;正是这样,才能证明语法范畴和概念范畴,不是同一的东西。

我们承认词义对于划分词类的重要性,并不等于承认可以单凭概念的范畴来划分词类。如果单凭概念的范畴分别词类,就会造成了所谓"世界文法的通规",而埋没了语言的民族特点。马尔(Mapp)学派主张有全世界通用的词类,因为他们认为有所谓"一切人类语言所固有的普遍需要的概念"。无论他们怎样解释他们和资产阶级语言学家所谓"共同语法"有什么不同,始终不能掩饰他们对于语言的民族特点的否定。

在这一点上,我过去是有过错误的看法的。我在我的《中国语法理论》里说:"至于中国的词呢,它们完全没有词类标记,正好让咱们纯然从概念的范畴上分类,不受形式的约束[1]。"这显然是一

---

① 王力:《中国语法理论》上册,页33。

种形而上学的观点。我一方面强调汉语的特征,另一方面又纯然从概念范畴上分别词类,汉语的特征何在? 过去我是轻视词类的①。轻视词类是不对的,因为正是在词类上表现着汉语的特征。再说,不管轻视与否,既然要分词类,就不该单纯地依照概念的范畴来分。

在斯大林关于语言学的伟大著作发表以后,我对于词类的错误观点仍然存在。我在"对联文学"(对对子)上看词类的客观存在。我说在对对子的时候,名词对名词,形容词对形容词,动词对动词,虚词对虚词②。其实这是不对的。"对对子"实际上是概念对概念,而不是同类的词相对。概念和词性虽然是密切联系的,并不是同一的东西。我那样混为一谈,仍然是不对的。

关于词义和词类的关系,我们的结论是:词是概念的表现,因此词类和词义是有一定的关系的,连语法范畴也可以从现实的现象中找到根据;但是,词是关于现实的概括知识的社会性的表现,离开了民族的特性就无所谓具体的词,因此咱们不能把词和概念混同起来,也就是不能根据概念的分类来决定词的分类。

假使汉语的词类不能根据形态和句法来划分,而只能根据概念来划分,那就等于否认汉语的词类。我过去正是这样做,现在我知道这样做是错误的。如果说由于概念能分类,所以词也能分类,这种主张是站不住脚的。

三、形态和词类的关系

形态和形态学,在英语里同是一个词:morphology。这词来自

---

① 我说:"分类不是语法。"见《中国语法理论》页4。
② 见《语文学习》总第7期,1952年4月号。王了一:《汉语的词类》,页35。

希腊语的 morphe(形)和 logos(理论)。它是研究词形的语法部门,同时也是某一语言的词形的总称,可见 morphology 既可译为形态学(因为它是研究词形的语法部门),又可译为形态(因为它是某一语言的词形的总称)。

构形法和构词法不同。构形法指的是同一个词的各种变形;所谓"词形"也是指同一词的各种变形来说(有人把汉语归入"无形语",就是认为在汉语里同一个词没有各种变形)。构词法则是加词头、词尾、或构成复合词等。狭义的形态学只研究构形法;广义的形态学则兼研究构词法。

构形法和构词法的分别,对于汉语词类的研究非常重要,因为我们可以从狭义的形态上看汉语有无词类,也可以从广义的形态上看汉语有无词类。下文我们将要回到这个问题上。现在我们先看一看苏联的学者们是不是都承认上文第一节里所说的汉语属于"无形语",换句话说,是不是都否认汉语里有"形态"这样东西。

依我个人的看法,像形容词词尾"的"字显然是构词性质的,因为它只表示修饰或附加,并没有表示任何语法范畴,也不发生什么变化。"的"字不但用作形容词的词尾,同时它也用作一个修饰性仿语的语尾,因此,"的"字不但带有构词的性质,而且还带有造句的性质。

"儿"和"子"还是属于构词性质的,"儿"和"子"不算狭义的形态,它们不像"的"字对形容词那样普遍应用。但是,既然就一般说它们可以作为名词的标志,我们也就不能把它们排斥在广义的形态之外。

"们"字是不是构形法里面的东西,就很值得研究了。依我看,它是属于狭义的形态的,因为它表示了指人的复数。有了数目字不再用"们",这不能认为构形法的不能普遍应用,应该认为:有了数目字之后,单数或复数已经很明白,就没有加"们"字的必要了。

名词前面和数词后面的单位名词,恐怕还不能算是构形性质的东西。因为如果把它们看成数词的形尾,它们都是跟着名词起变化的;如果看做名词的前加成分,即冠词性的词头,它们又不是连下念的,而是连上念的。汉语里的单位名词还只是黏在数词或指示词后面,它们还没有像越南语的单位名词那样发展为冠词性的词头(con bò 牛, con cá 鱼, con dao 刀, cai nhà 房子, bông hoa 花, bông lúa 稻, 等);为谨慎起见,还不能轻易断定它们是构形性质的。但是,应该肯定,就广义的形态来说,无疑地它们是能表示形态的。因为单位名词是在数词和名词中间起联系作用的,它们决定了数词和名词的词性。

现代汉语里的动词是诸词类中最富于形态变化的。依我看来,动词的变化最像西洋的语法范畴。谁也不能否认,情貌(体)也是语法范畴之一。俄语里的情貌是相当丰富的。只是因为《俄语词典》里把不同体的词当做不同的词看待,所以一般只说动词按人称、时、数来变化,而不说按体来变化。实际上,不但斯拉夫语族里有情貌这个语法范畴,连日耳曼语族,罗马语族等也有。英语里的进行时(progressive tense)其实不是时制,而是情貌,甚至 have 加在过去分词前面的所谓复合时制(compound tense)也是属于情貌范畴的东西。同样,法语里助动词 avoir(或 être)加上过去分词,也应该认为一种情貌①。可见情貌是属于语法范畴之列的。汉语的情貌和俄语的情貌(体)虽不完全相同,但作为一种语法范畴来看,它们是同一性质的。

这里有两个问题需要解决:第一,汉语里的情貌大多数是从仂语使成式发展起来的,是否只能认为构词性质,而不能认为构形性质呢? 第二,汉语的情貌不能普遍用于一切动词,是不是因此就不

----

① 参看 Gustave Guillaume:《时间与动词》,1929 年巴黎。第二章,页 15~28。

能认为语法范畴呢?

关于第一个问题,我们得承认,汉语里的情貌确是从使成式发展起来,连构形性质的"了"和"着"在最初也是动词。但是,我们不能把历史发展的事实和现存的语言事实混为一谈,因此,应该肯定,已经丧失了动词的意义的"了"和"着"是纯粹的一种"形尾",是属于狭义的形态的东西。"过"字和"了"、"着"的性质相近。至于另外有些由使成式仿语发展起来的单词,如"扩大"、"推广"、"展开"等,则属于构词性质,但是不能因此否认它属于语法范畴。俄语的完成体和未完成体的分别,很少像 взять 和 брать 的分别,сказать 和 говорить 的分别等,也很少像 собрать 和 собирать 的分别,распространить 和 распространять 的分别等,而多数是把前置词变为词头。这种加词头(接头部)的办法显然是构词性质的,但是从来没有人怀疑它们也同样地表示情貌(体)。凡富于俄文翻译经验的人都能体会到,俄语里多数完成体动词都和汉语的使成式大致相当。这可以证明汉语的情貌是有它的客观基础的。

关于第二个问题,我们也得承认,汉语里有些动词用不着"着"字作为形尾(如"知道"),甚至于"了"和"着"都不能用(如"怕"、"喜欢")。但是,这只能显示词义对于语法范畴所起的决定作用,而不能因此否认语法范畴的普遍性。当我们说某一规律是普遍的时候,意思只是说在同一情况下(同一条件下)它是普遍的。汉语里有些动词,从词义上说,它们是特殊类型的动词;某些"行为"在汉语的词义上不能了解为正在进行中,例如"死"这一件事在汉族人民看来是不会有正在进行的情况的,因此"死着"就不成话了。"知道"、"看见"、"听见"等词也是一样。这一类的事情,在汉族人民看来,是只有点而没有线的,所以不能用进行貌。使成式一般也都被看做有点没有线,所以就一般说使成式或由使成式变成的单词都没有进行线(不说"打倒着","推广着"等)。另一方面,有些动词

（如"像"）并不表示点和线，因此，也就没有什么情貌可言。俄语里所谓体，也不是十分整齐地配对的。俄语里有所谓"分体"（подвид）如定态分体、不定态分体等，它们是少数动词所特有的，那不必详谈了。就拿完成体和未完成体来说，也不是每一种行为都具有两种情貌。某些完成体动词是没有未完成体和它相配的，例如 очнуться（醒悟）、очутиться（出现）等；至于未完成体动词没有完成体和它相配对的，就更多了，例如 значить（意味着）、обитать（居住）、обстоять（处于某种情况）、содержать（包含有）、соответствовать（适合于）、состоять（存在某种状态）等。缺乏未完成体的原因是这些动词表示很快的行为、顷刻的行为、或者很快地由某一状态转到另一状态，或者只表示行为的结果等。缺乏完成体的原因是这些动词表示行为的过程或状态，与行为的结果无关，与过程的个别时段无关。这样，缺乏的原因是被发现了的。汉语在什么情形之下不用"了"字或不用"着"字，也可以找出个原因来。这种研究工作是值得做的。不过不能呆板地按照俄语的体来类推，而是应该依照汉语自己的情貌系统来看问题。例如汉语的"知道"、"看见"、"听见"等，着重在行为的结果，所以只能有完成貌。总之，情貌形尾之不能普遍应用，是不能作为理由来否定汉语的情貌作为一种语法范畴的。

由上所论，现代汉语里，广义和狭义的形态都有了。现在我们想顺带谈一谈，古代汉语是不是所谓"无形语"。

关于古代汉语有无形态这一个问题，我想需要长期研究才能解决，现在不应该轻下断语。这里我不打算多谈；只想提出一些值得注意的事实，就是某些词类似乎是带有词类的标志的。就动词来说，不但有一些标志，而且这些标志还像是能表示某种时的范畴。举例来说，在《诗经》里，"言"字显然是动词的词头："言告师氏"，"言刈其楚"，"言采其蕨"，"言至于漕"，"言念君子"，"言私其狱","言旋言归","言就尔居","言采其蓫","言就尔宿","言归斯复","言抽其棘","言从之迈","言示之事","言提其耳","言授之絷",这些例子足以为证。"止"字则显然是动词的词尾,如"亦既见止,曷又极止","齐子归止,其从如云","方叔莅止,其车三千"等。(有人说"止"是"之矣"的合音,那是靠不住的,"归止"不能解释为"归之矣"!)此外还有种种迹象使我们倾向于相信"言"字表示现在时,"止"字表示过去时。《诗·小雅·庭燎》:"君子至止,言观其旂","至"是过去的事,"观"是现在的事。就这两个例子来看,可见研究古代汉语的形态不但要脱离外国语法的束缚,而且要脱离现代汉语语法的束缚。如果冒冒然断定古代汉语没有形态,那也是没有科学根据的。

施莱赫尔(A. Schleicher 1821—1868)对于语言的形态分类法至今将近一百年,仍然有它一定的势力。马尔无批判地接受了施莱赫尔的学说,来助成他的语言发展阶段论,认为语言的发展是从根词语(施莱赫尔叫做孤立语)到黏合语,再到屈折语。假使语言真是这样发展的,那么施莱赫尔的学说自然有很大的价值。现在语言发展阶段论已经被斯大林批判了,施莱赫尔的学说就没有很大的价值了。现在我们已经否定发展阶段论,然而仍然接受"汉语无形态"这一个施莱赫尔——马尔学说,我觉得这和马克思主义语言学是相抵触的。如果要谈语言的形态分类,我认为这不是一个有无形态的问题,而是一个语法范畴的多寡及其性质的异同的问题。

说汉语语法中没有形态学是错误的。我本人过去曾有过这个错误观点。我一方面发现了汉语有情貌等语法范畴的存在,另一方面又接受资产阶级语言学的传统说法,硬说汉语没有形态学①。这是应该批判的。当然,如果汉语里没有形态,也不能硬说它有;

① 王力:《中国语法理论·导言》,页8。

但是如上所述,汉语实际上是有形态的,就不能根据资产阶级语言学的传统说法而把它取消。实际上,资产阶级语言学家只是根据古典文学中的古代汉语来看问题,而汉字单音也引起了许多误解。

拿汉语来说,狭义的形态加上广义的形态,也就能解决汉语词类划分的一部分问题,另一部分的问题可以由词义和词跟词的配合上获得解决。

四、句法和词类的关系

句法又称造句法,在英语里是 syntax。这个术语来自希腊语 syntaxis,本来是"组合"的意思,而最初又是 syn 加 taxis, syn 等于英文的 with; taxis 等于英文的 order。可见 syntaxis 含有"顺序安排"的意思。它是研究句子和句中词与词的组合方式的一个语法部门。可见我们翻译为"造句法"或"句法"是不全面的,因为 syntax 除了造句法的意义之外,还包含着造仂语法或造词组法的意义。先声明了这一点,才不至于引起误会。

首先要说的是:句法和形态学虽然不应该混为一谈,也不应该把它们分割开来。它们之间是有着非常密切的关系的。譬如说,名词的格自然是语法范畴,但是这个语法范畴却是依存于句法中的。作为形态的格,它所表现的却是造句的功能,可见没有句法也就没有这一种形态。如果把形态孤立起来,和句法断绝关系,有许多地方是讲不通的。

关于汉语的形态标准,我同意以词的结合能力为标准。拿使成式来说,在两个词的结合中,第一个词必定是动词,第二个词必定是内动词或形容词。这样,不但把动词辨别出来了,而且把内动和外动也辨别出来了。当然有时也需要词义方面来帮助辨别,例如"烧死"和"烧红",从词义上就能辨别"死"是内动词,

446

"红"是形容词。

但是,我们不需要对于每一个词都放在句子里实验过它的功能,然后确定它属于那一个词类。词类的分别除了句法基础以外还有更深刻的基础——语义的基础。凭着词义与客观现实的联系,知道某词所表示的是事物、性质或行为,就能大概地知道它是名词、形容词或动词。例如"人""手""刀""马"等词不问而知道是名词,因为它们是表示事物的;"老""幼""大""小"等词不问而知道是形容词,因为它们是表示性质的;"走""跑""哭""笑"等词不问而知道是动词,因为它们是表示行为的。表示事物的词经常用作主语、宾语或领有语,表示性质的词经常用作修饰语或描写句的谓语,表示行为的词经常用作叙述句的谓语。名词是因为表示了事物所以才用作主语、目的语或领有语,不是因为用作主语、目的语或领有语才成为名词。形容词和动词也是这样。

我姑且把名词分为三类。第一、第二两类基本上没有问题,也就是说,可以按照词所表示的"事物性"而很容易辨别出它们是名词。事件一项可能有一些困难,因为事件往往和行为有关,也就往往和动词有关。第三类是困难所在,因为行为本来是动词所应该表示的,特性本来是形容词所应该表示的,现在要作为思想的对象来指称,而汉语里对于由动词和形容词派生的名词又往往没有任何标志①,所以就比较难于辨别了。应该指出,随着汉语的发展,某些双音词已经专用作为思想的对象的名称,如"战争"、"睡眠"、"思想"、"成就"、"勇气"、"爱情"、"弱点"等等;看来这种名词专用的趋势还要发展下去。另一方面也必须承认,动词如"批评"等,形容词如"伟大"等,还是不能跟名词划清界线。在这种情形之下,就得用语法的特征,特别是句法的特征,加以辨别了。

---

① 形容词后面加"性"字变为名词,这一类方法还不能普遍应用。

在汉语里一词多类的情形比较普遍,容易令人怀疑汉语词类的存在。但是,事物、性质、行为三者本来就是有机联系着的,我们不能希望它们中间有一道鸿沟。

五、结 论

上文为了说明汉语是有词类的,就论到词类应根据什么标准来划分。因汉语无词类的理论正是以汉语无法划分词类作根据的。

由上文看来,可以得到汉语划分词类的三个标准:

第一,词义在汉语词类划分中是能起一定作用的,应该注意词的基本意义跟形态、句法统一起来;

第二,应该尽先应用形态标准(如果有形态的话),这形态是包括构形性质的和构词性质的;

第三,句法标准(包括词的结合能力)应该是最重要的标准,在不能用形态标准的地方,句法标准是起决定作用的。

这三个标准是有机地联系着的;不是根据三个标准来分类,而是要求同时适合这三个标准。

应该承认,汉语词类的划分,在实施上还是有不少困难的。过去我以为词类的划分只是为了语法说明上的便利,那种态度是不科学的。说为了便利,就等于承认汉语实际上没有词类的存在。我们研究汉语词类的划分,应该有其积极的意义。一方面,我们用历史观点来看汉语语法的发展过程,看出现代汉语有可能按形态特征来分类,另一方面,科学地划分了汉语词类之后,还可以有助于汉语发展方向的认识。

(原载《北京大学学报》1955 年第 2 期;又《龙虫并雕斋文集》第 2 册;《王力文集》第 16 卷)

汉语实词的分类

我在 1955 年写了一篇题为《关于汉语有无词类的问题》①的
文章。目的只在于解决有或无的问题，还来不及讨论词类划分的
具体方法。现在我想谈一谈汉语实词的分类。

为什么只谈实词而不谈虚词呢？因为像词类这么一个极
端复杂的问题，为时间所限不可能一次谈完。如果分个先后，
我认为应该先谈实词。某些语言学家认为汉语没有词类，实际
上也只是说汉语的实词不能分类；至于虚词，则一般认为可以
分类。为了和 1955 年那一篇文章密切结合起来，先谈实词是
比较适当的。

这并不是说汉语虚词的分类就没有问题了。现代汉语里有没
有真的介词？连词和介词要不要分立？要不要立"助词"一类？这
都是尚待解决的问题。至于某一个虚词(例如"被"字)应归哪一
类，问题就更多了。我们现在不谈虚词的分类，只是把问题暂时保
留下来罢了。

在讨论汉语实词的分类以前，有必要先说明实词的范围。这
里所谓实词，包括名词、数词、形容词和动词。至于代词，我仍然认
为它是半虚半实的词类。代词在虚实问题上有它的两面性：就它
能代替实词的用途这一点说，可以把它看成实词；但是它本身不指
称事物，所以它又是虚词。不过，既然从某种意义上可以把它看成
实词，我们在这一篇文章里也将要谈到它。

---

① 原载《北京大学学报》1955 年第 2 期，今见本集页 434～447。

一

在这一篇文章里,我们仍然要从词类划分的原则谈起。在各家的语法书中,词类划分之所以互相不一致,实际上是由于分类原则的不一致。换句话说,也就是观点方法的不一致。当人们观点方法不一致的时候,无论讨论任何问题都不会获得共同的结论,语法问题也不能是例外。

在汉语词类划分的问题上有两个极端相反的原则:一个是纯粹从句法功能去看汉语的词类,譬如说,用作主语和宾语的词一定是名词,用作定语的词一定是形容词,用作状语的词一定是副词,用作叙述句的谓语中心的词一定是动词,等等。我们可以把这个原则叫做功能论;另一个是纯粹从形态学的观点去看汉语的词类,譬如说,汉语的名词没有任何形态标志足以表示它是名词,所以它不能称为名词,也不能和其他实词区别开来,我们可以把这个原则叫做形态论。

从表面上看,似乎功能论优于形态论,因为功能论主张汉语有词类,而我们也认为汉语是有词类的。实际上恰好相反:从功能论到形态论是一种进步。

功能论实际上是把句法和词法混同起来。我们如果深入考察,可以看见,这一类语法书中只有句法,没有词法。黎锦熙先生所谓“句本位”,所谓“依句辨品,离句无品”正足以说明功能论者离开了句子就没有法子辨别词类。解放以后,黎先生虽然放弃了这些口号,他并没有放弃功能论的实质。功能论似乎也能做到词有定类,因为在一个具体的句子里,某一个词只有一个功能,也就只能(按照功能论的看法)属于一定的词类。但是毛病正是出在这里。一个词如果只在具体的句子里才能显示它的词类,那就说明了它本身并没有词类的任何特征。功能论者说,某一个词在第一个句子中是动词,在第二个句子中是名词,在第三个句子中是形容词,在第四个句子中是副词等等。同一个词可以分属于两个、三个甚至于四个词类,归根到底等于否定了词类的存在。在1938年开始的中国文法革新讨论中,傅东华先生主张"一线制",就是把词类和功能统一起来,例如把名词和主语统一起来,称为名词(取消了"主语"这一术语),把动词和述词(即谓词)统一起来,称为言词(取消了动词和述词这两个术语)①。这样倒也干脆,因为顺着功能论的道路走去,也只有这样办,才算比较地言之成理。傅东华先生说:"我的第二总原则是否认词本身有分类的可能,就是认定词不用在句子就不能分类。"②他认定词不用在句中就不能分类,这就是"依句辨品,离句无品",但是他明白地否认词的本身有分类的可能,这又比黎锦熙先生更彻底些;黎先生在他的《新著国语文法》里常常是提出一个单词来就断定它的词类,并没有贯彻他自己所定的"离句无品"的原则。这个"离句无品"的原则在"一线制"中才真正贯彻了,但是"一线制"实际上是取消了汉语的词类,而与形态论相接近。傅先生说:"西文法有 parsing 和 analysis 两步工作,中国字因无形体变化(按即形态变化),parsing 一步就不能不依附在 analysis 工作内。"③ 这是无形中承认了汉语只有句法,没有词法。

我们之所以认为形态论比起功能论来是进步的,是因为功能论者用太简单的方法来处理汉语的词类问题。功能论者没有注意汉语词类的特点,只知道"大体按照世界文法分别词品的通规"④。

---

① 傅东华:《三个体制的实例比较和几点补充的说明》。《中国文法革新论丛》,1958年版,页41~46。

② 傅东华:《请先讲明我的国文法新体系的总原则》。《中国文法革新论丛》,页27。

③ 同上。

④ 黎锦熙:《新著国语文法》,1925年,页8。

而所谓世界文法的通规,实际上只是英语语法;"世界"二字是夸大了的。这样处理汉语的词类,必然是模仿的。既然是模仿的,就难免简单化,不会有深入的研究。形态论者与此相反,他们不是寻找"世界文法的通规",而是否认汉语的词有形态标志,从而否认汉语词类的存在。在寻找汉语特点这一点上,形态论显然是比功能论正确。有人说,否认汉语词类的存在就等于否定了汉语语法的存在,这种推论是不合逻辑的,因而是不足以服人的。否定了词类以后,并不是没有别的办法来叙述汉语的语法。举例来说,假使采用另一种"一线制",专讲句子成分,不讲词类,也能构成一个语法系统。其次,即使否认汉语词类的存在,我们也不能从此引出结论,以为汉语因此就变成了低级的语言。"无形态语言是低级语言"这个命题,正像"单音节语是低级语言"这个命题一样,是荒谬的。

我们之所以不同意形态论,并不是由于上述的理由。我们的理由是:(1)不一定要根据形态标志才能划分词类。如果我们不承认形态的多寡决定语言的高低,那么就不必勉强说什么"广义的形态"。(2)单就形态学而论,也不能说汉语完全没有形态。解放前,我一方面说汉语语法没有形态学,另一方面又大谈其情貌(即"体"),显然自陷于极大的矛盾。

我们之所以不同意功能论,也不是要完全抹杀句法标准在汉语词类划分中的作用。但是,我们在分类的原则上和功能论者有根本的差别,表现在三方面:(1)我们尽可能在形态上区别词类(如果存在着形态标志的话),而功能论者根本不谈形态;(2)当我们应用句法标准的时候,并不专从功能着眼,例如我们以结合能力为标准就只牵涉到词组的问题,甚至仅仅牵涉到构词法的问题;(3)当我们从句法功能上看词类的时候,还注意区别基本功能和临时功能。这样,我们分类的结果就和功能论者大不相同。

我们划分词类的原则,如我在 1955 年所提到的,是以"词汇·

语法范畴"作为标准。具体说来,就是词义标准、形态标准和句法标准的三结合。现在我们的主张还是这样的。

二

要解决汉语实词分类的问题,必须对意义范畴和语法范畴的关系先有了正确的认识。同时我们应该从民族特点来看语言的语法范畴。

先有意义范畴还是先有语法范畴?我们认为是先有意义范畴。意义是客观事物的反映,语法范畴只是通过意义范畴来反映客观事物。试拿名词为例:各个名词尽管有着各种不同的词汇意义,但它们都能指称事物,这种事物性就是一切这些名词的意义范畴。有了这个意义范畴,然后名词的语法范畴才有了依据。忽略了意义范畴,就是割断了语法范畴和客观事物的联系。一般说来,意义范畴对汉语实词的词类划分具有决定性的作用;没有某种意义范畴,决不可能有和它相当的语法范畴。

但是,强调意义范畴的重要性并不意味着轻视语法范畴的民族性。事实上,有了某种意义范畴,在具体语言里,并不一定有一种语法范畴和它相当。可以这样说:意义范畴是超民族的,而语法范畴是具有民族特点的。我们同意这样的意见:世界上任何语言,如果有词存在,也就有和印欧语言中的名词、数词、形容词、动词等意义相当的词(或词组)。但是我们不同意这样的意见:世界上的语言,在词类划分上,都有这些词类。我们特别反对完全凭意义来区别词类,这样分类的结果将使世界语言的词类都归一律;也反对用与外国语对照的办法来区别词类,那样就会主观片面,削足适履,抹杀了语言的民族特点。举例来说,如果在英语里把数词独立一类,那是不妥当的,因为英语的数词并没有什么特征使它区别于形容词;但是,在现代汉语里不把数词独立成为一类也是错误的,因为现代汉语的数词不能直接和名词结合(其间要有量词),而形容词能直接和名词结合,就结合能力来看,显然不能认为同一词类。

词类的派生和不派生,以及词类派生的多少,决定于语言的民族特点。所谓派生,有些语法书叫做转化,其实是分化。某些语言对于不同的句法功能要求不同的词类去担任,于是由同一个基本意义分化为两个或更多的词类;另一些语言正好相反,同一个基本意义往往只由同一个词去表达,而不管句法功能上的差别如何,这就是说,它们并不要求词类的转化或分化。就汉语来说,基本上是后一种情况。这一个原理非常重要;许多误会都是由于功能论者的偏见,这种偏见把句法功能对词类的作用看成是绝对的,以致本来没有纠缠的东西都纠缠起来了。如果解决了这些纠葛,汉语实词的分类问题也就跟着解决了。

第一,先谈名词派生形容词的问题。当一个事物概念和另一个事物概念结合成为一个复杂概念的时候,往往成为一个主从结构的词组,也就是名词前面加上一个定语。这个定语,在甲语言中用名词来表示(名词作定语);在乙语言中用形容词来表示(形容词作定语)。例如"黄金时代"在法语里是 l'âge d'or(名词作定语),在英语里是 golden age(形容词作定语)。如果拿俄语和法语比较,这种差别更是突出。在俄语里是形容词的地方,在法语里只用名词前面加介词(不加冠词)①。例如 золотой = d'or(金的), серебряный = d'argent(银的), железный = de fer(铁的), стальной = d'acier(钢的), горный = de montagne(山的), водный = d'eau(水的),

---

① 英语和法语的语法书中虽然没有定语这个名称,实际上这一种介词结构就是定语,等于俄语的生格。

сосновый＝de pin(松的)，ивовый＝de saule(柳的)。在俄语里，这些形容词都是从名词派生出来的，是所谓"关系形容词"。但是，当俄语要表示一个事物概念和另一个事物概念的关系的时候，关系形容词并不是唯一可用的形式。在俄语里，关系形容词和定语名词是交错着应用的。至于什么地方用关系形容词，什么地方用定语名词，那完全由民族的语言习惯来决定。这个语言习惯实际上也是历史发展的结果。试拿俄语和汉语作一个比较，俄语的关系形容词和定语名词交错应用的情况就非常明显。以"山"为例，对于"山口"、"山峰"、"山背"、"山嘴"、"山脉"、"山洼子"等，俄语用关系形容词，说成 горный проход, горный пик, горный кряж, горный перевал, горная цепь, горная долина 等；而对于"山脚"、"山脊"、"山尖"、"山根"、"山腰"、"山坡子"等，俄语则用定语名词，说成 подошва горы, гребень горы, вершина горы, подножие горы, середина горы, склон горы 等。就汉语本身来看，在"山背"和"山腰"的比较中，或者在"山洼子"和"山坡子"的比较中，很难得出结论说定语"山"字和被修饰的名词之间的关系是不一样的，因而断定"山背"的山是形容词，"山腰"的"山"是名词定语；"山洼子"的山是形容词，"山坡子"的山是名词定语，等等。在汉语的词类划分中，我们必须把这些"山"字归到同一词类中去。归到什么词类才算是合理的呢？我们认为归到名词一类才算合理。因为：(1)从意义范畴看，"山"显然是属于事物范畴的。印欧系语言如俄语、英语等，它们的"关系形容词"[①]一般总是从名词派生出来的。汉语里没有这一种名词派生形容词的事实(它在这一点上和法语是同一类型)，所以"山"字仍然是名词。(2)从结合能力上看，"山"字不能用"很"字来修饰(我们不能叫"很山")，不能用"不"字来否定(我

_____

① 有些语言虽然没有"关系形容词"这个术语，但是有这种事实。

们不能说"不山"),又不能单独用作谓语,所以它本身只能是名词。其余名词都可以类推。当它们被用作定语的时候,并没有丧失它们的名词的性质。

第二,让我们来谈形容词派生名词和副词的问题。大家知道,印欧语系的形容词常常派生为名词;例如"高"在法语里有 haut: hauteur,在英语里有 high: height,在俄语里有 высокий: высота;"富"在法语里有 riche: richesse,在英语里有 rich: riches,在俄语里有 богатый: богатство;"准确"在法语和英语里有 exact: exactitude,在俄语里有 точный: точность。就古代汉语来说,形容词并没有派生出名词,它们虽然也有用作主语和宾语的时候,也没有任何语法特点或形态标志证明它们丧失了形容词的性质。就现代汉语来说,它的确产生了许多新词,使它们和英语、法语、俄语这些抽象名词相对应,例如"高度"、"财富"、"准确性"等等,但是这些名词和相当的形容词有了明确的分工,更使非派生的形容词保持着原来的词性而没有分化成为名词。我们不能说凡是用作主语和宾语的形容词都必须认为是名词。即以印欧系语言而论,也不乏形容词充当主语和宾语的例子。谢尔巴在他主编的《俄语语法》里就说到:除了名词经常充当主语外,其他词类如形容词、形动词、数词和不定式动词都可以充当主语[①]。形态非常丰富的俄语尚且如此,其他如英法等语不问可知。形容词派生为副词,在印欧语系中是很普遍的现象。在这些语言里,形容词和它所派生的副词在词形上是有分别的,例如英语的 sincere(诚恳的)和 sincerely(诚恳地)。在汉语里这种区别是不存在的。词尾"的"和"地"的区别,只是书面语言中的人为的结果,口语里并不能从语音上把它

---

① 参看谢尔巴(П. В. Щерба)主编的《俄语语法》第二册(句法部分),页 10。译本下册,页 15。

们区别开来。这就是说,这一类的形容词并没有派生出副词一类,它们只是在某些情况下,以形容词的资格去担任状语的职务吧了。

第三,我们要谈谈数词派生名词的问题。这个问题很简单,不但汉语的数词不派生名词,连印欧系语言的数词一般也不派生名词。像俄语里的 пятёрка(五个), пятеро(五个人)这样的数目名词是很少见的,而且它们也只用于特殊的场合。在印欧语系里,数词常常以原来的词类的资格去担任主语和宾语的职务,例如法语的 deux et deux font quatre(二加二等于四)①,俄语的 одиннадцать-нечётное число(十一是奇数), сто пятьдесят восемь на три не делится(一百五十八不能除三)。功能论者在这里碰了壁,他们说主语和宾语必须由名词充当,本来是模仿西洋的说法,在数词的问题上,他们全失了模仿的根据了。

第四,我们要谈动词派生名词和形容词的问题。大家知道,在印欧系语言中,与行为范畴相当的词用作主语和宾语,有两种主要的情况:一种是用不定式动词;另一种是用行为名词。"死"在法语里是 mourir: mort, 在英语里是 die: death, 在俄语里是 умереть: смерть;"飞"在法语里是 voler: vol, 在英语里是 fly: flight, 在俄语里是 лететь: полёт;"解决"在法语是 résoudre: résolution, 在英语是 resolue: resolution, 在俄语是 решить: решение。虽然不定式动词和行为名词不是随便可以互换的,但是就汉语的实际情况来说,处在主语和宾语的动词显然不能认为丧失了动词性,因此它们也就比较地接近于不定式动词。中学《汉语》课本把"学习并不是很简单的事情"里面的"学习","这个孩子非常喜欢舞蹈"里面的"舞

---

① 法语的数目字是属于形容词的。苏联的法语教科书为了便于与俄语对比,把法语的数目字认为数词。这里只想说明数目字在用为主语和宾语时并不转类。

蹈","解放军还没有停止射击"里面的"射击"认为是动词,那是完全合理的①。动词和形容词的界限,在印欧语言系中本来是比较清楚的。行为范畴表现为定语的时候,在印欧语系中,是由"分词"表示的。所谓"分词",顾名思义,本来是分担(兼有)动词和形容词两种性质的,而我们的功能论者完全忽略了这一点,把作定语的动词(如"飞鸟"的"飞")简单地认为是形容词。我们的看法与此相反,这一类词仍旧是动词,不是形容词。如果把"飞鸟"的"飞"看成形容词,那么"飞着的鸟"的"飞"是什么词呢?"在天空中飞着的鸟"的"飞"字又是什么词呢?如果把"喝的水"的"喝"看成形容词,那么"工人们喝的水"的"喝"又是什么词呢?

本来,我们讨论汉语的实词分类,不一定要拿印欧语系的语法来比较;但是,和我们不同意见的同志们(无论是功能论者或者是形态论者)实际上是根据西洋的语法理论来反对我们。因此,我们在这里谈谈汉语在实词分类上和印欧语系的异同,不是没有用处的。

三

在汉语实词的词类问题上,意义范畴和语法范畴基本上是一致的②。和事物范畴相当的是名词,和行为范畴(动作范畴)相当的是动词,和性状范畴相当的是形容词,和数量范畴相当的是数词。词类反映客观世界的观点是唯物观点。远在十八世纪,罗蒙诺索夫就说实词永远表征着人物和行为③。的确,如果我们只看

---

① 《汉语》课本第三册,页59~60。
② 本文所谓"语法范畴",指的是词的语法分类所凭的语法特点,不限于性、数、格、时、态一类的语法范畴。
③ 参看王力:《中国语法理论》新版自序,页15~20。

根词(非派生词),连印欧语系的实词的词类也是真实地反映客观世界的。例如"干净"这一个基本意义在俄语里既是形容词(чистый),又是副词(чисто),又是名词(чистота),甚至是动词(чистить),但是其中只有 чистый(чист)是根词,可见形容词才是和性状范畴相当的。汉语实词的词类和客观世界的一致性最为突出,主要是因为汉语里很少派生的词类。这样,名、动、形、数这四个词类相互间就有了明确的界限:如果说客观世界的事物、行为、性状、数量是可分的,那么,汉语实词也是可分的。

当然,在区别汉语实词的词类的时候,单凭词类的意义,不凭词类的语法特点,那也是错误的。中学的《汉语》课本指出名词、动词、形容词的语法特点如下①:

(1)名词可以用数量词作定语,表示人物的名词还可以在后边加上"们"表示多数;不能用副词作定语,名词作谓语,一般要求前边有判断词"是",构成合成谓语。

(2)动词能够跟副词结合,受副词的修饰,能够用肯定否定相叠的方式表示疑问;能够重叠,重叠起来表示一些附加的意义;能够带上"着"、"了"、"过"这些时态助词表示一些附加的意义。

(3)形容词可以跟副词结合,受副词的修饰或者限制,可以用肯定否定的方式表示疑问;可以重叠。

凭着这些语法特点,名词和动词间,名词和形容词间,都有分别了。课本注意到词类的形态标志和结合能力,这是值得赞扬的。但是动词和形容词之间却找不出一个分别来。课本在后面补了一条说:"双音的动词和形容词各有自己的重叠方式,这是动词和形容词在词形变化上的区别。"接着又说有些形容词采用动词的重叠方式,动词采用形容词的重叠方式,这样却又使这区别模糊了。

---

① 《汉语》课本第三册,页35～36,49～51,74～75。

我们认为:各种实词的语法特点的辨别,只限于词形变化和结合能力是不够的;完全撇开功能不管,也未免矫枉过正。课本虽然不是完全撇开功能,但是讲得还是比较片面的。我们既然不能单凭意义去辨别词类,而汉语的形态又不够丰富,在某些情况下,还是靠功能来辨别。例如动词和形容词的主要区别在于动词作定语时一般必须用助词"的"字,而形容词可以不用"的"字。必须承认:语法范畴虽然基本上和意义范畴相当,到底不是完全符合。由于历史发展的结果,也有着少数参差的情况。如果不靠语法特点——其中有些是句法功能的特点——来检验,就会得到错误的判断。

在判断一个词是不是名词的时候,要看它是不是经常具有主语和宾语的功能;在判断一个词是不是动词的时候,要看它是不是经常具有叙述词(叙述句的谓语中心词)的功能;在判断一个词是不是形容词的时候,要看它是不是经常具有定语的功能。

根据这些判断,我们将发现极少数的词处于特殊的情况。有些来自动词的词,到了今天,已经不再是动词,因为它们已经不再具有叙述句的功能。例如"思想"、"战争"在现代汉语里只能用作名词,不能用作动词。杨延辉在《四郎探母》里说的"思想起来",唐诗人李涉所咏的"却笑江山又战争",我们今天已经不能这么说了。就拿"生活"一词来说,它也许偶然能有动词的作用,但是由于它经常用作主语和宾语,它就是十足的名词。我们再也不能像孟子那样说"人非水火不生活"了。这个原则很重要。在一切语法问题上,都应该重视语法的形式。我们不能藉口说"内容决定形式",因而不再根据语言的语法结构形式去判断词类。正是由于内容有了改变(这里是由行为概念转变为抽象的事物概念),所以这些词不能不由动词转变为名词。这不是词类的分化,而是转类。我在解放前在词类问题上所犯的错误,就是单纯从意义范畴去区别实词的词类,没有把句法功能与词类问题结合起来。

上文说过,我们应该把基本功能和临时功能区别开来。缺少了这一个重要的原则,我们就和功能论者没有很大的差别了。有时候,某种句法手段可以把某一个词放在它平常不占有的位置上,这只是它的临时功能。曾经有一个时期,语法学家对"人其人,火其书,庐其居","父不父,子不子"这一类的结构很感兴趣,以为在这些结构里,名词可以用作动词。其实,"人"、"火"、"庐"、"父"、"子"在任何时候都是名词,主语和宾语是它们的基本功能,叙述词只是它们的临时功能。如果没有"其""不"这些虚词作为语法手段,它们这种临时功能就无从形成或引起歧义(如"父父"、"子子"就是不足为训的)。直到今天,我们还可以凭着语法手段去制造类似的"动词"。例如在下象棋的时候,我们可以说"拿象象了他的车",第二个"象"字靠着动词词尾"了"做了叙述词,这也是它的临时功能。临时功能是不能决定词性的。在"不男不女"里,"男"和"女"并不是形容词,因为它们仅仅靠着"不"字而暂时充当描写词,但是它们本身并不具有形容词的一般语法特点,它们不受一般副词的修饰,例如我们不能说"很男"或"很女"。在"为了除四害,他们用毒药把老鼠都药死了"里,第一个"药"字用于基本功能,第二个"药"字用于临时功能,因为"药死"是一个使成式,使成式的第一成分一般是由外动词充当的,"药"字处在这个地位,自然不能不临时起着外动词的作用。但是,如果在词典里注明"药"字兼有名动两性,那就是把本质的东西和非本质的东西混同起来了。

明白了基本功能和临时功能的区别以后,许多问题都迎刃而解。例如上文所述的,形容词可以采用动词的重叠方式,动词可以采用形容词的重叠方式,但是从它们本身的基本功能来看,形容词本身始终是形容词,动词本身始终是动词。就拿《汉语》课本所举的例子来说①,"热闹"可以说成"热热闹闹",也可以说成"热闹热闹"。后者只是靠着动词的语法手段使它临时起着动词的作用,但是"热闹"本身仍是形容词,因为它经常被用作定语。"摇晃"可以说成"摇晃摇晃",也可以说成"摇摇晃晃"。后者只是靠形容词的语法手段使它临时起着形容词的作用,但是"摇晃"本身仍是动词,因为它并不经常用作定语,而是经常用作叙述词。

根据上述的原则,我们对汉语实词分类的结果,和功能论者大不相同。现在分类说明如下:②

(1) 名词用作定语时,仍然是名词,不是形容词。例如"正面墙上挂满了模范红旗","邮局的检信员让他查了查信"。马建忠把定语名词看作是"实字"(即实词)的"偏次"③那是非常正确的。黎锦熙先生把定语名词看作"领位","领位"再分为统摄性的和修饰性的④,黎先生的意见也是正确的⑤。在这个问题上,黎先生并不是功能论者。一方面,由于模仿英语语法,他不能不把"物主"之类认为"领位"(genitive case);另一方面,他又看出了马氏文通的"偏次"的"界说较广,不限西文所云⑥",而且他采用了马建忠的意见。这样处理是合理的。如果拿英语语法来比较,只有在上文提到的关系形容词的地方才发生定语名词算不算形容词的问题。但是,就在这种情况下,也并不一定非认为形容词不可。马建忠把"兽蹄鸟迹之道"里面的"兽蹄鸟迹"认为是"偏次",那是不错的。黎锦熙先生把"玻璃的窗户"、"大呢的夹袍"里面的"玻璃"和"大呢"认为

---

① 《汉语》课本第三册,页75。

② 举例尽可能用《汉语》课本所举的例子。这样对于那些熟悉"暂拟汉语教学语法系统"的同志们来说,更便于了解。

③ 《马氏文通》校注本,上册页107~117。

④ 《新著国语文法》,1925年版,页58~64。

⑤ 详细的分类有可商榷之处。

⑥ 黎锦熙:《比较文法》,页127。

"领位",虽然"领"字不好讲,但是他把它们认为名词是对的。本来,在这种地方,英语也有两种可能的结构。当英语要说"钢铁的胆量"的时候,既可说成 iron nerives(或 steel nerves),又可以说成 nerves of iron(或 nerves of steel)。在前一种结构中, iron(铁)或 steel(钢)固然被认为是名词作形容词用;但是,在后一种结构中,没有任何人怀疑 iron(或 steel)是名词。汉语既然常常加"的"字,就和英语的 of 比较接近,为什么还要把这种定语名词看成形容词呢?至于一般的领属关系,如"水的纯洁性"(俄:чистота воды,法:pureté de l'eau,英:purity of water),在印欧系语言中,一般都是用两个名词来表示的,即使要模仿西洋语法,也没法子把这种定语名词认为是形容词。如果硬把它们说成是形容词,那只好说是功能论者的偏见了。

(2) 领有代词和指示代词始终是代词,它们被用作定语的时候也不改称为形容词。马建忠对于这个问题处理得很正确,他把用作定语("偏次")的"代字"都归入"代字"(代词)一类。他的《文通》是模仿拉丁语法的,不是模仿英语语法的。从梵语,希腊语到拉丁语,都没有所谓领有形容词或指示形容词。在希腊语里,指示代词和所谓"指示形容词"实际上是同一样东西。我们并不说模仿希腊拉丁就算对了,模仿英语就算错了。我们只是说,马建忠这样做已经符合汉语语法的实际,而后来的语法学家片面地根据英语语法去批评《马氏文通》反而显得是所见不广。杨树达首先以"刊误"的姿态去指责马建忠说:"此"字乃"指示静字",西文或称"代名静字"。马氏于此种但作代字,不另分析指示静字一种,致独立用之代字与附于名词用之静字毫无区别,其说非也"[①]。刘复也批判马氏说:"《马氏文通》里的'指示代字'一节,实在讲得不大好。他

① 杨树达:《马氏文通刊误》,引文见《马氏文通》校注本上册,页 4。

把指示代词分为……四类,据我看,只特指类中的'彼'、'此'、'是'等字是代词,而且是静性代词。……文言中的'彼'字,如相当于白话中的'他',与'我'、'尔'相对待,则为人称代词;如相当于白话中的'那',与'此'字相对待,则为静词或静性代词。"① 在这一点上,黎锦熙先生和杨、刘二人的见解是一致的,于是他根据英语语法,把用作定语的指示代词称为"指示形容词"②。至于用作定语的领有代词之所以没有被他认为形容词,自然只是由于英语语法没有这样做的缘故。其实从功能论的观点来看,倒反是把二者一律归为形容词更显得彻底。法语语法正是这样做的,在法语语法书中,不但有指示形容词,而且有领有形容词③。但是,俄语语法正好相反。在俄语语法书中,既没有指示形容词,也没有领有形容词。正如它把用作定语的名词仍然认为是名词一样,它把用作定语的代词(不管是领有代词或指示代词)仍然认为是代词。汉语实际上并没有领有代词,有的只是人称代词加"的"字表示领有。至于指示代词用于定语的时候,自然应该按照汉语的实际,仍然认为是代词。

(3) 动词用作定语的时候,仍然是动词,不是形容词。关于这个问题,上文已经说得很清楚了。黎锦熙先生把"飞禽"的"飞"、"走兽"的"走"和"来的人"的"来"都看成散动词第二种,但是又认为"飞""走""来"都是作形容词用的④,这里有矛盾。

(4) 形容词作状语的时候,仍然是形容词,不是副词。例如"快走吧,不然来不及了"、"他低着头慢慢地走",《汉语》课本把

---

① 刘复:《中国文法讲话》。引文见《马氏文通》校注本上册,页4。

② 《新著国语文法》,页154~156。

③ 就语法本身说,这也不能算是合理的。法国语言学家 A. Dauzat 在他所著的《合理的法语语法》里,把性状形容词和所谓"形容代词"分成两章。形容代词被认为"语法工具"(按即虚词)和人称代词合为一章。那才比较合理。

④ 《新著国语文法》,页76~78。

"快"和"慢慢"都归入形容词,那才是对的。关于这个问题,上文也交代过了。

(5) 动词、形容词用作主、宾语的时候,仍然是动词、形容词,不是名词。例如:"学习并不是简单的事情","他从小就喜欢冷静,不喜欢热闹"。这个问题比较复杂,下文还要再谈。

以上所述各点,中学《汉语》课本正是这样处理的。我们认为,《汉语》课本是对的。

四

"一词多类"和"词无定类",据说是汉语实词分类工作上的致命伤。但是,如果依照上文所阐述的分类标准,汉语"一词多类"的情况并不像某些同志所想像的那样严重,相反地,在大多数情况下,可以说是"词有定类"。某些词有跨类现象,也只跨两类,不跨三类以上,所以也不能认为"一词多类"。这种情况比英语的情况还好一些,英语虽然在某些方面词类具有特别的形式(例如由形容词或动词派生的名词),但是,汉语在另一些方面的形态还比英语丰富(如名词前面有量词,动词有情貌的表示,有使成式的结构,形容词和动词有重叠式,等等)。打开英语词典一看,绝大多数的词都是跨类的,有些跨三类,最多的还跨到四类、五类("up"这个词兼跨副词、介词、形容词、名词、动词)。某些资产阶级语言学家也常常说英语词类划分得不合理①。但是,直到今天为止,还没有人说英语没有词类。我们认为:汉语的词类相互间的界限要比英语清楚,汉语的实词的确可以分类。

---

① 参看 H. A. Gleason, An introduction to Descriptive Linguistics, pp. 92~100, 又 C. C. Fries, the Structure of English, pp. 68~86。

名词和动词的界限是相当清楚的。应该特别指出，现代汉语的具体名词的词性是非常固定的，"人"、"马"、"山"、"水"、"玻璃"、"葡萄"等词在任何时候都只用作名词。在古代汉语里，名词借着语法手段，还可以具有叙述词的临时功能(如"人其人"、"火其书"、"庐其居")；到了现代汉语里，这种语法手段已经不用了。有极少数的词，如"钉"、"锯"等，似乎兼属名动两类；但是，在普通话里它们并没有兼属两类，因为它们用作名词的时候必须加上词尾说成"钉子"、"锯子"等。在古代汉语里，某些名词借着语法手段也可以用作状语(如"人立"、"蛇行")，现在这种语法手段也不用了。具体名词在汉语词汇中占着极大的数量；具体名词有了定类，已经足以驳倒汉语"词无定类"的说法。

其次，我们要指出，汉语的数词是有定类的。那些靠语法手段造成的主宾语(如"知其一不知其二")既然不算名词，那么，数词永远是数词。

其次，我们要指出，单音的动词是有定类的。"吃"、"喝"、"哭"、"笑"、"飞"、"走"等词在任何时候都是动词。单音动词在汉语词汇中也占着极大的数量。

其次，单音的形容词也是有定类的。"大"、"小"、"多"、"少"、"长"、"短"、"粗"、"细"等词在任何时候都是形容词。单音形容词在汉语词汇中也占很大的数量。具体名词，单音动词，单音形容词，三者合起来占了现代汉语词汇的大部分。我们还能说汉语词无定类吗？

动词和形容词之间的界限是清楚的。上文说过，除了个别的固定结构以外，动词用作定语时必须靠着"的"字的帮助，而形容词用作定语时(特别是单音形容词)则没有这种要求。某些形容词可以靠着语法手段(如利用情貌记号"了"和准情貌记号"起来")担任叙述词的职务(如"红了"、"密切了"、"丰富起来")，但是，正如有些

466

研究者所指出的,这些语法手段永远只给它们以"成为什么样"的意义,也就是"形成性质"的意义,因此它们仍然是形容词,不是动词。

现代汉语的双音词中存在着跨类的现象(关于这一点,下文再说),但是,并不是所有的双音词都跨类。相反地,某些复合词由于构词法的关系,它们的词性更加明显,更加固定了。

由上所述,我们可以确信:汉语实词不但可以分类,而且基本上还是词有定类。但是,既然客观事物是互相联系着的,词类也就不能判若鸿沟。抹杀汉语的词类固然是不对的;但是,如果说汉语实词绝对没有跨类的现象,那也是不妥的。我们需要实事求是。

大家知道,抽象名词是来自动词和形容词的。"五四"以后,汉语的抽象名词大量增加,这是有它的历史根源的。现代汉语双音词大量产生,其中有相当大的一部分就是抽象名词,而抽象名词的大量产生则是由于西洋语法的影响。汉语语法有它的不可渗透性,同时也有它的灵活性。动词和形容词转化为名词,这是汉语凭着它的灵活性吸收外国语法来丰富它自己,但是它们转化为名词之后并没有变为另一个词形,这就是汉语语法的不可渗透性的证据。我们分析了这一个历史事实,应该得出结论说:汉语实词的跨类现象,大多数是西洋语法的影响所造成的。

来自形容词的抽象名词,和来自动词的抽象名词又有不同的情况。印欧语系形容词的词尾,例如英语的-ty, -ness, -tude,我们渐渐倾向于制造一个词尾"性"字去表示它。例如 vivacity = "生动性",clearness = "鲜明性",exactitude = "准确性"。这样实际上已经由形容词派生出来了一部分抽象名词,消除了不少的跨类现象。

剩下来的是来自动词的抽象名词,印欧语系的形容词词尾,例如英语的-tion, -sion, -ment,我们并没有制造任何词尾去表示它。因此,动词和它们所派生的抽象名词就只能用同一形式表示,例如

produce, production, ＝"生产", discuss, discusion ＝"讨论"。这种情况在英语里也不是没有：例如动词"报告"和名词"报告"在法语和俄语里都分为两个词（动词 rapporter, докладывать, 名词 rapport, доклад），而在英语里只有一个词（动词和名词同形, 都是 report）。

我们不能用临时功能来解释这种现象, 因为像"生产"这样一个词, 它用作主宾语的机会, 至少也和用作叙述词的机会一样多。这一类词之所以必须认为名词, 还有更重要的论据：有些抽象名词虽然来自动词, 但是发展到今天, 它们已经不再是动词。上文举了"思想"和"战争"为例, 如果仔细找一找, 还可以举出不少的例子, 例如"成就"等。此外还有一些词正在转变中。例如"运动"、"生活"、"死亡"。直到"五四"前后, "运动"还常常用作动词（指政治上或外交上的活动）, 但是到了今天, "运动"通常只用作名词了。"生活"和"死亡"除了偶然用作动词外（如"在原子时代生活着"、"资本主义必然死亡"）, 一般也只用作名词。因此, 我们应该承认现代汉语有抽象名词的存在。

上文说过单音动词不跨类。双音动词有些是跨类的, 有些是不跨类的。我们必须做许多细致的研究工作, 然后能对每一个双音动词的跨类与否作出正确的判断。

汉语词类的划分, 是一件非常复杂的工作；正因为客观事物的范畴相互的关系是错综复杂的, 所以各种词类之间的关系不可能是简单的。在划分汉语词类的时候, 我们既要承认绝对的东西, 又要承认相对的东西；既要承认普遍的东西, 又要承认特殊的东西；既要承认共性, 又要承认个性。我们要反对绝对主义的研究方法。

（原载《北京大学学报》人文科学版, 1959 年 2 期；又《龙虫并雕斋文集》第 2 册；《王力文集》第 16 卷）

古汉语自动词和使动词的配对

在古代汉语构词法上有一种特殊现象,就是自动词和使动词的配对。这种现象在现代汉语里也还存在着,不过有些词的古义已经死去或仅仅残存在合成词里,自动词和使动词的关系就不如古代汉语那样明显了。因此,我们最好还是从古代汉语构词法上讨论。

自动词是和使动词相对立的名称。凡与使动词配对的,叫做自动词。从前有人把不及物动词叫做自动词,及物动词叫做他动词。本文所谓自动词不是那个意思。无论及物不及物,只要他是与使动词配对的,都叫自动词。

在古代汉语造句法中,有所谓动词的使动用法:主语所代表的人物并不施行这个动作,而是使宾语所代表的人物施行这个动作。例如《论语·先进》:"求也退,故进之;由也兼人,故退之。"一个动词是不是使动用法,往往由上下文的语意来决定。例如《论语·宪问》:"孔子沐浴而朝。""朝"字是动词的一般用法,施行"朝"的动作者是主语"孔子"。《孟子·梁惠王上》:"然则王之所大欲可知已:欲辟土地,朝秦楚,莅中国,而抚四夷也。"这个"朝"字却是使动用法,施行"朝"的动作者不是主语"王"(承上省略),而是"秦楚",意思是说"使秦楚来朝"。凡是多读古书的人,对于动词的使动用法,是很容易体会出来的。

但是,动词的使动用法,只是造句法的问题,不是构词法的问题。像上文所举的"进""退"和"朝",它们只能说是在句中有使动用法,严格地说,它们本身并不是使动词,因为它们在形式上和一般动词没有区别,没有形成使动词和自动词的配对。

构词法上的使动词,就古汉语说,它们是和自动词的语音形式有着密切关系的。配对的自动词和使动词,二者的语音形式非常近似,但又不完全相同。近似,表示它们同出一源(一般是使动词出自自动词);不完全相同,这样才能显示使动词和自动词的区别。不完全相同的语音形式具有三种表现方法:(一)字形相同;(二)由字形相同变为不同;(三)字形不同。这三种情况都必需具备同一条件:自动词和使动词必须是既双声又叠韵的字,单靠双声或单靠叠韵还不能形成自动词和使动词的配对。当然,旁纽也算双声,旁韵也算叠韵。但是,如果自动词和使动词之间只有双声关系,而韵部距离很远,或者只有叠韵关系,而声母距离很远,为慎重起见,概不认为配对。

现在按照上述自动词和使动词配对的三种情况,分别加以叙述。

(一) 字形相同

字形相同,只要读音不同,就可认为自动词和使动词的配对。既然两个词在语言里表现为不同音,就算是具备了不同的语言形式,字形的同与不同是无关重要的。这又可以细分为两种情况。

1. 同纽,同韵①,异调

〔饮:饮〕 a.於锦切,自动词。《说文》:歠也。《论语·乡党》:"乡人饮酒。"b.於禁切,使动词,饮之也。按即使饮之意。《左传》宣公十二年:"将饮马于河而归。"《释文》:"於鸩反。"於鸩反即於禁切。

---

① 所谓同韵,指上古的韵部。下仿此。

〔去:去〕 a.丘据切,自动词。《广韵》:"离也。"意思是"离开"、"走了"。《论语·微子》:"子未可以去乎?"b.羌举切,使动词。《广韵》:"除也。"按即使离之意,指使人物离开,也就是"除去"。《论语·八佾》:"子贡欲去告朔之饩羊。"《颜渊》:"必不得已而去,于斯三者何先?"《释文》皆注云:"起吕切。"起吕切等于羌举切。

2. 旁纽,同韵,同调

〔败:败〕 a.薄迈切,自动词。《广韵》:"自破曰败。"b.补迈切,使动词。《广韵》:"破他曰败。"按"破他"即使败之意。

〔折:折〕 a.常列切,自动词。《说文》:"断也。"《广韵》:"断而犹连也。"《左传》昭公十一年:"末大必折,尾大不掉。"b.旨热切,使动词。《广韵》:"拗折。"按即使断之意。《诗·郑风·将仲子》:"无折我树杞。"《释文》:"折,之舌反。"[①]之舌反等于旨热切。

〔别:别〕 a.凭列切,自动词。《说文》:"分解也。"《广韵》:"异也,离也,解也。"《诗·邶风·谷风》:"行道迟迟,中心有违。"毛传:"迟迟,舒行貌。违,离也。"郑笺:"徘徊也。行于道路之人,至将于别,尚舒行。"b.彼列切,使动词。《广韵》:"分别。"按即使离异为二、使有分别之意。《诗·大雅·生民》:"克岐克嶷。"郑笺:"能匍伏则岐岐然意有所知也,其貌嶷嶷然有所识别也。"《释文》:"别,彼列反。"[②]

〔著:著〕 a.直略切,自动词。《广韵》:"附也。"《左传》宣公四年:"著于丁宁。"《释文》:"著,直略反。"b.张略切,使动词。《广韵》:"服衣于身。"按即使著之意,意义范围缩小,通常只指使着于身。衣冠皆可用"著"。《礼·玉藻》:"皮弁以日视朝。"孔疏:"著皮弁视朝。"《后汉书·马后纪》:"左右但著帛布。"

---

① 《释文》以常列反为如字,故未注音;以之舌反(即旨热切)为读破,故注音。
② 《释文》以凭列反为如字,故未注音;以彼列反为读破,故注音。

471

〔解:解〕 a.胡买切,自动词。自解为解。《易·解卦》:"天地解而雷雨作,雷雨作而百果草木皆甲坼。"《庄子·大宗师》:"此古之所谓县解也。"《释文》皆云:"解,音蟹。"b.佳买切,使动词。《说文》:"判也。"《庄子·养生主》:"庖丁为文惠君解牛。"

《颜氏家训·音辞》说:"江南学士,读《左传》口相传述,自为凡例:军自败曰败,打破人军曰败(补败反)。诸记传未见补败反。徐仙民读《左传》,唯一处有此音,又不言自败败人之别。此为穿凿尔。"段玉裁《六书音均表·古音义说》说:"字义不随字音为分别。"又在《说文解字》"别"字下注云:"今人分别则彼列切,离别则凭列切,古无是也。"其实陆德明等人不见得是穿凿。试看上述诸例,自动词都读浊音,使动词都读清音,清浊配对,系统分明。想来陆德明等人一定是有师承的。至于这种读音上的区别是原始的,还是后起的,则有待于进一步的研究。

(二) 由字形相同变为不同

自动词和使动词采取同一书写形式,给读者带来了一些不便。因此,后来有些字就分化为两个字:一个代表自动词,一个代表使动词。现在举出几个例子。

1. 同纽,同韵,异调

〔视:视(示)〕 a.承矢切①,自动词。《说文》:"瞻也。"《论语·颜渊》:"非礼勿视。"b.神至切②,使动词。以物示人曰视。按即使

---

① 今大徐《说文》作神至切,是读使动词之音。应依《玉篇》作时止切。时止切等于承矢切。

② 《广韵》神至切不载"视"字,而常利切有"视"字,注云"又音是"。敦煌王韵作"又神又反",当以王韵为正。

视之意,等于说"给看"。《诗·小雅·鹿鸣》:"视民不恌。"《释文》:"视,音示。"① 使动词又写作"示"。《论语·八佾》:"知其说者之于天下也,其如示诸斯乎?指其掌。"

"示"字在先秦古籍中经常出现,容易造成人们的错觉,以为"示"是正字,"视"是假借字。《说文》说:"示,天垂象见吉凶所以示人也。"更令人觉得"示"就是示人的"示"。其实许慎把"示"当做名词来解释,所以他在后面说"示,神事也。"② 而"示人"只是声训。汉时已经假借"示"字表示使动的"视",所以许慎从当时的习惯写成"示人"。

在《汉书》里,使动的"视"仍一律作"视",不作"示"。例如《刑法志》"用相夸视"、《食货志》"以视节俭"、《郊祀志》"以视不臣也"、《项籍传》"视士必死",等等。

《礼·曲礼上》:"幼子常视毋诳。"郑玄注:"视,今之'示'字。"这句话有力地证明了"示"当"示人"讲只是汉代的事,而先秦古籍的"示"字可能是后人改的。孔疏引申郑注的话说:"古者观视于物及以物示人则皆作'示'傍著'见',后世以来,观视于物作'示'傍著'见',以物示人单作'示'字。""视"和"示"的分工,在孔疏里是讲得很清楚的③。

〔趣:趣(促)〕 a.七句切,自动词。《说文》:"趣,疾也。"按,指疾走,与"趋"音义略同(《广韵》去声遇韵"趣"字注云"又七俱切",则与"趋"同音)。《诗·大雅·棫朴》:"左右趣之。"毛传:"趣,趋也。"b.七玉切④,使动词。字又作"促"。《说文》:"促,迫也。"这就是催

---

① 陆德明独于此处注明"音示",可见他认为去声是读破,上声是如字。

② "示",甲骨文作示,象神主之形。

③ 李富孙《说文辨字正俗》也讲了这个道理。

④ 《广韵》七玉切未收"趣"字,但是在遇韵"趣"字下面注云:"又亲足、七俱、仓苟三切。"亲足切即七玉切。

促的"促"。按即使趣之意,使人快做某事,也就是催促。《礼·月令》:"命有司趣民收敛。"《释文》:"趣音促。"

2. 旁纽,同韵,同调

〔见:见(现)〕 a.古电切,自动词。《说文》:"视也。"等于现代的"看见"。《论语·里仁》:"见贤思齐焉,见不贤而内自省也。"b.胡甸切,使动词。《广韵》:"露也。"按即使见之意,等于说"让人看见"。古人于谒见的意义用使动词,意思是"让在上者或尊者看见自己"。一般用作不及物动词。《左传》庄公十年:"曹刿请见。"《论语·述而》:"童子见。"《卫灵公》:"子路愠见。"有时候,"见"字后面带"于"字,仍是用作不及物动词。《论语·颜渊》:"乡也吾见于夫子而问知。"《孟子·梁惠王下》:"暴见于王。"[①]使动词"见"也可以用作及物动词,表示"让谒见","使拜见"。《论语·八佾》:"从者见之。"(让他谒见孔子。)《微子》:"见其二子焉。"(使二子拜见孔子。)这是构词法的使动与造句法的使动相结合。

"以见"的"见"也是使动词,因为不是自己看见,而是让人看见。《左传》桓公十年:"先书齐卫,王爵也。"杜注:"春秋所以见鲁犹秉周礼。"《释文》:"见,贤遍反。"贤遍反即等于胡甸切。

"见"作为使动词,又可以解作"出现"。《论语·泰伯》:"天下有道则见。"皇疏:"见谓出仕也。"其实是出现,露面。

《佩文韵府》和《经籍籑诂》于胡甸切的"见"字注云"俗作现"。那是不对的。只有"出现"的意义到后代才写作"现"。谒见等意义不能写作"现"。

〔入:入(内)〕 a.人执切,自动词。出之反。《论语·八佾》:

---

① 如果"见"字后面带直接宾语,如"孟子见梁惠王",则"见"是自动词,不读胡电切。

"子入太庙。"b.奴答切,又奴对切,使动词。《说文》:"内也。"内,古纳字。按即使入之意。《战国策·秦策》:"入其社稷之臣于秦。"注:"纳也。"《史记·楚世家》:"灵王于是独傍偟山中,野人莫敢入王。"《魏世家》:"商君亡秦归魏,魏怒不入。"

《广韵》奴答、奴对两切都不载"入"字,但是我们想像"入"字在上古应另有奴对切一音,而较早则是奴答切。章炳麟《文始》也以为"入"字"有两读"。又说:"《说文》:'入内也','内,入也'。古文本以'入'为'内',入者象从上俱下为初文,'内'乃变易字也。'入'本在缉部,转入队,而'内'声之'衲',《诗》亦与'合''邑'为韵,读入缉部,明'入'即'内'也。古无弹舌日纽,'入'本作奴叶切,故转为'内'。"我的意见与章氏略同。我把"入"字的上古音拟为 ȵiəp,"内"字的上古音拟为 nuəp-nuət[1]。这样,使动词"入"的上古音也该是 nuəp-nuət。

3. 旁纽,同韵,异调

〔食:食(飤)〕 a.乘力切,自动词。《广韵》:"饮食。"《论语·学而》:"君子食无求饱,居无求安。"b.祥吏切,使动词。以食与人。按即使食之意,等于说"给吃"。《左传》宣公二年:"不食三日矣。食之。"《释文》于"食之"的"食"注云:"音嗣。"

《说文》把使动的"食"写作"飤",《广韵》去声志韵只收"飤""饲"("饲"同"飤"),不收"食"。但是,经典中常见的只有"食",没有"飤"。至于"饲"字也不能完全代替"食"字,一般只用于饲养禽兽,如杜甫《黄鱼》:"脂膏兼饲犬。"

〔辟(避):辟〕 a.毗义切,自动词。《说文》:"避,回也。"按即回避。本来只写作"辟"。《论语·宪问》:"贤者辟世。"《释文》:"辟,

---

① 参看王力《汉语史稿》上册(修订本),1958年第二版,页90~91。

475

音避。"b.必益切,使动词。《广韵》:"除也。"按即使避之意。《周礼·秋官·士师》:"王燕出入则前驱而辟。"郑注:"道王,且辟行人。"(道,同导;辟行人,使行人回避。)后人成语"辟邪"亦是此意。

这一类虽由字形相同变为不同,但是在上古是字形相同的,与第一类的情况也就差不多。

(三) 字形不同

对于字形相同、读音相近的字,我们讲自动词和使动词的配对,是容易了解的,因为有同一的字形把它们联系起来。至于字形不同的两个字,我们讲它们是自动词和使动词的配对,就不容易了解了。有人会说,既然字形不同,我们就不必说两个词之间有什么配对关系。但是,我们仍然应该从语音上考虑。如果有两个字既双声又叠韵,一个自动,一个使动,正好配对,那就决非偶然。现在列举一些事实。

1. 同纽,同韵,异调

〔买:卖〕 a.莫蟹切,自动词。《说文》:"市也。"《庄子·逍遥游》:"请买其方百金。"b.莫懈切,使动词。《说文》写作"䨷",解云:"出物货也。"按即使买之意,等于说"让人买"。《史记·平准书》:"贵即卖之。"

徐灏《说文解字注笺》说:"出物货曰'䨷',购取曰'买',只一声之轻重,与物好曰'好',好之曰'好',物丑曰'恶',恶之曰'恶'同例。窃谓'买''卖'本是一字,后以其声异而从'出'以别之。书传'买''卖'二字往往互用。如《周礼·地官·贾师》:'凡国之卖价。'郑注:'故书卖为买。'《萍氏》'幾酒'。郑注:'苟察沽买过多。'《释文》:'买一本作卖'是也。"按,徐氏说得很对。我想"买""卖"在最初也许完全同音，正像"沽"字既当"买"讲，又当"卖"讲。后来才分化为二音，形成两个字。

〔受：授〕 a.殖酉切，自动词。《说文》："相付也。"《论语·乡党》："康子馈药，拜而受之。"b.承咒切，使动词。按即使受之意。《说文》："予也。"《广韵》："付也。"《诗·郑风·缁衣》："还予授子之粲兮。"

林义光《文源》说："'受''授'二字，古皆作受。盂鼎：'今余其通（率）先王，授民授疆土'，'授'皆作'受'。"按，林氏说得很对。《说文》："受，相付也"，"相付"即兼有"授""受"二义。大徐注"授"为殖酉切，则"授""受"同音。《广韵》分为二音，"受"读上声，"授"读去声。大概是先同形同音而后分化为两形两音。

〔啖：啗〕 a.徒敢切，自动词。字亦作"噉"。《说文》："噍啖也。"《墨子·鲁问》："楚之南有啖人之国者。"b.徒滥切，使动词。《说文》："食也。"按即使食之意。《国语·晋语》："主孟啗我。"《史记·滑稽列传》："啗以果脯。"字又作"嚪"。《史记·乐毅列传》："令赵嚪秦以伐齐之利。"

"啖"与"啗"很早就通用了。《汉书·霍光传》："与从官饮啗。"《王吉传》："吉妇取枣以啖吉。"《广韵》上声亦收"啗"字。但是，以通例推之，上声本当是自动词，去声本当是使动词。即使字形一样，读音也不一样。《汉书·高祖纪》："使郦食其、陆贾往说秦将，啗以利。"师古注："啗，本谓食啗耳。音徒敢反。以食餧人，令其啗食，音则改变为徒滥反。"颜说必有所承，可以为证。朱骏声《说文通训定声》说："啗与啖微别，自食为啖，食人为啗。"从字形的分化上说，朱氏也有道理。

〔去：祛〕 a.丘据切，自动词。《广韵》："离也。"意即"离开"。已见前。b.去鱼切，使动词。《广雅·释诂二》："祛，去也。"《文选》殷仲文《南州桓公九井作诗》："感祛沓亦泯。""去"的使动词读平声是后起的现象。

〔敬：警〕　a.居庆切，自动词。《说文》："肃也。"（肃，持事振敬也。）《诗·周颂·闵予小子》："维予小子，夙夜敬止。"注意："敬"字只有用作不及物动词时与使动词"警"配对。b.居影切，使动词。《说文》："警，戒也。"按即使敬之意。敬是警惕自己，警是警惕别人。《左传》宣公十二年："今天或者大警晋也。"《说文》另有"儆"字，解云"戒也"。段注："与'警'音义同。"

《诗·大雅·常武》："既敬既戒。"郑笺："敬之言警之，警戒六军之众。"这是以自动词作使动词用。《释名·释言语》："敬，警也，恒自肃警也。"这是以使动词释自动词。

〔就：造〕　a.疾僦切，自动词。《广韵》："就，成也。"《礼·孔子闲居》："日就月将。"b.昨早切，使动词。《广韵》："造，造作。"按即使成之意。《礼·玉藻》："大夫不得造车马。"

2. 旁纽，同韵，同调

〔至：致〕　a.脂利切，自动词。《广韵》："至，到也。"《论语·子罕》："凤鸟不至。"b.陟利切，使动词。《说文》："致，送诣也。"《广韵》："致，至也。"按即使至之意。使人物来都叫"致"。《庄子·逍遥游》："彼于致福者，未数数然也。"《论语·子张》："君子学以致其道。"把东西送到别人那里去也叫"致"。《左传》宣公十二年："不腆先君之敝器，用使下臣致诸执事。"《论语·学而》："事君能致其身。"

〔出：黜〕　a.尺律切，自动词。入之反。《论语·雍也》："谁能出不由户？"b.丑律切，使动词。《说文》："黜，贬下也。"《广雅·释诂三》："黜，去也。"按，"黜"之本义为使出。《国语·周语》："王黜翟后。"注："废也。"其实等于出妻。《楚辞·愍命》："楚女黜而出帷兮。"使动词"黜"与自动词"出"前后照应。《公羊传》襄公二十七年："黜公者非吾意也。"何休注："黜犹出逐。"

478

"出"又读尺类切,这种读音本来也是使动词。《论语·子罕》:"河不出图。"《释文》:"出,如字,旧尺遂反。"尺遂反即尺类切。可见旧音于使动词"出"字是读去声的。后来"出"字也有去声一读,如柳宗元《永州韦使君新唐记》:"既焚既酿,奇势迭出。清浊辨质,美恶异位。""出"与"位"押韵①。但是已经不是用于使动意义了。

〔效(俲):教〕 a.胡教切,自动词。《说文》:"效,象也。"《广韵》:"学也,象也。"字又作"俲"。《左传》庄公二十一年:"郑伯效尤。"《诗·小雅·鹿鸣》:"君子是则是俲。"b.古孝切,使动词。《说文》:"教,上所施,下所效也。"按即使效之意。《论语·为政》:"举善而教不能则劝。"

"学"、"敩"、"效"、"教"四字关系密切。"敩",《广韵》:"学也。"《礼·学记》引《书·兑命》"学学半",伪古文《尚书》作"敩学半",可见"敩"就是"学"。但"敩学半"实际上指教学相长,故"敩"又是"教"。"学"字转去声则为"效"。所以朱熹说"学之为言效也"。(《论语》"学而时习之"注。)我们说"教"是"效"的使动词,也就等于说"教"是"学"的使动词。

3. 同纽,旁韵,同调

〔动:荡〕 a.徒总切,自动词。《广韵》:"摇也。"按,指物体自摇动。《庄子·天地》:"荡荡乎忽然出,勃然动。"《孟子·公孙丑上》:"如此则动心否乎?"② b.徒朗切,使动词。按即使动之意。《礼·乐记》:"天地相荡。"注:"犹动也。"《月令》:"毋或作为淫巧以荡上心。"注:"谓动之使生奢泰也。"注意"动心"与"荡心"的分别。

〔存:全〕 a.徂尊切,自动词。《广韵》:"存,在也。"按,存是亡

---

① 上文"芜"与"涂"押,"邱"与"浏"押;下文"舒"与"馀""隅"押,"仆"与"怒"押。

② "动"又有引起的意义,如《论语·季氏》"而谋动干戈于邦内"。这种意义不和"荡"字配对。

之反。《孟子·离娄上》:"国之所存者幸也。"扬雄《解嘲》:"攫拏者亡,默默者存也。"b.疾缘切,使动词。《说文》:"全,完也。"作使动词用时,有使存、使完之意。《易·系辞》:"以全身也。"《释文》:"全,本亦作存。"司马迁《报任安书》:"今举事一不当,而全躯保妻子之臣,随而媒蘖其短。"

4.旁纽,同韵,异调

〔糴:糶〕　a.徒历切,自动词。《说文》:"市谷也。"《左传》隐公六年:"冬,京师来告饑,公为之请糴于宋卫齐郑。"b.他吊切,使动词。《说文》:"出谷也。"按即使糴之意,等于说"让人买(谷)"。《史记·货殖列传》:"贩谷糶千钟。"

"糴"、"糶",依段氏《六书音均表》同在第二部。依我的《汉语史稿》同在药部。

《说文》另有"糶"字,解云:"谷也。"《玉篇》"糶"有徒的、徒吊二反。徐灏《说文解字注笺》云:"古传记未见有名谷为糶者。出部:'糶,出谷也。'入部:'糴,市谷也。''糶'音他吊切,'糴'音徒历切,本一声之转,故'吊'字亦读如'的'。'糶''糴'皆售谷,自买者言之则为糴,自卖者言之则为糶,正如出物货曰卖,购取曰买,皆一事而以出入为二义,实是一字。盖'糶'之本义即售谷,古音读如'眺',声转为'的',因声歧为二义,故加'出'为'糶',加'入'为'糴'耳。"徐氏讲得很有道理。只是应该说"糴"字古音读如"翟",声转为"眺"。

〔进:引〕　a.即刃切,自动词。《广韵》:"进,前也。"《论语·雍也》:"非敢后也,马不进也。"b.余刃切,使动词。"引"字古音属端母浊音,故与"进"为旁纽。《广雅·释诂三》:"引,道也。"按,指引导。实即使进之意。《诗·大雅·行苇》:"以引以翼。"郑笺:"在前曰引。"

480

〔到:招〕　a.都导切,自动词。《说文》:"到,至也。"《诗·大雅·韩奕》:"靡国不到。"b.止遥切,使动词。《说文》:"招,手呼也。"按即使到之意。《孟子·滕文公下》:"招虞人以旌。"《荀子·议兵》:"招延募选。"注:"谓引致之也。"

"召"与"招"并为"到"的使动词。以手曰"招",以言曰"召"。

〔顺:驯〕　a.食闰切,自动词。《广韵》:"顺,从也。"《孟子·公孙丑下》:"多助之至,天下顺之。"b.详遵切,使动词。《说文》:"马顺也。"(李善引作"顺也"。)《广韵》:"从也。"按即使顺之意,意义范围缩小,限于使鸟兽顺从。《一切经音义》引《说文》:"养野鸟兽使服谓之驯。"《淮南子·说林》:"马先驯而后求良。"

〔藏:葬〕　a.昨郎切,自动词。《广韵》:"藏,隐也。"《说文》无"藏"篆。小学家以为"臧"即"藏"。《论语·子罕》:"有美玉于斯,韫匵而藏诸?求善贾而沽诸?"b.则浪切,使动词。《说文》:"葬,藏也,从死在茻中。"按即使藏之意,意义范围缩小,限于使死人隐藏。《论语·先进》:"门人欲厚葬之。"

5. 旁纽,旁韵,同调

〔失:夺〕　a.式质切,自动词。得之反。《论语·阳货》:"既得之,患失之。"b.徒活切,使动词。依《说文》本作"敚",今作"夺"。《说文》:"敚,强取也。"按即使失之意:对强取者来说是夺,对被强取者来说是失。《论语·宪问》:"夺伯氏骈邑三百。"

"失"和"夺"的关系很密切。《说文》:"夺,手持隹失之也。"一般人以为"夺"等于后世的"脱","敚"等于后世的"夺"。但段玉裁以为"夺"引伸为凡失物之称,仍然应解为"失"。《说文》:"失,纵也,从手,乙声。"朱骏声说:"谓在手而夺去也。"他从"失"又讲到"夺"。《孟子·梁惠王上》:"百亩之田,勿夺其时。"《荀子》注作"失"。《孟子》在另外两个地方也说"无失其时"。无论"勿夺"、"无失",都应该解作"勿使失去"。

当然,如果以"夺"(脱)与"敚"相配对,也可以讲得通;不过"夺"必须读他活切,然后和"敚"有分别。如果读音全同,则字形不同所产生的词义微别就是不可靠的了。

〔移:推〕　a.弋支切,自动词。《广韵》:"移,迁也。"《说文》作"迻"("移"是禾相倚移)。《孟子·梁惠王上》:"河内凶,则移其民于河东。"按:"移"古音属端母浊音,故与"推"为旁纽。b.他回切,使动词。《说文》:"推,排也。"按即使移之意。《孟子·万章上》:"若己推而内之沟中。"《楚辞·渔父》:"圣人不凝滞于物,而能与世推移。""推"与"移"连用,可见二字意义相近:分开来说,一个是使动词,一个是自动词。

6.旁纽,旁韵,异调

〔瘳:疗〕　a.敕鸠切,自动词。《说文》:"瘳,疾瘉也。"《书·金縢》:"王翼日乃瘳。"按,"瘳"从翏声(翏,力救切),可能"瘳"的上古音是tliəu,故与"疗"配对。b.力照切,使动词。《说文》:"療,治也,或从寮。"按即使瘳之意。《左传》襄公二十六年:"不可救療。"

〔浸:渐〕　a.失入切,自动词。《广韵》:"浸,水霑也。"《诗·王风·中谷有蓷》:"中谷有蓷,暵其浸矣。"b.子廉切,使动词。《说文》:"灒,渍也。"通作"渐"。《广雅·释诂一》:"渐,浸也。"按即使湿之意。《诗·卫风·氓》:"渐车帷裳。"《释文》:"渐,浸也。"《荀子·劝学》:"其渐之滫。"注:"渍也。"

〔壞:隳〕　a.下怪切,自动词。《说文》:"壞,败也。"按自颓曰壞,见《史记·秦始皇本纪》:"堕壞城郭"正义。《韩非子·说难》:"宋有富人,天雨墙壞。"b.许规切,使动词。《说文》作"陸",又作"隓"。后人又写作"堕"("堕"又有徒果一切,字当作"陊",落也),作"隳"。《说文》:"陸,败城阜曰陸。"按即使坏之意。《左传》襄公二十六年:

"入南里，堕其城。"《国语·鲁语》："堕会稽。"《战国策·秦策》："攻城堕邑。"贾谊《过秦论》："隳名城，杀豪杰。"

〔垂：縋〕 a.是为切，自动词。字本作"烝"，"𡐨"。《说文》："烝，草木華叶烝。"《广韵》："𡐨，草木華叶县。"① 按即下垂的"垂"。《庄子·逍遥游》："其翼若垂天之云。"b.驰伪切，使动词。《说文》："縋，以绳有所县也。"《广韵》："绳悬也。"按即使垂之意，意思范围缩小，限于绳悬使垂②。《左传》僖公三十年："夜縋而出。"昭公十九年："子占使师夜縋而登。"

"縋"字读驰伪切，依音系应属古音歌部，与垂为叠韵。但是，"縋"字从追得声，依谐声偏旁又应属古音微部。歌微二部音近，不必细考。

7. 对 转

〔穷：鞫〕 a.渠弓切，自动词。字本作"竆"。《说文》："竆，极也。"《礼·乐记》："穷高极远而测深厚。"b.居六切，使动词。字本作"𥷚"。《说文》："𥷚，窮治罪人也。"按即使穷之意，意义范围缩小，等于"追究到底"。《诗·大雅·云汉》："鞫哉庶正。"《瞻卬》："鞫人忮忒。"郑笺并云："穷也。"《汉书·张汤传》："爰书讯鞫。"师古注："鞫，穷也，谓穷覈之也。"

孔广森以为古韵冬幽对转，章炳麟以冬侵缉幽对转。按，冬部与幽部入声（觉部）对转较为常见。即如我所主张，以冬侵合并，"穷"读 g'ǐwəm，"鞫"读 kǐəuk，声相近，亦得相转。

〔回：运〕 a.户恢切，自动词。《说文》："回，转也。"《诗·大雅·云汉》："昭回于天。"毛传："回，转也。"b.王问切，使动词。"运"字

---

① 依周祖谟校本加"華"字。
② 注意：《广韵》既以"县"释"𡐨"，又以"悬"释"縋"。

古音属匣母文部,与"回"字为文微对转。《说文》:"运,迻徙也。"徐锴说:"按《庄子》:'天其运乎?地其处乎?'天道回转迻易也。"《广雅·释诂四》:"运,转也。"按即使转之意。"回"的本义是旋转,"运"是使之旋转。《楚辞·九章·哀郢》:"将运舟而下浮兮。"王逸注:"回也。"《淮南子·天文》:"运之以斗。"高诱注:"运,旋也。"

上面所举古汉语自动词和使动词配对的事实,我自信十分之九以上是可靠的。有些不大可靠的例子,就暂时存疑,不列举出来。例如"摇"字也可以认为是"动"的使动词,因为"摇"在上古的声母是d,与"动"旁纽相转。但是,"动"古韵属东部,"摇"古韵属宵部,韵部距离太远,为谨慎起见,宁可不举。这并不排除将来进一步的研究。

使动词的构成,是按照自动词的语音形式而加以变化。这种变化采取三种方式:(1)变声调,(2)变声母,(3)变韵母。这三种方式可以只采用一种,但也可以同时采用两种乃至三种。无论变声母或变韵母,都是变而不出其类。这样,就使对话人意识到它是从跟它配对的自动词变来的,两个词之间既有联系,又有区别。在某些情况下,自动词和使动词的分用不能划若鸿沟。但是主要的分工则是非常明显的。

使动词构成的规律是值得研究的,但是似乎这种规律相当复杂,由于研究得不够,还不容易得到十分肯定的结论。现在我把我的初步意见陈述如下。

声调方面:使动词以去声为主。自动词或者是入声,或者是上声,或者是平声。在上文所述跟自动词异调的二十二个使动词当中,有十二个是读去声的,即饮饮、视视(示)、见见(现)、入入(内)、食食(饲)、买卖、唤喝、䍐䍐、藏葬、瘳疗、垂缒、回运;五个是读平声的,即去祛、到招、顺驯、浸渐、坏隳;三个是读上声的,即去去、敬警、就造;两个是读入声的,即趣趣(促)、辟(避)辟。虽然读去声的使动词占多数,但是有些自动词反而读去声,仍然得不到满意的解释。我想比较合理的假设是:去声是比较后起的现象(如段玉裁所断言的),后来有了去声,人们就拿去声跟别的声调配对,来表示自动词和使动词的配对,不管是自动词或使动词,只要其中有一个读去声就行。

声母方面:情况也相当复杂。其中比较明显的是清浊的对立。在二十四个旁纽的例子当中,清浊对立的占了十五个。特别值得注意的是:自动词一般读浊母,使动词一般读清母,如败败、折折、别别、著著、解解、辟(避)辟、效(傚)教、耀耀、进引、藏葬、移推、坏隳、穷鞠。有一种情况也值得注意,那就是正齿三等字和舌上音的配对。如至致、出黜,例子虽不多,但是很能说明问题。自动词属正齿三等(至、出),使动词属舌上音。钱大昕说:"古人多舌音,后代多变为齿音,不独知彻澄三母为然也。"[1] 又说:"至致本同音,而今人强分为二(至,照母;致,知母)。"[2] 他的话只说出了一半真理。照系只有三等和舌头、舌上相通,二等则和齿头相通(黄侃的意见是对的)。相通不等于相同:"至""致"并不同音,古人正是靠这种相近而不相同的两个音来形成自动词和使动词的配对的(至 tɕiet:致 ṭiet)。由于介音的关系,照系三等和舌上音亲些,和舌头音疏些。

韵母方面:似乎没有一定的配对方式,只有一条,就是韵部必须相同或相近。旁韵或对转相配的情况如下:

东阳旁转:动荡

文元旁转:存全

歌微旁转:移推　坏隳　垂缒

---

①　钱大昕:《十驾斋养新录》卷五。
②　同上。

幽宵旁转:瘳瘵

质物旁转:失夺

缉谈旁转:湮渐

微文对转:回运

冬幽(觉)对转:穷鞠

上文说过,自动词和使动词的配对只是构词法的问题,不是造句法的问题。因此,自动词和使动词在造句法中的作用并没有明显的分别。诚然,自动词多数用作不及物动词,使动词多数用作及物动词,但是这种分别不是绝对的。

汉语词族的问题是一个研究是很不够的问题。这里提出的自动词和使动词的配对,可以认为词族问题的一个方面。用力不深,研究得还不够全面。补苴修正,有待于他日。

(原载《中华文史论丛》第 6 辑, 1965 年;又《龙虫并
雕斋文集》第 3 册;《王力文集》第 16 卷)

"之"、"其"构成的名词性词组

一、"之"字句

许多中国语法家都区别包孕句(或称母子句)和其他的复句①。所谓包孕句,例如:

> 他不来是一件怪事。
> 我不知道他往哪里去了。
> 我没想到你忘了。

前一例是句子形式作主语,子句在前;后两例是句子形式作宾语,子句在后。这种包孕句是上古汉语所罕见的,唐宋古文家的文章里也是罕见的。一般都在子句的主语和谓语的中间插进一个"之"字。例如:

> 三代之得天下也以仁,其失天下也以不仁。(《孟子·离娄上》)
> 喜怒哀乐之未发谓之中。(《礼记·中庸》)
> 计四海之在天地之间也,不似礨空之在大泽乎? 计中国之在海内,不似稊米之在大仓乎?(《庄子·秋水》)

这种"之"字结构并不是子句,而只是名词性词组;它们所在的句子也不是复句或包孕句,而是单句。这是和现代汉语大不相同的语法结构。我们把这种"之"字译成现代汉语的"的"字觉得不顺口,就是因为现代汉语没有这种结构,而古代汉语(特别是上古汉

---

① 参看黎锦熙《国语文法》,页 250～264;赵元任《中国话的文法》,英文版,页108。

语)则必须使用这种语法结构。这种"之"字是必需的,不是可有可无的。过去我们认为这种语法结构是句子的仂语化①,有人叫做取消句子的独立性,这种提法虽然好懂,但是不切合实际情况。这种语法结构是本来就有的,不是"化"出来的,更不是为了取消句子的独立性,才使用这种语法结构。

主谓语结构插进了"之"字,成为名词性词组,它可以用作主语、判断语、宾语(包括介词后的宾语),或关系语。现在分别举例如下——

(一) 在判断句中充当主语和判断语。例如:

(甲)"犹"字句

> 则此语古者国君诸侯之不可以不执善承嗣辅佐也,譬之犹执热之有濯也。(《墨子·尚贤中》)
> 我以为人之于就兼相爱、交相利也,譬之犹火之就上、水之就下也。(《墨子·兼爱下》)
> 夫子之在此也,犹燕之巢于幕上。(《左传》襄公二十九年)
> 民之归仁也,犹水之就下、兽之走圹也。(《孟子·离娄上》)
> 人性之善也,犹水之就下也。(《孟子·告子上》)
> 士之失位也,犹诸侯之失国家也。(《孟子·滕文公下》)
> 士之仕也,犹农夫之耕也。(同上)
> 故理义之悦我心,犹刍豢之悦我口。(同上)
> 周公之不有天下,犹益之于夏、伊尹之于殷也。(《孟子·万章上》)
> 礼之所以正国也,譬之犹衡之于轻重也,犹绳墨之于曲直也,犹规矩之于方圆也。(《荀子·王霸》)
> 形之包血气也,犹囊之贮粟米也。(《论衡·无形》)
> 人之有吉凶,犹岁之有丰耗。(《论衡·命义》)
> 星之去天,犹鼎之亡于地也。(《论衡·儒增》)

(乙)"若"字句

---

① 《汉语史稿》中册,页395。

彼人之才性之相悬也,岂若跛鳖之与六骥足哉?(《荀子·修身》)

民之望之,若大旱之望雨也。(《孟子·滕文公下》)

夫贤士之处世也,譬若锥之处囊中,其末立见。(《史记·平原君列传》)

(丙)"如"字句

孟施舍之守气,又不如曾子之守约也。(《孟子·公孙丑上》)

(丁)"异"字句

夫子之求之也,其诸异乎人之求之与?(《论语·学而》)

且夫天子之有天下也,譬之无以异乎国君诸侯之有四境之内也。(《墨子·天志中》)

(二)在判断句中充当主语。例如:

人之有技,若己有之。(《书·秦誓》)

三子之能达名成功于天下也,皆于其国抑而大醜也。(《墨子·亲士》)

即此言文王之兼爱天下之博大也,譬之日月兼照天下之无有私也。(《墨子·兼爱下》)

人之生也,固若是芒乎?(《庄子·齐物论》)

人之生也直,罔之生也幸而免。(《论语·雍也》)

德之不修,学之不讲,闻义不能徙,不善不能改,是吾忧也。(《论语·述而》)

汤之问棘也是已。(《庄子·逍遥游》)

禹之治水,水之道也。(《孟子·告子下》)

今天下溺矣,夫子之不援,何也?(《孟子·离娄上》)

故王之不王,不为也,非不能也。(《孟子·梁惠王上》)

吾之不遇鲁侯,天也。(《孟子·梁惠王下》)

圣人之忧民如此,而暇耕乎?(《孟子·滕文公上》)

何许子之不惮烦?(同上)〔这是倒装句。〕

民之悦之,犹解倒悬也。(《孟子·公孙丑上》)

人之可使为不善,其性亦犹是也。(《孟子·告子上》)

489

秦之乘胜役诸侯,盖六世矣。(《史记·李斯列传》)

秦王之欲尊宗庙,安子孙,与汤武同。(《史记·贾谊列传》)

(三)在描写句中充当主语。例如:

楚王之贵幸君,虽兄弟不如。(《战国策·楚策》)

天下之无道也久矣。(《论语·八佾》)

夫明之不胜神也久矣。(《庄子·列御寇》)

然后驱而之善,故民之从之也轻。(《孟子·梁惠王上》)

纣之去武丁未久也。(《孟子·公孙丑上》)

且王者之不作,未有疏于此时者也。(同上)

王之好乐甚,则齐国其庶几乎!(《孟子·梁惠王下》)

丹之治水也愈于禹。(《孟子·告子下》)

龙之为虫,一存一亡,一短一长。(《论衡·无形》)

久矣哉,由之行诈也。(《论语·子罕》)〔这是倒装句。以下五例同。〕

惜乎,夫子之说君子也!驷不及舌。(《论语·颜渊》)

巍巍乎,舜禹之有天下也,而不与焉!(《论语·泰伯》)

甚矣夫,好知之乱天下也!(《庄子·胠箧》)

宜乎百姓之谓我爱也。(《孟子·梁惠王上》)

若是乎,贤者之无益于国也!(《孟子·告子下》)

(四)在叙述句中充当主语。例如:

禄之去公室五世矣。(《论语·季氏》)

吾王之好田猎,夫何使我至于此极也?(《孟子·梁惠王下》)

则孝子仁人之掩其亲,亦必有道矣。(《孟子·滕文公上》)

人之易其言也,无责耳矣。(《孟子·离娄上》)

此之为德,岂直数十百钱哉?(《史记·日者列传》)

仁之与义,敬之与和,相反而皆相成也。(《汉书·艺文志》)

仙人之有翼,安足以验长寿乎?(《论衡·无形》)

幽、厉王之去夏世,以为千数岁。(《论衡·异虚》)

鹰之击鸠雀,鸦之啄鹄雁,未必鹰、鸦生于南方,而鸠雀、鹄雁产于西方也。(《论衡·物势》)

（五）充当关系语。例如：

民之贪乱，宁为荼毒。（《诗·大雅·桑柔》）

是故先王之治天下也，必察迩来远。（《墨子·修身》）

是故昔者尧之举舜也，汤之举伊尹也，武丁之举傅说也，岂以为骨肉之亲，无故富贵，面目美好者哉！（《同上·尚贤下》）

昔者，文王之治西土，若日、若月，乍光于四方，于西土。（《同上·兼爱中》）

君子之至于斯也①，吾未尝不得见也。（《论语·八佾》）

赤之适齐也，乘肥马，衣轻裘。（《论语·雍也》）

苟子之不欲，虽赏之不窃。（《论语·颜渊》）

有成与亏，故昭氏之鼓琴也；无成与亏，故昭氏之不鼓琴也。昭文之鼓琴也，师旷之枝策也，惠子之据梧也，三子之知几乎？（《庄子·齐物论》）

孔丘之于至人，其未邪？（《庄子·德充符》）

人之生也，与忧俱生。（《庄子·至乐》）

尧舜之治天下，岂无所用其心哉？（《孟子·滕文公上》）

墨之治丧也，以薄为其道也。（同上）

孔子之仕于鲁也，鲁人猎较，孔子亦猎较。（《孟子·万章下》）

羿之教人射，必志于彀。（《孟子·告子上》）

舜之居深山之中，与木石居，与鹿豕游。（《孟子·尽心上》）

流水之为物也，不盈科不行；君子之志于道也，不成章不达。（同上）

古之为关也，将以御暴；今之为关也，将以为暴。（《孟子·尽心下》）

孔子之去鲁，曰："迟迟吾行也。"（同上）

鹏之徙于南冥也，水击三千里，抟扶摇而上九万里。（《庄子·逍遥游》）

昔者圣王之治天下也，参其国而伍其鄙。（《国语·齐语》）

五羖大夫之相秦也，劳不坐乘，暑不张盖。（《史记·商君列传》）

彼贤人之有天下也，专用天下适己而已矣。（《史记·李斯列传》）

---

① 《论语·学而》："夫子至于是邦也，必闻其政。"缺"之"字，当是传抄之误。《马氏文通》引文有"之"字，是对的。

秦之灭大梁也，张耳家外黄。(《史记·张耳陈馀列传》)

若夫燕之用乐毅，秦之任李斯，郦食其之下齐，说行如流，曲从如环，所欲必得，功若丘山。(《汉书·东方朔传》)

诸侯之见项王迁逐义帝置江南，亦皆归逐其主而自王善地。(《汉书·淮阴侯列传》)

信之下魏破代，汉辄使人收其精兵，诣荥阳以距楚。(同上)

诸葛亮之为相国也，抚百姓，示仪轨，约官职，从权制，开诚心，布公道。(《三国志·蜀书·诸葛亮传赞》)

高子羔之丧亲，泣血三年。(《论衡·儒增》)

当邓通之幸文帝也，贵在公卿之上。(《论衡·骨相》)

(六) 充当判断句的判断语。例如：

其克从先王之烈，若颠木之有由蘗。(《书·盘庚》)

惟我文考，若日月之照临。(《书·泰誓》)

予临兆民，懔乎若朽索之驭六马。(《书·五子之歌》)

肇我邦予有夏，若苗之有莠，若粟之有秕。(《书·仲虺之诰》)

然当今之时，天下之害孰大？曰：若大国之攻小国也，大家之乱小家也。(《墨子·兼爱下》)

民望之①，若大旱之望云霓也。(《孟子·梁惠王下》)

凡有四端于我者，皆扩而充之矣，若火之始然，泉之始达。(《孟子·公孙丑上》)

我欲载之空言，不如见之于行事之深切著明也。(《史记·太史公自序》)

(七) 充当叙述句的宾语。例如：

听予一人之作猷。(《书·盘庚》)

予念我先神后之劳尔先。(同上)

不虞君之涉吾地也。(《左传》僖公四年)

于以禁王之为帝，有馀。(《战国策·秦策》)

---

① 当作"民之望之"。缺"之"字，当是传抄之误。《孟子·滕文公下》："民之望之，若大旱之望雨也。"可以为证。

492

臣恐侍御者之不察先王之所以畜幸臣之理。(《战国策·燕策》)

以指喻指之非指，不若以非指喻指之非指也；以马喻马之非马，不若以非马喻马之非马也。(《庄子·齐物论》)

余语汝三皇五帝之治天下。(《庄子·天运》)

敢问瞽瞍之非臣。(《孟子·万章上》)

不识舜不知象之将杀己与？(同上)

知虞公之不可谏。(同上)

是故江河不恶小谷之满己也。(《墨子·亲士》)

天必欲人之相爱相利，而不欲人之相恶相贼也。(《墨子·法仪》)

何以知尚贤之为政本也？(《墨子·尚贤中》)

则此言圣之不失以尚贤使能为政也。(同上)

欲以禁止大国之攻小国也。(《墨子·节葬下》)

然则何以知天之欲义而恶不义？(《墨子·天志上》)

然则何以知天之爱天之百姓？(同上)

婴不知孔某之有异于白公也，是以不对。(《墨子·非儒下》)

非夫子则吾终身不知孔某之与白公同也。(同上)

不患人之不己知，患不知人也。(《论语·学而》)

我不欲人之加诸我也，吾亦欲无加诸人。(《论语·公冶长》)

岁寒，然后知松柏之后雕。(《论语·子罕》)

君子病无能焉，不病人之不己知也。(《论语·卫灵公》)

俄而有无矣，而未知有无之果孰有孰无也。(《庄子·齐物论》)

庸讵知吾所谓知之非不知邪？庸讵知吾所谓不知之非知邪？(同上)

庸讵知夫造物者之不息我黥而补我劓，使我乘成而随先生邪？(《庄子·大宗师》)

謑髁无任，而笑天下之尚贤也。(《庄子·天下》)

吾未知圣知之不为桁杨接槢也，仁义之不为桎梏凿枘也，焉知曾史之不为桀跖嚆矢也？(《庄子·在宥》)

明乎物物者之非物也，岂独治天下百姓而已哉？(同上)

知天地之为稊米也，知毫末之为丘山也，则差数睹矣。(《庄子·秋水》)

彼视渊若陵，视舟之覆，犹其车郤也。(《庄子·达生》)

493

文王欲举而授之政，而恐大臣父兄之弗安也，欲终而释之，而不忍百姓之无天也。(《庄子·田子方》)

曾不知以食牛干秦缪公之为污也。(《孟子·万章上》)

知虞公之将亡而先去之，不可谓不智也；时举于秦，知缪公之可与有行也而相之，可谓不智乎？(同上)

前日不知虞之不肖，使虞敦匠、事严。(《孟子·公孙丑下》)

王如知此，则无望民之多于邻国也。(《孟子·梁惠王上》)

敢问夫子之不动心与告子之不动心，可得闻与？(《孟子·公孙丑上》)

丑见王之敬子也，未见所以敬王也。(《孟子·公孙丑下》)

有楚大夫于此，欲其子之齐语也，则使齐人傅诸？使楚人傅诸？(《孟子·滕文公下》)

致乱，而恶人之非己也；致不肖，而欲人之贤己也；心如虎狼，行如禽兽，而又恶人之贼己也。(《荀子·修身》)

无礼，何以正身？无师，吾安知礼之为是也？(同上)

此言君子之能以公义胜私欲也。(同上)

志不免于曲私，而冀人之以己为公也；行不免于汙漫，而冀人之以己为脩也；其愚陋沟瞀而冀人之以己为知也，是众人也。(《荀子·儒效》)

知夫为人主上者不美不饰之不足以一民也，不富不厚之不足以管下也，不威不强之不足以禁暴胜悍也。(《荀子·富国》)

知隆礼义之为尊君也，知好士之为美名也，知爱民之为安国也，知有常法之为一俗也，知尚贤使能之为长功也，知务本禁末之为多材也，知无与下争小利之为便于事也，知明制度权物称用之为不泥也，是卿相辅佐之材也。(《荀子·君道》)

秦四世有胜，諰諰然常恐天下之一合而轧己也。(《荀子·议兵》)

今俳优、侏儒、狎徒詈侮而不斗者，是岂钜知见侮之为不辱哉？(《荀子·正论》)

公与语，不自知膝之前于席也。(《史记·商君列传》)

大宛闻汉之饶材，欲通不得。(《史记·大宛列传》)

知与之为取，政之宝也。(《史记·管晏列传》)

有所荐举，唯恐其人之闻知。(《汉书·孔光传》)

494

二、"其"字句

"其"字的意义,等于"名词+之"。在上古汉语里,它永远处于领位。从前中国语法学家以为"其"字可以居主位①,那是错误的。黎锦熙先生虽然也承认"其"字可以充当句子的主语,但是他有一段很好的议论。他说:

> 马氏又分"其"字用法为二:一在主次,二在偏次。实则"其"字皆领位也②。

"其"字等于"名词+之"。举例如下:

> 子谓颜渊曰:"惜乎! 吾见其进也,未见其止也。"(《论语·子罕》)〔等于说:"吾见颜渊之进也,未见颜渊之止也。"这个"之"字不可省,说见上文。〕
>
> 阙党童子将命。或问之曰:"益者与?"子曰:"吾见其居于位也,见其与先生并行也。非求益者也,欲速成者也。"(《论语·宪问》)〔等于说:"吾见阙党童子之居于位也,见阙党童子之与先生并行也。"〕
>
> 立,则见其参于前也,在舆,则见其倚于衡也。(《论语·卫灵公》)
>
> 仲尼曰:"始作俑者,其无后乎!"为其象人而用之也。(《孟子·梁惠王上》)
>
> 王若隐其无罪而就死地,则牛羊何择焉? (同上)
>
> 吾何以识其不才而舍之? (《孟子·梁惠王下》)
>
> 葛伯率其民,要其有酒食黍稻者夺之。(《孟子·滕文公下》)
>
> 其设心,以为不若是,是则罪之大者。(《孟子·离娄下》)
>
> 吾闻其以尧舜之道要汤,未闻以割烹也。(《孟子·万章上》)

---

① 《马氏文通》:"'其'字用法有二:一在主次,一在偏次。"(卷二,页39)杨树达《词诠》:"其,彼也。用于主位与领位。"(卷四,页212)黎锦熙《比较文法》:"将宾位子句中之'主语'弁诸句首,其本位则重指代词'其'字者。"(1957年校订本,页48)

② 《比较文法》,1957年校订本,页196。

其至,尔力也;其中,非尔力也。(《孟子·万章下》)

其交也以道,其接也以礼。(同上)

欲见贤人而不以其道,犹欲其入而闭之门也。(同上)

夜气不足以存,则其违禽兽不远矣。(《孟子·告子上》)

独孤臣孽子,其操心也危,其虑患也深。(《孟子·尽心上》)

恶莠,恐其乱苗也;恶佞,恐其乱义也;恶利口;恐其乱信也;恶郑声,恐其乱乐也;恶紫,恐其乱朱也;恶乡原,恐其乱德也。(《孟子·尽心下》)

其作始也简,其将毕也必巨。(《庄子·人间世》)

然而其禁暴也察,其诛不服也审。(《荀子·强国》)

三、"之""其"互文

"之"、"其"互文,最足以证明"其"字等于"名词+之"。举例如下:

大夫之许,寡人之愿也;若其不许,亦将见也。(《左传》成公二年)〔"其不许"等于说"大夫之不许"。〕

鸟之将死,其鸣也哀;人之将死,其言也善。(《论语·泰伯》)〔"其鸣也哀"等于"鸟之鸣也哀";"其言也善"等于"人之言也善"。〕

大哉,尧之为君也! 巍巍乎! 唯天为大,唯尧则之。荡荡乎! 民无能名焉。巍巍乎其有成功也,焕乎其有文章。(同上)〔"其有成功"等于"尧之有成功";"其有文章"等于"尧之有文章"。〕

三代之得天下也以仁,其失天下也以不仁。(《孟子·离娄上》)〔"其失天下"等于"三代之失天下"。〕

人之有是四端也,犹其有四体也。(《孟子·公孙丑上》)〔"其有四体"等于"人之有四体"。〕

阳货瞰孔子之亡也,而馈孔子蒸豚;孔子亦瞰其亡也,而往拜之。(《孟子·滕文公下》)〔"其亡"等于"阳货之亡"。〕

舜之饭糗、茹草也,若将终身焉;及其为天子也,被袗衣,鼓琴,二女果,若固有之。(《孟子·尽心下》)〔"其为天子"等于"舜之为天子"。〕

至于子都,天下莫不知其姣也;不知子都之姣者,无目者也。(《孟

子·告子上》)〔“其姣”等于“子都之姣”。〕

且夫水之积也不厚,则其负大舟也无力。(《庄子·逍遥游》)〔“其负大舟”等于“水之负大舟”。〕

凡说之务,在知饰所说之所矜,而灭其所耻。(《韩非子·说难》)〔“其所耻”等于“所说之所耻”。〕

人之少也发黑,其老也发白。(《论衡·道虚》)〔“其老”等于“人之老”。〕

正如这种“之”字不能译成现代汉语的“的”字一样,这种“其”字也不能译成现代汉语的“他的”或“它的”①。不能译,这正说明古今语法的不同。过去我们把这类“其”字误认为主语,是以今语法说明古语法的一种方法上的错误。我们应该知道,不但依照外国语法的框框来讲中国语法是错误的,而且依照现代语法的框框来讲古代语法也是错误的。

（原载《语言研究》1984 年第 2 期）

---

① 所谓不能译,以《孟子·滕文公下》关于阳货的一段话为例,不能把“瞰孔子之亡”译成“打听得孔子的不在家”,同时也不能把“孔子亦瞰其亡也”译成“孔子也打听得他的不在家”。又如《庄子·逍遥游》“水之积也不厚”不能译成“水的积蓄不多”,同时也不能把“其负大舟也无力”译成“它的负担大船无力”。

新 训 诂 学

训诂学,依照旧说,乃是文字学的一个部门。文字学古称"小学"。《四库全书提要》把小学分为三个部门:第一是字书之属;第二是训诂之属;第三是韵书之属。依照旧说,字书之属是讲字形的,训诂之属是讲字义的,韵书之属是讲字音的。从古代文字学的著作体裁看来,这种三分法是很合适的。不过,字书对于字形的解释,大部分只是对于训诂或声音有所证明,而所谓韵书,除注明音切之外还兼及训诂,所以三者的界限是很不清楚的。若依语言学的眼光看来,语言学也可以分为三个部门:第一是语音之学;第二是语法之学;第三是语义之学。这样,我们所谓语义学(semantics)的范围,大致也和旧说的训诂学相当。但是,在治学方法上,二者之间有很大的差异,所以我们向来不大喜欢沿用训诂学的旧名称。这里因为要显示训诂学和语义学在方法上的异同,才把语义学称为新训诂学。

一、旧训诂学的总清算

以前研究训诂学的人,大致可分为三派:第一是纂集派;第二是注释派;第三是发明派。这三者的界限也不十分清楚,不过为陈述的便利起见,姑且这样分开而已。

(甲)纂集派 这一派是述而不作的。他们只把古代经籍的训诂纂集在一起。阮元的《经籍籑诂》,以及近人的《韵史》、《辞通》,等等,都属于这一类。述而不作的精神也可算是一种科学精神,只要勤于收集,慎于选择,也就不失为一种好书。不过从学问方面看来,这还不能算为一种学问,只是把前人的学问不管是非或矛盾,都纂集在一起而已。这种训诂学,如果以字典的形式出现,就显得芜杂不堪,因为字典对于每字,应该先确定它有几种意义,不能东抄西袭,使意义的种类不分,或虽分而没有明确的界限。前者例如《中华大字典》,它的体裁很像《经籍籑诂》,不过《经籍籑诂》抄的是上古的训诂,而它则搜集至于近代而已。后者例如《康熙字典》、《辞源》、《辞海》之类,因为故训字面上有差异,所以不免分为数义,其实往往只是一个意思而已。例如《辞海》"媚"字下有三种意义:(一)说也,引《说文》;(二)爱也,引《诗》"媚兹一人";(三)谄也,引《史记》"非独女以色媚"。其实"媚"字只有一种意义,就是《说文》所谓"说也"。"说也"就是"悦也","悦也"就是取悦于人,俗话叫做"讨好"。讨好皇帝显得是爱,因为古代对于君主必须讨好的;讨好平辈往往被认为坏事,所以是"谄"了。这是杂引故训的缺点,也就是纂集派的流弊。

(乙)注释派 这一派是阐发或纠正前人的训诂,要想做古代文字家的功臣或诤臣的。《说文解字》的注家多半属于这一派,因为《说文》虽是字书之属,却是字形字义并重,注家就原注加以阐发,可以使字义更加显明而确定。例如王筠的《说文释例》里说:"禾麻菽麦,则禾专名也;十月纳禾稼,则禾又统名也。"这是补充《说文》"禾,嘉谷也"的说法。这一类的书,做得好的时候,的确很有用处,因为前人的话太简单了,非多加补充引证不足以使读者彻底了解。因此,像段玉裁《说文解字注》一类的书确是好书。但是,有时候太拘泥了,也会弄出毛病来。例如《说文》"夫"字下云"丈夫也","壻"字下云"夫也",段氏以"夫"为男子的通称,这是对的;而连"壻"字也认为男子的通称，就糊涂了，因为古书中没有一个"壻"字可解为男子的通称的。《说文》所谓"夫也"显然只是"夫妻"的"夫"。注释家对于《说文》，阐发者多，纠正者少，这固然因为崇拜古人的心理，造成"不轻疑古"的信条，但是新的证据不多，不足以推翻古说，也是一个大原因。近代古文字逐渐出土，正是好做许氏诤臣的时代，将来从这方面用力的人必多。例如《说文》"行"字下云："人之步趋也，从彳从亍会意。""人之步趋也"的说法不算错，但在讲求本义的《说文》里就算错了。"行"字在古文字里作𧗟，显然是表示十字路的意思；所以"術"（邑中道）、"衖"（巷同）、"街"（四通道）、"衝"（交道）、"衢"（四达道，或云大通道）都是从"行"的。《诗经》里有几处"周行"（《卷耳》"寘彼周行"，《鹿鸣》"示我周行"，《大东》"行彼周行"）都是大路的意思（"周"是四通八达的意思）。不过有些地方系用象征的意义，可解作"大道"或"至道"罢了（"周道如砥"也是同样的道理）。《易经》的"中行独复"和《论语》的"中道而废"相仿，《诗·豳风·七月》的"遵彼微行"和《周南》的"遵彼汝坟"相仿，"中行"也就是"中途"，"微行"也就是"小路"。这样去解释古书，才可以纠正前人的错误。

（丙）发明派　这可说是比较新兴的学派。古人解释字义，往往只根据字形。直到王念孙、章炳麟等，才摆脱了字形的束缚，从声韵的通转去考证字义的通转。本来，注释派也可以有所发明，但为《说文》《尔雅》等书所拘囿，终不若王念孙、章炳麟的发明来得多，而且新颖。又古代虽有"声训"之学，如刘熙《释名》等（《说文》也有"声训"），但那是用训诂来讲造字的大道理（如"马，武也"，"牛，事也"之类），和章氏讲"字族"（word family）的学问不同。章氏从声韵的通转着眼，开辟了两条新路。其一是以古证古，这可以他所著的《文始》为代表；另一是以古证今，这可以他所著的《新方言》为代表。《文始》里的字族的研究很有意思，例如"贯""关""环"

等字,在字形上毫无相关的痕迹,而在字义上应该认为同一来源。但这是颇危险的一条路,因为声音尽管相近甚至于相同,也不一定是同源。这一种方法可以引导后人作种种狂妄的研究,例如有人以为中西文字或亦同源,如"君"字和英文 king 音相近,"路"字和英文 road 相近;又如某君作《说音》一书,以为人类自然的倾向,可使语音和意义有一种自然的联系,如"肥"字和英文 fat 为双声。但是语言学家曾经指出,波斯的 bad 和英文的 bad 音义完全相同,法文的 feu 和德文的 Feuer,英文的 whole 和希腊文的 δλοS(holos)意义全同,音亦相近,然而并非同源。因此,"新声训"的方法必须以极审慎的态度加以运用;《文始》已经不能无疵,效颦者更易流于荒谬。

《新方言》的方法更为危险。现代离开先秦二千余年,离开汉代也近二千年,这二千年来,中国的语言不知经过了多少变化。《新方言》的作者及其同派的学者怀抱着一个错误的观念,以为现代方言里每一个字都可以从汉以前的古书尤其是《说文》里找出来,而不知有两种情形是超出古书范围以外的。第一、古代方言里有些字,因为只行于一个小地域,很可能不见于经籍的记载。而那个小地域到后来可能成为大都市,那些被人遗弃的字渐渐占了优势。第二、中国民族复杂,古代尤甚,有些语汇是借用非汉族的,借用的时代有远有近,我们若认为现在方言中每字都是古字的遗留,有时候就等于指鹿为马。上述的两种情形,以后者的关系尤为大。例如现在粤语区域有些地方称"嚼"为[ɲɔi],这可能是从越南的 nhai 字借来的,假使我们要从古书去找它的来源,一定不免穿凿傅会了。现在试从章炳麟的《新方言》里举出一个例子。他追溯"啥"的来源说:"余,语之舒也。余亦训何,通借作舍,今通言甚么,舍之切音也。川楚之间曰舍子,江南曰舍,俗作'啥',本余字也。"为什么他知道"舍"字有"何"的意义呢? 他说:"《孟子·滕文公》篇:'舍皆取诸其宫中而用之',犹言何物皆取诸其宫中而用之也。"这上头有两个疑问无法解答：第一，"何物皆取诸其宫中而用之"一类的句子不合于上古的语法；"什么都……"只是最近代语法的产品，唐宋以前是没有的，何况先秦？第二，"舍"字变为"甚么"很奇怪，"舍"是清音字，"甚"是浊音字，不能成为切音，而且中间有个 m 为什么消失了，也很难解释。后来步武章氏的人，越发变本加厉，以致成为捕风捉影。例如《辞海》"嚇"字下有三种意义："（一）以口拒人谓之嚇，见《集韵》。《庄子·秋水》：'鸱得腐鼠，鹓雏过之，仰而视之曰，嚇！'《释文》引司马云：'嚇，怒其声'，按义与《集韵》合。（二）惊恐人曰嚇。《庄子·秋水》：'今子欲以子之梁国而嚇我也'①，语音读如下，亦写作吓……。"其实，《庄子》里的"嚇"字只有一种意义，就是"怒其声"，也就是一个拟声字。"嚇我"就是拿这种声音来对待我，也就是以为我羡慕你的梁国，像鸱以为鹓雏羡慕它的腐鼠一样。《辞海》凭空引来作恐嚇的意义，就大错了。大概一个字义见于古书决不止一次，除非变形出现（所谓假借），否则只见一次者必极可疑，因为既是语言中所有的字义，何以没有别人沿用呢？因此，像《新方言》里所释的"舍"字和《辞海》里所释的"嚇"字都是极不可靠的。

自从清人提倡声韵之学以后，流风所播，许多考据家都喜欢拿双声叠韵来证明字义的通转，所谓"一声之转"，往往被认为一种有力的证据。其实这种证据的力量是很微弱的；除非我们已经有了别的有力的证据，才可以把"一声之转"来稍助一臂之力。如果专靠语音的近似来证明，就等于没有证明。双声叠韵的字极多，安知不是偶合呢？譬如广州有一个"淋"字，意义是"熟烂了的"，若依一声之转的说法，我们尽可以说"淋""烂"一声之转，"烂"是俗语"淋"

---

① 《庄子》原文"也"作"邪"。

的前身。我们之所以不这样说，因为除了一声之转的武断之外，毫无其他强有力的理由。再看粤语区域中另一些地方，"淋"读如"稔"的平声（粤语"稔"读 nem 上声），倒反令我们怀疑它的本音是[nem]，广州有一部分人 n，l 不分，才念成了"淋"的。如果我们猜想的不错，更不能说它是由"烂"字变来了。声韵的道理，本极平常，而前人认为神秘，所以双声叠韵之说也由于它的神秘性而取得了它所不应得的重要性。这是新训诂学所不容的。

旧训诂学的弊病，最大的一点乃是崇古。小学本是经学的附庸，最初的目的是在乎明经，后来范围较大，也不过限于"明古"。先秦的字义，差不多成为小学家唯一的对象。甚至现代方言的研究，也不过是为上古字义找一些证明而已。这可说是封建思想的表现，因为尊经与崇古，就是要维持封建制度和否认社会的进化。

二、新训诂学

以上对于旧训诂学的功罪，说了不少的话；旧训诂学的功罪既定，新训诂学应该采取什么途径，也可以"思过半"了。

我们研究语义，首先要有历史的观念。前人所讲字的本义和引申假借（朱骏声所谓转注假借），固然也是追究字义的来源及其演变，可惜的是，他们只着重在汉代以前，汉代以后就很少道及。新训诂学首先应该矫正这个毛病，把语言的历史的每一个时代看作有同等的价值。汉以前的古义固然值得研究，千百年后新起的意义也同样地值得研究。无论怎样"俗"的一个字，只要它在社会上占了势力，也值得我们追求它的历史。例如"鬆紧"的"鬆"字和"大腿"的"腿"字，《说文》里没有，因此，一般以《说文》为根据的训诂学著作也就不肯收它（例如《说文通训定声》）。我们现在要追究，像这一类在现代汉语里占重要地位的字，它是什么时候产生的。至于"脖子"的"脖","膀子"的"膀",比"鬆"字的时代恐怕更晚,但是我们也应该追究它的来源。总之,我们对于每一个语义,都应该研究它在何时产生,何时死亡。虽然古今书籍有限,不能十分确定某一个语义必系产生在它首次出现的书的著作时代,但至少我们可以断定它的出世不晚于某时期;关于它的死亡,亦同此理。前辈对于语义的生死,固然也颇为注意,可惜只注意到汉以前的一个时期。我们必须打破小学为经学附庸的旧观念,然后新训诂学才真正成为语史学的一个部门。

关于语义的演变,依西洋旧说,共有(一)扩大(二)缩小(三)转移三种方式。我们曾经有机会在别的地方解释过这三种方式,现在不妨重说几句。扩大式例如"脸"字,本是"目下颊上"的意思,现在变了面部的意思,这样是由面上的一小部分扩大至于整个面部了。缩小式例如"趾"字,"趾"本作"止",足也(《仪礼士昏礼》"皆有枕,北止",郑注:"足也"),后来变了脚趾的意思,这样是由整个的脚缩小至于脚的一部分了。转移式例如"脚"字,本是"胫"(小腿)的意义,后来变了与"足"同义,这样是由身体的某一部分转移到另一部分。上述这三种方式并不限于名词,动词和形容词等等也是一样。现在试再举几个例子。"细"字从系,大约本来只用为丝的形容词,后来变了"小"的意义,这是扩大式;现在粤语的"细"就是"小",而官话的"细"又变了"细致""精细"的意义,这是缩小式。"幼"字本来是"幼穉"的意思,现在粤语白话称丝麻布帛之细者为"幼"(形容词),这又是转移式。又如现在官话"走"字等于古代的"行",也是转移式。除了上述的三种方式之外,还有一种特殊情形是在三式之外的,就是忌讳法。在古代,帝王的名讳往往引起语言的转变。汉明帝名"庄",以致"庄光"变了"严光",甚至讳及同音字,"治装"变了"治严","妆具"变了"严具"。唐太宗名"世民",以致"三世"(祖孙三世)变了"三代","生民"变了"生人"。此外还有对于人们所厌恶的事物的忌讳。粤语中此类颇多,例如广东"蚀本"的"蚀"音如"舌",商人讳"蚀",于是"猪舌"变了"猪利","牛舌"变了"牛利";商人和赌徒讳"干"("干"是没有钱的象征),"干""肝"同音,于是"猪肝"变了"猪润",有些地方变了"猪湿";甚至有些地方的赌徒讳"书"为"胜",因为"书""输"同音的缘故。这是关于财富上的忌讳。粤语区域的人忌讳吃的血,所以猪血称为"猪红";云南人也有同样的忌讳,所以猪血称为"旺子"。粤语区域称"杀"为"劏"(音如"汤"),所以有些地方讳"汤"为"羹"(但"羹"义古已有之),例如南宁;有些地方的某一部分人讳"汤"为"顺",例如钦廉一带的赌徒及商店伙计们。这是关于死伤方面的忌讳。又如广东有许多人讳"空身"为"吉身"。所谓"空身",是不带行李货物而旅行的意思。粤语"空""凶"同音,所以讳"凶"而说"吉"。这是关于吉凶的忌讳。

有些语义的转移,可认为语义的加重或减轻。现在试举"诛""赏"二字为例。"诛"字从言,起初只是"责"的意思(《论语》"于予与何诛"),后来才转为"杀戮"的意思,由责以至于杀戮,这是加重法。"赏"字从贝,起初只是"赏赐"的意思,后来才转为"赞赏"的意思,由实物的赏赐以至于言语的赞美,这是减轻法。又试举现代方言为例。粤语以价贱为"平",本来是像"平价""平粜"的"平",只是"价值相当"的意义,由"价值相当"以至于"价贱",也是一种加重法。西南官话有许多地方称价贱为"相应",恐怕也是这个道理。加重法似乎可归入扩大式,减轻法似乎可归入缩小式,但二者也都可认为转移式。意义的转变不一定就是新旧的替代,有时候,它们的新旧两种意义是同时存在过(如"诛"字),或至今仍是同时存在(如"赏"字)。因此我们知道语义的转移共有两种情形:一种如蚕化蛾,一种如牛生犊。

上面说过,语言学可分为三个部门:一、语音;二、语法;三、语义。但语义学并不能不兼顾到它与语音或语法的关系。关于语音和语义的关系，前人已经注意到。章炳麟一部《文始》，其成功的部分就是突破了字形的束缚，从音义联系的观点上得到了成功。这可以不必多谈。至于语法和语义的关系，向来很少有人注意到。上面说及"什么都……"一类的语法（疑问代词后紧接着范围副词）是上古所没有的，于是我们知道"舍皆……"不能解作"何物皆……"，就是从语法上证明语义的。试再举一些类似的例子。许多字典都把"適"字解释为"往也"，然而上古的"往"字是一个纯粹的内动词，"往"的目的地是不说出或不能说出的；上古的"適"字是一个外动词或准外动词（有人称为关系内动词），"適"的目的地是必须说出的。"往"等于现代官话的"去"，"適"等于现代官话的"到……去"，这是语法的不同影响到语义的不同。

　　研究语义的产生及其演变，应该不受字形的束缚。例如"趣"与"促"，"阳"与"佯"，"韬"与"弢"，"矢"与"屎"，"溺"与"尿"，论字形毫无相似之处，若论音义则完全相同（当然这不是说它们所含别的意义也全同）。有些字，形虽不古，而其意义则甚古，我们断定它们出生的时代，应该以意义为准。例如"糖"字出世虽晚，"饧"字则至少汉代就有，于是我们可以断定"糖"的语义是颇古的。反过来说，另有些字，意义虽不古而其形则甚古者，我们断定它们出生的时代，也不能以字形为准。例如"抢劫"的"抢"大约是宋代以后才产生的语义，先秦虽也有"抢"字（《庄子·逍遥游》"飞抢榆枋"），但和"抢劫"的"抢"无关。又如"穿衣"的"穿"，虽很可能是从"贯穿"的意义变来，但它在什么时候开始有"穿衣"的意义，我们不能不管。现在许多字典（如《辞海》）甚至于不把"穿衣"的一种意义列入"穿"字下，就更不妥了。又如"回"字，虽然在先秦经籍上屡见，但"来回"的"回"却大约迟至唐代才产生。上古的"回"等于后代的"迴"，《说文》"回"下云"转也"，《醉翁亭记》上所说的"峰回路转"就是"峰迴路转"。"来回"的意义自然是由"转"的意义引申来的，因为走回头路必须转弯或向后转。现代吴语一部分(如苏州话)和客家话都以"转"为"回"，可为明证。但我们只能说当"回"字作"转"字讲的时代已潜伏着转变为"来回"的意义的可能性，我们不能说上古就有了"来回"的"回"。现代的"回"在上古叫做"反"(后来写作"返")。这样研究语义，才不至于上了字形的当。

从前的文字学家也喜欢研究语源，但是他们有一种很大的毛病是我们所应该极力避免的，就是"远绍"的猜测。所谓"远绍"，是假定某一种语义曾于一二千年前出现过一次，以后的史料毫无所见，直至最近的书籍或现代方言里才再出现。这种神出鬼没的怪现状，语言史上是不会有的。上文所述《辞海》里解释"嚇"字，就犯了这种武断的毛病。此外另有一种情形和这种情形相近似的，就是假定某一种意义在一二千年前已成死义，隔了一二千年后，还生了一个儿子。例如"该"字，《说文》云："军中约也。""应该"的"该"和"该欠"的"该"似乎都可以勉强说是由"军中约"的意义引申而来(段玉裁就是这样说)。但可怪的是，"应该"的"该"大约产生于宋代以后，"该欠"的"该"或者更后，而"军中约"的古义，即使曾经存在过，也在汉代以前早成死义，怎能在千年之后忽然引申出两种新兴的意义来呢？这是语源学方法中最重要的一点。

但是，从历史上观察语义的变迁，我们首先应该有敏锐的眼光，任何细微的变化都不能忽略过去。多数语义的转移总不外是引申，所谓引申，好比是从某一地点伸张到另一地点。既是引申，就不免或多或少地和原义有类似之点；如果太近似了，虽然实际上发生了变化，一般人总会马马虎虎地忽略了过去，以"差不多"为满足。这样，在许多地方都不会看得出变迁的真相来。例如上文所举的"脚"字，本来是"胫"的意思，"胫"就是现代所谓"小腿"，"小腿"和"脚丫子"差得颇远，而《辞海》于"脚"字下第一义竟云："胫

507

也，见《说文》。按脚为足之别称。"这样是说足等于脚，脚等于胫，完全没有古今的观念了。段玉裁的眼光最为敏锐，譬如他注释"仅"字，会注意到唐代的"仅"和清代的"仅"不同，唐代的"仅"是"庶几"的意思，段氏举杜甫诗"山城仅百层"为例。我们试拿唐人的诗文来印证，就会觉得确切不易，例如白居易《燕子楼诗序》："尔后绝不复相闻，迨兹仅一纪矣。"按唐代的"仅"和清代的"仅"都是程度副词，很容易被认为一样，然而前者叹其多，后者叹其少，实际上恰得其反。与"仅"字相类似的有"稍"字，宋代以前"稍"字都作"渐"字讲，近代才作"略"字讲。像这种地方最有兴趣，我们绝对不该轻易放过。现在试举两个很浅的字为例。"再"字，唐宋以前都是"二次"（twice）的意思，"再醮""再造""再生"都是合于这种意义的，现代变了"复"（again）的意思，就不同了。例如说："某君已来三次，明日再来"，这种地方在古代只能用"复来"，不能用"再来"。古代的"再"字非但不能指第三次以上的行为而言，而且也还不是专指第二次的行为而言，而是兼指两次的行为。《说文》"再"下云："一举而二也，"最妥。又如"两"字，现在意义是和"二"字差不多了（语法上稍有异点，见拙著《中国现代语法》第四章），但在最初的时候，"两"和"二"的意义应该是大有分别的。本来，数目上的"两"和"车两"的"两"（今作辆）是同源的。《说文》以"兩"为数目的"两"，"两"为"车两"的两，那是强生分别，像唐人之分别"疏""疎"，今人之分别"乾""乾"一样。《风俗通》里说："车有两轮，故称为两"，这是很对的。我们猜想最初的时候，只有车可称为"两"，所以《诗·召南》"之子于归，百两御之"，"百两"就可以表示百车。由"车两"的意义引申，凡物成双的都可以叫做"两"。但它和"二"字的不同之点乃是：前者只指两物相配，不容有第三者存在；后者无所谓相配，只是泛指"二"数而言。因此，"两仪""两端""两造""两庑"之类都是合于上古的意义的，因为没有第三仪，第三端，第三造，第三庑

508

的存在的可能。"两汉""两晋""两湖""两广"也是对的。至于像《史记·陈轸传》说："两虎方且食牛,"这就和"二"字的意义差不多了。可见汉代以后,"两"和"二"的分别渐归泯灭。现在我们说"买两斤肉""吃两碗饭"之类是完全把"两"和"二"混而同之,若依上古的意义,是不能用"两"的,因为市面上不止有两斤肉,我不过只买其中的两斤;饭锅里也不止有两碗饭,我不过只吃其中的两碗而已。这种地方是很容易忽略过去的。有时候,我们只须利用前人所收集的资料,另换一副头脑去研究它,就可以有许多收获。

曾经有人提及文字学和文化史的关系,有许多的语源可以证明这一个事实。依《说文》所载,马牛犬豕的名目那样繁多,可以证明畜牧时代对于家畜有详细分别的必要。"治"字从"水",它的本义应该就是"治水"。《说文》以"治"为水名,朱骏声云:"治篆实当出别义,一曰汩也,理导水也,"这是妥协的说法。其实只有"理导水"是最初的意义。因此,我们可以证明太古确有洪水为灾,古人先制"治"字,然后扩大为普通"治理"的意义;"治玉""治国"之类都只是后起的意义而已。又上古重农,所以稻麦的名称也特繁。只须看买卖谷米另有"糴""糶"二字("鬻"字可能就是"糶"字的前身),就可知上古的农业重要到了什么程度。再说,关于风俗习惯,也可以由语词的分化或合并看出来。例如关于胡子,上古共有"髭""鬚""髯"三字,在口上叫做"髭",在颐下叫做"鬚",在颊旁叫做"髯"。胡子分得详细,就显示古人重视胡子。近代的人把胡子剃得光光的,自然不需要分别,只通称为"胡子"就够了。

其实何止如此?一切的语言史都可认为文化史的一部分,而语义的历史又是语言史的一部分。从历史上去观察语义的变迁,然后训诂学才有新的价值。即使不顾全部历史而只作某一时代的语义的描写(例如周代的语义或现代的语义),也就等于断代史,仍旧应该运用历史的眼光。等到训诂脱离了经学而归入了史的领域之后,新的训诂学才算成立。到了那时节,训诂学已经不复带有古是今非的教训意味,而是纯粹观察、比较和解释的一种学问了。

（原载《开明书店二十周年纪念文集》,1947 年;又《汉语史论文集》;《龙虫并雕斋文集》第 1 册;《王力文集》第 19 卷）

双声叠韵的应用及其流弊

双声叠韵这两个名词,在现代已不复有神秘的意义。大家都知道:两个字的声纽相同,叫做双声;两个字的韵部相同,叫做叠韵。在这样容易了解的情况之下,有些学者,当应用双声叠韵的道理来帮助他们的议论的时候,还容易陷于谬误。这是什么缘故呢?

原来学者之应用双声叠韵,往往为的是证明历史上的问题,因此,结果不知道古代的声纽与韵部,就不免要弄错了。例如"交"与"际",在今北京是双声,然而在上海已经不是双声,在古代更不是双声;"金"与"银",在今北京上海是叠韵,然而在广州已经不是叠韵,在古代更不是叠韵了。所以我们要谈双声叠韵的时候,首先不要囿于现代方音。这话说来容易,做时就难。常见很好的一篇考据文章,由于错认了双声叠韵,就成了白圭之玷。若要免于错误,最好的方法就是查书。关于双声,可查黄侃的集韵声类表;关于上古叠韵,可查江有诰的谐声表(在《音学十书》内);关于中古叠韵,可查《广韵》。

除了普通的双声之外,还有古双声与旁纽双声。古双声例如"门"与"问"("门"明母,"问"微母),"丁"与"张"("丁"端母,"张"知母);旁纽双声例如"忌"与"骄"("忌"群母,"骄"见母),"天"与"地"("天"透母,"地"定母)。在适当的情形之下,古双声与旁纽双声都可应用;但最好是加注说明,否则读者也许以为作者连守温三十六字母也还没弄清楚。再者,关于古双声,尚有些未解决的问题(例如端照双声、定喻双声等);至于旁纽双声,又不如正纽双声之可靠。注明了，可以表示作者之认真，不愿以不十分可靠的双声冒**充**双声。

普通所谓叠韵往往是指古叠韵而言(因为往往是考据上古的史料才去谈叠韵)，似乎不必加注说明了。但是，为了读者的便利，我们最好加以说明。例如要说"思""才"叠韵，最好是注明"思""才"皆属古音之部。

双声叠韵的证明力量是有限的，前辈大约因为太重视音韵之学了，所以往往认双声叠韵为万能。其实，无论在何种情况之下，双声叠韵只能做次要的证据。如果是既双声，又叠韵，则其可靠的程度还可以高些，因为这样就是同音或差不多同音(如仅在韵头有差别)，可以认为同音相假；至于只是双声或只是叠韵，那么，可靠的程度更微末了；再加上"古双声"、"旁纽双声"、"旁转"、"对转"等等说法，通假的路越宽，越近于胡猜。试把最常用的二三千字捻成纸团，放在碗里搞乱了，随便拈出两个字来，大约每十次总有五六次遇着双声叠韵，或古双声，旁纽双声，旁转，对转。拿这种偶然的现象去证明历史上的事实，这是多么危险的事！由此看来，当我们要证明某一历史事实的时候，必须先具备直接的充分证据，然后可以拿双声叠韵来帮助证明；我们决不该单凭双声叠韵去做唯一的证据。

前辈对于双声叠韵最为滥用者，要算方言之研究。章太炎先生一部新方言，十分之八九是单凭双声叠韵(或同音)去证明今之某音出于古之某字。大致说起来，他的方法是，先博考群书，证明某字确有此种意义，然后说明现代某处口语中有音与古籍中某字之音义皆相同或相近(音相近即双声或叠韵)，因而证明今之某音即古之某字。例如《新方言》二，页五十三：

"说文，'悸'，心动也，其季切，今之谓惶恐曰'悸'，以北音'急'读去声，遂误书'急'字为之。"

512

依这一段文章看来,可以分析成为下面的逻辑:

1. 古"悸"字有"心动"义;

2. 今"急"字有"惶恐"义;

3. 古"悸"字与今"急"字音相近("悸"群母,"急"见母,旁纽双声);

4. 古"悸"字与今"急"字义相近("心动"与"惶恐"同属心情之变化);

5. 故今"急"字即由古"悸"字演变而来。

1.2.3.4.都是原有的判断,5.才是推演出来的另一判断,因此,1.2.3.4.都是不错的,只是5.就犯了推理上的谬误了。像5.这种结论,如果我们补出它的大前提,成为三段论法,就是:

凡古字与今字音义相近者,必系同字之演变;

今"悸"与"急"音义相近;

故"悸"字与"急"字系同字之演变。

这么一分析,我们就会觉得这个大前提说不通。因为古今字音义相近者甚多,未必皆是同字之演变。若依这个大前提去研究方言,决不能得到颠扑不破的结论。假如另有人说具"惶恐"意义的"急"字("急"字是否与"惶恐"之义完全相当,也是疑问,现在姑且假定是相当的)是从古代"兢"字演变而来("兢"见纽,"急"亦见纽,是双声,《诗·云汉》"兢兢业业",《传》:"兢,恐也","兢"与"急"音义更相近),我们就没法判断谁更有理。这样研究方言,可以"言人人殊",除令人钦佩作者博闻强记之外,对语言的历史实在没有什么大贡献。

不过,这种研究法所得的结论可靠的程度也不能一律。大约音义相同或差不多相同者,其可靠程度较高;仅仅音义相近者,其可靠程度较低。例如《新方言》同页:

"说文,怖,惶也,或作'怖',普故切,今人谓惶惧曰'怖',转入袥韵,以憺怕字为之。唐义净译佛律已作怕惧,此当正者。"

这是可靠程度较高的,因为:(一)"怖"与"怕"既双声,又叠韵("怖"和"怕"声同属滂母,又同属古韵鱼部),而且鱼部在上古很有念-a 的可能,则怕(pá)也许就是古音的残留;(二)"怖"与"怕"都有"惶惧"的意义,不像"悸"之"心动"与"急"之"惶恐"毕竟相差颇远。由此看来,"怖""怕"之相承,并非单凭双声叠韵的证明。因此更可见双声叠韵不足为主要证据。

除了研究方言之外,讲训诂的人也往往应用双声叠韵。有时候,别的证据很多,再加上双声或叠韵为证,固然更有力量;但有时仅以双声或叠韵为据,说了也几乎等于没有说。又如近人要证明古书人名地名的异文,也往往单凭双声叠韵为证,这至多只能认为一种尚待证明的猜想。譬如我们要证明庄周即杨朱,或阳子居即杨朱,我们就该努力来寻求更有力的证据,不可以双声叠韵之说为满足("庄""杨"叠韵,"周""朱"双声,音颇相近,"子""朱"只可认为准古双声,"居""朱"又可算是旁转,故"阳子居"与"杨朱"音不甚近)。其他一切考证,都是这个道理。

总之,我们做学问,猜想本来是可以的。但是,作者必须明显地承认这是一种猜想,读者也该了解这是一种猜想。我们不能再认双声叠韵为万能。它们好比事实的影子,当我们看见某一个影子的时候很像某一件事实的时候,自然可以进一步而求窥见事实的真面目;如果只凭那影子去证明事实,那就等于"捕风捉影"了。

[1956 年 12 月附记] 这篇短文是 1937 年发表的,到现在已经二十年了。其中谈的都是极浅近的道理,似乎没有收入《汉语史论文集》的必要。但是,就在最近的一、二年来,仍旧有许多人把双声叠韵看做是从语言学上考证古代历史和古代文学史的法宝,因

此,把这篇文章再印出来,也还不算是浪费纸墨。

（原载燕京大学《文学年报》第 3 期；又《汉语史论文集》；《龙虫并雕斋文集》第 3 册；《王力文集》第 19 卷）

训诂学上的一些问题

　　为着发展祖国的文化,我们必须批判地继承历史文化遗产,吸收其中一切有价值的东西。而要批判地继承历史文化遗产,就必须先读懂古书。现在高等学校文科许多专业所订的教学方案中,都以"能阅读中国古籍"、"能够阅读一般古籍"、"能阅读中国古典哲学文献"等,作为培养目标之一。古籍的注释工作,越来越显得重要了。注释上的问题,牵涉的面很广,不仅是语言的问题,而且还牵涉到各方面的专门知识,所以古籍的注释工作应该由各方面的专家们担负起来。在自然科学中,有关天文、数学、生物学、医学等古籍,当然由自然科学家来注释;在哲学、社会科学中,有关文学、史学、哲学的古籍,也应该由文学专家、史学专家、哲学专家来注释。但是其中有一个共同的问题,就是语言问题。必须正确地了解古人的语言,我们所作的解释才是正确的,否则即使把句子讲通了,也可能只是注释人自己的意思,而不是古人的原意。因此,训诂学的重要性,就被提到日程上来了。

　　训诂学是中国很古老的一门学问。前人把"小学"分为文字、音韵、训诂三个部门,而训诂一门则以讲述故训为目的。训诂一类的书有一个共同的特点,就是搜集和保存"故训",很少参加作者的意见。到了清代,训诂学稍稍超出了故训的范围,也就是注意到文字、音韵、训诂三方面之间的联系。按照现代的科学系统来说,训诂学是语文学的一个部门,它是从语言角度去研究古典文献的。

　　训诂学有它的巨大的成就,但也存在着一些缺点。清代有些学者不甘心墨守训诂学的成规，从古音通假等方面对古籍进行研究，获得了不少新的成就，但也引起了不少的流弊。自从胡适提出了"大胆假设，细心求证"的实用主义观点，许多人受了他的影响，抛弃了清代学者朴学的优点，而在前人主观臆测的缺点上变本加厉，以达到实用主义的目的。于是大禹变成了一条虫，墨子变成了印度人！训诂学上的实用主义，至今没有受到应得的批判。

在这一篇文章里，不可能全面地讨论训诂学上存在的问题，也不是专门批判训诂学中的实用主义，只是把我最近在工作中产生的一些感想，随便提出来谈谈。我觉得，古籍中的注释虽然是零碎的，但是也往往表现着注释家的学术观点特别是治学方法。所以值得提出一些原则性的问题来讨论。

新颖可喜还是切合语言事实

从前常常听见说某人对某一句古书的解释是新颖可喜的。其实如果不能切合语言事实，只是追求新颖可喜的见解，那就缺乏科学性，"新颖"不但不可喜，而且是值得批评的了。当然每一位持"新颖可喜"的见解的注释家，都不会承认自己是不根据语言事实，而是凭空臆测的，但是他们的根据是那样站不住脚，甚至仅仅是语音的偶合，那就不能不令人感到遗憾了。举例来说，《诗经》里面有许多难懂的句子。从前的经学家为了维护地主阶级的统治，对《诗经》进行了歪曲，连句子也加以曲解。现在这种歪曲可以说是已经被廓清了，再也没有人相信《关雎》是颂扬后妃之德，《柏舟》《鄘风》是颂扬寡妇守节的诗了。但是，虽然破得相当彻底，立起来还有困难。主要的原因是研究《诗经》的学者们往往着意追求新颖可喜的意见，大胆假设，然后以"双声叠韵"、"一声之转"、"声近义通"之类的"证据"来助成其说。《诗经》以外,对别的古书在不同程度上也有类似的情况。假定这种研究方法不改变,我们试把十位学者隔离起来,分头研究同一篇比较难懂的古典文章,可能得到十种不同的结果。可能这十种意见都是新颖可喜的,但是不可能全是正确的。其中可能有一种解释是正确的,因为它是从语言出发去研究的;但是也可能十种解释全是错误的,因为都是先假设了一种新颖可喜的解释,然后再乞灵于"一声之转"之类的"证据",那末,这些假设只能成为空中楼阁了。就一般情况说,这些新颖可喜的解释往往得不到普遍承认,聚讼纷纭,谁也说服不了谁。有时候,也有相反的情况,由于某一位学者的声望较高,他的新说得到了学术界多数人同意,差不多成为定论了,但是这种情况并不一定是好事。我们追求的是真理,而不是简单地要求学术界对某一个问题赶快作出结论。如果在训诂学上没有充分的科学根据,所谓定论也是建筑在沙滩上的。

从思想上去体会还是从语言上去说明

语言是代表思想的。我们读古人的书,必须很好地体会古人的思想。但是,当我们阅读一本古书的时候,是应该先体会古人的思想呢,还是应该先弄懂古人的语言呢? 这个先后的分别非常重要,这是有关方法论的问题。古人已经死了,我们只能通过他的书面语言去了解他的思想;我们不能反过来,先主观地认为他必然有这种思想,从而引出结论说,他既然有这种思想,他这一句话也只能作这种解释了。后一种做法有陷于主观臆测的危险。有人说,现在研究老子的人,如果他认为老子是唯物主义的,他所注释的《老子》就变成了一个唯物主义的老子;如果他认为老子是唯心主义的,他所注释的《老子》就变成了唯心主义的老子。这句话也有几分道理。一般人把某些想当然的解释说成是"断章取义",其实在多数情况下并不是什么"断章取义",而是有意无意地曲解古人的语言,使它为自己的观点服务。这样,即使把古书"讲通"了,也不过是现代学者自己的意思罢了。

上面就整个思想体系来说的。至于就文章的逻辑性来说,情况也是一样。就一篇文章来说,前后的思想有没有它的连贯性呢?连贯性肯定是有的。但是连贯性有各种不同的方式,你猜想应该是这样连贯的,古人也可能是那样连贯的。脱离了语言的正确了解而去体会文章思想的连贯性,就会见仁见智,莫衷一是。

总之,当我们读古书的时候,所应该注意的不是古人应该说什么,而是古人实际上说了什么。如果先主观地肯定了古人应该说什么,就会想尽各种方法把语言了解为表达了那种思想,这有牵强附会的危险;如果先细心地看清了古人实际上说了什么,再来体会他的思想,这个程序就是比较科学的。所得的结论也是比较可靠的。

"并存"和"亦通"

人们在注释古书中某些难懂的字句的时候,往往引用了两家的说法,再加上一句"今并存之",或"此说亦通"。我们可以把这些情况称为"并存论"和"亦通论"。并存论显然是一种客观主义的态度。注释家不愿意表示自己的意见,所以并存两说,以供读者参考。有些"集解"、"集释"、"集注"之类,也是罗列各家的解释,自己不置可否。这种做法,如果读者对象是一些专家们,那是未可厚非的,因为罗列了材料也是一种贡献;如果对象是一般读者,这种客观主义态度是值得批评的,因为两说不可能都是对的,注释家应该拿出自己的意见来,即使是不十分肯定的意见,表示一点倾向性也好。注释家总比一般读者的阅读水平高些,有责任把读者引导到比较正确的路上去。最糟糕的是"亦通论",这等于说两种解释都是正确的,随便选择哪一种解释都讲得通。这就引起这么一个问题:到底我们所要求知道的是古人应该说什么呢,还是古人实际上说了什么呢?如果是前者,那末不但可以"并存",而且可以"亦通",因为两种解释可能并不矛盾,在思想内容上都说得过去;如果是后者,那末,"亦通论"就是绝对荒谬的,因为古人实际上说出了的话不可能有两可的意义。真理只有一个:甲说是则乙说必非,乙说是则甲说必非。注释家如朱熹等,他们可以采用"亦通"的说法,因为理学家的目的只在阐明道理,只要不违反他们的道理,都可以承认它"亦通"。我们如果要求知道古人实际上说了什么,那就必须从两种不同的解释当中作出选择,或者是从训诂学观点另作解释,决不能模棱两可,再说什么"并存"和"亦通"了。

语言的社会性

语言是社会的产物;词的意义是被社会所制约着的。远在两千多年以前,荀子就说过:"名无固宜,约之以命。约定俗成谓之宜,异于约则谓之不宜。"(《正名篇》)任何个人都不能创造语言。如果作家用一个词,用的不是社会一般所接受的意义,读者就看不懂,语言在这里就失掉它的作用。固然,在语言中也有新词新义的形成,我们也承认语言巨匠们能创造新词,但是,那也不是偶然的。第一,必须有旧的词根(或词素)作为新词的基础;第二,必须为社会群众所接受,让它进入全民词汇的仓库里。因此,即使是新词新义,也必然是具有社会性。如果某词只在一部书中具有某种意义,同时代的其他的书并不使用这种意义,那末这种意义是可怀疑的。如果某一作家多次使用这个词义,虽然别的作家不用它,还可以设想是方言的关系。如果我们所作的词义解释只在这一处讲得通，不但在别的书上再也找不到同样的意义，连在同一部书里也找不到同样的意义，那末，这种解释一定是不合语言事实的。作家使用这种在社会上不通行的词义，只能导致读者的不了解，为什么不用一个能为社会所接受的词呢？实际上，作家并没有使用这个词义，而只是注释家误解罢了。举例来说，《左传》庄公十年所载《曹刿论战》有这样一段话：“齐师伐我，公将战。曹刿请见。其乡人曰：‘肉食者谋之，又何间焉？’”有一部书把“间”字解释为“补充或纠正”。这种解释也许是讲得通的。但是上文说过，问题不在于是否讲得通，而在于是否合乎语言事实。《左传》用“间”字共八十一处，其他八十处都不当“补充、纠正”讲，除《左传》外其他先秦两汉的古书的“间”字也不当“补充、纠正”讲，左丘明在这里不可能忽然为“间”字创造一个新义，因为这样的“创造”谁也不会看得懂。作为一个原则，注释家不会反对语言的社会性。但是，在实践的过程中，注释家却往往忽略了这个重要的原则。

词义是不是由上下文决定的

法国语言学家房特里耶斯说过：“确定词的价值的，是上下文。”[①] 这句话我们是可以同意的，因为他在下文接着说：“尽管词可能在意义上有各种变态，但是上下文给予该词独一无二的价值；尽管词在人的记忆中积累了一切过去的表象，但是上下文使它摆脱了这些过去的表象而为它创造一个现在的价值。”[②]

一词多义，这是词汇中的普遍现象。所谓一词多义，是指它在词典中的价值说的；到了一定的上下文里，一个词只有一个独

---

①② 房德里耶斯：《语言论》，法文本，页211。

一无二的意义。在这种情况下,我们可以说,词义是由上下文确定的。岂但多义词,即使是独义词,在不同的上下文中,它的词义也会产生不同的色调。我们不能否认:词在上下文中,才真正体现了它的明确的价值。但是跨过真理一步就会变成谬误。如果认为词到了一定的上下文中才临时产生一种意义来适应上下文,那就不对了。

一词多义,无论多到什么程度,绝不能认为词无定义。何况所谓多义词也不会像一般人所想像的那样多,那样杂乱无章。大家知道,多义词一般总有一个基本意义,其他意义都从这个基本意义引申出来,而且在同一时代不会有太多的意义。实词如此,虚词也如此。例如杨树达的《词诠》在"于"字下面罗列了二十个意义,那是用现代汉语去翻译后所得的幻象,实际上是不会这样复杂的。更重要的是:一个词即使有很多的意义,我们也不能说,词在独立时没有某种意义,到了一定的上下文里却能生出这种意义来。

仍以"间"字为例。依《说文》,"间"本作"閒"。"閒"字的基本意义是间隙,其他意义(除假借义外)都是由这个基本意义引申出来的。段玉裁说得好:"閒者,隙之可寻者也,故曰閒厕,曰閒迭,曰閒隔,曰閒谍。"①《左传·曹刿论战》"又何间焉"的"间",其实就是"间厕"的"间"。杜预注:"间,犹与也。"《经典释文》:"间,间厕之间。"孔颖达疏:"间谓间杂,言不应间杂其中而为之谋,故云'间犹与也。'"杜注所谓"与"就是"参与","参与"实际上是"厕身其间"。毛主席在《中国革命战争的战略问题》一文中引用了《左传》这一篇文章②,选集的注释说:"'又何间焉'是'何必厕身其间'的意思。"③这个注释跟上文所引那个注释(解作"补充或纠正")比较,真是鲜

---

① 段玉裁:《说文解字注》"閒"字条。
② 《毛泽东选集》第一卷,第二版,页197~198。
③ 同上,页235。

明的对比：一个是就原词的意义本身作出注解的，是正确的；一个是简单地让上下文来"决定"词义的，是错误的。

古人望文生义的情况较少，因为他们一般总是遵守故训的；近人望文生义的情况较多，甚至在字典辞书中也在所不免。例如《辞海》"摧"字下有一个意义是："犹悲也。司马光诗：'空使寸心摧。'"其实"寸心摧"的"摧"也就是"摧折"的比喻用法，不应该另立一个意义。否则就使青年人误入迷途了。

总之，我们只应该让上下文来确定一个多义词的词义，不应该让上文来临时"决定"词义。前者可以叫做"因文定义"，后者则是望文生义。二者是大不相同的。因文定义是此词本有此义，我们不但在这个地方遇着它，而且在别的许多地方也经常遇着它。例如"间"字解为"间厕"，不但在《左传·曹刿论战》中讲得通，在别的许多地方也都讲得通，这就合于语言的社会性原则。至于望文生义，那是此词本无此义，只是从上下文推测它有这个意义，我们只能在这个地方遇着它，在别的地方再也遇不着它。例如"间"字解为"补充"或"纠正"，只在《左传·曹刿论战》这一个地方似乎讲得通，在别的地方这个意义全用不上，这就不合乎语言的社会性原则，这种解释是错误的。

因文定义比较有客观标准，各家注释容易趋于一致；望文生义则各逞臆说，可以弄到"言人人殊"，莫衷一是。因文定义和望文生义是学术观点方法上的分歧。要划清二者之间的界限，就要有训诂学的修养。

僻义和常义

人们在读古书遇见难懂的字句时，一般总是查字典来解决。人们查字典，看见了一个字有许多意义，往往有下列两种情况：不是不知所从,就是主观地选择一个自己认为适合于这一段上下文的词义。不知所从自然解决不了问题;但是胡乱选择一个词义也不见得妥当,有时候反而引起误解。

注释家们查字典,和一般人不同。他们可能查《说文》、《尔雅》、《广雅疏证》、《经义述闻》、《经传释词》、《群经平议》、《经籍籑诂》等(有些已经超出了字典的范围)。但是,问题的性质是一样的。如果没有训诂学的修养,就会不知所从,或者是主观地选择一个自己认为适合于这个上下文的词义,而其实是错误的。

这里关系到僻义和常义的问题,同时也关系到语言的社会性的问题。

从语言的社会性来看,语言的词汇所表达的,应该都是经常的意义,而不是偏僻的意义。一句话中用了僻词僻义,就在一定程度上妨碍了思想的交流,妨碍了交际;如果僻词僻义用得多了,就变成不可懂的语言,失掉语言的作用了。那末,为什么语言中还存在着一些僻词僻义呢? 除了方言和行业语之外,主要是那些过时了的词和意义还残存在语言里,或者在不自由的组合中出现,或者在仿古主义者的笔下出现。这种僻词僻义在语言中毕竟占极少数,如果拿它们来和常用的词义等量齐观,那就是错误的。假定一个词有十个意义(严格说起来不会那么多),在同一时代和同一语言区域中,只有少数意义是常用的意义,其他就都是僻义,其中有些僻义还是不大可信的。我们在注释一句古书的时候,除非有了绝对可靠的证据,否则宁可依照常义,不可依照僻义。依照僻义,曲解的危险性是很大的。

此外还有一种情况,连僻义也谈不上。那就是:字书中虽然说某词有某种意义,但是在古人的著作中无从证实。例如《说文》:"殹,击声也。"又如《广雅·释言》:"鄉,救也。"根据语言的社会性原则,在这种情况下,我们宁愿不相信字书。

关于古音通假

望文生义，穿凿附会，这是注释家的大忌。但是，古音通假说恰恰是穿凿附会者的防空洞。有些注释家以古音通假的理论为护符，往往陷于穿凿附会而不自觉，这是非常令人感到遗憾的事。

古音通假说的广泛应用，开始于王念孙、王引之父子。王引之说："许氏说文论六书假借曰：'本无其字，依声托事，令长是也。'盖无本字而后假借他字，此谓造作文字之始也。至于经典古字，声近而通，则有不限于无字之假借者。往往本字见存，而古本则不用本字，而用同声之字。学者改本字读之，则怡然理顺；依借字解之，则以文害辞。是以汉世经师作注，有'读为'之例，有'当作'之条，皆由声同声近者，以意逆之而得其本字，所谓好学深思，心知其意也。然亦有改之不尽者，迄今考之文义，参之古音，犹得更而正之，以求一心之安，而补前人之阙。"① 这一个学说标志着中国语言学发展的一个新阶段，它摆脱了文字形体的束缚，把语音跟词义直接联系起来。这样做，实际上是纠正了前人把文字看成是直接表示概念的唯心主义观点。王氏父子的成绩是应该加以肯定的。

王氏父子治学是谨严的。事实上他们不是简单地把两个声同或声近的字摆在一起，硬说它们相通，而是：(一)引了不少的证据；(二)举了不少的例子。这样就合于语言的社会性原则，而不是主观臆断的。当然在王氏父子的著作中也颇多可议之处，那些地方往往就是证据不足，例子太少，所以说服力就不强。后人没有学习

---

① 王引之：《经义述闻》卷三十二，"经文假借"条。

他们的谨严，却学会了他们的"以意逆之"，这就是弃其精华，取其糟粕，变了王氏父子的罪人了。

为了更好地说明问题，必须先弄清楚古音通假的性质。朱骏声说："假借滥于秦火，传写杂而失真。"① 所谓假借或古音通假，说穿了就是古人写别字②。别字有形近而误的，有声近而误的。正如现代人所写的别字一样，形近而误的别字较少，声近而误的别字较多。但是，无论如何，写别字总是特殊情况，我们不能设想古书上有大量的别字。再说，正如现代人所写的别字一样，所谓声近而误，必须是同音字，至少是读音十分近似的字，然后产生别字；如果仅仅是叠韵，而声母相差较远，或者仅仅是双声，而韵母相差较远，就不可能产生别字。例如北京人把"驱使"写成"趋使"，"绝对"写成"决对"，上海人和广州人就不会写这一类的别字，因为它们在上海话和广州话里仅仅是叠韵，而声母相差较远。又如上海人把"过问"写成"顾问"，把"陆续"写成"络续"，北京人就不会写这一类的别字，因为它们在北京话里仅仅是双声，而韵母相差较远。因此，同音字的假借是比较可信的；读音十分相近(或者是既双声又叠韵，或者是声母发音部位相同的叠韵字，或者是韵母相近的双音字)的假借也还是可能的，因为可能有方言的关系；至于声母发音部位很远的叠韵字与韵母发音部位很远的双声字，则应该是不可能的。而谈古音通假的学者们却往往喜欢把古音通假的范围扩大到一切的双声叠韵，这样就让穿凿附会的人有广阔的天地，能够左右逢源，随心所欲。双声叠韵(包括准双声，准叠韵)的机会是很多的，字与字之间常常有这样那样的瓜葛，只要注释家灵机一动，大

---

① 朱骏声：《说文通训定声自叙》。

② 如果像《说文》所说："本无其字，依声托事"，那种假借不是写别字。这里指的假借乃是朱骏声所谓假借。朱氏说："假借者，本无其意，依声托字"，那就是写别字了。王引之所谓："本字见存，而古本则不用本字，而用同声之字"，那也是写别字。

胆假设一下，很容易就能攀上关系。曾经有人认为杨朱就是庄周，因为"庄""杨"叠韵，"周""朱"双声；这样滥用古音通假，不难把鸡说成狗，把红说成黄，因为"鸡""狗"双声，"红""黄"双声；又不难把松说成桐，把旦说成晚，因为"松""桐"叠韵，"旦""晚"叠韵。这好像是笑话，其实古音通假的误解和滥用害处很大，如果变本加厉，非到这个地步不止。在语音学知识比较不普遍的时代，双声叠韵的现象被涂上一层神秘的色彩，似乎一讲古音通假，就能令人深信不疑。现在我们知道，单凭双声叠韵，并不能在训诂学上说明什么问题。现在是重新考虑这个问题的时候了。

两个字完全同音，或者声音十分相近，古音通假的可能性虽然大，但是仍旧不可以滥用。如果没有任何证据，没有其他例子，古音通假的解释仍然有穿凿附会的危险。例如俞樾解释《诗·魏风·伐檀》："不稼不穑，胡取禾三百廛兮"，"不稼不穑，胡取禾三百亿兮"，"不稼不穑，胡取禾三百囷兮"，以为"廛"同"缠"，"亿"同"繶"，"囷"同"稛"，都是"束"的意思①。由于他这一说新颖可喜，许多注释家都采用了它。但是，为什么诗人这样爱写别字呢？为什么这样巧，在同样的位置，一连写了三个别字呢？像"亿"字这样普通的数目字，为什么忽然变了一个僻词（繶），用了一个"僻义"（束）呢？《诗经》里一共有六个地方用了"亿"字，其余五个地方的"亿"字都不当"束"讲，其他先秦各书的"亿"字也都不当"束"讲，《伐檀》的"亿"字偏要当"束"讲，语言的社会性何在呢？何况"亿"字用来形容禾黍之多，是《诗经》的习惯用法，《诗·周颂·丰年》："丰年多黍多稌，亦有高廪，万亿及秭。"《诗·小雅·楚茨》："我黍与与，我稷翼翼，我仓既盈，我庾维亿。"难道这些地方的"亿"字也都能解作"束"吗？"廛"之通"缠"，"囷"之通"稛"，也没有什么证据。依我看，《伐檀》

① 俞樾：《群经平议》卷九。

一篇中的"廛、億、囷"，毛传、郑笺、孔疏都讲得很对。关于"廛"，毛传说："一夫之居曰廛。"关于"億"，毛传说："万万曰億"；郑笺说："十万曰億，禾秉之数。"（郑笺较妥。）关于"囷"，毛传说："圆者为囷"；孔疏说："方者为仓，故圆者为囷"。我们试拿上面所举《周颂·丰年》的"亦有高廪，万億及秭"和《小雅·楚茨》"我仓既盈，我庾维億"来跟《伐檀》比较，可见"億"就是十万个禾秉，"囷"就是仓廪之类，没有什么讲不通的。"廛、億、囷"都当量词用，并不像俞樾所说的"义亦不伦"。既然甚言其多，不妨夸张一些，俞氏所谓"三百夫之田其数太多"也不能成为理由。总之，关于这三个字的解释，实在用不着翻案。

古音通假说的优点和缺点既如上所述，我们就应该正确地运用古音通假而防止它的流弊。

偷 换 概 念

滥用古音通假的学者们并不是公然抛弃故训的；相反地，他们也常常引用古训，然后牵合他们所要说明的词义。这样就从中偷换了概念。古代学者（包括清人在内）由于时代的局限性，常常陷于偷换概念而不自觉；现在我们如果再蹈这覆辙，那就不应该了。

仍以"縜"字为例。《说文》没有"縜"字。《周礼·屦人》注："縜，缝中纲也。""纲"就是"條"，所以《广雅·释器》说："縜，條也。"胡培翚说："縜本以纲饰屦缝之名。"縜是一种饰屦缝的丝绳，人们绝不会把这种丝绳去捆束禾黍！固然，《广雅·释诂》也说："縜，束也"，但是我在上文说过，字典所说的词义，如果没有作品来证实，就不一定是可靠的。王念孙的《广雅疏证》在这个地方也讲不清楚。他只好牵合着说："疏云：'谓牙底相接之缝，缀條于其中'，亦系束之义也。"从"條"牵合到"束"，这是偷换了一次概念，而俞樾从动词的

528

"束"牵合到量词的"束",这是再一次偷换概念。关于"纏"字也有类似的情况:"纏"字虽然可以解作"束",那只是个动词,它从来不作为量词来用的。

再以"刖"字为例。《诗·小雅·节南山》:"乱靡有定,式月斯生。""式月斯生"这句话很难懂。郑玄说:"式,用也。用月此生,言月月益甚也。"俞樾认为:"用月此生,甚为不辞",这个批评是对的。但是他自己提出的解释就不一定对了。他以为"月"是"刖"之省(其实也是古音通假)。《说文》:"刖,折也。""式刖斯生"就是"用折此生"。俞氏再补充说:"盖乱靡有定,故民不得遂其生,而夭折也。"其实"刖"字只有具体的"折断"的意义,没有抽象的"夭折"的意义,由"折断"牵合到"夭折",也是偷换了概念。

偷换概念不限于古音通假;凡是一词多义的地方,都可以偷换概念。何况《尔雅》《广雅》一类的书只把故训罗列在一起,并非定义式的解释,我们在利用这些书的时候,一不小心,就会偷换了概念。例如《广雅·释诂》:"翫(玩)、俗,习也。""翫"与"习"是同义词,"俗"与"习"是同义词,但"翫"与"俗"不是同义词,因为"习"是多义词,兼有"狎习"和"习俗"等义,如果把"翫"字解作"习俗"的意义,那就大错特错了!

《说文》家们偷换概念的情况较少,但是有时候为了维护许慎的说解,也难免偷换概念。例如上文所举,《说文》:"殿,击声也。"段玉裁比较谨严,老实地说:"此字本义未见。"桂馥说:"击声者,所谓'呵殿'也";王筠说:"所谓'呵殿'者,与此义略近。"这是从"声"的意义偷换概念。朱骏声说:"击声也。……急就篇:'盗贼系囚榜笞臀',以'臀'为之。"这是从"击"的意义偷换概念。其实"呵殿"是中古的熟语,不能用来说明上古;而且"呵殿"是"呵于前面殿于后"的意思,跟"击声"的意义搭配不上。至于《急就篇》"榜笞臀"的"臀",那大概是"打屁股"的意思,从"击声"牵合到"打屁股",距离也未免太远了!

《吕氏春秋·察传》说:"夫得言不可以不察:数传而白为黑,黑为白。故狗似玃,玃似母猴,母猴似人,人之与狗则远矣。此愚者之所以大过也。"偷换概念的情况也是跟《吕氏春秋》所说的情况相仿佛:换了一两次概念以后,往往面目全非!

偷换概念是望文生义的自然结果。望文生义的人们不会毫无根据地"生"出一个"义"来,而往往是引经据典,然后暗渡陈仓,以达到他们所想要生的义。如果重视语言的社会性,偷换概念的毛病就不会产生了。

重 视 故 训

古代的经生们抱残守缺,墨守故训,这是一个缺点。但是我们只是不要墨守故训,却不可以一般地否定故训。训诂学的主要价值,正是在于把故训传授下来。汉儒去古未远,经生们所说的故训往往是口口相传的,可信的程度较高。汉儒读先秦古籍,就时间的距离说,略等于我们读宋代的古文。我们现代的人读宋文容易懂呢,还是千年后的人读宋文容易懂呢? 大家都会肯定是前者。因此,我们应该相信汉代的人对先秦古籍的语言比我们懂得多些,至少不会把后代产生的意义加在先秦的词汇上。甚至唐宋人的注疏,一般地说,也是比较可靠的,最好是不要轻易去做翻案文章。

当然这不是说绝对不可以翻案。今天我们有了马克思列宁主义的思想武器,又有了晚近出土和最新出土的古文字和古代文物,而且由于印刷事业的发达,得书较易,我们在这些方面比古人具备更有利的条件。再者,经生们为了维护统治阶级的利益,捏造了一些"章旨",跟着就有意识地歪曲了一些词义。还有所谓声训,绝大部分都是不科学的。这些都应该彻底批判,而不能有丝毫调和。

但是也要实事求是地去了解古人的作品，不是主观地把它说成什么样子，而是根据语言事实，还它一个本来面目。

怎样对待疑难的字句

注释家对待疑难的字句，有两种不同的态度：第一种是不懂就承认不懂，这就是一般所谓存疑；第二种是虽然不懂，也勉强注它一注，以为不注就没有尽注释家的责任，有时候还抛弃故训，另立新说，而以古音通假之类的方法来证明。我赞成第一种态度。

大家知道，古籍在传写中产生的错误是相当多的。校勘学之所以重要，就在于它能用校勘不同版本的方法来订正传写中（后来是印刷中）的错误。假如没有不同版本，即使有脱文，衍文，误字和错简，都无从知道。即使有了不同版本，也有可能是以讹传讹。我们还不可能把一切脱文、衍文、误字和错简都订正过来。在有疑难问题的字句中，正是脱文、衍文、误字和错简的可能性最大。如果按照抄错了（或刻错了）的字句强加解释，那就真是痴人说梦；假使古人有知，他们一定会窃笑我们了。

存疑并不是不可知论。知之为知之，不知为不知，这是科学的态度。今天的存疑，可以为后人进一步研究问题提供参考；将来有了新的材料或者是新的发现，问题仍旧是可以解决的。当然，遇着有疑难问题的字句，首先是尽可能要求解决，没有深入考察而马上"存疑"，那种懒汉作风也是不对的。

以上所论，主要是针对上古的书籍的注释工作来说，因为所谓训诂学，一向被认为经学的附庸，传统的训诂学正是为了解上古的典籍服务的。至于语言的社会性原则，那自然可以适用于一切注释工作。这篇文章涉及的方面太广，许多地方谈得不够透彻；有些

地方跟我的旧作《新训诂学》① 和《双声叠韵的应用及其流弊》②
可以互相阐明。

（原载《中国语文》，1962 年 1 月号；又《龙虫并雕斋
文集》第 1 册；《王力文集》第 19 卷）

---

① 见本集页 497～509。
② 见本集页 510～514。

同 源 字 论

一、什么是同源字

凡音义皆近,音近义同,或音同义近的字,叫做同源字。这些字都有同一来源。或者是同时产生的,如"背"和"负";或者是先后产生的,如"犛"(牦牛)和"旄"(用牦牛尾装饰的旗子)。同源字,常常是以某一概念为中心,而以语音的细微差别(或同音),同时以字形的差别,表示相近或相关的几种概念。例如:

草木缺水为"枯",江河缺水为"涸"、为"竭",人缺水欲饮为"渴"。

水缺为"决",玉缺为"玦",器缺为"缺",门缺为"阙"。

遏止为"遏",字亦作"閼",音转为"按";遏水的堤坝叫"堨"(也写作"阏"),音转为"堰"。

"句"(勾)是曲的意思,曲钩为"钩",木曲为"枸",轭下曲者为"軥",曲竹捕鱼具为"笱",曲碍为"拘",曲脊为"痀"(驼背),曲的干肉为"朐"。

"卷"的本义是膝曲,"捲"是卷起来,"棬"是曲木盂,"拳"是卷起来的手,"鬈"是头发卷曲。

"暗"是日无光,"闇"也是暗,但多用于抽象意义(糊涂)。"阴"是山北,即太阳晒不到的一面。"霒"是天阴,通常写作"陰"。"蔭"是草阴地,也指树阴。引申为庇荫,也写作"廕"。

"聚"是聚集,"凑"也是聚的意思。车辐聚于毂为"辏",物聚为"簇、蔟",同姓氏聚居的人为"族",树木聚生为"叢"。

马惊为"驚",引申为警觉。"警"是警戒,"儆"是使知所警戒,都与"驚"义近。"敬"是做事严肃认真,警惕自己,免犯错误。

"皮"是生在人和动物体上的,"被"是覆盖在人体上的。"被"的动词是"披"(也写作"被"),一般指覆盖在肩背上。"帔"是古代披在肩背上的服饰。

"两"是成双的二。车有两轮,所以车的量词是"两",后来写作"辆"。古代背心叫"裲裆",因为它既当胸,又当背(两当)。

"三"是数目字,"参"是参宿,因为参宿主要是由三个星构成(其余四星是保卫的),所以叫"参"。"骖"是驾三马,后来驾四马时,指旁边的。

"兼"字原指兼持两个禾把,引申为兼并。"缣"是并丝缯,即用双线织成的丝织品。"鹣"是比翼鸟,"鳒"是比目鱼。

为什么说它们是同源?因为它们在原始的时候本是一个词,完全同音,后来产生了细微分别的意义,才分化为两个以上的读音。有时候,连读音也没有分化(如"暗""闇"),只是用途不完全相同,字形也就不同罢了。

同源字产生的另一个原因是方言的差异。例如:

《方言》卷五:"㭆,齐鲁之间谓之箦,陈楚之间或谓之笫。"("箦、笫"庄母双声,锡脂通转。)

《说文》:"埂,秦谓阬为埂。"("埂、阬"见溪旁纽,阳部叠韵。)

《左传》哀公三年:"犹拾渖也。"释文:"北土呼汁为潘。"("汁、渖"照穿旁纽,缉侵对转。)

同源字必然是同义词,或意义相关的词,但是,我们不能反过来说,凡同义词都是同源字。例如:"关"与"闭"同义。"管"与"籥"同义,但是它们不是同源字,因为读音相差很远,即使在原始时代,也不可能同音。语音的转化是有条件的。

通假字不是同源字,因为它们不是同义或义近的字。例如

"蚤"和"早"，"政"和"征"。我们不能说，跳蚤的"蚤"和早晚的"早"有什么关系，也很难说政治的"政"和征伐的"征"有什么必然的关系。

异体字不是同源字，因为它们不是同源，而是同字，即一个字的两种或多种写法。例如"线"和"線"、"姻"和"婣"，"迹"和"蹟、速"。

这样，我们所谓同源字，实际上就是同源词。我们从语言的角度来看同源字，就会发现，同字未必同源，不同字反而同源。例如"戾"字，有乖戾、暴戾、罪戾、苨至等多种意义。这些意义各不相关。这就是同字未必同源。这实际上是几个各别的同音词。将来汉字改为拼音文字以后，在字典中应该分为几个词条，不要混在一起。又如"比"字，有齐同、密列、频繁等多种意义：齐同的"比"，其同源字是"妣""媲""妃""配""匹"；密列的"比"，其同源字是"密""箆"；频繁的"比"，其同源字是"频"。"比"字的几种意义，齐同、密列、频繁又复相关。这就是不同字反而同源。

语言中的新词，一般总是从旧词的基础上产生的。例如梳头的工具的总名是"栉"，后来栉又分为两种：齿密的叫"箆"，齿疏的叫"梳"。"箆"是比的意思，比就是密；"梳"是疏的意思。可见"箆""梳"虽是新词，它们是从旧词的基础上产生的。同源字中有此一类。

还有一类很常见的同源字，那就是区别字。例如柴祭的"柴"本来写作"柴"，后来为了区别于柴薪的"柴"，就另造一个"祡"字。懈怠的"懈"本来写作"解"，后来为了区别于解结的"解"，就另造一个"懈"字。这些字我们都当做同源字看待，因为柴祭指的是焚柴祭天，可见"柴、祡"同源；懈怠是心情松懈，有似带解，可见"懈、解"同源。区别字产生于一字多义。

区别字可以产生，也可以不产生。例如"长"字，既是长短的

535

"长",又是长幼的"长",至今没有人造出区别字。但是"陈"字就不同了。汉代以前,陈列的"陈"和行阵的"阵"同形,后来终于产生区别字"阵"。从前文字学家把《说文》所收的区别字认为是本字,又把《说文》所未收的区别字认为是俗字,那是不公平的,也是不合理的。

判断同源字,主要是根据古代的训诂:有互训,有同训,有通训,有声训。互训例如《说文》:"颠,顶也。""顶,颠也。"同训例如《说文》:"句,曲也。""钩,曲也。"通训是,某字的释义中有意义相关的字。例如《说文》:"柴,烧柴焚燎以祭天神。"声训是同音或音近的字为训。例如《释名》:"负,背也,置项背也。"

二、从语音方面分析同源字

同源字有一个最重要的条件,就是读音相同或相近,而且必须以先秦古音为依据,因为同源字的形成,绝大多数是上古时代的事了。

上古汉语共有二十九个韵部,可以分为三大类、八小类,如下:

(甲) -o, -k, -ng 类。

(1) 没有韵尾的韵部,共六部:之部[ə];支部[e];鱼部[a];侯部[o];宵部[ô];幽部[u]。

(2) 韵尾为-k 的韵部,共六部:职部[ək];锡部[ek];铎部[ak];屋部[ok];沃部[ôk];觉部[uk]。

(3) 韵尾为-ng 的韵部,共四部:蒸部[əng];耕部[eng];阳部[ang];东部[ong]。

(乙) -i, -t, -n 类。

(4) 韵尾为-i 的韵部,共三部:微部[əi];脂部[ei];歌部[ai]。

(5) 韵尾为-t 的韵部,共三部:物部[ət];质部[et];月部[at]。

(6) 韵尾为-n 的韵部,共三部:文部[ən];真部[en];元部[an]。

(丙)-p, -m 类。

(7) 韵尾为-p 的韵部,共二部:缉部[əp];盍部[ap]。

(8) 韵尾为-m 的韵部,共二部:侵部[əm];谈部[am]。

同韵部者为叠韵。例如"走、趋"侯部叠韵,"夜、夕"铎部叠韵,**"疆、境"**阳部叠韵,"空、孔"东部叠韵,"三、参"侵部叠韵。

同类同元音者为对转。例如"背 puək:负 biuə"职之对转,"陟 tiək:登 təng"职蒸对转,"斯 sie:析 siek"支锡对转,"题 dye:定 dyeng"支耕对转,"盈 jieng:溢 jiek"耕锡对转,等等。此类很多。

不同类而同元音者为通转,这是元音相同,但是韵尾发音部位不同。例如"吾 nga:我 ngai"鱼歌通转,"强 qiang:健 qian"阳元通转,"介 keat:甲 keap"月盍通转等。这一类比较少见。

同类但不同元音者为旁转。例如"叩 ko:考 ku"侯幽旁转,"焚 biuən:燔 biuan"文元旁转,"质 tjiet:赘 tjiuat"质月旁转等。

上古汉语共有三十三个声母,可以分为五大类、七小类,如下:

(甲) 喉音

(1) 影母[o]

(乙) 牙音(舌根音)

(2) 见母[k] (3) 溪母[kh] (4) 群母[g] (5) 疑母[ng] (6) 晓母[x] (7) 匣母[h]①

(丙) 舌音,分两类。

(一) 舌头音

---

① 黄侃在古音十九组中,以影喻为深喉音,晓匣见溪群疑为浅喉音。他所定的浅喉音是对的,而以喻为深喉音则是错的。喻三应并入匣母,喻母在上古应属舌音。

(8) 端母[t] (9) 透母[th] (10) 定母[d] (11) 泥母[n]①(12) 来母[l]

(二) 舌面音(在中古属正齿三等)

(13) 照母[tj] (14) 穿母[thj] (15) 神母[dj] (16) 日母[nj] (17) 喻母[j] (18) 审母[sj] (19) 禅母[zj]

(丁) 齿音,分两类。
(一) 正齿音(在中古属正齿二等)②

(20) 庄母[tzh] (21) 初母[tsh] (22) 床母[dzh] (23) 山母[sh] (24) 俟母[zh]③

(二) 齿头音

(25) 精母[tz] (26) 清母[ts] (27) 从母[dz] (28) 心母[s] (29) 邪母[z]

(戊) 唇音

(30) 帮母[p] (31) 滂母[ph] (32) 並母[b] (33) 明母[m]④

同纽者为双声。例如"疆 kiang：境 kyang"见母双声,"叩 kho：考 khu"溪母双声,"逆 ngyak：迎 ngyang"疑母双声。

同类同直行,或舌齿同直行者为准双声。例如"致 tiet：至 tjiet"端照准双声,"乃 nə：而 njiə"泥日准双声,"铄 sjiôk：销 siô"审

---

① 中古知彻澄娘四母在上古属端透定泥。
② 黄侃在古音十九纽中,以正齿二等并入精清从心邪是有道理的。在上古时代,的确庄初床山跟精系较近,距照穿神审禅较远。
③ 俟母是根据李荣《切韵音系》添加的。
④ 中古非敷奉微四母在上古属帮滂並明。

为了印刷的便利,以 0 代表零母,以-h 代表送气符号,以 ng 代表国际音标[ŋ],以[h]代表[ɣ],以[tj][thj][dj][nj][sj][zj]代表[tɕ][tɕʻ][dʑ][ȵ][ɕ][ʑ],以[tzh][tsh][dzh][sh][zh]代表[tʃ][tʃʻ][dʒ][ʃ][ʒ],以[tz][ts]代表[ts][tsʻ]。喻母上古音未能确定,暂用[j]来表示。

心准双声。

同类同横行者为旁纽。例如"嫡 tyek：蹄 dye"端定旁纽，"走 tso：趋 tsio"精清旁纽，"背 puək：负 biuə"帮并旁纽。

同类而不同横行者为准旁纽(少见)。例如"它 thai：蛇 diyai"透神准旁纽，"跳 dyô：跃 jiôk"定喻准旁纽。

喉与牙，舌与齿为邻纽(少见)。例如"影 yang：景 kyang"影见邻纽，"顺 djiuən：驯 ziuən"神邪邻纽。

值得反复强调的是：同源字必须是同音或音近的字。这就是说，必须韵部、声母都相同或相近。如果只有韵部相同，而声母相差很远，如"共"giong、"同"dong；或者只有声母相同，而韵部相差很远，如"当"tang、"对"tui，就只能认为同义词(有些连同义词都不是)，不能认为同源字。至于凭今音来定双声叠韵，因而定出同源字，例如以"偃""嬴"为同源，不知"偃"字古属喉音影母，"嬴"字古属舌音喻母，"偃"字古属收-n 的元部，"嬴"字古属收-ng 的耕部，无论声母、韵部都不相近，那就更错了。

三、从词义方面分析同源字

词义方面，也和语音方面一样，同源字是互相联系着的。分析起来，大概有下面三种情况。

(一) 实同一词。还可以细分为三类。

1. 《说文》分为两个以上的字，实同一词。例如"窥：阒"；"韬：弢"；"彧：郁"；"疐：踬"；"沧：冷"；"鴈：雁"。有时候，《说文》释义全同，如："沧，寒也。""冷，寒也。"有时候，《说文》强生分别，如以"韬"为剑衣，"弢"为弓衣；"鴈"为鸟，"雁"为鹅。从古书材料中，不能证明这种区别。

2. 《说文》已收的字和《说文》未收的字实同一词。例如"恶：

539

忸”；“曳：抴”；“遫：遏”；“愒：憩”。

以上两类，实际上就是异体字。

3. 区别字。

a.《说文》已收的区别字，即早期的区别字。如：

神佑本写作“右”或“佑”，后来写作“祐”，以别于佑助的“佑”。

沽酒本写作“沽”，后来写作“酤”，以别于一般买卖的“沽”。

音乐和谐本写作“和”，后来写作“龢”，以别于和平的“和”。

b.《说文》未收的区别字，即后期的区别字。如：

臟腑本写作“藏府”，后来写作“臟腑”以区别于宝藏的“藏”，府库的“府”。

擒获本写作“禽”，后来写作“擒”，以别于禽兽的“禽”。

殡殓本写作“敛”，后来写作“殓”，以别于收敛的“敛”。

区别字不都是同源字。如果语音相同或相近，但是词义没有联系，那就不是同源字。例如房舍的“舍”和捨弃的“捨”(本写作“舍”)在词义上毫无关系，它们不是同源。但是，多数区别字都是同源字。

区别字掩盖了语源。例如“五伯”写成“五霸”以后，就很少人知道“霸”来源于“伯”。区别字掩盖了本字。例如战栗写成了“颤”以后，人们(包括文字学家)就认为“颤”是本字，“战”是假借字。这种认识是错误的，因为是违反历史事实的。

(二) 同义词。

音义皆近的同义词，在原始时代本属一词，后来由于各种原因(如方言影响)，语音分化了，但词义没有分化，或者只有细微的分别。这种同义词，在同源字中占很大的数量。

1. 完全同义。如：

志：识	箅：第	毋：无
须：需	如：若	溥：旁

曰:粤	徒:但	直:特
鹏:凤	荒:凶	曷:何
曳:引	宴:安	藩:樊
慊:慊	寝:渐	

所谓同义,是说这个词的某一意义和那个词的某一意义相同,不是说这个词的所有意义和那个词的所有意义都相同。例如"疾、徇"同义,是说它们在速的意义上相同,并非说"徇"有疾病的意义,或"疾"有徇行的意义。

2. 微别。如:

踞,直腰跪着;跪,先跪后拜。
旗,绣熊虎的旗子;旂,绣交龙的旗子。
无,没有;莫,没有谁,没有什么。
言,直言曰言;语,论难曰语。
盈,器满;溢,充满而流出来。
颜,眉目之间;额,眉上发下。
告,告上曰告;诰,告下曰诰。
荐,无牲而祭;祭,荐而加牲。

这一类字,大多数不是同音字,而是音近的字。字音的分化,导致词义的分化。不过,这种分化只是细微的分别而已。有些同音字,实际上是后起的区别字。例如"告:诰"。同样的情况有"欲:慾"。"慾"用于贬义。现在"慾"简化为"欲",又取消这个区别字了。

(三) 各种关系。

同源字中,有许多字并不是同义词,但是它们的词义之间有种种关系,使我们看得出它们是同出一源的。分析起来,大约可以分为十五种关系。现在一一加以叙述。

(1) 工具。凡藉物成事,所藉之物就是工具。例如:

勺,杓子;酌,用杓子舀酒。
汤,热水;盪,用热水洗涤器皿。

爪,指甲;搔,用指甲挠。

咽,喉咙;嚥,用喉咙吞下。

(2) 对象。例如:

道,路;导,引路。

兽,野兽;狩,猎取野兽。

鱼,鱼类;渔,捕鱼。

舆,轿子;舁,抬轿子。

(3) 性质,作用。例如:

卑,卑贱;婢,卑贱的妇女。

句,曲;钩,一种弯曲的工具。

冒,蒙盖;帽,蒙盖在头上的。

浮,漂浮;桴,浮在水面的交通工具。

(4) 共性。例如:

崖,山边;涯,水边。

住,人停留;驻,马停留。

招,以手招;召,以口招。

经,织品的主要部分;纲,网的主要部分。

(5) 特指。例如:

取,取得;娶,取妻。

夏,大;厦,大屋。

献,进献;享,以祭品进献给神。

辅,助;赙,以财助丧。

(6) 行为者,受事者。例如:

沽,买卖;贾,买卖人。

率,率领;帅,率领军队的主将。

辅,辅佐;傅,辅佐帝王太子的人。

噎,食物塞住咽喉;咽,咽喉。

（7）抽象。例如：

沉,沉溺在水里;耽,沉溺在欢乐里。

宛,屈曲;冤,冤屈。

相,视;省,内视,反省。

寤,睡醒;悟,觉悟。

（8）因果。例如：

鬀,剃发;髢,用剃下来的头发做成的假发。

逋,奴隶或罪犯逃亡;捕,把逃亡的人捉回来。

干,干燥;旱,干旱。

燔,烤;膰,烤熟的祭肉。

（9）现象。例如：

踞,蹲,箕踞;倨,没有礼貌。

瞿,张大眼睛;惧,害怕。

伏,趴倒;服,降服。

（10）原料。例如：

紫,紫色;茈,茈草,可染紫。

旄,用牦牛尾装饰的旗;氂,牦牛。

币,束帛,用来送礼;帛,丝织品。

（11）比喻,委婉语。例如：

材,木材;才,人材。

阻,阻塞;沮,阻止。

没,沉没;殁,死亡(委婉语)。

陨,从高处摔下来;殒,死亡(委婉语)。

（12）形似。例如：

登,礼器;镫,膏灯。

井,水井;阱,陷井。

障,障碍;嶂,像屏障的山。

緜,丝棉;棉,木棉。

（13）数目。例如：

一,数目;壹,专一。

二,数目;贰,二心,副职。

四,数目;驷,一乘为驷。

五,数目;伍,户口十家为伍,军人五人为伍。

（14）色彩。例如：

綦,青黑色;骐,青黑色的马。

鐵,黑金;骥,马赤黑色。

纑,黑色;旐,旅弓,黑弓。

皓,白色;缟,白缯。

（15）使动。例如：

贷,借入;贷,借出,使贷。

赊,赊入;赍,赊出,使赊。

买,买入;卖,卖出,使买。

籴,买米;粜,卖米,使籴。

赘,典押入;质,典押出,使赘。

入,进入;纳,使入。

至,到来;致,使至。

去,离开;祛,祛除,使离开。

食,吃;飤(饲),使吃。

别,分别;辨,辨别,使分别。

勘,努力;勉,使努力。

       *   *   *

同源字的研究,有什么作用呢?

第一,它是汉语史研究的一部分。从前,我们以为,在语言三要素中,语音、语法都有很强的系统性,惟有词汇是一盘散沙。现在通过同源字的研究,我们知道,有许多词都是互相联系着的。由此,我们对于汉语词汇形成的历史,就有了认识。

通过同源字的研究,对词的本义能有更确切的了解。例如《说文》:"舁,共举也。"这个释义是不够确切的。必须了解到,二人所共举的是舆。"舆、舁"同音,二字只是名词与动词的分别。了解到这一点,才算真正了解"舁"字的本义了。又如《说文》:"左,手相左助也。""右,手口相助也。"段注:"以手助手,是曰左;以口助手,是曰右。"这样讲"左""右"的本义是错误的。《说文》的"ナ""又",后人写作"左""右";《说文》的"左""右",后人写作"佐""佑"。那么,"佐""佑"的本义是什么呢? 决不是以手助手,以口助手。"左"是左手,"右"是右手,用作动词时,写成"佐""佑",都是以手助人。《史记·陈丞相世家》:"乃解衣裸而佐刺船。"这里的"佐"才是用了本义。

新词的产生,不是从天上掉下来的,往往是借旧词作为构成新词的材料(如"轮船"、"汽车")。有些字,近代才出现,但并不是什么新词,而是旧词的音变而已。例如脚踢的"踢"不见于古代的字典,只见于《正字通》,它是近代才出现的一个词。但是古代有个"蹄"字,音大计切。《庄子·马蹄》:"怒则分背相蹄。""蹄"与"踢"是支锡对转。毫无疑问,"踢"是"蹄"的音变。

由此看来,同源字的研究,和汉语史的研究是密切相关的。

第二,把同源字研究的结果编成字典,可以帮助人们更准确地理解字义。例如"旁"与"溥、普"同源,则知"旁"的本义是普遍。"傍"与"溥、普"不同源,因为"傍"的本义是依傍(《说文》:"傍,近也"),引申为旁边。后来表示旁边的字写作"旁",以致"旁""傍"相混。但是表示普遍的"旁"决不写作"傍",表示依傍的"傍"一般也不写作"旁"。《经籍籑诂》在"傍"字下云"亦作旁",把"广、大"等义放在"傍"字条,是完全错误的。

通过同源字的研究,僻字变为不僻了。例如蹄义的"蹢"只见于《诗经》一次(《小雅·渐渐之石》:"有豕白蹢"),《尔雅》一次(《释畜》:"四蹢皆白,骏"),可算僻字了。但是"蹄、蹢"同源,支锡对转,"蹢"就是"蹄",字虽僻而词不僻。

通过同源字的研究,僻义变为不僻了。例如额义的"定",只见于《诗经》一次(《国风·周南·麟之趾》:"麟之定,振振公姓"),《尔雅》改"定"为"颠"(《释言》:"颠,题也"),则变为僻字。其实"题、定"同源,支耕对转,"定"就是"题"。"题"解作额,则是比较常见的。"定、顶"也同源,耕部叠韵,在人为顶,在兽为定,更显得不僻了。又如《史记·五帝本纪》:"幼而徇齐。"裴骃说:"徇,疾;齐,速也。"这是正确的解释。"徇"与"齐"是同义词连用。"齐、徇、疾、捷"四字同源。"齐、疾"脂质对转,"齐、徇"脂真对转,"徇、疾"真质对转,"疾、捷"质盍对转,都是敏捷的意思。"徇"当"疾"讲,"齐"当"速"讲,僻而不僻。

由此看来,同源字的研究,可以认为是一门新的训诂学。

(原载《中国语文》1978 年第 1 期;又《同源字典》,商务印书馆,1982 年;《王力文集》第 8 卷)

论汉族标准语

一

没有人怀疑标准语的必要性。中国人民的空前团结和国家的统一,使大家感觉到迫切需要一种统一的语言。汉族的民族共同语首先成为问题的中心,因为如果汉族有了共同的语言,中国各民族之间也就有了交际上的共同语言。

争论的焦点在于用北京话作为标准语呢,还是用"普通话"作为标准语。为了讨论的方便起见,我们暂时拿方言代替北京话,用共同语代替标准语来进行讨论,也就是先讨论方言是否可以成为民族共同语的问题。

关于这一点,斯大林有了非常明确的指示。他说:

> 相反地,地方("地域")方言,是替人民群众服务,并且有自己的语法构造和基本词汇。因此,某些地方方言在民族形成过程中可以成为民族语言底基础并发展为独立的民族语言。[①]

由此看来,方言是肯定可以成为民族共同语的。现在再提出一个问题:地点方言[②](如北京话)是不是也可以成为民族共同语呢? 答案也是肯定的。民族共同语固然可以由地方方言形成,但

[①] 斯大林:《马克思主义与语言学问题》,人民出版社本,页 43~44。(这里把"文法"写作"语法"。)

[②] 地点方言和地方方言不同。地方方言是指整个方言区域的语言来说的,例如北方话、吴语、粤语等。地点方言是指某一地点的方言,特别是指某一城市的方言,如北京话、上海话、广州话等。

是,地方方言往往包括着许多地点方言。可以说,地点方言是地方方言的具体表现。假使没有地点方言,地方方言也就不存在了。在同一方言区域内,甲地的地点方言和乙地的地点方言的差别是很小的,有时候小到令人不能觉察(至少是别的方言区域的人不能觉察)的程度。因此,我们说某一地方方言成为民族共同语,也就意味着某一些地点方言成为民族共同语。但是,在这一种形成了民族语言的方言里面,也必然有一个地点方言作为它的典型的代表。例如成为乌克兰民族语言基础的虽然是坡尔塔发——基辅方言,但是坡尔塔发——基辅方言却以基辅话为代表。又如成为法兰西民族语言的基础的虽然是法兰西岛方言①,但是法兰西岛方言却以巴黎话为代表。找出了一个作为代表的地点方言,那么民族共同语才真正具体化了。

现在谈到标准语了。标准语和民族共同语的涵义并不完全相同。标准语是在民族共同语的基础上更进一步,它是加了工的和规范化了的民族共同语。汉族需要民族共同语,同时也需要标准语。有了标准语,民族共同语就会更加统一,更加巩固。事实上,民族共同语本身也是民族对于语言规范化的要求所促成的。方言差别之所以逐渐丧失了它们的独立性,正是由于遭受民族语言的规范的影响。咱们正需要扩大这一种影响,使民族共同语更加统一,更加巩固。因此,我们强调标准语的建立和推行。

普通话能否成为民族共同语呢?如果所谓普通话是指城市中五方杂处的各阶层群众来往交谈因而产生了的一种彼此之间都懂得的、包含着彼此之间方言成分的语言②,那么,这样的普通话假

---

① 法兰西岛(Ile de France)是古国名,十五世纪是一个省,包括现代法国的 Aisne, Oise, Seine, Seine-et-Oise, Seine-et-marne 等地区和 Somme 的一部分。

② 这篇文章写于 1954 年 6 月,当时所谓"普通话"即这里所说的五方杂处的各阶层群众的话,与今天"普通话"的概念不同。

使存在的话,它是不可能成为民族共同语的。就一般情况来说,大城市中的"普通话"实际上是以本城市的地点方言为基础,语音、词汇、语法各方面都带着相当浓厚的地方色彩。咱们可以说,有以吴语方言为基础的普通话(如在上海的机关学校里),有以粤语方言为基础的普通话(如在广州的机关学校里),上海人和广州人用普通话交谈,有时候不容易互相了解,就因为在普通话里包含着自己方言的成分太多了些。谁能尽量接近以北京话为基础的普通话,谁的话就比较容易为不同方言区域的人所了解。实际上,汉族的共同语正是拿北方话做底子的。这种民族共同语实际上已经形成,各个地域的方言差别也正趋向于消失,只是这一个历史阶段(方言差别逐渐消失的阶段)还没有走完罢了。

方言融合论其实是和语言融合论同一性质的东西。而大家知道,对于社会主义在世界范围内胜利以前的语言来说,两种语言融合产生第三种语言的语言融合论是斯大林所不同意的。

如果把五方杂处的城市的方言融合认为普通话,那么,普通话和标准语是互相排斥的两个概念。相近的两种方音,甚至相差颇远的两种方音,只要听惯了,也可以互相听得懂。但是,如果要找出一种标准音来,咱们就不能说凡听得懂的都算是标准音。在词汇方面,由于方言的不同,一样东西叫出几个名称来,只要听惯了,也可以互相听得懂;但是,如果要找出一种标准词汇来,咱们也不能说凡听得懂的都是合于标准的词和语。因此,我们提倡标准语,就不可能同时提倡以方言融合为定义的普通话。至于有人说,普通话就是以北方话为基础的,那样的普通话就和我们所谓民族共同语的涵义差不多。但是,我们所谓标准语,如上文所说,它是从共同语的基础上更进一步的。

二

汉族标准语应该拿北京话做基础。所谓拿北京话做基础，并不是说，北京话就完全等于标准语。但是北京话毕竟是标准语的良好基础，因为北京话基本上代表着现代汉语的文学语言。上文说过，汉族的民族共同语实际上虽然已经形成，各个地方的方言差别虽然趋向于消失，但是这一个历史阶段(方言差别逐渐消失的阶段)还没有走完。因此，咱们必须加强文学语言的规范化，——既然北京话基本上代表着文学语言，咱们又必须从北京话的基础上建立标准语——，来促使民族共同语更加统一，更加巩固。文学语言本来就该是在书面上具有固定规范的、全民语言的加工形式，但是，就汉语的具体情况来说，由于封建时代长时期的文言文和白话文的分歧，到了现在，文学语言还有进一步加工和规范化的必要。文学语言虽然和文艺作品的语言有分别，但是，文学语言并不是和文艺作品的语言毫无关系，相反地，它们的关系是很密切的。关于这一点，高尔基写道："把语言分成文学的和民间的，就是一般所说的我们有被匠人加过工的语言和没有加过工的语言。"咱们可以说，北京话就是在汉语中最具有代表性的民间语言，但是必须从北京口语中挑出最鲜明、最富表现力、最有分量的词来，然后能成为文学语言，从而建立标准语。没有加工的原始材料，还不能算是文学语言，也不能算是标准语。

咱们的作家们是不是也可以由北京以外的方言中，挑出一些最鲜明、最富表现力、最有分量的词和语，来充实和丰富标准语的词汇呢？是的，正是需要这样做。这样，标准语和普通话又有什么分别呢？分别在于：标准语必须具有北京话的特点的本质，也就是说，必须具有北京话的基本词汇和语法构造。

550

可能有人问起：为什么标准语要以北京话为基础？北京话本身的优点在什么地方？以前也有人答复过这个问题，譬如说北京话的音素简单，容易学习。我们还可以加上一个优点，就是北京话有轻重音的分别，这是中国大多数方言所没有的。有了轻重音，语音就增加了一种色彩，同时在词汇上能使同音词分化，在语法上能使词和词之间的界限分明。但是，咱们也不能太强调这些优点，因为如果从这种地方着眼，别的方言的优点也可以找出许多来。例如音素比较复杂的吴语和音素更加复杂的粤语的词汇中，同音词要比北京话少得多，那也应该算是一个优点。这样从技术观点着眼去讨论，就很难得出一个满意的结论来了①。

我想，要答复这个问题，仍旧应该回到"文学语言"这一个标准上。七八百年来，特别是三四百年来，中国文艺作品的语言，凡是用白话来写的，差不多都用的是官话，主要是用北方话（用北京话写的有《红楼梦》、《儿女英雄传》等）。五四以后，所谓白话文或语体文，差不多也都用的是官话，主要是用北方话。白话文或语体文虽然还不能算是标准语，但它可以作为标准语的基础。更进一步要做到标准语，就需要从官话或北方话的基础上更加具体化，也就是说，要从北京话的基础上建立标准语。数百年来文艺作品的巨大影响和三十多年来的白话文或语体文的巨大影响，都使得咱们不能不采用北方话作为标准语的基础；而为了使北方话更加标准化，咱们不能不采用它的典型代表——北京话——作为标准语的基础。

其次，当咱们考虑采用某一个地点方言作为标准语的基础的时候，这个地点必须是一个政治、经济、文化的中心。就全国范围

---

① 在大学里，有人问我们："为什么要认北京话为标准语？北京话本身有什么优点？"我们就有意识地撇开技术观点，专从政治、经济、文化等方面来找论据。

来说,只有北京最具备这个条件。北京是人民的首都,拥有三百多万人口,现在全国人民实际上也正在学习人民首都的语言。不容否认地,这一个基础是一个很好的基础。

三

毛主席说过:"第一,要向人民群众学习语言。……第二,要从外国语言中吸收我们所需要的成分。……第三,我们还要学习古人语言中有生命的东西。"①我们认为,这是标准语的三大标准。固然,人民群众的语言是标准语的主要基础,但是,国际词汇和古代词汇也有助于标准语的形成。

为什么要向人民群众学习语言呢?毛主席说:"人民的语汇是很丰富的,生动活泼的,表现实际生活的。我们很多人没有学好语言,所以我们在写文章做演说时没有几句生动活泼切实有力的话,只有死板板的几条筋,像瘪三一样,瘦得难看,不像一个健康的人②。"对于标准语来说,咱们就应该拿这个丰富的、生动活泼的、表现实际生活的词汇作为基础。上文说过,除了基本词汇和语法构造必须拿北京话做标准之外,咱们还可以从各地的方言词汇中吸收一些生动活泼的东西。绝对化的观点是不对的。我们并不企图在北京话和各地的方言之间划清界限,相反地,咱们必须依靠各地的方言来充实和丰富标准语的词汇。想要不如此也是不可能的,这是自然的趋势。

解放以来,特别是最近两三年,大批新名词涌进了工厂里。这是好的;从今以后,新名词成为人民群众的工具和武器了。但是,由于新名词的来势太猛了些,于是可能产生新名词和人民群众原

---

①② 毛泽东:《反对党八股》。《毛泽东选集》三卷,第一版,页858~859。

有词汇之间一种不调和的现象。有一位文艺工作者对工厂的语言处理感到困难。人家批评他说,他过去描写农民的语言是那样生动活泼,现在描写工人们的语言的时候,在语汇使用上退步了①。这是客观事实所造成的困难。但是咱们不必担忧,人民群众的智慧一定能在最近的将来使新名词和原来的词汇协调,而且还能创造一些比以前更生动活泼的口语。同时,我个人认为作家们也不应该呆板地"模写"这一个过渡时期的语言,而应该适当地引导语言向健康的道路上发展。这就是说,作家们应该从工人群众的语言中挑选那些生动活泼的、最富于表现力的、最形象化的词和语作为工人群众语言的典型。即使这种词和语在目前还是少数人说的,但是应该作为典型来描写。这样就能使标准语永远以生动活泼的口语为基础。必须肯定,离开了生动活泼的口语就不可能有标准语。

为什么要从外国语言中吸取我们所需要的东西呢? 毛主席说:"因为中国原有语汇不够用,现在我们的语汇中就有很多是从外国吸收来的。……我们还要多多吸收外国的新鲜东西,不但要吸收他们的进步道理,而且要吸收他们的新鲜用语②。"自从清末的改良运动以来,咱们不断地吸收了大量的国际词语。起初的时候,西洋的词语经过日本语的中介输入中国。这是一种很有趣的现象。日本人借用汉字构成了新词来翻译西洋名词,中国人又把日本人所制造的新词原封不动地吸收到中国来。这些词如"经济"、"哲学"、"观念"、"意识"、"相对"、"绝对"等,在现代汉语中已经生了根,一般人不再意识到它们是外来语了。这种新名词差不多每年都增加一些,也渐渐不需要经过日本语的中介。这样就大

---

① 见《中南作家通讯》三期,页35~36,姚雪垠同志的来信。
② 毛泽东:《反对党八股》。《毛泽东选集》三卷,第一版,页858~859。

大地丰富了汉语的词汇。新概念用新词来表示,然后咱们的意思更明确,更有固定的范围。咱们的语法也由于国际化而得到了改进。咱们知道,语法的变化是慢的,但也并不是永远没有变化。例如汉语的名词没有固定的词尾,最近三十年来就发展出来一种无定冠词(如"一个"和"一种"等于英文的 a, an 和法文的 un, une),甚至有时候还用上了有定冠词(如说:"不是经过一下子消灭旧的和建立新的那种方法"),这样就能使语言的结构更加严密,意义更加明确。至于就整个语言结构来说,汉语也有了很大的进步。现在报纸杂志上的好文章,差不多可以逐词逐句译成俄文或英文,不需要在结构上有什么大更动。尤其是作者有了马克思列宁主义武装了头脑之后,语言的逻辑性和系统性更是前人所不能及。如果拿桐城派的古文和现代的好文章相比较,我们会觉得汉语有了惊人的发展。即使拿五四时代的文章和现代的文章相比较,也会觉得无论在词汇上、语法上和整个语言结构的逻辑性上,也都大大地跨进了一步。这是标准语的良好的基础。

对于民族共同语的巩固和标准语的建立来说,语言国际化是一个有利的条件。这里所谓"国际化",和一般所谓"欧化"差不多。我们之所以改为"国际化",是因为:(一)许多名词术语如"唯物"、"辩证"、"物理"、"化学"等已经是全世界所共有的名词术语,不必呆板地认为是欧洲的东西;(二)许多名词术语是经过日本语的中介(见上文),也不是直接从欧洲传过来的。我们这里所谓国际化,主要是指经过意译而包含着原词的意义的词和语。这些词,可能是国际通用的词,如"唯物"、"辩证"、"物理"、"化学"等;也可能虽然不是国际通用的词,而有国际通用的意义范围,例如"内容"这一个词,在俄文是 содержание,在英文是 content,词形虽然不同,意义是基本上一样的。国际化的词里面,多数是拿千百年长时期中生存着的根词作为构成新词的基础的。例如汉语本来有"物"和

"理"这两个根词,合成"物理"就构造一个新词(古人所谓"物理"是另一回事);汉语本来有"飞"和"机"这两个根词,合成"飞机"就构成一个新词。这些根词的组合,是全民所容易同意的,没有必要在不同的方言中作出不同的翻译。因此,它们打破了方言的隔阂,成为天然的民族共同语。当然,咱们不能因为语言国际化可以打破方言的隔阂,就企图把基本词汇也国际化了。语言国际化是为了表示新的概念,至于"头"、"脸"、"手"、"肩"、"走"、"跑"这一类的属于基本词类的词,虽然各地的方言称呼不同,由于它们不表示什么新的概念,就没有必要也没有可能把它们国际化起来,事实上也没有人有过这种荒谬的企图。但是,越来越多的国际化词语总是有利于民族共同语的巩固和标准语的建立。

为什么咱们还要学习古人语言中有生命的东西呢? 毛主席说:"由于我们没有努力学习语言,古人语言中的许多还有生气的东西我们就没有充分的合理的利用。当然我们坚决反对去用已经死了的语汇和典故,这是确定了的,但是好的仍然有用的东西还是应该继承。"①毛主席自己的文章就是学习古人语言中有生命的东西的典范。毛主席运用古人成语恰当到那种程度,令人感觉得像现代人民群众的口语一样的生动活泼。其中最令人惊叹的是"实事求是"、"有的放矢"等,毛主席把它们从古人的语言中拿出来,给予它们一样新的涵义,使它们为马克思列宁主义服务。咱们要学习古人的语言,首先就是要学习毛主席那种学习古人语言的方法。

从前许多人对文言采取一种敌视的态度。此外还有一些人(包括我自己在内),对文言和白话存着"分家观点",以为写白话文就非纯粹用口语不可,如果要写文言文,就得纯然用古人的词汇和依照古人的语法(我嘲笑提倡文言文的人自己的文章就夹杂着现

---

① 毛泽东:《反对党八股》。《毛泽东选集》三卷,第一版,页859。

代人的口语和语法)。现在看起来,敌视态度和"分家观点"都是不正确的。在白话文运动的时代,需要和封建地主的落后意识作斗争,他们企图妨碍社会的发展,因而企图妨碍语言的发展。他们的垂死挣扎和咱们的无情打击都是自然的,可以理解的。现在文言文已经被打倒了(直到解放后才算是完全打倒),咱们就应该回过头来看看已经死去了的语汇和典故的后面还存在着哪些是有生命的东西。当然这里所指的文言(不是文言文),是能代表古代语言的文言,至于代表封建地主阶级习惯语的文言仍然是应该被扫除了的。

就古语的运用来说,"旧瓶装新酒"算是一种妙用。新概念用新词来表示,那是正常的办法,但是也容许有特殊情况。譬如说,古人有一个词,它所代表的东西已经不存在了,而现代有一种新东西和它原来的意义有若干关系,就不妨借用它来表示这个新的概念。例如报纸上说:"游行队伍由一千三百名铁路工人组成的仪仗队为前导进入天安门广场。"[1]"仪仗"这一个词就是从古代词汇中借用的,它已经有了新的涵义。它虽然不是人民群众的口语,但是它一定能进入人民群众的口语里去。我们没有什么理由创造一个新词,更没有理由用一种迂回法(periphrase)把它说成由口语中几个词合成的仿语,那样是太啰嗦了。

古语的适当运用,也像国际化的词语一样,对于民族共同语和标准语来说,是一个有利的条件。因为它也是能打破方言的隔阂而为全民所了解的。

总括起来说,根据人民群众的口语,采用国际化的语言,适当地运用古人语言中有生命的东西,这三个标准就是汉族标准语建立的标准。用一句话来说,标准语就应该是以北京话为基础的文

---

① 新华社 1954 年 5 月 1 日电,5 月 3 日各报登载。

学语言。

四

根据三个标准来建立标准语的时候,要防止三个偏向:第一个偏向是滥用俚语,第二个偏向是滥用外国语、乱用新名词和仿用不恰当的译文,第三个偏向是滥用古语。

标准语应该以北京话为基础,这并不等于说把北京话的全部词汇,包括俚语在内,都接受过来,要求全国人民说话和北京人完全一样。事实上没有这个可能和必要。北京话里有些词语是书面语言里很少看见的,地方色彩太浓,不容易为全民所了解,就不应该接受来作为标准语里的词和语。没有理由一定要把北京的"卧果儿"介绍给全国人民①。除了文艺作品的特殊需要之外(有了特殊需要,不但可以用北京的俚语,而且可以用任何方言中的某些词语),标准语里的北京词汇应该只限于已经为全民所了解或容易为全民所了解的词语(例如"脑袋"、"脖子"等)。罗常培先生避免俚语的主张是正确的②。当然,在起初的时候,可能有词汇贫乏化的现象,甚至许多生动活泼、富于形象的东西都被搁起来了。现在一般非北方话区域的人写起文章来,特别是写起文艺作品来,就容易犯这个毛病:自己的俚语不敢用,北方的俚语又不懂,于是自己的文章只好让它干瘪起来。对于这个缺点的补救,就要靠咱们的作家们的创造力量。如上文所说的,作家们应该从各地方言中吸收一些生动活泼、富于形象而又容易为全民所了解的词和语。同时,在标准语建立了之后,相信人民群众也一定能根据标准语的基本

---

① "卧果儿"是汤面里放进一个去了壳但又不搅开的鸡蛋。
② 《科学通报》三卷,七期,页423。

词汇，来创造许多新的、生动活泼的、富于形象的词和语。

在语法方面，也应该注意规范化。我从前的语法理论，除了"三品说"犯了唯心论的错误之外，第二个大错误就是忽略了语法书的指导性，过分强调语言事实的客观分析（这是必要的，但是只凭客观分析是不够的），而轻视规范化的工作。我只知道把语言的结构方式当做青蛙来解剖[①]，而不知道为什么要解剖这个青蛙。近年来语法界有些同志或多或少地也犯了同样的错误，喜欢在语法的一般规律中寻找一些例外，然后又把某些特殊的结构和一般的结构混为一谈。甚至于承认这样也可以，那样也可以。我觉得语法上的自然主义应该批判；必须使语法的工作对于标准语有所贡献。

滥用外国语的偏向也必须防止。列宁曾经坚决反对滥用外国词语。我们遵照列宁的教导，也反对用生吞活剥的方式，把外国词语塞进汉语里来。俄语的吸收外语是采取接受原形的方式（当然字母的写法和拼法有改变，并且往往加上俄语语法的约束），汉语的吸收外语，也有一种类似的情形，叫做音译。严格说起来，音译不能算是译，也只是采取接受原形的方式，不过因为汉字不是拼音文字，所以好像是"译"了。在口语里，如果搀杂外国词语，更不像"译"。滥用外国语的极端的例子是像这样的情况：当帝国主义者借用教会的名义在中国实施奴化教育的时候，有一些教会学校的教师和学生平常谈话都是中英词语兼用，而且意义重复。譬如说："这对于他是 unfair 不公道的"，他"worked out 做出了一个计划"等等。这简直是浪费时间！另有一种情况也许是由于英文念得太熟了(?)，也许是赶"时髦"，喜欢用一些英语的字眼来替代汉语的字眼，例如不说"尊重"而说 respect，不说"失望"而说 disappointed，

---

① 王了一：《中国语法纲要·导言》。

不说"优先权"而说 priority 等。这些情况都只在口语里发现;书面语言里是少见的。但也不是没有。例如作者想写某一句话,用得着某一个术语,一时想不出汉语里该怎么说,就索性把英文原词写上了。有时候还加上音译,例如梁启超把"灵感"译成"烟士披里纯",抗战以前有人把"扬弃"译成"奥伏赫变",把"独裁者"译成"狄克推多"等。我们不是绝对地反对音译;有时候,适当的意译的确不容易找,例如"咖啡"和"沙发",到现在还没有变为意译。但是,必须指出,意译是正常的办法,音译只是变通的办法。如果滥用音译,也就是滥用外国语,因为那样是表示汉语词汇贫乏到了不能从基本词汇的基础上构成新词。

意译表现着汉族人民的民族自尊感。许多原来音译的词,后来都变了意译。除了上面所举的"烟士披里纯"等之外,我们还举得出许许多多的例子,例如"德律风"变了"电话","麦克风"变了"扩音器",等等。只有粤语的情况比较特殊。由于广州接近香港,广州话受了带有殖民地色彩的香港话的传染,音译的词特别多了些,例如"邮票"叫做"士担"(stamp),"胶卷"("软片")叫做"非林"(film),"号码"叫做"冧巴"(number,"冧"念"林"字的阴平),"球"叫做"波"(ball),"衬衫"叫做"恤衫"(shirt 加"衫",这不完全是音译)等。等到标准语推行了之后,这些现象一定会消灭在规范化运动里。就拿解放后来说,已经很少听说有人再说"士担"和"冧巴"了。

新名词和新术语的"汉化"(意译)有这么一个好处,就是新词在原有词汇的基础上构成,和旧词的体系有密切的联系,使人民群众容易接受,容易了解。例如"电话"和"扩音器"至少可以猜想大约是哪一类的东西,等到看见了那东西之后,更容易把概念和名词联系起来。

由于汉族人民的自尊感和汉语词汇的丰富性,滥用外国语的情形在中国并不多见。更常见的偏向是乱用新名词和仿用不恰当的译文。

乱用新名词,意思是说歪曲了原词的意义。国际性的名词术语有一个好处,就是它们的涵义差不多是全世界一致的。因此,咱们也就应该明白,它们的意义是不容许咱们随便歪曲了的。近年以来,常常看见有人误用"观念"、"范畴"之类的名词术语。现在举一个典型的例子就是"词汇"。"词汇"的定义,斯大林下得最好,他说:"语言中所有的词构成为所谓语言的词汇①。"其实如果呆板地逐字翻译斯大林的话,应该是:"语言中所有一切的词一块儿构成所谓语言的词汇。""词汇"就是某一语言中的词的总和,它之所以在汉语里叫做"词汇",就是全部的词都汇集在一块儿的意思。最初的时候,我们的前辈把英文的 vocabulary 和法文的 vocabulaire 等翻译做"字汇",那也是颇为恰当的译名,因为中国从前把小字典叫做"字汇",小字典的注解很简单,但是它包括全部的字。这和俄语正相巧合,因为俄语的 словарь 正具有"字典"和"词汇"两种意义(后一种意义又叫做 словарный состав 及其他)。总之,词汇和词显然是有分别的,它们代表着不同的两个概念。这两个概念现在竟被许多人混同起来了。"某人突击俄文,在一个月内学会了两千个词汇!""某一部俄文字典包含着八万个词汇!"实际上,俄语虽然包含着几十万个词,它总共只拥有一个词汇! 我们怎么能在俄语中学会了两千个词汇呢? 一部字典也只能包含一个词汇,怎么能包含八万个词汇呢? 建立标准语,应该同时纠正这一类的偏向。

仿用不恰当的译文,意思是说,依照汉语的习惯,本来没有这种说法,同时也有别的词语能和外语原词相对应或大致相对应,

---

① 斯大林:《马克思主义与语言学问题》,人民出版社本,页21。

可惜翻译家没有译得恰当,而有些作家自己写文章也就模仿起来了。应该肯定,对于现代汉语的发展,翻译界是作出了巨大的贡献的。上文所说的语言国际化的优点是和优秀的翻译家的功劳分不开的。但是在某些翻译作品里也存在着一些缺点。在西洋语言里,一个词往往有几个意义,这几个意义在原来的国度里,可能是细致的分别,但是,拿汉语对译起来,可能就是很大的分别了。而咱们的翻译界有些同志并不去注意这些分别,只是一个萝卜一个坑,把外国的某一个词固定翻译为汉语的某一个词。这样就使汉语无端混乱起来。就拿俄语来说吧,серьёзный 这一个词译成汉语,至少有"严重"、"重大"、"重要"、"严肃"等几个意义。李立三同志在他所译斯大林的《马克思主义与语言学问题》里,正是把几处的 серьёзный 分别译成"严重"、"重大"和"重要",而对于否定意义的 несерьёзный 则译为"不严肃"。但是,有些翻译家并没有看重这些分别,特别是把头两个意义混同起来,一律译成"严重"。影响所及,就产生了"严重的胜利"一类的说法,这是不合汉语的习惯的。又如 если 这一个词,译成汉语,至少有"如果"和"既然"这两个意义。在上面说到的李立三同志的译文里,正是把各处的 если 分别译为"如果"和"既然"。译成"既然"虽然不见得十分恰当(因为缺乏更恰当的词来译它),至少是比一律译成"如果"好多了。在汉语里,"如果"表示一种假设,而俄语的 если 有时候并不表示假设,而是表示两种事情的对比。一律译为"如果",就会使一般人看不懂。有些人看懂了,就往往模仿译文,在自己的文章里用起那一个并没有假设意义的"如果"来,这样就在汉语里造成了一种混乱的现象。希望中国多出一些像李立三同志那样的优秀的翻译家,不但能彻底看懂了原文,而且能用纯洁而健康的汉语来进行翻译。这样,对于汉语的规范化是大有功劳的。

滥用古语的偏向也必须防止。适当地运用古语，是为了充实和丰富现代汉语的词汇，而不是为了增加人民群众的负担。凡是一种概念，已经是现代词语所能表示的，就不必再用古代词语来表示它。解放以后，咱们的报纸杂志和书籍在这一方面有了一些进步。"抵京"、"莅校"之类基本上是消灭了。但是，清除死语言的工作还是做得不够的。我在一份画报上看见了一句"年事很高"，就想着为什么不说"年纪很大"呢？我在一张布告上看见了一句"会议行将结束"，就想着为什么不说"会议快要结束了"呢？就拿上文所举的"游行队伍由一千三百名铁路工人组成的仪仗队为前导"来说，为什么不说成"一千三百个铁路工人组成的仪仗队走在游行队伍的前面"呢？不适当地参杂文言的字眼，会在广播电影教育中发生不良的影响。人民群众听不懂或听不全，教育的效果就会降低。教科书和科学刊物对这一方面也应予注意。据我的印象，文学方面的东西就能比较口语化，科学方面的东西参杂的文言就比较多些。拿初中的语文课本和地理课本一比较，就觉得在语文运用方面有很大的距离。希望以后不论文学界和科学界，都能够做到文章浅白，容易了解。一般说来，越浅白就越能够生动活泼。当然，我们并不反对学习古人语言中有生命的东西，这在上文已经说过了。

汉字改革对于防止滥用古语能起很大的作用。新的文字必须尽可能口语化，否则不容易为人民群众所接受，因而不便于推行。预料新文字实施了之后，文言的渣滓逐渐被淘汰了，人们不会再像鲁迅所指斥的那样地用文言字眼来"生造"词语，也不会沿用很多死去了的、已经被现代词语替代了的文言字眼。汉字改革的主要目的当然是减轻人民群众学习文字的困难，更迅速地提高全民的文化水平，为总路线服务；但是除此之外，它的作用也还很多，像帮助标准语的形成，也是它的巨大作用之一。标准语的建立和新文

562

字的实施,实际上是互相为用的。

五

最后,我想谈一谈书面语言对于语言发展的重大意义。标准语首先是寄托在书面语言的基础上。标准语的推行,不是采用强迫命令的方法,而是采用扩大影响的方法。首先要做到书面语言的规范化,来引导语言的发展。人造语言是不可能的;语言的发展,有它的内部规律。但是我们也应该知道,人类对于自然法则也不是无能为力的。语言的规范化并不是空想,而是完全可以实现的事情。

过去我有一种错误的看法,以为文字既然是语言的代用品,就只有语言能够影响文字,文字不能反过来影响语言。现在知道我错了。有声语言固然可以影响书面语言,书面语言同样地可以影响有声语言。三十年来汉语发展的事实证明,有声语言已经在很大的程度上跟着书面语言发展了。

广播、电影和戏院的语言也和书面语言一样地能起指导的作用。或者可以说,它的作用更多了一个方面,就是它能同时施行标准语音的教育。

标准语推行的道路,主要有四条:第一是书面语言的规范化,第二是广播语言的规范化,第三是电影和舞台语言的规范化,第四是要加强学校里的语文教育,使它能够依照规范化的道路来进行。

咱们不要把标准和要求混为一谈。标准不妨定得高些;要求不妨定得低些。咱们不能要求全国一下子都能用标准语写文章,尤其不能要求全国人一下子都能依照标准语音来说话,因为方言的主要差别正是在于语音方面。但是咱们要有一个标准语作为奋斗的目标,作为语言发展的方向。希望政府重视语言规范化的工作;希望中国科学院能领导标准语工作的进行。

（原载《中国语文》1954 年 6 月号;又《龙虫并雕斋文集》第 2 册;《王力文集》第 2 卷）

现代汉语规范化问题(总论)[*]

一、汉语规范化的意义及其在
祖国建设事业中的作用

汉语是汉族人民的语言。斯大林说:"共同的语言是民族的特征之一"①。因此,要肯定汉民族,就必须肯定汉民族的共同语言。资产阶级语言学家一方面不得不承认使用汉语的人口在世界上占第一位,另一方面又污蔑我们的民族,他们硬说汉语这个名称指的是许多种互相听不懂的语言合成的语群②。他们否认我们有共同的语言,就等于不承认我们同属于一个民族。这是不能容忍的。事实上,我们有几千年来共同使用的书面语言,它标志着汉族人民的稳定的共同体。再说,像汉族这样一个拥有六亿以上人口的民族,方言较多和分歧较大都是很自然的现象。听懂的程度有高低,这是事实,但是,拿汉语方言互相比较着看,语法基本上是相同的,词汇的差别是不大的,语音又有对应的规律,决不能说是互相听不懂的许多种语言。

在肯定汉民族有共同语言这一件铁一般的事实的同时,我们又必须指出,汉族共同语言的形成还没有走完它的最后阶段。我

---

* 本文为北京大学中文系语言专业 1955 年开设的"现代汉语规范化问题"一课的讲稿。当时由王力先生讲授总论和语音部分,魏建功先生讲授文字部分,林焘先生讲授词汇部分,周祖谟先生讲授语法部分。——编者

① 斯大林:《马克思主义与民族问题》,苏联国家政治书籍出版局精装单行本,1950 年版,页 17。又解放社译本,页 7。原译文是:《共同的语言是民族底一个特征》。

② 柏龙菲尔特:《语言论》,页 44。

565

们还需要在统一的书面语言的基础上建立统一的有声语言(口头语言)。

在社会主义建设的过程中,汉族人民对统一语言的要求是十分迫切的。过去就有这样的事实:高等学校毕业生分配到不同方言的区域去工作,有些人感觉到语言上不习惯,因而常常想念家乡;有些人甚至因为"不懂话"而耽误了事情,结果只好调职。在工厂里,由于各方言区的工人都可能在一起工作,"普通话"的要求也提到日程上来。在农村里,由于某些领导干部是外省人,农民们也要求学会普通话。至于部队里,士兵来自四面八方,统一语言的重要性,就更不用说了。再说,在人民的政权下,每一个人都有可能在全国性的会议上发言,那也非用普通话不可。斯大林对于语言,除了把它认为是人们交际的和交流思想的工具之外,还认为是使人们在一切活动范围中调整其共同工作的工具①。可见如果没有这个交际的工具,就不可能调整我们共同的工作。在日常生活中,由于方言的隔阂,听错了一个字就买错了一样东西,这是相当常见的事。假使这一个被听错的字恰巧是生产事业上最关重要的字,那就势必招致不应有的大损失。这是语言不统一的害处。再从积极方面说,当我们朝着社会主义的大道迈进的时候,我们要采取一切有效的方法来发展生产,社会主义生产离不了集体生活,集体生活离不了共同语言。中国是一个多民族的国家,在建国的共同事业上,也应该有一种民族间共同使用的语言。因此,新中国人民对统一语言的要求是完全正确的。

在中国共产党的正确领导下,我们正在展开汉语规范化运动。所谓规范化,就是要求民族共同语更加明确,更加一致。过去我们对书面语言只要求看得懂就算了,对有声语言只要求听得懂就算

---

① 斯大林:《马克思主义与语言学问题》,人民出版社译本,页35。

了,现在看得懂听得懂还不算,我们还要求汉语有一定的规范。规范化了的汉民族共同语,也就是汉民族的普通话。

表面上看来,汉族共同语言的形成还没有走完它的最后阶段,我们就忙着搞规范化的工作,好像是冒进了一点。实际上我们正是应该这样做,因为汉语如果有了一定的规范,就更能促使汉族共同语言加快地完成它的最后阶段。由于全国人民的空前团结,由于全国文化经济的突飞猛进,全国方言已经逐渐向首都话集中。汉语规范化工作不是妨碍它们集中,而是帮助它们集中,因为明确的、一致的规范正是高度集中的表现。

在汉语规范化运动中,我们可能有一些思想障碍。现在举出几种比较普遍的思想障碍来谈一谈。

第一种思想障碍是怕吃亏。一个广东小孩说:"为什么不要北京人学广东话,而要广东人学北京话呢?"这个小孩心直口快,说出了他的真心话。实际上有不少的人也这样想,以为推广普通话是北方人上算,特别是北京人上算,南方人吃亏。同时,的确也有一种语法学家强调不折不扣的北京话,更令人对普通话望而生畏。我们认为普通话应该是一种规范化了的文学语言,因此它不可能是不折不扣的北京话。如果把地方色彩很重的北京土话当做普通话,那就犯了语言上的自然主义的错误了。但是,普通话也不可能是凭空杜撰出来的,必须有一种活生生的方言作为基础。从政治、经济、文化各方面的条件来说,北方话都足够具备基础方言的资格,而北方话则以北京话为代表。事实上汉民族共同语的形成也已经走上了这一条道路。除非我们不要求语言统一,否则各地的方言必须向首都话看齐。这上头没有吃亏不吃亏的问题,有的只是要不要统一语言的问题。

第二种思想障碍是怕行不通。怀着这种思想的人们错误地以为将来会用强迫命令的方式来实行汉语规范化的工作。其实这种顾虑是多余的。所谓规范化,决不是强迫人们说话都死板地遵守一定的格式,错了要处罚;它只是采取潜移默化的方式,通过学校教育,通过广播、话剧、电影来扩大影响,逐渐收到规范化的效果。拿书面语言来说,也应该只要求某些书籍、报纸、杂志在语言的运用上起示范作用,并不能限制每一个写文章的人非依照这个格式不可。总之,我们必须把标准和要求区别开来。把全体汉族人民的语言训练得一模一样,那不但不可能,而且不必要。但是,我们的共同语言必须有一个明确的规范,使人民大众有所遵循。随着政治、经济、文化的发展,交通一天比一天便利,地域的限制一天比一天减少,语言的统一是完全可能的。汉语规范化的工作,不是由少数人主观地规定某些格式,而是有计划地循着语言发展的内部规律来引导汉语走上统一的道路,那是绝对行得通的。

第三种思想障碍是怕妨碍语言的发展。这种顾虑也是多余的。本来语言自身就有它的约束性。全社会是这样说,你就不能不这样说,否则你的话就得不到别人的了解,丧失了交际工具的作用。赵高曾经指鹿为马,但是直到今天,鹿还是鹿,马还是马。这种社会约束性也就是天然的规范。同时,世界上一切事物都是发展的,语言也不能是例外;社会的约束决不能妨碍语言的发展。上古时代汉族人民把鸭子叫做"鹜"。当时假使有人说成了"鸭子",当然大家都不懂他;但是,随着社会的发展,汉语由于某种原因(例如吸收方言或外来语),终于不能不让"鹜"变成了"鸭子"。语言是稳固的,同时又是发展的,这是马克思主义语言学对于语言的辩证看法。片面地一口咬定语言的稳固性,否定了它的发展,那当然是不对的;但是,如果只看见语言的可变性,因而否定了它的规范,不注重语言的纯洁和健康,那同样也是错误的。文学语言是和方言、俗话对立的;但是它又不断地吸收方言、俗话来丰富自己。这又是矛盾的统一。中国历代的语言巨匠们曾经创造性地运用明确的、生动的、典型的语言手段来丰富并且发展了我们的语言；但是，我们必须把语言巨匠们对语言的丰富和发展所作出的贡献，和不受约束的无缰之马在语言使用上的捣乱行为严格地区别开来。我们不能容许借口关心语言的发展来反对语言的规范化。

上面说过，目前由于全国人民空前的团结，加上政治、经济、文化的因素，各地的方言正在以空前的速度汇合起来。在这种情况下，汉语规范化的工作比任何时期都显得更重要，因为在各地的语音、词汇、语法碰在一起的时候，我们不能让它们"自由竞争"，看它们"优胜劣败"；我们应该适当地加以引导，使它们能够按照语言发展的内部规律来发展。我们对于语言的发展，决不是无能为力的。

总之，我们必须认识语言的统一对祖国建设事业的巨大作用；同时，我们又必须认识语言的规范化能够促成语言的统一。汉语规范化的工作是六亿人民当中每一个人都可以贡献力量的工作；全国人民应该用大力来支持这一个工作。

二、普通话的标准在哪里

现在政府已经确定普通话的标准，那就是以北京语音为标准音，以北方话为基础方言，以典范的现代白话文著作为语法规范。但是，在起初的时候，并不是没有争论的。把争论的经过加以叙述，对于汉语规范化的意义的深入了解，是有很大的好处的。

在过去，我们有过"普通话"和"北京话"的论争。当时主张以"普通话"为标准语的人，他们所谓"普通话"并不是今天我们所谓普通话。他们所谓"普通话"，指的是五方杂处的城市自然形成的一种互相听得懂的语言。当时主张以北京话为标准语的人，也有走极端的，那就是不折不扣的北京土话。

主张拿北京话做标准语的同志援引斯大林的学说，以为民族共同语的形成必须以一种方言为基础，而且：1.北京是全国政治、经济、文化的中心；2.北京话实际上已经在广大范围内使用；3.北京话拥有优秀的文学作品。主张采用北京话的人们还以为只有活生生的具体语言才能作为标准语的基础，过去民国初年注音字母的失败可以作为前车之鉴。最初的注音字母采用了南北调和的办法，在北京语音的基础上加上了吴语所具有的万广兀三个字母和入声，同时不承认北京的ㄜ母（ㄜ是后来才从ㄛ分出来的）。当时就有人指出：那样做去，结果是找不到一个合格的"国语"教员！

主张拿"普通话"做标准的理由是：能说北京话的人不多，能说"普通话"的人却很多，不应该强迫五亿多的人民学习北京几百万人民的语言，应该重视多数人的利益。而且白话文都是用普通话写的，连文学作品也只有少数是用纯粹的北京话写的。

坚持着这两种主张的人都是把问题绝对化了。这里有两个极端：一个极端是不折不扣的北京话；另一个极端是听得懂就算了的"蓝青官话"。前者做不了标准，因为全国人学不来；后者也做不得标准，因为它本身就没有一个标准。

有些同志强调从发展上看问题，但也有两种不同的看法。第一种看法是："普通话"诚然是多种多样，但是有一个共同的趋势就是向北京话看齐。不要把普通话看成固定的东西，要看到它的发展的一面，那就是逐步接近北京话。第二种看法是：由于北京人口的急剧增加，北京话势必不能保持原来的样子。北京话的演变不是跟着北京出生的人变的，而是跟着不会说北京话的人们变的。我们认为这两种看法都有理由，也并不矛盾。北京话会因为北京人口增加而有一些变化，但是不会根本改变北京话的面貌；同时，"普通话"除非没有一定的方向集中，否则只有向北京话集中。

1955年10月召开的全国文字改革会议和现代汉语规范学术会议正确地解决了汉族标准语的问题。"普通话"这一个名称是可以沿用下去的,不过应该回到它的原始意义去了解它。远在两千年前,扬雄所著的《方言》里就有所谓"通语"。"通语"是指全国通行的语言,等于今天所谓民族共同语。普通话的原始意义也就是通语,即汉民族共同语。汉民族共同语不能狭隘地了解为北京土话。民族共同语应该以一个地域方言为基础,不应该以一个地点方言为基础,因此普通话应该以北方话为基础方言,不应该以北京话为基础方言。普通话的词汇应该以整个北方地区通行的词汇为标准,不应该狭隘地以北京土话的词汇为标准。这就是说,北京地方色彩极浓的俚语是不能算在普通话词汇之内的。至于语法,更应该以地域方言为标准,因为地点方言不可能有自己的语法。

惟有语音不能不以地点方言为标准,因为在一个地域方言当中,各个地点方言的语音分歧还是相当大的,例如天津的语音系统就不同于北京的语音系统。如果不规定一个地点方言作为标准,就会令人无所遵循。

文字改革会议提出普通话以北方话为基础方言,以北京语音为标准音,这是斟酌尽善的决议,是值得我们拥护的。后来在1956年2月国务院关于推广普通话的指示里再加上一句"以典范的现代白话文著作为语法规范",那只是一个补充,而不是修正。现代白话著作实际上就是用以北方话为基础方言的普通话写出来的;不过,如果以典范的作品作为语法规范,就更能保持汉语文学语言的纯洁和健康。

确定了普通话的标准以后,汉语规范化工作可以说是刚刚开始,今后还有许多关于这一方面的工作需要我们努力去做。

虽然确定了以北京语音为标准音,但是有许多字在北京人口里读音就不一致。例如"波"字有人说成 bō,有人说成 pō,这是声母的分歧;"嫩"字有人说成 nèn,有人说成 nùn,这是韵母的分歧;"教室"的"室"有人说成 shì,有人说成 shī,这是声调的分歧。我们就必须定出一个标准来,然后能达到语音规范化的目的。

语法方面问题较小,但也不是没有问题。举例来说,在北京话里,本来"咱们"和"我们"的界限是很清楚的,现在"我们"渐渐有代替"咱们"的趋势,我们在普通话里还用不用"咱们"? 如果用"咱们",是不是还照原来那样把"我们"限用于排除式("你"不在内)? 又如"您"字用不用? 如果用了,是否容许人家由"你们"类推,说成"您们"? (北京话只有"您",没有"您们"。)连词"如果"的用途要不要扩大到像西洋语言那样? 举例来说,像"如果说去年我们犯了冒进的错误,今年我们却是太保守了"这种话,我们该不该承认它合于规范? 又如"除非大家同意,才能作出决定",和"除非大家同意,不能作出决定",哪一种说法算是合于语法呢? 还有,像"难免要犯错误"和"难免不犯错误",哪一种说法算是正确的呢?

词汇方面的分歧是很厉害的。一方面,我们要避免方言词汇,例如上海的"自来火"(火柴),广州的"番枧(肥皂)"等,另一方面,我们也要避免北京土话,例如"取灯儿"(火柴,现已罕用),"卧果儿"(水煮鸡蛋)等。实际上,北京土话也是方言之一种,普通话的基础方言是北方话,不是北京话,因此,要在北方地区广泛通行的词汇才算是普通话的词汇。但是,按照这个标准来说,有些同义词的选择也还是不容易决定的,例如"洋火"和"火柴","胰子"和"肥皂",就颇难判断优劣。当然我们不是要消灭一切的同义词,特别是意义不完全相同的"同义词"不应该消灭,因为它们可以丰富汉语的词汇。但是,完全同义的词太多了实在毫无好处,徒然增加汉语的负担。举例来说,"礼拜"和"星期","教室"、"课室"和"课堂","词汇"和"语汇","文法"和"语法","讲演"和"演讲","代替"和"替代","唯物论"和"唯物主义",这些重复的现象就必须避免。

我们决不能犯自然主义的错误,也不能说"存在的就是合法的";我们要为汉语规范化而斗争。普通话审音委员会已经成立,并已发表了《普通话异读词审音表初稿》;将来政府还将采取各种步骤,例如通过词典和语法书,来定出现代汉语的词汇规范和语法规范。我们每一个汉族人民都应该拥护这一系列的措施。

（原载《语言学论丛》第 3 辑,1959 年）

论 审 音 原 则

　　审音原则问题，是汉语规范化工作中的重大问题，也是推广普通话工作中的重大问题。《普通话异读词三次审音总表初稿》发表后，讨论的文章还不多。《中国语文》1965年第2期发表了周定一、徐世荣两位先生的文章，但是体会多，讨论少。最近《文字改革》月刊发表了几篇有关审音的文章（见1965年7月号、8月号），8月号还发表了一篇短论，才算讨论开了。现在趁大家讨论的机会，把我的一些看法写出来，向普通话审音委员会诸位先生以及读者同志们请教。

一

　　普通话"以北京语音为标准音，以北方话为基础方言，以典范的现代白话文著作为语法规范"。正确地理解这一句话的涵义，是搞好审音工作的关键。

　　普通话之所以规定要以北京语音为标准音，以北方话为基础方言，是因为民族共同语必须有一个地区的方言作为基础，又必须有一个地点（一个城市）的方言作为语音标准，然后定得出一个规范来。但是我们必须认识到：民族共同语并不同于方言；它有超方言的性质。以北京语音为标准音，指的是北京的语音系统。我们不能在北京语音系统上面增加一些别的音素或声调，如民国初年的"国音"区别尖团和增加入声，以及当时有人主张增加浊音，等等；我们也不能在北京语音系统里面减少一些音素，例如去掉卷舌

574

声母和 eng, ing 等韵母。但是这不等于说,每一个字的具体读音都要依照北京人的读法。《文字改革》月刊社的短论说得好:"汉语普通话以北京语音为标准,主要是说以它的音系为标准,而不是凡北京语音中所有的具体读法,不分个别一般,一概都是标准。为了在全国范围推广普通话,为了使广大人民都能掌握,北京语音在具体读法方面有必要放宽路子,避免烦琐,力求普通。普通话语音注音的字典应该不同于北京土话字典。"① 我完全支持这一个论点。

不承认普通话的超方言的性质,而要求全国人民说话都跟北京人一模一样,既没有可能,也没有必要,大家知道,北京的儿化词是很多的,说"老伴"而不说"老伴儿",说"时候"而不说"时候儿",那就不够北京味儿。但是,至今还没人主张学普通话的人一定要学会那么多的儿化词。声母、韵母和声调,也应该是同样的道理。北京太土的读法,可以扬弃一些。这不是说,今后连北京人也不许那样说了;它可以作为北京方言而存在。

审音委员会做了许多工作,辛勤劳动是应该肯定的。委员会在有些地方也作出合理的选择。既然是异读字,就至少有两种读法,采取了某一部分人的读法,必然要违反另外一部分人的读法,而另一部分人也一定感觉到不习惯。审音委员会为了做好规范化的工作,不能不作出决定。许多决定是值得赞扬的。例如"侵略"的"侵",北京人常常读成了"寝"音;"友谊"的"谊",北京人常常读成了"宜"音,连广播里也有人这样读了,而审音委员会并没有跟着走,仍然规定"侵"读阴平,"谊"读去声。效果很好,广播电台和电视台都改回来了。可见审音的指导作用是很大的。审音委员会也精简了一些多音字,原来的多音字改为一律读某音的,在《审音表》中就有将近三十个,这就大大地便利了广大人民群众的学习。审

---

① 见《文字改革》1965 年第 8 期《精简异读问题可以讨论》。

音委员会在一些地方显得很果断,甚至不取北京音("大尽"、"小尽",北京说 dàjīn、xiǎojīn,"尽"字阴平,不取);但可惜的是果断的地方少,迁就的地方多。在不少地方审音委员会显得没有一定的原则,常常举棋不定。所以当我们讨论《审音表》的时候,首先应该讨论审音原则。

审音自然应该以北京语音为标准。但是,遇见具体问题的时候,还要一个处理的原则。所谓异读,大致可以分为两类:一类是北京人对某一个具体的词读音不统一,产生了又读;另一类是北京人对某一个具体的词读音本来是统一的,只是作为词素的字和另一些词里面作为词素的字产生同字不同音的现象。现在群众不满意的是第二类问题没有处理好;其实第一类问题也是很重要的问题,必须依照合理的原则加以解决。

第一类问题主要是合不合北京语音的一般发展规律的问题。古代语音发展为现代语音,具体读音虽然变了,而语音的系统性不变。举例来说,现代北京话入声消失了,次浊入声转入了去声,全浊入声一般转入了阳平,只有清音字发展的系统性差些。原浊上变去声,也是很有规则的。至于原阴平,原阳平,原清音上声,原去声,调值虽变,调类未变,不但合于北京语音的一般发展规律,而且合于各地方言调类和北京调类对应的规律。北京语音之所以跟各地方音能够对应,正是因为北京语音也跟各地方音一样,其发展都是有规律的。各地方言区域的人们如果依照这种对应规律来学习普通话,那就事半功倍。有人怀疑学习普通话是否必须掌握方言和北京语音的对应规律,其实是不容怀疑的。差不多每一个人在学普通话时都不知不觉地运用这种规律,例如一个广州人知道了"同"字在北京读高升调,同时他就会联想到"铜""桐""童""潼"等字也该读高升调,甚至联想到广州话里和"同""铜"同调的字如"农""龙""虫""从"等也一定读高升调,最后得出结论说,凡广州同调的字在北京都同调,有语言知识的人就说这是阳平对阳平,只不过改变调值罢了。这是以简驭繁的办法,也是学习普通话最有效的办法。因此我们非常重视语音的对应,认为如果一个字发生异读,原则上应该选择合乎北京语音发展规律的读法,而扬弃不合乎北京语音发展规律的读法。审音委员会把"侵"订为阴平而不订为上声,把"谊"订为去声而不订为阳平,此外如"驯"读"巡"音而不读"训"音,"憎"读"增"音而不读"赠"音,"懿"读"意"音而不读"夷"音,"诊"读"轸"音而不读"珍"音,也都是依照这个原则,这是值得赞扬的。

审音委员会关于异读词的审音原则有一条说:"一个字的读音在北京话里非常通行而不合北京语音的一般发展规律的,这个音还是可以采用,但是同时也要考虑到这个音在北方方言里应用得是否广泛。"这个原则是值得商榷的。既是异读字,可见有一部分人读此音,另一部分人读彼音。读此音的人虽是少数,但是合乎语音发展规律,和全国各方言区域的人加起来还是占多数(如上所述,各地方言与北京话读音是有对应关系的);读彼音的人虽是多数,但是对全国汉族人民来说还是少数。所谓北方方言里应用得广泛,也是不成其为理由的。姑勿论我们的调查研究还很不够,即使调查清楚了,除北方方言以外,还应该连同西南方言、湘方言、江淮方言、吴方言、闽方言、粤方言、客家方言等一并考虑。这样考虑以后,自然应该以合乎语音发展规律的读法比较便利全国人民的学习,因为便于类推。例如上海"期"字与"其""旗""棋"等字同音,"帆"字与"凡""烦""繁"等字同音,类推起来很方便,如果"期"读 qī,"帆"读 fān,学起来就增加负担。更值得注意的是,除特别训练的人以外,一般人都只知道利用类推法,而不会对于每一个字都从字典里寻找它的读音。审音时若不因势利导,势必造成广大人民的自然趋势与字典规定的读法产生矛盾,规定的读法不但不能促进语言的统一,反而起消极妨碍的作用。这是不能不引起严重的注意的。

《新华字典》在这一方面保存了许多又读,人们还有选择的余地。现在要统一语音,就应该特别慎重。能依照语音发展规律,就能照顾全国方言,有助于普通话的推广;如果迁就北京的特殊读音过多,表面上虽然统一了读音,实际上会造成更大的分歧。如上文所说,除了专业人员之外,一般人学习普通话都不是字字查字典的,而是凭着类推法来学习的。我们有必要因势利导,使北京语音系统与各地方音系统尽可能接近,而不是扩大它们之间的分歧。下文我们还将回到这个问题上来。

第二类问题比较复杂,但是主要有三种情况:第一种是异读辨义,第二种是文白异读,第三种是连音变读。群众对异读辨义意见不大,譬如说,还没有听见有人反对"长"字分为 cháng、zhǎng 两音(当然异读辨义也不是完全没有问题,下文再说);连音变读,有些已经由审音委员会处理得很好了,如"法子"的"法"旧读阳平,"法儿"的"法"旧读阴平,现在"法"字一律读为上声,"益处"的"益"旧读阳平,现在一律读为去声。看来最使群众不满的是文白异读。

审订原则里有一条说:"每个词原则上暂订一个音,但是也有少数词保留了两个音,例如:血 xiě, xuè。"真的,作为一个"词"来说,确实只有少数词保留了两个音,但是,作为一个"字"来说,多音字就大量出现了。中国人的习惯是认"字"不认"词"。其实"字"也往往作为词素来用,同词素而读音不同,也是令人感觉不便的。例如"厕所"的"厕"读 cè,"茅厕"的"厕"读 si,虽然没有产生一词两读的问题,却产生了同一词素而有两种读法的问题,各地的广大群众是很难了解的。《审音表》中有许多"一律",如"学"字一律念 xué,"伐"字一律念 fá,"较"字一律念 jiào 等,又有许多"不取",如"雪白"不取 xuěbái,"刻字"不取 kēzì,"好些个"不取 hǎoxiěge,

"更"不取 jīng 音等,这些都很受群众欢迎。似乎还可以多搞一些"一律"和"不取",少迁就一些文白异读。在这个问题上,还有一些复杂情况,下文再说。

依照上述的原则来审音,有些北京人会觉得别扭。其实,依照**目前审订**的读音来说,已经够别扭的了,一个北京人不说 fázi 而说 fǎzi(法子),不说 yīhuǐr 而说 yīhuìr(一会儿),是会觉得不顺口的,也是不像北京话的。但是,为了全国人民的便利,北京人似乎也可以忍受一点别扭。有些地方也可以变通办理,连音变读虽然不在字典里规定,但是在说话里是容许的。

周定一先生《对〈审音表〉的体会》是一篇有分量的文章,其中有精细的分析和很好的见解。但是他有两个观点是我不敢苟同的。第一,他说:"审音工作如果能够多照顾一些学习普通话的方便,少照顾一点北京地区的特殊说法,这种矛盾现象(按,指一字多音现象)也许可以在语音规范化工作中少出现一些。然而普通话又是以北京语音作标准的,不能因为图省事,不顾北京的实际说法,作些硬性规定。假若那样,推行起来更加困难,等到行不通再走回头路,反而费事。"我的意思是:审音工作正是应该多照顾一些学习普通话的方便,少照顾一点北京话的特殊说法。这样做,不是推行起来更加困难,而是更加容易。如果像目前这样多照顾北京的特殊说法,那末这一方面语音规范化工作就只能停留在纸上,而不容易深入到群众中去。第二,周先生提倡调查方言、特别是调查北方话,以改进审音工作。我觉得调查方言固然很重要,但是目前的审音工作也不是不可以改进的,只要有了合理的审音原则,那就可以大大改进。

据周定一先生的统计,审音委员会三次审定的异读词里,有异读的单字约一千零八十个。其实有异读而未经审订的字还很多,如"叉乎宅窄压凸凹"等等,不胜枚举。编字典的人若依目前审音委员会的审音原则,必然更多地迁就北京的特殊读法。所以迫切需要从原则上寻求解决。

二

北京的字音,有些是不合语音发展规律的,但是在北京并没有异读。例如"荣"字本属喻母,依发展的一般规律该读 yóng,而实际读 róng;"入"字本属缉韵,依发展的一般规律该读 rì,而实际读 rù。这些读音都不好更动了,因为既然它们在北京没有异读,原则上我们不应该把北京以外的读音引进北京话里来。另有一些字既不合于语音发展的规律,又不合于传统习惯,于是产生了异读,实际上构成了新旧两读。声调的流动性最大,所以异读常常出现在声调方面。在从前的字典里,常常是两读并列,有时候以旧读为正音,新读为又音;有时候以新读为正音,旧读为又音。正音与又音并没有一定的标准,所以各字典并不一致。例如"虽"字,《国音常用字汇》(1932 年版)以 suī 为正音,以 suí 为又音,而《同音字典》则以 suí 为正音,以 suī 为又音。"储"字,《国音常用字汇》只收 chú 音,不收又音;《新华字典》和《同音字典》以 chǔ 为正音,以 chú 为又音。我们不能说最新出现的又音就是最正确的。例如"谊"字,《国音常用字汇》以 yì 为正音,以 yí 为又音,《同音字典》以 yí 为正音,以 yì 为又音。又如"懿"字,《国音常用字汇》与《同音字典》都以 yì 为正音,以 yí 为又音。yì 是旧读,yí 是新读。审音委员会采用了旧读而扬弃了新读,我以为是完全正确的,因为是合乎一般的语音发展规律的。有些新读,字典还来不及收它们,如"侵"字在最近二十年来有 qǐn 音,而且在北京非常通行,然而它被审音委员会否定了。我也以为它是应该被否定的,因为它是不合乎一般的语音发展规律的。我们从《审音表》上猜得出"侵"字有新读,否则用不着

580

当做异读字来审订了。与"侵"同样情况的还有不少字,例如"违",依《新华字典》等书都没有异读,而审音委员会把它当作异读字来审订,想必又有新读出现了(大概是读 wēi)。审音委员会在这些地方不跟随新读为转移,那是完全正确的,规范化工作正是为了防止读音混乱而进行的。

这一类异读的发生,常常是由于一部分人的误读。误读的字往往是文言词语(有些后来进入了口语),其中相当大的一部分是受字形偏旁的影响,所谓"秀才读字读半边"。例如"谊"因"宜"旁而误读"宜"音,"俱"因"具"旁而误读"具"音,"柄"因"丙"旁而误读"丙"音,"擁"因"雍"旁而误读"雍"音(今简化为"拥"),"茗"因"名"旁而误读"名"音,"萎"因"委"旁而误读"委"音,等等。也有作为偏旁的字反而受从此偏旁的字影响的(因前者是较文的字),例如"召"因受"招"的影响而误读"招"音,"乎"因受"呼"的影响而误读"呼"音。又有受偏旁相同的字影响而误读的,例如"暇"因受"霞"的影响而误读"霞"音,"勘"因受"堪"的影响而误读"堪"音。单就北京方言而论,习非成是也是可以承认的。但是要全国各地的人都来"习非",就应该郑重考虑了。

旧入声字的异读,是一个相当复杂的问题。比较妥当的办法是因势利导,使它们变得比较有规律。审音委员会审音原则有一条说:"古代清音入声字在北京话的声调,凡是没有异读的,就采用北京已经通行的读法。凡是有异读的,假若其中有一个是阴平调,原则上采用阴平。"这是很好的办法。我只想补充一点:假若没有阴平调,而其中有一个是上声调,原则上也可以采用上声。清入归上声是《中原音韵》的老规矩,它和全浊入声归阳平、次浊入声归去声都是很有规律的。如果这样考虑,像"室"字既有 shì、shǐ 两读,似乎也可以订为上声。至于"髮"字,《国音常用字汇》和《同音字典》都归上声,似乎更不应该改订为去声。

古代全浊入声在今北京话里多数读阳平。对于异读字,也可以因势利导,使更多的全浊入声字转到阳平里去。依照这个原则来看,《审音表》把"度德量力"的"度"由读 duò 改为读 duó 是改对了,把"突"字由读 tú 改为读 tū,反而不如原来的好。

声母、韵母方面的异读,有关语音发展规律的问题不多,这里不细谈了。总之,只要多照顾发展规律,即多照顾方言与普通话对应规律,就便利广大人民学习普通话。

三

一字多音的问题,一般说来,不是合不合发展规律的异读,而是属于别的性质。

第一种是异读辨义。传统的异读辨义占相当大的数量。例如:

藏　(1) cáng 隐藏;(2) zàng 宝藏。

差　(1) chā 差错;(2) cī 参差。

处　(1) chù 处所;(2) chǔ 处理。

畜　(1) chù 牲畜;(2) xù 畜牧,畜养。

创　(1) chuàng 创造;(2) chuāng 创伤。

从　(1) cóng 从属;(2) cōng 从容。

和　(1) hé 和洽;(2) hè 唱和。

合　(1) hé 分合;(2) gě 十合为升。

间　(1) jiān 中间;(2) jiàn 间接。

笼　(1) lóng 牢笼;(2) lǒng 笼统。

难　(1) nán 困难;(2) nàn 刁难。

屏　(1) píng 屏风;(2) bǐng 屏弃。

强　(1) qiáng 刚强;(2) qiǎng 勉强。

散　（1）sàn 分散；（2）sǎn 懒散，散漫。

省　（1）shěng 行政区域名；（2）xǐng 反省。

校　（1）xiào 学校；（2）jiào 校对。

载　（1）zài 装载；（2）zǎi 一年半载。①

钻　（1）zuān 钻探；（2）zuàn 钻孔。

这是《审音表》所有的；至于《审音表》未列的，还有许多。审音委员会有意删掉许多旧时"破读"的字，如"文过"的"文"、"声闻"的"闻"、"注疏"的"疏"、"品行"的"行"、"朋比"的"比"、"慰劳"的"劳"、动词的"枕"，都不再读去声，"夭折"的"夭"不再读 yǎo，"暴露"的"暴"不再读 pù，"口吃"的"吃"不再读 jī。有些字还特别注明不依旧读，如"惫"不读 bài，"哑然失笑"的"哑"不读 è，"叶公好龙"的"叶"不读 shè，这些都是大受欢迎的。可惜举棋不定，似乎没有一定的原则，时而革新，时而保守。至于"数见不鲜"的"数"则在可另读可不另读之间；"不胜枚举"的"胜"不破读，"数见不鲜"的"数"反而破读，这也是不合理的。我认为破读的问题也应该从全国方言的对应来考虑。目前北京有许多字渐渐有人不破读了，例如"适当"的"当"不读去声，甚至"因为"的"为"、"爱好"的"好"、"射中"的"中"、"种植"的"种"等也都不读去声，这些与各地方言不对应的读音就不值得鼓励。异读辨义的词应该区别看待，太文的词可以不考虑异读，因为各方言区一般人也都不知道异读了；比较常用的词应该考虑异读，因为各方言区多数还存在着异读。

有些异读辨义的词，虽然和古代异读作用不完全一致，只要它能起辨义作用，仍然可以保留。例如"转变"的"转"读上声，"转圈儿"的"转"读去声，"打扫"的"扫"读上声，"扫帚"的"扫"读去声，等等。

---

① 《审音表》"记载""登载"的"载"也读 zǎi，则与传统不合。

一般地反对异读辨义，自然也是不应该的。我们不要为汉字所迷惑，有些两读的字实际上可以认为是两个不同的词。名词"背"读 bèi，动词"背"读 bēi，这是一字两读；但从前动词的 bēi 写作"揹"，"背"和"揹"也就是两个词。副词"只"读 zhǐ，量词"只"读 zhī，这是一字两读；但从前量词 zhī 写作"隻"，"只"和"隻"也就是两个词。"相同"的"同"读 tóng，"胡同"的"同"读 tòng，这是一字两读；但从前"胡同"写作"衚衕"，"胡同"和"衚衕"也就是两个词。"分别"的"别"读 bié，"别扭"的"别"读 biè，这是一字两读；但从前"别扭"写作"彆扭"，"别"与"彆扭"也就是两个词。现在字形简化以后不写成两个字，并不因此就能否认它们是两个词。从这个理论出发去看《审音表》，有许多两读的字也就不应该反对了。例如：

把　　(1) bǎ 把持；(2) bà 柄。

堆　　(1) duī 堆积；(2) zuī 归里包堆。

坊　　(1) fāng 牌坊；(2) fáng 磨坊，油坊。

个　　(1) gè 量词；(2) gě 自个儿。

蓝　　(1) lán 蓝色；(2) la(轻声)苤蓝(piěla)

囊　　(1) náng 口袋；(2) nāng 囊膪(nāng-chuài，猪腹部的肥肉)。

卡　　(1) qiǎ 关卡，卡子；(2) kǎ 卡车，卡片。

嵌　　(1) qiàn 嵌入；(2) qiǎn 狐嵌(狐皮拼成的皮货)。

煞　　(1) shā 煞尾；(2) shà 煞白。

腾　　(1) téng 奔腾；(2) tēng 毛毛腾腾。

体　　(1) tǐ 身体；(2) tī 体己(也作"梯己")。

择　　(1) zé 选择；(2) zhái 择菜，择不开。

　　从上面这些例子可以看出，在两读中往往有一读是方言词(北京或北方方言)，如"归里包堆"、"囊膪"、"毛毛腾腾"等。这些异读对普通话的影响不大，甚至可以不予审订。

普通话吸收方言词,该如何审音,也是一个问题。通常有两个办法:第一个办法尽可能接近方言的原读,例如"里弄"的"弄"依上海音读 lòng,与北京读 nòng 的"弄"形成异读;第二个办法并不能接近方言的原读,只是"对音",例如"一幢房子"的"幢",因为上海人读如他们的"撞"字音,于是就订为北京的"撞"字音(zhuàng),这样也与读 chuáng 的"幢"(经幢)形成异读。这两个办法有矛盾。审音委员会似乎因为第一个办法有时办不到(如上海幢字读[aŋ],北京音系里没有这种音),不得已而采用第二个办法,其实既然北京读"弄"为 nòng,为什么不可以连"里弄"的"弄"也读 nòng 呢? 或者反过来,"弄"字一律念 lòng(包括"作弄"的"弄"),也给人们学习普通话的一种便利。"对音"是比较好的办法,例如"圩场"的"圩",因为粤语读"墟",就审订为 xū,而不考虑方言原音读[høy]。《审音表》在这个地方就审订得很好。由此类推,"揩油"的"揩"订读为 kāi 而不呆板地依上海音读 kā,是合理的。而"巷道"的"巷"就不必读 hàng。听说这个字音是上海工人带到北京矿井里来的,在普通话里应该可以用对音的方法读 xiàng。总之,少读几个又音就为学习普通话增加几分便利。

地名读音审订原则规定:"如果在音系上跟北京音是相当的,一概以北京音为准。"又说:"凡地名某字在历史上有某种特殊念法而现在本地音和它相合的,一概'名从主人',不加改动。"这两个原则都是正确的。但是应用起来还有值得商榷的地方。例如"六安"的"六"读 lù,"百色"的"百"读 bó,凭空多出两个异读字来,使学习普通话的人增加负担。既然北京"六"字念 liù,"百"字念 bǎi,就应该一律以北京音为准。它们在历史上并没有特殊念法;若要仿照方音,那更行不通,例如广西官话"百"字念[poe],并不念 bó。"名从主人"的原则有时候也可以变通,这次审音,不是"获鹿"已经从 Huáilù 改订为 Huòlù 了吗?

第二种是文白异读。这个问题比较地难于解决。北京话也和
其他许多方言一样，文白异读的字很多。上海"大人"的"大"念
[du]（白话），"大衣"的"大"念[da]（文言）；"周家"的"家"念[ka]
（白话），"国家"的"家"念[tɕia]（文言），念乱了就闹笑话。所谓文
言音（或称读书音）不一定很文，一切都要依照习惯。北京也一样。
文言音与白话音似乎都不可少。假如一律用文言音，那末，就太不
自然了，太不生动了，不像一种活的语言；假如一律用白话音，往往
和各地的方音距离更远，例如"剥"不念 bō 而一律念 bāo，"色"不
念 sè 而一律念 shǎi；则普通话变为更难懂些。现在如果要避免异
读，只能两个办法都采用：有时候舍文取白，如"摘"本有 zhāi、zhé
二音，现在只读 zhāi，"宅"本有 zhái、zhè 二音，现在只读 zhái；有时
候舍白取文，如"学话"的"学"念 xué 不念 xiáo，"尾巴"的"尾"念
wěi 不念 yǐ。审音委员会已经煞费苦心了，但是群众仍旧不满意，
因为文白异读的字实在太多了，再加上异读辨义或连音变读，一个
字就可能有三四个音。例如：

塞 (1) sāi 塞住，白话音；(2) sè 闭塞，文言音；
　　(3) sài 边塞，异读辨义。

差 (1) chà 差不多，白话音；(2) chā 差别，文言音；
　　(3) chāi 差使，异读辨义；(4) cī 参差，异读辨义。

嚼 (1) jiáo 嚼碎，白话音；(2) jué 咀嚼，文言音；
　　(3) jiào 倒嚼，异读辨义。

指 (1) zhī 指甲，白话音；(2) zhǐ 手指，指示，文言音；(3) zhí
　　手指头，连音变读。

骨 (1) gǔ 骨肉，文言音；(2) gú 骨头，条件变读；(3) gū 骨
　　朵，骨碌，同字不同词。

轧 (1) yà 轧棉花，轧马路，这是传统的读法（乌辖切）；(2)
　　zhá 轧钢，这是受"札""扎"等字的影响；(3) gá 轧朋

友,轧账,这是吴方言的对音。

至于一字两读的情况,那就更多了。严格地从词的观点来看,两读的词如"血"(白话 xiě,文言 xuè)、"谁"(白话 shéi,文言 shuí)等自然不算很多,但是群众习惯于从字的观点来看,两读的字真不少。在许多情况下,字义并无多大分别,而《审音表》上订为两音。"电影片子"的"片"读阴平;"衣裳片子"的"片"读去声;"相片儿"、"唱片儿"、"画片儿"、"影片儿"的"片"读阴平,"相片"、"唱片"、"画片"、"影片"的"片"读去声。这一类的异读,不审倒还罢了,审定以后,成为规范,真如《文字改革》月刊社的短论所说的,对全国学习普通话的人,实在太烦琐,也太困难了。

文白异读是语言中的客观现实,一时不容易加以改变。但是,适当地加以精简,还是可能的。假定"屏弃"的"屏"读 píng,"差不多"的"差"读 chā,似乎未尝不可。《审音表》不是已经把"多好"的"多"由阳平改为阴平了吗?有些异读在群众口语中已经有统一的倾向,更应因势利导。例如"自给"、"供给"的"给"已经有人念 gěi,就不一定要规定读 jǐ。读 gěi 的字少,读 jǐ 的字多,"给"字一律读 gěi 还有利于分化同音词("自给"不致与"自己"相混)呢。这里不能逐字考虑提出具体建议,只要不过分拘泥北京音,问题是可以顺利地解决的。

第三种是连音变读。大家知道,北京话两个上声字连读的时候,前面的上声字变为阳平。这是带普遍性的连音变读。另外还有不带普遍性然而在某些固定场合也产生连音变读的情况:在去声字的前面的字,不管原来读阴平、上声或去声,都有可能变读阳平。例如"一""七""八""不"等字就是这样("一位"念成 yíwèi,"不要"念成 búyào)。《审音表》并没有为"一""七""八""不"等字审订读音,想必是当作连音变读的情况来处理的。从这个原则出发,像"的确"的"的"、"答应"的"答"等,就不一定要另外规定它们读阳平。至于像"索性"的"索"读上声而不读阳平，"益处"的"益"读去声而不读阳平，这办法倒是可以推广的。在轻音前面的字也有变读阳平的现象，例如"骨头"、"指头"。这些都不必作出硬性的规定。《审音表》上"法子"的"法"不规定读阳平，这是合理的。

儿化词也往往影响变读，目前还没有研究出个规律来，但变读的现象是明显的。例如"画片"的"片"本读去声，儿化则变读阴平；相反地，"中间"的"间"本读阴平，儿化则变读去声。在这些地方也可以不作硬性规定。这样又可以精简许多异读。《审音表》上"法儿"的"法"不规定读"阴平"，也是合理的。

附带说一说，字典里最好少收一些方言词(特别是北京方言)，同时少收一些儿化词。这也是精简异读的办法之一。

＊　　　　＊　　　　＊

普通话的审音工作，是汉语规范化工作，而不是北京话的客观描写。审音委员会关于异读词的审音原则第三条说："审音的标准，根据北京音系，可也并不是每一个字都照北京话的读法审订。"这一个原则非常正确；但是，做起来却不是这样，表现在《审音表》中的，却是大量的北京特殊读法的客观叙述。《文字改革》月刊社的短论说："字典的注音必须反映客观语音，但是字典的作用不仅仅在于反映客观，它还必须对人们的语言实践(包括读书认字)起指导的作用。为此起见，对于客观上存在的庞杂分歧的读音，分清主次，去粗存精，以利于在全国范围内普及普通话的规范，看来是完全必要的。"我认为这话说得很对。我们热诚地希望审音委员会重新考虑审音原则，更好地完成语音规范化工作。

（原载《中国语文》1965 年第 6 期；又《王力文集》第
20 卷）

推广普通话的三个问题[*]

一、什么是普通话；
二、推广普通话的重要性；
三、对推广普通话的要求。

一、什么是普通话

普通话是现代汉语的标准语,是汉民族共同语。

我们知道,每一个民族都有它自己的语言。如果人口众多,地域辽阔,在民族内部还分化为各种方言。汉族是世界上人口最多的民族,中国是世界上地域最辽阔的国家之一,不可避免地产生了许多方言。方言复杂到某种程度,造成这一省和那一省的人互相听不懂话,甚至不同县,不同村,隔一座山,隔一条河,也互相听不懂话。有些外国语言学家污蔑我们,说汉语实际上是许多种语言。我们决不承认汉语是许多种语言。我们的文字是统一的,各种方言的差别,都不是根本的差别。各地的语法,基本上是一致的;各地的基本词汇,差别也不大;各地的语音,差别较大,但是有语音对应规律。人们无意识地利用这种语音对应规律学会了其他方言。譬如说,一个广州人学北京话,他并不需要一个一个字音死记,广州"天"字念 tin,北京念 tian,他就类推,"田"字在北京一定念 tian,"电"字在北京一定念 dian,"连"字在北京一定念 lian,等等。这种

---

* 本文是作者在第五次全国普通话教学成绩观摩会所作学术报告的记录稿。

类推就是无意中用了语音对应规律。既然各地方言属于同一种语言,还要规定一种民族共同语做什么呢? 那是因为互相听不懂话,大家就没有共同语言。我们需要有一种全民族都能听得懂,都能说得上的语言,这就是普通话。

普通话是以一种方言为基础的。除了原始社会人类创造语言以外,语言不可能是人造的。所以我们不可能人为地创造一种普通话。1913年读音统一会制定了"注音字母",规定一种"国音",虽然说是以北京语音为基础,但是夹杂了一些江浙语音,声母有万[v],广[ȵ],兀[ŋ],声调有入声,同时又取消了北京的 e[ɤ]。这种非驴非马的"国音",谁也说不好,教师教不好,学生学不好。最后只好取消三个声母,增加一个韵母ㄜ[ɤ],取消了入声,完全采用了北京音。

北京话本来也是方言,那么,为什么采用北京话,而不采用别的方言,作为现代汉语标准语呢? 是的,照理说,任何方言都有作为标准语的资格。从前章太炎就建议过以武汉话作为标准语。但是,既然每一种方言都有作为标准语的资格,那么我们就要挑选最合适的。古今中外,民族共同语都是以政治文化中心的语言为标准的。我国曾经以洛阳话作为标准语,法国以"法兰西岛"(今巴黎一带)的话作为标准语,都是这个道理。今天我们把北京话定为普通话的标准(但是普通话不完全等于北京话,下面还要讲到),是最合适的了,因为北京是中国政治、文化的中心。

1955年现代汉语规范问题学术会议规定普通话的定义是:"以北京语音为标准音,以北方话为基础方言,以典范的现代白话文著作为语法规范"的现代汉语标准语。现在我分标准音、基础方言、语法规范三方面来讲什么是普通话。

第一,普通话以北京语音为标准音。为什么不说以北方话为标准音,而说以北京话为标准音呢? 北方话是地区方言,北京话是地点方言。地区方言内部分为若干地点方言。北京话、天津话、济南话、太原话、西安话等，都是属于北方话的地点方言。地区方言没有标准音，地点方言才有标准音。譬如说，天津话的语音就和北京话不同。必须说普通话以北京话这个地点方言的语音为标准音，才有明确的标准。

从前有人说，普通话就是普普通通的话，大城市五方杂处，南腔北调，互相听得懂，那就是普通话。这话不对。南腔北调是不好的，有时候互相听得懂，有时候听不懂，就不方便了。我们必须以北京语音为标准音，说起普通话来，人家才能句句懂，字字懂。

既然普通话以北京语音为标准音，我们必须彻底了解北京语音系统。汉语拼音方案就是这个北京语音系统。首先要明白，自己的方言在语音方面和北京话有什么不同。首先要会听，然后才会说。如果你听不出你自己方言的语音和北京语言的差别来，当然也就说不好普通话。（这是对成年人说的，至于小孩学普通话，那就很自然，用不着许多讲究。）一般人总认为，北京语音也就是自己方言里有的那些音，他们不知道，北京话有许多字音是别的方言所没有的。譬如说，zh, ch, sh 这三个音，上海话里就没有，上海人说普通话，常常把"白纸"说成"白子"，"好处"说成"好醋"，"历史"说成"历死"。为什么？ 因为上海人听北京人说话，觉得 zh, ch, sh 和 z、c、s 没有什么分别，他说"好醋"已经很像北京人说的"好处"了。广州方言里没有 zh, ch, sh，也没有 j, q, x，只有 [tʃ], [tʃ], [ʃ]（略等于英语的 ch, sh 等），所以广州人说普通话，常常把 zh 与 j，ch 与 q，sh 与 x 混同起来。他们把"政治经济学"说成 [tʃiŋtʃi tʃiŋ tʃi ʃye]，听起来很像"敬祭精计学"，难懂不难懂？ 我们教上海人、广州人学普通话，先教他们说"四十四棵柿子树"，上海人不要说成"四丝四棵四子素"，广州人不要说成"戏席戏棵戏几婿"，就好了。

中国方言复杂到什么程度，是人们想像不到的。有人说，东北人把"日本"说成"一本",湖北人说成"二本",上海人说成"十本"。其实,不但"日"字是这样,别的字也是这样。各个方言地区的人学习北京语音,困难各有不同。要注意自己母语的字音和北京话的字音不同之点。改变自己的语音习惯,然后才能把普通话学好。今天八月十八日,苏州人说成[pɔʔ ŋəʔ zəʔ pɔʔ əʔ],首先苏州人要把入声韵尾喉塞音[ʔ]去掉,因为北京话是没有入声的,然后注意把"八月十八日"说成 ba yue shi ba ri。假如你是一个湖南长沙人,说一句"我要到图书馆去",这七个字都要改变长沙读音,然后成为普通话。首先要改变声调。长沙"我""馆"二字是个高降调,要改为低平调;长沙"图"字是个低平调,要改为中升调;长沙"书"字是个中平调,要改为高平调。其次要改变声母,"我"字声母是[w]不是[ŋ],"图"字声母是[t']不是[d],"书"字声母是 sh[ʂ]不是 x[ɕ],"去"字声母是 q[tɕ']不是 k[k']。其次要改变韵母,"我"字韵母是[uo]不是[ɔ],"图"字韵母是 u[u]不是 ou[ou],"书"字韵母是 u[u]不是 ü[y],"馆"字韵母是 uan[uan]不是[uo],"去"字韵母是 ü[y]不是 e[ə]。七个字就有这么多讲究,可见改变语音习惯是不容易的。

　　普通话的声调最易学,也是最难学。说声调最易学,是因为普通话只有四个声调,声音的高低升降不是难学的。当然,习惯于浊音低调的人,也要注意把低调变为高调。例如上海人说普通话,要注意把"电话"说成"店化"。说声调难学,是因为普通话有轻声,这是南方人所不习惯的。有一次我说我喜欢听侯宝林说相声,把相声的"声"字说成重音,我的孩子纠正我,说"相声"的"声"应该说成轻声。普通话对某字在什么地方念轻声,有时候要依照习惯,例如"石头"、"枕头"的"头"念轻声,而"钟头""窝头"的"头"不念轻声。这些都靠我们随时记住。

　　在普通话里,两个上声字连读时,前面的上声变为阳平。例如

"起点"说成"奇点","老板"说成"劳板",等等。各地的人学习普通话,一般都能注意到这个规律。只有湖南人往往忽略了这一点。但是,当第二字说成轻声时,第一字仍旧应该念上声,例如,"椅子"、"饺子"、"嫂子"、"姐姐"等。广东、广西的人说普通话,常常在这些地方第一字念阳平,第二字念重音,怪难听的。我在1943年写的《中国语法纲要》举错了一个"椅子"的例子,至今感到惭愧。

普通话以北京语音为标准音,指的是北京的语音系统,不是北京人每一个字的读音。某一个具体的字,如果北京人读音不正,普通话可以不采用。例如有一个时期,北京人把"侵略"说成"寝略",我们广播电台仍旧说"侵略",我们的字典仍旧注为 qīnlüè,后来北京人也就跟着念 qīnlüè 了。北京人又把"倾向"qīngxiàng 说成 qíngxiàng,"塑料"sùliào 说成 suòliào,但是我们的字典仍旧注为 qīngxiàng, sùliào。最近十几年,北京人对某些词语的读音也起了一些变化,例如把"质量"zhìliàng 说成 zhǐliàng,"教室"jiàoshì 说成 jiàoshǐ。我们的字典没有改读,我们也可以不改读。有些字,北京人的读音起着一种语法作用,例如介词的"把"("把书放在桌子上")说成 bǎi,介词的"在"("不能在教室里抽烟")说成 zǎi 或(dǎi),似乎可以吸收进普通话里。但在字典没有吸收以前,我们也可以不必模仿北京人的读音。

第二,普通话以北方话为基础方言。这主要是指词汇说的。为什么不说以北京话为基础方言呢?北京话是地点方言,北方话是地区方言,北方话比北京话范围大。普通话的词汇,应该是北方地区通用的词汇,不包括北京的土话。语言学家罗常培,他是土生土长的北京人,但是他平常说话时,特别是讲课时,极力避免北京土话。我们的字典不收北京太土的话。有些北京土话,字典里收了,就注上一个〈方〉字,表示它是一个方言,和其他方言一样对待。北京土话常常把"我们"说成 mme,字典里不收。北京土话有个

"帅"字("他写的字真帅"),是"好"的意思,字典里不收。近年的北京土话里,有个"盖"字("这个电影盖了"),是"好到极点"的意思,字典里不收。北京土话有个"逗"字,是"逗笑儿"的意思("这话真逗"),字典里收了,注上一个〈方〉字。北京土话有"告送"这个词,是告诉的意思,字典里收了,注上一个〈方〉字。有时候,"告送"也说成 gàng(杠),字典里也不收。我们说,普通话不就是北京话,就是这个道理。

学习普通话词汇,要注意自己方言词汇和普通话词汇的不同。普通话"自行车",上海说"脚踏车",广州话"单车"。常常看见广东、广西的报纸上把"自行车"说成"单车",那是不对的。各个方言区域都有自己的词汇特点,各不相同。如果把全国方言词汇合编一部词典,那就比现在我们的字典篇幅大几十倍。譬如说,广州人把父亲叫做"老豆",苏州人叫"爷";广州人把小孩叫做"细佬哥"或"细路仔",苏州人叫"小干吗"。还有一些方言词,在普通话里找不到恰当的翻译。例如苏州话的[tia](略等于"娇"),广州话的"孖"mā(略等于"双"或"对"),"孻"lāi("孻仔"是最小的儿子,略等于北京人说的"老儿子")。有些方言词,听起来好像和普通话一样,其实不一样。例如一个昆明人去看朋友,朋友不在家,他告诉朋友家的人说:"我明天上午又来。""又来"只是"再来"的意思,按普通话该说"我明天上午再来"。这些细微的地方,要细心观察才能看出来的。

第三,普通话以典范的现代白话文著作为语法规范。这实际上也就是以北方话的语法为标准,所以要以典范的现代白话文著作为语法规范。譬如说:"狼把羊吃了。"这样一句话,北京人常常说成"狼把羊给吃了","给"字是多余的,普通话不必这样说。但是,一般地说,普通话的语法也就是北方话的语法。

上面说过,各地方言的语法差别不大。只有一些地方值得注

594

意。(1)关于词序的问题。广东、广西的人要注意:"我先去"不要说成"我去先","我给他十块钱"不要说成"我给十块钱他"。云南人要注意,不要把"不很好"说成"很不好"。(2)关于人称代词的问题。北京话第一人称复数有包括式和排除式的区别。"咱们"是包括式,包括对话人在内;排除式不包括对话人在内。例如:"我们走了,咱们再会吧。"这种区别在《红楼梦》里是很清楚的。最近几十年来,北京人在该用包括式的地方也说"我们"了,但是在该用排除式的地方绝对不用"咱们"。例如我们可以说:"我们走了,我们再会吧。"但是不可以说:"咱们走了,我们再会吧。"北京话的"您",是表示敬意的第二人称代词,它没有复数,"您们"是不说的(可以说"你们两位"、"你们三位"等)。现在报纸上常见"您们",这是不合普通话语法的。(3)关于虚词的问题。这个问题很复杂,不能详细地讲。某种方言用两个词的地方,普通话只用一个词。例如苏州人说"俚已经来格哉",普通话只说"他已经来啦"。有时候,不同的两个虚词,在普通话里用的是相同的词。例如苏州人说:"你吃仔饭再去",在普通话里说的是"你吃了饭再去";苏州人说"俚嚄吃饭就去哉",在普通话里说的是"他没吃饭就走了"。"仔"和"哉"都翻译为"了"。这些地方都是值得注意的。

二、推广普通话的重要性

普通话是汉民族共同语,同时也是代表中华人民共和国的中国话。因此,推广普通话有极其重大的意义。把普通话推行好了,就是为四个现代化服务,为社会主义建设事业作出贡献。

普通话推广了,普及了,可以加强我国人民的民族意识。我国少数民族也都学习普通话,因为普通话可以作为民族间的交际工具。这样,非但汉族内部可以加强团结,而且整个中华民族都可以加强团结,这对于我国全国人民安定团结起的作用,是不可估量的。

为了实现四个现代化,我们需要全国人民的技术交流。将来越来越多的熟练工人和技术员要到各地传授技术,普通话可以扫除我们的语言障碍,加强我们的传授效果。我们又需要召集各种会议,如专业技术会议、经济管理会议等,普通话又是会议成功的条件之一。

政治性的会议更加需要普通话。譬如广东省人民代表会议,往往需要三种话翻译,一是广州话,二是客家话,三是潮州话。(如果不在大会翻译,也要在小组会上翻译。)这是多么不方便,而且容易翻译失真。

学校里教师必须用普通话讲课。即使是在中小学,也不能用方言讲课,因为现在各大中城市都是五方杂处,不用普通话,学生就听不懂。至于高等学校,学生来自全国各地,那就更非用普通话讲课不可。有一位大学教授,他是苏州人,讲文艺理论课,在一小时内就多次提及"电影",学生纳闷了;文艺形式是多种多样的,为什么专讲"电影"呢? 后来才明白了,老师讲的不是"电影"而是"典型"。有一位大学讲师,他是广东人,讲课时屡次提及《西游记》,学生们纳闷了:这一堂课和《西游记》有什么关系呢? 后来才明白了,老师讲的不是《西游记》,而是"私有制"。又有一位大学讲师,他是湖南人,在课堂上大讲"头发",学生纳闷了:这一堂课和"头发"有什么关系呢? 后来才明白了,老师讲的不是"头发",而是"图画"。这种情况必须改变,否则会影响教学效果。当然我们的前辈也多数有不会说普通话的毛病。有一位大名鼎鼎的教授讲《诗经》,讲到汉代有一位学者姓毛,名叫毛坑,他为《诗经》作传,所以《诗经》又叫《毛诗》。学生们笑了,知道他讲的是毛亨。他是广东人,广东话"亨、坑"同音,都念 hēng,他矫枉过正,就都念 kēng 了! 我们不怪那位老教授,因为他是封建时代的人。如果我们社会主义时代的大学教师也不能用普通话讲课,那就该受批评了。

现在我国和外国文化交流日益频繁,外国常常邀请我国教师去教汉语,我们当然要用普通话教他们,不能用南腔北调教他们。目前这种合格教师相当缺乏,我们应当大力培养普通话的教师。

现在我讲讲不懂普通话的害处。

语言是交际的工具。我们说话总是有目的的,或者是要求别人做一件事,或者是要把一件事告诉别人。如果你的语音说得不准确,人家就会把你的意思弄拧了,你说话的目的就不能达到,甚至带来了许多不便。一位苏州老太太住在广州,有一天她到一家商店去买盐。她用苏州话说"我要买盐"[ie]。售货员说:"你要买乜野[ie]?"(广州话"乜野"是什么东西的意思。)老太太重复地说:"我要买盐[ie]。"售货员不耐烦了,她说:"我知道你要买野 ie(广州话"野"是"东西"的意思),你要买乜野啊?"老太太说来说去,售货员始终听不懂。老太太只好用手指着盐来说,才解决了问题。一个北方人在广州买甘蔗,售货员说:"一毫子一斤(gan)。"那人付了一毛钱,就把一根甘蔗拿走了。因为广州话"斤""根"同音(都念gan),所以闹这个笑话。另一个北方人在广州商店里买一件东西,售货员说要"十二(yi)个银钱"(即"十二块钱"),那人付了十一块钱,就把东西拿走了。据传说,蒋介石责骂一个犯错误的官员,那官员辩解了几句,蒋介石发怒说:"你强辩(bi)!"那官员赶快跪下求饶,以为蒋介石要枪毙他。有一位教授,他是广东人,快要到某工厂去讲课,向一位领导干部辞行,谈了几句话,就说他要回家收拾收拾[ʃiuʃiʃiuʃi],那位领导同志说:"是的,你该回家休息休息了!"又有一位老教授,远道从广东来,有事情找我。他的普通话讲不好,我听了半天不懂。我说:"你干脆说广东话吧,我懂广东话。"谁知道他的广东话我也听不懂,他是台山人,说的是台山话!一位四川女同志在北京商店买一条"男(lan)裤子",售货员给她一条蓝色女裤。她说:"我要的是男(lan)裤子,不是女裤子。"售货员才明白过来。听说还有一位四川女同志——这是多年前的事了——在公园湖边洗脚,一只鞋掉在水里,她高声嚷嚷说:"我的鞋(hai)子掉在水里了!"游客们听说她的孩子落水,连忙帮她打捞,捞起来是一只鞋! 以上所说的这一类故事,可以举出许多。这不是笑话,其中许多都是真实的事情,有些还是我亲身经历的事情。不懂普通话,该是多么不方便啊!

有时候,不懂普通话还有严重的后果。听说有一次,某部队传令某日上午开大会,传令的战士普通话不够好,把"上午"说得很像"下午",结果把事情耽误了。又有一次,海军某部打旗语传信号,由于打旗语的战士普通话不够好,把旗语打错了,引起了误会。这种事情,不但部队里有,恐怕工厂里也有。同志们都可以补充一些例子。由此看来,为了四个现代化,推广普通话是急不容缓的事情。

我们希望早日实现汉字拼音化。有一门新兴科学叫做"汉字信息处理",又叫"汉字编码",这是直接为四个现代化服务的。据专家们说,用汉语拼音进行信息处理,比用汉字笔画进行信息处理,工作效率高许多倍。因此,我认为我国应该早日实行文字的根本改革,即实行拼音文字。虽然我们不必等待全国语言统一才能实行拼音文字,但是把普通语推行好了,确是为实行拼音文字创造更好的条件,同时减少了许多阻力。

三、对推广普通话的要求

推广普通话有一个十二字方针:"大力提倡,重点推行,逐步普及。"

第一，我先讲一讲"大力提倡"。提倡的时候，首先要讲学习普通话的重要性。其次要破除两种思想障碍。第一种思想障碍是乡土观念。人们总觉得自己的母语是最好的。苏州人自夸说："宁听苏州人相骂，不听宁波人说话！"宁波人说："你们苏州话有什么好听，阿拉宁波话才好听呢！"广州人说："我们广东话最好听，为什么要我们学你们的北京话？"这上头并没有什么好听不好听的问题。我们推广普通话，并不是要消灭方言，我们只要求大家学会民族共同语。北方人这种思想障碍也不小。他们都以为北方方言和普通话差不多，用不着学普通话了。其实北方人也应该学普通话。譬如胶东人（青岛人）到北京菜市场去买肉，说成"买油"，人家能听得懂吗？北京人也应该学普通话，不要把北京土话当做普通话来说，人家听不懂。第二种思想障碍是怕学不好，所以不愿学。当然，一个人在十岁以上学话，就有一定困难，要百分之百地学会北京语音，恐怕是办不到的。但是，只要你像学外语那样下苦功去学，至少也就学得及格。学普通话要胆子大，脸皮厚，不怕人家笑话我，笑我一次我就改一次，经过多次改正，我的普通话就学得差不多了。

　　刚才说的我们并不要消灭方言，这是什么意思呢？我们认为，方言不是可以用人力去消灭的，我们只能等待方言的消灭。等到将来交通越来越方便，南北东西文化交流，生产协作，都比现在更方便，各地方言自然会融化在普通话里，普通话也会吸收各地方言来丰富自己。恐怕那是几百年以后的事了。所以我国各地的广播电台还有方言广播。1956 年，我们开始推广普通话的时候，有的学校同学们定出一个条例，每说一句方言罚一毛钱，那是不对的。我们不该用惩罚的方法，而应该用表扬的方法。今天我们召开普通话观摩会，就是一种表扬。

　　第二，我讲一讲"重点推行"。我的体会是，首先要在学校里，特别是在中小学里推行。听说现在并不是全国中小学教师都用普通话教课，那不好。教师不会说普通话，就学嘛！说得不好，总比不说好。单是语文教师说普通话还不行，要各科教师都说普通话。要把学校造成一个普通话的语言环境。小孩学普通话最容易，小孩们不需要讲许多语言学理论，只要跟着大人说，自然学得好，而且学得比老师的普通话更纯粹。放过这个机会，到成年以后就难学了。

演员、广播员也是我们推广普通话的重点。现在各省市的话剧团演出的话剧，都是用的普通话，而且一般都讲得很好，很标准，很纯粹，这是很可喜的一件大事。电影里的对话，也很好，比解放前的电影对话好多了。广播员也有很大的进步。解放初年，我从广州乘粤汉路火车来北京，火车上广播员的普通话简直不堪入耳。这几年再从原路去广州，火车上广播员的普通话好得像中央人民广播电台的广播一样，非但普通话很标准，而且节奏分明，抑扬顿挫，逻辑重音也很合格。这对我们推广普通话工作能起很大的作用。小孩们的普通话往往说得比老师更好，为什么？就是因为他们经常看电影，看话剧，听广播，从电影、话剧、广播学来了汉族共同语。个别地方尚待改进。例如上海拍的电影美术片，普通话不够标准，上海口音很重。这样就对全国儿童产生不良影响。希望能够改进。人民解放军战士、服务行业的职工也应该会普通话。道理很明显，用不着多说了。

对全国广大人民群众，是不是就不推行普通话了呢？不是的。只是要求放低些。拿语音方面来说，只要求把方言和普通话大不相同的地方改一改。譬如说，你是湖南人，希望你不要把韵母 ong, iong, 说成 en, in。如果你把"中山东路"说成"真山拖漏"zhēn shān dēn lōu，人家听不懂。如果你把"用度"（"人口多，用度大"）说成"印度"yìn dù（或 dòu），那就造成误会。如果你是上海人，希望你分清 e 和 u,否则容易把"姓何"说成"姓胡","河南"说成"湖南"。如果你是广州人,希望你分清 u 和 ou,不要把"布告"说成"报告"。就词汇方面说,也要改正最容易令人误解的语词。例如广西人把"不知道"说成"不懂",把"不是的"说成"没有",就太不好懂了。

总之,推广普通话,对各种行业要有不同的要求。拿对语文教师的要求来要求一般群众是不对的;拿对一般群众的要求来要求语文教师,也是不对的。

第三,最后我讲一讲"逐步普及"。我的体会是:普通话应该先在中小学、戏剧界、服务行业和部队中推行,然后逐步普及到一般人民群众。其次,应该先在大中城市进行,然后普及到农村。但是,当前党的工作重点放在社会主义现代化上,农业现代化提到日程上来了,恐怕在农村也要推广普通话了。我国农村,在推广普通话方面,也有先进的典型,例如山西的万荣、福建的大田。希望今后有更多的万荣,更多的大田。

让我们大家积极努力推广普通话,为四个现代化贡献力量吧!

(原载《语文现代化》1980 年第 2 辑;又《龙虫并雕斋文集》第 3 册;《王力文集》第 20 卷)

编　后　记

　　这本《王力语言学论文集》选编了王力先生在音韵学、语法学、词汇学和现代汉民族共同语方面的重要论文23篇。这些文章大体反映了王力先生在汉语研究上重要的学术思想，反映了他的基本理论。此外还有许多有关诗律学、词典学、汉字改革、语文教育等方面的论文，以及像《汉越语研究》这样很有价值的力作，都限于篇幅而未能编入。好在那些文章在《龙虫并雕斋文集》和《王力文集》中都有收录，不难查阅。

　　王力先生作为中国现代语言学的开拓者和奠基人之一，在本世纪的汉语学研究领域中，在在留下他创新的足迹。他遗留下的丰富的学术遗产，需要我们好好地学习、研究、总结、继承和发展。

　　先生生于1900年8月10日，殁于1986年5月3日。在长达近60年的学术生涯中，他以超常的毅力，忘我的勤奋，为了中国语言科学事业的发展，无论在怎样艰难的境遇中，在怎样恶劣的条件下，都孜孜以求之，直到八旬高龄，还以"漫道古稀加十岁，还将余勇写千篇"的诗句自勉。先生这种坚忍不拔地献身科学事业的精神，也必将同他等身的论著一起长存后世。

　　明年是王力先生诞生一百周年。承商务印书馆之约，谨辑此集以志记念。

唐作藩　李思敬

1999年岁杪